“인사조직 교수와 대기업 임원들이 함께 만든”

K-HRM : AI시대를 선도하는 인적자원경영

김영상 | 김용근 | 노재항 | 성상현 | 윤종민
이영면 | 이중학 | 정권택 | 정현천

머리말

'인사가 만사다'라는 말이 있듯이 기업은 사람관리를 잘 해야 한다. 능력이 있고 의지가 있는 사원이고 임원이라면 급변하는 환경 속에서 주어진 일만이 아니라, 조직을 위해 필요한 일을 찾아내고 마무리한다. 하지만 능력이 있어도 의지가 없거나 의지는 있으나 능력이 없는 사원이라면 당연히 수행해야 할 일도 제대로 처리하지 못한다.

기업의 사람관리는 인재의 수요에 대한 계획부터 채용과 선발, 배치, 평가와 보상, 교육훈련 그리고 퇴직관리까지 흐름에 대한 관리를 의미한다. 환경변화는 기업이 필요로 하는 인재의 유형과 규모에 대한 예측을 어렵게 한다. 전통적으로는 장기근속을 전제로 필요로 하는 인력을 선발해서 교육시키고 직무를 정해서 배치하고 평가하고 보상한다. 하지만 급속한 환경변화는 인력수요에 대한 예측을 어렵게 만들기 때문에 필요로 하는 인력이 있다면 높은 연봉을 지급하고 스카웃해서 활용하고, 활용도가 떨어지면 고용관계를 마무리하기도 한다. 이상의 전통적인 사람관리는 이제 대전환의 시대(Paradigm Shift)를 맞이하고 있다.

DX(Digital Transformation)으로 불리는 정보통신 기술의 발전으로 은행이나 증권회사는 더 이상 일반 사무관리직이 필요하지 않아서 명예퇴직을 시키지만 프로그래머들은 대규모로 채용하고 있다. 기후위기에 대응하는 자동차회사는 엔진에서 모터로 구동방식을 전환하면서 같은 수의 자동차를 생산하는 데 필요로 하는 인력수요가 줄어들어서 10년 이상 대규모 퇴직에도 불구하고 신규사원 채용을 중단하고 있다.

과거 전공을 불문하고 사무관리직을 채용하는 방식이 일반적이었으나 이제는 직무별로 구분해서 사원을 채용한다. 채용방식도 과거에는 신문광고를 이용했지만 이제는 채용포털을 이용하는 게 구인과 구직의 필수요소가 되었다. 면접도 대면 면접이 아니라 온라인 면접을 활용하게 되었으며, 각종 정보를 바탕으로 면접자의 답변을 분석한다. 면접자가 사람이 아닌 인공지능이 대신하는 시대가 되었다.

업무를 수행한 결과를 평가하는 방식도 구체적이고 그에 따라 보상 수준에서도 차이가 나기 때문에 평가자는 객관적이고 공정한 평가를 해서, 결과를 궁금해 하는 피평가자에게 평가결과를 잘 설명해야 한다. 사원으로 입사해서 때가 되면 대리, 과장, 차장, 부장으로 승진하던 과거와는 달리 이제는 능력과 성과를 보여주어야 상위 직급으로 승진하는 제도가 일반화되었다. 기본급을 결정하는 임금체계도 과거 근속연수를 기준으로 하는 연공급에서 이제는 직무급, 기술급, 직능급, 역량급 등과 같이 합리적인 기준을 적용하는 임금체계가 확산하고 있다. 고정적인 비율로 지급되던 성과급도 회사의 이익규모에 비례해서 지급하는 말 그대로의 성과급이 확산되고 그 비중도 증가하고 있다. 그렇지만 근속연수를 바탕으로 하는 호봉제 연공급은 뿌리 깊게 자리 잡고 있는 형편이다.

사원의 절반이상을 차지하는 MZ세대는 개인주의적인 성향이 강하고, 의사표현에 적극적이고 공정성을 중시한다. 또한 지난 10여년을 보면 성희롱이나 직장내 괴롭힘 이슈가 사내에서 매우 중요하게 다루어져 왔고, 그에 따라 새로운 조직문화가 형성되었다. 개인차원에서만이 아니라 집단적인 차원에서 사무관리직들도 별도의 노동조합을 많이 결성하게 되었으며 OECD 국가 중에서는 매우 드물게 노동조합 조직률이 증가하는 추이를 보이고 있다.

사회의 인구 고령화는 60세 정년을 제도화하였지만, 실제 퇴직하는 평균연령은 50세 전후인 것이 현실이다. 회사는 사원들의 이직관리도 중요한 과제로 대두되었다. 최근 법원에서는 정년 연장에 따른 임금피크제 도입이 부당하다는 판결을 내린 바 있고, 명예퇴직도 여전히 활용되고 있다. 하지만 젊은 세대가 기피하는 택시나 버스 운전, 조선업의 용접과 같은 직종의 경우 퇴직자들이 다시 계약직으로 일하거나 외국인근로자들이 다수 활용되고 있다.

이상의 내용들이 전통적인 관점에서의 사람관리가 변화하고 있다는 점을 서술하고 있다면 다양성 관리, 임원관리 그리고 HR Data Analytics 등은 사람관리의 새로운 주제들이라고 하겠다. 다양성 관리는 회사의 인력 구성이 과거의 한국인 남성 중심에서 국적(출신)의 다양화, 여성 근로자의 증가, 장애인 고용의 증가, 장년층 근로자의 증가 등 인적 구성이 다양해지고 그에 따라 포용적인 사람관리가 매우 중요한 이슈가 되어가고 있다는 점이다.

과거 일반 직장인들의 꿈인 임원들은 그 자리에 올라가기도 쉽지 않지만, 높은 보상과 중요한 의사결정을 내리는 임원들을 관리하는 임원관리도 그 중요성이 증가하고 있다. 환경변화에 대응하기 위해 속도감 있는 경영을 위해 내부 육성의 임원관리 방식도 중요하지만 외부에서 스카웃하는 임원 확보 방식도 중요하게 되었다. 마지막으로 HR Data Analytics는 과거 주먹구구식의 사람관리에서 빅데이터를 활용하는 체계적인 사람관리로의 전환에 중요한 역할을 수행하고 있다.

2023년 8월

저자 일동

책의 특징과 활용

이 책은 기본적으로 경영학을 공부하고 그 세부적인 내용으로 흔히 인적자원관리 또는 인사관리라고 부르는 사람관리에 대한 학습을 위한 책이다. 따라서 대학의 3, 4 학년을 대상으로 작성했지만, 사례를 많이 활용하고 있기 때문에 경영(전문)대학원에서 사람관리를 공부하는 분들이나 기업에서 사람관리 업무를 담당하게 되는 실무자에게도 충분한 정보를 제공할 수 있는 책이라고 생각된다.

첫째, 이 교재는 한국 기업에서의 사람관리에 초점을 두고 있다는 점이다. 한국의 경영학 교육이 미국이나 서구의 영향을 많이 받고 있기 때문에, 심지어는 인사관리나 인적자원관리도 미국책을 그대로 사용하거나 번역해서 사용하는 경우가 있다. 물론 기본적인 사람관리 방법은 유사하다고 할 수 있지만, 한국적인 내용은 거의 빠질 수밖에 없다. 예를 들면 신입사원에 대한 공채제도, 임금체계에 있어서 호봉제 연공급, 최저임금 수준, 정당한 사유가 있어야만 가능한 징계 해고 등은 미국 교재에서는 찾아볼 수 없는 내용들이다. 대학에서 사람관리를 공부하고 사회에 나가는 졸업생들에게 사람관리의 일반적인 내용뿐만이 아니라 최소한의 한국식 사람관리에 대한 내용을 제공하고자 하였다.

둘째, 본 교재에서는 가급적 인적자원(human resource)이라는 표현을 사용하지 않으려고 하였다. 사람을 자원으로 보는 접근법에 있는 그대로 동의하지 않기 때문이다. 자원은 흔히 원재료와 같은 물질 자원이나 금전적인 자원 등을 의미하였고, 저장해 두었다가 필요하면 사용하고, 더 이상 필요하지 않으면 다시 창고에 보관하거나 처분하면 된다. 하지만 사람도 자원으로 표현하는 인적자원이란 개념이 미국의 모든 사람관리 교과서에 사용되었고 우리 나라에서도 그대로 받아들여서 사용하는데 본 교재의 저자들은 사람은 자원과 달리, 가치관이나 태도가 작용하며, 보관이나 처분에도 비금전적인 요인들을 고려해야 하는 등 차이가 있어서 기업의 가장 중요한 요소로 보아 가급적 인적자원이란 표현을 자제하였고 사람관리라는 표현 아니면 기존의 인사관리라는 표현을 사용하였다. 인사관리는 구식 표현이고 인적자원관리라는 표현이 현대적인 표현이라는 주장에 동의할 수 없기 때문이다.

셋째, 다수의 사례를 제시하고 있다는 점이다. 매 장은 도입사례라고 하여 주제와 관련있는 국내의 대기업의 사례를 제시하였고, 그에 대해 토론이 가능하도록 토론주제도 제시하였다. 이슈들을 설명할 때 가능한 우리나라 사례들을 제시함으로써 이슈에 대한 이해도를 높이고, 현실감있는 지식을 습득할 수 있도록 하였다. 본 교재의 저자에는 대학에서 강의하는 교수들도 있지만, 오랜 기간 동안 국내 주요 기업에서 인사업무를 담당하던 분들도 포함되어 있다.

넷째, 한두 사람이 아닌 열 명의 저자가 참여하여, 사람관리에 대한 다양한 시각이 녹아들어 있도록 하였다. 물론 다수가 저술에 참여함으로써 서술 방식 등에 있어서 일관성이 부족할 수 있지만 이에 대해서도 저자들이 수차례 워크숍과 회의를 거치면서 최소한의 일관된 관점을 바탕으로 교재를 작성할 수 있도록 하였다.

다섯째, 본 교재를 이용하여 강의를 하는 교수들에게 편의성을 제고하도록 매 장마다 강의용 PPT를 제공하였고, 문제은행도 포함하여 시험관리에서 시간을 절약할 수 있도록 하였다.

본 교재가 이제 첫발을 디디고 있지만 모쪼록 국내 대학생들과 사람관리에 관심이 있는 여러분들에게 많은 도움이 되기를 기대한다. 사실과 자료에 근거하여 본 교재를 제작하였지만 의도하지 않은 오류나 문제는 저자들의 책임임으로 밝히고자 한다.

목차

04 평가와 성과관리

05 인적자원개발

06 유지관리

07 임금관리

10 DEI(다양성, 평등, 포용)와 다양성관리

11 임원인사관리

12 People/HR Analytics

Chapter 01

HR의 위기와 과제

우리나라의 사람관리 또는 인적자원관리는 변화하는 환경에 대해 적극적으로 대처하지 못해 위기라는 말들을 한다. 인공지능(Artificial Intelligence, AI)를 비롯하여 ChatGPT, 로봇, 빅데이터 등의 혁명적인 기술발전은 기업에서의 사람 관리에 대해 근본적인 변화를 요구하고 있다. 본 장에서는 사람관리를 둘러싼 환경변화와 그에 대응하는 사람관리의 역할을 중심으로 사람관리의 주요 내용, 그리고 우리나라 사람관리의 특징 등에 대해 살펴본다.

학습목표

1. 우리나라 사람관리에 대한 환경변화와 그에 대한 대응 이해하기
2. 경영자들이 보는 사람관리에 대한 이해
3. 사람관리의 주요 역할과 미래 역할에 대한 이해
4. 한국 기업의 HR 발전사와 특성에 대한 이해

들어가기 사례 S전자의 인사 전략과 제도 변화

인재제일의 경영이념과 시대 흐름에 맞춘 과감한 인사전략의 변화

S전자는 1968년 창업하여 명실공히 한국을 대표하는 글로벌 종합전자회사로 성장하였다. S전자가 속한 S그룹은 창업 시부터 '인재제일'을 경영이념으로 하여 능력주의, 적재적소, 신상필벌이라는 인사원칙을 세우고 이를 구현하기 위해 지속적으로 노력해왔다. 특히 창업자인 1대 회장이 "人材第一은 내가 오랫동안 신조로 실천해 온 경영이념이자 경영의 지주"라고 할 만큼 S그룹의 인사에서 빼놓을 수 없는 절대명제와 같다. 2대 회장의 제 2 창업기에도 인재제일이 인간존중이라는 더 폭넓은 개념으로 계승되었고, 3세 경영진이 승계한 지금까지 S그룹의 모든 인사제도와 실제 인사관리에 있어서 근간을 형성하고 있다.

S전자는 인재제일의 이념과 인사원칙을 계승하면서도 경영환경의 변화에 발맞춰 우리나라 업계를 선도하여 인사개혁을 추진해왔다. 1957년에 한국 민간기업 최초로 대졸신입사원 공채제도를 도입했으며, 그 후에도 사업부제, 목표관리제도, 신인사제도, 지역전문가제도, 핵심인력 채용 등 선진 인사제도들을 한발 앞서 도입하여 적용해왔다. 이 과정에서 S전자의 인사기조는 경영환경과 전략의 변화에 맞춰 몇 번의 큰 전환기를 겪게 된다. 창업기에 형성된 S그룹 공통의 연공주의 인사는 신경영을 계기로 인간존중을 바탕으로 한 능력주의 인사로 진화하고, 또 IMF 외환위기를 극복하기 위해 성과주의 인사로 변화한다. 그 후 S전자가 글로벌 경영에서 큰 성과를 거두고 세계 1위 제품들이 늘어나면서 세계 1위 유지를 위한 초격차 전략을 추진하게 되고, 그에 맞춰 글로벌 경쟁력 강화를 위한 성과와 역량 중시의 인사로 발전하게 된다. 더 나아가 최근에는 3세 경영승계를 계기로 글로벌 초일류 경영을 위한 글로벌 직무성과주의 인사로의 전환을 추진하고 있다.

1. 量 위주의 외형경영과 연공주의 인사 시기 (창업~1992년)

S그룹은 창업기부터 신경영 직전인 1992년까지 전통적으로 우리나라 기업들이 광범위하게 받아들였던 연공주의 인사관리를 실행하였다. 이 시기에는 비교적 안정적인 경영환경 속에서 우리 경제가 지속적인 고도성장을 이루어왔기 때문에 기업들은 양질의 많은 인력이 필요하였다. S그룹도 새로운 사업을 활발히 전개해 나가며 양적으로 지속 성장하였기 때문에 많은 직원을 효과적으로 채용하고 관리하는 제도를 채택하였다. 채용 측면에서는 민간기업 최초로 대졸신입 공채제도를 실시하여 그룹 차원에서 널리 인재들을 선발하여 배치했다. 이렇게 공채를 통하여 선발된 인력들은 소속 회사에 관계없이 함께 한 달에 가까운 신입사원 입문과정을 통하여 경영철학과 문화를 공유하는 'S그룹맨'으로 거듭나게 된다.

직급과 승격제도도 그룹 공통으로 운영되었는데, 기본적으로 한 직급에서 일정한 체류년한을 지나야 차상위 직급으로 승격할 수 있었기 때문에 연공적 성격을 띠고 있었다. 또한 같이 입사한 동기들은 동일한 직급과 호봉으로 같은 임금을 받았고, 정기승급을 통해 매년 자동적으로 1호봉씩 오르는 연공적 임금체계였다. 물론 특별히 공이 있는 사람은 특진을 시키거나, 개인과 집단의 업적평가 결과에 따라 상여금을 차등하여 지급함으로써 일부 능력을 반영하려고 노력하였다.

그 당시 S그룹의 연공적 인사제도 운영은 지속적으로 새로운 사업을 과감히 펼쳐나가던 고도 성장기에 대량으로 우수인력을 확보하고 관계사간 유연한 인력활용을 하는데 큰 이점을 가져다주었고, 많은 사업에서 단기간에 경쟁력을 확보할 수 있었던 중요한 원인이 되었다.

그러나 연공적 인사제도 운영은 문제점이 없는 것도 아니었다. 각 관계사가 속한 업종별 특성과 경영전략이 다름에도 불구하고 같은 연공적 인사제도를 적용하는 것이 직원들의 동기부여와 경쟁력 강화에 방해가 되는 경우가 발생했다. 또한 신입사원을 대량 채용해서 내부에서 양성하고 승진시키는 순혈주의를 고집함으로써 우수한 외부 인력을 영입하는데 배타적인 분위기를 만들기도 하였다.

2. 신경영과 능력주의 신인사 시기 (1993~1997)

'처자식 말고는 다 바꿔보자'는 신경영의 시작과 함께 S전자의 인사 전략은 대전환을 하게 된다. 과거 연공주의 인사 관행들을 버리고 직무수행능력에 따른 능력육성형 인사로 전환을 단행한다. 창업 이후 계속되어온 S그룹의 연공적 인사제도는 업종별 특성과 경쟁력 수준에 맞춰 차별화되기 시작했는데, 이에 S전자는 1995년에 신인사 제도를 도입한다.

S전자가 도입한 신인사 제도의 원칙은 기회균등, 능력주의, 가능성을 열어주는 인사로 요약할 수 있다. 첫째, 기회균등의 인사는 우리나라 기업들이 운영해오던 과거 학력과 성별, 직종에 따른 불합리한 인사차별과 제한을 타파하고 모든 사람에게 능력에 따라 동일한 기회를 주자는 것이다. S전자는 채용 시 학력에 따라 응시기회를 제한하는 학력 제한을 철폐하고 능력 있는 사람이면 누구나 입사할 수 있는 제도로 전환하였다. 이를 위해 S직무능력검사(SSAT)를 도입하고 오직 실력에 의한 채용을 실시하였다. 또한 여성이라는 이유로 기회조차 주지 않던 각종 인사 관행을 타파하고 여성이 21C 핵심인력으로 육성될 수 있는 여건을 조성하기 위해 성차별적 요소를 제거한다.

두 번째는 능력주의 인사로, 먼저 능력에 관계 없이 한 직급에서 일정한 기간을 지나야 다음 직급으로 올라가는 「직급별 체류년한제」를 폐지하고, 능력 있는 사람은 조기에 승격할 수 있도록 하였다. 즉, 스스로 노력하여 일정한 자격요건을 취득하면 승격이 가능하도록 한 「승격포인트제」를 도입하였고 과감한 발탁승격도 제도화했다. 또한 연공적 임금체계를 개선하여 개인의 능력과 업적에 따라 보상을 받을 수 있도록 「능력급제도」를 도입하였다.

세 번째, 가능성을 열어주는 인사는 직원들이 가진 능력을 적극적으로 계발하도록 지원하고 어떤 일을 하든지 장기적인 성장비전을 가지고 일할 수 있도록 하자는 것이다. 이에 S전자는 고졸사원들의 능력개발을 지원하기 위해서 사내대학을 설립하는 한편, 야간대학 진학을 전면적으로 허용한다. 또한 특수 · 전문직의 채용을 활성화하고, 특수 직종에 근무하는 직원들도 과감하게 간부와 임원으로 승진할 수 있도록 하였다.

이 시기에 S전자는 신경영을 통해 양 위주의 경영체질을 질 위주로 전환하였고, 능력육성형 신인사제도를 통해 직원들을 동기부여하고 일체감을 조성함으로써 국내 1위 업체로서의 위상을 굳건히 다지는 성과를 거두었을 뿐만 아니라 우리나라 업계에 과거 연공서열식 인사를 버리고 능력주의 인사로 전환하는 '신인사'라는 새로운 흐름을 유행시키기도 했다.

3. 위기경영과 성과주의 인사 시기 (1998~2006)

1997년 말 IMF 외환위기로 인해 국내의 다른 기업들과 마찬가지로 S전자도 사상 초유의 경영위기를 맞게 된다. 이에 S전자는 생존을 위해 뼈를 깎는 구조조정을 단행한다. 그 동안 지켜온 평생직장의 개념을 포기하고 인력구조조정을 추진하였고, 임직원의 고용가능성을 높여주는 평생직업의 개념으로 바꾸었다. 또한 경영위기 극복을 위해 S전자는 그 동안의 육성형 능력주의 인사 기조를 성과주의 인사로 전환하게 된다.

채용제도는 대규모 공개채용방식에서 벗어나 필요한 인력을 수시로 뽑을 수 있도록 경력채용을 활성화하고, 사업을 전개하는 데 꼭 필요한 핵심인력을 위주로 채용관행을 전환한다. 1998년에는 과장급 이상을 대상으로 연봉제를 도입하고 성과주의 보상제도로 전환한다. S전자가 연봉제를 도입한 목적은 첫째, 위기 극복을 위해 임직원들에게 성과 중심의 프로의식을 강화하고자 하였다. 둘째, 임금을 개인과 조직의 생산성과 직접 연동시킴으로써 잘하는 사람을 더욱 동기부여하고 전체 경영성과를 향상시킬 목적이었다. 셋째, 복잡한 임금체계를 간소화하여 임금관리의 효율성을 제고하고자 하였다. 특히 무엇보다도 절실했던 것은 우수인력을 원활하게 확보할 수 있도록 임금유연성을 제고하는 것이었다. S전자는 반도체와 무선통신 등 첨단기술산업을 추진하면서 국내외에서 고급 기술인력을 영입해야만 했는데, 기존의 연공적 임금체계로는 이들을 유인하고 유지할 만한 임금수준을 지급하기가 어려웠다. 연봉제가 실시되면서 매년 자동적으로 임금이 오르는 호봉승급제가 폐지되고 개인별 평가 결과에 따라 연봉이 큰 폭으로 차등되었다. 또한 꼭 영입이 필요한 핵심인력에게는 연봉뿐 아니라 파격적인 인센티브를 추가적으로 지급하였다.

그러나 개인별 성과주의를 강조한 연봉제는 지나친 개인별 경쟁을 초래하고 조직 내에 불필요한 갈등을 초래하는 면도 없지 않았다. 이에 S전자는 개인별 성과를 강조한 연봉제의 약점을 보완하고 집단적 성과보상을 통해 경영성과 향상을 목적으로 2000년에 이익배분제(Profit Sharing)를 도입했다. 이 제도는 사업부별 책임경영체제가 강화되면서 경영성과가 해당사업부에 돌아가야 한다는 인식에서 출발하였다.

S전자는 이 시기에 효율과 수익성을 제고를 위한 과감한 구조조정과 함께 성과주의 인사제도들을 신속히 도입함으로써 외환위기를 조기에 극복하고 견실경영의 기반을 구축함으로써 국내 1위를 넘어 글로벌 기업으로 도약할 수 있는 계기를 마련하였다고 할 수 있다.

4. 초격차 경영과 성과/역량주의 인사 시기 (2007~2016)

S전자는 2000년대 중반부터 글로벌 시장을 적극 개척하면서 반도체뿐만 아니라 TV 등 여러 제품에서 세계 1위의 성과를 올리며 글로벌 일류기업들과 경쟁하는 시기에 접어든다. 그 동안 전자 업계의 후발주자로서 유지해 온 Fast follower 전략을 넘어서 일부 사업부문에서는 세계 1위를 지켜가기 위한 초격차 전략을 추진하게 된다. 이에 발맞춰 인사 기조도 글로벌 시장에서 통용할 수 있는 성과와 역량 중시의 인사로 전환한다.

이에 S전자는 보다 수평적이고 유연한 조직문화를 확산시키기 위해 7단계였던 직급체계를 역량 단계에 맞춰 5단계로 축소하였다. 직급별 최소 체류연한과 포인트 승격제를 폐지하는 대신, 승격에 필요한 역량을 갖춘 직원들을 대상으로 심사하는 승격리뷰세션 제도를 도입하였다. 또한 글로벌 경쟁 격화에 대비하여 고위경영자와 임원 양성을 위한 체계적인 교육(SLP) 등을 시작하며 글로벌 경영을 이끌어 갈 리더들을 육성하는 데 힘을 쏟게 된다.

보상 측면에서도 위기 극복을 위해 도입했던 비누적식 연봉제를 2013년에 글로벌 스탠다드로 통용되는 누적(merit increase) 방식으로 개선하였고, 연간 성과평가에 의한 업무성과급도 도입하여 역량과 성과를 조화하는 글로벌 보상체계로 한 걸음 더 나아가게 되었다. 집단성과급인 이익배분제(profit sharing, PS)도 글로벌 기업들처럼 조직 성과와 개인 성과를 동시에 반영하여 지급액을 결정하는 경영성과 인센티브(overall performance incentives, OPI)로 개편하였다. 또한 노동법이 정한 60세 정년연장 시행 2년 전인 2014년에는 선제적으로 정년연장과 함께 임금피크제를 도입하여 직원들이 안심하고 더 오래 근무할 수 있는 여건을 조성하였다.

이 시기에 S전자는 글로벌 경쟁우위 확보를 위해 초격차 전략을 추진하고 성과와 역량 중시의 인사제도를 시행함으로써 세계 시장에서 괄목할 만한 경영성과를 거두며 각 사업부문이 글로벌 일류기업들과 경쟁하는 단계까지 성장하게 되었다.

5. 글로벌 초일류 기업을 향한 창조적 혁신이 필요한 시기 (2017~)

S전자는 2017년부터 그룹 컨트롤 타워의 해체와 회장 부재라는 리더십 위기를 돌파하고 동시에 디지털 트랜스포메이션 시대에 글로벌 초일류 기업으로 성장하기 위해 경영 전반에서 창조적 혁신을 추진해야

하는 대전환기에 진입했다.

글로벌 초일류 경영을 지향하면서 인사 기조도 국적을 초월하여 글로벌 우수인재들이 세계 어디서나 마음껏 활약할 수 있도록 글로벌 직무성과주의 인사로 전환에 착수한다. 2017년부터 글로벌 직급체계를 직무 역할(career level)에 따라 4단계로 통합하고, 직급 호칭도 폐지하여 '프로' 또는 '~님'으로 부르고 있다. 또한 국내와 해외로 이원화되었던 HR시스템도 Workday라는 시스템을 도입하여 글로벌 One-HR시스템으로 통합해 우수 인재들을 초국적으로 활용할 수 있는 기반을 갖추었다. 인사제도 측면에서는 상대평가제도를 제한적이기는 하지만 절대평가로 전환하였고, 현업 부서장에게 직원에 대한 평가와 보상 재량권도 강화하는 등 보다 전향적으로 인사혁신을 추진하고 있다.

이제 S전자는 밖으로 코로나 펜데믹의 영향과 미중 갈등으로 인한 글로벌 공급망 붕괴 등의 위기를 돌파해야 하고, 안으로는 2022년에 경영을 승계한 새로운 회장이 어떻게 리더십을 발휘하느냐에 따라 사업과 경영 전반에서 창조적 혁신을 성공적으로 추진함으로써 글로벌 초일류기업으로 올라서게 될지가 판가름 날 것이다.

〈표 1-1〉 S전자의 인사전략/제도 변화

시기	창업~1992년	1993~1997년	1998~2006	2007~2016
경영 환경	고성장기 안정적 환경	저성장기 고비용/저생산성구조	불확실한 환경 글로벌 경영 확산	글로벌 혁신경쟁 성장동력 저하
경영 전략	양 위주 외형경영 규모의 경제 추구 관리 중시	질 위주 신경영업종별 차별화자율/책임 중시	위기경영 글로벌스탠더드 추종 효율/수익성 중시	초격차 경영 글로벌 경쟁우위추구 경쟁력 중시
인사 전략	연공주의	능력주의(신인사)	성과주의	성과+역량 중시
인사 제도	-신입위주 정기공채 (학력별/성별) -그룹공통 인사제도 -연공주의 인사제도 ·연공적 직급체계 ·직급별 체류년한 T/O제 승격 ·직급별 호봉제도, 정기승급, 상여가급	-학력/성차별 철폐 상시/전문직 채용 -업종별 인사차별화 -능력육성형 인사제도 ·발탁인사/ 포인트승격제 ·능력급제 도입 (고과승급) ·생산성격려금 지급 ·개인연금 도입/의료보장제	-핵심인력 확보, 경력채용 강화 -직군별 직급차별화 : 6~7단계 -성과주의 인사제도 ·발탁승격 강화 ·연봉제 도입 ·이익배분/스톡옵션 도입 ·장기인센티브(LTI) 도입	-역량 중심 직급체계 ·5단계 축소 ·체류연한 폐지 -글로벌 경영리더 육성 강화 -포인트승격제 폐지, 승격리뷰세션 도입 -역량평가 전환 -성과보상 개편 ·Merit Increase제 ·업무성과급, OPI/ TAI 개편 ·정년연장/ 임금피크제

논의 주제

1. S전자의 인사관리 전략의 특징은 무엇인가?
2. S전자의 인사관리 전략은 어떻게 변해 왔는가?
3. 향후 S전자의 인사관리 전략과 제도는 어떻게 변할 것으로 예상하는가?

1.1 HR의 위기: HR을 둘러싼 환경의 변화

우선 인사의 위기는 어떻게 스스로 인사를 정의했는지를 살펴보고 변화를 알아보면 더욱 명확해질 수 있다. 그동안 기업 현장과 학계에서는 인사활동을 인사관리, 인적자원관리, 피플 사이언스 등으로 바꿔가며 써왔다.

우선, 인사관리(Personnel Management)는 전통적으로 조직 내 직원 관리에 초점을 맞춘 개념이다. 인사관리의 주요 업무는 채용, 퇴직, 급여, 복리후생, 교육 등의 인력 관련 업무를 처리하는 것이며, 주요 철학은 조직 내 인력의 효율적인 관리와 규율을 유지하는 데 중점을 두고 있다. 다음으로 인적자원관리(Human Resource Management, HRM)는 인사관리보다 더 포괄적인 개념으로, 인력을 조직의 중요한 자원으로 인식하고 이를 관리하는 방법에 초점을 맞춘다. 또한, 조직 내 인력의 모집, 개발, 유지, 평가 및 보상 등과 관련된 전략과 정책을 포함한다. 인적자원관리의 철학은 인력을 조직의 핵심 경쟁력으로 인식하고 이를 효과적으로 관리하여 조직의 성공에 기여하는 것이다.

인사관리와 인적자원관리는 조직 목표 달성을 중심으로 놓고 인사활동을 하다보니 사람보다는 조직이 중요시 되는 모습을 보여왔다. 반면, 피플 사이언스(People Science)는 조직 내 인간 행동과 성과에 관한 데이터를 분석하고 활용하는 분야다. 이는 인사관리와 인적자원관리의 발전된 형태로 볼 수 있으며, 데이터 기반의 의사결정을 통해 조직 내 인력 관리 전략을 수립하고 실행하는 것에 초점을 맞춘다. 더불어, 개인을 가치관, 감정 및 목적을 가진 존재로 인식한다는 차이가 있다. 피플 사이언스의 철학은 조직 내 인력의 행동과 성과를 이해하고 예측하는 것을 통해 조직의 전체적인 효율성과 성과를 높이는 것이다. 이처럼 변화하는 이유는 바뀌는 외부환경에 대응하기 위한 목적을 달성하기 위함이다.

그렇다면 기업 특히 인사를 둘러싼 환경 변화에는 어떤 것들이 있는가? 이에 대한 분석이 충분하게 이루어지지 않으면 그에 대응하는 기업의 사람관리(Human Resource Management, HRM)도 제대로 이루어질 수 없다. 따라서 사람관리(HRM)의 역할을 제대로 정립하기 위해서 HRM을 둘러싼 환경의 변화를 제대로 분석할 필요가 있다. 이제 주요 환경 변화를 살펴보기로 한다. <표 1-1>은 HR을 둘러싼 환경 변화의 개요다.

〈표 1-1〉 HR을 둘러싼 환경의 변화

분류	세분류
디지털 전환(Digital Transformation, DX)으로 대표되는 변화와 혁신	생산(가치창출) 공정의 자동화와 스마트 공장
	ICT 기술의 발전
	사람관리 과정의 변화
인구구조의 변화: 고령화와 다양화	고령화
	인력 구조의 다양화와 다양성
일에 대한 가치관의 변화	세대에 따른 가치관의 변화
	평생 직장 개념의 약화와 평생 직업 개념의 강화
	긱(GIG)경제: 비정규직, 자영업, 그리고 프리랜서

출처: 저자가 작성

1.1.1 디지털 전환으로 대표되는 변화와 혁신

디지털 전환(Digital Transformation)이란 디지털 기술을 사회 전반에 적용하여 전통적인 사회구조를 바꾸어가는 것으로 기업에서는 사물인터넷(Interne tot Thing, IoT), 클라우드컴퓨팅, 인공지능(Artificial Intelligence, AI), 빅데이터 솔루션 등 정보통신 기술을 플랫폼으로 구축하여 기존의 전통적인 생산 방식과 서비스 방식을 혁신적으로 바꾸어가는 현상을 의미한다.

1.1.1.1 생산(가치창출) 공정의 자동화와 스마트 공장

기업에서 사람관리를 둘러싼 가장 근본적인 변화는 기술발전이 급속하게 진행되고 있다는 점이다. 삼성전자는 지난 10여 년 동안 매출규모는 몇 배가 늘어났지만 종업원 수는 크게 변화하지 않고 있다. 과거라면 종업원 수도 몇 배가 늘어나야 했지만 종업원 수는 50%도 증가하지 않았다. 이러한 배경에는 새로 짓는 반도체 공장의 생산공정이 대부분 자동화되고 스마트 공장화되기 때문에 인력에 대한 수요가 크지 않기 때문이다.

현대자동차도 매출은 꾸준히 늘어서 전세계에서 세 번째로 큰 자동차회사가 되었지만, 지난 10여 년 동안 생산직 사원을 채용하지 않았다. 그러다보니 매출 성장세와는 달리

사원 규모는 오히려 감소하는 추이를 보인다. 특히 자동차업계는 기후위기에 대응하여 기존의 내연기관 자동차에서 전기자동차로 자동차 구동방식이 바뀌어가면서 필요로 하는 부품의 숫자가 대폭 줄어들었고 그에 따라 조립공정에서 필요로 하는 인력수요도 줄어들었다. 여기에 생산공정의 자동화도 지속적으로 고도화되어 가고 있다.

1.1.1.2 ICT 기술의 발전

요즘 은행에 직접 가서 은행 업무를 보는 소비자들은 거의 없다. 주로 핸드폰에 깔린 앱을 이용하거나 PC를 이용해서 금전거래 업무를 처리한다. 주식거래도 마찬가지다. 과거 증권회사 지점에 가서 의자에 앉아 전광판에 보이는 주식가격 변동을 보면서 주식을 거래하는 모습은 이제 영화에서나 볼 수 있다. 대다수 증권회사 고객들은 핸드폰의 앱을 이용해서 주식거래를 한다. 이렇다 보니 단순한 은행 업무를 담당하던 창구 직원이나 주식거래를 도와주던 증권회사 직원들은 더 이상 필요가 없게 되었다. 더불어서 새롭게 중요해진 프로그래밍이나 아이디어 창출에 적응하지 못하면 젊은 나이에도 명예퇴직 대상이 되어 버렸다. 물론 다른 직장으로 옮겨서 새롭게 출발하는 경우도 있지만, 젊은 나이에 적절한 일자리를 구하지 못해 고생하는 경우도 많다.

정보통신기술(Information and Communication Technology, ICT) 기술 발전은 업무 형태도 바꾸어 놓았다. 2020년 초반에 코로나19가 확산되면서 기업들은 재택근무를 시행했지만 그 결과에 대해서는 걱정을 많이 한 바 있다. 온라인으로 진행되는 회의, 직원들의 성과를 직접 눈으로 관찰하지 못하는 점 등을 걱정했지만 끊김 없이 제공되는 온라인회의 서비스, 다양한 성과관리 프로그램 등은 기업의 우려를 상당 부분 해소했다. 이후 코로나19의 영향에는 벗어나고 있지만 재택근무는 아직도 많은 기업들에서 사무실 근무를 보완하는 방식으로 활용되고 있다. 이러한 변화는 ICT 기술의 발전에 힘입었다고 할 수 있다.

1.1.1.3 사람관리 과정의 변화

과거에 기업은 신입사원을 채용하기 위해 수백수천 장의 지원서를 일일이 확인하고 분류해야 했지만, 이제는 온라인 지원서로 대체하여 간편하게 분류할 수 있게 되었다.

박스사례 **재택근무 모니터링 시스템**

화상회의 시스템 24년 전문기업 포앤비는 최근 재택근무 모니터링/감시 시스템 'JTM'을 출시했다고 밝혔다. 'JTM'은 재택근무를 시행하는 기업 관리자를 위한 모니터링 시스템으로, 회사와 집 어디서나 근태 및 업무 내용 모니터링/감시가 가능하다.

실시간으로 재택근무자의 모습과 작업 PC 화면을 모니터링하고, 과거 내역도 찾아볼 수 있다. 또한 재택근무 중인 부서원과 언제든 커뮤니케이션할 수 있도록 음성통화 서비스도 제공한다. 스마트폰과 연동도 가능해 시간과 장소에 구애받지 않고 회의에 참여할 수 있는 것이 장점이다.

또한, 재택근무 중 근태관리를 위해 부서원들의 출·퇴근 시간은 JTM에 자동으로 기록된다. 또한 주당 근무 시간이 52시간에 근접할 경우 소속 부서장에게 알림톡, 이메일로 경고 알림을 발송한다.

출처: 남궁선희, 2023.2.22, 포앤비, 재택근무자 관리를 위한 '재택근무 모니터링/감시 시스템' 출시, 매일경제

입사과정에서 필요한 면접도 1차 면접의 1경우 대면 면접이 아니라 비대면 온라인 면접기법을 활용하여 지원자의 여러 특성을 확인할 수 있게 되어서, 시간과 비용을 절감할 수 있게 되었다.

그 외에도 기업에서 직접 시행하던 교육훈련도 온라인 교육훈련 프로그램을 활용하여 시간과 장소에 구애받지 않고 진행할 수 있게 되어, 대규모 교육시설이 필요 없게 되었다. 한 걸음 더 나아가서는 온라인 전문 교육기관에 의뢰하여 교육훈련 업무를 아예 아웃소싱하는 기업들도 증가하고 있다.

교육훈련만이 아니라 임금관리나 복리후생제도 관리 등도 온라인화를 통해서 외부의 전문기관에 맡기는 것도 가능해졌다. 기본적인 원칙만을 제공하면, 다양한 근로자들의 요구를 신속하게 대응하여 근로자의 만족도도 제고할 뿐만 아니라, 새롭게 추가되는 법규정에 맞추어 임금지급이나 근로시간 등도 관리가 가능하게 되었다.

1.1.2 인구구조의 변화: 고령화 그리고 다양화

1.1.2.1 고령화

경제발전의 성숙도에 따라 산업구조도 전통적인 농업과 수산업 중심에서 제조업, 그리

고 서비스업 중심으로 변화하지만 인구구조도 변화하게 된다. 과거 폭발적인 인구증가로 고민했지만 이제는 인구감소로 사회전체가 고민하고 있다. 특히 우리나라의 경우 출산률이 세계에서 가장 낮은 나라가 되었고, 신생아수가 감소함에 따라 학령인구도 급감하여 초·중·고등학교만이 아니라 많은 대학교도 폐교가 예상되고 있다.

출산률의 저하는 상대적으로 고령자의 비율을 높이는데다가, 기대 수명의 증가로 급속한 고령화가 진행되고 있다. 한국도 이제는 고령자의 비율이 20%가 넘는 초고령사회에 진입하고 있으며, 상대적으로 노후복지가 부족해서 국민연금 고갈을 막기 위해 정년 연장이 사회적 이슈로 제기되고 있다. 2013년 정년 60세가 결정된 지 10여년 만에 다시 정년 65세 화두로 제시되고 있다.

기업에서는 50세가 넘는 중장년 근로자에 대한 이직관리가 중요한 이슈로 제기되고 있으며, 정년연장에 대한 대응책으로 도입되었던 임금피크제(정년을 연장하는 대신에 임금수준을 낮추는 제도)가 법원에서 부당하다고 판결을 받고 있어서 사회적으로 혼란이 야기되고 있다.

상대적으로 고령근로자가 생산현장에서 일하게 됨에 따라 육체노동이 강조되는 경우 산업재해 예방을 위해 중장년 근로자들에 대한 작업조건 관리가 중요시되고 있으며, 안전교육의 중요성도 강조되고 있다.

업종에 따라서는 기존의 근로자들이 하던 힘든 작업에 대해서는 젊은 근로자들의 선호도가 떨어져서 외국인 근로자를 대량으로 수입해서 활용하는 예도 증가하고 있다. 건설업이나 조선업 그리고 나아가서는 농업 등이 대표적인 사례이다.

이러한 상황에서 기업들은 앞에서 살핀 ICT 기술 발전을 포함한 디지털 전환을 적극적으로 활용해서 인력에 대한 수요 규모를 줄여나가고 있다.

1.1.2.2 인력 구조의 다양화와 다양성

인구 구조의 변화에는 신생아 출생의 감소와 그에 따른 고령화만이 아니라 다양한 인력 구조의 변화가 언급되고 있다.

과거에는 여성의 경제활동 참여 수준이 높지 않았으나 이제는 여성이 적극적으로 경제활동에 참여하게 되어서 일터에서의 여성차별과 이를 해소하기 위한 의식변화와 정책적 노력이 상당한 효과를 보이고 있다.

하지만 여성에 대한 차별 외에도, 최근 급격하게 증가한 외국인 근로자에 대한 포용적 사람관리도 중요한 이슈로 제기되고 있다. 코로나19로 잠시 정체되었지만 우리나라의 농업이나 건설업 그리고 조선업 등에서 외국인근로자들의 활동은 반드시 필요한 요건이 되었다. 하지만 아직도 외국인 근로자에 대한 차별적인 인식이나 불공정한 대우는 사회적 이슈로 제기되고 있다.

그 외에도 장애인, 결혼 여부나 기타 차이에 대한 배려가 사람관리에서 중요성이 강조되고 있다.

1.1.3 일에 대한 가치관의 변화

정보통신기술 발전을 비롯하여 제4차 산업혁명에 따른 하드웨어 관점의 근본적인 변화도 일어났지만 그와 더불어 경제성장에 따라 근로자의 의식도 변화하였다.

1.1.3.1 세대에 따른 가치관 변화

시간이 흘러감에 따라 세대가 바뀌고 새로운 세대는 새로운 가치관을 갖는 것은 당연한 현상이다. 이제는 1950년대 중반에서 1960년대 초반에서 태어난 후 이제는 노동시장에서 물러난 베이비부머(Baby Boomer)들은 가난을 벗어나기 위해 좋지 않은 근로조건에서 장시간 근로를 마다하지 않았다. 그 결과 이후 세대인 X세대는 비교적 좋은 환경에서 일하기 시작했지만, 일자리를 찾던 1997년 이후 외환위기를 맞아서 대량의 정리해고와 재취업의 어려움을 겪었다.

1980년대 출생한 M세대나 2000년 전후에 출생한 Z세대는 전 세대에 비해 자라온 환경도 상대적으로 우수하고 높은 수준의 교육도 받았다. 전 세대에 비해서 자신의 의견을 잘 표현할 수 있게 되었고, 자신이 하고 싶은 일을 추구하는 성향도 강하게 보였다. 이전 세대는 경제적 수입을 위해 장시간 근로를 마다하지 않았지만 이제 기업 인력의 중심이 되어가는 MZ세대는 일과 함께 개인의 생활을 중시하는 일생활균형을 중요한 가치로 여기고, 일터에서의 부당함에 대해서도 공정을 강조하면서 변화를 추구하고 있다.

기업에서는 기성세대인 X세대 상사와 새로운 세대인 MZ세대의 부하 간에 가치관의 충돌을 예방하고 기업 공동의 목표를 추구하는 팀웍을 조성하는 데도 큰 노력을 기울여야 하게 되었다.

박스사례 **MZ세대 일자리 선택시 '워라밸' 가장 중시**

일과 삶의 균형을 뜻하는 '워라밸'. MZ세대(1984~2003년 출생자)가 직장을 선택 할 때 가장 중요시 하는 기준이었다. 연봉도 중요했지만 우선은 자신의 생활을 누릴 수 있는 여유가 있는지를 살폈다. 이 같은 사실은 한국경영자총협회(경총)가 MZ세대에 속한 1000명을 대상으로 일자리 인식조사를 한 결과로 나타났다. 이들 세대는 워라밸을 중시하면서 수도권에 있는 연봉 3000만 원대 직업을 '괜찮은 일자리'로 생각하는 것으로 나타났다.

경총에 따르면 괜찮은 일자리의 판단기준을 묻는 말에 응답자의 66.5%(복수응답)가 '일과 삶의 균형이 맞춰지는 일자리'라고 답했다. 어 '공정한 보상이 이뤄지는 일자리'(43.3%), '복지제도가 잘 된 일자리'(32.8%), '회사 분위기가 수평적이고 자유로운 일자리'(25.9%) 등 순으로 조사됐다. 반면 '정년보장 등 오래 일할 수 있는 일자리'를 꼽은 비율은 14.0%에 그쳤다. 이는 기성세대들은 정년보장 등에 중점을 둔데 비해 MZ세대들은 직장보다는 직업의 개념을 중시하고 있다는 것으로 풀이된다.

경총도 워라밸을 추구하고 물질적 보상보다는 개인적 시간의 확보를 선호하는 MZ세대의 특징을 엿볼 수 있다고 설명했다. 연봉 수준으로는 3000만 원대가 괜찮은 일자리라고 응답한 비율(50.9%)이 가장 많았다. 4000만 원대와 5000만 원 이상을 선택한 비율도 각각 27.6%, 12.2%에 달했다. 괜찮은 일자리의 지역으로는 50.7%가 '수도권'을 꼽았으며 '위치와는 상관없음'(37.7%), '지방'(11.6%)을 꼽은 답변도 있었다. 괜찮은 일자리의 예상 근속기간을 묻는 질문에는 '10년 이내'라는 답변이 35.1%로 가장 많았고 '정년까지 계속'(29.8%), '10~20년'(27.6%), '20년 이상'(7.5%) 등의 순으로 나타났다.

또 괜찮은 일자리의 규모에 대해서는 29.1%는 '규모는 중요하지 않다'고 답했다. 이어 '300~999인'(26.0%), '100~299인'(25.6%), '100인 미만'(12.6%), '1000인 이상'(6.7%) 순이었다. 특히 중소기업에 취업할 의사가 있다는 응답자도 82.6%나 됐다. 또 '괜찮은 일자리라면 비정규직이라도 취업할 의향이 있다'고 답한 경우도 60.0%나 됐다.

출처: 파이낸스 뉴스, 2022, MZ세대의 가치관 변화... 일자리 선택시 '워라밸' 가장 중시, 5월 19일.

1.1.3.2 평생 직장 개념의 약화와 평생 직업 개념의 강화

과거에 근로자들은 회사에 취업하게 되면 한 평생을 한 직장에서 일하는 것을 바람직한 가치로 여겼다. 선배와 후배 사이에 좋은 관계를 유지하려고 해서 공식적이고 비공식적인 모임이 많았으며, 입사 동기들과는 보이지 않는 경쟁도 하였다. 하지만 MZ세대가 중심이 되어 가면서 기존의 집단 문화는 개인을 강조하는 문화도 바뀌어가고 있으며, 그에 따라 부서별 회식이 없어지거나 저녁이 아닌 점심시간을 이용하는 경우도 증가하고 있다.

또한 특정 회사에 높은 경쟁률을 뚫고 입사했다고 하더라도 기대했던 일이 아니거나 임금·복리후생에 대한 불만 등으로 이직을 하는 경우가 많아지고 있다. 대기업은 물론이고 공무원 사회에서도 젊은이들의 이직이 늘어나고 있다. 우수한 인재들의 경우 또 다른 직장에서 쉽게 일자리를 구할 수 있다고 생각하기 때문이고, 과거처럼 특정 기업이나 특정 그룹 등에 소속되는 데 큰 가치를 부여하지 않는다. 이들은 내가 어느 기업에 소속되는가보다는 어떤 일을 하는가, 그리고 보상은 얼마나 되는가를 중시하기 때문에 다른 기업에서 더 나은 조건을 제공하면 이직을 하게 되고, 기존에 강조했던 조직에 대한 충성심은 큰 역할을 하지 못하게 되었다.

따라서 기업의 사람관리는 우수한 인재를 채용하고 확보하는 것도 중요하지만 다른 기업으로 떠나지 않도록 지속적으로 직무수행이나 보상에 대한 관심이 중요하게 되었다.

1.1.3.3 긱(GIG) 경제 : 비정규직, 자영업, 그리고 프리랜서

아직도 고용형태를 정규직과 비정규직으로 구분하고 비정규직은 고용이 불안하고 근로조건도 나쁘니까 정규직으로 전환해야 한다는 인식이 강하지만 최근의 고용형태는 단순히 정규직과 비정규직만을 구분하는 방식이 아니라 개인이 자유로움을 강조하는 자영업이나 프리랜서 형태의 일이 확대되고 있다.

근로자로서의 계약은 변화하는 개인의 상황을 반영하지 못할 뿐 아니라 워라밸을 유지하기 어렵기 때문에 기업들이 필요에 다라 계약직이나 임시직을 고용하는 상황인 긱(gig) 경제를 반영하여 근로자들도 원하는 시간에 일하고 원치 않으면 일하지 않는 형태의 긱(gig) 근로자들이 증가하고 있다. 이들은 근로자라고 보기는 어렵고 오히려 자영업자의 특성을 가진다고 할 것이며, 원하는 일만 선택해서 하는 프리랜서의 형태도 증가하고 있다.

이러한 상황에 대해서 제대로 적응하려면 기업의 사람관리도 그에 맞추어 적응해야 할 것이다.

1.2 HR을 보는 관점 : 경영자와 직원

1.2.1 경영자가 HR을 보는 관점

과거에도 기업에서 사람관리는 '인사가 만사다'라는 말과는 달리 재무관리나 마케팅에 비해서 상대적으로 중요성을 인정받지 못했다. 경영진에서는 사람관리에 대한 전문성을 인정하기보다는 특별한 지식이 없이도 할 수 있는 일을 사람관리라고 생각했다. 그래서 사람관리에 대한 전문성이 전혀 없어도 사람관리 책임자에 발령을 내는 경우가 많았다.

1.2.2 직원이 HR을 보는 관점

경영진도 사람관리를 중요하게 생각하지 않았지만 직원들도 사람관리는 그저 채용하고 근로시간을 잘 계산해서 임금을 주는 정도로 생각했다. 그렇다보니 직원들은 사람관리 기능에 대해서 큰 매력을 느끼지 못해서 사람관리 직무를 수행하더라도 기회가 되면 다른 직무에 전환하려는 근로자들이 많았다.

1.3 HR의 바람직한 역할

비록 기업 내외에서 사람관리에 대해서 그 중요성을 인정하지 않는다고 하더라도 기업 경영에서 사람관리를 제대로 못하면 해당 기업의 지속가능함을 보장할 수 없는 기본적이고도 필수적인 역할이다.

물론 사람관리 기능은 해당 부서에서 독자적으로 할 수 있는 일은 아니다. 기업의 중장기 사업전략에 맞추어 전문 인재를 채용하고 관리해야 하며, 해당 인재들이 회사에 계속 남아서 일할 수 있도록 유지관리에도 힘을 기울여야 한다.

1.3.1 기업전략과의 연계

사람관리의 방향은 기업의 전략적 방향과 연계되어야 한다. 이 부분이 사람관리 부서의 가장 중요한 역할이라고 할 것이다. 경영전략이 안정적이고 큰 변동이 없다면 그에 따른 사람관리를 해야 할 것이며, 경영전략이 수시로 변경되고, 사업내용도 변화가 크다면 그에 따라 탄력적이고 신축적으로 사람관리가 이루어져야 한다.

전통적인 제조업에 속한 기업이라면 안정적인 면이 강해서 인력운영도 안정적으로 하면 되지만, 신규사업을 지속적으로 창출해야 하는 기업이라면 아이디어가 실천되기 위해서는 신속하게 필요한 인재가 공급될 수 있도록 사람관리가 이루어져야 할 것이다. 국내 사업에 집중되어 있다면 글로벌 인재 채용의 중요성이 높지 않지만, 글로벌 사업이 높은 비중을 차지한다면 글로벌 사람관리 기능이 충실해야 할 것이다.

1.3.2 인재상의 정립과 사람관리에 적용

기업들은 채용에 대해 청탁이나 비전문성을 이유로 채용의 전반적인 과정을 외부에 위탁하기도 하지만, 최종적인 선발과정은 해당 기업이 직접 진행할 필요가 있다. 그런데 이 최종적인 선발과정에서는 사람관리 부서에서 제공하는 인재상을 정확하게 파악하고 그에 따라 인재를 채용해야 한다. 그렇지 못하면 조직과 사람간의 관계가 제대로 설정되지 못해서 필요한 인재를 채용하는데 실패하게 되고, 필요한 인재를 선발했다고 하더라도 오래지 않아 기업을 떠나는 결과를 맞게 된다. 따라서 사람관리 부서에는 회사의 경영진과 협의를 통해서 기업이 필요한 인재상을 정확하게 설정하고, 그러한 인재상을 구체적인 특성으로 정리해서 제공함으로써 기업은 해당 인재를 선발하고, 또한 지속적으로 육성할 수 있어야 한다.

1.3.3 다른 부서와의 협업

기업에서 필요한 인재상을 정하는 것은 사람관리 부서에서 독자적으로 수행할 수 있는 것이 아니다. 기업의 필수적인 영역인 기획, 재무, 마케팅, 생산, 서비스 부서 등과 지속적이고 체계적인 소통과 협업을 통해서 진정으로 필요한 인재상을 정립하고 그에 따른 인재를 확보하고 유지해야 한다.

우수한 인재를 확보한 이후에 해당 인재가 특정 부서에서 요구하는 업무를 제대로 수행하도록 하기 위해서는 제대로된 업무가 부여되어야 한다. 이를 위해서는 실제 업무를 수행하는 부서에서 필요한 업무를 구체적으로 정리하여 제시하여야 한다. 이를 바탕으로 부서별로 또는 사업별로 요구되는 인재상에 대해 정립할 수 있다.

인재상이 정립된 이후에는 직무수행에 대한 평가가 이루어져야 하는데 이 평가도 사람관리 부서에서 하는 것이 아니라 현업부서에서 진행하여야 한다.

1.3.4 효율적인 사람관리 기능 수행

과거에는 사람관리 부서에서 인력계획부터 채용과 선발, 평가와 보상, 교육훈련, 이직관리까지 거의 모든 업무를 직접 수행했지만 이제는 전략적인 판단을 해서 사람관리 부서에서 직접 수행할 것인지 아니면 외부에 위탁하여 수행할 것인지를 결정해야 한다.

사람관리 부서는 수익창출 부서가 아니라 비용관리 부서이기 때문에 인력규모도 효율적으로 구성해서 탄력적으로 운영할 필요가 있다.

1.4 HR의 기본 이론

사람관리의 주요 이론으로 과학적 관리이론, 인간관계 이론, 시스템 이론, 인적자원 개발 이론과 전략적 인사관리이론을 들 수 있다. 과학적 관리이론(Scientific management theory)은 프레드릭 테일러(Frederick Taylor)가 제안한 과학적 관리법이 이론의 기반이 되며, 작업의 효율성과 생산성 향상을 목표로 한다. 이 이론은 작업 과정을 분석하고, 작업 단계별로 최적화된 방법을 찾아내어 일의 분업화를 적용함으로써 더 나은 성과를 얻고자 한다. 특히 과학적 관리 이론은 시간과 운동 연구, 작업 표준화, 인센티브 제도 등을 통해 작업 효율성을 높이려고 한다.

인간관계 이론은 엘튼 메이요(Elton Mayo)와 호손 실험(Hawthorne Experiment)을 기반으로 하는 이론으로, 직원들의 동기부여와 만족도를 높이는 것이 조직의 성과에 영향을 미친다고 주장한다. 인간관계 이론은 인간의 정신적 요소와 사회적 요소를 고려하여 경영 활동을 수행하며, 직원들 간의 소통과 협력, 감정 지원 등을 강조한다. 즉, 조직에서 인간의 정서적 측면과 조직 내 인간관계인 사회적 측면을 강조하는 이론이다. 고전이론에 나타난 결함들을 보완하기 위해 개발되었으며, 조직 구성원과 주변 환경과의 조화 및 상호작용을 강조한다.

시스템 이론(system theory)은 시스템 조직 전체를 하나의 시스템으로 보고, 서로 상호작용하는 부분들을 적절하게 관리하며, 조화롭게 작동하도록 하는 것을 목표로 한다. 인적 자원 관리에서의 시스템 이론은 인사 기능과 다른 조직 기능들이 상호 연결되어 작동해야 효과적인 인적 자원 관리를 수행할 수 있다고 주장하고, 이 조직 내부와 외부의 상호작용을 강조하며, 조직 내부의 부분들이 서로 의존적인 관계를 가지고 있음을 강조한다.

인적자원개발 이론은 조직 내부의 인적자원을 개발하고 활용하는 것을 목적으로 하는 이론이다. 인적자원개발 이론은 조직 내부의 인적자원의 가치를 인식하고 그들의 능력을 개발하며, 조직의 성과를 향상시키는 것을 목표로 한다. 이론은 교육학, 심리학, 경영학 등 다양한 분야에서 발전해왔으며, 학습이론, 인지이론 등 다양한 이론들이 적용되고 있다. 그러므로 직원들의 능력과 역량을 개발하는 것을 중요시하며, 교육과 훈련, 경력 개발, 인재 육성 등을 통해 인력의 가치를 높이려고 하고 조직의 성장과 발전을 위해 지속적인 인력 투자가 필요하다고 강조한다.

전략적 인적자원관리(Strategic Human Resource Management, SHRM)은 인사관리 활동을 조직의 전략적 목표와 연계하여 수행하는 관리 접근법이다. 기존의 인사관리가 단순한 관리적 업무에 초점을 맞추었다면, SHRM은 인적 자원을 조직의 전략적 자산으로 보고 이를 통해 경쟁력을 높이고 성장을 촉진하는 데 목표를 두고 있다.

위에서 본 다섯 개의 대표적인 이론은 실무와 학계에서 활용되어 변하는 사람관리 흐름을 잘 설명해왔다.

1.5 HR의 기능과 세부 영역

사람관리의 기본적인 역할은 기업에서 필요한 인력을 추정하고 해당 인력을 확보하며, 수습을 통해 배치하고, 직무를 부여하며, 직무수행 결과에 대해 평가하고 보상하는 일이 기본적이다. 좀 더 구체적으로 살펴보기로 하자.

1.5.1 인력계획

기업은 기본적으로 사람과 자본으로 구성되는데 사람은 대체로 외부에서 충원하게 된다. 사람관리는 회사에서 필요로 하는 인력이 어떠한 전문성을 가진 인력인지 그리고 어느 규모로 필요한 지에 결정하는 데서부터 시작한다. 이를 위해 사람관리 부서는 회사의 전략기획부서 그리고 현업부서와 논의한 이후에 인력이 필요한 분야, 인력의 규모, 계약 형태, 그리고 인력확보 방안 등에 대해서 결정하게 된다.

계약 형태를 보면 일반적으로 정규직 충원을 하게 되지만, 프로젝트 중심으로 신규사업을 전개하거나 벤처사업 등을 추진하는 경우에는 정규직이 아니라 프로젝트 기간 동안 계약직으로 충원한다. 산전후휴가나 육아휴직, 병가 등과 같이 특별한 사유가 존재하는 경우에 대체인력을 계약직으로 충원하게 된다. 또한 전문인력이나 업무보조 인력 등에 대해서는 인재파견회사를 활용할 수도 있다.

인력확보는 주로 외부에서 충원하지만 회사가 전략적으로 중장기 전문인력을 육성하고자 하는 경우에는 내부나 외부 교육훈련육성 기관을 이용하여 회사의 임원이나 특수한 분야 인력을 육성하기도 한다.

1.5.2 모집과 선발

필요 인력을 외부에서 충원하는 경우에는 흔히 채용이라는 말을 사용하는데 구체적으로는 보다 많은 지원자를 확보하기 위한 모집 과정과 지원자 중에서 적임자를 찾는 선발 과정으로 구분할 수 있다. 과거에는 신문 등을 통해서 인력모집 광고를 했지만 이제는 사람인이나 알바몬같은 인터넷 인력 모집 포털을 활용하는 것이 일반적이다. 인력 모집 광고에는 모집분야(직무내용), 모집 규모, 정규직 여부, 근무지역, 근무시간과 임금수준, 그리고 기타 주요 사항에 대해서 안내한다.

선발은 지원자 중에서 적임자를 찾아가는 과정으로 대체로 1차 과정은 지원서를 검토하여 지원자격을 갖추고 있는 지를 확인하는 서류 심사과정이고, 이후에는 필기시험을 치르거나 필기시험 없이 면접을 치르게 된다. 면접은 대면 면접 또는 온라인 면접 등으로 시행되며, 실무자 수준과 임원 수준의 다단계 면접으로 이루어지는 경우가 많다.

최근 선발 과정에서는 공정성이 매우 중시되고 있고, 성별, 연령, 혼인여부, 장애 등과 같이 직무수행과 상관이 없는 기준을 적용하는 경우 차별로 인정되는 경우가 많아서 이에 대해서는 특별히 유념하여 선발과정을 진행하여야 한다.

1.5.3 배치, 직무부여, 수습

지원자가 신체검사 등을 포함하여 최종적으로 합격하게 되면, 부서에 배치되어 할당받은 직무를 수행하게 된다. 정규직의 경우에도 대체로 3개월 정도의 수습기간을 거치는데, 이 수습기간은 회사와 직원이 서로 이해하는 과정이라고 할 수 있다. 수습기간 동안 직원은 수행해야 할 직무에 대해 배우고 익히게 되며, 사내 규정이나 회사의 문화 등에 대해서도 익숙해지게 된다.

회사의 입장에서는 수습기간 동안 자격증, 필기시험, 면접 등을 통해서 알게 된 신입직원의 직무수행 역량에 대해서 실질적으로 확인을 하게 되며, 직무수행에 필요한 대인관계나 의사소통 능력 등에 대해서도 확인하게 된다. 정규직으로 채용되었다고 하더라도 수습기간중에는 회사가 직무부적응, 직무수행능력 부족 등과 같은 상대적으로 폭넓은 이유를 적용하여 해고할 수 있다.

1.5.4 평가, 보상 및 교육훈련

일을 했으면 그에 상응하는 보상을 하는데 이 과정에서 평가가 이루어진다. 직무수행에 대한 평가는 주로 상사가 하지만 동료들도 평가하며, 필요한 경우에는 부하가 상사를 평가하기도 한다. 상사의 평가, 동료의 평가, 부하의 평가 등을 모두 시행하는 경우 전방위 평가 또는 360도 평가라고 부르기도 한다. 평가내용은 직무수행결과에 대한 양적인 부분과 질적인 부분 외에 대인관계나 의사소통 능력과 같은 조직 구성원으로서의 역할에 대한 평가로 구성된다.

그리고 이러한 평가 결과에 대해 임금으로 보상을 하는데, 임금 중에는 직무수행평가 결과에 상관없이 지급되는 고정적인 성격의 기본급이 있고, 평가결과에 따라 차등화되는 변동적인 성격의 성과급이 있다. 기본급을 결정하는 임금체계의 대표적인 유형으로는 근속연수를 기준으로 지급하는 호봉제 연공급, 직무의 난이도나 가치를 기준으로 지급하는 직무급, 근로자가 보유한 숙련도를 기준으로 하는 기술급 등이 있다. 변동적인 성격의 성과급에는 근로자 개인의 직무수행결과를 반영하는 개인차원의 성과급도 있지만, 팀이나 부서의 성과, 나아가서는 공장이나 회사 단위의 성과를 반영하는 집단 성과급도 있다.

보상에는 흔히 임금이나 복리후생과 같은 물질적인 보상을 생각하지만, 우수한 성과를 보인 근로자를 승진시키는 것도 중요한 보상방법이다. 특히 우리나라의 경우 체면문화가 아직도 자리잡고 있어서, 파격적인 승진이 이루어져서 상사가 나이가 어린 경우, 부하이지만 나이가 많은 경우에 기업문화를 관리하는 데 어려움을 겪을 수 있다.

직무수행결과에 대해 평가를 하게 되면, 특정한 결과의 경우 개선가능성이 발견되고 이를 보완하기 위해서 교육훈련이 이루어지게 된다. 과거에는 사내에서 대면 강의를 하거나 개인적으로 상사가 부하를 지도하는 직장내 훈련 또는 현장 훈련(on-the-job training)이 많았지만, 요즈음에는 온라인 교육훈련도 많이 활용되고, 외부에 위탁하여 진행하는 경우도 있다.

1.5.5 유지관리 및 이직관리

사람은 물건이나 원재료와 달리 상황에 따라 그리고 시간이 흐름에 따라 생각도 바뀌고, 의지도 바뀐다. 따라서 정규직으로 채용했다고 해서 앞으로 계속 다닐 것으로 간주해서는 안 된다. 실제로 대기업의 경우도 신입사원의 다수는 입사 후 1년 이내에 퇴사를 한다. 상당한 기간 동안 회사에 다니는 중견사원도 다른 기업에서 좋은 조건을 제시하는 경우 쉽게 이직을 하게 되고, 회사는 오랜 기간 동안 육성한 인재를 빼앗기는 경우가 발생하게 된다. 특히 중소기업의 경우 잘 키운 사원을 대기업에 빼앗기는 일이 흔하게 발생한다. 따라서 대기업이든 중소기업이든 사원을 외부에 빼앗기지 않도록 유지관리를 잘해야 한다.

흔히 유지관리에서 가장 중요한 것은 높은 임금이나 연봉이라고 생각하지만, 실제 이직하는 사유를 보면 임금과 같은 금전적인 요인 외에도, 장래 비전의 부족, 직무에 대한 흥미 부족, 상사나 동료와의 관계와 같은 비금전적인 요인이 더 많은 비중을 차지한다. 따라서 사람관리 부서는 금전적인 내용만이 아니라 비금전적인 내용에 대해서도 지속적으로 관심을 가져서 인재가 회사를 떠나가지 않도록 관리할 필요가 있다.

유지관리에 대비되는 이직관리는 회사와 근로자와의 관계가 종료되는 것인데, 정년퇴직도 있지만 명예퇴직과 같은 경우도 있다. 명예퇴직은 정년 이전에 인센티브를 주면서 퇴사를 권유하는 제도이다. 회사는 잉여인력에 대한 부담을 줄일 수 있고, 근로자는 새로운 직장을 찾아서 떠날 수도 있지만, 어중간한 나이에 이직함으로써 이후 삶이 불편해질 수도 있다. 명예퇴직 외에도 근로자가 회사의 규정을 지키기 않고 중대한 잘못을 범했을 경우에는 징계해고를 할 수도 있다.

1.5.6 복리후생관리

기업이 근로자의 노동에 대해 보상하는 가장 중요한 사항은 임금이다. 하지만 기업은 근로자에게 임금만이 아니라 법에서 정한 4대 보험료(국민연금, 건강보험, 고용보험, 산재보험)에 대한 보험료를 납부하고 있으며, 대기업의 경우에는 육아 지원제도로 어린이집도 반드시 제공해야 한다.

이러한 법정 복리후생 외에 기업들은 다양한 복리후생 제도를 제공하고 있는데 예를 들면 사내 휴게실, 구내 식당, 도서실, 헬스장이나 체육관과 같은 건강증진시설, 휴양소나 콘도, 치과보험 등이다. 하지만 아무리 다양해서 근로자들의 욕구를 충족하기 어렵기 때문에 기업들은 카페테리아식 복리후생제도를 운영하고 있다. 이는 일정한 수준의 복지포인트를 제공하며, 개인적인 상황과 취향에 따라 복지포인트를 사용하여 특정 복지제도는 집중적으로 이용하지만, 다른 복지제도는 이용하지 않는 것이다. 예를 들어 어린이집을 이용할 일이 없는 비혼 근로자의 경우에는 그 대신에 휴양소나 콘도 이용을 더 많이 할 수 있도록 하는 것이다.

최근에는 이러한 복리후생제도 관리를 아예 외부에 위탁해서 운영하는 경우도 있다. 대기업이 아니라면 다양한 제도를 운영하는 것이 비효율적이기 때문에 외부 전문기관에 위탁해서 운영하기도 한다. 여러 기업이 공동으로 운영할 수 있다면 더 다양한 복리후생을 더 저렴하게 학 제공할 수 있기 때문이다.

1.6 한국의 경영과 HR

우리나라에 미국식 경영이 도입된 것은 광복을 맞은 이후 미군정이 시작되면서라고 할 수 있다. 그 이전에는 독일에서 영향을 받은 일본식 경영방식이 우리나라의 주된 경영방식이라고 할 수 있다. 미군정이후 6·25전쟁을 겪으면서 우리나라는 경제적으로 더욱 어려워졌고, 이러한 상황에서 민간부문 경제는 보잘 것 없었지만, 국가에서는 기간산업을 구축하기 위해서 원조자금을 바탕으로 소위 삼백(三白, 세 가지 하얀색)공업이라 불리는 면방직(면), 제분(밀가루), 제당(설탕) 등에서 기업을 설립하고, 미국식 경영방식을 도입하여 적용하였지만 실제로 잘 작동하지 않았다.

1.6.1 그룹차원의 인력계획과 대규모 공개채용

최근에는 사라지고 있지만 1960년대 말부터 시작된 우리나라 대학 졸업자 채용은 삼성그룹, 현대그룹, LG그룹, SK그룹, 롯데그룹과 같이 기업 단위가 아니라 그룹 단위로 시행된 대규모 공채가 일반적이었다. 특히 이공계열의 경우 전공을 중시하였지만, 기획 · 인사 · 재무 · 영업 · 마케팅 분야 같은 인문사회 계열의 경우 대학에서의 전공을 구분하지 않고 채용하였다.

이러한 대규모 공채는 그룹의 힘을 과시하면서 소속감을 제고하는 성과도 있지만, 인문사회계열 졸업자들에 대해서는 전공의 중요성을 고려하지 않았다는 점을 보여준다. 그렇다보니 전공별로 임금에 차이를 두기 어려워서 입사 시점에는 모두 같은 수준의 임금을 지불하였고, 근속연수와 승진에 따라 임금이 상승되었다. 특정 그룹에서 매년 수백 또는 수천 명씩 같은 시기에 입사한 동기들은 나름대로 내부 경쟁을 거쳐서 승진을 하고 임원도 하게 되었다. 하지만 이제는 전공을 따지지 않는 채용은 줄어들고, 특정한 분야별로 모집하고 있으며, 그 결과 대부분의 그룹들이 대규모 공개채용을 더 이상 하지 않게 되었다.

박스사례 **삼성그룹 하반기 신입사원 공채 시작 … 5대 그룹 유일 대졸 공채**

삼성그룹이 6일부터 올 하반기 대학 졸업자 대상으로 공개채용를 시작한다. 삼성은 5대 그룹 중 유일하게 대졸 공채 모집을 유지하고 있다. 올해부터 채용 규모를 20% 확대해 앞으로 5년 동안 총 8만 명을 신규 채용할 계획이라고 삼성은 밝혔다. 삼성은 20개 계열사가 참여하는 올 하반기 공채 절차를 6일부터 실시한다고 밝혔다. 이번에 신입사원을 공채 모집하는 계열사는 삼성전자, 삼성디스플레이, 삼성전기, 삼성SDI, 삼성SDS, 삼성바이오로직스, 삼성물산, 삼성엔지니어링, 삼성생명, 삼성화재, 삼성증권, 삼성카드, 호텔신라, 제일기획, 에스원 등 20곳이다.(중략)

삼성은 5대 그룹 가운데 유일하게 신입사원 공채 제도를 유지하고 있다. 1957년 국내 기업 중 최초로 공채를 도입했다. 고 이건희 회장(2020년 작고)의 '여성인력 중시' 철학에 따라 1993년 국내 최초로 대졸 여성 신입사원 공채도 신설했다. 1995년에는 입사 자격요건에서 학력, 국적, 성별, 나이, 연고 등을 제외하는 '열린 채용'을 실시했다고 삼성은 밝혔다.

삼성은 앞으로도 공채 제도를 유지하는 한편 고용 규모도 늘릴 예정이다. 청년 일자리 확대와 미래세대 육성을 위해 지난 3년 간 4만 명을 신규 채용했다. 올해부터는 채용 규모를 20% 확대해 앞으로 5년 동안 총 8만 명을 신규 채용할 계획이다. 삼성은 이번 공채를 통해 양질의 청년 일자리 창출

약속을 이행하는 한편 우수인재를 더 성장시켜서 회사와 국가 미래 경쟁력 제고에도 기여할 수 있을 것으로 기대하고 있다.

이재용 삼성전자 부회장은 지난해 영상 메시지를 통해 "기업인의 한사람으로서 더 많은 일자리를 만들지 못해, 무거운 책임감을 느낀다"며 "삼성은 세상에 없는 기술, 우리만이 잘 할 수 있는 분야에 더 많이 투자하고, 더 좋은 일자리를 만들겠다"고 밝힌 바 있다. 삼성전자는 국내에서 임직원 수가 가장 많은 기업이다. 삼성전자의 임직원은 지난해 말 기준 11만3485명으로, 전년 동기에 비해 약 4000명 늘어난 역대 최대 규모다.

출처: 이윤정, 2022.9.6, 삼성그룹 하반기 신입사원 공채 시작…5대 그룹 유일 대졸 공채, 경향신문

1.6.2 유교문화와 호봉제 연공급

우리나라는 과거에 비해서 상당한 수준으로 서구화되었지만 여전히 장유유서와 같은 유교적 가치관이 남아 있다. 그래서 기업에서는 특별히 일은 잘하지 못하지만, 근속연수가 긴 소위 선배 직원에 대해 예의를 갖추는 노력이 필요하다. 이러한 이유로 임금제도에서도 성과가 아닌 근속연수를 반영하는 호봉제 연공급이 오랫동안 기본급을 정하는 임금체계로 자리잡아 왔다.

물론 지금의 MZ세대는 이러한 임금인상 방식이 공정하지 못하다고 반대한다. 나이가 많은 게 중요한 게 아니고, 오래 일한 게 중요한 것이 아니라 일을 잘하는 게 중요하다고 주장한다. 이를 바탕으로 수행하는 직무나 기술을 반영하는 직무급이나 기술급을 공정하다고 강조한다.

하지만 한 기업에 취직해서 평생을 보낸다고 가정한다면, 호봉제 연공급을 적용하여 입사 초기에는 일한 것보다 적게 받지만 나이가 들어서 일한 것보다 더 받게 되어 생애임금 총량으로는 공정하다고 볼 수도 있다. 한 세대 전만 하더라도 취업해서 나이가 들면 결혼하고 자녀를 키우는 것이 일반적이었고, 그에 따라 소비해야 하는 비용이 많이 들어가기 때문에 호봉제 연공급이 공정한 임금체계였다. 하지만 평생 한 직장에서 수십 년 일할 수 있다는 전제가 사라진 지금 근속연수에 따라 임금이 상승하는 호봉제 연공급은 공정하다고 하기 어렵다.

1.6.3 평가의 어려움과 자동승진

우리나라는 농경문화를 바탕으로 해서 개인단위 평가가 어려운 문화를 가지고 있다. 풍년이 들면 마을 사람 모두가 풍년이고, 흉년이 들면 마을 사람 모두가 흉년이다. 하지만 수렵문화의 경우 마을 사람들이 함께 사냥을 나가도 사슴에게 화살을 맞춘 사람이 있고, 그 사람에게 더 많은 사슴고기를 가져가도록 하는 게 공정했다. 이러한 역사적 배경을 바탕으로 우리말에는 '나'라는 개념보다는 '우리'라는 표현을 많이 사용한다. 혼자 살면서도 '우리' 집에 놀러 오라고 하지 '내' 집에 놀러 오라고 하지 않는다. 부부가 상대방에게 소개할 때도 흔히 '우리 남편'이라는 표현을 사용한다. 해석해 보면 말도 안 되는 표현이다.

이와 같이 우리나라는 여전히 집단주의가 자리잡고 있어서, 개인을 평가하는 데 어려움을 겪는다. 회사에서 상사가 부하를 평가하거나, 부하가 상사를 평가할 때 또는 동료 평가를 할 때에도 서술식으로 평가하기보다는 표를 만들어서 항목을 제시하고 해당 항목에 대해 1점에서 5점까지 부여하는 방식으로 평가하도록 한다. 그리고 상대평가가 아닌 절대평가를 활용하기도 한다. 물론 평가가 주관적이기 때문에 양적인 평가를 하기 위한 이유도 있지만, 개인적인 평가가 어렵기 때문인 이유도 있다. 서양의 경우 상사는 하얀 백지에 부하의 성과를 평가하도록 한다. 평소에 세심하게 관찰해야 제대로 평가할 수 있다.

그렇다 보니 우리나라의 경우 하위직급에서는 자동승진이 많다. 그것도 사원에서 2년 지나면 주임, 주임에서 2년 지나면 대리, 대리에서 3년 지나면 과장으로 승진하는 방식이다. 물론 업무성적이 매우 나쁘면 승진을 못할 수도 있지만, 99%는 중간 직급까지는 승진한다고 보면 된다. 근속연수가 쌓이면 승진하는데, 이는 경력이 쌓이면 그만큼 일을 잘할 것이라고 전제하는 승진방식이다. 승진할 만한 직원이 승진하는가에 대한 문제는 타당성이라고 볼 수 있는데, 이 타당성은 확신할 수 없지만, 근속연수라는 매우 객관적인 기준을 사용하기 때문에 공정성에 대해서는 이의를 제기하기 어렵다.

회사에서도 부장이나 임원승진의 경우에는 업무실적, 인성, 미래성과 창출 가능성 등을 고려하지만, 중하위직의 경우 아직도 자동승진이 일반적이고 이는 우리나라의 유교문화 등을 반영한 특징을 가지고 있다고 설명할 수 있다.

1.6.4 평생고용과 장기근속

평생고용 개념은 일본에서 먼저 유행했다. 제2차 세계대전 이후 패전국인 일본이 급속하게 성장한 이유로, 사람관리 분야에서는 평생고용이란 개념을 든다. 한 직장에 취업해서 평생 동안 일하는 것이다. 근로자의 충성도 중요하지만 회사에서 그만큼 잘 관리하는 것도 중요하다. 근로자의 근속기간이 늘어나게 되면, 회사는 신입사원 채용과 교육훈련 등에 대한 시간과 비용을 절감할 수 있다. 신입사원들이 회사에 적응하는 기간도 필요 없게 된다.

1960년대 우리나라가 경제성장을 추구하던 시기에 시골에서 기업에 입사한 젊은이들은 회사에 평생 일한다는 생각이 약해서 명절 때 귀향하면 회사에 돌아오지 않는 경우가 많았다. 그래서 당시에는 회사가 지방의 각 지역마다 전세버스를 운영해서 귀사를 돕기도 했다. 이후 대기업의 공채도 특정 그룹이나 기업에 대한 소속감을 높였고, 많은 젊은이들은 한 기업에 평생을 바치는 것을 바람직한 가치로 생각했다. 근속기간이 늘어나게 되면 인력계획도 안정적으로 세울 수 있으며, 교육훈련비용을 회수하는 기간이 늘어나서 적극적으로 교육훈련에 투자할 수 있다.

하지만 장기근속이 많아지면 새로운 신규입사자가 줄어들어 변화에 수동적이 되고, 때로는 변화에 저항하는 조직관성의 문화도 형성되게 된다. 기업의 대외 환경변화에도 적극적으로 대응하는 능력도 떨어져서, 회사의 지속가능한 발전에 장애요인으로 작용하기도 한다.

박스사례 SK의 조직변화와 HR

SK그룹은 코로나19 위기 상황에서 조직 변화 폭을 최소화하면서도 전문성이 높은 인재를 확보하고 능력과 성과를 중심으로 인사관리를 강화하고 있다. 이를 위해 SK그룹 회장 최태원은 이사회 중심의 지배구조 혁신을 강조하며, 경영진과 직원들에게 적극적인 참여와 소통을 요구하고 있다. 또한, SK그룹은 디지털 기술의 발전과 코로나19로 인한 원격 업무 환경 변화에 대응하기 위해 기존 조직 구조를 개선하고 있다. 이를 통해 '밸류 중심의 네트워크팀으로 조직 형태 변화'를 추진하며, 세로 기반의 조직에서 가로 기반의 팀 협업을 중심으로 한 조직으로 전환하고 있고 효율적인 의사결정과 빠른 실행력을 향상시키기 위한 목표를 달성하려 한다.

다음으로 SK그룹은 기업대학을 설립하여 운영하며, 상장기업 중심으로 인적자원개발 ROI(HRD ROI)를 측정하여 경쟁사와 비교분석하였다. HRD ROI 관점의 분석 결과, 인적 자본이나 재능 자본을 위한 교육 훈련비를 지출하는 경우 ESG 관점에서 자본시장의 긍정적 평가를 받을 수 있음을 알 수 있다. 이는 기업의 가치 증가를 의미하며, 경쟁사 대비 상대적인 우위적 시장 가치를 창출할 수 있다는 것을 시사한다. 이러한 분석을 통해 다양한 추가 분석과 기업 교육에 대한 논의가 가능하다고 볼 수 있다.

출처: 김지웅, 류태웅, 한호천, 정용철, 2021.12.2, 삼성그룹 하반기 능력.성과 중심 인사. SK하이닉스 40대 사장도, 전자신문. /김상준, 조희진, 허두회. (2022). ESG 관점에서의 기업교육 가치: SK 그룹의 사례를 중심으로, 전략경영연구, 25(2), 31-59.

박스사례 기술혁신과 사람의 중요성 변화, 사람의 대체 – AI

기술이 혁신적으로 발전하면서 조직 내 사람 역할 및 중요성에 변화가 오고 있다. 즉, 기술혁신으로 인해 인공지능과 자동화 기술이 급속하게 발전 중이다. 이로 인해 많은 기업들이 생산과 서비스 프로세스를 효율화하며, 단순 반복적인 업무를 대체하고 있다. 예를 들어, 고객 서비스 산업에서는 AI 기반 챗봇이 고객 응대 업무를 대체하고 있으며, 제조업에서는 로봇 기술이 생산 라인에서의 작업을 대신하고 있다.

이에 따라 사람 역할과 필요로 하는 스킬이 변하고 있다. 기술의 발전으로 단순 반복적인 업무가 대체되면서 사람들의 역할은 창의성, 협업, 인간 간 상호작용, 의사결정 능력 등의 중요성이 부각되고 있다. 예를 들어, 데이터 분석가들은 AI와 빅데이터 기술을 활용하여 보다 정확한 예측과 전략적 의사결정을 내릴 수 있게 되었고, 디자이너들은 혁신적인 제품과 서비스를 개발하기 위해 AI와 협업하며 창의적인 아이디어를 구상하고 구현하고 있다.

더불어, 기술혁신으로 인해 기존의 일자리가 줄어들고 새로운 일자리가 생겨나는 변화가 있다. 이에 따라 교육과 평생 학습의 중요성이 강조되고 있다. 예를 들어, 코딩 교육이 초등학교에서부터 실시되는 것이 일반화되었으며, 많은 직장인들이 MOOCs(온라인 공개수업)와 온라인 교육 플랫폼을 통해 평생 교육을 이어가고 있다. 또한, 기술혁신으로 인해 원격근무가 가능해지면서, 전 세계 어디에서든 일할 수 있는 디지털 노마드가 등장했다. 이들은 다양한 국가와 문화를 경험하며 일하고 생활하며, 새로운 가치와 경험을 창출해 나가고 있다. 디지털 노마드의 등장은 기업들에게 글로벌 인재를 확보하고 다양한 시각을 수용할 수 있는 기회를 제공하며, 직원들에게는 더 큰 자유와 새로운 경험을 가져다주고 있다.

또한, ChatGPT와 같은 생성형 AI 등장으로 인해 AI 및 로봇과 사람의 협업이 중요해지고 이에 대한 관리도 중요해지고 있다. AI와 로봇은 다양한 업무에서 인간의 능력을 향상시키고, 업무 효율성을 높이며, 일부의 반복적이고 노동집약적인 작업을 대체할 수 있지만 기술 혁신에도 불구하고 인간의 창의성, 감성, 복잡한 상호작용 능력은 여전히 AI와 로봇이 대체하기 어려운 영역이다. 따라서 AI, 로봇과 사람의 협업 관계는 서로의 강점을 보완하고, 더 나은 성과를 이루기 위한 중요한 요소로 작용한다. 구체적으로 공장 작업 로봇은 물리적 노동을 수행하고, 위험한 환경에서 작업을 처리하는 반면, 인간은 전략적 결정을 내리고, 로봇의 작업을 감독하고, 문제 발생 시 적절한 대응을 할 수 있다. 의료 분야에서 AI와 로봇은 의료진의 진단 능력을 향상시키고, 수술을 보조하며, 환자 관리를 개선할 수 있다. 인간 의료진은 여전히 환자와의 상호작용, 진료 결정, 의료 서비스의 질을 책임지는 중요한 역할을 수행할 수 있다.

다음으로 기술혁신과 사람의 대체가 진행되는 가운데, 기업들은 사회적 책임과 지속 가능한 발전에 대한 중요성을 인식하고 있다. 이에 따라 기업들은 더 나은 노동 환경을 제공하고, 인적 자원 개발에 투자하며, 환경 보호와 지역사회 발전에 기여하는 다양한 활동을 수행하고 있다. 예를 들어, 기업들은 ESG(환경, 사회, 지배구조) 지표를 도입하여 그들의 지속 가능한 경영 성과를 평가하고 투자자들에게 보고하고 있다. 이렇듯 기술혁신은 인간 역할과 중요성에 변화를 주며 새로운 영역으로의 사람관리에 관심을 주도록 변하고 있다.

출처: 이중학(2023). 데이터와 사례로 보는 미래의 직장. 클라우드나인.

박스사례 Work without job

Jesuthasan와 Boudreau가 쓴 〈Work without Jobs〉 책으로 팬데믹 이후 업무 환경이 근본적으로 바뀌고 어떻게 대응해야 할지를 이야기하고 있다. 기업은 지속적으로 목표 달성하면서 인재를 최대한 원활하게 움직이게 하고 스스로 끊임없이 재창조할 수 있도록 하는 방법을 모색해야 한다고 한다. 특히 디지털 세상에 맞춰 조직을 발전시키는 네 가지 원칙을 제시한다.

1. 업무 자체에 집중하라.
2. 인간과 자동화의 최적 조합을 찾아라.
3. 업무 참여에 있어서 기술이 가장 중요한 자산이 되는 시점을 파악하라.
4. 인재가 업무를 몰입하게 하여 마찰 비용을 지속적으로 줄일 수 있는 방법을 찾아라.

또한 인사부서에서는 사업부별이나 업무나 프로젝트를 기준으로 인력을 자유롭게 관리할 수 있는 자유로운 인력 풀(예. 기존 직원, 긱 워커, 아웃소싱 업체 등)을 만들어야 한다고 주장한다. 이를 통해 직원이 새로운 것을 시도해볼 수 있는 기회를 제공할 수 있고 전략적으로 인사관리 역시 고용 관리자에서 업무 관리자로 바뀌고, 인력을 지속적으로 관련성 있게 유지하는 방법을 알아야 한다고 주장한다.

출처: Pontefract(2022.10.2), Are we entering the era of Work Without Jobs? Forbes. https://www.forbes.com/sites/danpontefract/2022/10/02/ are-we-entering-the-era-of-work-without-jobs/?sh=19aba7b821e5 요약

정리문제

1. 다음을 간단히 정리해 보세요.
   - 사람관리의 위기란?
   - 경영자와 직원이 보는 사람관리에 대한 시각 차이
   - 사람관리의 바람직한 역할
   - 사람관리의 기본 이론
   - 사람관리의 기능과 세부 영역
   - 한국의 사람관리에 대한 고유한 특성

2. 팀보고서를 작성해서 발표해 보세요.
   - 사람관리의 현황과 미래
   - 최근 사람관리를 둘러싼 환경 요인 분석
   - 사람관리의 기본 기능과 중요한 특성의 변화 방향

토론사례

미래의 사람관리 역할과 과제

다음은 2022년 일의 미래 리모트 워크 채용 박람회 & 컨퍼런스에서 플랙스웍이 편집한 내용이다.

(앞부분 생략) 2008년 금융위기 이후 CFO의 역할과 그 중요도가 현격하게 커졌던 것처럼, 저는 이번 코로나19 이후 경험한 많은 변화를 계기로 인사(HR) 전문가의 역할과 가치가 그 어느 때보다도 더 중요하고 커지게 될 것이라고 생각합니다. 그래서 인사의 역할이 변해야만 하는 두 가지 요인과 인사(HR) 전문가로서 집중해야 할 당면 과제들 네 가지를 얘기하려고 합니다. 먼 미래가 아니라 앞으로 5~10년을 염두에 두고 드리는 말씀이고, 또 한국의 특수한 노동 환경은 배제하고 말씀드린다는 점 참고해주시면 감사하겠습니다.

우선 우리가 직면하고 있는 여러 가지 환경 변화가 많은데, 핵심은 두 가지인 것 같아요. 바로 조직 구성원인 사람과 기술, 특히 인공지능 기술인 것 같습니다. (중략) 먼저, MZ세대는 이미 우리 경제활동의 주역으로 자리 잡았죠. MZ세대의 또 하나 특징은 좀 더 다양한 삶의 가치를 추구한다는 것, 그로 인해 생각하는 일의 가치와 의미 자체도 기존과는 많이 달라졌다는 거죠. 일에 있어서의 성공이 곧 삶의 성공이던 시절이 지나고, 평생직장을 지나 평생직업도 사라진 이 시대에 예전보다는 다양한 삶의 가치를 추구하는 현상이 뚜렷해졌습니다. 이런 디지털 인류, 예전과는 다른 삶과 일의 의미를 추구하는 세대들을 위해선 어떤 인사정책과 근무환경을 만들어야 하는지 고민이 될 수밖에 없는 지점인 것 같아요.

(중략) 인공지능이 우리가 기존에 생각했던 분야보다 훨씬 광범위하게 활용될 수 있습니다. 인사 분야까지도 인공지능이 가능하겠다는 불안감이 살짝 들기도 했습니다. 그런데 생각해보면 이런 상황에서 인공지능과 싸우려 하거나 대체되지 않으려 힘쓰기 보다는 그런 기술을 십분 활용해서 인사(HR) 전문가의 핵심 역량을 강화하고, 중요한 역할에 집중할 수 있도록 고민해야 할 때라고 생각합니다. 변화의 두 축, 사람과 기술을 두고 HR 담당자들이 함께 고민해봤으면 하는 과제 4가지를 말씀드리겠습니다.

(중략) 첫째, HR 자동화입니다. 따라서 HR 즉, 인사 담당자의 역할은 오히려 이러한 시스템을 정말 정교하게 디자인하고 좀 더 풍부한 콘텐츠를 개발해 적용하는 것, 이런 정교한 시스템을 만드는 게 첫 번째 과제가 아닌가 생각이 들어요. 둘째, 미래의 조직역량 강화입니다. (중략) 우리는 그 어느 때보다 치열하게 조직의 역량을 강화하는데 집중해야 할 것입니다. 사업과 관련된 환경과 기술 변화를 예측하고, 사업에 필요한 미래의 핵심 역량을 우선적으로 확보하는데 총력을 기울여야 할 것입니다. 그리고 그 대상은 사람 뿐 아니라 기술 및 시스템, 툴로 확장되어야 합니다. 핵심인재 혹은 핵심기술이 창출해내는 양적 질적 차별성은 그 어느 때보다 현격해질 것이며 이러한 조직적 역량 확보 및 개발은 그만큼 사업과 조직의 존폐여부를 좌지우지할 것이니까요.(중략)

셋째, 다양한 고용 형태와 근무형태 디자인입니다. 조금 더 다양한 고용 형태와 근무 형태를 디자인해서 적극적으로 도입하고 빠르게 성공 사례를 많이 만들어야 합니다. 이것은 단순한 재택만을 이야기하는 것이 아니라 그것을 훨씬 뛰어넘는 큰 범위의 이야기입니다. 이유는 팬데믹이 다시 올 수 있고, 긱경제가 이미 활성화 단계에 접어들었기 때문이죠. 그렇기 때문에 인사(HR) 전문가들은 특정 분야에 있어서는 지금보다는 더 적극적으로 한 사람을 고용하기보다 필요한 서비스, 기술, 역량을 일정기간동안 고용하는 것을 적극적으로 제안하고, 조직구성원과 원활한 협업이 이루어지고, 충분한 몰입이 이루어질 수 있도록 하는 협업 툴, 조직문화적 제도, 계약관계 등을 만들어서 제공해야 합니다.

넷째, 일의 가치를 부여하는 역할입니다. 마지막은 조직 구성원의 몰입을 이끌어내고 조직과 일의 가치를 정의하는 역할입니다. 새로울 것이 없다고 생각하실 수 있습니다. 지금도 사실 직원 몰입도를 높이는 것은 쉬운 일은 아니죠. 그런데 앞으로는 더 어려워질 것이라는 게 많은 분들의 예측입니다.(중략) 최근 HR 직무로 Chief Purpose Planner, Distraction Prevention Coach, Employee Engagement Coach 등이 소개되고 있습니다. 그만큼 미래에도 조직 구성원들이 지속적으로 성과를 내고 혁신을 이루어 낼 수 있는 환경을 조성하고, 의미를 부여해 줄 수 있는 역할이 점차 더 중요하게 될 것입니다.

출처: 플랙스워, 2022, 미래의 HR 역할과 과제. 2022 일의 미래 리모트 워크 채용 박람회 & 컨퍼런스

• 토론 문제

1. 사람관리를 둘러싼 환경변화의 핵심요인은?
2. 미래 HR의 역할은 어떻게 정리할 수 있는가?

Chapter 02

인력계획

사람관리의 시작점으로 볼 수 있는 인력계획은 회사 전략 및 사업 방향에 맞게끔 인력을 예측하고 수요에 맞게끔 공급하는 활동이다 본 장에서는 한국의 인력계획에 대한 특성을 이해하고, 구체적인 인력계획 방법론을 공부하며, 국내 L그룹의 인력계획 사례를 살피기로 한다.

학습목표

1. 인력계획 개념 이해하기
2. 한국적 인력계획 특성 이해하기
3. 인력계획 방법론 이해하기
4. 한국 기업의 인력계획 사례 이해하기

들어가기 사례 L그룹의 인력계획

1. L그룹

L그룹은 창업주가 1967년 L제과를 모회사로 설립한 대한민국 기업집단이다. 창업주는 1942년 일본으로 넘어가 사업을 시작했는데 그러던 중 커팅오일을 만들던 자신 공장에 불이 나서 모두 재가 되고 만다. 하나미쓰라는 일본인에게 돈을 빌렸기 때문에, 돈을 갚기 위해 세탁비누, 크림 등의 유지류를 만들었고 성공적으로 채무를 갚게 된다. 이후 히카리 특수화학연구소를 차리고 특수고무를 연구하던 중에 시중의 껌을 연구하고 새로운 껌을 개발해서 출시한다. 대박이 난 껌 매출 덕분에 1948년 (주)L사를 일본에 설립하게 된다. 이후 아이스크림, 초콜릿, 캔디 등을 만들어 사업을 키웠고, 1966년 L알미늄을 세워 한국진출을 위한 기틀을 만들고, 1967년에 한국에 L제과를 만들어 사세를 확장하기 시작했다.

이후 L그룹은 식품산업을 키우는 동시에 1973년 호텔 계열사를 세워 호텔산업을 시작하고, 유통산업에도 1975년 진출하며, 1976년에는 건설업도 시작한다. 그리고 국영기업인 H석유화학을 인수해서 L케미칼 발판을 만들고, L리아 브랜드를 만들어 패스트푸드 산업도 시작하게 된다. 그 밖에도 D기획을 세워 광고업에 진출하고 L자이언츠를 창단해서 스포츠산업도 영위하고 어드벤처를 열어 테마파크도 갖게 된다. 금융업, 언론사업, 물류사업 등 여러 산업으로 확장하면서 L그룹은 사업적 전성기를 맞게 된다. 2011년 창업주는 총괄회장으로 승진하고, 이후 2세 경영이 시작하게 된다.

L그룹이 사세를 확장하게 된 계기는 1997년 외환위기 때다. 당시 창업주는 무차입 경영을 원칙으로 삼고 있었다. 그 결과 외환위기 시절 여러 기업이 부도처리되는 위험 속에서도 L그룹은 이를 기회로 삼으며 사세를 확장하게 된다. 국내에서는 두산주류, 파스퇴르유업, 우리홈쇼핑, 바이더웨이, AK면세점, 동양카드, 삼성 케미칼 부문, 현대로지스틱스, KT금호렌터카 등을 인수했으며, 해외에서는 벨기에 초콜릿 회사인 길리안, 파키스탄의 콜손, 중국의 타짐즈, 럭키파이, 인도네시아의 마크로 등을 인수하며 국내외에서 활발한 인수합병을 이뤄내며 급속도로 사세를 확장시켰다.

이같은 성장 역사를 가진 L그룹의 미션은 '사랑과 신뢰를 받는 제품과 서비스를 제공하여 인류의 풍요로운 삶에 기여한다'이며, 'Beyond Customer Expectation', 'Challenge', 'Respect', 'Originality'가 핵심가치다. 2021년 기준 공정자산 총액은 약 122조 원이며, 매출은 65조 원, 영업이익은 3.6조 원에 달한다.

2. L그룹의 인사방향

L그룹은 1997년 외환위기를 통해 사업을 확장하면서, 동시에 구조조정을 하지 않았던 것으로 유명하다. 이는 창업주가 고통을 분담하더라도 한 울타리에 있는 식구를 내치지 않는다는 믿음에서 근거했다. 하지만 이후 사업적 필요에 따라 구조조정을 진행한 바 있지만, 단순히 인력 조정 목적이 아닌 사업 재배치에 따른 목적으로 진행되어 왔다. 이처럼 L그룹이 사람을 바라보는 관점은 한 울타리 안의

구성원에게 기회를 주고 이를 육성하려는 믿음에 근거해왔다. 이는 창업주와 2대 회장이 일본 경영에서 영향을 받은 이유도 있다.

일본의 전통적인 인사관리의 특징은 근속연수에 의해 조직 내 서열이 결정되고 이에 근거하여 보상과 승진이 이뤄지는 연공서열제도, 기업은 가족의 연장선이라고 믿고 일단 고용되면 평생 책임진다는 종신고용 등이 있다. 이처럼 L그룹 역시 호봉제와 안정적 직장으로 오랜 고용을 유지해왔다. 그러나 2010년 전후를 기점으로 L그룹 역시 호봉제를 폐지하고 성과주의를 도입하며 인사관리에 큰 변화를 맞이하게 된다. 변하는 환경에 인사관리 역시 유연하게 대응할 수 있어야 한다는 믿음 하에 제도적 전환도 많이 하게 되는데 연봉제 및 직책주의가 그 예이다.

환경 변화에 맞게끔 조직 전략도 변하며 인사관리 역시나 전환되어야 한다. L그룹을 포함한 기업에서도 전략과 인사 연계는 중요한 주제라고 할 수 있다. 앙리 페이욜(Henry Fayol)은 1917년 '산업 및 일반관리'를 통해 경영에 반드시 필요한 활동을 기술했다. 이는 마이클 포터가 주장한 가치 사슬(value chain)과 유사한데, 경영을 위해서는 비즈니스의 방향성과 경영방침을 정하는 것이 중요하다고 강조한다. 계획-조직화-지령-조정-통제 과정에 따라 경영활동이 이뤄지는데, 방향성이 소위 말하는 전략이며, 이를 조직화해서 지령으로 넘어가는 과정에 인사가 개입된다. 즉, 전략과 인사는 밀접하게 관련되어 있어야 한다. 그런 의미에서 인사 역시 인사관리(Personnel Management)에서 전략적 인사관리(Strategic Human Resource Management, SHRM)로 전환되어 왔다. 즉 조직 내에서 수행하는 전략을 인사가 잘 지원하고 실행하는 데 도움이 되어야 한다는 것이다. 그러므로 전략과 인사의 연계가 더욱 공고하고 중요해져야 할 필요가 있다는 것이다.

L그룹은 전략과 인사간 연계가 공고하게 운영되는 사례로 이해할 수 있다. L그룹은 2017년 'Lifetime Value Creator'란 비전을 세우고 질적 성장 가이드라인으로서 '지속가능한 성장률 확보', '경제적 부가가치 창출', '미래가치 창출'을 내세운 후 투명경영, 핵심역량 강화, 가치경영, 현장경영을 필두로 한 경영방침으로 회사를 운영하고 있다. 이후 한국 사회가 직면한 저성장 고착화, 인구구조 변화, 급속한 기술 발전 및 소비자 구매행동 변화로 인해서 전략을 재점검하기 시작했다. 미래학자이자 작가인 다니엘 버러스(Daniel Burrus)는 '선제적 조직: 혼란과 변화를 기회와 이점으로'라는 책을 통해서 초경쟁 사회이자 불확실성이 높아지는 현재 환경에서 미래를 정확히 예측하기 위해서는 새로운 역량을 지속적으로 학습해고 미래를 선제적으로 준비해야 함을 강조했다.

L그룹은 변하는 미래를 준비하기 위해 네 가지 주요한 전략 질문을 던졌는데 '(1) 5년 뒤, 10년 뒤 세상은 어떻게 바뀔 것인가?', '(2) 그 세상에서 우리 회사는 어떤 회사가 되어 있을 것인가?', '(3) 고객, 시장 변화와 경쟁사 대응 전략은 무엇인가?', '(4) 비전과 구체적 달성 전략은 무엇인가?'에 답하고자 했다. 이를 실행하기 위해서 전략 수립 프레임으로는 경영환경분석, 경쟁환경분석, 소비자분석과 전략 역량을 정의했고 이를 통해 성공 패러다임(Key Success Factor)을 도출하고자 했다. 그리고 비전 수립,

전략목표 수립, 실행과제 도출과 실행계획 수립을 통해 지속적 경쟁우위를 만들고자 했다. 이런 프레임은 '전략수립-실행-리뷰'라는 프로세스로 관리되기 시작했다.

전략 재점검과 실행을 위해 인사에서도 여러 역할 및 과제를 수행했는데 우선 HR Forum이란 인사 컨퍼런스가 대표적이다. 2008년 이래로 2022년 15회를 맞이한 HR Forum은 2008년 HR innovation이란 주제를 시작으로 2021년 Pivioting HR까지 다양한 주제를 담고 진행되어 왔다. HR Forum 주제는 단순히 인사에서만 고민하는 것이 아니라 조직 전략 방향성에 인사가 어떻게 함께 기여해서 나갈지를 고민했다는 측면에서 연도별 롯데의 전략적 고민을 담고 있다고 할 수 있다. 연도별 HR Forum의 주제는 아래 표와 같다.

〈표 2-1〉 L그룹의 연도별 HR Forum 주제

년도	주제
2008(1회)	HR Innovation
2009(2회)	Strategic HRM
2010(3회)	Innovation by MBV
2011(4회)	跛釜沈舟(파부침주)
2012(5회)	HR Marketing
2013(6회)	D.I.E.T.
2014(7회)	Future & Culture
2015(8회)	Agile HR
2016(9회)	Human Relations 2.0
2017(10회)	Human Value Creator
2018(11회)	Digital Transformation to People Transformation
2019(12회)	Innovation with Aspiration
2020(13회)	Resilience for the New Normal
2021(14회)	Pivoting HR

출처: L그룹 내부 자료

이같은 주제를 바탕으로 전략과 인사를 연계해오던 L그룹 인사는 이후 새로운 인사 패러다임으로 양손잡이 모델을 제시한다. 디지털 전환을 중심으로 한 산업과 일하는 방식이 급격하게 변함에 따라 인사 역시 이를 대응하기 위한 새로운 모델이 필요했기 때문이다. 아래 [그림 2-1]과 같이 양손잡이 인사 모델은 왼쪽에는 기술 중심으로 사물인터넷, 빅데이터, 인공지능이 있고 오른쪽에는 창의성, 몰입, 가치와 다양성이 강조되며 결국 회사 전략과 비즈니스에 도움이 되어야 함을 강조하고 있다.

양손잡이 모델을 실행하기 위한 구체적 모델로 채용부터 퇴직까지 역할과 책임(Role & Responsibility)를 명확히 했으며 이를 현장에 계획-실행-체크-개선 프로세스로 연결하고자 했다. 구체적으로 밀레니얼/Z세대 등장, 뉴노말, 인구감소/고령화, 데이터와 기술혁신과 COVID-19 영향에 따라서 채용은 현장/수시 중심, 이동/배치는 육성형 순환, 다면/수시 중심의 평가, 직책중심의 승진/승격, 직무형 CDP 중심의 육성/학습과 성과형 누적의 보상을 기반으로 했으며, 미래형 인재를 육성하고, 이기는 문화를 만들며 공감형 리더십을 강조했다. [그림 2-2]는 L그룹의 인사 패러다임 실행 모델이다.

그림 2-1 L그룹의 인사 패러다임: 양손잡이 모델

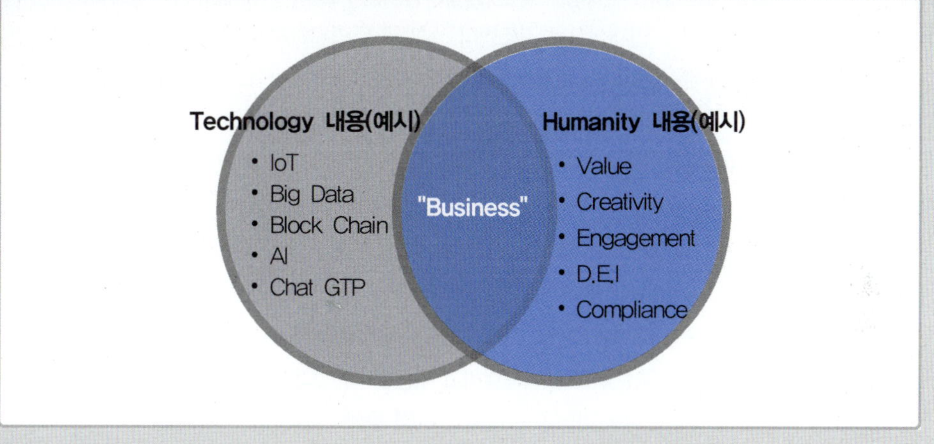

그림 2-2 L그룹의 인사 패러다임 실행 모델

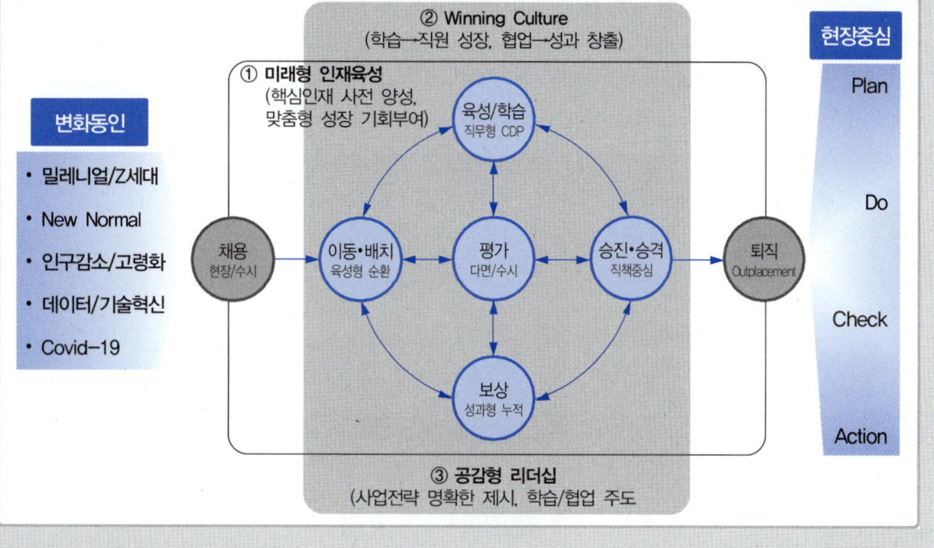

3. L그룹의 채용

2017년 말 공정위 자료 기준으로 L사는 5대그룹 매출 10억 당 고용효과에서 1위를 차지한 바 있다. 신규 채용 규모는 2015년 1.6만 명을 시작으로 2017년 1.3만 명을 기록하는 등 지속적 채용 규모를 확장해왔다. L그룹은 '실패를 두려워하지 않는 인재', '실력을 키우기 위해 끊임없이 노력하는 인재', '협력과 상생을 아는 인재'를 인재상으로 강조한다. 실패를 두려워하지 않고, 성공을 위해 도전하는 패기와 투지를 가진 인재를 선호하고, 젊음의 무모함이 아닌 진정한 실력으로 성공을 쟁취하기 위해 지식과 역량을 개발하는 인재를 원하며 협력하고 양보할 줄 아는 사람을 인재상으로 기대한다.

L그룹의 채용은 오랫동안 연간 상·하반기 공개채용을 유지해왔다. 유통 및 서비스 산업에서 수 많은 인재를 채용하는데, 대부분 영업관리, 서비스관리 직무로 채용하고 신입사원 연수 이후 특정 기준에 따라서 직무와 사업장을 배치했다. 더불어 공개채용 시기에 따라 기수가 부여되는 등 공채문화도 함께 존재했다. 그러나 2021년 L그룹의 2대 회장은 "기업 문화를 쇄신하기 위해 지난 2년간 많은 조직개편과 인사를 단행해왔는데 아직도 일부 회사에서는 권위적인 문화가 존재한다"고 밝히며 시대흐름에 맞는 유연하고 수평적 조직 문화를 구축해달라고 주문한 바 있다. 이에 L그룹은 공개채용 제도를 폐지하고 본격적으로 직무별 수시채용을 도입하고 운영 중에 있다.

L그룹의 다양성 기반 채용 사례

L그룹은 2013년 다양성 헌장을 제정한 이후로 개인 다양성을 인정하고 차별 없는 문화 조성에 앞장섰다. 특히 여성, 장애인 등 다양성을 가진 인력을 채용하기 위해 힘썼으며 2021년 여성 임원이 47명을 기록하며 전체 임원 중 7.1%를 기록했다. 이 밖에 남성육아휴직 의무화, 여성육아휴직 기간 확대, 장애인 채용 확대 등을 통해 조직내 다양성 인력이 더욱 포용될 수 있는 제도와 문화를 구축해왔다.

채용에 있어서도 2003년 5%에 불과하던 여성 비율을 2018년 42%까지 확대했으며 L면세점은 전체 인력 중 67%, 롯데백화점 57%에 달하는 등 여성 인력의 확대에 힘써왔다. 이렇듯 L그룹은 다양성을 중심으로 한 인력계획에 있어서도 여러 노력 중에 있다.

출처: 이주원(, 2022.12.21022.12.21.)., L그룹, 다양성 내재화 10년 "다양성으로 미래성장 견인", *AP신문*, https://www.apnews.kr/news/articleView.html?idxno=3007531에서 2023.6.11.에 확인함

논의 주제

1. 회사의 전략 방향과 인력계획 간의 관계는 무엇인가?
2. 회사의 전략 방향에 연계한 인력계획은 왜 중요한가?
3. 회사의 전략적 방향성에 맞춘 인력 계획 중요성과 의미는 무엇인가?

2.1 인력계획의 의미

인력계획은 기업의 전략 실현을 위해 필요한 인력을, 선행적으로 양적 및 질적으로 결정하는 활동을 의미한다. 전략적 인사관리가 주요한 인사관리의 흐름으로 자리 잡으면서, 인력계획 역시 회사 전략과 연계해야 할 필요성이 증가하고 있다. 기업 전략을 실질적으로 기획하고 실행하는 데 가장 중요한 자원은 사람이다. 그러므로 기업 전략에 있어서 인사관리에서 가장 중요한 것이 인력계획이라고 할 수 있다. 동시에 전략이 변함에 따라 인력계획의 양과 질도 바뀌어야 함을 의미한다. L그룹 사례에서 환경이 변함에 따라 주기적으로 전략을 재점검하듯이, 인사관리 역시 전략이 변하면 인력계획 역시 기민하게 바뀔 필요가 있다.

최근의 디지털 전환(Digital Transformation)과 인구구조 변화는 한국의 기업뿐만 아니라 글로벌 차원에서 기업 전략에 가장 큰 영향을 끼치는 환경 변화라고 할 수 있다. 과거의 경영환경은 비교적 안정적이고 예측이가능했기 때문에 인력계획 역시 3년, 5년, 10년 단위로 예측하고 수립할 수 있었다. 그러나 한 치 앞도 내다보기 어려운 지금은 미래 인력계획이 쉽지 않은 주제가 되었다.

과거에는 공채 중심 인력 계획에서 IT직군은 영업직군, 기획직군과 같은 여타 직군처럼 대규모로 채용해서 인력순환을 통해 조직 내에서 성장해갔다. 그런데, 디지털 전환으로 인해 2020년 초반에 데이터 과학자, 인공지능 개발자 등의 디지털 전환 관련 직군에 대한 소요가 폭발적으로 증가했다. 이러한 IT직군 인력 수요의 급증에 대해 학교와 산업계에서는 그에 걸맞는 인력을 공급하지 못하는 상황이 발생하였다. 이러한 상황에서 다시 2023년에는 글로벌 빅테크 회사들이 대규모 감원을 하면서, 미국 실리콘벨리를 중심으로 향후 2~3년간은 채용이 동결될 것이라는 뉴스도 나오고 있다. 이와 같이 미래에 필요한 인력의 질과 양을 내다보는 인력계획의 난이도는 높아지고 있다고 볼 수 있다.

2.1.1 외부 환경과 인력계획

외부 환경은 기업 전략과 생존에 큰 영향을 미친다. 회사 전략 방향에 외부 환경이 직접적으로 미친 사례로 스웨덴 기업인 이케아가 유명하다. 이케아는 스웨덴의 작은 가구 판매점으로 사업을 시작했다. 당시 이케아는 도시에 거주하는 고객을 대상으로 물건을 팔기 위해 우편주문 형식을 취했지만, 대형 가구점에 반발에 비즈니스 모델을 바꿔야 했다. 그 결과 도심이 아닌 변두리에 전시용 창고를 짓고 고객이 구경할 수 있도록 했는데, 변두리에서 도심으로 가구를 배송을 하기 위해 높은 인건비와 배송비를 감수해야 했다. 이러한 상황에서 이케아는 주문받은 가구를 조립식 부품으로 배송해서 비용을 줄였고, 이는 이케아의 핵심 전략으로 자리잡게 된다. 또한, 이케아의 자체 디자인은 외부 디자이너를 구하지 못한 고육지책으로 실행되었지만, 나중에 이케아 가구의 디자인 정체성을 확립하는 데 크게 도움을 주었다. 이케아는 주어진 환경에 맞춰 전략을 바꾸며 스스로를 바꿔나갔고, 결과적으로 연 50조 원이 넘는 글로벌 기업이 되었다[1].

이처럼 기업은 주변 환경에 발맞춰 끊임없이 변해야 하는 존재다. 환경이 변하면 전략이 바뀌고 이에 따라 인력계획도 변해야 한다. 전략적 인사관리에서 조직의 전략적 목표를 달성하기 위해 필요한 인력 수요를 예측하고 조직이 활용 가능한 인력 공급을 추정한 후, 수요와 공급간 차이를 분석하는 것이 일반적이다. 즉, 인력수요 예측은 조직 목표 달성을 위해 필요한 인력의 수치와 요건을 예측하는 활동이며, 인력공급 예측은 조직 내/외부에서 가용한 인력 숫자와 조건을 예측하는 활동이다. 그리고 수요와 공급의 차이를 분석하는 활동이 뒤따른다.

그러므로 인사관리에서 인력계획을 세우기 위해서 먼저 회사 전략 실행을 위해 필요한 인력을 산정하는데, 이는 주로 사업 부문과 팀에 요청해서 수치화한다. 가령, L제과 제빵 사업부문의 인력계획을 세우기 위해서는, 향후 제빵 사업의 비전과 목표에 기반하여 필요 인력의 질과 양을 연간으로 추산해야 한다. 다만 과거 한국 기업에서 인력 계획을 세울 때는 주요 직무별로 구체적으로 세우기보다는, 회사 전체에 필요한 인력 수치를 매출과 이익 추이(trend)에 기반해서 수치화했다. 이는 직무중심 인사관리가 아닌 사람중심 인사관리 철학 하에, 공채 중심으로 사람을 채용해서 필요한 자리에 그 때 그 때 맞춰서 채워 넣는 전략을 활용하였기 때문에 가능한 인력계획 방법이었다.

그러나 최근 수시 및 직무 중심 채용으로 전환됨에 따라, 인력계획 역시 직무별로 구체적인 수치가 추산되어야 하는 상황이다. 더불어 우리나라 기업 특성 및 ESG(환경, 사회 및 지배구조) 움직임에 따라 인력계획에 있어서 단순히 필요 인력 수치와 조건을 따지는 것에서 더 나아가 여성, 출신지역, 장애인 비율 등 다양한 요소를 고려해야 하는 상황이다. 또한 현재 조직 재직 중인 인력의 퇴사 역시 빠르게 증가하고 있으므로, 이 또한 인력계획에서 고려해야 요소라고 하겠다.

2022년 7월 맥킨지에서 발표한 보고서(The Great Attrition is Making Hiring Harder)에 따르면 향후 3~6개월 이내에 설문 응답자 중 40%가 회사를 떠날 것을 계획하고 있다고 응답했는데, 특히 레저산업(47%), 제조산업(43%), 헬스케어(36%), 교육산업(32%)에서 높은 것으로 나타났다. 국내 경우에는 잡코리아가 2022년 8월 조사한 바에 따르면 설문 참여자 823명 중 49.2%가 흥미로운 조건을 찾아 언제든 이직할 의시가 있다고 밝힌 바 있다.

과거에는 인력계획에서 중요한 가정(assumption) 중 하나는 현재 인력이 안정적이라는 것인데, 위의 조사 결과처럼 기존 조직 내 인력이 급속도로 이탈한다면 인력계획에서 수요를 예측하기는 더욱 어렵게 된다. 이처럼 인력계획에서 고려해야 할 요소가 다양하다는 점을 변수로 고려하고, 인사관리 부서에서는 필요 인력을 정의하고 수치와 조건을 확인하면서 공급계획도 세밀하게 짜야 한다.

박스사례 **대퇴사(Great Resignation) 시대**

2022년 5월 미국 노동 통계국(U.S. Bureau of Labor Statistics)가이 밝힌 자료에 따르면 2021년 한 해 미국내 퇴직 인력이 약 5,000만 명에 달하고, 2022년 월평균 500~600만 명이 그만두고 있는 실정이다. 이렇게 인력이 대규모로 퇴직하는 현상을 빗대어 '대퇴사 시대'가 널리 알려지게 되었다. 한국 기업내 구성원 역시 자발적 퇴사 및 조기 퇴사자가 급격히 증가하고 있다. 사람인(Saramin)이 2022년 7월 한국 기업 1,124곳을 대상으로 1년내 조기퇴사 여부현황을 확인한 결과, 84.7%의 기업이 조기퇴사한 직원이 있다고 밝혔고, 이는 21년 조사 결과에 비해 10.1% 증가한 수치라고 한다. 퇴사한 신입사원은 평균 5.2개월 근무했으며, 주요한 사유(복수응답)로는 '직무가 적성에 안 맞음(45.9%, 복수응답)', '낮은 급여(36.2%)', '조직문화 불만족(31.5%)', '높은 근무 강도(21.4%)', '개인 역량 발전 어려움(20.3%)' 등을 차지했다. 이처럼 한국기업 내 퇴사자도 지속적으로 증가하고 있는 시대이기 때문에 향후 미국에서 발생했던 대퇴사가 발생할 수 있을지도 눈여겨봐야 한다. 이는 인력계획 관점에서 장기적 계획 수립이 어렵고 단기적인 수요와 공급을 지속적으로 살펴봐야 한다는 점에서 시사점을 가진다.

출처: 사람인(2022.07.21), 인재 유출 심각. 기업 84.7%, 1년 이내 조기퇴사자 발생!, https://www.saramin.co.kr/zf_user/help/live/view?idx=108787&listType=news에서 2023.6.11.에 확인함

2.1.2 인력계획 방법

인력계획 예측에서 주로 활용되는 방법은 양적(quantitative) 방법과 질적(qualitative) 방법으로 구분할 수 있다.

〈표 2-2〉 인력계획 방법

분류	내용
양적 방법	• 부서/직위 및 조직 전체의 필요 인력을 산정하는 단순 수치를 기반으로 하는 예측 방법 • 양적 기법의 추세분석(Trend Analysis)은 과거의 데이터를 기반으로 미래의 추세나 패턴을 예측하는 방법 • 생산성 비율이나 시계열 분석 방법을 이용하는 통계적 기법 • 자료포락분석(Data Envelopment Analysis, DEA)은 여러 입력과 출력 변수를 기반으로 상대적 효율성을 측정하는 양적 분석 방법
질적 방법	• 전문가 토론을 통한 시나리오 기법은 주요 변수와 불확실성 요소를 기반으로 가능한 미래의 상황을 제시하는 질적 방법

출처: 저자가 작성

2.1.2.1 양적인 인력 수요 예측 방법

양적 방법은 주로 부서/직위 및 조직 전체의 필요 인력을 산정하는 단순 수치를 기반으로 하는 예측 방법과 생산성 비율이나 시계열 분석 방법을 이용하는 통계적 기법이 있다. 이러한 양적 방법은 경영환경이 비교적 안정적이고 선행 수치가 있을 때 유용하게 활용할 수 있다. 반면에 질적 방법은 필요한 인력 자격 요건을 파악하는 데 초점을 두며 시나리오 기법 등이 활용되기도 한다. 노동시장에 전례가 없는 인력계획 예측의 경우 질적 방법을 쓰는 경우가 많다.

양적 기법의 추세 분석(trend analysis)은 기업 현장에서 자주 활용되는데 대표적으로 인당 생산성을 계산하고 내년도 성장률을 추산해서 그에 맞게끔 필요한 인력을 예측하는 방법이다. 가령, 올해 매출이 100억 원이었고, 구성원이 10명이라고 했을 때, 내년도 10% 매출 성장을 예상한다면 1명이 추가로 필요하다는 계산이 나온다. 간단하지만 현업 부서에서 주로 쓰이는 방법 중 하나다.

다음으로는 회사의 사업과 조직 특성에 세분화된 사례로서 자료포락분석(Data Envelopment Analysis, DEA) 방법이 있다. DEA는 경영과학에서 제안된 이후 조직 성과 및 효율성을 평가하는 데 널리 활용되는 기법 중 하나다. DEA의 가장 큰 특징은 '과제중심적 접근'과 '중요한 과제에 초점'을 맞추어 의사결정 단위성과를 평가한다는 것이다[2]. 즉, 의사결정 단위를 상대적으로 효율성을 평가할 수 있는 방법이라는 것이다.

예를 들어, 전국에 산재한 L마트의 지점 중에 각 지점의 인력효율성을 DEA로 살펴볼 수 있다. DEA는 데이터에 기반해서 가장 효율적인 조직을 선정하고 그 조직을 기준으로 다른 조직이 얼마나 떨어져 있는 지를 시각적으로 보여줄 수 있다는 점에서 활용도가 높다. DEA 상에 점포를 위치시켜 놓으면, 가장 효율적인 기준선(Best Practice Frontier)에서 떨어져있는 정도를 수치화해서, 지점별로 효율성 개선 정도를 계산할 수 있게 된다. DEA는 이처럼 미래 인력계획 예측을 위해 효율성 중심으로 필요한 인력을 산정할 수 있다는 점과 영업, 서비스 직군 등 구체적 수치화해서 필요 인력을 가늠할 수 있는 직무에 활용도가 높다는 특징도 있다.

그림 2-3 자료포락분석(DEA) 방법의 가장 효율적인 기준선

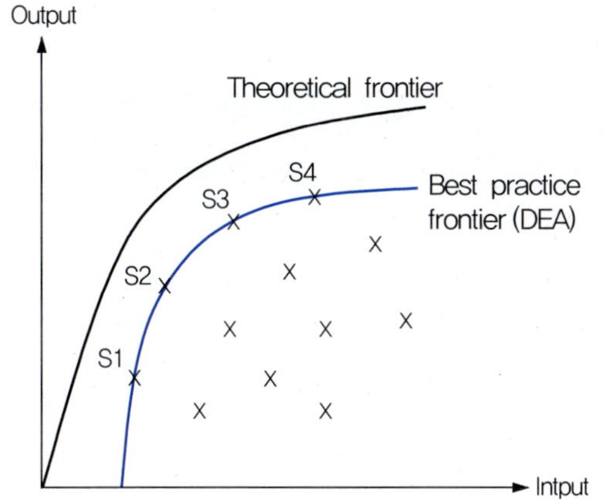

그 밖에 미래 노동 수요를 정확하게 예측하는 객관적 측정치인 선행지표(leading indicator)도 활용하는데 산업별 경제전망, 산업별 취업계수 전망, 산업별 노동수요 등을 활용할 수 있다. 더불어, 통계청에서 제공하는 총인구, 생산가능인구, 경제활동인구, 산업별 취업자, 직종/직업별 취업자 추계와 산업연구원에서 제공하는 산업별 실질 부가가치와 한국고용정보원의 산업직업별 고용구조조사, 노동 인구, 및 대졸자 경제활동 참가율 등을 활용할 수 있다.

2.1.2.2 질적인 인력 수요 예측 방법

질적 방법 중 하나로 전문가의 토론을 통한 시나리오 기법이 있는데 대표적 사례 중 하나가 오스본과 프레이(2017)의 방법이다.[3] 오스본과 프레이는 미국내 직무 702개가 10년 후(2027년) 컴퓨터에 의해서 대체될 확률을 옥스퍼드 대학교의 컴퓨터 공학 전공 동료와의 토론을 통해 확률로 계산하였다. 이들은 컴퓨터가 인간 직무를 대체하기 어려운 장애요인(bottleneck)으로 세 가지를 정의한 후 이에 대해 토론을 통해 확률로 계산하였다.

첫째, 감지 및 조작(perception and manipulation), 둘째, 창의적 지능(creative intelligence), 셋째, 사회적 지능(social intelligence)으로 장애요인을 나누었고 이를 오넷(O*NET, 미국

직업정보네트워크)의 직무특성 변수를 활용하여 매칭시켰다. 가령, 감지 및 조작은 오넷(O*NET)의 손가락 민첩성(finger dexterity), 수작업 민첩성(manual dexterity) 등이 있다. 컴퓨터가 완전하게 대체 가능한 직업을 1, 전혀 대체가 불가능한 직업을 0으로 구분하고, 이를 머신러닝의 로지스틱 회귀분석을 활용해서 대체 확률을 추정했다. 이처럼 인력수요 예측에서 활용 가능한 방법은 양적 및 질적 등을 각각 활용하거나 혼합해서 활용할 수도 있다.

2.1.2.3 인력공급 예측 방법

다음으로 인력공급 예측도 인력계획의 중요한 활동 중 하나다. 인력공급은 조직 내 얼마나 많은 인원이 다양한 직무에 배치되어 있는지, 조직내 특정 기술을 가진 구성원이 얼마나 되는지 등 구체적인 분석이 필요하다. 인력공급에서 중요한 고려요인 중 하나가 바로 가까운 시점 내에 조직 내 인력의 퇴직, 승진, 전보 등에 대한 변화 가능성을 예측해야 하는 것이다.

인력 공급을 위해 간단하게 활용 가능한 통계적 방법 중 하나가 전이 행렬(transitional matrix)이다. 전이 행렬표는 특정 시기와 미래 시기의 직군 내 구성원 분포를 보여준다. 가령, 각 직군에 있던 구성원이 어디로 이동했고, 현재 직군 구성원이 어디서 왔는가를 보여주는 자료로 기능할 수 있다. 이를 통해 조직은 회사 인력공급의 과거 추이를 한눈에

〈표 2-3〉 인력 공급 예측 방법: 전이 행렬

	2022							
2021	1	2	3	4	5	6	7	8
1. 영업관리자	.95							.05
2. 영업대리인	.05	.60						.35
3. 판매수습사원		.20	.50					.30
4. 보조공장관리자				.90	.05			.05
5. 생산관리자				.10	.75			.15
6. 생산조립자					.10	.80		.10
7. 사무직원							.70	.30
8. 이직또는 신규		.20	.50		.10	.20	.30	

출처: Noe (2017). 인적자원관리. McGrawHill.

볼 수 있다는 점에서 유용하며 상황이 크게 변하지 않는다는 가정 하에 미래 계획을 세우는 데 유용하다.

딜로이트 컨설팅 회사의 한 컨설턴트는 인력 계획 예측을 위해 효율성, 효과성, 영향력을 활용하였는데, 채용 효율성은 채용 규모, 채용 채널 종류, 외부 비교 숫자를 활용하고, 효과성은 지원자 및 신입사원의 직무 수준, 성과 정도를 이용하며, 영향력은 주요 포지션별 채용 숫자 비율 등을 측정한 후, 잠재적으로 필요한 인력 숫자와 필요 능력 부족 정도를 예측 분석을 통해 활용하였다.

박스사례 실무자의 고민: 조직내 정치와 인력 계획의 관련성?

경영관리 분야의 전세계 구루 중 한 명인 스탠포드 대학의 제프리 페퍼(Jeffrey Pfeffer) 교수는 〈휴먼 이퀘이션〉, 〈생각의 속도로 실행하라〉, 〈숨겨진 힘, 사람〉, 〈사람이 경쟁력이다〉 등 책을 내며 인사관리 분야를 선도해온 학자다. 그의 책 〈파워; Managing with Power〉는 조직내 "파워"가 무엇인지 분석하고 그 속성과 영향력을 제시하며, 결국 권력은 '의사결정을 실행하는 힘'이라고 강조한다. 즉, '리더가 반대 세력에 맞서 자기가 뜻한 바를 반드시 이루고야 말겠다는 의지와 욕구, 이를 가능케 하는 지식과 역량'이라고 강조한다. 그러면서 권력은 결국 '좋은 자리'에서 나옴을 역시 강조한다. 조직 내 좋은 자리를 유지하기 위해 리더는 자신이 통제하는 자원을 더욱 중요하게 만들기도 하며, 조직 내 사회적 관계 시스템도 공고히 만든다. 제프리 페퍼의 주장은 그 동안 우리가 부정적으로만 생각한 조직내 권력 혹은 파워를 들여다보고, 활용법에 대한 실천적 제언을 준다는 데 의미가 있다.

이처럼 기존 교과서에서 다루지 않은 조직 내 존재하는 중요한 주제 중 하나가 바로 조직 내 정치다. 조직 내 정치가 인력계획에 영향을 미치는 면 역시 고려해야 하는데, 바로 자원 할당, 소통과 인재관리 부분으로 나눠서 생각할 수 있다. 첫째, 조직 정치는 특정 부서나 그룹이 더 많은 권한이나 영향력을 가지고 있다면, 다른 부서나 그룹보다 더 많은 자원을 배정받을 수도 있다. 이는 자원의 불균등한 분배로 이어져 전체 프로세스에 부정적 영향을 미치기도 하지만 앞서 말한 대로 리더의 권력을 유지하는 수단이 되기도 한다. 둘째, 조직 내부에 권력 다툼이나 갈등이 있으면 조직 내 소통이 원활하게 진행되지 않고, 인력 계획 효율성에 영향을 미칠 수도 있다. 셋째, 특정 부서나 개인이 더 큰 영향력을 행사할 경우 선호하는 지원자를 채용하거나 승진시킬 수도 있다. 이를 통해 인력 계획에서의 질과 양적인 측면에 영향을 받기도 한다. 이같은 조직 정치는 실제 현장에서 고민하고 있는 실무자의 인력 계획에 큰 영향을 미치는 요소다.

출처: 제프리 페퍼 지음(2020), *파워: 리더십의 위기를 타개하고 기업을 혁신하는 가장 강력한 에너지*. 안세민 번역, 웅진북센리빙올.

2.2 한국기업의 인력계획

2.2.1 공채제도의 정립

전통적인 한국기업의 인력계획 특징은 장기적 관점으로 사람을 바라보고 채용한 인원을 지속적으로 육성해서 활용하려는 방향성을 갖고 있다는 점이다. 이런 특징이 발현된 채용방법이 바로 공채제도다. 우라나라 공채 시작은 1957년 삼성물산공사가 시작했다고 알려져 있다4). 빠르게 성장하는 기업에서 인력을 효율적으로 채용하고 활용하기 위해서 도입했던 방법이 공개채용 제도인데 주로 필기시험과 면접을 활용했다. 이후 1990년대에 들어서면서 대기업 공채가 그룹 단위로 진행되었다. 한국기업에서 오랫동안 실시해온 연간 상하반기 공채가 이때부터 본격화 되었다.

2000년대에 들어서면서 공채제도와 수시채용도 병행되었지만 한국기업 채용은 주로 공채로 운영되었고 특정 직무로 인원을 뽑는 게 아니라 회사단위로 사람을 뽑고 특정

〈표 2-4〉 그룹별 공채제도의 비교: 1989년

기업 / 채용패턴	삼성	현대	LG	SK
전형 방식	필기-면접	필기-면접	필기-면접	추천-필기-면접
필기 방식	영어, 전공, 적성검사	영어, 전공	영어 또는 일어, 전공	영어, 적성검사
면접 방식	1차 : 집단면접 2차 : 집단토론	집단면접	집단면접 (계열사별실시)	1차 : 계열사임원면접 2차 : 경영기획실임원면접
인재상	적극적, 실천적, 도전적/책임의식, 합리적사고/책임감, 협조적 인재	패기와 이량, 의지 소유자/건강한 신체, 진취적 기상 소유자/적극적, 긍정적, 도전적, 합리적 인재	적극적, 능동적 인재/책임, 화합형 인재/진취적, 발전적 인재	패기적 기질 소유자/적극적, 진취적 인재/합리적, 현실직시형 인재
공채환경/취업환경	• 84년 럭키금성(현 LG) 국내 최초 인턴사원제 도입 • 80년대 대졸 과잉공급인력 평가 위한 필기시험 보편화 추세 - 학교성적, 필기시험성적 의존, 인성·적성위주(일부기업) 기본지식 및 기본소양 평가 • 80년대 적극적, 도전적, 협동, 성실 강조하는 관리자형 인재상 요구			

출처: 월간리크루트, 1989, 3·7·10·11월호 참고.

기준(예. 출신 지역, 전공 등)에 따라 직무를 배치하는 방식을 취했다. 그러므로 직무를 배치 받은 후 관련 지식 및 직무 내용을 이해하기 위한 교육이 오랫동안 제공되었고, 리더 등 특정 역할을 위한 훈련도 멘토링과 공식 교육을 통해서 이뤄졌다. 이렇듯 한국기업 인력계획이 긴 호흡과 육성에 강조점을 가졌던 이유는, 한국기업의 경제성장 역사와 사람 중심 인사철학이란 특징이 영향을 주었던 것이다.

2.2.2 공채제도의 변화

2.2.2.1 소수 및 수시채용의 병행

공채제도가 본격적 첫 번째 변화를 맞게 된 계기는 1997년 글로벌 외환위기를 들 수 있다. 이후 대규모 정기공채에서 소수 및 수시채용 특징을 동시에 갖게 되며, 범인형/보통형 인재에서 특이형 인재를 선호하는 패턴으로 변해갔다. 이를 비유해서 그물형 채용에서 낚시형 채용으로 전환되었다고 표현하는데, 낚시형 채용은 외환위기로 인해 취업문화와 공채 문화가 바뀌기 시작했으며, 기업에 알맞은 인재를 평가하기 위해 직무능력 검사가 도입되는 변화를 의미한다. 이후 2010년대는 미국 기업을 중심으로 한 작살형 채용이 일어나는데 이는 회사가 채용 공고를 내고 사람을 기다리는 게 아니라 (낚시하듯이), 회사가 특정 직무와 조건을 가진 구성원을 찾아서 채용을 위해서 노력하는 행위를 의미한다.

이렇듯 그물형, 낚시형, 작살형 채용 변화는 외부 환경 변화에 따라 바뀌는 인력 채용 방식을 의미하며 이는 인력계획 역시 장기 관점과 육성을 강조하던 특징에서 단기 관점과 영입을 강조하는 쪽으로 넘어갔음을 의미한다. 축구에 비유한다면 유소년 시스템이 탄탄히 갖춰져서 지속적으로 유소년-2군-1군간 연계성을 강조한 맨체스터 유나이티드의 육성 관점에서 외부에서 잘하는 선수를 바로 영입해서 성과를 내는 레알마드리드 관점으로 넘어갔다는 것이다. 최근 한국 기업에서 이런 변화가 두드러지고 있다.

인재모집 포털인 인쿠르트의 조사에 따르면 22년 하반기 채용 계획이 있는 488개 기업 중 49% (236개)가 수시 채용으로 사람을 뽑으려고 계획하고 있었고, 공채는 35%(172개)에서만 실시하고 있었다. 이는 2019년 수시 공채 비중이 30.7%, 정기공채 비중이 50%에 달했던 것을 비교하면 큰 변화라고 할 수 있다5).

현대자동차는 2018년까지 공채제도를 고수했다. 현대자동차에 입사하기 위해서는 서류 전형과 인적성 검사 및 임원 면접을 봐야 했고, 2개월 간 신입사원 연수 과정을 거친 후에 특정 부서에 배치되었다. 그러나 현대자동차 역시 2019년 수시 채용으로 전환하였다. 현대자동차의 수시채용 전환에 가장 큰 영향을 미친 것이 바로 디지털 전환이다. 전통적인 자동차를 만드는 OEM에서 사람의 전 생애 주기에서의 모빌리티(mobility)를 만드는 회사로 업이 바뀜에 따라서 필요로 하는 인력 조건도 바뀌게 된다. 가령, 과거에는 제조업 운영에 필요한 인력이 중요했다면 이제는 수소, 인공지능, 클라우드 등 특정 스킬과 지식을 가진 사람을 필요로 하게 되었고, 전세계에 있는 관련 전공자를 채용하기 위해서는 언제든지 채용이 가능하도록 제도가 연계되어 있어야 했다. 그에 따라 현대자동차는 선제적으로 채용방식을 기존의 공채제도에서 수시채용으로 전환하게 된다.

2.2.1.2 인력 특성 변화

또한, 인력 특성 변화도 중요한 영향을 끼치게 된다. 공채제도는 개인 특성에 대한 고려 없이 사람을 뽑고 직무에 배치하는 방법을 활용했는데 이는 최근 MZ세대가 추구하는 "개인화(personalized)" 특성을 만족시키지 못한다. 즉, 입사초기부터 본인이 하고 싶은 일을 하고 성장하는 경험을 매우 중요하게 생각하는데, 공채제도는 채용 기준과 직무 선정 원칙도 모호하므로 MZ세대가 원하는 바와는 많은 차이가 있다. 이에 MZ세대의 특성에 부합하기 위해 채용제도가 변화한 원인도 있다.

박스사례 **공개 채용에서 수시 채용으로**

인크루트에 따르면 2021년 하반기 국내 기업 283개 사 중 236개사(48.9%)가 수시 채용으로 진행하며 정기 공채는 172개사 (35.6%), 채용전환형 인턴 채용이 75개사(15.5%)를 차지했다. 2019년 하반기에는 수시 공채 비중이 30.7%, 정기 공채 비중이 49.6%였던 점을 감안하면 채용 방식의 주류가 공채에서 수시로 전환된 것이다. 이처럼 국내 기업의 채용 방식이 기존 공채에서 수시채용으로 전환하는 트렌드를 보이고 있다.

기업 규모별로 보면 2020년 사람인 조사를 기준으로 대기업이 16.7%에서 60%로 수시채용 비중을 늘렸으며 중견기업이 51.5%에서 75.4%, 중소기업이 72.6%에서 81.1%로 증가했다. 종합적으로 기업 79%가 수시채용을 진행함으로써 주요 채용 트렌드가 수시로 전환되었음을 알 수 있다.

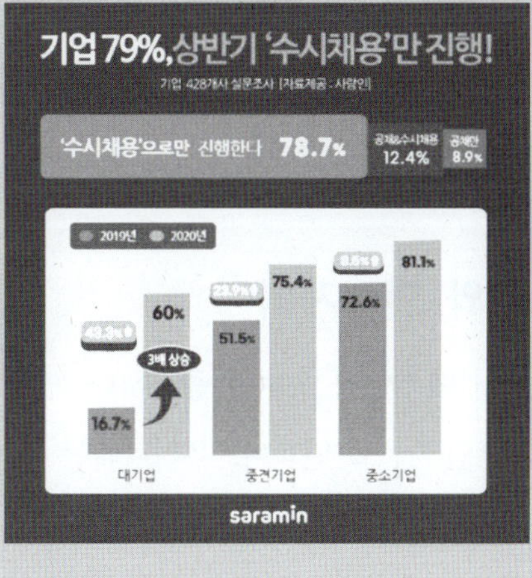

출처: 임형준(2020.04.14.), 기업 79%, "상반기 수시 채용만 할 것", 매일경제, https://www.mk.co.kr/economy/view.php?sc=50000001&year=2020&no=390445에서 2023.6.10.에 확인함

2.2.1.3 유니콘 기업의 대약진

마지막으로 한국 유니콘 기업의 대약진이 주요 원인이다. 네카라쿠배당토(네이버, 카카오, 라인, 쿠팡, 배달의 민족, 당근마켓, 토스)로 대변되는 한국 유니콘 기업으로 대기업과 중견기업 인력이 대규모로 이동함에 따라 인력 이탈이 과거와는 다른 형식으로 일어나고 있다. 과거에는 마치 계급제와 같이 재계순위가 가고 싶어 하는 회사를 대표하는 수치였다. 그러나 이제는 회사를 선택하는 기준이 단순히 연봉과 복지에 의해서 결정되지 않고 "직무와 적합성"과 "성장할 수 있는 환경"이 강조됨에 따라, 이를 충족시켜 주는 네카라쿠배당토가 인력을 빠르게 흡수했다. 수시로 직무 기반으로 인원을 채용하는 회사에 대응하기 위해 기존 한국 대기업 역시 수시/직무 기반 채용을 변화해야 했다.

인력계획 관점으로 본다면 수시/직무 기반 채용은 짧은 호흡에서 인력계획 활동이 지속적으로 일어나야 함을 의미한다. 가령, 향후 3년 동안 인공지능 쪽으로 비즈니스를 확장하려는 전략 계획이 있다면, 이를 기획하고 실행하기 위한 인력 수치를 세우고 이를 채우기 위해서 주간/월간으로 인력 수요와 공급을 보면서 지속적으로 계획을 수립하고 실행한다는 것이다. 이처럼 과거의 양적/질적 분석이 보다 정교해지고 주기적으로 일어나고 있는 게 최근 한국 기업에서 일어나고 있는 변화라고 할 수 있다.

2.3 환경변화와 인력계획

2.3.1 인구구조 변화와 인력계획

기업 전략과 인력계획에서 외부환경 고려는 중요하다. 인력계획에서 고려해야 할 첫 번째 외부환경 요소는 바로 인구구조 변화다. 우리나라는 전례 없는 인구구조 변화를 경험하고 있으며, 기업들 역시 이에 대응하기 위해 여러 가지 노력을 기울이고 있다. 인구구조 변화 대응 사례로 먼저 고령화를 경험한 일본을 살펴보자. 일본은 한국보다 먼저 저출생으로 인한 노동 시장 유입 인구 감소를 경험했으며, 단카이세대(1947년~1949년)의 65세 정년 시기인 2012년을 중심으로 심각한 인력 부족 현상이 발생하기 시작했다. 즉, 저출생으로 노동시장 유입인구가 감소했는데, 2017년은 일본은 최초로 연평균 출생아가 100만 명에 미치지 못하는 90만 명으로 감소하였다. 일본의 베이비부머인 단카이세대가 은퇴를 시작한 2012년, 유출 인구 대비 유입 인구 비율이 48%로 급감하며, 2014년을 기점으로 은퇴 인구 대비 유입 인구 비율은 상승 중에 있으나 유입 인구 규모 자체는 큰 변화가 없는 상황이다.

그 결과 일본에서는 일자리 수에 비해 구직자 규모가 감소하여 구인난 지표인 유효구인배율[6]이 1.5까지 상승하였고, 구인난으로 인한 여러 사회 문제가 대두되었다. 가령, 오와하라(おわハラ)라는 기업이 자기 회사에 지원한 구직자에게 더 이상 구직 활동을 하지 말고 자신 회사에 입사할 것을 약속하라는 신조어[7]가 생겼고, 일본 대학은 자체적으로 오와하라 대응 설명회 등을 개최하여 학생 권익 보호를 위해 노력한 바 있다. 또한, 회사에서 퇴직서를 수리하기 거부하는 현상이 벌어짐에 따라 퇴사 과정을 대행해주는 업체가 등장했다.

그림 2-4 일본의 노동시장 유출입: 2012–2031

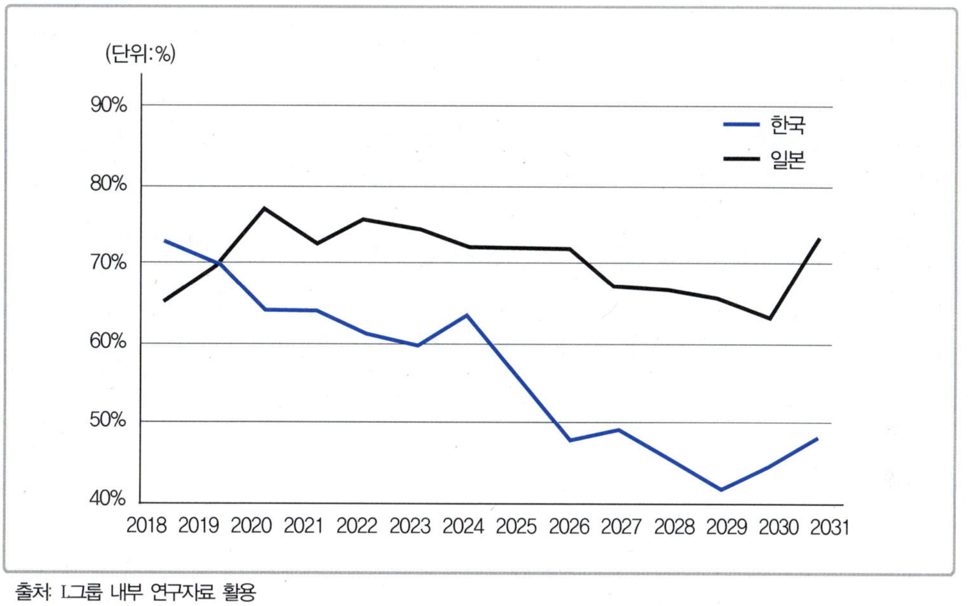

출처: L그룹 내부 연구자료 활용

그림 2-5 한국과 일본의 노동시장 유출입 비교: 2012–2031

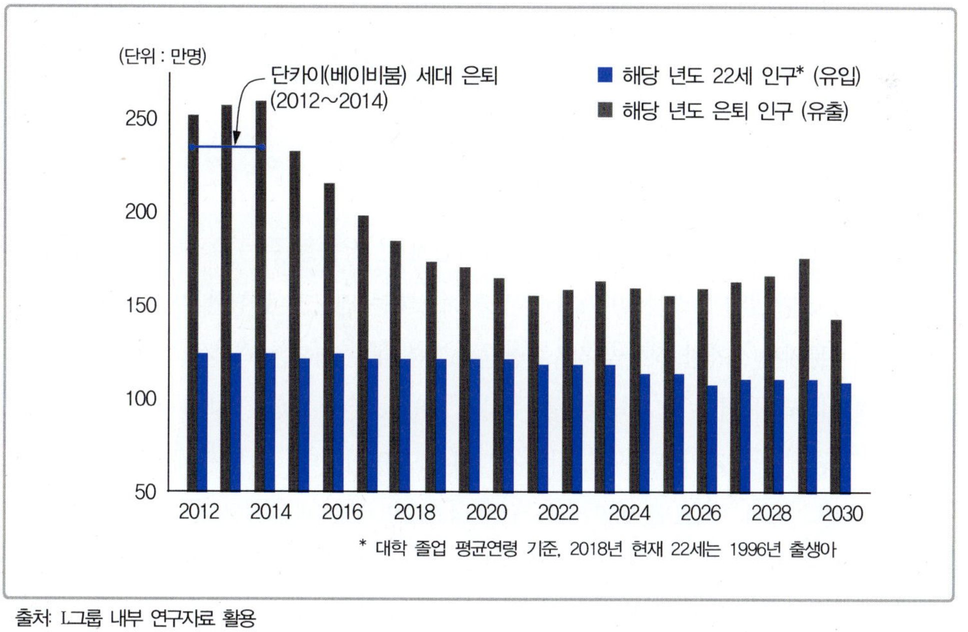

출처: L그룹 내부 연구자료 활용

그러나 여기서 우리가 유의해야 할 점은 한국이 일본에 비해 출생아 수 감소가 더 짧은 기간 내에 발생했고, 베이비붐 세대 규모도 크기 때문에 유입 인력 감소 및 유출 인력 확대에 따른 노동 시장 충격이 더 클 수 있다는 점이다. 출생아 감소가 가장 빨리 진행된 시점을 기준으로 하면 한국은 일본에 비해 유출 대비 유입 인구 비율 감소가 2.2배 이상 빠르게 진행되고 있다. 더불어, 한국의 베이비붐 기간이 일본의 3년에 비해서 긴 8년에 달했고 전체 인구에서 차지하는 비중 역시 14%기 때문에 그 영향력도 더 크다는 점이다.

구체적으로 더 심각한 문제는 기업에 미치는 영향을 생산가능인구 감소에 있다. 한국은 2016년을 정점으로 생산가능인구가 감소하기 시작했는데, 이는 다른 국가 대비 감소 속도와 낙폭이 크다는 데 문제가 있다. 일본은 1995년 G7 국가 중 가장 먼저 생산가능인구 감소를 경험했지만, 이는 2020년은 정점 대비 약 80%에 달하는 수준이다. 더불어 베이비붐 세대의 고령화와 맞물려 빠른 속도로 초고령화 사회로 진입할 예정인데, 2025년을 기점으로 우리나라는 초고령화 사회로 진입해서, 인력 고령화 이슈는 한국 기업에 중장기 숙제로 남게될 예정이다. 이 같은 인구구조 변화는 인력공급 관점에서 중요한 변수이며 앞으로 한국기업에는 상수로 작용할 가능성이 크다. 특히 최근 논의되고 있는 정년연장 역시 인력공급에서 고려해야 할 중요한 요소 중 하나로 볼 수 있다.

2.3.2 디지털 전환과 인력계획

디지털 전환은 인구구조 변화와 함께 한국기업에 큰 영향을 주는 요소다. L사는 2018년 앞서 소개한 프레이와 오스본(2017)의 결과를 적용하는 연구를 진행한 바 있다. 프레이와 오스본이 논문에서 소개한 직무별 감소확률을 L그룹 내 존재하는 직무에 적용해서 2017년에 사라질 일자리가 어느 정도 되는지를 추정해 보았다. 우선 2017년 대상 인원은 47,366명이었고, 그 중에 관리자가 3,269명, 담당자가 44,097명이었다. 이 인원에 대해 2027년에 살아남을 인력을 계산해보면 전체의 31%인 14,612명으로 계산되었고, 관리자는 16%가 감소한 반면에, 하위 직군인 담당자는 73%가 감소하는 것으로 드러났다. 기술이 일자리에 영향을 미치는 분석 및 연구는 이처럼 직접적으로 인력계획에 있어서 큰 영향을 미친다.

더불어, 디지털 전환은 회사가 영위하는 사업 역시 바꾼다. 디브리키 연구팀(2019)은 디지털 전환이 그 중요성에 비해서 성공률이 낮다고 밝히면서 중요한 이유 중 하나가 너무 지나치게 기술에 집착하기 때문이라고 했다.[8] 많은 한국 기업 역시 디지털 전환이라고 하면 우선 인공지능, 빅데이터를 떠올린다. 그러나 디지털 전환은 디지털(Digital) + 전환(Transformation) 합성어다. 디지털을 이용해서 '무엇'인가를 전환한다는 의미다. 블럼버그(2018)는 디지털 전환의 명확한 정의를 위해 디지털화(Digitization), 디지털전환(Digitalization)을 구분한다.[9] 디지털화는 아날로그를 디지털로 바꾸는 것을 의미하고 디지털변화는 디지털 기술을 활용하는 것을 의미하며, 디지털전환은 디지털 기술을 이용해서 일하는 방식과 비즈니스 모델 전반을 바꾸는 것을 뜻한다. 그러므로 디지털전환에서 주요한 것은 돈버는/일하는 방식의 변화다.

박스사례 **은행권 희망퇴직**

(중략) (2022년 12월) 29일 금융권에 따르면 KB국민은행은 전일부터 희망퇴직 신청을 받기 시작했다. 대상은 1967년생부터 1972년생, 만 50세까지다. 최종 퇴직자는 특별퇴직금(근무기간 등에 따라 23~35개월 치의 월평균 급여) 뿐 아니라 학기당 350만 원(최대 8학기)의 학자금과 최대 3400만 원의 재취업 지원금, 본인과 배우자의 건강검진, 퇴직 1년 이후 재고용(계약직) 기회 등을 받는다.

4대 은행의 희망퇴직은 대부분 내년 1월 안에 마무리될 것으로 보인다. 앞서 올해 1월에는 KB국민은행에서 674명, 신한은행에서 250명, 하나은행에서 478명, 우리은행에서 415명이 희망퇴직 형태로 은행을 떠났다. 4대 은행에서만 직원 1817명이 짐을 싼 것이다. 올해 희망퇴직 공고에선 일부 은행의 대상 연령이 만 40세까지 낮아진 만큼, 내년 1월 최종 희망퇴직자가 2,000명을 넘어설 것이라는 전망도 나온다. (후략)

출처: 채선희(2022.12.29), '3년치 월급+α' 희망퇴직 본격 시작…40세 은행원도 짐 싼다, *한국경제*, https://www.hankyung.com/economy/article/2022122978416에서 2023.6.10.에 확인함

인력계획 관점으로 본다면 디지털 전환이 회사에 미치는 영향은 디지털 전환으로 인해 바뀌는 비즈니스 모델에 맞추어 인력을 예측해야 하는 것이다. 과거 오프라인 유통 매장에서 필요한 인력은 좋은 상품을 관계를 이용하여 싸게 들여온 후 예쁘게 비치하는 사람이었다면, 이제는 온라인 매장에서 수치와 데이터를 이용해서 가장 접속량이 많은 화면에

배치해주는 사람이 필요하다. 비즈니스가 운영되는 방식이 오프라인에서 온라인으로 바뀌었고 이를 수행하는 사람 역시 달라져야 했다. 이에 인력계획도 새로운 직무 정의와 인력에 대한 예측을 필요로 한다.

L그룹은 그룹 차원에서 DT인재육성팀을 프로젝트팀으로 만들었다. 전략, 인사 및 IT 책임자(그룹의 사장급인 L지주 전략실장, 인사실장, 정보통신 대표이사)가 TFT를 만들었고, TFT 내에서 인력 계획 및 인재육성을 위해 DT인재육성팀이 역할을 수행했다. DT인재육성팀은 우선 디지털전환으로 인해서 바뀌는 가치사슬(value chain)을 정의했다. 즉 비즈니스를 분석, 실행 및 운영으로 가치사슬을 재정의하고, 세부 직무로 DT 관련 직무를 정했다. 이후 DT 직군에 맞는 직무기술서와 필요 역량을 정의했다. 이후 전략부서와 협업하여 향후 디지털 전환에 맞게끔 바뀌어갈 계열사의 비즈니스 방향성을 토대로 필요 인력 숫자를 계열사에서 취합했다. 전체 DT직군 인력은 약 4,000명 정도로 추정되었고, 향후 6,000~8,000 명까지 증가할 것으로 추정되었다. 이는 양적 방법 중 추산 방법과 전문가 회의를 통한 질적 방법의 혼용으로 볼 수 있다.

더불어, 인력공급 예측을 위해 채용팀과 연계해서 향후 그룹 및 계열사에서 채용으로 채울 수 있는 수요-공급간 차이(gap)를 산정했고, 동시에 기존 인력 중 리스킬링(Reskilling)을 통해 채울 수 있는 숫자를 산정했다. 이를 위해 데이터, 인공지능, 클라우드 등 주요 기술을 선정하고 기존 직무 인원 중 자발적으로 신청자를 받아서 리스킬링 기회를 부여하였다. 기술마다 다르지만 최소 1년 이상 재기술화 과정과 직무 이동을 위한 평가 및 면접 등이 실행되었다. 이렇듯 인력계획을 위해서는 수요 및 공급에 대한 예측이 중요한데 전략, 인사와의 연계가 긴밀하게 되어야 함을 L그룹 사례가 보여준다.

박스사례 **캐논의 디지털 트랜스포메이션에 따른 대응**

'세계 디지털 경쟁력 랭킹 조사 2021'을 보면 일본은 디지털 경쟁력이 전체 28위에 포진해 있다. 그 중 디지털 인재 부분은 47위, 디지털 기술 스킬은 62위로 경쟁력이 하락하고 있다. 이에 일본 기업 대부분이 디지털 트랜스포메이션을 추진하고 있으나 기업 내 사원들을 대상으로 한 교육을 실시한 경우는 7.9%로 매우 부족한 실정이다.

그 중 캐논은 소프트웨어 기술자 육성 조직(Cannon Institute of Software Technology)가 존재하여 구성원 커리어 전환을 돕고 있다. 캐논의 경우 데이터를 분석하여 소프트웨어를 개발하는 영역으로 직무군을 확대하고 있기 때문에 기존 비디지털 인재를 지원해서 이들의 직무전환을 적극적으로 돕고 있다. 이같은 캐논의 노력은 디지털 트렌스포메이션에 따른 산업 전환에 적극적으로 대응하기 위한 인사관리의 노력으로 리스킬링(Reskilling)으로 표현 가능하다.

출처: 안재현(2021.12.27.), 일본의 디지털 트랜드포메이션에 따른 디지털 교육현황, 코트라, https://dream.kotra.or.kr/kotranews/cms/news/actionKotraBoardDetail.do?SITE_NO=3&MENU_ID=180&CONTENTS_NO=1&bbsGbn=243&bbsSn=243&pNttSn=192735에서 2023.2.18.에 확인함.

박스사례 데이터 전문 인력의 인력계획에 대한 두 가지 관점

다시 한번 '디지털(Digital)'이 화두다. 새로운 정부에서 2027년까지 디지털 인재를 100만 명 양성한다고 공언했고 '디지털 인재 얼라이언스'를 출범해서 민간과 협업하며 초·중·고에서 인력 육성에 힘을 쏟는다고 한다. 디지털 전환(Digital Transformation)은 디지털(Digital) 기술을 활용해서 일하는 방식과 비즈니스 모델을 바꾸는(Transform) 활동이다. 바뀌는 일하는 문화와 돈 버는 방식에 우리가 써야할 '무기'가 인공지능, 블록체인, 클라우드 등으로 '업그레이드' 된다고 보면 된다. 디지털 기술 변화에 가장 중요한 촉매제이자 중심은 데이터로 볼 수 있다. 이런 맥락에서 데이터 관련 시장은 매년 성장하고 있다. 2017년 180조 원(1,510억 달러)에서 262조 원(2,100억 달러) 시장으로 성장했으며 10%이상 매년 규모가 커가고 있다. 우리나라 역시 데이터 관련 산업이 2021년 기준 23조 원 가량으로 추산되며 2027년에는 47조 원 규모까지 클 것으로 내다보고 있다.

미국 정보 기술 연구 및 자문회사인 가트너(Gartner)가 제시한 2023년 전략 기술 트렌드를 보면 디지털 면역 시스템(Digital Immune System), 예측성 활용(Applied Observability), 적응형 인공지능(Adaptive AI) 등이 있는데 관련 기술이 구현되기 위해서는 데이터의 원활한 구축과 활용이 필수적이다. 더불어, 세계경제포럼(World Economic Form)에서 향후 도입 계획을 고려하는 혁신 기술 중에서 '빅데이터'가 89%로 가장 높은 순위를 차지했다. 이처럼 디지털 시장 규모가 커짐에 있어 각종 산업과 영역에서 디지털 전환이 가속화되고 여러 기술이 발전함에 따라 그 필요성이 더 커지고 있다. 이런 상황을 반영하듯 데이터 인력 수요와 매력 역시 꾸준히 증가하고 있다는 연구가 많다. 미국 노동통계국에 따르면 2026년까지 1,150만 개의 일자리가 매년 새롭게 창출되는데, IBM은 그 중 데이터 인력 수요가 20% 가까이 차지할 것으로 내다봤다. 링크드인(LinkedIn)이 2018년 8월 발표한 자료(Workforce report)를 보면 미국내 데이터 과학자가 약 15만 명 부족하다고 밝혔고 일본 역시 2020년 기준 4.8만 명 부족한

것으로 드러났고, 2022년 12월 기준 영국에서만 4.4만 건의 데이터 과학자 구인광고가 있다. 이런 추세를 반영하듯 데이터 인력에 대한 인기도 증가하고 있는데, 글래스도어(Glassdoor)가 2020년 발표한 인기/유망 직업 50선에는 데이터 과학자, 엔지니어 및 분석가가 포함되어 있었으며 직업 만족도와 연봉도 높은 수준임을 알 수 있다.

우리나라 상황은 어떨까? 우선 2021년 기준 우리나라의 데이터 산업에 종사하는 인력수는 12만 명이며, 2016년 7.3만 명, 2017년 7.7만 명, 2018년 8.2만 명에서 2020년 10만 명으로 증가했다. 그러나 데이터 산업 전체에서 데이터 인력의 부족률 역시 지속적으로 증가했는데 2016년 6.0%에서 2018년 10.3%, 2021년에는 12.2%를 기록했다. 구체적 데이터 직무 구분으로 살펴보면 데이터 과학자가 36.5%, 데이터 개발자가 16.0%, 데이터 분석가가 15.6%, 데이터 컨설턴트 10.6%, 데이터 엔지니어 10.1%, 데이터 기획자 7.3%, 데이터 아키텍트 4.6%, 데이터베이스 관리자 4.5% 순서다. 중소벤처기업부가 발표한 '중소벤처기업 소프트웨어 인력 인식 조사' 역시 국내 벤처기업 300곳 중 63%가 관련 인력 채용에 어려움을 겪고 있다고 응답했고, 그 중 데이터와 인공지능 인력이 가장 필요하다고 답했다. 이처럼 인력 수요는 증가하고 있는 반면 공급은 그에 미치지 못하고 있다.

미국 스탠퍼드와 MIT는 매년 컴퓨터공학부 졸업생 수가 증가하고 있는 반면 우리나라 서울대는 제자리를 반복하고 있다. 데이터 직무에서 중요한 전공 중 하나인 컴퓨터공학에서 졸업생이 배출되지 못하고 있는 상황은 현장으로 유입되는 인력 숫자 역시 상대적으로 부족함을 의미한다. 이에 한국 내 사기업에서는 데이터 인재 육성을 위해 자체적 노력을 쏟고 있는데 삼성그룹은 '삼성청년SW아카데미'를 만들어 매년 2,300명 이상 SW인재를 육성하고 있고 LG그룹은 AI연구원을 만들어 LG임직원과 학생을 위한 AI와 데이터 교육을 운영 중에 있다. 더불어, 롯데그룹 역시 DT인재육성팀을 중심으로 데이터 인력 육성을 진행한 바 있다. 사기업의 이런 노력은 향후 한국에서도 데이터를 포함한 IT인력 수요가 증가할 것을 가정하고 있다. 이렇듯 데이터 인력에 대한 수요가 지속적으로 증가하고 관심도 늘어날 것이라는 게 지금까지 학계와 현장에서의 중론이다.

그러나 최근 데이터 인력에 대한 다른 관점이 제기되기 시작했다. 우선 2012년 '21세기 가장 매력적인 직업'이란 칭호를 받았던 데이터 과학자들이 최근 여러 어려움을 호소하고 있다. 데이터 과학 커리어 플랫폼(365 Data Science Ltd.)가 실시한 글로벌 설문조사에 따르면 데이터 전문가의 97% 이상이 번아웃을 경험하고 있고, 평균 재직기간은 1.7년에 불과하다. 번아웃과 이직의 주요한 원인으로는 결함 있는 데이터 파이프라인, 데이터 문제를 찾고 수정하는 일과 비현실적인 기업의 기대치가 뽑혔다. 또한, 기업 역시 91% 이상이 예측 및 머신러닝과 같은 스킬이 현재 데이터 전문가에게 부족하다고 밝혔다. 이렇듯 데이터 전문가가 느끼는 번아웃이 증가하고 이들이 엄청나게 빠른 속도로 업스킬해야 하는 필요성에 직면했고 새로운 기술 발전이 향후 데이터 전문 인력 수요를 대체할 수 있을 것이란 전망도 나오고 있다. 우리나라 정보통신정책연구원(KISDI) 보고서에 따르면 기존 머신러닝 모델을 개발함에 있어 데이터 과학자가 데이터 분석 및 전처리 과정부터 구축까지 다양한 역할을 수행했는데 AutoML을 활용하면 이런 제반 과정을 인공지능이 처리할 수 있다고 한다. 인공지능과 딥러닝 수요가 증가함에 따라 더욱 필요해지는 데이터 과학자 수요를 인공지능이 해결한다는 것이다. 이처럼 데이터 과학자 수요를 기술로 대체한다면 향후 데이터 과학자 육성 방향에도 새로운 고민이 필요하다.

실제로 기업 현장에서도 데이터 전문가를 육성하기 위해서 파이썬이나 R 등 언어를 배우고 통계학과 수학을 접목하며 실제 분석 사례를 프로젝트로 진행하는 경우가 많다. 그러나 최근 로우코드(Low-Code) 플랫폼과 개발이 증가하면서 분석에서도 코딩을 직접해야 할 필요성이 줄어들고 있고 자동화 솔루션을 통해서 직관적으로 분석 결과를 시각화로 볼 수 있는 경우도 많기 때문에 현재 학교와 기업에서 수행하는 여러 가지 데이터 전문가 육성 방향에도 변화가 필요한 상황이다. 구글의 AI연구팀 대표인 제프 딘(Jeff Dean) 역시 현재의 100배 수준의 컴퓨팅 파워를 가지고 이를 AutoML에 적용할 경우 인공지능 전문가를 대체할 것이라고 봤고, 맥킨지(McKinsey Analytics) 역시 AutoML이 적용되면 데이터 과학자와 인공지능 전문가에게 필요한 역량이 바뀐다고 주장했다. 향후 데이터 인력에게 중요한 역량은 '도메인과 데이터에 대한 이해'와 '모델 평가와 배포'가 중요할 것으로 내다봤다. 필자가 지난 10월호에서 제시한 것처럼 우리나라 데이터 분석가 중 중/고급에서 강조되는 역량이 도메인 지식과 호기심/배우는 능력임을 보면 이는 한국 기업에서도 적용될 수 있는 사례로 볼 수 있다.

지금까지 데이터 전문 인력에 대한 수요와 공급 그리고 미래에 대한 두 가지 관점의 예측을 살펴봤다. 우리가 익히 알아온 '매력적인' 직업으로서 데이터 과학자에 대한 수요와 밝은 미래, 그리고 기술이 이 역시 대체할 수 있을 것이라는 전망이다. 그렇다면 우리 인사에서는 어떻게 미래를 내다보고 준비해야 할까? 우선 가장 중요한 것은 데이터 전문 인력을 회사 차원에서 무작정 선발하고 육성하지 않는 것이다. 인력계획에서 우리가 주로 쓰는 방법 중 하나가 평균성장률(CAGR)을 대입한 인력 숫자 증감 분석인데 향후 비즈니스 변화는 그와 같은 선형적 변화를 기대하기는 어렵다. 그러므로 데이터 인력 선발 역시 각 영역별로 반드시 필요한 인력만을 하고, 조직 내에서 도메인 지식을 잘 알고 학습력이 좋은 인원에게 프로그래밍, 로코드, 시각화 등을 알려줌으로써 육성한다면 보다 탄력적 인력 운영이 가능하다. 지속적으로 직무를 바꾸며 살아가야 할 미래 일자리 세상에서 이 같은 리스킬(Reskill)은 구성원에게도 필요하고 인사제도적으로도 뒷받침해야 한다.

둘째, 미국 빅테크와 우리나라 주요 기업에서도 초급 수준의 소프트웨어(SW) 인력 수요가 많이 줄었고, 중/고급 수준의 다양한 데이터를 다뤄본 인력을 뽑고 있다. 중/고급으로 진입하기 위해서는 어느 정도의 숙련기간이 필요하다. 단순히 1~2년 배워서 향후 데이터 인력으로 성장하기는 힘들기 때문에 조직 내 지속적으로 데이터 인력을 육성하고 지원해주는 제도와 문화가 중요하다. 가령, 장기적 커리어 관점에서 데이터 전문가를 원하는 인력이 있다면 정기적으로 데이터 관련 프로젝트와 육성을 지원해줘야 한다. 앞서 밝혔듯이 미래 데이터 전문가 인력에게 더욱 중요한 것은 도메인 이해와 모델 평가와 실행이기 때문이다.

인력계획을 고민함에 있어 한 가지 관점만을 고집하는 것이 아니라 다른 시각과 관점을 활용해서 여러 가지 보완을 하기 위한 노력이 필수적일 것이다.

출처: 이중학(2023), 기술이 사람을 만났을 때: 데이터 전문 인력이 앞으로도 회사에 필요할까?, *월간 HR인사이트*, 2월호, https://www.hrinsight.co.kr/view/view.asp?in_cate=112&gopage=1&bi_pidx=35278에서 2023.6.10.에 확인함

정리문제

1. 다음을 간단히 정리해 보세요.
   - 인력계획의 정의
   - 인력수요 예측의 양적 방법
   - 인력수요 예측의 질적 방법
   - 전략적 인적자원관리 의미

2. 다음 내용을 설명하세요.
   - 전략과 인사의 연계
   - 인구구조 변화가 인사에 미치는 영향
   - 기술 변화가 인사에 미치는 영향

3. 팀보고서를 작성해서 발표해 보세요.
   - 선형적 인력계획은 여전히 유효한가?
   - 변화가 급한 산업 및 직무에서 인력계획은 필요한가?
   - 그물형-낚시형-작살형 채용방식 변화에 따른 나의 대응 방향은?

토론사례

기술 발전에 따른 한국의 일자리 대체율 전망

이중학과 스티븐(2021)은 한국 기업을 대상으로 프레이와 오스본(2017)의 일자리 대체 확률에 세부 직무를 대입하고, 실제 2017년 대비 2020년 변화량을 바탕으로 회귀분석을 실시했다. 아래 그림을 보면 X축에는 기술에 의한 일자리가 사라질 확률을, Y축에는 변화량을 바탕으로 직무별로 점(dot)을 찍었다. 전체 패턴은 우하향하는 것으로 나타났으며 이는 실제로 프레이와 오스본(2017)이 주장한 대로 한국기업의 직무도 4년내 감소하고 있음을 의미한다. 이는 기술에 의한 일자리 변화를 예측한 연구들이 실제로 실증하지 못한 부분을 한국적 맥락에서 살펴봤다는데 의의가 있으며, 앞으로의 패턴 역시 주의깊게 살펴봐야 한다.

인력계획을 수립함에 있어 수요와 공급은 중요한데 기술에 의해 일자리가 지속적으로 사라진다면 인력수요 숫자도 바뀌야 하기 때문이다. 이에 이중학과 김성준[10)]은 한국 기업 대상으로 구체적으로 어떤 일자리가 기술에 의해 사라지고 있고 증가하고 있는지를 살펴봤다. 한국 기업을 대상으로 70개 직무를 분석했으며 X는 일자리에 의해서 직무별 사라질 확률, Y는 일자리 변화량(2017년 대비 2020년 증감)을 기준으로 머신러닝 알고리즘 중 군집분석(clustering analysis)을 활용했다. 네 가지 직업군으로 분류가능 했으며 아래 표와 같이 1번 군집은 '사라지지 않을 직업(Undisturbed jobs)'로 명명했고 6% 사라질 확률에 실제로 기업에서도 700명 이상 증가함을 알 수 있다. 대표적으로 소프트웨어 엔지니어와 음식/영양사가 있다. 두 번째 군집은 '떠오르는 직업(Emerging jobs)'이며 26% 사라질 확률과 110명 가까이 증가했고 산업 기술 전문가와 그래픽 종사자가 예시였다. 반면 군집 3부터는 사라지는 직업인데 '걱정되는 직업(Worrying jobs)'으로 58% 가량 감소하고 20명 정도가 줄었으며 제조업에서 운영 엔지니어가 사례다. 마지막 '사라지는 직업(A lost jobs)'은 89% 가량 확률에 560명 정도가 없어졌다. 서비스 직군의 운영 업무에 종사하는 구성원이 예시였다. 이처럼 인력계획에서 디지털 전환은 상수로 작용할 것이며 관련 업무를

그림 2-6 일자리 대체 확률 전망

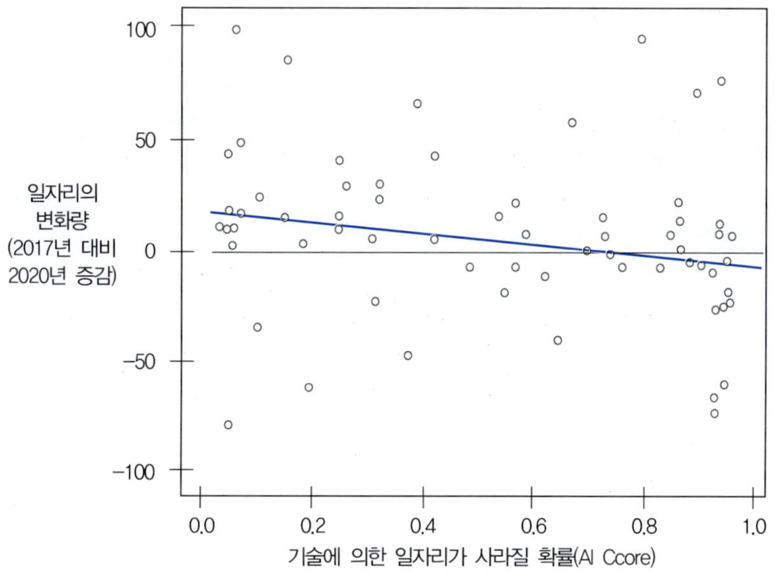

출처: 이중학·스티븐 김(2021), *데이터로 보는 인사이야기*, 플랜비디자인.

수행함에 있어 디지털 전환의 주요 기술인 머신러닝을 적극적으로 활용할 수도 있다는 점이 장점이다.

• 논의 주제

1. 기술에 의한 일자리 대체는 어떻게 전개될 것인가?
2. 기술에 의한 일자리 대체 전망은 어떤가?
3. 기술이 일자리를 대체함에도 불구하고 증가할 것으로 예상되는 일자리는 그 이유는 무엇인가?

미 주

1) 이정동(2021.8.16), 창의적 천재보다 집요한 개미들이 세상 바꾼다, 중앙일보.
2) 염동기·신현대(2013), 자료포락분석을 이용한 산학협력단의 상대적 효율성 평가, 행정논총, 51(1), 293-319.
3) Frey, C. B., & Osborne, M. A.(2017), The future of employment: How susceptible are jobs to computerisation?, Technological Forecasting and Social Change, 114: 254 - 280.
4) https://magazine.hankyung.com/business/article/202102246193b
5) http://www.hkrecruit.co.kr/news/articleView.html?idxno=19934
6) 유효 구인배율 1.50의 의미는 100명당 일자리 수가 150개에 달한다는 것.
7) https://terms.naver.com/entry.naver?docId=2851895&cid=43667&categoryId=43667
8) Tabrizi, B., E. Lam, K. Girard and V. Irvin (2019),"Digital transformation is not about technology", Harvard Business Review, 13(March); 1-6.
9) Bloomberg, J. (2018, April 29),"Digitization, digitalization, and digital transformation: Confuse them at your peril", Forbes. https://www.forbes.com/sites/jasonbloomberg/2018/04/29/digitization-digitalization-and-digital- transformation-confuse-them-at-your-peril/
10) Lee, J.H. & Kim, S.J. (2023). Revisiting the future of employment and rethinking great resignation: A South Korean multinational enterprise case, International Journal of Business Excellence. a head of print.

Chapter 03

채용 : 모집 및 선발

채용은 사람관리에서 인력을 모집하고 선발하여 새로운 인적자본을 획득하는 활동 및 제도를 의미한다. 본 장에서는 채용과 관련된 이론들에 대해서 살펴보고, 국내 주요 기업들의 채용 활동 현황을 살펴보고, 국내에서 중요하게 고려되는 채용관련 이슈들을 다룬다.

학습목표

1. 채용(모집 및 선발) 일반에 대해 이해하기
2. 전략적 채용에 대해 이해하기
3. 한국적 채용의 특성에 대해 이해하기

들어가기 사례 P사의 기업시민 정책과 채용

P사는 1968년 제철업 기반으로 설립된 기업이며 현재 세계적인 규모의 P제철소와 G제철소에서 철강재들을 생산하고 있다. 2022년 기준 3,800만 톤의 철강제품들을 생산하고 있으며 52개 해외법인에서 열연, 후판, 응용아연도금, 스테인리스 등 다양한 제품들을 만들고 다양한 인재들을 영입해가고 있다. 또한, 최근에는 P-홀딩스 출범과 함께 친환경 미래소재 대표기업으로 나아가기 위해, 철강을 포함한 7대 대표 핵심사업을 통해 인류의 지속가능한 미래를 선도하는 글로벌 비즈니스 리더로 나아가는데 박차를 가하고 있다.

P사의 경우 최근 환경(Environmental), 사회(Social), 지배구조(Governance)를 고려하는 ESG를 기반으로 지속가능경영을 추구하는 트랜드에 발맞추어 기업시민을 경영이념으로 선언하였다. 특히, P사는 2018년 7월에 기업시민의 개념을 경영이념에 도입한 후, 2019년 7월에는 기업시민헌장 제정을 통해 3가지 실천원칙을 제시했다. 첫 번째로, 비즈니스 파트너와 함께 강건한 산업 생태계를 조성하는 것이고, 두 번째로, 사회문제 해결과 더 나은 사회를 구현하는 것이며, 마지막으로 신뢰와 창의의 조직문화를 형성하는 것이다. 이러한 기업시민헌장에 기초하여 P사는 사회공동체의 일원으로써 현재 P사가 보유한 역량과 자원을 바탕으로 사회문제 해결에 적극 참여하는 기업시민이 되고자 노력하고 있다.

이러한 P사의 기업시민 경영이념은 인사제도, 특히 채용제도에도 영향을 주고 있다. 예를 들어 모집에 있어서 P사는 기업시민형 인재 채용을 위하여 우선적으로 핵심 인재들을 어떻게 모집(pooling)할 것인가에 집중하였다. 그러한 노력의 일환으로 국내 주요 대학에 '기업시민경영과 ESG' 교과목을 신설하고 PBL 방식의 그룹 실무자가 함께 프로젝트를 수행하여 채용 공고 이전부터 구직자들과의 관계를 형성하는 TRM(Talent Relationship Management) 전략을 활용하고 있다. 이러한 모집 제도를 활용함에 따라 P사의 고용브랜드가 긍정적으로 향상됨을 확인할 수 있었다. 해외 및 지방에 분포하고 있는 인재들을 모집 및 영입하기 위하여 TRM 제도를 지방과 해외 우수인재들로 확대해 나가고 있다. 또한, 인재 선발에 있어서도 기업시민 경영이념과 그 방향성을 같이하면서 선발 제도들을 실시하고 있다. 예를 들어 P사는 재단을 통해 사회적으로 위기의 순간에 살신성인의 모범을 보인 의인을 찾아 우리 사회의 히어로로 선정하는 제도인 'P사 히어로즈' 제도를 운영하고 있다. 특히, P사는 이렇게 히어로즈로 선발된 인원들 중 일부에 대하여 채용에 우대를 하거나 특별채용 형식으로 그 인원들을 선발하고 있다. 즉, 여기서 살펴볼 수 있듯이 기업수준의 전략적 방향성인 기업시민 경영이념을 기반으로 채용제도들이 기업 전략과 정합성이 있는 방향으로 변화가 있음을 확인할 수 있다.

출처: 월간중앙(2022.11.17.), [커버스토리] 기업의 사회적 책임 이끄는 P사의 '기업시민론', 202212호, https://jmagazine.joins.com/monthly/view/337035에서 2023.6.10.에 확인함.

논의 주제

1. P사에서 활용하고 있는 기업시민 경영이념은 P사의 채용 성과에 어떤 영향을 주고 있는가?

2. P사에서 인재 모집에 활용한 TRM 모집제도와 P사 히어로즈 선발 제도의 장점과 단점은 무엇인가?

3.1 채용의 의미와 역할

채용(staffing)은 조직의 인력계획 이후, 인사관리를 위한 가장 기초가 되는 인사관리제도로써 모집(recruiting)과 선발(selection)이라는 두 가지의 목적을 추구한다. 모집은 내부 및 외부 노동시장에서 조직에 도움이 되는 인재들이 해당 기업에 지원하게끔 하는 모든 활동들이라고 할 수 있는 반면, 선발은 모집 활동을 통하여 지원한 지원자들 중 조직에 필요로 하는 인재들의 옥석을 가리기 위한 모든 검증 프로세스라고 할 수 있다. 일반적으로 채용은 외부 인적자원을 가져오는 외부 채용으로 많이 인식하게 되는데, 상당한 수의 기업들에서는 내부 인재들을 활용하는 내부 채용을 활용하는 경우도 존재한다. 본 장에서는 외부 및 내부 채용에 대하여 설명하지만, 제7장에서 내부 모집 및 선발에 대하여 심층적으로 다루고자 한다.

3.1.1 채용과 인적자본

전략적 인적자본 및 전략적 인사관리 연구에 따르면, 채용은 외부 노동시장에서 일반적 인적자본(generic human capital)을 획득하는 인사제도이다. 일반적으로 인적자본은 기업이 경쟁우위 달성에 필요한 개인 또는 조직의 지식, 기술, 능력 등으로 정의할 수 있는데, 일반적 인적자본과 기업특수적 인적자본(firm-specific human capital resources)로 구분할 수 있다.

일반적 인적자본은 한 기업에 국한되지 않고 여러 기업뿐만 아니라 여러 산업에서 범용적으로 활용할 수 있는 지식, 기술, 능력 등을 나타낸다. 예를 들어 한 기업 및 산업에 국한되지 않고 여러 직무에서 활용할 수 있는 컴퓨터 활용 능력 또는 외국어 능력 등을 일반적 인적자본을 구성하는 능력이라고 할 수 있다. 그러나 기업특수적 인적자본은 한 기업 내에서만 활용할 수 있는 지식, 기술, 및 능력이라 할 수 있다. 예를 들어 해당 기업에서만 활용하는 사내 회계프로그램에 대한 활용 능력은 해당 기업에서만 쓰임이 있으며, 다른 기업에서 활용이 어려울 수 있다. 인적자본 이론에 따르면, 일반적 인적자본의 경우 다양한 기업에서 범용적으로 활용이 가능하므로 가치 있고 희소한 자원으로서 경쟁 우위 달성에 중요한 역할을 할 수 있지만 기업특수적 인적자본은 가치가 있으면서 희소하지만 독특하고 대체불가능한 특성을 지니고 있으므로 지속 가능한 경쟁우위 달성에 기여할 수 있다고 설명하고 있다.

3.1.2 모집제도와 선발제도

모집제도와 선발제도를 활용한 인재 채용은 특히 환경의 불확실성이 높을 때, 그 효용성이 커질 수 있다. 기존의 채용 연구들에 따르면 채용제도의 활용도가 높을 경우, 기업의 생산성과 재무 성과를 높일 수 있음을 발견함과 동시에, 경기 불황기에 있거나 산업의 불확실성이 높을 경우 채용제도의 효용성이 높아짐을 발견하였다. 이 결과는 채용제도를 통하여 획득된 일반적 인적자본의 역할이 이러한 환경적 변화에 중요한 역할을 하고 있음을 보여주는데, 특히 인적자본을 통하여 조직의 유연성을 높임으로써 기업의 생산성과 성과를 높일 수 있음을 시사한다.

예를 들어 불확실성이 높은 시기의 경우, 기업의 경쟁우위 달성에 필요로 하는 기술과 지식이 급격하게 변하기 때문에, 필요한 지식, 능력, 기술을 유연하게 습득할 수 있는 범용적인 특성을 갖춘 일반적 인적자본이 더 필요로 할 수 있다. 따라서, 채용의 효과성은 외부 노동 시장의 변화뿐만 아니라 외부 경제적 또는 조직적 상황 요인들을 복합적으로 고려하여 판단할 필요가 있다.

3.2 모집 제도

인재 모집은 핵심 인재를 선발하기 위하여 잠재성이 높고 역량이 높은 인력들을 해당 기업에 지원하도록 촉진하는 모든 기업 활동 및 프로세스라고 할 수 있다. 인재 모집을 위해서 인사 담당자는 다음과 같은 모집 요인들을 고려할 필요가 있다. 즉, ① 현재 해당

그림 3-1 모집시 고려요인

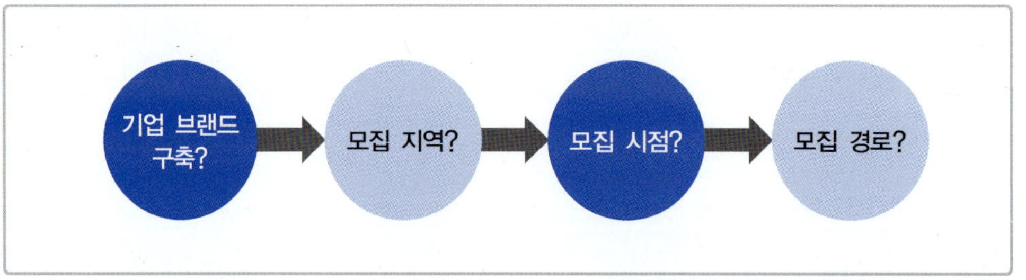

출처: 저자 작성

기업이 지원자들을 끌어드릴 수 있는 충분한 기업 브랜드를 구축하고 있는지, ② 어떤 지역을 목표로 하여 모집할 것인지, ③ 어떤 모집 경로로 인재들을 모집할 것인지, 그리고 ④ 어떤 시점에 모집을 할 것인지에 대한 고민이 필요하다.

성공적인 인재 모집은 먼저 기업의 브랜드 구축 정도에 영향을 받는다. 기업의 브랜드 가치는 일반적으로 기업에서 제공하는 제품과 서비스에 의해 구축되며, 이러한 제품 및 서비스에 대한 고객들의 인식은 실질적으로 구직자에게 어떤 기업에 지원하는게 매력적인지를 결정하게 된다. 예를 들어 국내의 대기업인 삼성, LG, SK 기업들의 경우 해당 기업들이 그동안 축적해 온 제품 및 서비스 브랜드 가치에 기반하여, 상당한 자격을 갖춘 구직자들이 지원을 하고 있다.

제품 및 서비스 기반의 기업 브랜드뿐만 아니라 고용 또는 인사관리와 관련된 브랜드 이미지 또한 인재 모집에 있어서 중요한 요인으로 고려할 수 있다. 중장기적으로 훌륭한 인재 모집을 위해서는 제품 및 서비스에 따른 브랜드 가치뿐만 아니라, 고용 또는 인사관리와 관련된 브랜드 이미지를 효과적으로 구축하는 것이 더 중요할 수 있다. 예를 들어 글로벌 빅테크 기업인 아마존은 전자상거래, 미디어, 유통 서비스 등 미국 시장에서 높은 수준의 제품 및 서비스 기반 기업 브랜드 이미지를 구축하고 있다.

그러나 동시에 내부에서는 혁신적인 조직 문화를 지향하면서도 직원들간의 높은 수준의 경쟁을 부추기는 분위기, 상당한 수준의 업무량을 소화해야 하는 직무 등, 고용 브랜드 입장에서 구직자들이 아마존을 지원하기에 주춤하게 만드는 요인들이 존재한다. 따라서, 제품 및 서비스에 기초한 브랜드 이미지뿐만 아니라 직원들을 어떻게 관리하는지에 대한 고용 브랜드를 어떻게 구축하는지 또한 역량있는 지원자들을 모집하는 중요한 요인임을 인지해야 한다.

둘째, 어떤 지역을 목표로 모집할지도 중요한 이슈이다. 국내의 경우, 지역적 분산이 이루어지고 있지만, 여전히 서울과 수도권에 인력 풀이 집중되어 있어서 지방에 위치하고 있는 기업들의 경우, 전략적인 타켓팅이 필요하다. 예를 들어 현재 기업이 위치하고 있는 해당 지역 주변에서의 잠재적인 구직자들의 수와 함께, 지역의 노동시장을 파악할 수 있는 지표인 실업률 및 고용률를 파악하여 현재 기업 주변에서의 노동 공급에서 충분한 수의 구직자들을 모집할 수 있는지 파악해야 한다. 만약, 주변에서 인력 모집이 부족할 수 있다면 해당 지역으로 지원자들을 유인할 수 있는 다양한 인사관리적 유인책이 필요할 수 있다. 특히, 재택근무 또는 다른 기업과는 차별되는 보상 수준 및 인센티브 제도들이 직원 모집에 있어서 중요한 유인 수단이 될 수 있다.

박스사례 **P사의 지역 인재 모집 전략**

P사는 기업시민 경영이념 실천의 일환으로 미래세대인 청년 취창업 지원을 위한 포유드림 프로그램을 운영하고 있는데, 특히 지역 인재 모집 및 선발을 통하여 지역 사회의 노동시장 활성화를 촉진해오고 있다. 2020년 2월부터 P사와 광양시가 협약을 체결하여 P그룹 취업 아카데미를 설립하여 지역인재 모집 및 선발에 활용하고 있다. P그룹 취업 아카데미에서는 P그룹 공채 입사에 필요로 하는 직무상식, 인성교육, 면접능력, 현장실습과 관련된 교육을 실시하고 있으며, P사의 인재창조원 강사 및 광양제철소 재직자가 직접 교육에 참여하여 교육생들에게 실질적으로 직무와 관련된 교육기회를 제공하고 있다. 이에 따라, P그룹 취업 아카데미 참여에 대한 경쟁률(2020년 기준 약 6:1)은 상당히 높고, 실제로 P그룹사에 실제 취업률 또한 증대하고 있다. 이러한 아카데미 형식의 제도를 활용하여 P사는 지역에 배치하고 있는 인재들을 우선적으로 아카데미 기회에 기초하여 전략적으로 모집하고 있으며, 이에 따라 추가적인 교육으로 P사에 적합한 인재를 우선적으로 양성할 수 있음에 효용성이 있다고 할 수 있다.

출처 김호(2020.10.26), 지역인재, P그룹 입사 도전 '문' 열렸다, 광양뉴스, https://www.gynet.co.kr/news/articleView. html?idxno=45002 에 2023.6.11.에 확인함.

셋째, 인재 모집에 있어서 모집 경로 또한 중요하다. 모집 경로는 외부 노동시장에서 바로 모집하는 외부 모집 경로가 있고, 내부 노동시장을 활용하는 내부 모집 경로가 있다.

외부 모집의 경우, 인터넷을 활용한 언론매체 활용 또는 소셜 미디어와 소셜 네트워크 서비스(social network service, SNS) 활용, 외부 헤드헌팅 인력중개기관 활용, 그리고 내부 종업원 추천제도 활용 등의 방법이 있다. 자세한 내용은 다시 설명하기로 한다. 내부 모집의 경우는 사내공고제도를 실시하여 현재 필요로 하는 지식과 기술을 갖추고 있는 내부 직원들을 모집하여 활용하는 방식이 있다.

마지막으로, 모집의 시점 또한 중요하다. 전통적으로는 많은 기업들이 공채형식의 채용을 활용하여 상/하반기 일정 시점에 인재 모집하고 선발했다. 그러나 최근 준비된 인재를 적기에 선발하기 위해서 수시모집 방식을 활용하는 하는 기업이 늘어가고 있으며, 이에 따라 모집 시점도 다양해지고 있다. 공채 형식의 인재 모집일 경우, 일정 시점에 집중적으로 모집 경로들을 활용하여 잠재적 인재들을 다수 모집했다면, 수시 형식의 인재 모집에서는 다양한 시점에서 상시로 인재들을 모집해야 하는 관계로 장기적 관점에서 인재를 적시에 선발할 수 있도록 현재 노동시장에 나와 있는 인재풀을 중점적으로 관리할 필요가 있다.

국내 기업들은 매년 많은 수의 지원자들을 모집하는 공채 모집과 함께 경력직 위주의 구직자들을 모집하는 수시 모집도 동시에 활용해 오고 있다. 최근 다양한 환경 변화(코로나 19 및 그에 따른 잠재적인 세계적 경기 침체의 움직임 등)에 따라 기업들은 공채 모집을 통하여 다수의 인재들을 모집하기 보다는, 필요로 하는 특정 직무와 업무에 바로 투입이 가능한 소수의 인재들을 상시 모집하는 수시 모집을 활발히 활용하고 있다. 기존 전통적인 공채 모집과는 다르게 환경적 변화에 발맞추어 모집의 방법과 시기가 전략적으로 변화하고 있는 것이다.

3.2.1 외부 모집 경로

외부 모집 경로로는 ① 기업들의 자체 웹사이트를 활용하는 경우, ② 언론사들의 매체(신문사 인터넷, 잡지 등)들 또는 소셜 미디어(social media) 및 소셜 네크워크 서비스(social network services, SNS)를 활용하는 경우, ③ 헤드헌팅 관련 인력중개 전문기업을 활용한 모집, 그리고 ④ 내부 구성원의 추천 등을 고려할 수 있다.

〈표 3-1〉 외부 모집 경로

분류	내용
자체 웹사이트 활용	1. 기업 자체 웹사이트를 활용하여 모집하고자 하는 직무, 부서, 및 필요한 역량들에 대한 정보를 제공
	2. 기업 웹사이트에 대한 방문이 적을 수 있어서 모집 홍보에 효과성이 상대적으로 떨어질 수 있음
언론매체, 소셜 미디어 및 SNS 활용	1. 언론매체를 활용할 경우, 전통적인 지면 광고 보다는 인터넷 광고를 활용하는 추세이나 전반적으로 광고 비용이 높음
	2. 기업들은 상대적으로 광고 비용이 저렴할 수 있으며 광고 파급 효과가 클 수 있는 소셜 미디어 및 SNS를 적극 활용하고 있음
인력중개 전문 기업 활용	1. 직접적으로 헤드헌팅해주는 전문 기업을 활용할 경우, 역량있는 인재풀을 효과적으로 제공해줄 수 있기 때문에 시간, 노력, 비용을 절감할 수 있음
	2. 최근에는 플랫폼 기반의 인력중개 전문 기업들(인크루트, 잡코리아, 사람인 등)이 활동 중임
내부 구성원의 추천	1. 내부 추천 제도를 활용하여 현직의 직원들에게 추천받은 인재들을 채용하는 제도를 활용하여 모집하기도 함
	2. 추후에 해당 추천된 인재가 입사할 경우 추천인에게 일정 금액의 인센티브를 제공함

출처: 저자가 작성

3.2.1.1 기업 자체 웹사이트 활용

인재 모집을 위하여 기업들은 먼저 자체적으로 활용하고 있는 기업 웹사이트에 모집 공고를 올려 인재들을 모집하고 있다. 매년 이루어지는 공채 형식의 모집뿐만 아니라, 상시로 필요로 하는 인재를 모집하기 위해서 자체 웹사이트에 모집하고자 하는 부서, 직무, 필요로 하는 역량 및 요건들에 대한 정보들을 제공한다. 그러나 자체 웹사이트를 활용할 경우, 구직자들이 기업 웹사이트를 주의 깊게 모니터링하고 있지 않는다면, 모집에 대한 정보를 적시에 파악할 수 없기 때문에 모집 시기에 맞추어 지원하지 못하는 경우가 발생할 수 있다. 또한, 상대적으로 다른 모집 경로에 비해서 기업 웹사이트 방문에 대한 수요가 적을 수 있어서 모집에 대한 정보를 전달할 수 있는 구직자의 범위가 한정적일 수 있다는 한계가 존재한다. 따라서 기업들은 자체 웹사이트를 활용하는 것뿐만 아니라 아래에 다양한 모집 경로들을 동시에 활용하여 역량 있는 인재들의 지원풀을 넓이기 위해 노력하고 있다.

3.2.1.2 언론매체, 소셜 미디어, 및 SNS 활용

또한, 기존 언론매체들의 광고를 활용하거나 소셜 미디어 및 소셜 네트워크 서비스를 활용하여 인재를 모집하는 방법이 있다. 전통적으로는 신문과 같은 지면을 활용하여 공고를 내는 경우가 있었는데, 인터넷의 발전으로 대부분 실제 지면보다는 인터넷 상에서 언론매체들의 광고를 활용하여 공채 및 수시채용에 대한 정보를 제공하고 있다. 그러나 언론매체들의 광고비용이 상이하며 고가의 비용을 지불할 필요가 있는 경우가 있으므로 모집 광고를 내고자 하는 기업들에게 재정적 부담이 될 수 있다.

상대적으로 저렴하고 효과적으로 모집 광고를 실시할 수 있는 것이 소셜 미디어와 소셜 네트워크 서비스를 활용하는 방법이다. 예를 들어 인스타그램, 트위터, 페이스북, 링크드인 등과 같은 소셜 네트워크 서비스를 통하여 모집에 대한 정보를 제공하기도 하고, 네트워크 서비스 안에서 적합한 인재를 모집하기도 한다. 또한, 네트워크 서비스에서 쌍방향 커뮤니케이션이 가능하므로 효율적이면서 신속한 모집 활동을 가능하게 도와준다. 또한 그러한 서비스 활용은 모집에 들어가는 비용을 줄이고 모집에 대한 정보를 다양하고 풍부한 네트워크 상으로 전달할 수 있기 때문에 효과적이며 파급력 또한 크다. 그래서 요즈음 기업들이 모집 시 많이 활용하고 있는 모집 경로이다.

3.2.1.3 인력중개 전문기업

또 다른 외부 모집 경로로는 헤드헌팅 관련 인력중개 전문기업을 활용하는 방법이다. 헤드헌팅 기업들은 역량 있는 인재풀을 형성하고 제공할 수 있기 때문에, 충원을 필요로 하는 기업의 해당 부서, 직무, 역할에 적합한 인재 모집에 적절한 경로가 될 수 있다. 특히, 헤드헌팅 기반의 인력중개 기업들은 잠재적 인력풀을 선별하여 관리하고 추천하기 때문에 많은 수의 지원자들 중에서 가치 있는 인재를 선별할 때 들어가는 시간, 노력, 비용을 절감하여 더 효율적이고 효과적으로 인재들을 모집하고 선발할 수 있다. 최근에는 플랫폼 기반의 인력중개 전문기업들이 생겨나고 있는데, 예를 들어 인크루트, 잡코리아, 사람인 등과 같은 국내 기업들의 플랫폼에는 다수의 기업들이 모집 공고에 대한 정보를 올리고 있고, 이러한 플랫폼 기반 인력중개 전문 기업들은 다양한 방식으로 모집, 헤드헌팅, 그리고 선발 프로세스 등을 지원하는 다양한 서비스를 제공하고 있다.

3.2.1.4 내부 구성원 추천

마지막으로, 내부 구성원의 추천을 통하여 모집하는 방법이 있다. 몇몇 기업들은 현재 내부 추천제 제도를 활용하여 역량 있는 인재들을 모집하고 있다. 내부 구성원 추천 제도를 활용하여 기업에서 공석이 발생하거나 새롭게 추진하는 사업에서 업무를 수행할 인재가 필요할 때, 직원들은 소셜 네트워크를 활용하여 적합한 인재들을 추천할 수 있고, 추후에 추천한 인재가 선발시험을 통과하여 채용되었을 때, 일정 금액의 인센티브를 제공하고 있다.

3.2.2 내부 모집 경로

내부 모집은 현재 기업에서 일하고 있는 직원들을 대상으로 모집을 하는 경우다. 외부 모집과 비슷하게 모집 공고를 올려서 지원자들을 모집하지만, 모집의 초점을 외부 노동시장 보다는 내부 노동시장에 초점을 두는 모집 방법이다. 내부 모집의 경우는 이미 현 조직의 조직 문화에 익숙하며, 다른 직무를 담당하고 있었더라도 현 조직의 시스템을 잘 이해하고 있고 조직 내부에 이미 형성되어 있는 소셜 네트워크가 존재하기 때문에 외부 모집을 통하여 선발된 직원보다 적응 속도가 빠를 수 있다. 또한, 내부 모집 경로로 모집된 직원들의 경우 같은 조직에서 축적된 기업 세부적 지식과 기술을 보유하고 있기 때문에 외부 노동시장에서 모집된 직원들에 비하여 선발되어 직무에 배치했을 때, 상대적으로 높은 생산성을 보일 수 있다. 내부노동시장 이론(internal labor market theory)에 따르면 내부 노동시장에서 모집 및 선발된 직원들은 조직 내에서 경력개발의 기회를 제공함에 따라 직무 만족도가 상대적으로 높고 직무 성과 또한 높다고 설명하고 있다.

3.2.3 현실적 직무 안내 및 모집 경로의 효과성

모집 제도의 효과성을 판단할 때 양적인 관점에서 얼마나 많은 수의 지원자들이 해당 기업에 지원했는가를 파악하여 판단할 수도 있지만, 추가적으로 중요하게 고려할 부분은 질적으로 지식과 역량의 수준이 높으면서도 조직과의 적합도가 높은 지원자들이 다수 지원하는냐에 대한 판단도 필요하다. 즉, 양적으로만 많은 지원자가 지원하고 조직에서 원하는 인재가 지원을 하지 않을 경우, 또는 많은 지원자가 지원은 하였지만, 모집 시 지원자들에게 조직에 대한 명확한 정보가 전달되지 않아서 입사 후, 조직의 제도와 문화가 직원들의 니즈와 기대에 부합하지 않을 때, 직원들의 직무 불만족으로 인해 생산성 저하가 야기될 수 있고, 더 나아가서 조기 이직도 발생할 수 있다. 따라서 지원자 풀의 질을 향상시키기 위하여 인사 담당자들은 모집에 대한 다양한 투자와 전략을 고려할 필요가 있다.

우선적으로 고려해볼 수 있는 전략은 현실적 직무안내(realistic job preview)를 활용하는 것이다. 현실적 직무안내는 모집 시 해당 기업에 대한 긍정적인 정보만을 지원자에게 제공하는 것뿐만 아니라, 지원자가 입사하여 직면하고 고려할 필요가 있는 다양한 이슈들(부정적 정보 포함)에 대한 정보 또한 제공하는 것이다. 이에 따라 지원자들은 현실적으로 지원하려고 하는 조직과의 적합성에 대하여 심층적으로 고민하게 되고, 입사 후에는 그러한 이슈들에 직면하게 되더라도 직무 및 조직 불만족도를 낮출 수 있고, 조기 이직도 예방할 수 있다. 현실적 직무안내에 대한 연구에 따르면, 현실적 직무안내를 받은 지원자들이 해당 조직에 입사했을 경우, 현실적 직무안내를 받지 않은 입사 직원들에 비해서 상대적으로 높은 직무성과와 직무 만족도를 보였고, 이직의도와 실질적인 이직행동을 낮추는 경향을 발견하였다.

또한 앞에서 설명한 모집 경로 중 어떤 모집 경로가 더욱 효과적인지 고려할 수 있다. 모집 연구들에 따르면 지원자들이 다양한 모집의 경로를 통하여 기업의 정보를 획득하고 고려하게 되는데 공식적인 모집 경로들(신문, 잡지, 또는 공식적인 인터넷 광고)보다 비공식적인 모집 경로들(지인, 동료, 가족 등을 통한 모집 정보 획득)을 활용한 지원자들의 경우, 기업의 내부적인 조직 문화와 프로세스에 대하여 좀 더 심층적으로 이해할 수 있는 기회가 있고, 이러한 정보에 기초하여 입사하게 되었을 때, 현실적 직무안내와 비슷하게,

상대적으로 높은 직무성과와 만족도, 낮은 이직 행동을 보인다고 설명하고 있다. 공식적인 모집 경로를 통하여 전달된 정보보다 조직의 내부적 정보를 활용할 수 있기 때문에 지원자의 니즈와 기대감에 대하여 충분히 고심한 후 입사할 수 있기 때문에 직무 불만 예방이나 조기 이직을 낮출 수 있다.

3.3 선발 제도

모집제도를 통하여 양적/질적으로 잠재적 역량이 높은 지원자들이 지원하게 되면, 선발제도를 통하여 지원자 중 역량이 높고 조직에 맞는 지원자를 선별하는 작업이 필요하다. 선발은 다수의 지원자 중 높은 수준의 지식, 기술, 능력을 갖추면서도 조직 문화와 분위기에 적합한 인재를 발굴하는 모든 행동과 프로세스라고 할 수 있다. 특히, 성공적인 선발을 위해서는 조직에 맞는 선발 기법을 활용할 필요가 있다. 선발제도 또는 선발 기법에는 인지 기반 선발 제도, 비인지 기반 선발 제도, 그리고 행동 기반 선발 제도로 구분할 수 있다.

인지적 기반 선발 제도는 지원자들의 직무에 수행에 필요하고 적합한 인지적 능력 및 지능 능력에 초점을 두어 설계된 선발 기법들이라고 할 수 있다. 예를 들어 직무 적성 검사 또는 지능검사(IQ 테스트) 등이 그 예다. 비인지 기반 선발 제도는 직무에 필요로 하는 성격테스트들을 포함할 수 있으며, 일반적으로는 기업들이 앞서 설명한 인지 기반 선발 테스트와 비인지 기반 선발 검사들을 인/적성 검사라는 하나의 테스트를 활용하여 진행하고 있다. 행동 기반 선발 제도는 지원자들의 지식, 기술, 또는 문제 해결 능력뿐만 아니라 그들의 직무와 관련된 태도와 행동을 면접 검사들을 통하여 평가하는 방법이라고 할 수 있다. 행동 기반 선발 제도에는 일반적인 구조화된 면접뿐만 아니라, 그룹 면접, 패널 면접, 및 평가센터(Assessment Center) 등이 포함된다.

효과적인 선발 도구가 되기 위해서 충족되어야 할 두 가지 조건은 신뢰도(reliability)와 타당도(validity)이다. 선발에 있어서 신뢰도는 여러 선발 기법들을 활용했을 때, 지원자들의 점수에 큰 차이가 있는지 또는 없는지를 나타내거나 또는 같은 선발 기법을 여러 차례

그림 3-2 선발 절차

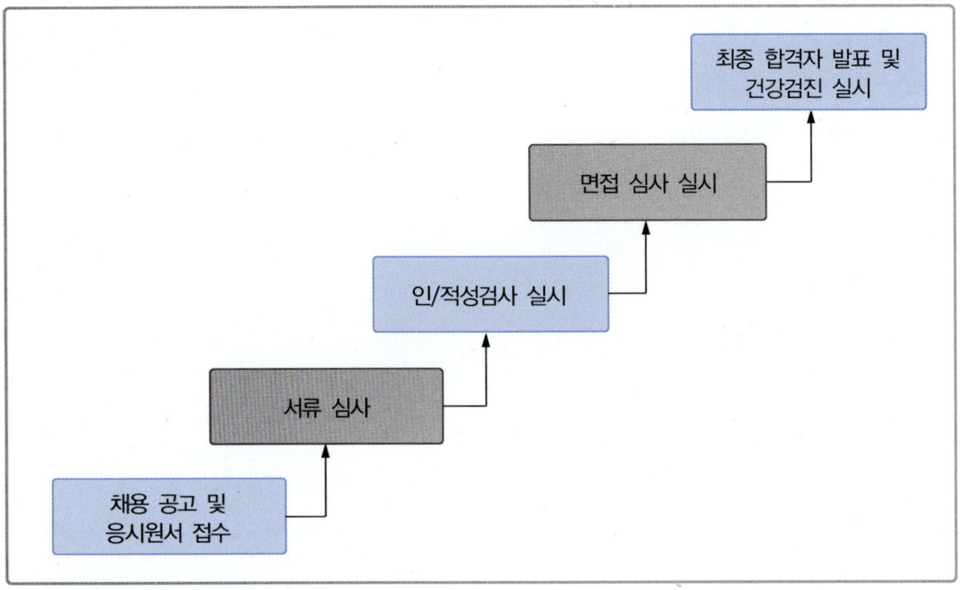

출처: 저자 작성

활용했을 때 선발 점수에 큰 차이가 있는지 또는 없는지를 파악하는 것이다. 즉, 높은 신뢰도를 가진 선발 테스트들은 같은 지원자가 같은 기업에서 제시하는 여러 다른 선발 테스트들을 활용했을 때 일관된 점수를 받거나, 같은 테스트를 해당 지원자에게 여러 시점에서 테스트했을 때도 선발 점수가 큰 차이가 없을 때를 나타낸다. 타당도란 회사가 필요한 인재를 제대로 선발했을 때 타당도를 가진다고 할 수 있다. 필요로 하는 기술이나 경력을 가진 인재를 뽑아야 하는 경우에, 회사가 필요 없는 기술이나 경력을 가진 인재를 뽑도록 한 선발도구는 타당도가 낮은 선발도구라고 할 수 있다.

3.3.1 선발 절차

기업들은 인사관리의 전략적 방향에 따라 다양한 선발 절차의 양상을 보이지만 일반적으로는 지원자에 대해 서류전형(지원서 제출), 다양한 선발 기법 시행(인/적성검사, 면접, 어세스먼트 센터 테스트 등), 건강검진, 채용 결정의 순으로 인재를 선발한다. 그러나 해당 산업, 조직, 그리고 직무 유형에 따라 선발 절차의 순서 및 검사 종류의 선택이 달라질 수 있다. 선발 절차에는 다양한 방식이 존재하지만 일반적으로 지원자들의 지원서 접수 후, 선발 검사(예를 들어 인/적성검사 등)를 통하여 많은 지원자들 중 인지적/인성적 역량이 높은 지원자들 중에서 일정 점수 이상을 획득한 지원자를 1차로 선발한다. 그리고 나서 면접 등의 방법을 통하여 심층적으로 지원자들의 지식, 기술, 능력, 태도, 행동들에 대한 검사를 하게 된다. 마지막으로 최종 선발 과정을 통과한 합격자들에게 합격 통보를 전하고, 건강검진을 진행하게 된다.

공채 채용 형식으로 신입사원을 선발하는 경우 전통적으로 지원서 제출, 선발 검사, 면접 등의 순으로 지원자의 역량을 평가하는 경향이 있으나, 경력사원 선발에 있어서는 수시 채용 형식으로 지원서를 받은 후, 선 면접 후 선발 검사를 하는 방식을 택하기도 한다. 특히, 공채 채용의 경우는 다수의 지원자가 지원하는 관계로, 선발 프로세스의 비용과 시간을 고려하여 적정 수의 인원을 1차적으로 선별하여 면접을 진행하게 된다. 최근 환경적 변화(COVID-19, 전쟁 등)에 따라 전세계적으로 경기가 침체되는 경향을 보이고 있는데, 공채형식으로 선발 프로세스를 진행하기보다는, 어느 정도의 경력을 갖춘 경력직 직원들을 뽑기 위해 상시 수시 채용 형식의 선발 프로세스를 진행하는 경향이 있다.

3.3.2 서류 전형 평가

서류 전형은 선발 절차의 가장 첫 번째 과정이다. 일반적으로 서류 전형에서 지원자들은 입사 지원서와 자기소개서를 제출하게 된다. 기업마다 다양한 입사 지원서 양식이 존재하지만 과거에는 입사지원서에 지원자의 세부적인 정보들(전공, 학력, 경력, 자격증, 여러 가지 봉사 및 동아리 활동 등)을 기입하도록 하였는데, 어떤 경우에는 성별, 나이, 종교, 키, 부모의 직업 등 과도할 정도의 정보를 기입하도록 하는 경우도 존재하였다. 그러나 2013년 고용노동부에서는 과도한 개인 정보들을 제외한 표준 이력서 양식을 공개하였으며, 최근 들어서는 출신학교, 다양한 스펙들에 대한 정보를 공개하지 않고 직무 수행에 필요한 역량과 관련된 정보들만을 활용하여 채용하는 블라인드 채용을 공기업뿐만 아니라 일반 기업들에서도 활용하고 있다.

또한, 자기소개서를 통하여 지원자들의 태도, 성취감, 자질 등을 파악하고 있는데, 많은 지원자의 자기소개서를 인사담당자들이 읽고 평가하는 데 상당한 시간과 비용이 들었다. 최근에는 인공지능 기술을 활용하여 과거 자기소개서의 내용과 실제 입사한 직원들의 직무 성과에 대한 정보를 학습시켜 어떤 키워드 및 내용이 들어갔을 때, 성공적인 업무 수행이 가능할지를 자기소개서 정보에서 추출하고 있으며, 과거 몇 주에 걸리는 작업을 이제는 몇 시간 안에 달성할 수 있게 되었다.

박스사례 서류전형에서 국내 기업들의 AI 기술 활용

국내 기업들의 경우, 선발의 효율성을 높이기 위하여 AI 테크놀로지를 활용하여 자기소개서 체크를 실시하고 있다. 예를 들어 국내 기업인 삼성, 현대, SK, 및 롯데그룹 등에서는 자기소개서 체크에 있어서 AI 테크놀로지를 활용하여 선발 프로세스 시간을 단축시키고, 선발의 타당성을 높이고 있다. 특히, 롯데 그룹의 경우, 2018년 AI시스템을 서류전형에 도입하였고, AI를 활용하여 자기소개서 체크시 지원자들이 활용한 단어 및 독특한 문장들을 확인할 뿐만 아니라 동일 문구 반복 및 타 자기소개서 샘플 도용 여부 등을 AI의 학습을 통하여 신속히 인재상의 부합도, 직무 적합도, 및 표절 여부 등에 대한 결과를 산출하도록 돕고 있다. 이에 따라 서류 평가의 객관성과 공정성을 높이려 하고 있고 동시에 선발 프로세스의 시간을 단축하고 있다.

출처: 임소형(2018.9.15.), "인공지능이 나를 심사한다고? 어떻게?", *한국일보*, https://www.hankookilbo.com/News/Read/201809131451337095에서 2023.6.10.에 확인함

3.3.3 인성 및 적성 검사

최근에 일반 기업들은 서류 전형을 통과한 지원자들을 대상으로 인성 및 적성 검사를 실시하고 있다. 앞서 설명한 것처럼 적성 검사는 지원자들의 직무 수행에 필요로 하는 인지적 능력들을 평가하기 위한 인지적 기반 선발 검사기법인 반면에, 인성 검사는 직무에 필요로 하는 인성을 평가하기 위한 선발 검사기법이라고 할 수 있다. 기존 연구에 따르면 인성 및 적성 검사들이 역량 있는 인재를 선발하는데 있어서 다른 선발 검사기법들보다 높은 수준의 선발 신뢰도와 타당도를 갖추고 있다고 평가하고 있다. 적성 검사와 인성

검사는 일반적으로는 동시에 검사가 진행되며, 서류 전형 후, 많은 수의 지원자들 중에서 역량 있는 소수의 인재들을 선별하는 데 도움을 주고, 이에 따라 면접 진행의 효율성과 효과성을 높이는 데 기여하고 있다.

적성 검사에서는 직무에 필요로 하는 언어추리능력, 수리능력, 공간지각력, 추상적 추리 능력 등의 지능 수준, 적응 평가, 그리고 학습 능력 등을 평가한다. 선발에 대한 연구들을 보면 적성 검사 및 지능 검사들은 직무 성과를 예측하는 높은 타당도를 갖추고 있다고 보고하고 있으며, 실증 연구에서 또한 높은 타당도 수준을 보이고 있다.

인성 검사는 지원자의 비인지적 영역을 평가하는 선발 검사기법으로 기업들은 성격검사 결과를 활용하여 직무 성과에 기여할 수 있는 적합한 성격 유형들을 탐색한 후, 인성 검사에 반영하고 있다. 기업마다 다양한 성격 검사 도구들을 활용하지만, 일반적으로 가장 많이 활용하는 성격 검사 도구는 빅5모델(Big Five Model)이다. 심리학 분야에서 발전한 빅5모델은 산업심리학과 경영학 분야에 채택이 되어 선발관련 연구들에도 활용되어 왔다.

빅5모델에는 직무와 관련된 5가지 유형의 성격 유형이 제시되는데, 외향성(extraversion), 친화성(agreeableness), 성실성(conscientiousness), 정서적 안정성(emotional stability), 그리고 개방성(openness to experience)으로 구성되어 있다. 외향성이 높은 성격 유형은 다른 사람과의 관계에서 사교적이며 활력이 넘치는 성향을 보이며 조직 내에서의 원만한 대인관계를 형성하는 경향이 있다. 친화성이 높은 유형은 직무 수행에 있어서 동료나 상사에게 순응적이며 협조적인 성향을 보이며 팀 기반의 협력과 협업이 필요한 업무에 있어서 좋은 성과를 낼 수 있는 유형이라고 할 수 있다. 성실성이 높은 유형은 본인의 업무에 몰입하면서 목표를 달성하기 위해서 성실하게 노력하는 경향이 강하며 연구에 따르면 다른 성격 유형에 비하여 직무성과 향상에 높인 기여도를 보이는 성격 유형임을 실증 연구에서 밝혀져 왔다. 정서적 안정성이 높은 유형은 분노, 불안, 우울함보다는 정서적으로 안정된 상황에서 업무를 처리하는 성향을 보인다. 마지막으로 개방성은 다양한 관점들을 수용하면서 고정관념을 타파하려는 경향이 강하며 다양한 부분에 있어서 관심을 보이는 경향성을 보인다.

빅5모델을 활용한 선발 연구들을 살펴보면 일반적으로 높은 수준의 외향성, 친화성,

성실성, 정서적 안정성, 그리고 개방성이 높은 성격을 보이는 지원자들의 경우, 입사 후에 상대적으로 높은 수준의 직무 성과를 창출함을 밝혀왔다. 그러나 추가적인 연구들에 따르면 5가지 성격 유형이 모두 높을 때 절대적으로 직무성과를 향상시키기보다는 각 성격별로 상황에 따라 높은 수준 또는 낮은 수준의 성격 유형이 효용성을 가질 수 있음을 설명하고 있다. 예를 들어 법무법인의 변호사들은 높은 수준의 친화성보다는 낮은 수준의 친화성을 보일 때, 고객들의 변론에 대한 성과가 더욱 높음을 발견한 바 있다.

3.3.4 면접 평가

면접은 선발 프로세스에 있어서 무엇보다도 중요하게 고려되어지는 선발 도구 중에 하나다. 면접은 개념적으로 행동 기반의 선발 도구로 지원자들의 역량 평가뿐만 아니라, 태도와 잠재적인 직무 행동들을 평가할 수 있는 중요한 선발 도구다. 면접 유형은 기업들에 따라 다르게 활용되고 있는데, 일반적으로 면접의 형식적인 면에서 구조적 및 비구조적 면접으로 구분할 수 있고, 면접의 내용면에서, 일반적인 직무 지식 및 과거 경험을 묻는 면접 유형, 또는 여러 가지 직무와 관련된 가상 상황들을 제시하여 문제해결 능력을 평가하고자 하는 상황적 면접 또는 평가센터 방식의 면접들로 구분할 수 있다. 물론 기업들에 따라 다양한 면접 유형들이 존재하며 그 이름 또한 상이하다.

예를 들어 면접의 형식적인 면을 구분되는 구조화된 면접은 면접 질문, 면접 시간, 질문에 대한 바람직한 답변들이 정해져 있어서 면접관이 동일한 사항을 정해진 시간에 면접 참여자에게 질문하는 방식이다. 같은 질문들을 모든 면접 참여자에게 실시하기 때문에 지원자들의 역량, 태도, 및 행동들을 비교하기 용이하다. 반면 비구조화된 면접은 면접관에 따라 면접의 내용과 질문이 상이할 수 있으므로, 지원자들의 답변 또한 다양하고 비교하기가 쉽지 않다. 또한, 면접관이 잘못된 질문을 할 경우, 지원자들에게 반감을 살 수도 있다. 따라서 일반적으로는 비구조화된 면접보다는 구조화된 면접을 활용하여 면접을 진행하고 있으며, 구조화된 면접이 비구조화된 면접에 비하여 신뢰도와 타당도가 높은 경향이 있다.

면접을 내용적인 면에서 구분하자면 앞서 설명한 기본적인 직무지식을 묻는 방식을 택할 수도 있으며, 일반적으로 1차 면접 시 팀장급의 실무자들이 해당 지원자들에게 질문을 하는 방식이다. 이 경우 형식적으로 구조화된 면접 또는 비구조화된 면접 유형을 선택할 수 있다. 또한, 실제 직무에서 어떤 의사결정 및 문제해결 능력을 보이는지 평가하기 위해서 가상 상황을 주고 어떤 식으로 행동하는지를 파악하는 상황적 면접 또는 평가센터 방식의 면접을 활용할 수 있는데, 실제 기업들에서는 PT면접, 토론면접, 역할연기, 역량면접 등 다양한 용어를 활용하여 상황적 면접 방법들을 진행하고 있다.

상황적 토론 또는 평가센터 방식의 면접은 해당 상황에서의 지원자의 역량, 태도, 그리고 행동을 심층적으로 파악할 수 있다는 장점이 있지만, 동시에 면접 프로세스 진행을 위해 들어가는 비용과 시간은 다른 면접 유형에 비하여 높은 경향이 있다. 이러한 다양한 면접들을 진행한 후, 인사담당자는 면접 평가 점수에 기초하여 2~3배수 정도의 지원자들을 선별하여 2차 또는 3차 면접을 진행하고 최종 면접은 일반적으로 기업의 CEO 또는 임원 면접을 통하여 지원자들의 조직 적합성을 최종적으로 판단한다.

추가적으로 최근 면접들은 다양한 테크놀로지들을 활용하여 지원자들의 성과를 좀 더 객관적으로 평가하려고 노력하고 있다. 예를 들어 AI기술을 활용하여 면접자의 태도와 표정, 비언어적 행동들을 측정하여 추가적인 정보들을 면접관들에게 제공하는 기업들이 있다. 아직까지는 소수의 기업들이 활용하는 수준이지만, AI 면접의 타당도가 어느 정도 검증이 된다면, 테크놀로지 기반의 면접 방식 활용이 보다 활성화될 것이다.

박스사례 **AI를 활용한 면접 활용**

4차 산업의 다양한 테크놀로지 개발에 따라 면접 평가 또한 다양한 방식으로 변화하고 있다. 국내의 경우, 현대자동차, LG유플러스, 현대백화점 등의 기업들은 AI 면접 솔루션을 제공하는 제네시스랩에서 제공하는 AI 영상면접 서비스인 '뷰인터HR'를 활용하여 면접을 실시하고 있다. 특히, 이 AI면접은 음성 인식 기술과 자연어 처리(NLP) 기술을 활용하여 면접자의 답변을 분석하고 얼굴 표정과 시선 등 면접자의 비언어적 행동들을 탐지하여 분석한다. 실질적으로 면접 프로세스에 영향을 주는 다양한 요인들이 존재하는데, AI면접을 통하여 좀 더 객관적이고 효율적으로 지원자들을 평가할 수 있다는 부분에 강점이 있을 수 있으며 동시에 사람 평가자가 파악하기 어려운 음성 및 비언어적인 부분들

탐색하여 분석한다는 점에서 지원자들에 대한 추가적인 정보를 평가에 고려할 수 있는 점이 또 다른 강점이라고 할 수 있다.

그러나 문제가 될 수 있는 부분은 AI활용에 따른 분석의 편향이 발생할 수 있다는 점이다. 예를 들어 아마존의 경우 이력서 평가 부분을 AI알고리즘을 활용하여 분석을 실시하였으나, 여성과 관련된 정보에 대하여 AI가 부정적 평가를 하는 편향을 발견하여 이력서 평가에 있어서 AI알고리즘 개발 및 활용을 중단하였다. 따라서 면접 또는 다른 선발 제도에 AI알고리즘을 활용하는 기업들의 경우, 해당 AI알고리즘이 충분한 신뢰도를 갖추고 있는지에 대한 면밀한 검토와 조사가 필요하다고 할 수 있다.

출처: 디지털조선일보(2023.2.26.), 제네시스랩, 자사 'AI 면접관' 신뢰성 검증 완료, (https://digitalchosun.dizzo.com/site/data/html_dir/2023/02/26/2023022680025.html)에서 2023.6.10.에 확인함.

면접에서 어떤 면접 유형을 선택하느냐도 중요하지만, 면접관들이 면접에 대해 충분히 준비가 되어 있는지 또한 중요하다. 면접의 결과는 다양한 요인에 의해 결정되는데, 우선적으로는 지원자의 지식과 역량에 따라 영향을 받을 수 있지만, 동시에 면접관(면접관의 인구통계정보, 경험, 인식, 비언어적 행동 등), 면접 환경(면접 유형, 면접 장소, 정부 및 기업의 노동 정책 방향 등) 등으로 인해 면접 결과가 달라질 수 있다.

특히, 앞서 설명한 세 가지 요인들 중에서 면접관의 행동에 따라 상이한 면접 결과가 창출될 수 있다. 즉, 면접관이 어떤 질문을 하는지, 지원자에게 어떤 태도를 보이는지, 그리고 질문에 대한 대답에 대하여 면접관들이 어떤 식으로 응대를 하는지는 적합한 인재를 발굴할 수 있는 가능성에 영향을 줄 수 있을 뿐만 아니라, 지원자들의 지원 회사에 대한 조직 문화 형성에도 중요한 영향을 줄 수 있다. 예를 들어 면접관들이 직무와 관련이 없는 부적합한 질문들을 지원자에게 했을 경우, 비록 채용 프로세스에서 합격을 하더라도 면접 프로세스 동안의 해당 기업에 대한 부정적 이미지 때문에 입사를 포기할 가능성도 있다. 또한, 입사하더라도 조직에 대한 불만족이 생겨 조기 이직을 할 가능성도 농후하다. 따라서, 인사담당자들은 면접을 시행하기 전에 면접관들에게 어떤 식으로 어떤 질문을 해야 하고, 어떤 부분들에 유념을 하야할지, 그리고 어떤 식으로 행동을 평가하고 지원자들을 응대 해야하는 지에 대한 사전 교육훈련 실시가 필요하다.

박스사례 **위메프 콜트콜 면접 및 카카오 신입 개발자 코딩 테스트**

위메프는 이머커스 기업으로, 상품성이 있는 제품을 구비하는 MD를 채용하기 위해 콜드콜 면접 전형을 진행했습니다. 콜드콜 면접 방식은 역할(role-playing) 면접의 일종인데요. 지원자는 MD 역할을, 위메프의 실제 MD는 파트너사 담당자 역할을 하면서 지원자가 가진 MD로서의 직무 역량을 파악하는 방법입니다. 콜드콜 면접을 통해 기업에서는 실제 상황과 비슷한 면접 환경을 연출할 수 있고, 지원자의 위기 대처 능력을 판단하여 핵심 인재를 선발하기 수월합니다.

2018년부터 카카오는 신입 개발자를 채용할 때 스펙 위주의 채용 절차 대신 블라인드 코딩 테스트를 도입했습니다. 직무 역량 위주로 인재를 선발한 것인데요. 온라인 테스트와 오프라인 테스트 두 번에 걸쳐 코딩 테스트를 진행하여 바로 업무에 투입할 수 있는 지원자를 최우선으로 선별했습니다. 카카오 코딩 테스트는 독창적이고 다양한 문제로 화제가 되기도 했습니다.

출처: Greeting, 독특하고 성공적인 5가지 채용 프로세스 사례, https://blog.greetinghr.com/for-hr-success-recruit-process/에서 2023.6.10.에 확인함.

3.3.5 배경 검사 및 건강 검진

최종 면접 전형이 완료되면 인사팀에서는 전체적인 평가 자료들을 기초로 하여 최종 합격자를 산출하게 된다. 최종 합격자의 경우, 기존 범죄기록 및 신용도 체크를 하게 되며 건강검진을 실시하여 건강 상태를 확인하게 된다. 이러한 결과들을 모아 최종 합격자에게 합격 통지서를 보내게 된다.

3.3.6 인턴십 기반 선발

과거 인턴십은 일정 기간 동안 해당 기업에서 일정 직무를 수행하면서 직업에 대한 이해도 및 조직에 대한 적응도를 높이며 기업을 홍보하는 수단으로 활용되어 왔다. 그러나 최근 일반 기업들뿐만 아니라 공기업들은 채용을 위한 하나의 수단으로 인턴십을 적극적으로 활용하고 있다. 기존의 선발제도들인 서류 전형, 인/적성검사, 및 면접 테스트들의 신뢰성과 타당도 이슈로 선발의 오류가 발생할 수 있는 가능성을 발견하면서, 실제로 높은 선발 점수로 입사한 직원임에도 불구하고 업무에서 낮은 생산성을 보이거나 조기 이직을 하는 직원들이 발생하고 있다.

따라서, 기업들은 인턴십의 기회를 통하여 일정 기간 동안, 인턴들의 역량, 태도, 및 직무 행동들을 주의 깊게 관찰하고 평가하여 선발의 오류를 최소하고 조직에 적합한 인재를 인턴십 후 채용하는 방식을 활용하고 있다. 그러나 인턴십 활용에 주의가 필요한 사항은 인턴십 기간을 어느 정도로 설정할 지에 대한 부분이다. 일반적으로 기업들에 따라 다양한 인턴십 기간을 제공하고 있고, 1달에서 6개월 또는 1년 등등 다양한 인턴십 기간을 제공하고 있다. 그러나 인턴십 기간이 너무 길게 설정될 경우, 인턴십 이후 채용되지 못한 인턴들은 상대적 박탈감과 해당 기업에 대한 부정적인 태도를 가질 수 있으며, 부정적 정보들을 노동시장에 전달할 수 있기 때문에 인턴십 제도를 활용할 시, 인사담당자의 인턴에 대한 세심한 관리가 필요하다.

3.3.7 선발 도구의 타당도

다양한 선발 도구를 활용함에 있어서 어떤 선발 도구가 효과적이고 타당한지를 확인할 필요가 있다. 선발 도구의 타당도를 고려하기 위해서는 기준 관련 타당도, 내용 타당도, 개념 타당도를 고려할 수 있다. 일반적으로 타당도 검증은 지원자 또는 직원들의 특성 또는 역량과 직무 성과간의 관계성을 검증하는 방식을 채택하며, 두 요인의 관계를 파악할 수 있는 상관관계(최소값 0 ~ 최대값 1) 또는 회귀분석을 통한 관계성 분석을 통해 타당도를 검증한다.

예를 들어 기준 관련 타당도는 동시 타당도, 예측 타당도, 교차 타당도를 같이 고려할 필요가 있다. 동시 타당도는 현재 업무를 수행 중인 직원들을 대상으로 어떤 직원들의 특성 또는 역량 지표가 직무 성과에 높은 관계성을 갖는지 파악하는 것이다. 예를 들어 현재 직원들을 과거 직장 경험 수준과 직무 성과가 긍정적으로 높은 관계를 보인다면 과거 직장 경험 수준이 타당도를 높이는 요인이 될 수 있으며, 이 지표를 실제 신입 직원 선발 시 활용할 수 있다.

예측 타당도는 현재 조직의 직원이 아닌 실제 지원자들을 대상으로 그들의 특성과 역량 지표들을 측정하고 향후 입사한 직원들의 직무성과간의 관계를 예측하는 방식이다.

〈표 3-2〉 외부 모집 경로

분류	내용
기준 관련 타당도	1. 동시 타당도: 현직 직원들을 대상으로 특정 역량 테스트를 실시하고 그들의 직무 성과와의 관계성을 테스틑 하는 것
	2. 예측 타당도: 실제 지원자들의 선발테스트 점수가 추후 그들의 직무 성과를 어떻게 예측하는지를 테스트하는 것
	3. 교차 타당도: 타당도 검사를 위하여 다양한 샘플들을 활용하여 타당도 테스트를 하는 것
내용 타당도	1. 선발테스트가 선발하고자 하는 직무의 내용과 필요로하는 역량을 정확하게 테스트하고 있는지를 확인할 필요가 있음
	2. 노무사를 선발하기 위하여 100m 달리기에서 얼마나 빠른지를 측정한다면 선발테스트가 직뭉와의 관련성이 낮기 때문에 내용 타당도가 낮다고 할 수 있음
개념 타당도	1. 특정 역량을 측정하기 위해 개발된 선발 테스트가 충분히 공신력 있는 관련성 있는 역량 지표와 충분한 관련성이 있는지를 파악하는 것
	2. 혁신성에 대한 역량을 측정하기 위하여 새롭게 개발된 선발 테스트가 있다면 그 결과와 공신력 있는 혁신성 지표와 높은 상관관계가 있을 때 개념 타당도가 높다고 할 수 있음

출처: 저자가 작성

이를 통하여 실제로 어떤 특성과 역량이 신입직원들의 직무성과를 증대할 수 있는지 파악할 수 있다. 교차 타당도는 한 번의 타당도 검증으로 해당 지표의 타당도가 높다고 맹신할 수 없으므로, 여러 표본들을 활용하여 타당도를 교차 검증하여야 한다는 것이다. 예를 들어 작년 신입 직원들 표본을 활용하여 직무 성과를 높이는 요인으로 성실성의 성격유형을 발견했다면, 교차 타당도를 달성하기 위해 여러 번의 교차 검증이 필요할 수 있고, 여러 번의 검증에서도 성실성과 직무성과가의 긍정적 관계가 확인되었다면 교차 타당도가 달성되었다고 판단할 수 있다.

내용 타당도는 선발 테스트의 내용이 실제 직무 수행과 관련이 있는 지를 고려하는 것이다. 예를 들어 인사팀의 직원을 선발하고자 할 때, 면접의 질문에 100m 달리기에 걸리는 시간 또는 외모 등으로 평가한다면 직무와 밀접한 관련이 없는 내용이기 때문에 내용 타당도가 낮다고 할 수 있다.

3.4 정시 공채에서 수시 채용으로의 전환

과거 기업들의 채용 패턴을 고려해 보면 상반기와 하반기로 대규모의 구직자들을 모집하고 역량 있는 지원자들을 선발하는 정시 공채 방식을 많이 활용하였다. 정시 공채의 경우 경력직 직원들을 모집 및 선발하기도 하였으나, 높은 비중으로 신입사원들을 채용하는 경향이 있다. 이러한 정시 공채의 특징적인 부분은 많은 수의 직원들을 같은 시기에 모집 및 선발함으로써 다양한 집체식 교육훈련을 실시하게 되어, 상대적으로 높은 교육훈련 비용을 지불할 필요가 있다. 그러나 같은 시기에 상당수의 직원들이 입사하게 되고 자연스럽게 입사한 직원들 간의 소통을 통하여 높은 유대관계와 끈끈한 사회적 네트워크가 형성되는 조직 분위기가 형성되는 경향이 있다.

그러나 수시 채용의 경우는 상시 채용의 개념으로 기업이 필요로 하는 인재를 필요로 하는 시기에 채용하는 방식이다. 상대적으로 많은 수의 직원들을 뽑는 것이 아닌 해당 직무와 부서에 필요로 하는 직원들을 소수 채용하는 방식이기 때문에 채용의 유연성 및 추후적으로 산출되는 인사관리 비용이 적을 수 있으나, 정시 채용에서 볼 수 있는 신입 직원들 간의 유대관계 및 사회적 네트워크의 형성도는 낮은 수준에 머무는 경향이 있다.

이러한 채용의 트렌드 변화에 대한 이유로는 글로벌 경기침체의 가속화에 따른 불확실성 증가, 고객 니즈의 역동적 변화, 노동시장에서의 공급의 증가, 및 직원들의 빈번한 자발적 이직을 생각해볼 수 있다. 2023년을 기준으로 전세계의 경기침체가 가속화되고 있으며 고객들의 니즈도 역동적으로 변하고 있다. 이에 따라 기업들의 부담이 증가하는 추세이며 이러한 요인이 기업들이 대규모로 신입직원들을 채용하는 것에 부담을 갖고 있다.

이와 동시에 노동시장에서 역량 있는 인재들의 수요대비 공급이 늘어 이미 충분한 지식과 능력을 갖춘 구직자들을 수시 채용으로 활용하는 경향이 있다. 또한, 최근 과거에 비하여 직원들의 자발적 이직률이 높아지고 있는 추세이며, 이에 따라 정해진 시기에 대규모로 직원들을 채용하는 정시 채용은 그 효용성이 떨어질 수 있다. 그러므로 적시에 적합한 인재들을 활용하기 위해 최근에는 정시 공채보다는 수시 채용을 많이 활용하고 있다.

3.5 정규직 채용에서 비정규직 채용으로의 전환

채용에 있어서 기업들은 정규직 직원에 초점을 둔 채용에서 비정규직 직원의 채용 비중을 높여가고 있다. 비정규직 채용은 정규직과 다르게 정년기반의 채용이 아닌 정해진 계약 기간에 기초하여 특정 직무에 활용하기 위한 목적의 채용이라고 말할 수 있다. 앞서 설명한 정시 채용에서 수시 채용으로 트렌드 전환의 하나의 이유로 기업들이 비정규직의 비율을 높여가고 있는 부분 또한 상관관계가 높다고 할 수 있다.

비정규직 관리 연구 문헌들에 따르면 비정규직 채용의 장점이라고 할 수 있는 부분은 적절한 시기에 필요로 하는 적합한 역량을 갖춘 직원의 정해진 기간 동안 활용할 수 있다는 부분이다. 이에 따라, 채용의 유연성을 확보할 수 있고, 동시에 정규직 채용에 따른 다양한 인사관리 비용들을 줄임으로써 노동생산성에 있어서 효율성을 높일 수 있다.

그러나 정해진 계약 및 정규직과는 다른 보상과 혜택을 받는다는 부분에 있어서 정규직에 비하여 몰입도 및 직무 만족도가 떨어지는 경향이 있을 수 있으며, 정규직과의 고용관계의 차이에 따라 정규직 직원들과의 갈등이 생길 수 있는 부분이 존재할 수 있다. 따라서, 인사담당자는 이상적인 정규직 및 비정규직 채용의 비율을 검토하고, 어떻게 비정규직을 효과적으로 관리할 것인지에 대한 진지한 탐색이 필요하다.

3.6 채용 공정성

성공적인 채용을 위해서는 기본적으로 채용 절차의 공정성을 유지하는 것이 필요하다. 조직 공정성 연구에 따르면 다양한 공정성 인식이 존재하는데 직원들이 인식하는 절차적 공정성, 분배적 공정성, 및 상호작용 공정성이 높은 수준으로 유지되었을 때 직원들의 만족도와 몰입도 및 직무 성과를 향상시킬 수 있음을 제안하고 있다.

특히, 절차적 공정성은 채용제도와 높은 상관관계가 있다고 볼 수 있는데, 채용 제도 및 프로세스에서 절차적으로 공정성을 갖추고 있는지 아닌지에 따라 지원자들의 해당 기업의 공정성에 대한 인식 수준을 결정할 수 있다. 더 나아가서 채용의 절차적 공정성을 잘 갖추고 있는 기업은 많은 수의 가치 있는 인재들을 더 모집할 확률이 있다.

2019년 7월에 개정된 채용절차의 공정화에 관한 법률에 따르면, 구직자에게 직무수행과 관련 없는 출신지역, 신체적 조건, 혼인 여부, 재산, 직계존비속 및 형제자매의 학력, 직업, 재산 등을 채용의 기초심사자료에 기입하는 것을 요구하거나 입증자료로 수집하는 것을 금하도록 하고 있다. 즉, 해당 법률에 기초하여 앞서 설명한 편견이 개입될 수 있는 항목들을 기초평가자료에 기입하지 않도록 하여야 하며, 직무 수행에 필요로 하는 직무기술서 및 명세서에 기초하여 공정하게 직무능력을 평가하여야 하며, 면접 시 면접자가 직무와 관련 없이 편견을 불러일으킬 수 있는 내용과 관련이 있는 질문들을 금하는 것이 필요하다.

박스사례 **AI 채용에 따른 공정성 이슈**

(전략) AI 채용을 공정하지 않다고 주장하는 측의 의견은 사뭇 다르다. AI 채용을 공정하지 않다고 주장하는 측의 주장을 살펴보면 다음과 같다.

첫째, AI 채용 솔루션은 꼰대보다 더 꼰대다. 인간의 평가 데이터를 바탕으로 평가 효율을 극대화한 결과물이므로 인간의 편견이 왜곡되어 더 크게 반영될 수 있다는 주장이다. AI는 인간의 평가기준을 학습해 지원자를 분석하다 보니 인간의 편견이 그대로 반영되거나 오히려 더 극대화되어 나타나는 경우가 있다. AI의 확증편향으로 채용의 공정성이 저해될 가능성이 존재한다.

둘째, AI 채용은 사람과 다르게 인식한다. AI도 사람처럼 인식할 수 있는 범위 내에서 지원자를 평가하게 되는데, 사람과 인식 범위나 특성이 다르기 때문에 사람의 평가 데이터를 학습했다고 하더라도 다르게 인식할 수 있다는 점이다. 다양한 이미지 데이터를 학습한 AI가 흑인을 고릴라로 분류해 문제가 된 사례처럼 같은 데이터를 AI는 사람과 다르게 인식하는 문제가 있다.

셋째, AI 채용의 평가기준을 알지 못한다. 'AI의 블랙박스화'라는 말이 있다. AI가 어떤 기준으로 어떻게 평가했는지 분석해 보지 않으면 알 수 없다는 의미로, 좋은 평가를 받는 지원자들이 눈을 세 번 깜빡인 공통점이 있다면 '눈을 세 번 깜빡이는 행위'에 대하여 좋은 점수를 줄 가능성이 크다는 말이다. AI가 분류한 합격자가 어떤 기준으로 합격하는지에 대해서 솔루션 개발사도 밝히기 어려운 장벽이 채용의 공정성을 가로막고 있는 셈이다.

이렇듯 AI 채용 솔루션은 채용에 널리 활용되기 시작하면서 새로운 평가에 직면해 있다. 앞으로 어쩔 수 없이 AI 채용을 받아들일 수밖에 없는 사회적 환경이 조성되어 있지만 동시에 AI 채용의 평가

기준에 대한 궁금증도 함께 커지고 있다. 이번 논란은 AI 채용의 위기이자 기회다. 이를 잘 극복한다면 AI 채용은 한층 더 완벽해질 수 있을 것이라 확신한다. (후략)

출처: JOBKOREA(2021.4.22.), [최준형의 AI 취업전략] AI 채용 정말 공정한가?, https://www.jobkorea. co.kr/GoodJob/Tip/View?News_No=18783&schCtgr=120002&schTxt=최준형의%20AI%20취업전략&Page=1 에서 2023.6.10.에 확인함.

3.7 채용 효과성 검증을 위한 성과표

채용 시 인사담당자는 채용의 효과성을 파악하기 위해서 다양한 채용 지표를 활용할 수 있다. 다양한 지표들을 고려함으로써 모집 및 채용 제도의 건전성을 파악하는 것이 중요하며 지표를 분기별로/연간단위로 확인하여 환경적 변화에 탄력적으로 제도를 변화시킬 필요가 있다.

첫 번째 지표로는 비용적 관점에 기초하여 생각할 수 있는 지표는 모집 및 선발 프로세스에 들어간 비용을 산출하는 방식이다. 내부 및 외부 모집 광고에 들어간 비용뿐만 아니라 모집 후 선발 시 활용한 다양한 선발 제도들에 대한 비용을 산출하여 분기별 또는 연간 전체 채용 비용(또는 모집 및 선발 인원 인당 비용)의 흐름을 파악할 수 있다.

〈표 3-3〉 채용 효과성 검증을 위한 성과표 유형

분류	내용
채용의 비용	1. 모집 및 선발에 들어간 전체 총비용을 나타내는 지표
	2. 채용 비용의 증감에 대한 지속적인 모니터링이 필요
지원률	1. 총 모집하려고 한 인원 대비 지원자 수를 나타내는 지표로 모집의 효과성을 판단할 때 활용할 수 있는 지표임
	2. 지원률=(실제 지원 인원×100)/총 모집 계획 인원
선발률	1. 전체 지원자 대비 몇 명을 선발할지에 대한 비율로 낮은 수치를 가질수록 선발의 효용성이 높다고 할 수 있음
	2. 선발률=(실제 입사한 인원×100)/실제 모집된 지원자 수
이탈률	1. 최종적으로 선발한 인재들이 충분히 입사했는지를 타나내는 지표
	2. 지원자의 이탈률=(합격자 중 이탈인원×100)/전체 합격자

출처: 저자가 작성

두 번째 지표로는 모집의 효과성을 파악할 수 있는 지원률을 고려할 수 있다. 지원률을 모집하고자 하는 인원 대비 총 지원 인원의 비율(실제 지원 인원×100/총 모집 계획 인원)로 계산할 수 있으며, 일반적으로 지원 경쟁률로도 표시할 수 있다. 높은 지원률은 모집 계획 인원대비 많은 수의 구직자들이 지원했다는 의미이며, 모집 제도가 효과적으로 작용했다는 것을 나타내기도 하며 그만큼 많은 인원 풀에서 가치 있는 인재를 선발할 확률이 높아짐을 나타내기도 한다. 그러나 인사담당자들은 지원율이 높아질수록 모집 비용과 선발 비용이 증가할 수 있음을 유념할 필요가 있다.

세 번째 지표로는 모집과 선발의 효용성을 동시에 고려할 수 있는 선발률(selection ratio)을 고려할 수 있다. 채용에 있어서 선발률은 전체 모집된 인원 대비 합격하여 입사한 직원의 비율(실제 입사한 인원×100/실제 모집된 지원자)로 계산할 수 있다. 이 지표는 선발 연구 및 산업심리학 쪽에서 채용의 효용성을 나타내는 지표로 많이 활용되어 왔으며, 낮은 수준의 선발률이 효과적인 채용 프로세스임을 타나낸다고 할 수 있다.

예를 들어 기업 A와 기업 B의 경우 실제 합격자는 모두 10명이며 기업 A를 지원한 인원은 100명이고 기업 B를 지원한 인원은 10명이라고 하자. 선발률의 계산식에 따라 기업 A의 선발률([10×100]/100)은 10%이며, 기업 B의 선발률([10×100]/10)은 100%라고 할 수 있다. 현실적으로 극단적인 예일 수는 있지만 기업 A에 비하여 기업 B는 모든 지원자들을 선발하였고, 상대적으로 지원자 중에 역량있는 지원자들을 선별하여 선발할 수 있는 기회가 없었음을 볼 수 있다. 그러나 기업 A의 경우, 전체 100명 지원자 중에서 10명을 선별적으로 선발할 수 있는 인재 풀이 형성되어 있기 때문에, 확률적으로 더 좋은 인재를 뽑을 가능성이 높음을 보여준다고 할 수 있다. 그러므로 낮은 수치의 선발률이 확률적으로 성공적인 채용의 가능성을 시사할 수 있다.

마지막 지표로는 모집 및 선발 후 지원자의 이탈률을 고려할 수 있다. 비록 많은 수의 지원자 풀을 모집 시기 동안 형성하고 적합한 인재들을 선발하였더라도 최종적으로 선발한 인재들이 입사를 하지 않는다면 채용 성과에 부정적 영향을 줄 수 있다. 즉, 이탈률이 높은 경우, 채용 프로세스를 진행하면서 투자한 시간과 비용 등이 효과적으로 활용되지 못하였음을 보여주는 지표이기도 하다. 지원자의 이탈률은 전체 합격 인원 대비 실제로 입사한 인원의 비율(합격자 중 이탈 인원×100/전체 합격자)로 계산할 수 있다. 높은 수치의 이탈률을 보이는 경우, 인사담당자들은 선발 프로세스 동안 지원자들에게 노출되는 다양한 요소들(선발 테스트의 공정성, 면접관들의 태도와 특성 등)을 다각적으로 진단하여 왜 이탈률이 높은지에 대한 심도 있는 논의가 필요하다.

정리문제

1. 다음을 간단히 정리해 보세요.
   - 모집의 유형
   - 선발의 유형
   - 인적자본의 종류
   - 선발제도의 타당도

2. 다음 내용을 설명하세요.
   - 모집 제도들의 효용성
   - 선발 제도들의 효용성
   - 현실적 직무안내의 영향
   - 채용 방식의 전환(공채 및 수시 채용)

3. 팀보고서를 작성해서 발표해 보세요.
   - 사례를 통해 최근 모집 및 채용제도들은 어떻게 변화하고 있는가?
   - 최근 공개채용 보다 수시채용 방식으로 채용 제도들이 활용되고 있는데, 그에 따른 영향은 무엇인가?
   - 채용에 있어서 정규직 보다 비정규직의 채용 비율이 늘고 있는 이유는 무엇이며, 그에 따른 조직의 효용성에 있어서의 장점과 단점은 무엇인가?

토론사례

블라인드 채용의 득과 실

최근 공공 부문에서는 블라인드 채용을 활용하여 인재들을 채용하고 있다. 블라인드 채용은 학력, 학연, 나이, 전공, 또는 출신지 등 차별적 요소들을 고려하지 않고, 직무와 관련된 부분에 초점을 두어 지원자들을 평가하는 채용 방식이다. 2017년 정부에서는 채용 과정에서의 차별을 줄이고, 공정한 채용을 구현하기 위하여 공공부문에 블라인드 채용을 의무화 하였다. 공공기관에서는 이러한 차별적 요소를 불러일으킬 수 있는 부분들을 서류에서 배제하고, 직무 역량을 파악할 수 있는 대안적인 평가들(전공과목 이수, NCS 필기시험 등)을 활용하고 있다.

이러한 흐름에 동참하여 일반 기업들 또한 블라인드 채용을 실시하고 있는데, 롯데그룹의 경우, '스펙(SPEC)태클'이라는 블라인드 채용 방식을 채택하여 차별적 요소를 줄이고 채용의 효과성을 높이고 있다. 무분별한 스펙 쌓기에 태클을 건다라는 모토로 학벌이나 스펙 위주의 서류전형에서 탈피하여 직무 수행 능력과 역량에 초점을 두어 전형 절차를 진행하고 있다. 예를 들어 서류 접수 시, 이름, 이메일, 및 연락처 등 기본적인 인적사항만 기입하도록 하고, 다양한 기업 이슈 관련 기획 및 포트폴리오, 또는 해결 방안에 대한 과제를 제출하도록 한다. 다음으로는, 롯데의 조직적합도 검사인 L-TAB을 활용하여 지원자들의 잠재적 직무 능력을 평가하고, 면접 전형에서는 계열사별 및 직무별로 역량을 평가할 수 있는 주제를 기초로 발표 및 미션 수행에 초점을 두고 있다. 즉, 개인의 학력, 학연, 스펙, 또는 지연 등이 채용에 반영되지 않도록 진행 중이며, 직무 역량과 능력에 초점을 두어 블라인드 채용을 진행하고 있다.

블라인드 채용의 장점과 단점을 고려하자면, 블라인드 채용은 기업의 공정성에 대한 시그널을 줄 뿐만 아니라 조직 구성원의 다양성을 높이는 긍정적인 역할을 할 수 있지만, 지원자들의 역량과 능력에 대한 정확한 평가가 수반되어야 하기 때문에 채용에 드는 비용과 시간이 증대할 수 있다는 부정적인 영향이 있을 수 있다.

출처: 장유미(2018.10.18.), "스펙 쓰면 불이익"...L그룹, '블라인드 채용 나선다, 아이뉴스24, https://www.inews24.com/view/1133741 에서 2023.6.10.에 확인함.

• 논의 주제

1. 블라인드 채용의 장점과 단점은 무엇인가?
2. 전통적인 채용에서 블라인드 채용으로의 변화가 조직에 어떤 영향을 줄 수 있는가?

Chapter 04

평가와 성과관리

평가는 관리의 기반이며 올바른 인사평가는 사람관리의 초석이 된다. 바람직한 평가가 갖춰야 할 요건과 절차, 실제 평가의 종류와 방법, 평가 등급의 배분, 평가결과에 대한 피드백, 성과 향상을 위한 평가 면담과 코칭 방법, 평가자 훈련에 대해 알아본다. 나아가 평가결과의 활용과 성과관리 방안 및 공정하고 수용성 높은 평가의 요건에 대해 알아본다.

학습목표

1. 경영과 인사관리에서 평가관리가 갖는 의미를 이해하기
2. 바람직한 평가의 요건 알아보기
3. 한국 조직문화에서 평가 상 유의할 점 파악과 대처 방법 알아보기
4. 업적평가와 역량평가의 주체, 대상, 범위, 방법 이해하기
5. 성과면담과 성과코칭 방법 이해하기
6. 평가결과의 활용에 대한 이해와 성과관리 방안 이해하기

들어가기 사례 S유통(주)의 평가 제도 구축

S유통은 도소매업을 영위하는 중견기업으로 300명 정도의 인원을 상시 고용하고 있다. 2004년 창업 이후 견실하게 성장을 해오다, 2008년 금융위기를 계기로 힘든 시절을 극복하면서 내실을 기해왔다. 별도의 평가제도가 없이 한 팀, 한 가족처럼 움직이다가 사업 분야가 넓어지고 인원 규모가 100명을 넘어서면서부터 본격적인 조직 분화가 이뤄지기 시작했고 체계적인 관리의 필요성이 높아져 2011년에 평가제도를 도입했다.

초기의 평가제도는 외부 컨설팅을 받아 인사제도 전반을 도입하면서 함께 구축했다. 초기 평가제도는 역량평가와 실적평가를 종합하여 인사고과 등급을 평정하는 방식으로 구성했다. 하지만 회사에서 요구하는 역량이 무엇인지 조사하여 역량 기준을 정한 것이 아니라 시중에 통용되는 역량 항목을 참조하여 경영진의 주관적인 판단에 근거하여 선택한 것으로 구성했다. 실적평가의 기준은 판매금액과 수량, 전년대비 매출액 증가율로 구성했다. 개인별 실적은 추산하기 어려워 영업부서별 실적을 부서원의 실적으로 간주했고, 부서장이 개인별 기여도를 고려하여 직관적으로 평가했다.

평가제도를 도입한 다음 해에는 임금체계와 조직문화 개선을 위한 임직원 설문조사를 실시하고, 상사가 일방적으로 평가하는 하향식 평가에서 벗어나 다면평가를 도입하여 평가의 합리성을 제고하고자 했다. 다면평가는 부서원의 부서장 평가, 부서장 간의 기여도 평가, 고객평가로 구성하여 종합인사고과 결과와 함께 인사관리 상의 참고자료로 활용됐다. 마케팅, 영업지원, 판촉, 영업관리, 경영지원 등 보다 세분화된 직무군별로 요구되는 역량 항목을 실제 업무성과와 관련된 항목으로 선별하여 분류하는 작업을 병행했다.

2013년도에 정년 60세 제도가 도입되었고 2016년 실행을 앞두고 회사에서도 이에 대한 준비가 필요했다. 직급별 임금등급(pay grade)을 개선하여 연차에 따라 임금이 상승하는 호봉상승분 비중을 줄이고, 승진을 통해 임금이 상승하는 비중을 높였다. 나아가 실적에 따른 인센티브 금액을 높이면서 승진과 실적 평가가 임금수준 결정에 중요한 요인이 된 것이다. 이로써 성과주의가 보다 강화되었고, 승진에 영향을 미치는 인사평가에 대한 사원들의 관심이 매우 높아지고 업적평가를 두고 내부 경쟁이 높아졌다.

평가제도 도입이 애초의 목표와 달리 창업 초기의 열정과 단합을 해치고 사기를 저하시켜 불만요인으로 작용하기 시작한 것이다. 평가의 목적은 무엇이고, 어떤 기준과 방법을 적용해야 하는지, 올바른 평가의 원리는 무엇인지 깊은 고민이 요구됐고 평가제도의 전면적인 개편 필요성이 제기됐다. 보다 정확한 평가, 직원들의 수용성이 높은 평가, 사업에 요구되는 실효성이 높은 평가가 요구된 것이다.

직원들의 사기를 높이고 서로 협조하면서 성과에 따라 적합한 보상이 이뤄지는 평가를 위해서는 어디서부터 어떻게 손을 대야 하는가? 5년간 나름대로 도입한 평가제도가 도입 당시의 의도와는 다르게 발생한 부작용을 파악하고 이를 해결해야 한다. CEO는 김수한 피플팀장에게 평가제도 개선을 인사부문의 핵심 과제로 부여했고 평가제도 개선 TF가 구성됐다. 김 팀장의 책임 하에 피플팀 박대리, 영업팀

임과장, 재무팀 박주임이 합류했다. 이들이 수행한 첫 번째 작업은 평가제도를 체계적으로 진단하여 문제점을 구체화하는 일이었다. 인사전문 컨설팅회사와 함께 평가를 둘러싼 문제점을 조사하여 파악했다. 다음은 진단 결과와 개선 과제를 요약한 그림이다. 이 장의 뒷부분에 보다 구체적인 진단결과와 개선과제가 제시되어 있다.

진단결과, S유통 관리자들과 직원들은 평가의 의미와 기능에 대해서는 충분한 이해를 하고 있지만 평가를 둘러싼 문제에 대해 체계적으로 파악하고 있지 못하고 있는 상태였다. 국가직무능력표준(NCS)를 기반으로 직무체계를 도입 중이지만 채용 시 기준으로 참조하는 데 그치고, 구성원의 역량관리에는 활용하지 못하고 역량평가 지표로만 사용 중이었다. 목표관리는 하고 있지만 목표 간의 연계성을 파악하여 전략적으로 관리하는 단계에는 이르지 못하고 있었다. 등급배분은 절대평가 방식으로 운영하고 있는데 관대화 경향이 커지는 바람에 최근 역량평가만 상대등급을 부여하는 방식으로 운영했다. 평가결과를 능력개발에 활용하지 못하고 있고, 공정성에 대한 불만이 있으며 평가자훈련의 필요성이 제기됐다. 평가결과에 대한 피드백도 부재하고 평가과정 관리도 미흡했다.

이러한 조사를 바탕으로 평가제도 개선 TF와 컨설팅회사와 함께 제도 개편안을 마련에 들어갔다. 여러 차례의 워크숍을 거쳐 구성원의 의견을 청취하고 노사 합의를 도출하는 과정을 거쳐 2017년에 새로운 제도를 공식적으로 도입하여 예고기간을 거쳐 2018년부터 적용했다.

S유통은 지속적인 성장을 구가하다 2020년 초부터 전세계를 휩쓴 코로나19 팬데믹 상황을 맞이했다. 다행히도 업종 특성상 온라인 구매가 가능한 배송 부분은 매출이 늘었지만, 오프라인 매장에서의 소비가 크게 위축됐다. 고객 접점 부서, 생산부서, 유통부서는 출근 근무가 불가피했지만 사무직과 콜센터 직원 일부는 재택근무에 돌입했다. 재택근무 상황에서 인사평가와 성과관리를 어떻게 해야할지 새로운 과제가 발생한 것이다.

S유통 평가관리의 주요 문제: 전략적 성과관리 방법의 활용 부재, 상대평가에 대한 불만, 평가 피드백 등 평가 커뮤니케이션 미흡, 평가결과의 구성원 역량개발 활용 부재, 비대면 근무 상황에서의 평가 및 성과관리

논의 주제

1. 기업에서 평가를 하는 목적은 무엇인가?
2. 평가에는 어떤 종류가 있는가?
3. 정확하고 수용성이 높은 평가가 되기 위한 요건은 무엇인가?
4. 코로나19 팬데믹과 재택근무 확대, 원격근무 상황에서의 평가와 성과관리는 어떻게 하는 것이 바람직한가?

4.1 평가의 의미와 목표 및 대상[1)]

인사관리에서 이뤄지는 평가는 인사평가(또는 인사고과*)로 불리며 '일하는 사람'에 대한 평가와 '일의 결과'에 대한 평가로 구성된다. '평가 없이 관리 없다', '최고경영자의 업무 시간 중 반 이상이 평가에 사용된다'라고 할 정도로, 평가는 경영 활동에서 기반이 되는 중요한 역할을 한다. 항해사가 정확하게 해도를 읽고 배의 위치와 방향을 알아야 목적지에 도착할 수 있듯이 평가는 성공적인 경영을 위한 나침반이나 길잡이(내비게이터)와 같다. 평가가 경영의 나침반 역할을 제대로 하려면 정확하고 신뢰성 있는 평가, 목적에 맞는 타당한 평가가 이뤄져야 한다. 여기서는 평가가 갖는 측정이라는 측면에서 갖춰야 할 요건들과 구체적인 인사평가의 종류 및 방법에 대해 알아본다.

4.1.1 인사평가의 의미

인사평가는 조직구성원의 태도와 능력, 역량 등 사람에 귀속된 특성에 대한 측정과 조직구성원의 업무 활동과 그 결과에 대한 측정 활동을 의미한다. 즉 사람에 대한 평가와 일의 결과에 대한 평가를 포함한다. 일반적으로 평가(evaluation, assessment, appraisal)는 모두 측정(measurement) 행위를 의미하며 인사관리에서 이뤄지는 평가인 인사평가는 측정 활동으로서의 평가가 갖춰야 할 기본 요건(예: 신뢰도, 타당도)을 구비해야 한다. 나아가 인사평가가 올바르게 이뤄지기 위해서는 조직의 경영전략을 성취하는데 적합한 평가, 공정하고 수용성 높은 평가가 돼야 한다.

인사평가는 사람과 조직을 관리하는데 기반이 되는 필수적인 활동이다. 올바른 인사평가는 구성원의 사기를 높이고 동기부여함으로써 조직의 성과를 높일 뿐 아니라 개인의

---

* 고과(appraisal)는 개인의 역량과 실적에 대한 상대적 측정(measure) 활동에 초점을 두고 사용되며, 평가(evaluation)는 투입 대비 산출 정도인 효율성과 목표 대비 달성 정도인 효과성에 대한 폭넓은 정보 습득과 해석 활동을 함축한다, 하지만 인사관리에서 이 두 용어는 구분 없이 혼용되는 경우가 많은 것으로 보인다. 출처는 성상현(2017), 제4장 평가-올바른 인사관리의 기초, 한국기업조직역량연구원(편), 『성과주의 약인가 독인가』, 135, 효일문화사.

역량 개발에 필요한 정보를 제공한다. 인사평가는 어떤 조직에서든 리더가 수행해야할 필수적인 관리 활동이며, 평가를 받는 피평가자 입장에서도 공정하고 정당한 평가를 받기를 원하는 민감한 영역이다. 올바른 평가가 이뤄지기 위해서는 잘 정비된 평가제도도 중요하지만 평가자의 소프트 스킬 즉, 의사소통과 피드백 등 상호작용이 중요한 역할을 한다. 좋은 리더는 올바른 평가를 하기 위해 상당한 노력과 시간을 투입해야 한다.

인사평가는 경영 목표 달성을 위한 도구 역할을 한다. 조직과 개인의 목표를 설정하고 달성하는 과정에 대해 관리하는 성과관리는 인사평가를 중심으로 이뤄진다. 인사평가는 경영전략과 목표를 구성원에게 전달하고 이해시키며 이를 달성하는 실천 수단의 역할을 한다. 인사평가를 통해 성과보상의 근거를 제공할 수 있고, 승진과 배치전환과 같은 인력운용에 필요한 정보를 얻을 수 있다. 저성과자 관리 역시 공정하고 효과적으로 이뤄지기 위해서는 정확한 인사평가가 수반되어야 한다.

최근의 인사평가는 관리적인 목적을 넘어 구성원의 역량을 개발하는데 주안점을 두는 방향으로 전환하고 있다. 전통적인 인사평가가 일정 주기마다(예: 분기, 반기, 연간) 업무 수행 결과를 사후적으로 평가하는 방식이지만, 이러한 방식은 과거에 대한 회고적인 평가가 되므로 현재 진행 중인 과업 활동을 개선하는 데는 한계가 있다. 이러한 한계를 극복하기 위해 실제 업무에 대한 실시간 피드백과 코칭을 통해 성과를 개선하는 데 초점을 두고 변화를 모색하는 기업들이 늘어나고 있다. 앞서가는 기업들에서는 인사평가를 성과관리 차원에서 접근하는 경향이 있다.

박스사례 **카길(Cargill)의 Everyday Performance Management 시스템**

카길은 전 세계적으로 155,000명의 종업원과 2015년 1,204억 달러의 매출을 올린 세계 최대 국제 곡물 메이저 기업이다. 이 회사의 HR 팀은 기업 내 임직원, 관리자, 리더들과 인터뷰 및 설문조사를 통한 진단에서, 빠른 시장 변화 상황에 따른 매일의 일상적인 업무가 전체 평가에 크게 반영되지 못하는 것을 발견했다. 이에 2012년 "Everyday Performance Management" 시스템을 도입하여 평가에 큰 변화를 주었다.

새로운 평가 시스템의 주요 원칙은 다음과 같다. 1) 연말 보고서가 아닌 지속적인 프로세스에 초점을 두고 매일 직무 중 직원 간에 피드백을 실시한다. 2) 서식이나 평점, 등급보다는 일상의 활동과 실무에 기반한다. 3) 다른 여러 사업상의 니즈를 유연하게 처리한다. 4) 직원과 관리자의 관계에 초점을 둔다.

"Everyday Performance Management" 제도의 성공적인 도입 및 정착을 위해 우수 관리자에 정기적으로 보상과 표창을 실시하고, 성공적인 관리자들의 사례를 문서화하여 공유했다. 그 외에 관리자들에게 양방향 커뮤니케이션, 피드백 전달, 코칭 스킬 및 능력 교육 및 훈련을 실시하는 등 적극적인 지원을 수행했다.

"Everyday Performance Management" 도입 3년 후, 69%의 직원들이 새 제도를 통해 개발에 있어 유용한 피드백을 받는다고 응답했다. 70%의 임직원은 지속적인 성과관리로 인해 자신의 가치를 인정받는다고 인지했고, 이를 통해 미래의 계획에 중점을 둔 대화의 시간이 많아졌다고 응답했다.

출처: 고용노동부(2016.11.30.), *공정인사평가모델: 능력중심인력운영을 위한 가이드북* (성상현 외 지음).

4.1.2 평가의 목표와 성과관리

평가는 인사관리의 기본 인프라에 해당하는 활동이며, 조직의 리더라면 평가를 정확히 할 줄 알아야 한다. 사람관리에서 성과주의와 능력주의 실현을 위해서는 공정하고 수용성이 높은 인사평가가 전제돼야 한다. 객관적이고 합리적인 경영관리를 위해서는 합리적인 평가체계가 구축되어 정확한 정보를 제공하는 것이 필수적이다. 업무를 수행하는 구성원 역시 자신의 능력과 업적이 정당하게 평가되기를 원하고, 그 결과를 바탕으로 처우와 보상이 실시될 때 공정하게 느끼고 기대가 형성되어 동기부여가 이뤄질 것이다. 바람직한 리더는 이렇듯 중요한 평가를 제대로 하기 위해, 상당한 시간과 노력을 투입해야 한다. 평가 없이 관리가 될 수 없기 때문이다. 또한 평가를 받는 구성원 역시 평가를 잘 받기 위해 다차원적인 노력을 하는 것은 자연스러운 조직의 현상이다.

평가는 경영 목표 달성을 위한 도구이자 구성원의 능력개발을 위한 수단이라 할 수 있다. 평가를 평가자의 입장, 즉 경영의 입장에서만 보면 평가의 한 면만을 보는 것이다. 피평가자인 구성원의 입장에서도 수용성 있는 공정한 인사를 위해서는 객관적이고 합리적인 평가가 이뤄져야 한다. 기업의 경영전략과 조직목표 달성을 위해서는 경영 과정과 그 결과인 실적에 대한 정확한 측정이 필요하다. 뿐만 아니라 목표설정과 실행, 중간 점검,

고과 및 피드백 등 일련의 평가과정을 통해 구성원들이 경영전략과 경영목표를 보다 정확히 이해하고 올바로 실천할 수 있게 만들어준다.

목표설정을 통해 구성원들이 목표달성에 대한 동기부여가 이뤄지고, 중간면담과 점검 등을 통해 진행 현황을 파악하고 조정하여 목표를 제대로 달성할 수 있도록 관리할 수 있다. 나아가 구성원들이 목표를 달성하는데 필요한 능력이 무엇인지 파악하여 필요한 지식, 기술, 능력 등을 획득, 훈련, 개발할 수 있게 해준다. 이와 같이 평가는 경영목표의 달성과 구성원의 능력개발에 모두에 필요한 도구 역할을 한다.

성과주의 인사*를 실현하고자 하는 조직은 먼저 성과에 대한 평가를 제대로 해야 한다. 올바른 평가가 전제되지 않은 성과주의는 실현이 불가능하기 때문이다. 예를 들어 축구 선수의 연봉이나 포지션을 결정할 때 그 선수의 경기실적과 기량에 대한 정확한 기록과 판단에 근거해야 하는 것과 마찬가지이다. 어떤 운동 경기나 스코어카드를 정확히 적지 않는다면 경기가 자체가 성립되지 않을 것이다.

박스사례 어도비(Adobe)의 Check-in 시스템

어도비는 미국의 그래픽 소프트웨어를 개발하는 종업원 수 약 13,000명의 IT 기업이다. 이 회사는 매년 약 8만 시간에 걸쳐 전통적인 연말평가를 진행했지만, 팀과 협업에 기반을 둔 기업 문화에 맞지 않는 것으로 판단, 약 5년의 시간에 걸쳐 새로운 성과평가 시스템을 개발했다.

2012년 여름부터 “Check-in” 시스템을 통해 지속적이고 실시간 피드백을 제공하기 시작한 것이다. 3개월에 한 번 정도 “Check-in”을 요청, 미팅 전 여러 임직원으로부터 해당 직원의 성과에 대한 피드백 보고를 받는다. 성과 피드백의 결과물은 보상이나 직급 결정보다 임직원 개인의 성과 개선에 초점을 두고, 임직원과 관리자 간의 코칭 및 지속적이고 협력적인 개발 프로세스에 중점을 둔다.

“Check-in”을 통해 각 관리자가 직원에게 피드백을 주는 빈도수를 각자 정할 수 있으며, 직원 개인별

* 성과주의와 성과연봉제(또는 성과보수제)는 다른 개념이라는 것을 분명히 해야 한다. 성과주의는 성과를 중심으로 인사관리 전반을 수행하는 성과기반 인사 체계(performance-based human resource management systems)를 의미한다. 이에 반해 성과연봉제는 성과에 따라 개인이나 조직 단위별로 성과급에 차이를 두는 보상방식을 의미한다. 따라서 성과연봉제는 성과주의 실현을 위한 하나의 방편으로 볼 수 있다. 그러나 성과연봉제가 반드시 소기의 성과를 낼 수 있는지는 별개의 문제이다. 제대로 된 평가를 전제하지 않고 이뤄지는 성과급의 차등 지급은 성과주의와 거리가 멀다. 또한 성과급의 차등을 개인단위로 할 것인지 조직(부서, 조직전체) 단위로 할 것인지에 대한 판단 역시 성과가 창출되는 기제와 조직운영 방침에 따라 적합하게 이뤄져야 한다.

목표 설정, 경력 관리 및 전략적 향상 등 역량 관리에도 접목시켜 활용하는 것이다. "Check-in" 도입 이후, 고성과자들의 자발적 이직률은 30% 감소했고 저성과자의 비자발적 이직률은 50% 증가했다. 나아가 기업의 주가는 $30에서 $80로 상승했다.

출처: 고용노동부(2016.11.30.), *공정인사평가모델: 능력중심인력운영을 위한 가이드북* (성상현 외 지음).

4.1.3 평가 대상과 범위

경영에서 평가는 구성원의 능력과 그 능력이 실제 발휘된 결과인 업적에 대해 측정하는 제반 활동을 의미한다. 평가(evaluation)는 개인의 능력과 실적을 평가하는 개인 차원의 인사고과와 조직 차원의 실적을 평가하는 조직평가를 포괄한다. 여기서는 인사관리 차원의 평가인 인사평가를 다루며, 그 내용은 개인의 능력과 개인의 업적에 대한 평가를 주로 다룬다. 물론 조직 차원의 실적에 대한 평가 역시 개인 차원의 평가에서 사용되는 방식이나 원리를 적용할 수 있을 것이다.

4.2 바람직한 인사평가의 조건

평가가 본래의 역할을 제대로 하기 위해서는 전략적 적합성, 타당도, 신뢰도, 공정성, 수용성이라는 요건을 갖춰야 한다.

4.2.1 전략적 적합성

먼저 전략적 적합성(strategic fit)이란 인사평가가 조직의 경영전략에 필요한 행동과 성과를 구성원들로부터 실제로 창출해 내는 정도를 의미한다. 인사평가는 조직이 처한 환경과 추구하는 전략, 조직의 특성이나 역량 등과 정합성(fit)이 이뤄져야 소기의 성과를 달성하는데 기여할 수 있다. 환경의 변화 정도나 복잡성에 따라 필요한 평가제도의 내용이나 운영방식이 달라질 수 있다. 추구하는 전략이 새로운 기술이나 창의적 제품이면 그러한

〈표 4-1〉 바람직한 인사평가의 조건

분류	내용
전략적 적합성 (Strategic Fit)	인사평가가 조직의 경영전략에 필요한 행동과 성과를 구성원들로부터 실제로 창출해 내는 정도
타당도(Validity)	인사평가가 실제로 평가하고자 하는 내용을 제대로 평가하고 있는 지 여부
신뢰도(Reliability)	인사평가 결과가 큰 편차 없이 일관되고 안정적으로 나타나는 정도

출처: 저자가 작성

기술력이나 창의력이 평가에 포함되어야 할 것이다. 그리고 기업의 업종이나 규모에 따라 효과적인 평가제도의 내용과 정교성의 정도가 달라질 것이다. 인사평가 제도를 운영할 수 있는 역량에 따라 어느 정도 정교한 제도를 설계하고 활용할 것인지 결정하는 것이 바람직하다.

4.2.2 타당도

타당도(validity)란 인사평가가 실제로 평가하고자 하는 내용을 제대로 평가하고 있는지 여부를 의미한다. 즉 측정하고자 하는 바를 실제로 측정하는 정도를 말한다. 예를 들어 부서장 승진자 선발을 위한 필기시험에서 조직이 알고 싶어 하는 것이 리더십이라면 리더십을 측정해야 하는데 만약 추리력을 측정하고 있다면 타당도가 떨어지는 시험이 될 것이다. 이 경우 타당도를 높이기 위해서는 리더십 보유 정도를 측정할 수 있는 문항이나 평가도구를 도입하여 평가의 타당도를 높여야 한다. 리더십에 대한 평가는 일회성 시험이나 면접보다는 평소의 역량평가 결과나 다면평가 내용을 종합해 판단하거나 평가센터(assessment center)를 활용하여 심층 면접하는 것이 타당도를 높이는 방법이 될 것이다.

다른 예로 전체 매출에서 신제품이 차지하는 비중을 높게 유지하는 것이 경영 목표의 하나라면 평가 기준도 이에 맞게 매출액에서 신제품이 차지하는 비율, 신제품 시장점유율, 신제품 개발 기술 수준 등을 평가 기준으로 사용해야 타당도가 높을 것이다. 이와 같이 평가기준이 평가를 실시하는 목적, 즉 경영목표에 맞는지 검토하여 평가목적에 맞는 기준을 설정하고 운영함으로써 타당도를 높이는 것은 인사부서와 실제 평가자인 조직의 각급 리더들이 끊임없이 고민해야 할 중요한 과제이다. 피평가자인 구성원 역시 자신의 역량과 성과를 평가하는 기준이 조직 목표에 비춰 타당한지 평소에 관심을 갖고 업무를 수행하고, 만약 문제가 있으면 개선을 위한 건의 등의 조치를 취하는 것이 바람직하다.

4.2.3 신뢰도

인사평가의 신뢰도(reliability)는 인사평가 결과가 큰 편차 없이 일관되고 안정적으로 나타나는 정도를 의미한다. 신뢰성이 낮은 평가도구를 사용할 경우 평가 시기나 상황에 따라 평가점수의 편차가 크게 나타난다. 이 경우 피평가자의 진정한 역량과 성과를 판단하기 곤란하고 인사 의사결정을 위한 자료로 활용하기도 어렵다. 예를 들어 역량평가 항목 가운데 개인의 지적 능력에 대한 평가가 평가자에 따라 다르거나 평가 때마다 다르다면 신뢰도가 낮은 평가가 된다. 누가 사용하든지, 언제 사용하든지 측정결과가 일관된 값을 가지면 신뢰도가 높은 평가제도라고 할 수 있다.

4.2.4 공정성

공정성은 인사평가 과정과 결과 및 활용에서 구성원이 공정하다고 인식하는 정도이다. 공정성은 절차적 공정성, 분배적 공정성, 상호작용 공정성 등으로 구성된다. 절차적 공정성은 인사평가 절차가 공정하게 이뤄졌는지에 대한 것으로 예를 들어 피평가자의 입장이 평가과정에서 충분히 고려되지 않았다면 절차적 공정성이 낮게 인식될 것이다. 분배적 공정성은 평가에 따른 임금이나 승진 등의 인사 결정이 공정한가와 같이 평가 결과가 구성원간에 공정하게 분배되었는지에 관한 공정성이다. 상호작용 공정성은 평가자와 피평가자 간에 평가와 관련된 의사소통이 원활하게 이뤄졌는가와 같은 상호작용과 관련된 공정성이다. 공정성이 높다고 지각하면 피평가자가 평가에 대해 보다 잘 수용할 것이며 평가자는 평가에 대해 자신감을 가질 수 있을 것이다.

그림 4-1 일본의 노동시장 유출입: 2012-2031

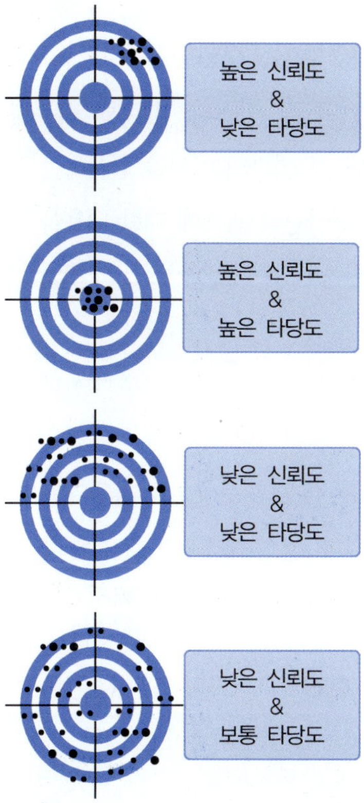

타당도가 높기 위해서는 평가제도를 통해 측정하려고 하는 내용을 정확하게 평가할 수 있어야 함. 옆의 예시는 타당도가 높지 않은 평가도구를 나타내고 있는 것으로 평가도구가 과녁의 중심을 맞추고 있지 못함. 이와 같은 평가도구는 성적의 일관성이나 신뢰성은 높지만 평가를 통해 파악하려는 역량이나 성과를 실제로 파악하기 어려움

이 그림은 타당도가 높고 신뢰도 역시 높은 평가 도구의 모습을 나타내고 있음. 평가제도가 지향하는 가장 이상적인 모습임

신뢰성이 낮은 도구를 사용하는 경우 평가 시기나 상황에 따라 평가점수가 편차가 크게 나타남
그림과 같이 편차가 심해지는 경우 종업원의 진정한 역량과 성과를 판단하기 어려움

타당도는 보통이지만, 신뢰성이 낮은 도구를 사용하는 경우 평가 시기나 상황에 따라 평가점수가 편차가 크게 나타남
그림과 같이 편차가 심한 경우 종업원의 진정한 역량과 성과를 제대로 판단하기 어려움

출처: 고용노동부(2016.11.30.), *공정인사평가모델: 능력중심인력운영을 위한 가이드북* (성상현 외 지음).

4.2.5 수용성

평가에 대한 수용성(acceptablity)이 낮으면 평가를 통해 얻을 수 있는 목표를 달성하기 어렵다. 타당도와 신뢰도가 높은 인사평가는 공정성이 높고 그 결과에 대한 구성원의 수용성도 높아진다. 성과와 평가에 관한 커뮤니케이션이 잘되고 개인-조직간 목표의 일치성이 높고 보상과 합리적 연계성이 있으면 평가에 대한 공정성 인식이 높아질 것이며 따라서 수용성도 높아진다. 수용성이 높은 평가는 결과에 대한 피드백이 잘 이뤄질 것이며 바람직한 방향으로 구성원의 행동을 개선하는데 보다 효과가 있을 것이다.

바람직한 인사평가가 되기 위해서는 조직의 크기, 인사전략의 유형, 조직운영 방식 등에 따라 평가에 대한 철학과 평가지표, 제도와 운영에 있어 강조점이 다르게 설계되어야 한다. 예를 들어 인사전략이 내부적 협력을 지향하고 있다면 장기적인 성장 관점과 협력을 지향하는 평가철학을 바탕으로 평가제도가 설계되어야 할 것이다. 반대로 내부경쟁을 지향하는 인사전략을 가진 경우에는 개인 간 또는 집단 간 성과의 차이를 인식하는 평가가 이뤄져야 할 것이다. <표 4-2>는 이러한 상황 요인과 평가간의 관계에 대한 내용을 예시한다. 평가제도와 인사전략, 나아가 경영전략과 경영환경이 수미일관하고 적합성이 높을 때 평가의 효과성도 크게 나타날 것이다.

예를 들어 창업초기 소규모 기업에서 평가의 역할과 목표는 단합을 들 수 있는데 소규모 기업의 특징은 역할이 아직 분화되어 있지 않다는 특징을 가진다. 하지만 목표를 달성하기 위해서는 협업과 멀티 플레이가 요구된다. 따라서 당장 현재의 보상은 미흡하지만 미래에 대한 기대감이 중요하고 이를 바탕으로 헌신이 요구된다. 창업초기라면 호흡이 맞는 팀이 구성되어야 한다. 그리고 실수나 실패에 대해 너그럽게 대하고 새로운 도전이 가능하도록

〈표 4-2〉 평가철학, 지표, 제도, 운영 – 조직규모와 성장단계, 전략, 조직유형 별 예시

	조직 규모/단계			인사 전략 유형		조직 운영	
	30인 (시작)	~150 (중간)	300~ (성숙)	내부협력 지향	내부경쟁 지향	기능식	프로젝트
평가 철학	• 협력강조	• 협력과 경쟁 균형	• 내부 경쟁을 중심으로 협력 유도	• 장기적인 성장 관점과 협력을 지원하는 평가	• 개인간 성과차이를 인식하는 평가	• 전체보다는 개별 기능 성과 측정 강조 (제조, 서비스)	• 하위 기능보다는 전체의 성과 강조 (건설, IT)
평가 지표	• 공통역량 중심지표	• 직무역량 평가 중심	• 역량과 업적 평가 지표 균형	• 업적보다는 역량 평가 강조 / 다양한 평가 원천 확보	• 조직 성과와 관련된 단기 업적과 직무 역량 평가 강조	• 기능별 역량과 업적지표를 책임과 역할의 크기에 따라 배분	• 책임자는 업적을, 멤버는 역할수행 과정과 결과를 역량중심으로 측정
평가 제도와 운영	• 절대평가 • 단순한 평가등급 • 집단 성과 공유	• 상대평가 가능 • 3-5단계 평가등급 • 집단과 개인 성과 균형	• 상대 평가 위주 • 3-5단계 평가 등급	• 절대평가 • 소단계 평가 등급 • 집단 및 조직 평가 결과 활용 비중 증대	• 상대평가 • 다단계 평가 등급 • 개인 평가결과 비중 확대 • 개인 성과급과 연계 증대	• 전체는 외부 경쟁자와 상대 평가 • 기능 내에서는 소 단계의 상대평가	• 전체는 집합적 절대 평가 • 조직 내에서도 절대평가

출처: 고용노동부(2016.11.30.), *공정인사평가모델: 능력중심인력운영을 위한 가이드북* (성상현 외 지음).

평가틀이 짜여질 필요가 있다. 도전이 강조되는 기업문화라면 실제로 실패했을 경우라도 실패를 두려워하지 않는 문화가 필요하고 이러한 내용이 평가에 반영될 필요가 있다.

박스사례 **영화 머니볼(Money Ball)과 야구 방식의 변화**

2011년 개봉한 야구 영화 '머니볼'은 미국 메이저 리그에서 꼴찌만 하고 실력 있는 선수들조차 다른 구단에 뺏기기만 하는 미국의 한 구단인 오클랜드 애슬레틱스에 대한 스토리이다. 돈 없고 실력 없는 오합지졸 구단이란 오명을 벗어 던지고 싶은 단장 '빌리 빈(브래드 피트)'은 경제학을 전공한 '피터'를 영입하여 기존의 선수 선발 방식과는 전혀 다른 파격적인 '머니볼' 이론을 따라 새로운 도전을 시작한다. 그는 경기에서의 데이터만 참조하고 사생활이나 부상, 최고령 등의 이유로 다른 구단에서 외면 받던 선수들을 팀에 합류시키다. 모두가 미친 짓이라며 그를 비난한다. 하지만 이 팀은 결국 누구도 예상치 못했던 승리를 거둔다.

이 영화는 데이터 야구의 시작을 연 실화를 바탕으로 구성됐다. 기존의 감독의 '감'에 의존한 야구가 정확한 '데이터'에 기반한 야구로 변화하기 시작한 것이다. 정확한 측정은 선수의 역량에 대한 정확한 평가가 가능하도록 객관적 자료를 제공한다. '인사는 감이다'라는 견해도 있지만 감이 인사를 망친다는 견해도 있다. 하지만 '객관적 자료를 바탕으로 한 감'을 가질 수 있다면 보다 훌륭한 인사관리가 가능하지 않을까?

출처: 네이버 영화 머니볼 소개 내용을 참조하여 저자 작성

4.3 현상태 진단과 기반 구축

4.3.1 현상태 진단

조직에 인사평가를 본격적으로 도입하기에 앞서 현 상황을 평가자와 피평가자 모두의 입장에서 파악하고 평가를 둘러싼 조직의 분위기를 진단하여 이를 평가제도 도입과 운영에 반영할 필요가 있다. 현재 상태에 대한 진단 과정을 통해 인사평가제도에 대한 의견을 다각적으로 수집할 수 있고, 일관된 기준을 적용하여 공정성을 향상시킬 수 있다. 나아가 인사평가가 직무와 관련성이 높도록 설계하고 인사평가제도를 도입하는 취지를 구성원에

게 전달하는 데 도움이 될 수 있다. 이러한 현 상태 진단은 인사평가 준비도 진단과 인사평가 분위기 진단으로 구성해 볼 수 있다.

인사평가 준비도 진단은 피평가자인 구성원 전체를 대상으로 실시하며, 인사평가에 대한 지식수준과 이해도를 진단한다. 이를 통해 평가제도에 대한 만족도와 절차적인 공정성에 대한 인식을 높일 수 있다. 인사평가 준비도가 높을수록 정확한 평가에 대한 동기부여가 잘 된다. 또한 조직구성원의 평가에 대한 반응과 평가 태도에 긍정적 영향을 끼쳐 인사평가제도의 효과적인 운영을 제고할 수 있다. 인사평가제도가 조직 구성원에게 명확하게 전달되고 이에 대한 구성원의 이해 정도가 높을 때 개인의 성과가 조직의 성과로보다 잘 승화될 수 있을 것이다. 이 진단은 평가방법, 성과기준, 평가차원, 지원시스템에 대한 내용으로 구성할 수 있다. <표 4-3>은 평가를 위한 항목 예시이다. 이 같은 조사 결과 각 차원의 점수를 분석하여 점수가 낮은 경우 그 의미를 해석하여 평가제도 설계와 운영에 반영함으로써 인사평가를 개선할 수 있을 것이다.

4.3.2 인사평가 기반 구축을 위한 직무체계 정비

인사평가에 대한 준비도와 분위기에 대한 진단이 이루어진 후에 평가를 실시하고 성과를 내는 기본 단위인 직무에 대해 조사하고 분류하는 작업이 필요하다. 직무조사와 직무분류를 통해 해당 직무에서 요구되는 역량과 핵심성과지표를 산출할 수 있으며, 이는 향후 평가와 성과향상을 위한 활동의 기본 단위가 된다. 이미 직무조사와 분류가 되어 있는 경우 이 단계를 생략할 수 있다.

직무조사는 직무에 대한 정보를 수집하고 수집된 정보를 분석하여 직무에 대한 내용을 파악하는 활동을 말한다. 직무조사를 통해 직무 수행에 필요한 지식, 숙련(skill), 능력, 숙련도, 책임 등 제반 직무내용과 직무수행요건을 명확히 하고 직무수행에 필요한 역량과 핵심성과지표 및 업무 프로세스를 파악하는 작업이 포함될 수 있다.

직무는 하위 과업의 성질이 유사하거나 또는 필요한 지식이나 기술의 종류가 유사한 업무들의 집합으로 조직구조 설계와 인력 충원 및 배치의 기본 단위가 된다. 직무분석은

〈표 4-3〉 인사평가에 대한 이해 정도 진단 (예시)

차원	문항
평가방법	우리 회사는 인사평가 방식 및 절차를 정할 때 나에게 참여할 수 있는 기회를 준다.
	나는 우리 회사의 인사평가 절차에 대해 체계적으로 알고 있다.
	우리 회사는 타 회사와는 다른 독특한 인사평가 방법이 있다.
성과기준	나는 인사평가 실시 전에 평가의 목적과 기준에 관해 설명을 받았다.
	나는 우리 회사의 인사평가 기준을 정확하게 이해하고 있다.
	우리 회사의 인사평가 점수는 실제 성과/직무행동과 관련이 있다.
평가차원	나는 인사평가에 사용하는 평가차원을 구분하여 알고 있다.
	나는 인사평가의 어떤 항목이 성과/직무행동을 반영하는지 알고 있다.
	나에 대한 인사평가 항목은 내 직무에서 중요한 요소로 구성되어 있다.
	나는 우리 회사의 업적(또는 성과) 평가의 주요 항목에 대해 알고 있다.
	나는 우리 회사의 역량평가의 주요 항목에 대해 알고 있다.
지원시스템	나는 우리 회사의 인적자원관리에서 인사평가가 중요하다고 생각한다.
	우리 회사는 평가자 교육을 실시한다.
	나는 우리 회사의 인사평가를 위해서 추가적인 교육이 있었으면 좋겠다.
	나는 나에 대한 인사평가 결과가 어떻게 내려지는지 알고 있다.
	나는 최종 인사평가가 내려지기 전에 평가결과에 대해서 의견을 개진할 수 있는 기회가 있다.

출처 : 고용노동부(2016.11.30.), *공정인사평가모델: 능력중심인력운영을 위한 가이드북* (성상현 외 지음), 58쪽.

직무의 성격과 요건을 분석하고 정의하는 활동을 말하는 것으로 직무의 정의와 목적, 주요 과업, 직무수행요건(지식, 경험, 자격 등), 역량, 핵심성과지표, 업무수행시간 등이 그 대상이 된다.

직무조사는 사전에 설정한 목표에 따라 어떤 내용을 어떤 방식으로 조사할지 사전에 계획하고 준비하여 임해야 한다. 인사평가를 위한 목적의 직무조사는 직무수행을 위한 역량과 성과지표를 파악하는데 있다. 직무조사서의 내용은 수행업무와 수행역량으로 구성된다. 수행업무는 미션, 핵심단위업무, 핵심성과지표 등을 포함한다. 수행역량에는 직무역량, 직무경험, 리더십역량, 그리고 전략적으로 요구되는 역량을 포함하여 구성할 수 있다.

직무체계는 일상적으로 발생되는 업무에 대한 분류체계로, 성과평가를 포함한 각종 인사 운영시 활동되는 기준을 정립하기 위해 사용한다. 직무체계란 조직의 업무들을 유사한 내용, 기능, 역량 측면에서 분류하여 전반적인 조직의 업무를 체계화한 것이다. 직무를

그림 4-2 직무체계의 단계 및 활용

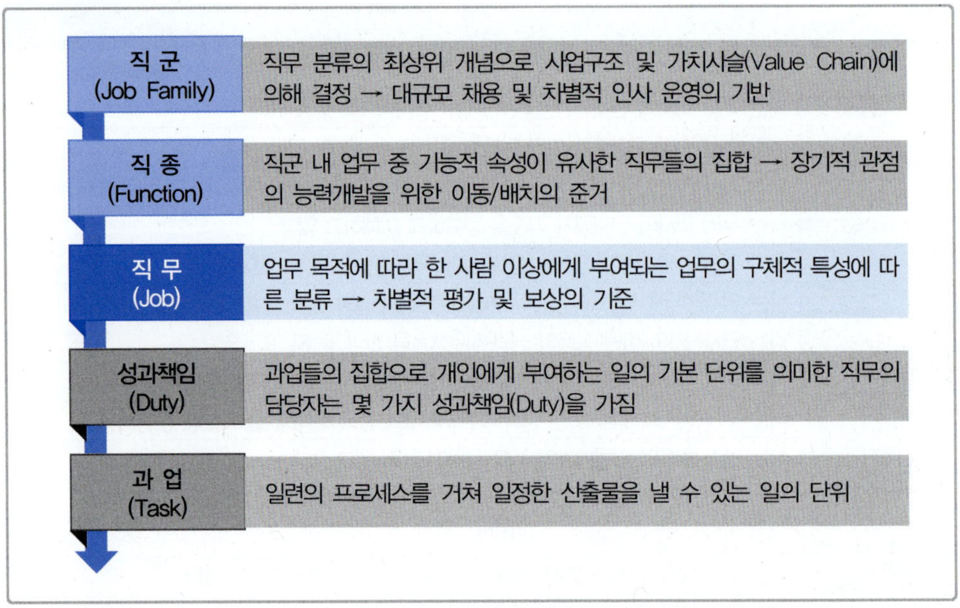

출처 : 고용노동부(2016.11.30.), *공정인사평가모델: 능력중심인력운영을 위한 가이드북* (성상현 외 지음), 72쪽.

분류하여 직무체계를 만드는 목적은 성과평가를 포함하여 채용, 이동, 승진, 교육, 보상 등 인적자원관리의 기초를 확립하는 것이 목적이다.

조직에서 인력관리를 제대로 수행하기 위해서는 직무조사 및 분석과 직무분류체계를 구축하는 작업이 선행되어야 한다. 이를 통해 일관성 있는 인사관리가 가능하며, 공정한 인사관리가 수행될 수 있는 객관적 자료의 제공이 가능하다. 또한 직무의 개념과 직무의 질적인 내용을 명확히 함으로써 직무에 바탕을 둔 과학적인 관리가 가능하다. 학력과 근속 및 연령을 중시하는 사람중심의 관리에서 담당직무의 요건과 속성을 중시하는 일 중심의 관리로 전환하기 위해서는 직무분류체계가 잘 정립되어야 한다.

직무분류는 직무수행의 책임 범위와 위계에 따른 수직적 분류(vertical classification), 직렬 내 업무의 지식/기술/태도 등 직무수행요건의 유사성 또는 직무의 목적 및 과업의 유사성에 따라 구분하는 수평적 분류(horizontal classification) 등 업무 구분과 역할 구분을 정교하게 체계화하여 직무체계를 수립하는 작업이다. 이를 통해 직무가치와 수행 직무를 적합하게 연계하여 인력의 과부족을 방지하고 경력경로 설정 등 경력개발에 필요한 자료 등으로 활용할 수 있다. 보통 유사한 과업별 분류 방식을 기본으로 분류하지만, 사업 영역의 특성과 전략이 차별적으로 고려되어야 하는 일부 직무의 경우에는, 사업 영역에 따라 분류할 수도 있다. 직무분류체계가 확정되면 그에 기반하여 직무기술서를 작성한다. 직무기술서는 표준 직무의 내용과 역할 및 요건 등을 정의한 것이다.

4.4 업적 및 역량 평가

4.4.1 업적평가

직무를 정의하였으면 평가는 직무를 기준으로 업적평가와 역량평가로 구분하여 실시한다. 먼저 업적평가의 경우 결과를 중심으로 평가하고자 하는 경우에는 직무핵심성과를 활용하고, 과정 중심으로 평가하고자 하는 경우에는 직무수행을 측정하는 신고 방식을 활용할 수 있다.

4.4.1.1 결과 중심 평가와 과정 중심 평가에 따른 핵심성과지표 도출

직무 핵심성과 방식은 직무의 성공적인 수행을 측정할 수 있는 정량적 또는 정성적 잣대를 활용하는 것이며 업무 계획 시 목표와 지표 등급을 사전에 설정한다. 업무 분장이나 직무기술서 등을 참고하여 당해 연도 개인별 업무를 대표할 수 있는 주요 사항을 목표로 설정한다.

직무수행 관점의 성과 신고 방식은 업무 계획시 사전에 설정된 과업을 중심으로 개인 단위의 과업과 활동을 정한다. 과업 수행 결과에 대해서는 성과 신고서를 통해 수행 과정과 결과를 기록한다. 직무핵심성과 달성을 위해 수행되는 세부 활동을 기술하고 업무 수행상의 과정에 대한 관리에 중심을 두며 연초 작성된 활동에 대해 연말에 수행내용을 기재한 후 제시된 기준에 맞춰 평가한다.

그림 4-3 핵심성과지표(KPI)의 순차적 전개 체계 (예시)

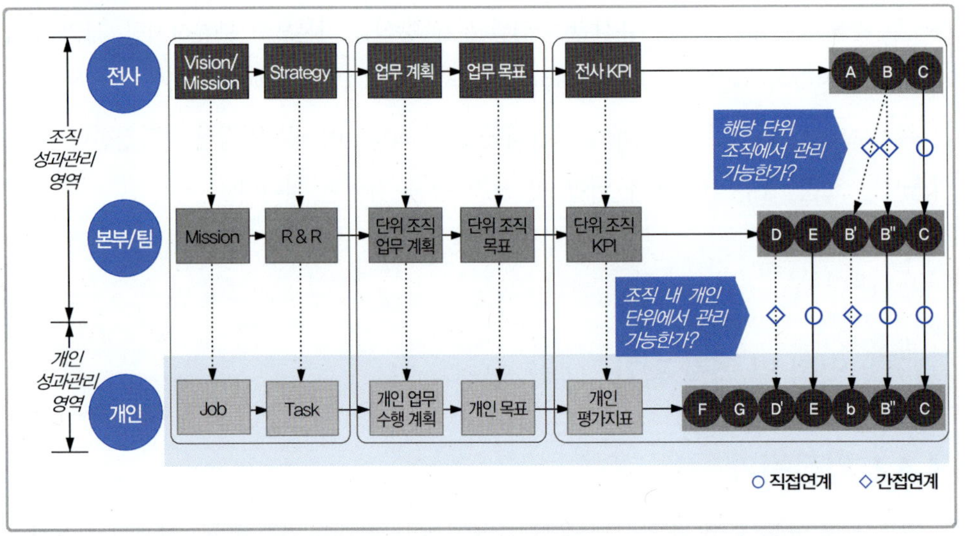

출처 : 고용노동부(2016.11.30.), *공정인사평가모델: 능력중심인력운영을 위한 가이드북* (성상현 외 지음), 72쪽.

직무 핵심성과지표(key performance indicator, KPI)란 해당 직무에 정의된 업무를 성공적으로 수행하기 위해 핵심적으로 관리해야하는 요소인 핵심성공요인을 측정 가능한 형태로 지표화한 것이다. KPI는 전사 전략과제와 연계되어 순차적으로 세분화하여 할당된 것뿐만 아니라 조직내 개인의 과업 수행 측면에서 측정 가능한 지표까지 포함하여 설정한다. [그림 4-3]은 KPI의 순차적 전개에 대한 예시를 보여준다.

핵심성과지표(KPI)는 직무기술서나 조직의 업무분장을 바탕으로 도출하되, 모든 업무에 대해 평가하는 것은 어려우므로 핵심 업무를 선정하여 실시하는 것이 바람직하다. 핵심성과지표는 업무의 핵심성공요인을 찾아 이를 기준으로 도출하는 방식이 일반적이다.

4.4.1.2 지표별 가중치 설정과 평가 방법 결정

직무핵심성과와 직무수행관점에 따른 업적평가지표를 도출했다면 이제 중요도와 난이도에 따라 지표별 가중치를 설정하고 어떻게 평가할지 방법을 정해야 한다. 지표별 가중치는 사전에 설정해 둔 목표 관점별 가중치 가이드라인에 따라 설정하는 방법과 사전에 설정하지 않고 개인별 역할 및 책임을 고려하여 피평가자 개인이 자율적으로 설정하는 방식으로 구분할 수 있다. 전자의 경우 직무핵심성과와 가중치 기준 설정을 통해 업무의 균형적인 추진이 가능하며 보다 중점적으로 추진해야 할 업무가 무엇인지 명확하게 소통할 수 있는 장점이 있다. 후자의 경우 목표 항목간 상대적 중요도나 난이도를 고려하여 적정 수준의 가중치를 구성할 수 있으나, 개인 목표 설정 시 전략관점과 업무관점의 목표가 균형적으로 설정되지 않을 우려가 있다.

업적평가 방법은 사전 목표 설정형, 사후 성과 신고형, 단순 고과형으로 구분할 수 있다. 사전 목표 설정형은 평가대상 기간 초기에 수립한 목표의 추진실적 및 달성도를 기말에 평가하는 방식으로 업무의 방향성 설정과 과정관리 및 결과 점검이 체계적으로 이뤄지고 목표 대비 실적을 비교하여 평가의 공정성과 수용성을 제고할 수 있다. 사후 성과 신고형은 기말 평가시점에 그 동안 추진한 업무의 내용 및 성과를 기술하고 평가하는 방식이다. 비정기적이고 수명성 업무가 많은 직무에 적합하며, 연중 환경변화나 특정 인력에 대한 업무부담 등의 사후적으로 고려한 평가가 가능하다는 이점이 있다. 단순고과형은 현재 업무의 수행결과를 양과 질 등의 측면에서 종합적으로 측정하는 방식으로 매해 반복되는 업무라서 성과목표를 새롭게 설정한 필요가 없는 업무에 적합하나 개인별 주요업무별로 구체적인 성과 파악과 개선 방안 마련이 어렵다.

연구개발 등 프로젝트성 업무의 경우 업무의 특성과 수행기간을 고려하여 프로젝트에 대한 기여도 평가와 팀에 대한 공헌도 평가로 구분하여 평가권과 평가 프로세스를 별도로 설계하는 것이 바람직하다.

4.4.2 역량평가

역량은 특정 직무나 역할에서 탁월한 성과의 원인이 되는 개인의 특징을 의미하는 것으로 지식, 스킬, 능력 및 개인의 성격과 동기, 가치관, 자기개념 등이 결합된 복합체라고 할 수 있다. 역량평가는 조직역량을 강화하는 차원에서 구성원들의 업무수행과정에 대한 평가를 의미하며 평가 결과는 일반적으로 경력개발을 위한 자료로 활용된다. 역량중심 인적자원관리(competency-based HRM)는 역량평가 결과를 평가와 보상을 위한 자료로 사용하는 데 그치는 것이 아니라 역량체계를 구축하여 채용, 능력개발, 교육훈련, 조직문화

변화 등 제반 인사관리의 근간으로 활용하는 인사관리 방식이다. 직무분류체계가 수립되고 직무 단위별로 직무의 성공적 수행에 필요한 역량이 정의되었으면 해당 역량을 측정할 수 있는 지표를 설정하여 직무수행자의 역량을 평가한다. 통상 역량평가는 년 1회 평가하는 경우가 많다.

우리나라의 경우 국가직무능력표준(national competency standard, NCS)이 구축되어 NCS 홈페이지에 공개하고 있다. 여기서는 직무유형을 대분류-중분류-소분류-세분류 체계에 따라 구분하여 능력단위가 제시되어 있다. 능력단위는 능력단위분류번호, 능력단위정의, 능력단위요소(수행준거, 지식·기술·태도), 적용범위 및 작업상황, 평가지침, 직업기초능력 등으로 구성된다. 국가직무능력표준의 수준체계는 산업현장 직무의 수준을 체계화한 것으로, '산업현장·교육훈련·자격' 연계, 평생학습능력 성취 단계 제시, 자격의 수준체계 구성에서 활용한다. 국가직무능력표준 개발 시 8단계의 수준체계에 따라 능력단위 및 능력단위요소별 수준을 평정하여 제시한다.

4.5 평가등급 배분과 방식

4.5.1 평가등급 배분

업적평가와 역량평가 지표가 설정되면, 누가 누구를 평가할 것인지 평가자와 평가그룹을 정하고 평가등급 배분 방식을 결정한다. 누가 누구를 평가할 것인가는 성과관리에 대한 평가자의 명확한 책임과 피평가자에 대한 실질적인 관리 및 능력개발 등 평가와 조직 운영에 관련된 권한을 결정하는 일이다. 1차 평가자(팀장)와 2차 평가자(본부장) 등 조직체계에 따라 상급자와 차상급자가 어떻게 배점이나 역할을 배분하는지에 따라 책임과 권한에 큰 영향을 미친다.

1차 평가자(직속상사)와 2차 평가자(차상급상사)가 배점을 분담하는 방식에서는 각 평가자가 단독으로 평가를 실시하고 추후 그 결과를 종합하여 최종 결과를 도출한다. 대개 1차 평가자의 배점 비중이 6:4 또는 7:3 정도로 크게 설정되는 경우가 많다. 이 방식은

1차, 2차 평가자 간의 입장 차이를 가중치로 보정할 수 있으며 1차 평가자의 가중치가 크면 직접 성과에 대한 관찰이 가능한 직속 상사의 평가권이 보장될 수 있다.

1차 평가자가 평가를 실시하지만 2차 평가자가 조정 또는 확정 권한을 갖는 방식의 경우, 직속상사 1인 평가로 인해 발생할 수 있는 평가의 왜곡을 막고 차상급 상사의 조정을 통해 보다 큰 시각에서 합리적인 평가를 유도할 수 있다. 그러나 일정 수준 이상의 조정 권한이 부여되면 1차 평가자의 지위와 영향력이 약화되는 결과를 초래할 수 있으므로 개입을 최소화할 필요가 있다. 조정의 근거가 불충분할 경우에는 평가자의 책임 회피나 평가의 공정성 인식이 저해될 우려가 있으므로 조정을 실시할 경우에는 합리적이고 설명 가능한 근거에 의거해야 할 것이다.

평가권을 설정할 때에는 평가자가 수행해야 할 활동을 고려하여 적임자를 선택해야 한다. 업적평가의 경우 조직의 운영과 관리라는 관점에서 조직위계를 고려해야 하며 성과지표에 대한 통제와 달성 여부 측정 및 정기적 점검 등이 가능한 평가자가 선임되어야 한다. 역량평가는 개인의 자율성과 수용성이 중요하므로 행동지표에 대한 근접관찰과 지속적인 관심 및 코칭이 가능한 평가자가 선임되는 것이 바람직하다.

평가 대상이 되는 평가그룹의 경우 일반적으로 조직 단위별로 구분하지만 같은 조직단위 내에 역할과 수준이 다른 집단이 혼재되어 있을 경우에는 구분하여 평가그룹을 형성할 수도 있다. 이 경우 너무 작은 단위로 구분되면 평가등급 배분 비율의 적용을 위한 충분한 모수의 확보가 어려울 수도 있다. 반대로 평가그룹이 커지면 평가의 공정성과 수용성이 약화될 우려가 있으므로 올바른 평가를 할 수 있도록 평가자의 역량이 확보되어야 한다.

역량평가와 성과평가는 각각의 점수를 그대로 활용하기도 하고 평가등급을 부여해 활용할 수도 있다. 종합평가등급이 필요한 경우 각각의 점수를 가중평균하여 등급을 설정하거나각각의 등급을 점수로 환산하여 가중평균치를 구한 후 다시 등급화할 수 있다. 평가등급 배분율의 경우 목적에 따라 정규분포, 비대칭분포, 평균집중분포 등을 적용할 수 있다. 정규분포는 중간등급을 기준으로 상위와 하위 등급의 분포를 유사하게 설정한다. 비대칭 분포는 우수 또는 하위의 등급 비중을 상대적으로 더 높게 하는 방식이다. 보통 이상의 비중을 높게 적용하면 구성원들이 조직 내에 우수인재가 많다는 긍정적 인식을 형성하여 동기부여에 바람직한 영향을 줄 수 있다. 나아가 평가등급 배분율 설정을 부서장에게 위임하여 권한을 강화하거나, 사업의 활성화 정도와 연계하여 조직성과에 대한 책임을 강화하는 등 조직관리에 활용할 수 있다.

4.5.2 상대평가와 절대평가

상대평가와 절대평가는 각각 장단점이 있으므로 이를 고려하여 선택한다. 상대평가는 평가결과를 종합하여 상대배분 비율에 따라 최종 등급을 결정하는 방식으로 조직 내 우수성과자와 저성과자를 선별하고 내부경쟁을 유도하는 데 사용된다. 상대평가를 하여 배분비율을 설정하면 상위 등급을 많이 부여하는 관대화 경향이나 중간등급에 몰리는 중심화 경향 또는 하위등급 분포를 크게 하는 등 평가등급 분포의 편중을 방지할 수 있으며, 평가결과와 연동되는 성과급 재원의 관리가 용이하다. 반면 상대비율에 따른 조정으로 인해 구성원의 수용성이 떨어지며 목표관리제의 기본 개념과 배치될 수 있고 우수 조직에 속한 구성원의 경우 상대적 불이익이 발생할 수 있다.

절대평가는 개인 평가결과를 바탕으로 최종 등급을 확정하는 방식으로 평가자의 의견이 직접적으로 반영되어 피드백과 육성 및 개발에 용이하다. 개인성과와 평가등급이 일치

박스사례 **자존감을 구기는 평가등급, 불만이 생기는 심리기제**

상대평가를 실시할 경우 S, A와 같은 상위등급은 일부에게 돌아가게 된다. 예를 들어 상위등급 배분율이 10%라고 할 경우 자신이 평균 이상은 했다고 생각하는 구성원이 90%라고 한다면 80%의 구성원을 평가등급에 불만이 발생하게 된다. 실제 상위 10% 수준의 성과를 낸 구성원은 상위고과를 받은 것이 자신이 일을 잘하거나 뛰어나서 받은 것이기 때문에 이를 당연시 여길 것이다. 이들 중에서도 왜 나는 S가 아닌 A인지 불만이 발생할 가능성이 있다. 사람은 기본적으로 자존감(self-esteem)을 갖고 살아가므로 평가등급 배분은 불만의 온상이 될 여지가 매우 높다. 그렇다고 좋은게 좋다는 식의 후한 평가, 관대한 평가가 문제를 해결할 수는 없다. 신뢰성과 타당성이 있는 정확한 근거에 따라 평가, 자존감을 훼손하지 않으면서 평가결과를 피드백해줄 수 있는 평가커뮤니케이션이 불만을 줄이고 평가를 통해 성과를 향상하는 긍정적인 조직분위기를 만들 수 있다.

출처: 저자 작성

하고 평가자의 평가에 대한 책임이 높아진다. 반면 목표의 난이도에 따라 평가등급의 의미에 대한 해석이 달라지게 되며 평가관대화 경향이 나타날 가능성이 높아질 수 있다. 평가결과가 보상과 연계될 때 예산의 통제가 어렵고 평가 오류 발생 시 조정이 곤란하다는 단점이 있다.

일반적으로 절대평가가 합리성을 인정받기 쉬우며 통상적으로 최하위 등급에 의무적으로 일정 인원을 할당하는 상대평가는 합리성을 인정받기 어렵다. 다만, 판례는 상대평가 방식을 채택하면서도 최하위 등급은 일정 인원을 강제로 할당하지 않고 임의분포 형태로 하는 등 절대평가 방식으로 보완한 경우 평가의 합리성을 인정하고 있다.

4.5.3 다면평가

다면평가는 상사, 부하, 동료, 고객 등 다양한 평가 원천으로부터 평가를 받는 방식으로 360도 평가라고도 한다. 다양한 사람이 평가하므로 실제 행동에 대한 의견 파악과 행동 개선이 가능하고 일방적 평가에 따른 편향을 제거할 수 있는 장점이 있다. 반면, 상사와 부하 간에 심리적 긴장감이 유발되거나 부적응 행동이 발생할 수 있고 평가자 성향에 따라 감정적 평가나 보복행위 발생 가능성 등 단점도 있다.

다면평가를 실시하기 위해서는 상당한 준비와 노력이 요구되고 결과의 종합과 분석도 복잡하므로 시스템적인 체계가 잘 갖춰질 것이 요구된다. 결과에 대한 피드백은 일방적인 결과에 대한 통지만으로는 본래의 의미가 퇴색되므로 피평가자의 행동과 역량에 대한 입체적인 정보를 제공하여 자기인식과 행동개선이 이뤄지도록 하는 것이 바람직하다. 평가결과를 급여나 성과급에 연동할 경우 왜곡현상이 많이 발생할 수 있으므로 유의해야 하며 잠재역량의 개발을 목적으로 활용하는 것이 바람직하다.

박스사례 **인사평가, 누구를 위한 것인가?**

달리기 선수는 기록으로 승부한다. 0.01초를 단축하기 위해 온갖 유혹을 이겨내며 몸을 만들고 맹렬히 연습한다. 100미터 세계기록 보유자들은 질주하는 동안 한 번도 숨을 쉬지 않는다고 한다. 스포츠

과학은 선수들의 호흡과 몸의 움직임을 연구하여 자세를 어떻게 하는 것이 기록 단축에 유리한지 파악하고 훈련에 도움을 준다. 심판은 선수들이 출발 신호에 맞춰 제대로 출발했는지, 달리는 도중에 다른 선수의 진행을 방해하지는 않았는지 등을 살핀다. 순간의 승부 뒤에는 선수의 피땀, 운동 관련 과학과 의학, 고도의 트레이닝 기법과 스포츠심리학, 지도자의 능력과 가족의 헌신 등이 자리하고 있을 것이다. 그러나 트랙에서의 경기는 아주 단순하다. 얼마나 빨리 도착했는지 시간 기록으로 모든 것을 최종 평가한다.

만약 몇 걸음 만에 완주했는지가 평가기준에 들어간다면? 달리는 동안 자세가 얼마나 멋진가가 평가 기준이 된다면? 선수들의 달리기 방식은 달라질 것이고 누가 승자인지 가리기 힘들어 승패를 둘러싼 논란도 커질 것이다. 논란을 종식하기 위해 이번에는 심판에게 전권을 맡겨 기준과 판정을 재량껏 운영하게 한다면 어떤 일이 벌어질까? 공정성에 대한 논란은 더 커질 것이다. 심판 역시 기준이 있어야 판정을 할 수 있다. 달리기에서 기록이라는 평가 기준은 가장 간명하게 달리기의 목적을 나타내고 선수의 기량 측정과 경기의 공정성을 확보하는 기능을 한다. 스포츠 경기 종목은 매우 다양하지만 저마다 약속된 경기규칙이 있고 심판이 있다. 스포츠는 적합하고 공정한 기준이 있기에 유쾌하게 즐길 수 있다.

적지 않은 직장인들이 지난 인사평가 때 낮은 고과를 받고 이를 만회하려고 분투 중일 것이다. 그런데 왜 하위고과를 맞았는지 기준과 이유를 모른다면 엉뚱한 노력만 하게 될지도 모른다. 팀장이 기대한 것이 무엇인지 회사가 원하는 실적이 무엇인지 모른 채 초점을 벗어나 이뤄지는 '나름'의 노력은 실적으로 인정받지 못할 것이고 결국 더 큰 불만으로 이어진다. 당사자만 아니라 팀장과 회사도 불만이 쌓일 것이다. 이 같은 일이 반복되면 결국 자신의 능력과 관계없이 저성과자로 전락하여 본인도 불행하고 회사도 손실이 된다.

기업의 인사평가는 스포츠에서 심판에 비견된다. 기준과 절차가 있어야 심판은 정확히 판정할 수 있고 선수도 깨끗이 승복한다. 내가 왜 졌는지 정확히 알아야 다음 경기에서 좋은 성적을 낼 수 있도록 훈련이 가능하다. 정확한 이유를 알면 해법을 찾고 보완해 다음 승부를 기약할 수 있다. 자신에게 보다 잘 맞는 종목이나 체급으로 바꿀 수도 있다. 회사에서 인사평가 기준이 잘 정의되고 평가가 정확하고 공정하게 운영되면 직원들도 기준과 기대에 맞게 일하고 평가 결과를 잘 수용할 것이다.

공정한 심판이 어느 한 편을 위한 것이 아니듯, 공정한 인사평가 역시 직원이나 회사 어느 한 편을 위한 것이 아니다. 명확하고 합의된 평가기준 없이 운영되는 회사는 경기 기준이 없는 스포츠와 유사하다. 공정한 인사평가는 노사 모두에게 필요한 기본 중의 기본이다.

한국 기업에서 정기적 및 공식적인 인사고과 평가제도를 도입하지 않고 있는 사업체 비율은 47.4%(한국노동연구원, 사업체패널 조사 2019년도, 출처: 통계청 국가통계포털)이나 된다. 제대로 된 인사평가 없이는 성과 향상과 개인의 발전, 기업의 성장이 어렵다. 노사 모두를 위해 '공정한 인사'의 본뜻을 이해하고 이를 위한 올바른 인사평가제도의 도입과 운영에 나서야 한다. 적합한 인사평가는 기업의 경쟁력과 더불어 구성원의 만족도를 함께 높여줄 것이기 때문이다.

출처: 성상현(2016.4.13.), [목멱칼럼] 인사평가, 누구를 위한 것인가?, *이데일리*, https://www.edaily.co.kr/news/read?newsId=01197206612615792&mediaCodeNo=257 에서 2023.6.10.에 확인함

4.6 평가절차와 운영

평가 절차는 통상적으로 목표설정, 중간점검, 업적 및 역량 평가, 그리고 피드백 순으로 구성된다. 목표설정은 개인별 성과목표와 역량개발계획 수립을 주요 내용으로 한다. 목표를 설정한 후 성과목표 달성과 역량개발을 위한 활동이 이뤄지고 이에 대한 진척도 점검과 코칭이라는 실제적인 업무 수행이 이뤄진다. 그리고 대개 평가대상기간 말 또는 도과 후에 목표 달성 수준에 대한 평가활동이 이뤄지고 최종등급이 산출된다. 이후 평가결과와 등급, 내용 등에 대한 피드백과 코칭 등이 이어진다. 이를 단계별로 성과와 역량에 대한 평가로 구분하여 도시하면 [그림 4-4]와 같다.

이러한 평가 절차가 이뤄지는 과정에서 피평가자, 평가자, 조정 또는 확정자, HR부서는 각기 자신의 역할과 책임을 명확히 하여 준비와 실행이 이뤄져야 한다. 팀원에 대한 평가를 가정하여 각 부문이 갖는 역할과 책임을 도시하면 [그림 4-5]와 같다.

목표설정 단계에서 HR부서는 목표설정 가이드라인을 평가자와 피평가자에게 제공하고 목표설정 활동에 대한 모니터링을 실시한다. 조정/확정권자는 상위조직의 목표를 설정하고 하급부서의 목표설정 결과를 검토한다. 평가자(팀장)는 담당 부서의 목표를 설정하고 목표공유 세션을 운영하며 팀원의 목표설정 결과에 대한 검토와 승인을 실시한다. 피평가자 개인은 자신의 성과목표와 역량개발계획을 수립하는 주체로서 역할을 수행한다.

중간점검 단계에서 HR부서는 중간점검 가이드라인 제공과 활동에 대한 모니터링을 실시한다. 피평가자는 개인별 성과목표와 역량개발 추진 실적을 정리하여 중간점검 세션에서 검토할 수 있도록 준비하고 자신의 성과와 역량에 대한 중간점검 결과를 정리한다.

그림 4-4 평가 절차별 주요 활동 (예시)

	1 목표설정 (2–3월)	2 중간점검 (6–7월)	3 평가 (11월)	4 피드백 (12–1월)
성과	• 목표공유 Session – 조직목표 달성 및 직무수행을 위한 개인별 역할 및 책임 논의 • 개인별 목표설정 – 목표항목별 달성수준 및 추진 계획 수립 • 목표설정 결과 검토/승인	• 목표항목별 추진실적 집계 및 근거자료 취합 • 중간점검 Session – 목표 대비 진척도 및 달성 방안 논의 • 중간점검 결과 정리 및 피드백	• 목표항목별 추진실적 집계 및 근거자료 취합 • 실적공유 Session – 목표 대비 실적파악 및 피평가자 의견 수렴 • 목표항목별 달성도 평가 • 평가 Session – 평가등급 조정/확정	• 평가결과 피드백 면담 – 평가결과 피드백 및 향후 성과향상 방안 논의
역량	• 역량평가 항목 검토 – 담당업무 수행에 필요한 직무역량 검토 • 역량개발계획 수립 • 역량개발계획 검토/승인	• 역량개발 추진실적 집계 및 근거자료 취합 • 역량개발 추진실적 검토 및 피드백 – 향후 계획, 지원사항 강범/보완점 코칭 등 평가자 의견 작성	• 역량개발 추진실적 집계 및 근거자료 취합 • 역량항목별 역할/책임 적합도 평가 – 평가근거 확인 – 평가등급 조정/확정	• 평가결과 피드백 면담 – 평가결과 피드백 및 향후 은력개발 방향 논의

출처: 고용노동부(2016.11.30.), *공정인사평가모델: 능력중심인력운영을 위한 가이드북* (성상현 외 지음), 213쪽.

그림 4-5 평가 주체별 역할과 책임 (예시)

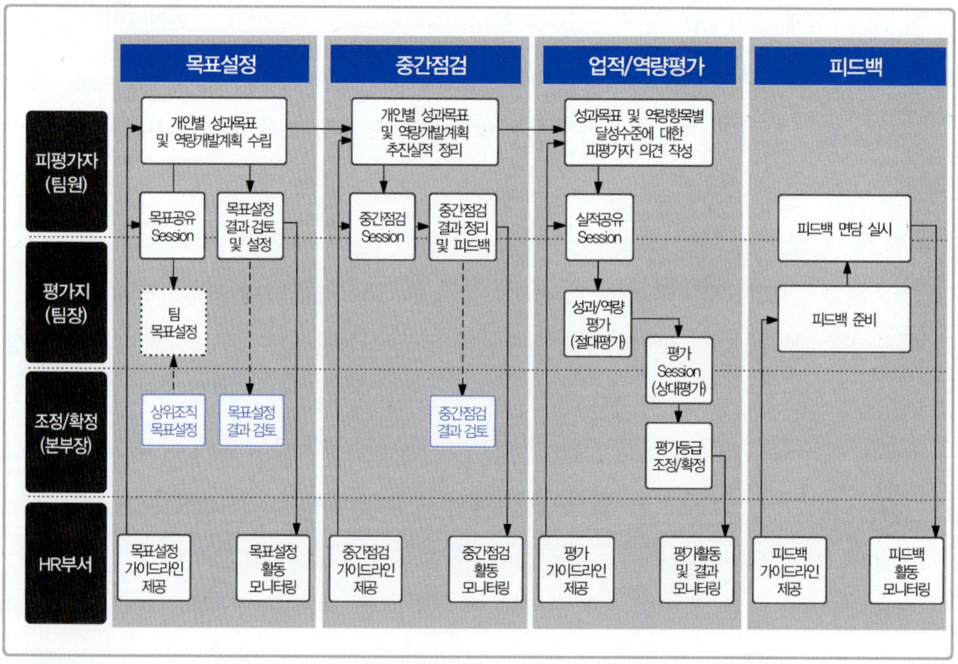

출처: 고용노동부(2016.11.30.), *공정인사평가모델: 능력중심인력운영을 위한 가이드북* (성상현 외 지음), 215쪽.

평가자는 중간점검을 실시하고 그 결과를 평가자에게 피드백하고 코칭을 실시한다. 조정/확정자는 중간점검 결과를 보고받고 그 내용을 검토한다.

평가실시 단계에서 HR부서는 평가에 대한 가이드라인을 제공하고 활동과 결과를 모니터링한다. 피평가자는 성과와 역량에 대한 달성 수준에 관해 자신의 의견을 작성하여 평가자에게 보고한다. 이 내용을 토대로 평가 세션에서 평가자가 검토하고 평가를 실시한다. 본부장급의 조정/확정자는 평가등급을 조정하여 최종확정하거나 가중치에 따라 평가등급을 확정한다.

피드백 단계에서 평가자는 피드백을 할 수 있도록 일정과 내용을 준비하여 면담을 실시한다. HR부서는 피드백에 대한 가이드라인을 제공하고 활동에 대해 모니터링한다.

4.7 성과면담과 성과코칭

4.7.1 성과면담

평가가 업무 종료 후에 이뤄지는 사후적인 일회성 행사에 그치지 않고 업무수행자의 역량개발과 동기부여에 활용되기 위해서는 면담과 코칭이 중요하다. 성과면담과 코칭은 인사평가 자료를 활용하여 성과에 대해 검토하고 피드백을 제공하는 직무동기 부여과정이라고 할 수 있다.

성과면담의 주체는 평가자, 피평가자, HR부서이다. 평가자는 성과면담을 이끌어가고 이를 위해 원활한 의사소통을 할 수 있어야 한다. 직무수행 과정과 배경에 대한 정보를 평가면담에서 보완하고 성과향상 방법을 제시한다. 평가자는 피평가자와 일상적인 관계에서 벗어나 그 동안 달성해온 것을 정리하는 시간을 갖도록 한다.

HR부서는 목표설정, 인사제도와의 연계, 관리자의 코칭능력 개발 등을 위해 개입한다. 인사평가제도나 성과관리제도 구축 이후에도 규정과 절차를 관리하는 데만 머무르지 않고 변화를 촉진하고 평가자에게 필요한 사항을 지원하는 방법을 지속적으로 탐색해야 한다.

피평가자는 평가에 대해 정서적으로 불편한 감정을 가질 수밖에 없다. 성과면담 시

불편한 감정을 최소화하고 면담을 효과적으로 실시하려면 성과면담에 필요한 사항을 미리 빠짐없이 준비하는 것이 바람직하다. 예를 들어 이전 평가기간 동안의 역량개발 노력, 업적 달성을 위해 수행했던 활동 정보와 자료 등이다. 피평가자는 성과면담 시 발생하는 정서를 인지하고 이러한 행동을 직시하려는 마음의 준비가 필요하다.

성과면담시의 심리적 요소에 대한 이해는 성과면담을 보다 용이하게 할 수 있다. 민감해 질 수 있는 성과 면담이 소기의 목적에 맞게 효과적으로 이뤄지기 위해서는 평가자와 피평가자 갖는 심리적 요소를 이해하는 것이 바람직하다. 성과면담은 구체적인 형식을 갖춰 진행하고 적절한 시기와 시간을 정하여 실시한다. 평가 결과를 인사부서에 보내야 하므로 마감시한보다 여유있게 잡는다. 피평가자의 수에 따라 적정 인원으로 분할하여 실시하고 프라이버시가 보호되고 은폐된 방해받지 않는 공간에서 수행한다. [그림 4-6]은 성과면담 프로세스를 보여준다.

성과면담 시 고려해야할 원칙으로 BEER의 원칙[2)]은 다음과 같으며 면담 시 대화 방법으로 활용하면 효과적이다.

- 행동(behavior) : 피평가자의 행동을 구체적으로 언급함.
- 영향(effect) : 저성과가 동료, 조직, 전체 성과에 어떤 영향을 미치는지 설명함.
- 기대(expectation) : 평가자 자신이 기대하는 것이 무엇인지 구체적으로 알려줌.
- 결과(result) : 보상과 처벌의 측면에서 결과를 설명함.

성과면담 시 피평가자는 무의식적으로 방어행동을 취하는 경향이 있다. 면담 전 분위기를 조성하는 단계에서 피평가자가 방어행동을 하지 않도록 불안을 풀어주는 것이 중요하다.

4.7.2 성과코칭

성과면담을 통해 미래 성과계획을 합의하는 단계에서는 코칭 스킬을 적용하여 성과와 역량 향상을 도모할 수 있다. 효과적인 성과코칭을 위한 GROW 프로세스는 'Goal-Reality-Options-What'의 단계로 이뤄진다.

그림 4-6 성과면담 프로세스

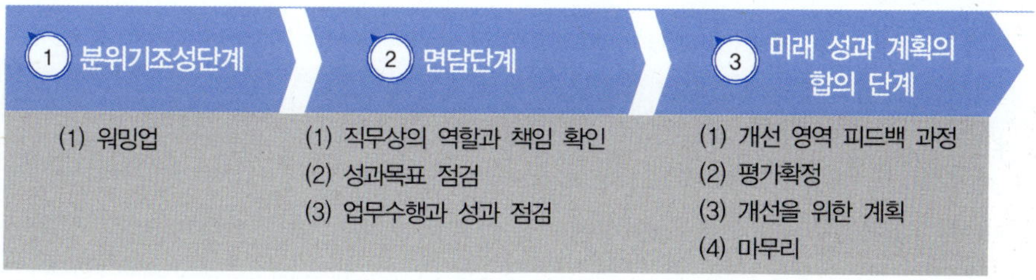

출처: 고용노동부(2016.11.30.), *공정인사평가모델: 능력중심인력운영을 위한 가이드북* (성상현 외 지음), 141쪽.

첫째, 목표(Goal)는 주제 확인이 이뤄지는 첫단계이다. 여기서는 성과면담 이슈를 편안하게 제시하고 감성적으로 열린 마음을 갖고 코칭 대화에 임하도록 한다. 현재 상황과 달성 목표 간의 격차를 명확히 하고 질문을 통해 문제를 파악한다. 대화를 통해 얻고자 하는 결과에 대해 서로 합의한다. 이 단계에서는 특히 적극적 경청이 요구되는데 적극적 경청이란 상대의 입장에 서서 상대방이 말하는 사실적 내용뿐만 아니라 기분까지 듣고 그 기분을 상대의 입장에서 공감하고 받아들이는 것이다.

둘째, 현상파악(Reality)은 현상파악이 이뤄지는 단계이다. 현재의 상황이 어떠한지, 문제를 일으키는 원인이 무엇인지 파악한다. 이 단계에서는 문제해결을 위한 동기를 부여하는 것이 중요하며 효과적인 질문 스킬이 요구된다. 질문은 코칭에 있어 가장 중요한 스킬이며 질문을 통해서 상대방이 놓치고 있는 부분, 미처 생각하지 못하는 부분을 발견할 수 있도록 도울 수 있다. 질문 유형은 다음과 같다.

- 상황 질문: 목표와 현상은 무엇인가?
- 문제 질문: 구체적인 문제는 무엇인가?
- 확대 질문: 문제가 지속될 때 개인이나 조직에 어떤 영향이 있는가?
- 대안 질문: 해결안은 무엇인가?

셋째, 대안(Options)은 대안탐색 단계로 문제해결에 관련된 아이디어를 찾는다. 목표를 향해 나가기 위해 필요한 것이 무엇인지 이해하기 위해서는 상대방이 새로운 발견을 할 수 있도록 적절한 질문을 해야 한다. 문제해결의 주체는 상대방으로 두고 제안 정도만 하는 것이 바람직하다. 이 단계에서는 칭찬과 인정, 발전적인 피드백이 중요한 스킬이다. 칭찬을 할 때는 사실보다 사람에 대해, 큰 것보다 작은 것에 대해, 단점보다는 장점을, 막연한 것보다 구체적인 것에 대해 진심을 갖고 하는 것이 바람직하다. 피드백을 할 때는 행동에 초점을 두고 상대방의 목표 달성에 도움이 되는 내용만 피드백하며, 바로 실행하거나 받아들일 수 있는 상태일 때 피드백 해야 하고, 피드백 한 사항을 이해했는지 확인하도록 한다.

마지막으로 무엇(What)은 실행계획을 수립하는 단계이다. 이 단계에서는 논의한 사항에 대해 리뷰하고 수행해야 할 사항에 대한 약속을 받는다. 실행계획에 대한 점검기준을 정하고 지원과 도움을 줄 것을 강조하며 책임을 명확히 하여 개선계획의 도출을 돕는다.

4.8 평가자 교육

평가의 오류를 줄이고 정확성을 향상시키며 평가자가 자신감을 갖고 평가를 올바로 실시하기 위해서는 교육훈련이 필요하다. 이를 위해 평가자 교육 프로그램을 운영한다. 가장 기본적인 교육으로 평가자의 체계적인 오류를 줄이는 것을 목표로 오류의 종류와 성과 차원에 대해 숙지하도록 교육하는 필수적인 내용이다. 다음의 <표 4-4>는 오류의 종류와 내용을 보여준다.

성과 차원 교육은 정확성을 높이기 위한 기본교육이다. 조직이 수립한 평가제도에 포함된 성과 및 직무수행의 차원에 대한 개념체계를 숙지하는 교육으로 직무수행 차원의 개념에 대한 강의식 교육을 통해 현재 인사평가제도의 개발 의도를 이해하도록 만드는 것이 교육의 목적이다.

〈표 4-4〉 평가 오류의 종류와 내용

항목		내용
분포상 오류	관대화/엄격화	평가자가 다른 평가자보다 지나치게 많은 피평가자에게 일관적으로 낮거나 높은 평가 점수를 부여하는 평가 오류
	중심화 경향	평가자가 평가에 자신이 없는 경우에 주로 나타나며 평가 분포가 정상분포보다 양극단이 더 적어 가운데 부분이 뾰족한 분포 상의 평가 오류
상관상 오류	후광 오류	전반적인 인상이나 특정 차원에 대한 평가가 평가 차원 전체에 영향을 미쳐서 모든 차원에 대하여 비슷한 점수를 주게 되는 평가 오류
비교상 오류	동화 효과	평가자가 피평가자에 대한 평가를 내릴 때 현재의 직무수행을 보고 평가하지 않고 이전에 피평가자가 보여왔던 성과와 현재의 성과가 유사할 것이라 판단한 뒤 과거와 비슷한 평가를 하게 되는 오류
	대비 효과	과거에 좋은 성과를 보여온 피평가자를 시간이 지난 뒤 다시 평가할 때 피평가자의 직무수행이 이전보다 떨어진다고 판단하면 이전의 고성과와 비교해 피평가자의 실제 직무수행보다 더 낮은 평가를 내리는 오류
내현성과 이론에 따른 오류	누락오류	직무수행에 대한 평가자의 독특한 이론(idiosyncrasy)이 강할수록 조직의 인사평가 체계에 존재하는 평가차원을 반영하지 않는 오류
	첨가오류	조직에서 수립한 인사평가 차원보다 평가자의 평가차원이 더 많을 때 발생하는 오류

출처 : 고용노동부(2016.11.30.), *공정인사평가모델: 능력중심인력운영을 위한 가이드북* (성상현 외 지음), 154쪽.

4.9 평가결과의 활용과 인사 연계

4.9.1 평가결과의 활용

이의제기제도는 피평가자 본인이 최종적으로 부여 받은 평가등급이 본인이 생각하는 바와 다르게 나오거나, 충분한 단계를 밟아 평가 프로세스가 진행되지 못했다고 판단될 경우, 공식적으로 이의를 제기함으로써 등급의 조정을 신청하여 구제받을 수 있는 제도이다.

이 같은 이의제기제도는 여러 가지 효과가 있다. 평가 결과를 공개하면 평가에 대한 피평가자의 관심이 높아지고 잘못된 평가에 대한 개선 요구가 커지게 되므로 이에 대응해야 한다. 이의제기 제도는 평가제도가 개선될 기회를 얻는 것이며 인사평가의 객관성과 수용성을 확보할 수 있게 한다. 개별적으로 급여를 차등 지급하는 능력급과 연봉제가 도입되면서 피평가자 관점의 인사평가 효과성이 보다 중요해졌다. 이의제기 프로세스는 피평가자가 의견을 제시할 수 있는 제도로써 그 과정에서 피평가자가 공정성을 지각할 수 있게 하고 궁극적으로 인사평가의 효과성을 향상시킬 수 있다.

이의제기의 기본 요건은 인사부서의 오너십 유지, 평가결과의 유지, 근거기반 검토로 요약할 수 있다. 피평가자의 이의신청은 직속상사나 사업부의 결재 절차 없이 인사부서에 직접 들어오는 경우가 많다. 인사부서는 이의신청의 쇄도를 염려하거나 해당 부서나 사업부의 잘못이 바깥으로 알려지는 것을 두려워하기 보다는, 피평가자가 상사의 눈치에서 자유롭고 소신 있게 이의신청을 할 수 있도록 만드는데 초점을 둬 오너십을 견지해야 한다.

평가 등급별로 인원을 배분하는 조직일 경우, 피평가자의 이의 신청을 받아들였을 때 다른 누군가의 등급도 함께 떨어져 평가서열 상의 변화가 생길 수 있다. 이 때는 평가등급별 인원 배분율을 어기더라도 기존 피평가자들의 등급은 그대로 두고 이의 신청한 피평가자의 등급만을 조정해야 평가의 수용성 및 직원 간의 화합을 해치지 않을 수 있다. 물론 그 전에 평가와 이의심사를 최대한 철저하고 공정하게 실시해야 한다.

이의제기제도가 불만을 들어주기 위한 '소원 수리'가 되지 않도록 운영해야 한다. 이의

그림 4-7 평가 결과의 활용

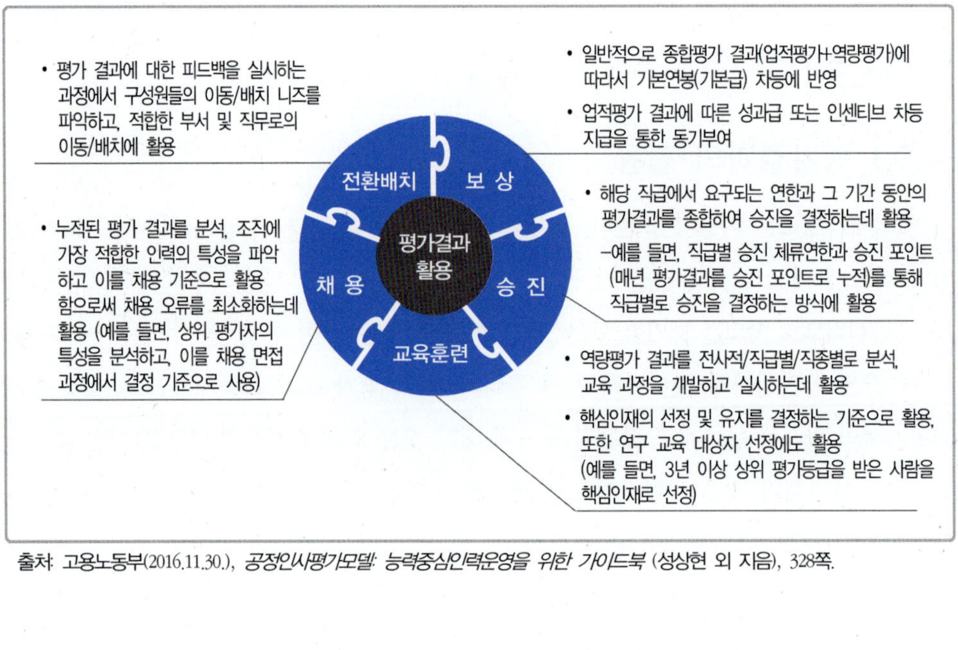

출처: 고용노동부(2016.11.30.), *공정인사평가모델: 능력중심인력운영을 위한 가이드북* (성상현 외 지음), 328쪽.

신청양식에 이의 내용을 증빙할 수 있는 자료를 필히 첨부하도록 명시하고 증빙 자료는 피평가자가 1년 동안 역량개발과 MBO 목표 달성을 위해 노력한 사실 기록 등을 제시한다. 구체적이고 객관적인 증빙 자료를 구비하지 못했다면, 인사 부서 직권으로 이의신청을 반려할 수 있다. 평소 피평가자와 평가자 각자 일정한 형식의 '성과 일지'를 작성해 두는 것도 이의제기를 줄일 수 있는 방법이 될 수 있다.

4.9.2 인사기능과의 연계

평가 결과는 보상과 승진은 물론 인사관리 활동의 여러 영역에 걸쳐 다양하게 활용할 수 있다. 누적된 평가 결과를 분석하여 조직에 가장 적합한 인력의 특성을 파악하고 이를 채용 기준으로 활용함으로써 채용 오류를 최소화 하는데 활용 가능하다. 예를 들면, 상위 평가자의 특징을 분석하고, 이를 채용 면접 과정에서 선발 기준으로 활용할 수 있다.

역량평가 결과를 전사적/직급별/직종별로 분석하여 교육 과정을 개발하고 실시하는데 사용하고, 핵심인재의 선정 및 유지를 결정하는 기준으로 활용할 수 있다. 또한 교육이나 연수를 위한 파견 대상자 선정시(예를 들면 3년 이상 상위 평가등급을 받은 사람을 후보로 선정) 활용할 수 있다.

해당 직급에서 요구되는 연한과 그 기간 동안의 평가결과를 종합하여 승진을 결정하는데 활용 가능하다. 예를 들면, 직급별 승진 체류연한과 승진 포인트(매년 평가결과를 승진 포인트로 누적)를 통해 직급별로 승진을 결정하는 방식에 활용할 수 있다. 종합평가 결과(업적평가+역량평가)를 기준으로 기본연봉(기본급) 인상률을 결정하고, 업적평가 결과에 따라 성과급 또는 인센티브 지급 비율을 정함으로써 동기부여할 수 있다. 평가 결과에 대한 피드백을 실시하는 과정에서 구성원들의 이동/배치 니즈를 파악하고, 적합한 부서 및 직무로 이동 또는 배치하는데 활용 가능하다.

4.10 동기부여와 평가의 수용성 및 공정성

4.10.1 동기부여 요인

평가는 구성원의 동기부여와 밀접한 관련이 있다. 평가 과정과 평가 결과는 구성원의 동기부여에 큰 영향을 미치기 때문이다. 평가에 대한 수용성과 공정성 인식을 제고하고, 업무에 대한 노력과 열정을 고취시키기 위해서는 동기부여를 일으키는 요인과 과정에 대해 이해할 필요가 있다.

구성원이 소속 조직과 근로계약을 체결하고 일을 하는데 단기간이 아닌 수년 또는 그 이상 일을 하다보면 입사할 때와는 달리 일하려는 의욕이 떨어지기도 하고, 회사도 입사할 때 약속했던 내용을 지키지 않기도 한다. 이직을 하려고 해도 새로운 직장을 구하기도 쉽지 않기 때문에 성실하게 일하지 않기도 해서, 직무수행 결과가 나빠지기도 하고 생산한 제품의 불량률이 높아지기도 한다. 이러한 여러 상황에 대응하기 위해서는 근로자의 의욕이 유지될 수 있도록 관리할 필요가 있다. 동기부여 이론은 크게 내용이론과 과정이론으로 구분된다. 내용이론은 어떤 내용으로 동기부여가 되는가 그 내용을 파악하는 이론으로 매슬로우의 욕구단계설, 맥그리거의 X/Y이론, 허츠버그의 위생-동기이론, ERG이론, 욕구이론, 인지적 평가이론, 목표설정이론, 강화이론 등이 있다.

매슬로우의 욕구단계설은 인간의 욕구는 다섯 단계(생리적 욕구, 안전 욕구, 사회적 욕구, 존경 욕구, 자아실현 욕구)가 있고, 하위욕구가 충족되면 더 이상 동기부여가 되지 않으며, 상위욕구를 충족하기 위한 동기가 생겨나게 된다고 주장한다. 맥그리거(Douglas McGregor)는 관리자들이 부하직원에 대한 생각이 두 가지로 나뉘는데 부정적인 관점을 X이론, 긍정적인 관점을 Y이론으로 설명하였다. X이론에서 관리자들은 ① 부하직원들은 원래 일하기를 싫어하고, 항상 게으름을 피우려고 한다. ② 그렇기 때문에 목표 달성을 위해서는 항상 감시하고 통제해야 한다고 생각한다. 하지만 Y이론에서는 관리자들은 ① 부하직원들은 일도 휴식과 같이 자연스러운 것으로 생각한다. ② 목표를 공유하면, 나머지는 스스로 방향을 잡아서 열심히 일한다. ③ 부하직원들은 일반적으로 책임을 지고 일하려고 한다고 생각한다는 것이다.

허츠버그(Hertzberg)는 '만족'의 반대는 '불만족'인가라는 질문에서 시작해서, 동기(motivation)-위생(hygiene) 이론(또는 이요인이론(two factor theory)이라고도 불림)을 만들었다. 이 이론의 핵심은 불만족을 일으키는 요인 즉 위생 요인(hygiene factor)은 문제가 해결되어도 만족을 가져오지 않으며, 만족을 가져오는 동기 요인(motivator)은 없어도 불만을 가져오지는 않는다는 주장이다. 허즈버그가 주장하는 동기요인에는 성취감(achievement), 인정(recognition), 일(work itself), 책임감(responsibility), 발전가능성(advancement) 등이 있으며, 위생요인에는 회사의 규칙, 감독, 상사와의 관계, 동료와의 관계, 작업조건, 급여, 지위(status) 등이 있다고 하였다. 앨더퍼(Clyton Alderfer)는 매슬로우의 욕구단계설을 개선한 이론이라고 할 수 있는데, 기존의 5단계 욕구단계설을 3단계로 단순화면서, 단계적으로 상위 욕구로 올라가는 것이 아니라 동시에 욕구로 작용할 수도 있다고 주장하였다.

맥클러랜드(McClerand)의 욕구이론(theory of needs)은 동기유발에 관련한 욕구는 크게 세 가지라고 주장하였다. 성취욕구와 권력욕구 그리고 제휴욕구이다. 이 욕구이론에 따르면 높은 성취욕구를 가진 사람들로 구성된 조직이나 사회의 경제발전이 빠르며, 성취욕구가 높은 사람들이 좀 더 훌륭한 경영진으로 성공한다고 주장한다.

그 외에 인지적 평가 이론(cognitive evaluation theory)은 성취감이나 책임감에 의해 동기부여가 되어 있는 상황에서 외적인 보상(승진, 급여인상, 성과급)을 도입하면 오히려 동기부여 수준이 낮아진다고 설명한다. 목표 설정 이론(goal setting theory)에서는 내적인 욕구보다 외부에서 명확하게 목표를 설정할 경우에 더 강하게 동기유발이 된다고 주장한다. 그리고 조직 내 구성원들이 목표를 받아들였을 경우에는 목표가 달성하기 어려울수록 더 강한 내적 동기유발로 이어진다고 설명한다. 마지막으로 강화이론(reinforcement theory, 또는 보강이론)은 행동주의 학습이론에 기반하며 특정 행동을 강화하기 위해 어떤 조건에서 어떤 자극이 필요한가에 대한 이론이다. 조직에서 구성원의 특정한 행동이 왜 지속되는지를 설명해 준다.

4.10.2 동기부여 과정

이상의 이론들이 주로 동기를 부여하는데 그 내용에 대한 이론이라면, 동기부여 과정(process)을 이해하는 것도 중요하다. 다음에서는 공정성이론과 기대이론을 동기부여에 대한 과정이론으로 설명한다. 아담스(J. S. Adams)에 의해 시작된 공정성 이론(equity theory)* 에서는 기본적으로 내가 투입한 노력과 그 결과의 의한 성과, 그리고 비교가 되는 타인의 투입한 노력과 성과를 비교하여 그 비율이 비슷하면 불공정함을 느끼지 않지만 그렇지 못한 경우에는 불공정함을 느끼게 되고, 당사자는 그 비율을 맞추기 위해, 다시 말해 공정함을 확보하기 위해 자신의 노력을 줄이든지 아니면 성과의 추가를 요구하기도 한다.

위에서 설명한 공정성은 분배(적) 공정성(distributive justice)이지만, 최근에는 절차(적) 공정성(procedural justice)도 중시되고 있다. 분배 공정성이란 결과나 자원의 할당에 대한 공정성 인식이고, 절차 공정성은 결과를 결정하는 과정에서 적용된 규칙이나 의사결정 절차에 대한 공정성 인식이라고 할 수 있다. 공정성(fairness, equity, justice)은 최근에 사회적 이슈로 제기되고 있고 정치적으로도 중요한 주제로 다루어지고 있다. 예를 들어서 공공부문 비정규직의 정규직 전환 정책은 고용안정이라는 취지에도 불구하고, 기존의 정규직과 갈등이 표출되는 경우가 다수 발생했다. 기존 정규직들은 자신들이 높은 경쟁률과 까다로운 시험 절차를 거쳐 힘들게 입사했는데, 비정규직의 정규직 전환 절차가 자신들에 비해 용이하다고 생각하고 이를 불공정하게 여기는 것이다. 즉 절차적 공정성에 불만이 발생한 것이다.

브룸(Victor Vroom)은 기대이론(expectancy theory)에서 인간이 행동하는 방향의 강도는 그 행동이 일정한 결과로 이어진다는 기대의 강도와 그 결과에 대한 매력에 달려있다고 강조했다. 이후 롤러(Lawler)와 포터(Porter)는 기대이론을 확장하여 세 가지 조건이 서로 잘 연계될 때 동기부여가 된다고 주장하였다: ① 자신이 투입한 노력이 높은 평가를 받을 수 있다(기대감, expectancy)고 믿을 때, ② 그렇게 인정을 받으면 급여 인상이나 승진

---

* 공정성(fairness, equity, justice), 공평성, 형평성 등에 대한 다양한 개념들이 혼용되나, 여기서는 노력한 정도가 다르고 성과가 다른 경우 보상에 차이를 두는 것에 초점을 두며, 이와 대비되는 개념으로 평등(equality)은 노력이나 성과에 상관없이 보상을 같게 하는 것에 초점을 둔 개념으로 이해하고자 한다.

또는 보너스 등으로 이어진다(도구성, instrumentality)고 믿을 때, 그리고 ③ 이러한 보상을 통해 자신의 개인적인 목표를 만족시킬 수 있다(가치, valence)고 생각할 때 최선을 다해 열심히 하려는 동기부여가 된다는 주장이다.

4.10.3 내재적 보상과 외재적 보상

노동을 제공한 대가로 임금이 가장 기본적이고 중요한 필요조건이지만, 이는 외재적 보상(extrinsic rewards(compensation))이라고 하며 충분조건은 아니다. 일을 하는 이유는 앞에서 살펴 본 대로 선택의 여지없이 일하는 경우도 있지만 자기만족이나 자아실현의 이유도 있고, 외부로부터의 인정을 받기 위한 경우도 있다. 한국에서 록밴드를 하거나 노래를 부르는 일은 직업으로 하는 경우 생활을 하기 어려운 경우가 많지만, 그래도 록이 좋아서 노래가 좋아서 평생을 어려운 생활을 하면서도 노래를 부르는 가수들이 많다. 노래 외에도 그림을 그리거나 산 속에 들어가 사는 자연인들도 자기만족이 중요한 경우이다. 이러한 자기만족, 외부인의 평가와 상관없이, 일 자체를 통해 만족감이나 성취감을 가지게 될 때, 이를 내재적 보상(intrinsic rewards)이라고 한다.

외부로부터의 만족은 임금과 승진이나 인정 등이 있는데 임금은 외재적 보상이면서도 물질적 보상에 해당되고, 승진이나 인정 등은 외재적 보상이지만 비물질적 보상이라고 하겠다. 임금은 받아서 생활을 하거나 노후를 위한 저축 등에 수단으로 활용되지만, 더 높은 직급으로의 승진은 타인으로부터의 부러움을 받는 비물질적인 보상이다. 물론 승진 자체는 비물질적 보상이지만, 승진하게 되면 임금인상이나 수당추가 기대 복리후생 추가 등의 물질적인 보상도 병행된다. 일반적으로 기업에서는 사무관리직 사원으로 입사한 후에 20여년의 노력 끝에 임원으로의 승진이 큰 보상이라고 할 수 있다. 임원으로 승진하게 되면 임금수준이 급격하게 상승할 뿐만 아니라, 독립적인 사무실이나 자동차 이용 등 다양한 복리후생의 지원을 받게 된다. 여기에는 동료와 후배로부터의 부러움도 큰 보상이 된다.

임금수준은 대체로 근속연수나 직무수행의 성과를 반영해서 인상되는 것이 일반적이지만 직급 승진, 즉 사원-대리-과장-차장-부장 등의 사원급에서의 승진과 상무보-상무-전무-부사장-사장 등의 임원급에서의 승진으로 구분되며 내·외부 환경에 따라 승진단계에 많은 차이를 보인다. 기업규모가 빠르게 커가는 경우에는 새로운 관리직 포스트가 많이 생기기 때문에 승진이 어렵지 않지만 기업성장이 안정화되는 경우에는 승진이 어려워진다. 이러한 경우 직급을 세분화해서 가능한 승진횟수를 늘리기도 하지만, 반대로 직급을 통합해서 승진의 효과를 크게 그리고 횟수는 작게 하기도 한다. 승진횟수를 늘리는 경우 과장대우, 차장대우, 부장대우, 상무보A, 상무보B 등의 직급 호칭을 만들기도 하고, 직급을 통합하는 경우에는 사원급에서는 사원-매니저의 두 직급으로 통합하거나, 상무-부사장-사장 등으로 임원급에서도 통합을 하기도 한다. SK그룹의 경우 2020년에 임원직급을 부사장과 사장의 두 직급으로 통합한 바 있다.

생산직의 경우 과거에는 사원-조장-반장 등으로만 제한적으로 운영했으나 이후 관리직인 과장으로 직종변경이 가능하게 만들기도 하고, 기능장이나 기성, 명장 등의 상위 직급을 만들기도 하였다. 연구개발직의 경우에는 과거 승진해서 임원이 되면 연구직이 아닌 일반직으로 전환하였지만, 이제는 연구를 계속하면서도 임원급의 대우를 받는 연구위원직과 같은 새로운 연구직군 직급을 새로 추가한 경우도 늘어나고 있다.

이러한 현상은 최근에 기존의 베이비부머와는 달리 X세대나 MZ세대의 가치관을 반영하기 위해 조직문화를 개편한 결과로 직급통합이 발생하기도 한다. 하지만 업종에 따라 구성원들의 가치관이 다른 경우도 있고, 직급 구분이 필요한 경우도 있기 때문에 다른 기업의 변화를 무작정 따라가는 것은 바람직하지 않다.

박스사례 **인지부조화, 스스로에 대한 평가와 상대가 한 평가 사이의 간격 어떻게 좁힐 것인가?**

이솝 우화에 나오는 여우와 신포도 이야기가 있다. 여우가 포도나무에 달린 포도송이를 따려고 하지만 도저히 딸 수가 없게 되자, '저 포도는 신포도라서 맛이 없을거야'라고 합리화를 한다. 이를 인지부조화(cognitive dissonance) 해결 과정이라고 할 수 있다. 미국의 심리학자인 페스팅거(Leon Festinger)는 이상한 기사를 보게 된다. 1950년대 미국의 한 마을에서 사이비 종교의 교주가 조만간 큰 홍수가 나게 될 것이고 자신이 신도들만 비행접시로 구할 것이라고 설교를 하고, 이를 믿었던 신자들은 전재산을 교주에게 바치고 철야기도에 들어갔다. 그러나 약속했던 운명의 날에 아무 일도 일어나지 않자, 그 교주는 신도들을 모아놓고 "여러분 믿음의 힘으로 세계가 멸망의 문턱에서 구원을 받았다"라고 한 것이다. 이러한 교주의 설교를 믿었고 신도들은 그 교주와 함께 했다고 한다.

잘못된 선택을 한 이후에도 어떻게든 그 선택을 합리화하려는 경향, 명백한 판단 착오임에도 끝가지 자신의 주장을 우기는 현상이 발생하곤 한다. 기존에 갖고 있던 자신의 태도에 부합하는 행동을 하거나, 일관된 태도를 견지함으로써 심리적 항상성(homeostasis)을 유지하려는 경향이 있기 때문이다. 이렇게 사람은 '인지부조화'를 해결하는 방향으로 태도를 갖고 행동하려는 경향이 있다. 평가와 성과관리에 있어서도 이러한 인지부조화가 구성원들 사이에 존재할 가능성이 높으므로 구성원이 수용하고 납득할 수 있기 위해서는 객관적이고 증명 가능한 근거를 바탕으로 이뤄지는 평가와 보상이 이뤄져야 한다.

출처: 네이버 지식백과, 인지부조화 https://terms.naver.com/entry.naver?docId=2166887&cid=51043& categoryId=51043 에서 2023.6.10.에 확인함.

4.10.4 평가의 수용성과 공정성 진단 및 확보 방안

인사평가에 대해 피평가자가 어떻게 지각하는가는 인사평가 제도가 효과적으로 구축되었는가에 대한 준거가 될 수 있으며, 인사평가 효과성의 각 차원은 피평가자가 인사평가제도에 대해 형성하는 다양한 태도를 설문을 통해 포괄적으로 측정하여 점검할 수 있다으로 한태영(2010)은 인사평가의 효과성을 공정성, 유용성 인식, 정확성 인식, 만족도의 4개 차원으로 구분하여 피평가자의 반응을 진단할 것을 제안하고 있다.[3] 다음은 그 내용이다.

공정성은 이론적으로 분배공정성, 절차공정성, 상호작용공정성, 정보공정성 등으로 구성되며 피평가자가 공정하다고 느낄수록 평가제도에 대한 수용성이 높아진다. 분배공정성은 평가결과에 대해 공정하다고 지각하는 정도이고 절차공정성은 평가절차와 과정에 대해 느끼는 공정성의 정도이다. 평가자와의 상호작용이 공정한지, 평가가 올바른 정보에 입각하여 이뤄지는지 등은 상호작용 공정성과 정보공정성에 영향을 미칠 것이다. 평가가 공정하다고 믿을 경우 피드백에 대해 수용하는 정도가 높고 성과 향상에도 효과적일 것이다.

유용성 인식은 평가자의 행동이 피평가자에게도 도움이 된다고 인식하는 정도로 유용성 인식이 높으면 피평가자의 평가제도에 대한 수용성이 높다. 만족도는 평가면담에 대한 만족, 평가방법 및 평가도구에 대한 만족, 평가하는 행위 자체에 대한 만족 등으로 구성되며 공정성과 밀접한 관련이 있다. 평가에 대해 공정하다고 느끼면 만족도도 높아지고 평가점수를 왜곡하거나 조작하는 경향도 줄어든다고 한다. 정확성 인식은 피평가자가 인사평가제도의 정확성에 대해 주관적으로 느끼는 인식수준이다. 이와 같은 내용을 측정하려면 피평가자 반응 진단도구를 활용할 수 있다. HR부서(인사부문)는 평가가 효과적으로 이뤄지고 있는지 다차원적인 진단을 실시하고 평가제도 수립과 운영 전반에 걸쳐 관리 활동을 수행함으로써 평가를 실시하는 소기의 목적을 달성할 수 있을 것이다.

만성적인 저성장과 저출산·고령화, 일자리 부족 등 난제가 산적한 가운데 기업들은 성과에 대한 압박을 어느 때 보다 높게 받고 있다. 올바른 성과주의의 실현은 성과급을 도입하거나 성과에 따라 급여에 차이를 두는 것만으로는 제대로 실현되지 않는다. 성과목표가 명확히 정의되고 성과창출에 필요한 역량의 확보와 동기부여가 이뤄졌을 때 성과주의의 실현이 가능하다. 올바른 평가는 성과주의 실현의 기반이며 인사관리가 효과적으로 이뤄지기 위한 초석이다. 능력과 성과에 기반한 인사관리체계의 구축과 보상체계의 실현을 위해서는 올바른 평가제도의 구축뿐 아니라 평가과정 관리와 피드백 및 결과의 활용에 이르는 일련의 평가과정 동안 각급 관리자와 구성원이 합심하여 상시관리에 시간과 노력을 할애해야 한다.[4)]

정리문제

1. 다음을 간단히 정리해 보세요.
   - 경영과 인사관리에서서 평가관리가 갖는 의미
   - 바람직한 평가의 요건
   - 업적평가와 역량평가의 주체, 대상, 범위, 방법
   - 평가 등급의 배분과 평가절차
   - 성과면담과 성과코칭 방법
   - 평가자 훈련의 내용과 평가의 오류
   - 평가결과의 활용 방법
   - 공정한 평가와 수용성 향상 요건

2. 팀보고서를 작성해서 발표해 보세요.
   - 평가를 잘하는 기업, 못하는 기업 사례를 발굴하여 원인과 해결방안 찾아보기

계속) 도입사례

S유통 평가제도와 운영 상의 문제점과 개선

S유통 평가제도 진단 항목과 진단 결과

다음의 <표 4-5>는 진단 내용을 정리한 내용이다. 평가제도와 프로세스, 운영에 걸쳐 12 가지 항목으로 구분하여 제도적 개선 이슈와 평가에 대한 직원들의 인식 상의 이슈를 도출하고 평가제도 개선 작업 시 이들 이슈에 초점을 맞췄다. 평가제도 역시 제도와 실행 또는 인식 간에 서로 괴리가 있으므로 구분하여 진단했다.

〈표 4-5〉 평가제도 진단 결과

구분	평가요소	진단포인트	제도적 개선이슈		직원 인식상 이슈	
			Yes	No	Yes	No
평가제도	평가체계	• 평가체계 구성요소(업적+역량)의 적합성 - 다면평가1회('14) 실시 후 없어짐(팀장 대상)	v			v
	조직평가 연계	• 일정한 원칙하의 조직평가와 개인평가 연계 - 조직실적과 연계,		v	일부	
	평가군	• 업무특성을 반영한 평가군 설정 - 본부단위별 설정, 직무분석 실시 중	도움			v
	평가권한	• 평가자 및 권한설정 적합성		v		v
	역량평가	• 역량평가 구성의 적합성 - 향후 직무분석과 연계된, 직무 역량	v		v	
	평가결과 활용	• 평가결과의 활용 및 타 인사제도와의 연계성	v		v	
프로세스	목표설정	• 평가지표 설정의 균형성, 통제가능성, 측정가능성 - 피평가자들에 대한 개인KPI 작성 교육의 필요성	교육		일부	
		• 목표대비 달성도 평가의 적합성-달성 관련 자료도 제출 필요		v		v
		• 목표설정 시 Calibration Process 확보 여부		v		v
	중간점검	• 중간점검의 적절성 -7월말 (제도, 내용)		v		v
	평가 및 피드백	• 평가결과의 예측가능성 -실적은 명확, 역량은 애매	고민		일부	
		• 평가 기준과의 조정 절차 확보 여부 -각본부장, 인사위원회, 본부단위는 없음	v		v	
		• 평가 피드백의 실시 여부 및 정보제공의 적절성 - 제도는 문제없으나 운영이 문제 - 평가 피드백 요령은 공지하지만 매뉴얼이나 가이드가 없음	v		v	

운영역량	평가주관 부서	• 평가주관부서의 커뮤니케이션, 가이드라인제시, 교육의 적절성 - 인사제도 설명회, 신규 입사자 대상은 교육은 OK, 평가자교육 없음 - 노조, 노사협의회 대상 설명과 협의 부족	V		v	
	평가자	• 평가자의 목적고과 성향 -분석은 실시, 평가자별 편차 줄어든 추세	v		v	
	관리	• 경영진의 평가프로세스 상 관심 수준 -인사제도는 메시지가 있어야 된다고 생각		v		v

이 같은 진단 결과를 바탕으로 다음 <표 4-6>과 같이 세부 개선 과제가 도출되었다.

〈표 4-6〉 세부 개선 과제

구분	평가요소	주요 개선 이슈
평가제도	평가체계	• 평가체계는 적합 - 향후 조직평가 도입 필요(경영기획기능의 사업계획수립과 전사/본부 단위 KPI설정 및 반영 - 성과관리: 업적평가와 역량평가로 용어 통일 - B사의 특성 상 현재는 개인KPI의 적합도가 더 높음. 향후 조직성장 및 업무분화시 직무KPI 적용 - NCS(National Competency Standard) 기반 직무체계 수립시에 직무요건서에 직무KPI 풀을 적시하여 향후 활용성 제고 - 다면평가 도입 필요:승진/보임 및 리더십 개발 목적의 리더십 다면평가 실시 방안 수립
	조직평가 연계	• 현재의 반영 비율은 적정하지만, 마케팅 부서의 경우 매출KPI가 이중으로 반영/강조되고 있음.
	평가군	• NCS기반 직무분류체계 완료 (8월말)이후 세분화된 평가지표의 적용여부를 결정할 필요 있음.
	평가권한	• 평가자 및 권한 설정은 적정
	역량평가	• 현재의 업무/역할별 역량 지표는 적정 - 역량 평가지표는 BOS(Behavioral Observation Scales) 방식 유지, 개인별 100개의 행동지표를 50개로 줄이는 작업 실시
	평가결과 활용	• 평가 결과의 역량 개발에의 활용도 제고 방안 수립
프로세스	목표설정	• 개인 KPI수는 적정(5개) - 업적지표의 균형성, 통제가능성, 측정가능성 제고를 위한 전체 임직원 대상의 개인KPI작성 교육의 필요 (평가자 교육 매뉴얼에 반영)
		• 목표대비 달성도 평가의 적합성은 평가결과자료 분석을 통하여 지속적으로 검토
		• 목표설정 시 Calibration Process (보정 절차) 도입
	중간점검	• 중간점검의 적절 -7월말 (제도, 내용)

	평가 및 피드백	• 평가결과의 예측가능성(평가등급 및 올해 노력한 것에 대한 평가) 제고를 위해 운영상 보완
		• 평가 시 Calibration Process 도입, 이의제기 프로세스 도입
		• 평가 피드백의 실시 및 정보 제공 - 평가자 교육 매뉴얼에 반영
운영역량	평가주관 부서	• 평가자 교육 프로그램 수립 및 매뉴얼 작성
	평가자	• 평가자의 목적고과 성향 - 평가 Audit도입
	관리	• 경영진의 평가프로세스 상 Commitment 수준 - 개선의 이유와 목적에 적합한 메시지 마련

토론사례

성과급의 역설

어느 마을에 나이 지긋한 신사가 이사 왔다. 그의 서재 밖 공터는 아이들이 모여서 노는 곳이다. 처음에는 아이들이 조잘대며 노는 소리를 듣는 것이 즐거웠다. 그런데 어느 날부터 아이들의 소리가 시끄럽게 느껴지기 시작했다. 그는 아이들이 모여 노는 것을 그만 두게 하고 싶었다.

곰곰이 생각한 끝에 그는 아이들에게 돈을 주기로 했다. 같이 놀 아이들을 더 데려와서 신나게 놀 때마다 얼마씩 돈을 주기 시작한 것이다. 처음에는 100원, 그 다음에는 200원, 300원하는 식으로 액수를 늘려가며 돈을 줬다. 놀기도 하고 돈도 받고 하니 꿩 먹고 알 먹고 일석이조가 아닌가. 공터는 그야말로 북적대는 놀이터가 되었다.

그러던 어느 날 신사는 아이들에게 다가와서 "이제 나는 돈이 떨어졌다. 이제 너희들에게 돈을 줄 수 없다"고 했다. 그러자 아이들이 불만을 터트렸다. "아니 그것은 약속 위반 아닌가요. 이제 무슨 재미로 놀지요?" 돈을 못 받게 된 아이들은 더 이상 같이 놀 아이들을 데려오지 않게 되었고 놀이도 더 이상 예전만큼 재미가 없어졌다. 아이들은 시무룩해졌고 놀이터를 떠나갔다. 공터는 조용해졌고, 신사는 한적한 분위기에서 다시 일을 할 수 있게 되었다. 심리학에서 인용하는 내적 동기에 대한 이야기이다.

유조선 기름 유출로 오염된 태안반도의 해변을 청소하기 위해 수많은 자원봉사자들이 몰려들었다. 그런데 일당 얼마에 기름 청소할 사람을 모집했다면 그렇게 많은 사람들이 와서 자발적으로 일 할 수 있었을까 싶다. 어떤 조사에 따르면 자원봉사자에게 일한 대가를 지급하면 오히려 일할 의욕을 떨어뜨리게 되고 결국 자원봉사자가 줄어들게 된다고 한다.

대가 없이 마음에서 우러나서 하던 일이 돈을 받기 시작하면 종국에는 대가를 바라고 하는 일이 돼버리는 것이다. 그러면 이제 더 이상 봉사로서의 의미를 상실하고 '노동'이 된다. 놀이터에서 아이들이 노는 대가로 돈을 받기 시작하면 '놀이'는 돈을 바라고 하는 '일'이 돼버리는 것이다. 신사가 일한 대가를 안 주니 아이들도 더 이상 일할 이유가 없어진다. 놀이를 일로 바꾸는 것이 신사의 교묘한 책략이었다.

부모들은 무심결에 아이들에게 시험을 잘 보면 용돈을 올려 주겠다, 선물을 사주겠다는 등 대가를 제시한다. 아이들은 용돈과 선물을 위해 열심히 노력한다. 그런데 시험은 한 번만 있는 것이 아니다. 다음 번 시험에는 또 무슨 선물이 있을까 기대하게 된다. 이게 습관이 되면 선물을 받기 위해 공부하는지 스스로의 꿈을 위해 공부하는지 혼선이 온다. 공부가 대가를 받으려는 '교환행위'가 되면 공부에 대한 자발적인 열정이 사라진다. 자발적 열정이 식은 공부는 좋은 결과를 내기 어렵다. 자발성 없는 봉사에는 사랑과 정성이 깃들지 않는 것처럼.

얼마 전부터 기업들은 성과급을 통해 열심히 일하게 하는 것이 선진적인 방식이고 '성과주의 인사'라며 앞 다퉈 성과급제를 도입하고 있다. 성과에 따라 보상하는 것은 맞는 일이다. 그런데 들여다보면 무엇이 성과인지, 평가기준은 무엇인지 불분명하고 구성원의 합의와 납득이 부족한 경우가 많다. 더 큰 문제는 일하는 사람의 마음과 열정을 돈으로 살 수 있다는 관리자의 사고방식이다.

조직에 장기간 도움이 되는 성과를 내는 것은 단기간의 게임이 아니다. 지속가능한 성과, 탁월한 성과, 요즘 꼭 필요한 창의적인 성과는 일의 결과와 급여를 교환하는 무미건조한 성과급제만으로는 실현되기 어렵다. 구성원의 마음을 얻고 진정한 열정을 불러일으키는 비전과 리더십이 있어야 한다. 그렇지 않으면 기존에 가졌던 열정마저 성과급이라는 이름의 얄팍한 돈봉투 속에서 사라져 갈 것이다.

출처: 성상현(2008.29), [머니위크 청계광장] 휴식과 여가가 돈 벌어준다, MoneyS, https://www.moneys.co.kr/news/mwView.php?no=2008082109391171776 에서 2023.6.10.에 확인함.

- **논의 주제**

1. 내재적 동기와 외재적 동기는 무슨 차이가 있는가?
2. 금전적 보상도 내재적 동기 요인이 될 수 있는가?
3. 장기적인 성과를 창출하기 위한 성과관리의 대상과 방식에 대해 논의해 봅시다.
4. 조직에서 리더가 무엇을 평가하고 인정하는 것이 구성원들의 내적 동기를 고취시킬 수 있을까?

연 습

평가에 대한 효능감의 의미와 진단

평가자가 인사평가에 대해 갖는 효능감이나 불편감을 측정함으로써 평가자 측면에서도 인사평가에 대한 준비도를 진단함으로써 관리방안을 강구할 수 있다. 평가에 대한 효능감이 높은 평가자는 평가 상황에서 확실하고 일관된 기준을 갖고 평가에 임할 수 있으며 평가오류를 피함으로써 평가의 정확성을 기할 수 있다. 특히 다면평가를 하는 경우에는 각급 평가자가 갖는 평가에 대한 효능감은 더욱 중요해진다. 평가효능감 진단 결과는 평가자 선정과 교육 수요를 파악하는데 활용할 수 있다. 평가에 대한 불편감을 측정하여 불편감을 크게 느끼는 평가자에 대한 교육훈련을 실시함으로써 평가의 효과성을 높일 수 있다. <표 4-7>은 인사평가 효능감 측정을 위해 절차관리에 대한 자신감, 주관성 배제 의지, 평가결과 논의에 대한 효능감과 성과향상 코칭에 대한 자신감을 파악하는 설문항목으로 구성된 진단지 예시이다.

〈표 4-7〉 평가 효능감 진단 항목

차원	문항
평가절차 관리에 대한 자신감	나는 부하직원의 직무 수행을 평가하기 위해 공정하고 정확한 기준을 세운다.
	내가 관찰한 것에 기반하여 부하직원의 직무수행에 점수를 부여한다.
	나는 정확한 평가를 위해 부하직원의 직무수행을 관찰하고 기록을 수집한다.
주관성 배제 의지	나는 정확한 평가를 위해 어떠한 개인적인 편견도 멀리하고자 한다.
	나의 평가 점수 부여는 정확하지만, 부하직원이 기대한 점수와는 다를 수 있다.
	나는 개인적 선호에 관계없이 부하직원의 직무 수행을 평가한다.
평가결과 논의에 대한 효능감	나는 높은 평가 점수를 기대한 부하직원에게 평가 점수의 이유에 대해 설명할 수 있다
	나는 낮은 평가 점수를 납득하지 못하는 부하직원에게 평가 점수의 정당함을 밝힐 수 있다.
	나는 나의 평가 동기를 의심하는 부하직원과 평가 점수의 이유에대해 논의할 수 있다.
성과향상 코칭 자신감	나는 부하 직원에게 직무수행 개선 방안을 제안할 수 있다.
	나는 저조한 성과의 이유를 부하직원의 사생활에서 찾지 않는다.
	나는 작업수행 방식의 변화를 꺼리는 부하 직원에게 직무수행 향상 방법을 제안할 수 있다.

출처 : 고용노동부(2016.11.30.), *공정인사평가모델: 능력중심인력운영을 위한 가이드북* (성상현 외 지음), 60쪽.

나아가 인사평가가 구성원들에게 내재화되어 풍토로 자리 잡은 정도인 인사평가 분위기를 진단하여 문제점을 파악함으로써 문제해결에 필요한 인사평가 제도나 방법을 도입할 수 있다. 다양한 인사평가제도들이 도입되고 있지만 제도 정착 기간과 형태나 효과는 조직마다 서로 다르다. 인사평가제도가 도입되어 성공적으로 정착되기 위해서는 해당 조직의 인사평가에 대한 관점, 즉 철학과 방침 및 취지가 구성원들에게 잘 전달되어 구성원들이 이해하고 수용해야 한다. 평가제도나 관행이 조직 구성원에게 내재화되어 풍토로 자리 잡아야 조직이 원하는 변화와 성과에 긍정적인 영향력을 줄 수 있다. 인사제도는 도입만하면 저절로 작동하는 것이 아니라 구성원들이 이를 받아들이고 내면화하는 사회화 과정이 중요하다. 인사제도와 평가제도 간의 일관성, 피드백 분위기, 리더십 향상과 평가제도의 연계성, 고위 경영층의 지원분위기 등으로 구성하여 인사평가 분위기를 진단하는데 사용할 수 있다.

효과적인 성과면담을 위한 심리적 요소

성과면담 시에는 다음 사항에 주의하여 효과적인 피드백이 이뤄지도록 해야 한다. 먼저 평가는 구체적인 사실에 근거하여 실시해야 하며 평가자나 피평가자 모두 근거 없는 주장을 삼가야 한다. 평가는 상대를 설득할 수 있을 만큼 충분한 평가 근거를 확보하는 것이 중요하다. 성과면담 시 판단의 차이와 미달성 원인에 대해 주로 대화하는 것이 바람직하다. 나아가 향후 개선방향에 대해 충분한 대화를 나누는 것이 중요하다. 평가자는 피평가자의 강점, 장점에 눈을 돌려서 향후 개선을 위한 구체적인 방법들을 제시하도록 한다. 평가자는 피평가자의 희망과 요청 사항을 진지하게 듣고, 도움을 줄 수 있는 아이디어나 구체적인 방법을 적극적으로 모색한다. 피평가자는 평가자의 피드백 내용을 바탕으로 향후 더 좋은 성과를 내기 위해 어떻게 행동하는 것이 바람직한지 평가자의 의견을 구하는 것이 필요하다.

〈표 4-8〉 성과면담의 심리적 요소

구분	심리적 요소
공정성 인식	• 평가자, 피평가자 각자가 인사평가 점수에 대해 미리 가지고 있는 생각은 평가면담의 자리에서 기대수준으로 작용함. 하지만 평가 면담에서 기대와 다른(기대보다 낮은) 내용을 마주하게 됐을 때 근거를 찾지 못하거나 근거에 대해 납득하지 못하면 불공정성을 인식함. • 평가면담 과정은 공정성에 대한 인식이 단계마다 촉발될 수 있음. • 평가면담 과정 동안 피평가자는 다양한 공정성을 지각함. • 평가면담에서는 모든 접촉점이 될 사건을 미리 관리하고, 그것들이 인화점으로 작용하지 않도록 관심을 기울여야 함.
평가면담 관련 태도	• 평가 면담의 접촉점에 관해서 상사가 찾은 직무 행동의 원인과 부하가 찾은 직무 행동의 원인이 다를 수 있음. • 귀인 이론(attribution theory) : 다른 사람이 어떤 행동을 할 때 그것을 관찰하는 사람은 행동의 원인 귀속을 파악하려는 경향을 가지고 있다는 점에 주목하는 이론으로 귀인 이론은 다음 세 차원에서 보편적 원인을 제시함.[5] – 안정성 : 원인으로 파악한 요소가 시간적, 속성적으로 안정적인가 불안정적인가에 대한 차원 – 통제성 : 상대가 행위를 스스로 조절할 수 있었는가에 따라 파악하는 차원 – 원인의 소재 : 상대의 행위가 그의 내적인 특성에 의한 것인가 상황 여건에 따른 것인가를 판단하는 차원 • 평가 면담 과정에서의 귀인 오류 예시[6] – 상사는 부하의 낮은 성과의 이유가 주변 여건 때문이라기보다는 부하가 성실하지 않거나 회사에 대하여 불만이 있기 때문이라고 생각하는 내적 귀인을 더 많이 함. – 부하는 자신의 낮은 성과를 자기 잘못이라고 생각하기보다 원인을 외부에서 찾는 외적 귀인을 더 많이 함.
성과 기준	• 상사는 부하의 직무행동에 대한 정보처리 과정을 통하여 부하의 직무행동과 자신의 기준을 비교하는 비교과정을 거치게 됨. • 평가면담 과정에서 부하에게 지난 회기의 직무수행을 검토하고, 앞으로의 목표를 세우는 성과계획과정에 관리자의 기준을 부하에게 표현하게 됨. • 성과의 기준은 다음 평가회기 때 자신이 부하의 직무수행을 판단하는 기준이 될 것이며, 현재 시점에서는 부하에게 무엇을 원하는가를 나타내는 기대임.

출처 : 고용노동부(2016.11.30.), *공정인사평가모델: 능력중심인력운영을 위한 가이드북* (성상현 외 지음), 139쪽.

미 주

1) 본 장은 고용노동부(2016), 『공정인사평가 모델』(성상현 외 지음)과 성상현(2017), 제4장 평가-올바른 인사관리의 기초, 한국기업조직역량연구원(편), 『성과주의 약인가 독인가』, 131-178, 효일문화사의 내용을 기반으로 재구성하여 작성하였다.

2) Berry, D., Cadwell, C., & Fehrmann, J.(1993), 50 activities for coaching & mentoring, USA: Human Resource Development.

3) 한태영(2010), 피평가자 관점의 인사평가효과성의 구성개념 고찰과 측정도구 개발. 한국심리학회지: 산업 및 조직, 23(2), 365-394.

4) 성상현(2015), 직무성과주의 확립을 인사평가제도 개선 방안, 임금연구, 겨울호. 4-14.

5) Weiner, B.(1979), A theory of motivation for some classroom experiences. Journal of Educational Psychology, 71(1), 3-25.

6) Mitchell, T. R. & Wood, R. E.(1980), Supervisor's responses to subordinate poor performance: A test of an attributional model, Organizational Behavior and Human Performance, 25(1), 123-138.

Chapter 05

인적자원개발

인적자원개발은 조직의 인적자원(구성원들)의 역량과 능력을 향상시키기 위해 수행되는 과정과 활동을 의미한다. 이는 조직 내에서 직원들의 전문성, 기술, 지식, 태도 등을 향상시키는데 초점을 맞추고 있다. 본 장에서는 국내 SA그룹이 조직의 성과를 향상시키고 경쟁력을 강화하기 위해 필요한 인재를 육성하고 개발하는 전략적인 접근 방법을 사례를 통해 살펴보고, 인적자원의 개발을 위해서 수행하는 구체적인 방법에 대해서 살펴볼 예정이다. 이와 함께 조직의 성장과 발전을 위해 매우 중요한 요소인 인적자원개발이 조직의 경쟁력 향상, 직원들의 만족도 향상, 유능한 인재의 확보 및 유지 등에 미치는 긍정적인 영향에 대해서 다룬다.

학습목표

1. 인적자원개발의 정의와 역사적 발전 상황을 이해한다.
2. 효과적 인적자원개발을 위한 경험중심의 프로그램의 핵심개념과 주요 구성요소를 이해한다.
3. 미래에 전개되는 환경에서 인적자원개발의 기능과 역할을 파악하고, 미래지향적 인적자원개발 전략을 이해한다.

들어가기 사례 SA그룹의 경영철학, 인재상, 그리고 학습플랫폼

1. SA그룹 - 일반적인 소개자료

SA그룹은 에너지, 화학, 통신, 반도체, 바이오, 건설 등의 분야를 다루는 대한민국의 대규모 기업집단으로서 1953년 최종건이 출범한 선경직물이 모태다. SA그룹은 2021년 말 현재 190개의 자회사로 구성되어 있으며, 292조의 자산규모와 169조의 매출액을 기록하고 있다. 또한 SA라는 브랜드 이름과 그룹의 경영문화인 SAMS(SA Management System)를 공유하고 있으며, SA수펙스추구위원회라는 최고 협의기구를 통해 공식적인 경영의 의사결정을 하고 있다. 1973년 제1대 회장이 세상을 떠나고 제2대 회장이 승계하였으며, 1976년 ㈜SA로 상호를 변경하고, 종합무역상사 1호로 지정되었다. 1980년 대한석유공사(현 SA이노베이션 및 SA에너지)를 인수하고 사명을 ㈜유공으로 변경했다. 1994년 민영화된 한국이동통신(현 SA텔레콤)의 대주주가 되면서 이동통신사업에 진출했다. 1998년 (주)유공의 사명을 ㈜SA로 바꾸면서 그룹명도 선경그룹에서 SA그룹으로 변경하였다. 1998년 제2대 회장이 별세하고 제3대 회장이 승계하였다.

SA그룹의 경우 규모의 확대와 핵심 산업으로의 진출이 기업 내 성장이나 분사를 통한 유기적 성장(organic growth)보다는 대규모 인수를 통해 이루어진 점이 독특하다. 그 과정에서 지분구조의 취약성이 드러나 2003년 외국계 펀드인 소버린 자산운용이 SA㈜의 주식 14.8%를 매입하면서 집요한 경영권 행사를 시도했다. 수차례 주주총회의 소집요구와 법정 공방 끝에 2005년 소버린은 SA㈜ 지분 보유목적을 '경영참여'에서 '단순투자'로 변경하고 전량을 매각해 8천억 원 이상의 차익을 올렸다. 이후 SA그룹은 이사회의 사외이사 비중을 늘리는 한편, '행복날개' 로고를 도입하는 등 지배구조를 획기적으로 개선하기 위한 노력을 기울이기 시작했다. 2007년 SA㈜를 사업회사인 SA에너지(현 SA이노베이션)와 경영회사(홀딩스)인 SA주식회사로 분리하고, 2015년에는 SA주식회사와 SA C&C를 합병하여 확실한 지주회사 체제로 전환하였다. 2012년 SA텔레콤이 세계 3위 반도체업체인 하이닉스반도체를 인수하여 SA하이닉스로 사명을 변경하였다.

2013년 출범한 SUPEX 추구협의회는 SA그룹의 최고의사결정기구이다. SA 계열사들의 각종 사업을 조율하고 계열사의 자율경영에 초점을 맞추며 그룹의 실질적인 의사결정권을 행사한다. 반면에 지주회사인 SA㈜는 사업회사들의 일상경영 활동에는 관여를 하지 않으며, 포트폴리오 관리를 통해 가치를 창출하는, 투자자로서의 역할에 주력한다. 산하에는 그룹 차원의 전략을 수립하고 실행을 지원하며, 그룹 차원의 성장기회를 발굴하고 투자하는 전략/Global위원회, SAMS를 바탕으로 미래경영자를 발굴하고 육성하는 인재육성위원회, 환경 관련 신규사업 간 시너지, 공동 투자기회를 모색하는 환경사업위원회, 지속 가능한 행복을 위해 사회적 가치를 창출하고 Biz · 파트너와의 동반성장에 힘쓰는 SV위원회, ICT사업을 성장, 발전시키기 위한 유관 관계사 간 협력을 촉진하는 ICT위원회, 대내외 이해관계자들과의 원활한 커뮤니케이션 업무를 수행하는 커뮤니케이션위원회, 지배구조 투명성 제고 및 이사회/주주 중심 경영을 강화를 목적으로 하는 거버넌스위원회를 두고 있다.

또한 SA 그룹은 "DBL(Double Bottom Line)" 경영을 통해 기업의 경영활동 전반에서 사회적 가치와 경제적 가치 두 가지를 동시에 추구하고 있으며, 친환경적 사업 노력, 사회적 가치 창출, 신뢰할 수 있는 지배구조 구축을 위해 ESG 경영을 강화하고 있다. 2020년에는 급변하는 경영환경에서 지속가능한 성장을 도모하고자 그룹 구성원의 역량 강화를 위한 플랫폼으로 SA마이써니(SA mySUNI)를 출범시켰다.

2. SA그룹 - 경영철학과 인재상

SA그룹의 채용 플랫폼에 SA는 '스스로의 행복을 바탕으로 자발적이고 의욕적으로 도전하는 패기있는 인재'를 찾는다고 나와 있다. 제2대 회장이 충주 인등산에 조성한 '인재의 숲' 현판에는 최종현 회장의 다음과 같은 말이 새겨져 있다. "수인백년(樹人百年), 수목오십년(樹木五十年). 인재를 키우는 것은 나무를 심고 가꾸는 일과 같다. 나무는 50년을 보고 심지만, 인재는 100년을 내다보고 키워야 한다. 내가 '인재의 숲'을 만들고자 했을 때 투자 기간이 너무 길다고 반대가 많았다. 하지만, 숲을 보는 사람만이 나무를 심을 수 있다. 인재의 숲을 거닐며 기업의 뿌리는 사람에 있음을 기억하라." SA의 경영철학이라고 할 수 있는 SAMS에서는 일찍부터 '사람 중심의 경영'을 중요하게 내세웠다. 기업경영의 주체는 구성원이며, 구성원 스스로 기업의 경영철학에 확신과 열정을 가지고 이를 실천해 나가야 한다고 강조한다. 또 기업의 성패는 구성원의 능력을 얼마나 잘 개발하고 활용하느냐에 달려있기에 SK의 인재 관리 시스템은 구성원이 자발적으로 자신의 능력을 최대한 발휘할 수 있도록 다양하고 체계적인 육성 시스템을 갖춰야 함을 강조한다.

SA의 경영철학은 가장 먼저 구성원의 지속적 행복을 내세운다. SAMS에 의하면 "SA 경영의 궁극적 목적은 구성원 행복이다. 구성원은 SA를 구성하는 주체로서 회사의 조직화된 힘으로 구성원 전체 행복을 지속적으로 키워 나가면 각자의 행복이 더 커질 수 있다는 믿음을 갖고 실천한다. SA는 구성원이 지속적으로 행복을 추구하기 위한 터전이자 기반으로서, 안정과 성장을 이루어 영구히 존속·발전하여야 한다. 이를 위해 SA는 구성원 행복과 함께 회사를 둘러싼 이해관계자 행복을 동시에 추구해 나간다. 이해관계자 행복을 위해 회사가 창출하는 모든 가치가 곧 사회적 가치이다.

SA는 사회적 가치 창출을 통해 경제적 가치를 키워 나가며, 이해관계자와 신뢰 관계를 발전시켜 나간다. SA는 고객에게 다양한 가치를 제공하고 고객을 지속적으로 만족시켜 신뢰를 얻으며, 궁극적으로 고객과 더불어 발전한다. 사업 파트너와 함께 공정하고 경쟁력 있는 생태계를 조성하고, 이에 기반한 선순환적 협력을 통해 상호 발전을 이끌어 나간다. 주주의 가치를 지속적으로 창출하여 기업가치를 높여 나간다. 사회에서 필요로 하는 환경보호, 고용창출, 삶의 질 제고, 지역사회 기여 등 다양한 역할을 수행하여 사회와 더불어 성장한다. SA는 이해관계자 간 행복이 조화와 균형을 이루도록 노력하며, 장기적으로 지속 가능하도록 현재와 미래의 행복을 동시에 고려해야 한다."

SA가 바라는 인재상은 이와 같은 경영철학을 잘 이해하고 실천으로 옮기는 사람이다. 먼저 경영철학에 대해 믿음과 확신을 가진다는 것은 구성원 전체의 행복을 지속적으로 키워 나가면 구성원 개인의행복이 더 커질 수 있다는 것을 믿고, 인간의 능력으로 도달할 수 있는 최고의 수준인 Super Excellent(SUPEX) 수준을 추구하며, 이를 자발적(Voluntarily)이고 의욕적(Willingly)인 두뇌활용(Brain Engagement)을 통해 달성하고자 하는 것이다. 경영철학을 잘 실행할 수 있는 인재라 함은 패기를 갖춘 인재로서 스스로 동기부여 하여 문제를 제기하고 높은 목표에 도전하며 기존의 틀을 깨는 과감한 실행을 하는 인재를 말한다. 이를 위해 1) 기존의 틀을 깨는 생각의 전환을 바탕으로 새롭게 도전하는 과감한 실행력과 2) 역량 강화와 자기 개발 즉, 그 과정에서, 필요한 역량을 개발하기 위한 노력, 3) 다른 구성원들과 함께 적극적으로 소통하고 협업하여 더 큰 성과를 만들어 가는 팀웍의 시너지를 갖출 것을 요구한다.

3. SA mySUNI의 출범과 운영

2020년 출범한 SA마이써니(SA mySUNI)는 위와 같은 경영철학과 인재상을 바탕으로 구성원들의 역량을 개발하기 위한 플랫폼이다. 우리 사회를 구성하는 4가지 주요 항목인 "기술, 사람, 비지니스, 정부 정책" 가운데 사람이 급격한 기술 변화에 적응해서 비지니스를 바꾸고, 이러한 결과가 다시 정부 정책에 영향을 주는 변화 과정에서 기업이 지속적인 성장을 담보하기 위해 대응하는 방법 중의 하나로 택한 것이다. 2017년 SA그룹의 회장은 더 행복한 미래를 만들기 위해 경영의 목표 재설정(Social Value, 행복 추구), 비지니스 모델의 혁신(AI/DT, 미래 반도체, 미래에너지 등 기술 활용), 일하는 방식의 혁신(인적 자산, 협업, 공유 등)에 걸친 모든 것에 근본적인 변화를 추진하는 "Deep Change(이하 딥체인지)" 전략이 필요하다고 선언했다.

이후 SA그룹 전체적으로 딥체인지를 추진을 했고, 2019년 2년여 간의 경험을 통해 SA그룹의 경영진들은 각 회사별로 딥체인지를 추진하고 있으나 이를 수행할 인재와 역량이 더 필요함을 알게 되었다. 그래서 2019년 Human Capital(이하 인적 자본) 육성과 축적을 위한 강력한 투자를 하기로 결정하였다. 딥체인지에 필요한 역량을 조기에 확보하고 육성하며, 연구와 교육 기능을 집결해 공유 인프라를 구축하기로 하고 각 회사 차원에서는 구성원이 자기 주도적인 학습을 할 수 있는 문화를 조성하고 구성원 역량 개발을 지원하는 제도를 구축하기로 한 것이다. 이러한 노력의 결과가 mySUNI이다. 처음에 SA 구성원을 위한 학습 플랫폼이라는 취지에서 SA University로 논의가 시작되는데 SA그룹이 추구하는 사회적 가치, 이해관계자의 행복 추구를 위해 이름을 mySUNI로 변경했다.

mySUNI는 단순한 교육기관이 아니라 SA그룹 회사들의 기업 가치(Corporate Value)와 구성원이 행복을 위한 그룹 공통의 인프라로서 미래 비지니스 환경에서 필요한 인적 자본의 축적을 돕는 역할을 한다. 그리고 구성원의 행복을 위해 구성원이 일을 통해 지속적으로 성장하고 성과를 창출하며 원하는 일을 수행할 수 있도록 하는 실질적인 능력(Skill)의 향상을 돕는다. 출범 이후 mySUNI에는 2022년 기준으로 SA 그룹 전체 구성원(11.7만 명)의 70%가 함께 하고 있으며, 13개 영역에 대해 총 1,862개 커리큘럼(총

7,618시간 분량)을 보유하고 있다. 또한 보다 과학적인 방법(Learning Science)을 토대로 구성원 주도의 학습이 이뤄질 수 있도록 지원하기 위해 자기주도 학습을 지원하는 LMS(Learning Management System), 성인 학습자의 능동적 상호 학습을 돕는 mySUNI ON(Active Learning Platform), 학습 편의성을 돕는 Mobile Application, 기업의 실제 문제를 AI로 해결한 사례를 통해 머신러닝을 체계적으로 학습할 수 있도록 돕는 온라인 코딩 및 첨삭 플랫폼(AI Learn X) 등 다양한 시스템을 보유하고 있다.

mySUNI를 통한 학습과 각 회사의 HR 제도와의 연계도 강화되고 있다. 예를 들면 친환경 미래 비지니스로 각광을 받고 있는 특정 분야의 엔지니어 육성 체계, mySUNI가 인증하는 커리큘럼을 사전 준비단계로 공식화한 사내 직무이동제도, 직군별 필요 역량의 유무를 mySUNI의 해당 과정을 통해 확인하는 인증제도 등이 있다. 2023년부터는 미래 비지니스에 필요한 전문 역량 강화를 지원하기 위해 디지털, 친환경, 첨담소재, 바이오 산업에 대한 핵심 역량을 기업 현장에서의 실질적인 프로젝트 수행으로 익힐 수 있는 솔루션을 제공할 예정이다. 또한 mySUNI는 각종 포럼에 대한 외부 참여를 확대하고, 미래 사회에 요구되는 기반 역량을 집중적으로 학습하고 체험할 수 있는 대학생 프로그램("써니C")도 마련하여 구성원 이외에 외부 이해관계자와의 더 큰 행복을 추구하기 위한 준비를 진행하고 있다.

논의주제

1. 이 회사의 경영철학 및 인재상과 인적자원개발 간의 관계는 무엇인가?
2. 이 회사가 인적자원개발을 위한 학습 플렛폼을 전환한 이유는 무엇인가?
3. 이 회사의 학습 플렛폼 전환으로 기대되는 파급 효과는 무엇인가?

5.1 인적자원개발의 개요

조직이 지속적으로 생존하고 성장하기 위해 무엇보다 중요한 사항은 차별적인 경쟁우위를 창출하고 유지하는 것이다. 특히 정보통신기술(ICT) 등의 혁명적 발전으로 인해 산업과 경쟁의 경계가 불분명해지는 경영환경에서 조직 경쟁력의 원천은 우수한 인재 확보와 조직 구성원들의 잠재 능력 개발에 의존할 것이라는 인식이 확산되고 있다. 이러한 상황에서 인적자원은 가장 중요한 조직자원으로 인식되고 있다. 따라서 인적자원개발(Human Resource Development, HRD)은 끊임없이 새로운 경쟁우위와 강점, 가치를 지속적으로 남보다 먼저 만들어야 하는 경영 환경에 능동적으로 대처하고, 조직의 지속적인 성장과 경쟁 우위를 확보하기 위한 전략적 대안으로써 그 중요성이 강조되고 있다.

국내 기업의 경우 1970년대부터 인적자원개발 활동을 본격적으로 추진하기 시작하여, 현재는 자체 인적자원개발 전용 시설(연수원)을 갖추고 조직 구성원의 역량개발에 적극적으로 투자하고 있다. 국내 기업의 인적자원개발에 대한 관심이 증대되고 있는 것은 교육과 자기 수련을 통한 역량개발을 중시한 우리의 전통적인 가치와 연계되어 있으며, 개인 차원의 능력개발 수준을 넘어서 조직의 미래 가치와 경영전략을 실행하는 데 있어서 핵심이라는 인식으로 자리매김하고 있음을 의미하는 것이다.

박스사례 기업 연수원 (Corporate University)

기업 연수원(corporate university)은 기업 내부에서 직원들의 교육, 훈련, 개발 등을 위한 교육 기관이다. 일반적으로 기업의 경영 전략과 목표에 따라 다양한 교육 프로그램을 제공하며, 직원들의 역량 강화와 경쟁력을 향상시키는 데 주력한다. 기업 연수원은 전문 교육팀이 운영하며, 새로운 지식과 기술, 경영 전략 등을 교육하고 이를 적용할 수 있는 환경을 제공한다. 또한, 전문 강사나 기업 내부의 전문가들이 강의를 진행하고, 실무 중심의 교육 프로그램을 제공하여 직원들이 경험과 지식을 함께 습득할 수 있도록 지원한다. 기업 연수원은 직원들의 역량 강화뿐만 아니라 조직의 성과 개선과 미래 성장을 위한 인재 양성을 목적으로 운영된다. 따라서 기업의 경영 전략과 목표, 비전과 가치관을 반영한 전략적인 교육 계획을 수립하고, 이를 통해 직원들의 역량을 강화하고 기업의 경쟁력을 향상시키는 데 기여한다.

국내 주요 기업들은 자체 연수원을 운영하고 있다. 이러한 국내 연수원 중에서, 삼성인력개발원은

1957년 3월에 삼성그룹의 신입사원 공개 채용 제도를 실시함과 동시에 종합연수원이란 이름으로 개관 및 입문 교육을 진행하였으며, 1990년 1월 지금의 명칭인 삼성인력개발원으로 변경되어 삼성그룹 직원들의 각종 연수 및 교육을 진행하는 인력 개발 조직이다. 삼성인력개발원에서는 대졸, 고졸 신입사원 연수, 신임 간부 연수, 신임 임원 연수 등 각종 교육 및 해외 연수 프로그램 등을 진행하며, 전국 곳곳에 연수센터를 운용하고 있다.

롯데인재개발원은 롯데그룹의 인재 양성과 역량 강화를 위해 운영되는 기업 연수원이다. 롯데인재개발원은 1995년에 설립되어, 롯데그룹 전체의 인재교육과 리더십 개발을 담당하고 있다. 롯데인재개발원에서는 롯데그룹 직원들을 대상으로 다양한 교육과정을 제공하며, 기업 경영전략, 리더십 개발, 글로벌 역량 강화 등 다양한 분야의 교육 프로그램을 운영하고 있다. 또한, 기업 경쟁력 강화를 위한 창의적인 아이디어 발굴을 지원하는 아이디어 경영 교육 프로그램을 운영하고 있다. 롯데인재개발원에서는 롯데그룹의 경영 전략과 문화에 부합하는 리더십 개발 프로그램도 운영하고 있다. 이를 통해 롯데그룹의 리더들은 글로벌 경쟁에서 성공적인 경영을 이끌어낼 수 있는 역량과 실력을 강화하고 있다. 또한, 롯데인재개발원은 국내외에서 인재를 채용하여 운영하는 미래지향적인 글로벌 기업으로 성장하고 있다. 롯데그룹의 인재 양성 및 역량 강화를 위한 핵심 조직 중 하나로 평가되고 있다.

출처: Blass, E. (2001), What's in a name? A comparative study of the traditional public university and the corporate university, Human Resource Development International, 4(2), 153-172. 국내 기업 연수원 관련 웹서치 결과

5.1.1 인적자원개발의 개념과 역할

인적자원개발은 조직을 구성하고 있는 인적자원(human resource), 즉 사람의 역량의 제고를 위한 의도적이고 체계적인 육성활동(development)이다. 인적자원을 관리하는 관점에서 인적자원개발을 접근하면 채용하는 과정에서 부족한 부분을 훈련이나 교육을 통해 보완하고 좀 더 효율적이며 능률적인 조직 구성원으로 전환시키는 것을 목적으로 삼는다. 따라서 인적자원개발은 효과적이고 효율적인 직무수행을 위해, 조직 구성원이 기본적으로 보유하고 있는 능력을 개발하고 활용할 수 있도록 각종 교육적 기법과 조직개발, 경력개발 등을 적용하는 것으로 볼 수 있다.

5.1.1.1 미시적인 관점

인적자원개발은 미시적인 관점과 거시적 관점으로 나누어 접근할 수 있다. 먼저 미시적

인 관점은 인적자원개발의 전통적인 접근법을 대표하는 관점으로서 각 구성원에게 조직생활 및 직무수행 차원에서 요구되는 지식과 스킬을 개발하기 위해서 체계적인 교육, 훈련, 개발 기회를 제공하는 것으로 보는 관점이다. 조직에서 이루어는 비교적 공식적인 교육활동을 통해서 개인의 전반적인 능력을 향상하고, 직무훈련을 통해서 담당하고 있는 직무의 수행능력을 제고하면서, 좀 더 중장기적인 개발기회를 통해서 향후 담당하게 되는 역할과 직무에 대한 준비를 할 수 있도록 돕는 과정으로 보는 것이다. 요약하면, 미시적인 관점의 인적자원개발은 개인 수준에서 고성과를 이끌어 내는 개인적인 특성을 공식적인 교육과 훈련을 통해서 육성하는 것이 주된 관심이다.

5.1.1.2 거시적인 관점

거시적인 관점은 조직의 효과적 운영을 위한 기능 측면에서 인적자원개발을 개인 차원의 교육과 훈련을 넘어서 경력개발과 조직개발까지 포괄하는 종합적인 개념으로 규정하는 것이다. 즉, 조직 전체를 하나의 유기체로 보고 경쟁력을 확보하는 차원에서 조직을 구성하는 인재의 경쟁력 확보 및 조직 전체의 효과성을 제고하는 것을 주된 목적으로 보는 관점이다. 좀 더 구체적으로 말하자면, 조직에서 이루어지는 인적자원개발 과정을 구성원이 선발되어 조직에 입문하는 과정에서부터 시작하여, 배치, 직무이동, 승진, 이직 및 퇴직 등과 같이 조직 내에서 성장 발전하여 가는 구성원 생활주기(employee lifecycle)에서 지속적으로 이루어지는 지원이라고 보는 것이다. 이러한 관점에서 인적자원개발은 구성원 개개인의 능력개발에 초점을 맞춘 교육과 훈련(training & development), 개인의 전문성 증진을 조직의 요구와 통합시킨 경력개발(work & career experience), 업무수행 능력향상으로 통한 조직 효과성 제고를 위한 조직개발(organizational development) 등을 포함하는 개념이라고 할 수 있다.

5.1.2 인적자원개발의 주요 변화

경영환경의 변화에 맞추어 인적자원개발의 주요 영역과 담당 조직의 바람직한 역할에 기준점을 제공하는 패러다임이 함께 변화하였다. 송수영(2009)이 국내외 동향을 종합하여 분석한 결과에 따르면, 전통적인 관점에서 HRD의 주요 영역은 교육훈련, 조직개발, 경력개발 등의 세 가지 영역에 집중되었다. 이러한 영역은 성과를 강조하는 일터학습의 개념으로 발전하였고, 개인이 아닌 집단지성을 강조하는 학습조직과 지식경영을 강조하는 방향으로 전환되었다. 특히 이찬(2011)에 따르면 도제제도에서 비롯된 훈련개발에 초점이 맞춰진 1세대 인적자원개발에서 경력개발, 조직 개발 개념을 포함한 2세대 인적자원개발로 진화되었다. 이후, 조직개발 중심의 패러다임은 성과향상에 초점을 두는 3세대 인간수행개선으로 발전하였으며, 현장에서의 상시 학습 체계를 강조하는 4세대 일터학습과 성과, 전체 구성원의 일터 학습자화를 위한 5세대 일터학습, 학습에 따른 성과를 강조하는 6세대 학습과 성과까지 지속적으로 변화해 왔다.

인적자원개발이 조직에서 수행하는 역할에서도 조직성과 향상을 위한 차원의 전략을 개발하고 지원하는 영역을 포함하는 방향으로 많은 변화가 진행되었다. 전략적 인적자원개발(strategic human resource development, SHRD)이라는 큰 흐름 하에서 개인학습에 중점을 둔 교육훈련에서 조직개발과 혁신의 전략적 파트너로서의 역할을 강조하는 방향으로 진화된 것이다. 전략적 인적자원개발은 기업과 인적자원개발 간의 관계를 전략적으로 관리함으로써 조직의 목표달성을 촉진시키는 것과 함께 조직 구성원 개개인의 학습에 대한 요구를 충족시키는 것을 목적으로 하며, 조직 내 인적자원개발 기능은 기존 역할 수행뿐 아니라 사업 요구 및 성과 요구까지 충족시킬 수 있어야 함이 더욱 강조되고 있다.

이러한 패러다임의 변화에 따라서 인적자원개발의 주요 고객이 교육훈련을 받는 조직 구성원에서 실질적으로 조직의 성과에 영향을 미치고 결정하는 경영자 및 고객 등으로 확장되었고, 교육 방법에서도 전통적인 강의실 중심의 강의에서 온라인과 오프라인이 통합된 혼합학습을 통해서 지속적으로 배우는 방향으로 전환되었다. <표 5-1>은 이러한 패러다임의 변화를 요약한 것이다.

5.1.3 스킬 기반의 조직과 인적자원개발

최근 인공지능, 클라우드, 로봇으로 대표되는 디지털 기술의 비약적인 발전으로 일(work)과 일을 수행하는 사람(workforce), 그리고 일을 수행하는 직장(workplace)에 대한

〈표 5-1〉 인적자원개발의 주요 변화

구분	전통적 관점	최근 동향
주요 영역	• 교육훈련 (Training & Development, T&D)	• 일터학습 및 성과중심(Workplace Learn- ing & Performance, WLP)
	• 조직개발 (Organizational Development, OD)	• 학습조직(Learning Organization) 구축 • 지식경영(Knowledge Management) • 집단지성(Collective Intelligence)
	• 교육훈련 (Career Development, CD)	• 인재경영(Talent Management)
HRD 조직의 역할	• 조직구성원 개인차원의 역량 개발 • 전통적 교육훈련조직	• 전략적 비즈니스 파트너 (Strategic Business Partner) • 퍼포먼스 컨설턴트 (Performance Consultant) • 차세대 리더양성(Succession Plan)
주요 고객	• 종업원 중심	• CEO, 경영자, 리더, 종업원, 고객 등으로 확대
주요 현안	• 능력개발, 생산성 향상	• 미래/글로벌 인재(리더) 육성 • 한 방향 조직문화(핵심가치) • 조직변화와 혁신
교육 방법	• 전통적 방식 위주(Off Line 교육) • 이벤트적(간헐적) 요소	• 혼합학습(Blended－Learning) • 지속적인 과정

출처: 송영수(2009), ASTD 역량 모델 기반으로 한 국내 대기업 HRD 담당자의 필요역량 인식 및 수행수준에 관한 연구. 기업교육과 인재연구, 11(1), 97-124.

개념이 근본적으로 전환되었다. 특히 일의 개념에 대한 본질적인 변화는 인적자원개발의 초점과 역할에도 중대한 변화를 요구하고 있다.

한 세기가 넘는 기간 동안 직무(jobs)는 일이 어떤 사람에 의해서 어떻게 수행되고, 어떻게 관리되고 주도되는지, 고용에서 보상, 경력개발, 성과 관리에 이르기까지 모든 사람관리 관행에서 조직 구성원이 어떻게 지원되는지를 정의하는 지배적인 구조였다. 직무라는 개념이 회사가 하는 모든 일에 너무 깊이 박혀 있어 사람들이 직무의 존재에 대해서 의문을 제기하는 경우 거의 없을 정도이다. 그러나 조직이 경쟁에서 살아남고 지속적으로 수행되어야 하는 일을 기능적 직무로 표준화하고, 이를 수행하는 사람이 조직 위계상 정해진 권한에 따라 모든 의사결정을 하도록 만들어 놓은 이 체계가 안정성이 중요시되던 시기에는 잘 작동하였으나, 조직의 민첩성, 성장 및 혁신이 요구되는 현재에는 오히려 조직의 생산적인 기능을 방해하는 요인으로 작동하고 있다.

이에 대응하여 조직은 직무보다는 스킬에 좀 더 핵심에 두는 인적자원관리 및 개발 모델로 전환하고 있다. 조직의 구성원이 담당하는 역할과 수행하는 업무를 단순한 직책명(job titles)이 아닌 스킬의 집합체로 인식하기 시작한 것이다. 글로벌 경영컨설팅 회사인 딜로이트가 2021년에 1,200명 이상의 전문가를 대상으로 한 설문조사에 따르면 조직은 점점 더 나은 방법을 실험하고 있는 것으로 나타났다. 일부 직무를 프로젝트나 과제로 분해하거나 해결해야 할 문제, 달성해야 할 결과 또는 창출할 가치에 초점을 맞추도록 확장하는 등 일부 직무를 과제와 분리하고 있다는 것을 발견하였다.

이렇게 함으로써 조직 구성원들이 자신의 직무명 또는 호칭으로 정의되는 것에서 벗어나 자신의 관심사에 맞는 과제에 유동적으로 배치할 수 있는 스킬과 능력을 갖춘 완전한 개인으로 인식을 전환하였다. 뿐만 아니라 진화하는 사업 우선 순위, 그리고 직무보다 스킬에 대한 사람들의 결정을 기반으로 함으로써 조직은 여전히 확장 가능하고 관리 가능하며 보다 공평한 운영 방식을 가질 수 있게 되었다.

박스사례 **스킬 기반의 인적자원 개발(Skill-Based HRD)**

딜로이트는 "하드" 또는 기술적 기술(예: 코딩, 데이터 분석 및 회계), 인간의 능력 또는 인간의 기술(예 : 비판적 사고 및 감성 지능) 및 잠재력(잠재적인 자질, 능력 또는 개발되어 미래의 성공으로 이어질 수있는 인접 기술 포함) 등을 포괄하기 위해 "기술"을 광범위하게 정의한다. 결국 우리는 "기술"이라는 단어가 근로자를 각각 다양한 기술, 관심사, 열정, 동기, 업무 또는 문화적 스타일, 위치 선호도 및 요구 사항 등을 가진 고유한 전체 개인으로 보다 세부적으로 정의하는 약칭으로 기능할 수 있다.

유니레버는 내부 인적자원 시장을 정규직 직원 또는 "U-Worker"(일련의 단기 프로젝트를 위해 Unilever와 계약하는 근로자)로서 조직 전체의 프로젝트 및 작업으로 기술을 유연하게 이동할 수 있도록 하고 있다. 유니레버는 다른 많은 조직과 마찬가지로 기능적 사일로에 더 많이 있던 관계로 중요하게 생각하지 않고 있었던 조직 구성원을 위해 이 모든 기회를 열 수 있을 것으로 기대하고 있다. 이를 통해서 부서별 업무는 점점 더 프로젝트, 작업 및 결과물로 나뉘어지고 있고, 궁극적으로 각 구성원이 무엇을 가져오는지 이해하기 위해 직책이 있는 연도가 아닌 성과와 기술에 초점을 맞춘 직원의 기여도를 보다 세분화된 방법으로 미래에는 사일로화된 부서가 무너질 것으로 보고 있다. 이러한 수준의 세부 사항에 도달할 수 있을 때 채용, 인재의 내부 이동성, 올바른 작업 및 프로젝트에 적합한 인재 적용에서

훨씬 더 많은 목표를 달성할 수 있으므로 사업 성과도 가속화할 수 있을 것으로 전망하고 있다.

출처: Schwartz, J., Hatfield, S., Jones, R., & Anderson, S.(2019), What is the future of work. Redefining work, workforces, and workplaces [published online April 1, 2019]. *Deloitte Insights:* ed.

스킬 기반의 인적자원관리 및 육성 방식을 통해서 관리자와 리더의 역할은 조직 구성원을 관리하는 다소 정태적인 역할에서 해결해야 되는 과제, 프로젝트, 작업을 중심으로 필요한 스킬을 역동적으로 조율하는 것으로 변경된다. 이러한 상황에서는 다른 구성원에게 영향력을 행사하고 권한을 부여하는 일들이 기존 수직적인 상황보다 훨씬 중요하게 되고, 학습과 인재육성은 기본적으로 강의장에서 계획된 프로그램에 따라 이루어지기보다는 일을 수행하는 현장에서 비공식적으로 이루어지게 된다. 따라서 인적자원개발을 성공적으로 추진하기 위해서는 조직 구성원들이 업무를 수행하는 과정에서 일상적으로 접하게 되는 직무수행을 둘러싼 경험이 효과적으로 이루어질 수 있는 환경을 조성하는 것이 매우 중요하다.

조직 구성원이 보유하고 있는 스킬 개발에 집중하는 것이 중요한 현안이지만, 이것만으로는 현재 진행되고 있는 인력 및 시장 환경의 요구 사항을 해결하는 데 충분하지 않을 수 있다. 변화의 속도가 너무 빨라서 일반적인 리스킬링(reskilling) 노력조차 빠르게 쓸모없게 되는 경우가 빈번하다. 이러한 상황에서 필요한 것은 개인화된 학습, 경험 및 업무를 수행하는 흐름에서의 학습과 성장을 중심으로 한 인적자원개발 접근 방식으로, 업무의 역동적인 특성과 사람들이 스스로를 재창조할 수 있는 역동적인 잠재력을 모두 고려할 필요가 있다. 또한 오늘날의 인적자원개발은 사업 전략과 연결되어야 하며 업무의 미래를 염두에 두고 지속적으로 평가되어야 한다. 이를 위해서는 개인화된 개발 기회를 갖춘 직관적이고 전체적인 프레임워크가 필요하다. 이러한 인적자원개발 프레임워크로서 다음에서는 경험 기반의 인적자원개발에 대해서 살펴보겠다.

5.2 경험(Experience)을 통한 인적자원개발

경험기반의 인적자원개발은 구성원들의 역량 개발활동을 조직에서 경험하는 활동과 보다 밀접하게 연결하는 것의 중요성을 강조하는 접근법이다. 구성원의 역량을 개발할 목적으로 기업의 연수원 또는 대학의 경영대학원에 진행하는 교육 프로그램에 파견하는 것도 필요하지만, 그 보다는 구성원들이 본인의 업무를 수행하는 과정에서 경험하는 것들이 훨씬 더 중요하고 효과적이라는 실증적 경험에서 출발된 접근법이다.

직관적으로 생각했을 때 이러한 접근법과 주장은 상당히 호소력이 있고 합리적인 것으로 보이지만 실제 인적자원개발에서 적용이 되는 부분은 아직까지 많지 않다. 다시 말해서 중요한 포지션에 공석이 발생하거나 사업에 중요한 영향을 미치는 프로젝트에 구성원을 배치할 때에, 인적자원의 개발과 육성을 주된 목적으로 두고 인력을 배치하는 경우가 매우 드물다는 것이다. 그보다는 현재에 직면하고 있는 문제의 해결이 인재배치 결정의 주된 관심사가 된다는 이야기다.

경험기반의 인적자원개발은 남가주대학(University of Southern California) 경영학과에 재직하고 있는 모간 맥콜(Morgan McCall) 교수 등이 1980년대 후반에 주장한 이후, 리더십 개발 분야에서 활발하게 적용되어 왔으며, 경험이 역량개발에서 차지하는 역할이 명확하

그림 5-1 경험 기반의 인적자원개발

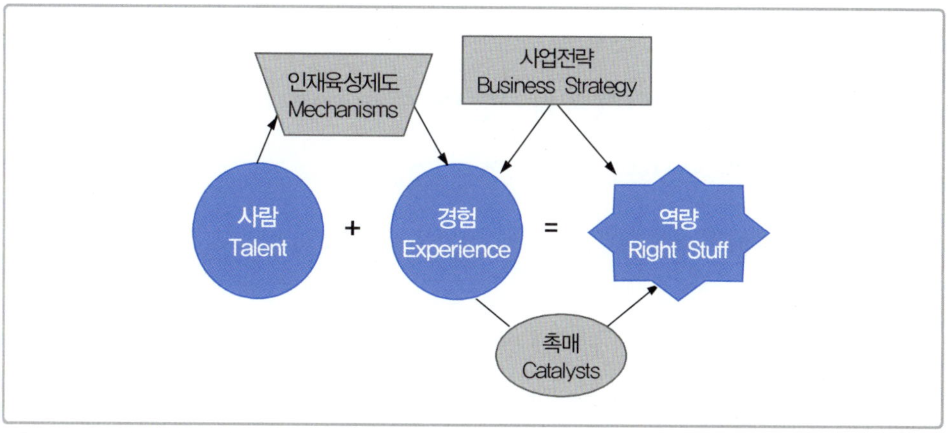

출처: McCall, M. W.(1998), High flyers: Developing the next generation of leaders, Harvard Business Press.

그림 5-2 인재육성 제도의 효과성 분석

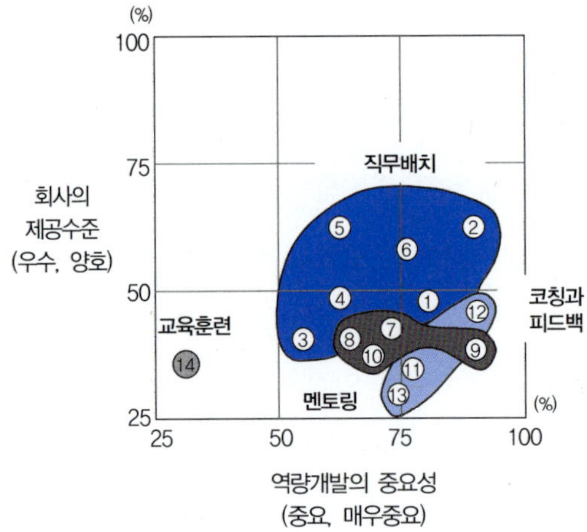

직무배치
1. 빠른 고성과자 승진
2. 경력개발에 필요한 스킬 개발
3. 빠른 직무순환과 승진
4. 재무성과 책임이 있는 역할 담당
5. 특별 프로젝트 기회
6. 실무 교육(OJT)

코칭과 피드백
7. 강점과 약점에 대한 조언
8. 360도 피드백
9. 솔직하고 통찰력 있는 피드백
10. 상사의 비공식 코칭

멘토링
11. 위대한 멘토
12. 훌륭한 선배 롤 모델
13. 성장에 대한 멘토링 조언

교육훈련
14. 전통적인 강의식 교육

출처: Ed Michael et al., The War for Talent, Harvard Business School Press, 2001, 100쪽 (McKinsey & Company's War for Taalent Surveys, 2000)

게 정리되었다. [그림 5-2]에서 나타나 있듯이, 경험기반의 인적자원개발의 핵심적인 내용은 다음의 다섯 가지 실무 지침으로 정리될 수 있다.

5.2.1 경험을 통한 인적자원개발의 핵심적인 내용

5.2.1.1 전체 경력에서의 경험이 주된 결정 요인

첫째, 조직 구성원의 전체 경력을 통해서 이루어지는 경험이 전문성 확장 및 역량개발의 주된 결정 요인이며, 대략 구성원 역량 개발의 70% 이상을 결정한다고 설명한다. 구성원의 경험이 이렇게 막강한 영향력을 가지는 이유는 이러한 경험이 구성원에게 부여하는 도전적인 성격에 기인하는데, 경험이 제공하는 도전을 극복하는 과정에서 많은 학습과 개발이 발생하기 때문이다. 조직 구성원에 부여되는 경험에는 다양한 종류가 있으며, 각기 다른 정도의 영향력과 중요성을 가지고 있다. 초급 관리자로서 역할 수행, 중요 프로젝트 경험, 매출 및 수익에 대한 책임부여, 함께 일하는 상사와 동료, 다양한 유형의 도전적인 상황에 노출되는 것 등의 이벤트로 분류될 수 있다.

멕킨지 컨설팅이 조직에서 부여되는 육성 목적의 경험이 자신의 역량개발에 미치는 중요성에 대해서 전세계 조직에서 일을 하고 있는 관리자와 직원을 대상으로 조사한 결과에 따르면, 직무배치는 중요한 역량개발 방법이면서 조직에서 비교적 효과적으로 제공되고 있는 것으로 조사되었다. 하지만, 코칭과 피드백, 멘토링 등은 중요한 역량개발 방법이지만 조직에서는 효과적으로 활용되지 못한 것으로 조사되었다. 한편 전통적인 교육장에서 이루어지는 교육 프로그램은 역량개발에 효과적이지 않으며, 조직에서 효과적으로 제공되지도 못한 것으로 나타났다.

5.2.1.2 적절한 경험을 적기에 공급

둘째, 경험기반의 인적자원개발이 효과적으로 작동하기 위해서는 성장에 도움이 되는 경험(right experience)을 그 경험이 필요한 사람(right talent)에게 적기에 제공될 수 있도록 하는 메커니즘이 필요하다. 조직 구성원에게 필요한 경험을 제공하는 시점은 경력전환이 이루어지는 과정에서 적절한 지원과 도움을 제공한다는 측면에서 매우 중요하다. 예를 들어서, 임원으로서 새로운 직무를 효과적으로 수행하기 위해서는 정치적으로 좀 더 복잡하고 미묘한 상황에서 영향력을 행사하는 것이 중요한 도전과제이다. 특히 기술 및 연구개발 분야에서 경력을 쌓아 온 구성원에게는 더 힘든 과제라고 할 수 있다.

이런 상황에서는 임원으로 역할이 전환되기 이전에 미리 복합적인 상황에서 정치적 기지와 영향력을 발휘하는 것의 중요성을 인식하고 이에 필요한 핵심적인 스킬과 마음자세를 갖출 수 있는 기회를 제공하는 것이 핵심이다. 그러나 경험을 통해서 배우는 것은 미래 역할에 직면할 도전과제를 받아들일 준비가 되어 있지 않은 사람들에게는 이러한 부분들이 주요한 자기개발 영역으로 고려될 가능성이 낮다. 따라서 구성원이 담당하게 되는 직무에서 요구되는 요건과 그 구성원이 보유하고 있는 현재의 역량과 경험을 종합적으로 고려해서 자기개발계획을 수립할 수 있는 체계의 마련이 필요하다. 이러한 체계가 조직 차원의 경력개발 및 성과관리 체계와 밀접하게 통합되는 시스템을 갖춘다면 좀 더 효과적으로 진행될 수 있다.

5.2.1.3 경험과 육성하는 역량은 조직의 사업전략과 연계

세번째, 구성원에게 제공하는 경험(experience)과 그러한 경험을 통해서 육성하고자 하는 역량(right stuff)은 조직의 사업전략(Business Strategy)과 연계되어야 한다. 이를 위해서는 구성원이 보유하고 있는 역량에 대한 정확한 진단이 필요하다. 그러나 조직과 사업이 직면한 주요 과제와 이러한 과제를 해결할 수 있는 잠재력을 보유한 구성원이 가져야 하는 경험과 연결하는 것은 말처럼 쉽지 않은 일이다. 사업과 조직의 전략적 요구사항을 고려할 때 조직 구성원에게 어떠한 경험이 중요할 것인가를 찾아내는 방법이 마련되어야 한다. 즉 우선순위가 높은 경험은 사업과 조직의 성공에 필수적인 것들이어야 한다.

5.2.1.4 경험이 역량개발로 이어지는 촉매제 역할이 중요

마지막으로, 구성원이 경험을 통해서 얻은 내용이 사장되지 않고, 실제 역량개발로 이어지도록 촉매제(Catalyst) 역할을 하는 활동이 필요하다. 경험을 통한 학습은 시간이 지남에 따라 이루어지며 모든 종류의 우여곡절과 함께 역동적으로 진행된다. 지식과 능력이 일정한 방향으로 선형적으로 축적되는 것과는 달리, 역할 및 직무수행 능력에 숙달되는 길은 우연, 사고, 막 다른 골목 및 반복으로 가득 차 있는 것이 일반적이다. 다시 말해서, 역량을 블록 단위로 추가하거나 기존 강점을 점진적으로 구축할 수 있을 것이라는 일반적인 상식과는 다르게, 구성원의 성장은 때로는 점진적으로, 때로는 급진적으로 발생한다.

구성원이 경험하는 다양한 경력 단계에서의 역량 개발은 자신의 강점을 포기하거나, 새로운 강점을 추가하거나, 결함을 수정하거나, 시간과 상황이 요구하는 대로 강점의 포트폴리오를 다시 짜야 할 수도 있다. 실제로 경력의 전환이 이루어지는 시기에 상황이 요구하는 새로운 강점을 개발하지 못하거나 약점을 다루지 않으면 탈선이 발생할 수 있다는 것은 이미 잘 알려진 사실이다. 따라서 경험을 통한 육성에서 단순히 경험하는 것이 아니라 경험을 통해 배우는데 주의를 집중할 필요가 있다. 경험에 대한 주기적인 성찰을 통해서 자신이 배운 것이 무엇인지를 알아차리도록 지원하는 활동이 필수적이다.

이상에서 논의된 경험 기반의 인적자원개발 프레임워크를 실행으로 옮기는데 활용할 수 있는 가이드라인을 탐색하는 관점에서, 다음 섹션에서는 구성원의 육성을 위해서 활용될 수 있는 경험(Experiential Interventions)을 (1) 직무경험 통한 경력개발(Job Assignment), (2) 코칭과 멘토링 등 리더에 의한 육성(Exposure), (3) 체계적인 교육(Learning and Development) 등의 3가지 관점에서 논의하겠다.

5.2.2 코칭과 멘토링에 의한 육성(Exposure)

코칭과 멘토링에 의한 육성(Exposure)은 성공이 입증된 조직 구성원 또는 리더들이 다른 구성원의 개발에 직접적인 책임을 지고 육성과정에 멘토 또는 코치로서 참여함으로써, 한 개인의 탁월한 능력이 조직 내부에서 재생산되고 확산될 수 있는 기반을 구축하는 인적자원개발 활동이다. 궁극적으로 각 계층에 걸쳐 포진하고 있는 유능한 전문가 및 리더의 존재가 성공하는 조직을 구별 짓는 특성이라고 할 수 있다. 다시 말해서, 성공하는 조직의 비결은 조직의 모든 계층에서 다른 구성원의 발전을 도모하는 우수한 구성원과 리더를 보유하고 있다는 것이다. 조직의 성공을 가름하는 근본적인 시험은 우리 회사가 지속적으로 경쟁에서 승리하고 지속적으로 성장할 수 있는가이므로 성공적인 구성원의 지속적인 탄생이 매우 중요하다는 것이다.

미시건 대학교 경영학과 교수인 노엘 티치는 조직 구성원을 육성하는 성공적인 사람을 '조직 구성원의 육성에 대한 직접적인 책임을 맡는 사람으로서, 다른 구성원을 개발하는 중심 아이디어, 가치, 감성적 에너지와 결단력을 보유하고 있다'고 정의하였다.[1)]

구체적으로 첫째, 중심 아이디어다. 시장에서 성공하기 위해 무엇을 할 것인지, 조직을 어떻게 운영할 것인지에 대한 분명한 아이디어를 가지고 있다. 둘째, 가치(Value)다. 조직 내 모든 사람이 이해하고 그에 따라 생활하는 가치를 제시한다. 셋째, 감성적 에너지(Emotional Energy)이다. 스스로의 열정을 통해 다른 사람의 긍정적인 감성 에너지를 끌어낸다. 넷째, 결단력(Edge)이다. 기꺼이 힘든 결정을 내리고 동일한 일을 하는 다른 사람들을

그림 5-3 성공하는 리더와 멘토링/코칭

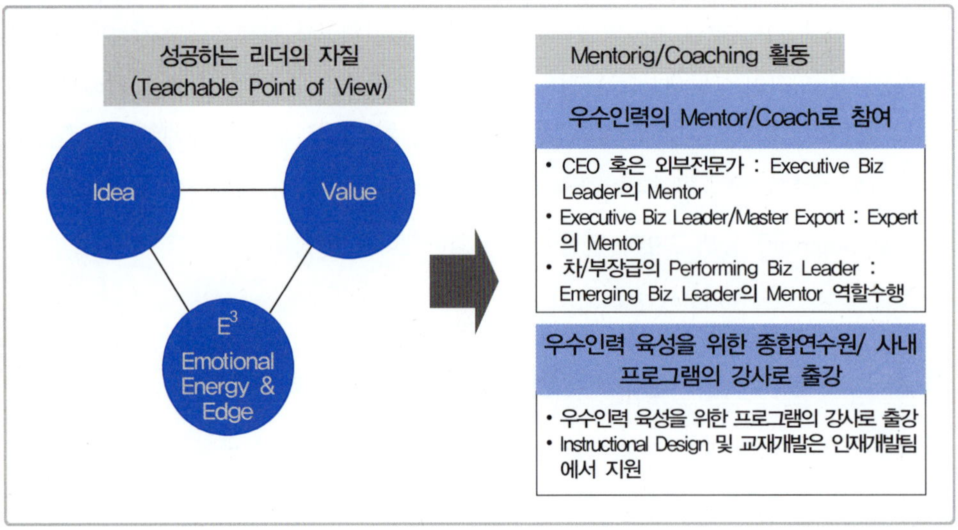

출처: Tichy, Noel M. and Cohen, Eli B.(1997), The Leadership Engine, Harper Collins Publisher.

격려 보상 하고, 자신에 대한 확신에 근거한 용기를 발휘한다.

또한 그는 성공하는 구성원과 리더는 다른 구성원을 육성하는데 상당한 시간을 투자하기 때문에 잘 정의된 방법론과 지도 및 강의 기법을 보유하고 있다고 보았다. 그리고 한 개인의 뛰어난 능력이 조직 내부에서 재생산, 확대되어 나가는 것인 성장 엔진구축의 핵심적인 기능이며, 따라서 코칭, 멘토링 등과 같은 활동을 통한 가르침이 인적자원 개발활동의 핵심이 되어야 하는 것을 보았다.

5.2.2.1 코칭

코칭은 조직 구성원(coachee)에게 유익한 전문가적 성과를 창출하기 위해서 협력적, 자기 성찰적, 목표지향적 관계를 활용하는 일대일 인적자원개발 활동이다. 일반적으로 코칭은 조직 경영자 육성을 위한 활동으로 인식되어 왔지만, 반드시 조직 관리자와 임원에게만 제한될 필요는 없으며, 모든 조직 구성원의 역량을 육성하는데 활용되는 방법으로 활용될 수 있다.

코칭이라는 용어가 다양한 일대일 개발 활동을 지칭하지만, 코칭의 핵심 기능을 구성하는 요소에 대한 아래와 같은 합의가 이루어지고 있다(예: Bono, Purvanova, Towler, & Peterson, 2009): (1) 코치와 피코치 간의 도움 관계 형성 및 유지; (2) 개인 개발 목표를 설정하는 공식적으로 정의된 코칭 계약 수립; (3) 대인 관계 및 개인 내 문제에 초점을 맞춘 개발 프로세스를 통한 이 계약의 이행(즉, 목표 달성) (4) 피코치가 자신을 개발하고 더 효과적으로 되기 위해 필요한 도구, 기술 및 기회를 제공함으로써 피코치의 성장을 위해 노력 등이다.

코칭 관계는 코칭 대상자가 개발 목표를 달성하기 위한 특정 목적을 위해 맺는 관계이다. 따라서 직장에서 코칭을 다른 형태의 개발 관계와 구별하는 것이 중요하다. 개념적으로는 먼저 멘토링과 구별될 수 있다. 멘토링 관계는 일반적으로 경험이 많은 멘토와 경험이 없는 멘티 사이의 장기적인 관계이다. 멘토는 멘티가 일하고 있는 분야에서 경험이 풍부한 것으로 인식되며 직장에서는 멘토가 일반적으로 경력 개발 및 네트워킹에 대한 지침을 제공한다. 그러나 코칭 관계에서는 코치가 피코치의 직무 영역에 대한 전문성이나 경험이 있을 것이라는 기대가 없으며, 관계 기간은 오히려 특정 목표에 따라 결정된다.

인적자원개발(HRD)의 맥락에서 코칭은 직원 학습, 교육 및 개발에 대한 접근 방식을 나타내며, 비록 인적자원 개발을 위한 조직 차원의 개입으로서 코칭의 핵심 프로세스에 대한 합의가 부족하지만, 코칭 세션은 여러 성과 촉진 기능을 통해 직간접적으로 특징지어지는 경우가 많이 있다. 첫째, 코치는 성과 향상을 위한 기술로 잘 알려진 목표 설정을 적용한다. 둘째, 목표는 일반적으로 자신이 수행하고 있는 업무 활동을 특징으로 하며 경험적 형태의 연습과 학습을 촉진한다. 셋째, 직장에서의 연습을 통한 학습을 장려함으로써 종종 훈련의 성과 이전에 대한 장벽으로 언급되는 전이 문제를 해결하면서, 학습을 작업 성과 행동으로 변환하는 것을 직접적으로 촉진한다. 이런 점에서 코칭의 개인화된 특성은 충실도 높은 형태의 직장 학습을 제공할 수 있다.

코칭은 종종 다면 피드백(multi-source feedback, MSF)을 동반한다. 코칭은 종종 다면 피드백의 해석을 용이하게 하는 데 사용되며, 시간이 지남에 따라 코칭의 결과로 나타나는 효과성을 측정하는 척도 역할을 한다. 다면 피드백이 그 자체로 업무 성과를 개선하는 효과적인 방법이 될 수 있지만, 서면으로만 피드백만 제공하는 것보다 워크샵 중에 촉진자와 함께 제공될 때 결과에 긍정적인 영향을 미친다는 점에서 코칭과 다면 피드백의 결합은 유익한 것으로 볼 수 있다. 특히, 코칭의 목적이 자기 성찰을 촉진하는 것임을 감안할 때, 코칭과 다면 피드백을 결합하면 코칭만 하는 것보다 결과에 더 큰 영향을 미칠 가능성이 높다. 또한 코칭에서 오는 대화 기반의 탐색은 단순한 서면 결과보다 다면 피드백을 더 효과적으로 제시할 가능성이 높으며 코칭의 이점을 더욱 강화할 수 있다.

구성원의 코치는 조직의 내부 또는 외부에 존재할 수 있다. 내부 코치는 피코치에 대한 감독 책임이 없다는 점에서 직속 상사 또는 관리자와 구분된다. 내부 코치는 코칭을 받는 구성원과 같은 조직에서 일을 하기 때문에 코칭 맥락을 깊게 이해하고 있다는 점이 장점이다. 업무와 주변 맥락에 대한 풍부한 이해를 기반으로 코칭을 받는 구성원이 처한 상황을 좀 더 정확하게 이해하고 이에 기반하여 코칭을 제공할 수 있다. 반면에서 코칭 내용에 대한 충분한 비밀유지와 사생활 보호가 취약할 수도 있다는 점은 내부 코칭의 약점이다.

외부 코치는 코칭을 받는 구성원과 다른 외부 조직에 근무하는 사람으로 인재개발을 지원하는 컨설팅 형식으로 참여하는 경우가 많다. 외부 코치는 고용된 조직의 경계에 국한되지 않는 상황에서 피코치 지원을 제공한다는 점에서 이점이 있다. 그러나 조직 외부에서 일하는 코치는 내부 코치가 할 수 있는 모든 범위의 진로 지원 기능을 제공할 수 없을 수 있다. 특히 외부 코치는 구성원을 후원하거나 보호하거나 도전적인 과제를 제공할 수 없을 것이다. 조직 내부에서 창출된 성공의 경험이 지속적으로 재창출되는 메커니즘을 구축하는 관점에서 내부 코치의 활용이 권장되지만, 내부 코치 활용에 발생할 수 있는 부정적인 효과를 최소화할 수 있는 방안이 필요하다.

박스사례 한국코치협회(Korea Coach Association, KCA)

한국코치협회(Korea Coach Association, KCA)는 2010년에 설립된 비영리 코칭 전문가 단체이다. KCA는 코칭 전문가들의 역량 향상과 코칭 분야의 발전을 촉진하고, 코칭이 사회와 기업, 조직에서 더 나은 성과를 이룰 수 있도록 지원하고 있다. 이를 위해 코칭 관련 교육, 연구, 인증 등 다양한 활동을 진행하고 있다. KCA에서는 국제 코칭 연맹(ICF) 인증 프로그램을 운영하며, 코칭 전문가들을 대상으로 한 코칭

스킬 향상 교육 프로그램도 제공하고 있다. 또한, KCA 회원들 간의 교류와 지식 공유를 위한 세미나와 워크샵 등을 주최하고 있다. KCA는 코칭 전문가들의 역할과 가치를 인식시키고, 코칭 분야의 지속적인 발전을 추구함으로써, 코칭이 사회와 기업, 조직에서 더욱 중요한 역할을 수행할 수 있도록 노력하고 있다.

한국코치협회(Korea Coach Association, KCA)에서는 코칭을 "공감적 대화를 통해 상대방의 잠재력을 발굴하고, 목표달성을 위한 행동 계획 수립 및 실행을 지원하여 성취감과 만족도를 높이는 프로세스"라고 정의하고 있다. 이에 따라 코칭은 코치와 클라이언트 간의 공감적인 대화를 통해 클라이언트가 자신의 잠재력과 가능성을 발견하고, 목표를 세우고, 그것을 실현하기 위한 계획을 수립하고 실행하는 것을 돕는 프로세스이다. 코칭은 클라이언트가 자신의 자원과 능력을 발견하고 발휘할 수 있도록 돕는 도구로서, 클라이언트가 직접 문제 해결과 성취를 이루어 나가는 과정을 지원한다.

출처: 한국코치협회(Korea Coach Association, KCA), http://www.kcoach.or.kr/

5.2.2.2 멘토링

멘토링(mentoring)은, 풍부한 경험과 지혜를 겸비한 신뢰할 수 있는 사람이 일대일로 지도와 조언을 하는 것이다. 멘토(mentor)는 "다른 사람에게 유용한 지식과 통찰과 전망 또는 지혜를 제공하거나 특정 분야의 선지자로서 조언하고 격려하는 사람"(Hudson, 1999)을 뜻한다. 따라서 멘토링이란 경험과 지식이 풍부한 사람이 멘티(mentee, 멘토링을 받는 사람)에게 지도와 조언을 하면서 실력과 잠재력을 개발하는 것이며, 선배나 경험이 많은 사람이 후배와 진지한 관계를 맺으며 역할 모델이 되고 개인적이며 심리-사회적인 지원을 제공하는 것을 뜻한다. 전통적인 멘토링은 위계적 관계였으나 현대의 멘토링은 상호주의적이고 평등하고 협조적인 학습 동맹이다.

'멘토'라는 말은 그리스 신화에서 비롯된다. 고대 그리스의 이타카 왕국의 왕 오디세우스가 트로이 전쟁에 나가면서, 친구에게 자신의 아들 텔레마코스를 보살펴 달라고 맡겼는데, 그 친구의 이름이 바로 멘토(Mentor)였다. 멘토는 오디세우스가 전쟁에서 돌아올 때까지 텔레마코스의 친구, 선생님, 상담자, 때로는 아버지가 되어 그를 잘 돌보았고 텔레마코스가 성장하는데 더할 나위 없이 커다란 정신적인 지주 역할을 했다. 10년 후 전쟁에서 돌아온 오디세우스는 훌륭하게 성장한 아들을 보고 "역시 멘토(Mentor)다워!" 라며 크게

그림 5-4 **멘토링의 정의 및 특징**

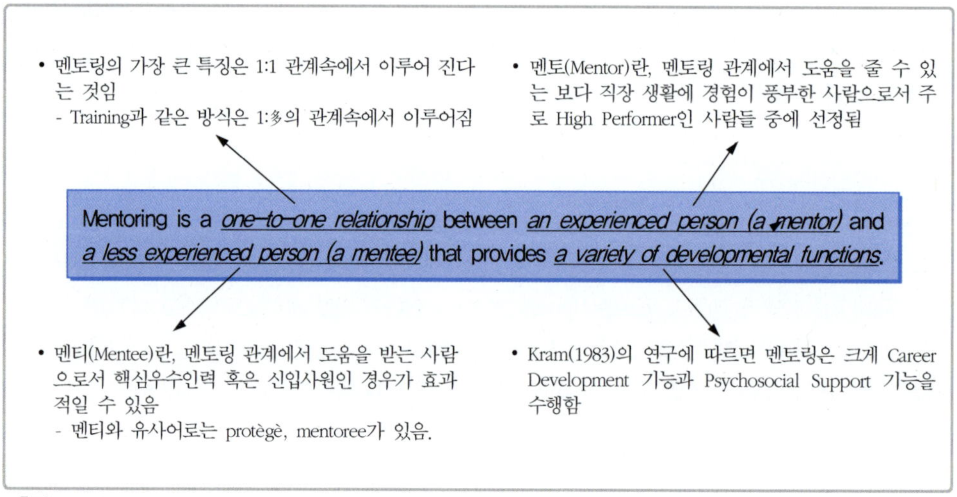

출처: E. Mullen(1998), Vocational and psychological mentoring functions: Identifying mentors who serves both, Human Resource Developmnet Quarterly, Vol. 9, 319-331.

칭찬했다. 그 후로 멘토라는 이름은 지혜와 신뢰로 한 사람의 인생을 이끌어 주는 지도자라는 의미로 사용되었다.

이러한 의미의 멘토링은 기업에서도 인적자원개발을 위해 활발히 사용되는데, 기업 장면에서 멘토링은 현장 훈련을 통한 인재 육성 활동으로 정의할 수 있다. 즉, 회사나 업무에 대한 풍부한 경험과 전문 지식을 가진 사람이 일대일로 전담하여 구성원을 지도, 코치, 조언하면서 실력과 잠재력을 개발, 성장시키는 활동이다. 최근에 많은 기업이 도입하고 있는 후견인 제도가 멘토링의 전형적인 사례이다. 이 제도는 신입 사원들이 업무에 신속히 적응하도록 유도하고 성장 잠재력을 개발한다. 이런 측면에서 볼 때, 그 기본 사상은 인재 육성에 있다 하겠다.

멘토링은 구성원의 육성을 목적으로 신입사원의 조직 적응력 향상에서 고위 경영자의 경영 자문에 이르는 다양한 장면에서 활용되어 왔다.

Mentoring 프로그램을 설계할 때에는 <표 5-3>과 같은 부정적인 경험이 발생하지 않도록 주의하여야 한다.

〈표 5-2〉 멘토링의 대상과 주관자

적용분야	Mentee 대상	Mentor 기준	주관자(Champion)
신입사원 조직 적응력 향상	• 신입사원	• 고참 및 경력자 • 기술 및 Know-how 소유자	• 인사 및 교육 담당 부서장
OJT 업무 숙달도 향상	• 신입 보직자 • 진급자	• 기존 담당자 • 기술 및 Know-how 소유자	• 인사 및 교육 담당 부서장
Sales Skill 향상	• 영업부서원 • Sales 기법 전수 희망자	• 전문 기술 및 자격 소유자 • 외부 기술 자문 멘토	• 영업 부서장
생산수율 향상	• 생산수율 저조 부서원 • 일정 생산수율 목표 설정자	• 고참 및 기술 경력자 • 외부 기술 자문 멘토	• 생산 부서장
R&D 능력 향상	• 연구 개발 부진 부서원 • 일정 연구개발 목표 설정자	• 고참 및 기술 경력자 • 외부 기술 자문 멘토	• R&D 부서장
첨단 기술 및 지식 공유	• 회사 핵심 기술 전수 대상자	• 사내 핵심 기술 경력자 • 외부 기술 자문 멘토	• CEO
후원 및 노사 화합 촉진	• Slump에 있는 사원 • 동료 가족자녀 및 불우 이웃	• 모범 및 우수사원 • 간부 임원	• 인사담당 임원 혹은 CEO
핵심 인재 양성	• 임원급 경영자 진급 예정자 • 후계자 Pool에 속한 인재	• 고참 임원 • 외부 우수 경영 자문 멘토	• CEO
경영자 경영 자문	• 회사 최고 경영자 • CEO 승계자	• 전임 CEO • 외부 전문 경영 자문 멘토	• 회장 • 대학원장

5.2.2.3 코칭, 멘토링, 그리고 상담

코칭은 성과, 목표, 결과에 초점을 두고 도움을 제공하는 과정으로, 코치는 조력 전문가가 피코치자의 성장과 변화에 관심을 둔다. 멘토링에서 멘토에는 다른 사람의 발전 과정을 지켜보는 동료의 개념이 포함되어 있다. 이 모든 과정은 피코치자/멘티라는 학습자 중심으로 이루어지며 학습자가 주도한다. 최근에는 코칭과 멘토링, 학습 심리학의 접점이 더 커져 가고 있음을 알 수 있다.

한편 코칭, 멘토링, 상담의 개념을 구분하기도 한다. 상담이란 심리학적인 기술과 교양을 말하는데, 문제를 가지고 찾아온 내담자와 대화를 통해 상담자가 문제 해결에 대한 조언을 주거나 내담자 자신이 문제를 해결할 수 있도록 인격적 발달을 돕는 것이다. 상담은

〈표 5-3〉 멘토링 프로그램 설계시 유의사항

부정적 경험의 유형		내용
1. 잘못된 Mentor와 Mentee의 연결	① Mismatched value ② Mismatched personality ③ Mismatched work styles	멘토-멘티의 상이한 가치관(예: 정치적 관심)으로 인한 잘못된 연결 멘토-멘티가 성격상의 차이로 잘못된 연결 멘토-멘티가 상이한 일 처리 방식으로 인한 잘못된 연결
2. 거리를 두는 행동	① 의도적 배재 ② 무시 ③ 자기 몰두(self-absorption)	멘토가 중요한 미팅에서 멘티를 의도적으로 배제시키거나, 중요한 이슈에 참가하지 못하게 하는 경우 멘토가 멘티의 경력에 대해 관심을 표현하지 않거나, 멘토가 발전하게 돕는 행동을 하지 않는 경우 멘토가 자기 경력 발전에만 관심이 있고, 자기를 과장하는 행동을 보여주는 경우
3. 위선적 해동	① 부적절한 위임 ② 권력의 남용 ③ 공적 빼기(credit taking) ④ 방해(sabotage) ⑤ 속임수	멘토가 지나치게 많은 일을 멘티에게 넘기면서 적절한 권한은 주지 않는 경우 멘토가 자신이 지닌 권력과 힘을 멘티에게 남용하는 경우 멘토가 멘티가 세운 공적을 가로채는 경우(예: 멘티가 쓴 보고서를 자신의 작업으로 속이는 경우) 멘토가 의도적으로 멘티의 경력 발전이나 명성을 손상시키는 경우 멘토가 멘티에게 부정확한 정보를 주거나 사실과 다르게 말하여 거짓말을 하는 경우
4. 멘토의 전문성 부족	① 기술적 무능 ② 대인관계의 문제	멘토가 직무와 관련된 전문성이 부족하여 적절한 방향을 멘티에게 제공하지 못하는 경우 멘토가 멘티를 다루는 대인관계 스킬(예: 커뮤니케이션, 피드백 등)이 부족한 경우

출처: Eby, L. T. and Allen, T.D.(2002), Further investigation of Proteges' negative mentoring experience, *Group & Organization Management*, Vol. 24, No. 4, 456-479.

과거에 문제로 상처를 받은 사람들이 주로 찾아오고, 상담은 내담자의 심리를 파고들어 분석하고 평가하여 답을 주어 치유하는데 초점을 둔다. 그러나 코칭은 사람의 행동을 성숙하게 하는 데 초점을 둔다. 드러나는 행동과 그에 대한 조치를 배우며 피드백을 제공하고 사람들에게 미래 지향적으로 생각하고 스스로 깨닫게 해 준다.

멘토링과 코칭은 많은 유사점이 있는데 전자와 후자는 모두 일대일 관계를 가지며 변화와 진보에 초점을 두는 성장 지향적인 관계다. 서로 유사한 관계처럼 보이기는 하나 멘토링은 학습자가 기술과 안목을 갖게 하는 데 더 비중을 두고, 코칭은 사람들의 성장과 변화에 관한 기본 원리들을 삶의 모든 영역에 적용하는 데 중점을 둔다.

5.2.3 교육과 훈련

교육(education)과 훈련(training)은 구성원의 역량 개발을 위해서 구조화되고 체계화된 교육 내용을 제공하는 인적자원개발 방법이다. 인적자원개발에서 전통적으로 강조되었던 영역이며, 국내 많은 기업들이 집중으로 투자하고 있는 영역이기도 하다. 한국의 경우 최근 교육훈련에 대한 기업의 관심이 증가하고, 그 결과 직업능력개발 사업에 참여한 구성원은 매년 증가하는 것을 볼 수 있다. 이처럼 많은 기업에서 교육훈련에 투자를 하는 것은 교육훈련을 통해 근로자의 능력을 향상하고, 더 나아가 조직의 궁극적인 목적인 기업성과를 향상시키기 위함에 있다.

5.2.3.1 교육과 훈련의 환경 변화

지난 세기 동안 조직의 교육 및 훈련은 엄청난 변화를 겪었다. 업무의 성격이 변화함에 따라 교육 목표는 단순한 반복적 작업의 효율성 향상을 넘어 복잡하고 역동적인 작업을 수행하는 데 필요한 기술을 구성원에게 제공하는 것으로 확대되었다. 한때 현장 관리자에 의해 독점적으로 현장에서 수행되었던 내용들이, 이제 기술 발전으로 인해 학습은 필요에 따라 거의 언제 어디서나 발생할 수 있게 되었다. 교육과 훈련의 역할은 오늘날 개인의 능력을 향상시키는 방법일 뿐만 아니라 팀 효율성을 개선하고 조직이 경쟁 우위를 확보할 수 있는 귀중한 수단으로 확장되었다.

교육을 통해서 이루어지는 학습은 교육받은 내용을 일반화하고 실제 업무에 적용하는 과정에서 보이는 지식, 기술, 태도 및 행동의 변화를 통해 "보이는" 과정이라고 정의할 수 있다. 최근 교육과 훈련에 있어서 강조점이 하드웨어 및 기술에서 학습 프로세스를 지원하기 위해 교육 시스템을 설계하는 방법을 이해하는 것으로 이동하기 시작했다. 인지 심리학 및 교육심리학 분야의 발전에 기반 하여, 인간의 정신 과정과 동기 요인을 활용하여 보다 복잡한 훈련 접근법이 제시되었다. 목표 지향적 학습, 과잉 학습 및 학습자 제어 등의 새로운 교육과정 설계 개념들이 발표되고 적용되었다. 또한 연구과 실무에서 교육 제공 방법을 학습 목표와 일치시키는 것의 중요성이 제시되었다.

학습자인 조직 구성원을 교육에 참여하는 수동적 수용자로 취급했던 방식에서도 변화가 발생했다. 이 패러다임에서는 교육에 참여하는 구성원을 배워야 할 단계로 체계적으로 안내하고 오류를 제거하고 효율성을 높이기 위해 고안된 긴밀하게 구조화된 훈련이 강조되었다. 그러나 보다 최근에는 학습자인 구성원이 학습 경험에 능동적인 참여자로 간주되는 능동적 학습 접근 방식을 채택하기 시작했다. 이러한 진화는 일과 훈련의 본질이 변화한 결과로 발생했다. 예를 들어 행동적 접근 방식은 일상적인 전문 지식을 개발하는 데 효과적일 수 있지만 오늘날의 더 복잡하고 역동적인 작업 환경 하에서 조직 내에서 기술 기반 교육 및 비공식 학습에 대한 의존도가 높아짐에 따라 학습자 중심 교육이 더욱 강화되었으며 구성원은 학습에 대한 전례 없는 통제권을 갖게 되었다.

5.2.3.2 교육훈련과 기업성과의 관계

교육훈련과 기업성과의 관계에 있어 이론적인 공감대는 형성되어 있어 많은 비용과 시간을 투자하고 있으나, 실증적으로 증명된 결과에 대한 논의는 많이 부족하다. 실제로 기업에서 실시하고 있는 많은 교육훈련이 근로자의 행동이 변화하도록 유도하고 있는 것인지, 그것이 기업의 성과를 향상시키는 것인지에 대해서는 대체적으로 회의적인 시각이 일반적이다. 기업들은 조직의 성과 향상을 위해 근로자의 교육훈련에 많은 비용을 투자하고 있으나 교육훈련의 효과에 대한 평가는 미비한 수준이라고 지적했다. 이는 교육훈련을 실시하는 것 그 자체만으로 조직 구성원의 능력 향상과 조직성과로 반드시 연결되는 것은 아니라는 것을 의미한다.

이러한 사실에 비추어 볼 때, 오히려 교육훈련의 투자가 실제 업무에 적용되지 못하는 것으로 판단된다. 하지만 기업에서 실시하는 교육훈련이 명목만으로는 가치가 없다는 인식과, 교육훈련이 실질적으로 기업성과에 얼마나 기여하고 있는가에 대한 관심은 증가되고 있다. 그러므로 교육훈련은 실제 업무에 옮겨져 영향을 미칠 때 가치가 더욱 커지는 것으로 판단할 수 있다. 이를 위해서 향후 교육훈련은 다음과 같은 여덟 가지 요인들을 교육훈련 프로그램을 설계하고 운영할 때 명확하게 고려할 필요가 있다.

5.2.3.3 교육훈련 프로그램 설계와 운영시 고려사항

교육훈련 프로그램 설계와 운영에서 고려해야 할 사항은 다음과 같다(<표 5-4> 참조).

(1) 사업전략과 정렬 : 교육훈련을 책임지는 담당자의 주요 임무 중 하나는 조직의 사업과 사람관리 전략을 기반으로 학습 전략을 개발하고 수행하는 것이다. 학습 전략은 전문성 개발을 지원하고, 회사 전체에서 적시에 비용 효율적인 방식으로 역량을 구축하는 것이다. 또한 학습 전략은 회사 문화를 강화하고 직원들이 조직의 핵심가치를 실천하도록 장려할 수 있다. 많은 조직에서 교육훈련 기능은 사업 전략의 구현을 지원한다. 예를 들어 사업 전략 중 하나가 디지털 혁신이라면 교육훈련은 이를 가능하게 하는 데 필요한 인력 역량을 구축하는 데 집중할 필요가 있는 것이다.

모든 사업과 조직을 책임지는 리더는 교육훈련이 회사의 전반적인 우선 순위와 일치해야 한다는 데 동의할 것이다. 그러나 연구에 따르면 많은 교육훈련 기능이 이 차원에 미치지 못하는 것으로 나타났다. 기업의 학습 전략 중에 40% 정도만이 사업 목표와 일치한다고 말한다. 그렇다면 60%의 경우 학습이 회사의 전략적 목표와 명시적으로 연결되어 있지 않다는 것을 의미한다. 교육훈련 기능은 시대에 뒤떨어진 접근 방식으로 인해 또는 예산이 디지털 혁신과 같은 오늘날의 과제가 아니라 이전 연도의 우선 순위에 기반을 두었기 때문에 사업과 연계되지 않을 수 있다. 실질적인 기여를 하기 위해서 교육훈련은 직원의 능력을 면밀히 살펴보고 회사의 사업 전략 실행을 지원하는 데 가장 필수적인 것이 무엇인지 결정해야 한다. 교육훈련 리더는 사업 우선순위와 전략적 목표를 진정으로 반영하는 역량 이슈를 생성할 수 있도록 매년 이 정렬을 재평가해야 한다.

(2) 사업부와 인적자원개발의 공동책임 인식 : 새로운 도구와 기술이 지속적으로 등장함에 따라 조직은 더욱 민첩해질 필요가 있으며 사업 프로세스와 관행을 조정할 준비가 되어 있어야 한다. 예를 들어 새로운 사업 요구 사항이 갑자기 발생하거나 구성원이 클라우드 기반 협업 도구와 같은 신기술에 대한 즉각적인 교육이 필요한 경우, 교육훈련 기능도 마찬가지로 역량 구축 프로그램을 신속하게 시작할 수 있도록 준비해야 한다.

교육훈련 기능은 역량 구축 프로그램을 위한 재원 확보, 우선순위 지정, 설계 및 실행하

〈표 5-4〉 교육훈련 프로그램 설계와 운영에서 고려 사항

사항	내용
사업전략과 정렬	사업 우선순위와 전략적 목표를 진정으로 반영하는 역량 이슈를 찾고 이러한 역량의 개발에 집중
사업부와 인적자원개발의 공동책임 인식	역량 구축 프로그램을 위한 재원 확보, 우선순위 지정, 설계 및 실행하는 책임을 공유하는 기업조직 구조를 확립함으로써 사업 리더와의 파트너십을 강화
역량 격차에 대한 진단과 우선순위 설정	조직의 전략실행 및 경영목표 달성에 직결되어 있는 핵심 역량을 확인하고, 각 영역에서 구성원의 역량 격차를 좁히는 것에 집중
학습여정의 설계	일정 기간 동안 발생하고 현장 학습, 수업 전 및 수업 후 디지털 학습, 사회 학습과 같은 교육훈련 개입을 포함하는 지속적인 학습 기회를 설계함으로써 연속성을 유지
실행과 확장	교육훈련 리더는 필요한 자원과 지원을 확보하기 위해 주제와 우선 순위에 대해 현장의 리더와 지속적으로 논의하고 협의하는 과정을 유지
교육훈련이 사업성과에 미치는 영향력 평가	모든 교육훈련 주제나 투자가 사업 우선순위와 얼마나 밀접하게 연계되어 있는지를 파악하고 사람들의 행동과 성과를 변화시키는 지 여부를 주기적으로 평가
교육훈련과 사람관리 프로세스의 통합	교육훈련은 채용, 온보딩, 성과 관리, 승진, 인력 및 승계계획 등과 같은 전체적인 인적자원관리의 관행 및 프로세스를 충분히 이해하고 관련 분야의 리더와 긴밀히 통합하여 운영
학습기술과 시스템의 도입과 활용	현장에서의 적시적(Just-In-Time) 학습을 가능하게 하는 가장 중요한 요소는 기술 플랫폼과 애플리케이션을 전체 학습 아키텍처에 적합하도록 조정

출처: 저자 작성

는 책임을 공유하는 기업조직 구조를 확립함으로써 사업 리더와의 파트너십을 강화할 수 있다. 이 조직 구조에서 회사의 최고 경험 책임자(CXO), 고위 경영진 및 사업부 책임자는 기업의 각 부분에 대한 인력 역량 이슈를 개발하고 회사의 전반적인 전략적 목표와 일치하도록 한다. 최고 경영자도 조직 문화에 학습과 교육훈련의 중요성을 반드시 포함하도록 지원할 필요가 있다. 고위 경영진의 참여는 교육훈련 기능의 장기 비전에 대한 선택과 집중을 가능하게 하는 원동력이다.

(3) 역량 격차에 대한 진단과 우선순위 설정 : 조직은 사업 우선순위를 파악한 후 조직 구성원이 이를 잘 수행할 수 있는지 확인해야 한다. 이 작업은 생각보다 어려울 수 있다.

일부 조직은 직원의 능력을 평가하기 위해 노력하지 않는 반면, 다른 조직은 높은 수준으로 수행한다. 교육훈련, 인사 및 고위 경영진과의 대화를 해보면 많은 기업이, 특히 고위 리더와 중간 관리자의 역량 격차를 평가하는 데 비효율적이거나 무관심하다는 사실을 알 수 있다.

하지만 가장 효과적인 조직은 역량 평가에 신중하고 체계적인 접근 방식을 취한다. 이 프로세스의 중심에는 조직의 전략적 방향에 기반한 포괄적인 역량 또는 기능 모델이 있다. 예를 들어 전자 상거래 회사에 소속된 인적자원의 핵심 역량은 "빅 데이터 및 예측 분석에 대한 깊은 전문 지식"일 수 있다. 다양한 기능 또는 직무 설명에 대한 가장 필수적인 기능을 확인한 후 조직은 구성원이 이러한 각 영역에서 어느 정도의 수준을 보유하고 있는 지를 평가해야 한다. 그리고 교육훈련 기능은 이러한 역량 격차를 좁히기 위해 노력해야 한다.

(4) 학습 여정(learning journeys)의 설계 : 대부분의 기업 학습은 디지털 학습 형식과 대면 세션의 조합을 통해 제공된다. 연구에 따르면 교실에서의 몰입형 교육훈련 경험은 여전히 엄청난 가치가 있지만, 리더들은 "8시부터 늦게까지" 엄청나게 바빠서 교실에 앉아 있을 시간이 많지 않다고 지적한다. 또한 많은 사람들이 자신의 진로에 영향을 미칠 수 있는 실패에 대해 걱정할 필요가 없는 "안전한 환경"에서 새로운 기술과 행동을 개발하고 연습하는 것을 선호한다.

전통적인 교육훈련 프로그램은 사람들이 정기적인 강화 없이는 배운 것을 잊는 경향이 있지만 후속 세션 없이 며칠 간의 교실 학습으로 구성되는 경우가 많다. 그래서 많은 교육훈련 기능은 학습 여정, 즉 일정 기간 동안 발생하고 현장 학습, 수업 전 및 수업 후 디지털 학습, 사회 학습과 같은 교육훈련 개입을 포함하는 지속적인 학습 기회를 설계함으로써 독립 실행형 프로그램에서 벗어나려고 하고 있다. 현장 코칭 및 멘토링, 단기 워크샵 등을 포함하는 학습 여정의 주요 목표는 조직 구성원들이 가장 효과적이고 효율적인 방법으로, 필요한 새로운 역량을 개발하도록 돕고 학습을 업무로 이전하는 것을 지원하는 것이다.

(5) 실행과 확장 : 일반적으로 교육훈련 주제는 역량 구축을 지원하고 리더가 성과가

높은 팀을 개발하거나 안전 교육을 실시하도록 지원하는 것과 같이 기업의 사업 목표와 일치하는 여러 가지 전략적 주제로 구성된다. 사업 리더의 지원을 구축하고 유지하려면 적시에 예산에 맞춰 교육훈련 목표를 성공적으로 실행하는 것이 중요한다. 하지만 교육훈련의 실행과정에서 자주 요구 내용의 과부하와 필요 자금의 부족에 직면한다.

따라서 교육훈련 리더는 필요한 자원과 지원을 확보하기 위해 주제와 우선순위에 대해 현장의 리더와 지속적인 논의를 유지해야 한다. 따라서 초기에는 처음에는 대상을 제한해서 소규모 진행하다가, 성공적인 결과를 만들어내면 대상으로 전체로 확대해서 시행하면 된다. 기업이 규모의 경제로 이익을 얻음에 따라 일인당 프로그램 비용은 감소한다.

(6) 교육훈련이 사업성과에 미치는 영향력 평가 : 핵심 성과 지표(key performance Index, KPI)를 사용하여 학습 전략의 실행 및 영향을 측정해야 한다. 첫 번째 지표는 사업성과를 살펴보는 것이다. 즉, 모든 교육훈련 주제나 투자가 사업 우선순위와 얼마나 밀접하게 연계되어 있는지를 파악하는 것이다. 두 번째 지표인 KPI는 학습 성과를 살펴보는 것이다. 즉, 교육훈련 개입이 사람들의 행동과 성과를 변화시키는 지 여부를 파악하는 것이다. 마지막으로 운영 성과 KPI는 교육훈련을 담당하는 기능에 대한 투자와 자원이 얼마나 잘 사용되는지 측정한다.

정확한 측정은 간단하지 않으며 많은 조직이 여전히 학습 프로그램 만족도 및 완료 점수와 같은 기존의 평가 방식에 머물러있다. 그러나 성과가 높은 조직은 개인 성과, 직원 참여, 팀 효율성 및 사업 프로세스 개선에 미치는 영향과 같은 결과 중심의 평가를 중시한다. 빅 데이터를 활용하게 되면 교육훈련과 사업과의 관계를 평가하고 예측하는 게 가능해진다.

(7) 교육훈련과 사람관리 프로세스의 통합 : 교육훈련이 사업과 연계되어야 하는 것처럼 교육훈련은 사람관리의 부분이 되어야 한다. 교육훈련은 채용, 온보딩, 성과 관리, 승진, 인력 및 승계 계획에서 중요한 역할을 한다. 그러나 대다수 교육훈련 기능은 연간 성과 검토와 간접적으로 연결되어 있고 구조화된 접근 방식과 성과 관리 관행에 대한 후속 조치가 부족하다. 그래서 교육훈련 기능은 주요 사람 관리 관행 및 프로세스를 충분히 이해하고 사람관리 분야의 리더와 긴밀히 협력해야 한다. 최근에는 더 많은 회사들이

연례적으로 이루어지는 성과 평가에서 벗어나 더 자주 그리고 즉각적인 피드백으로 대체하고 있다. 이러한 경향은 교육훈련 부서가 교육훈련을 위한 피드백을 효과적으로 제공하도록 요구하는 것이다.

(8) 학습기술과 시스템의 도입과 활용 : 현장에서의 적시적(Just-In-Time) 학습을 가능하게 하는 가장 중요한 요소는 기술 플랫폼과 애플리케이션이다. 예를 들면 차세대 학습관리 시스템, 가상 교실, 모바일 학습 앱, 임베디드 성능 지원 시스템, 투표 소프트웨어, 학습 비디오 플랫폼, 학습 평가 및 측정 플랫폼, 대규모 개방형 온라인 과정(MOOC) 및 소규모 개인 온라인 과정(SPOC) 등이 있다.

학습 기술 산업은 길고 비용이 많이 드는 시스템 구현을 거치지 않고, 최신 기능에 접근할 수 있는 무제한의 기회를 제공하는 클라우드 기반 플랫폼으로 완전히 이동했다. 교육훈련 리더는 채용, 온보딩, 성과 관리, 교육훈련, 실시간 피드백 도구, 경력 관리, 승계 계획, 보상 및 인정을 포함한 전체 사람관리 기능을 포함하는 전체 시스템 아키텍처에 학습 기술이 적합하도록 조정할 필요가 있다.

박스사례 **메타버스 기술을 활용한 교육**

메타버스 기술을 활용한 교육은 가상현실(virtual reality, VR), 증강현실(augmented reality, AR), 혼합현실(mixed reality, MR) 등의 기술을 활용하여 교육을 제공하는 방식이다. 이를 통해 학습자는 실제 세계에서 경험하기 어려운 상황을 가상 환경에서 체험하며 학습할 수 있다. 메타버스 기술을 활용한 교육은 기존의 교육 방식에 비해 학습자들의 참여도와 흥미도를 높일 수 있다. 예를 들어 VR 기술을 활용한 교육에서는 학습자가 가상 세계에서 실제로 상황에 노출되는 것처럼 체험할 수 있어 더욱 생생하게 학습할 수 있다. 또한, 메타버스 기술을 활용한 교육은 시공간적 제약을 극복하여 언제 어디서든 학습이 가능하다는 장점이 있다. 최근에는 메타버스 기술을 활용하여 대규모 온라인 강의 플랫폼이 등장하고 있으며, 이를 통해 많은 학습자들이 접근 가능한 교육 기회를 누릴 수 있게 되었습니다. 또한, AR 기술을 활용한 학습 콘텐츠도 다양하게 개발되고 있으며, 이를 통해 학습자는 실제 상황에서 필요한 지식과 기술을 보다 쉽고 빠르게 습득할 수 있게 된다.

메타버스 기술을 활용하여 대규모 온라인 강의 플랫폼으로는 현재 'VR Education Holdings'에서 운영하는 'ENGAGE(engagevr.io)'가 대표적인 예이다. ENGAGE는 VR과 AR 기술을 활용하여 전 세계적으로 수많은 사용자들이 가상공간에서 실시간으로 소통하고, 콘텐츠를 공유하며, 교육을 받을 수 있는 강의 플랫폼이다. ENGAGE는 다양한 학습 콘텐츠와 도구를 제공하며, 사용자들은 가상공간에서 다른 사용자들과 협업하여 학습할 수 있다. 또한, ENGAGE는 다양한 분야에서 활용 가능한 맞춤형 강의를 제공하고 있으며, 교육 시장에서 큰 관심을 받고 있다. 이 외에도 메타버스 기술을 활용하여 교육을 제공하는 플랫폼으로는 'ALTSPACE VR' 등이 있다.

'ALTSPACE VR'은 메타버스 기술을 활용하여 가상 공간에서 사용자들이 실시간으로 소통하고, 이벤트 및 강연 등의 다양한 콘텐츠를 제공하는 플랫폼이다. 2015년에 개발되어 현재는 마이크로소프트(Microsoft)의 자회사로 운영되고 있다. ALTSPACE VR은 VR과 AR 기술을 활용하여 사용자들이 가상 공간에서 서로 소통할 수 있게 해주는 다양한 기능을 제공한다. 사용자들은 가상현실에서 미팅, 강연, 음악 공연, 게임 등을 즐길 수 있으며, 다른 사용자들과 함께 협업하여 프로젝트를 수행할 수도 있다. 또한, ALTSPACE VR은 다양한 분야의 기업 및 개인들이 이용하여 교육, 강의, 컨퍼런스 등의 다양한 이벤트를 제공하는 플랫폼으로 사용되고 있다. 최근에는 코로나19로 인해 대규모 이벤트가 취소되는 상황에서도 가상공간에서 다양한 이벤트를 개최할 수 있는 장점이 큰 관심을 받고 있다.

출처: Engage(www.engage.io)

교육훈련부서의 리더는 4차 산업 혁명(물리적 세계와 디지털 세계를 연결하는 기술)이 야기하는 문제를 잘 인식하고는 있지만, 그에 필요한 대규모 변환 프로그램을 구현하지는 못하고 있다. 그에 더해서 대부분은 필요에 따라 전략과 커리큘럼을 느린 속도로 조정하고 있다. 그러나 기술이 점점 더 빠른 속도로 발전함에 따라 교육훈련 기능은 더 이상 지체해서는 안된다. 따라서 교육훈련부서의 책임자는 사업 전략과 일치하는 학습 전략을 만들고, 성공하는데 필요한 기능을 도출하고, 사용 가능한 모든 학습 방법과 기술을 사용하는 강력한 교육훈련 내용을 구성해야 한다. 가장 효과적인 조직은 혁신적인 교육훈련 프로그램에 투자하고, 유연하고 민첩하게 유지하며 디지털 시대를 이끌어가는 데 필요한 인재를 양성해야 한다.

5.3 인적자원개발의 미래와 과제

인적자원개발은 기업의 미래 사업 전략에 필요한 기술과 기능을 정의하는데 도움이 된다. 기업은 사업 및 인력 요구 사항을 충족하기 위해, 전체적인 인적자원개발 접근 방식을 구현할 필요가 있다. 이 접근 방식의 핵심은 다음의 네 가지 아이디어로 요약할 수 있다: (1) 기업의 구성원은 본인이 관심 있는 기술과 경험을 원하며 원할 때마다 원하는 방식으로 숙련(skill)을 개발할 수 있기를 원한다. (2) 기업은 미래의 업무 및 인력 변화에 더 잘 대비하기 위해 전략적으로 인적자원을 개발하는 것이 필요하다. (3) 인적자원개발 기능은 현재와 미래의 인력 수요를 충족하기 위해 전체적인 인적자원개발 전략을 구현해야 한다. 또한 (4) 기업은 의미 있는 통합 개발 경험을 구성원에게 제공할 수 있도록 전체 인력을 위한 원스탑 서비스 방법을 제공할 필요가 있다.

인적자원개발은 개인화된 학습, 리더십, 경험 및 삶의 흐름의 성장을 중심으로 인력이 개발되는 대상, 장소 및 방법을 전환하여 업무의 미래를 준비하고 있다. 이러한 증가하는 변화를 리드하기 위해, 기업은 인적자원개발을 위한 학습의 우선순위를 명확하게 설정해야 한다는 것은 명확하다. 그러나 문제를 더욱 복잡하게 만드는 것은 인적자원의 형태가 대차대조표상에 나타나는 정규직원뿐만 아니라 비정규직 근로자, 공급업체, 비정규 근로자, 심지어 크라우드소싱 커뮤니티와 같은 대차대조표 외 근로자도 포함하는 쪽으로 바뀌어가고 있다는 점이다. 기업은 사업 목표를 달성하기 위해서 관련되어 있는 모든 인력을 위한 교육훈련 환경을 지원하는 방법에 대해 생각할 필요가 있다.

인적자원개발을 둘러싼 변화는 기업에서 유기적으로 발생하고 있으며, 대체 근무나 원격 근무 등의 확대로 더욱 가속화되고 있다. 여기에는 가상 참여, 보육 및 기타 가사 책임에 대한 유연성 증가, 웰빙에 대한 관심 증가도 포함된다. 노동력의 불확실성이 증가하고 있으며, 기업이 사회적 책임을 다하는 기업으로 운영되기 위해서는 인적자원개발 전략이 중요한데, 이는 근로자의 숙련도가 결국 조직 외부의 역할로 전환한다는 것을 의미할 수 있다.

기업은 구성원 자신의 육성 경로와 방식을 스스로 선택할 수 있도록 해야 하며, 개인적 자기개발을 가능하게 하는 인적자원개발 체계와 프로세스를 갖추어야 한다. 서비스 기반

경제의 특징 중 하나는 소비자의 중심성이다. 기술은 상품의 맞춤화 및 개인화를 증가시켰고 소비자는 자신을 위해 특별히 맞춤화된 상품과 서비스를 기대하게 되었다. 이러한 사고 방식은 기업 구성원이 자신의 업무와 근무환경이 자신의 필요에 맞게 조정될 것이라는 기대를 가지게 만들었다. 결과적으로 인적자원개발 전략에 대한 기업의 접근 방식은 기업 구성원 중심으로 바뀌어야 한다. 기업 구성원은 자신의 강점, 열정 및 목표에 적합한 전문성 개발 경로를 선택하고자 한다. 궁극적으로 구성원은 자신에게 관련성이 있고 흥미가 있는 경험을 원하고, 이러한 것들을 본인이 원할 때마다 원하는 방식으로 소비할 수 있기를 기대하고 있다는 점을 잘 인식해야 한다.

향후 시장과 내부 인적자원의 동시 요구를 충족시키기 위해 조직은 인적자원개발 전략을 설계할 때 다음 다섯 가지 사항을 고려할 필요가 있다.

5.3.1 숙련향상에서 역량개발로

첫째, 기업은 기본적인 역량 개발에 먼저 집중하고, 그 다음에 스킬을 육성해야 한다. 그런데 구체적으로 살펴보면 재교육 및 스킬향상이 자주 인적자원개발의 첫 번째 단계로 떠오른다. 이는 기업의 직원들이 가까운 미래에 직면할 가능성이 있는 문제를 해결할 준비가 되었는 지에 대해 우려하기 때문이다. 그러나 미래 인력이 갖추어야 할 기술이나 스킬은 대부분 5년의 반감기를 가지기 때문에 빠르게 진부화 한다. 따라서 지속적으로 변화하는 세계에서 스킬이 인적자원개발의 유일한 초점이 되어서는 안 된다. 대신에 직원의 보다 기본적인 역량(예: 사고능력, 관계구축 능력, 창의력 등)을 배양하는 데 집중해야 한다. 단순한 리스킬링(reskilling) 교육에서 이제 인적 역량 구축을 포함하도록 전환함으로써, 단순한 기술 개발이 아닌 전체적인 인적자원개발에 대해 고민해야 한다.

5.3.2 직원의 탐험가로서의 열정을 자극

둘째, 아직 경험해 보지 못한 미지의 문제를 해결하기 위해 직원의 "탐험가의 열정"을 자극하는 활동이 요구된다. 기대 수명은 계속해서 증가하고 있으며, 현재 노동시장에 진입

그림 5-5 인적자원개발 전략 설계시 고려사항

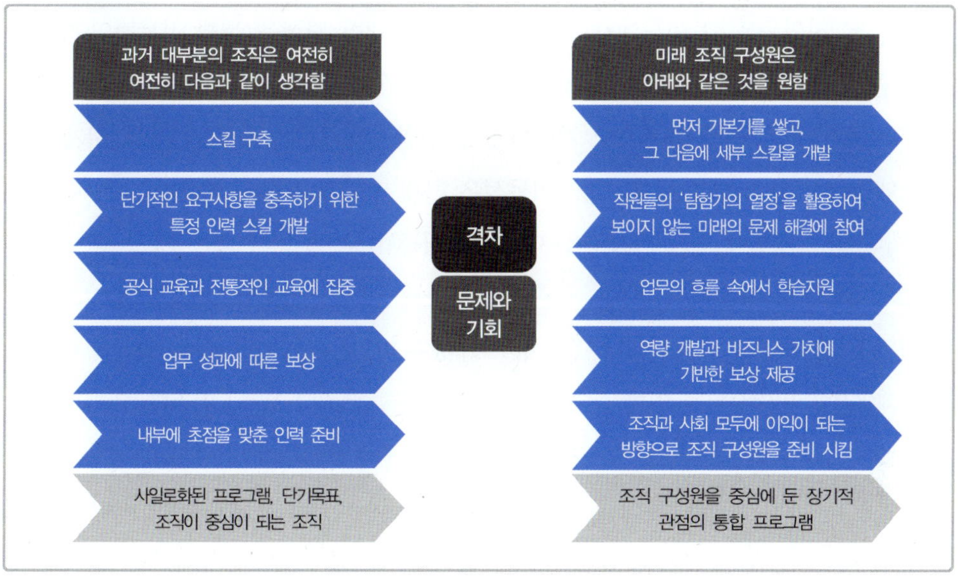

하는 신입 사원들은 50~60년 동안 직장 생활을 할 것으로 추정된다. 이러한 직원들은 또한 더 자주 경력을 전환할 것으로 예상되고 있다. 경력 기간 동안 약 12번 정도로 예상한다. 기업은 직원이 선택한 경력 경로로 계속 성장할 수 있는 기회를 찾도록 돕기 위해 더 개선된 내부 이동성 프로그램을 만드는 데 투자하고 있다. 전통적인 일과 삶의 여정은 진화하고 있으며 이러한 변화를 통해 직원은 평생 학습을 수용하고 개인의 가치와 열정에 따라 전문가로서 자신의 개발을 관리할 수 있다.

경력 변경에 대한 욕구 증가와 내부 이동성을 위한 다양한 기회를 가능하게 하는 기술 혁신은 기술의 반감기 감소와 함께 모든 직원이 개인의 경력과 개발을 책임지도록 하는 원동력이다. 직원들은 성장과 개발에 대해 가용한 정보에 입각하여 빠르게 결정을 내리는 데 더 많은 투자를 하고 있다. 올바른 도구 및 기술과 함께 성장 기회에 대한 가시성과 액세스를 제공함으로써 기업은 직원들이 "탐험가의 열정"을 활성화할 수 있도록 지원할 수 있다. 탐험가로서 직원은 더 자주 그리고 더 다양한 방식으로 학습을 추구할 뿐만 아니라 모든 것을 발전의 기회로 보고 열정을 추구하는 데 필요한 기술과 지원을 얻을 수 있는 추가 방법을 모색할 것이다.

기업 내 직원은 “자신의 성장 모험 선택”이라고 하는 개인화된 개발 여정을 만들 것이다. 오늘날 직원들은 그 어느 때보다 내부 및 외부 개발 경험을 통해 전통적인 학습과 기술 구축을 모두 활용한다. 내부 인재 시장은 직원이 조직 내에서 새로운 기회를 찾고 보다 민첩한 기술 개발을 촉진하고 개인의 포부와 기업의 우선순위를 보다 긴밀하게 연결하는 데 핵심적인 역할을 한다. 내부 이동성은 현재 역할에 따라 명확하지 않을 수 있는 기술이나 과거 경험에 대한 가시성을 제공하여 더 큰 내부 후보자 풀을 만드는데 도움이 되므로 기업에도 도움이 된다.

직원을 내부적으로 이동하거나 승진시킬 수 있는 기회는 성과에 상당한 영향을 미친다. 외부 채용은 일반적으로 동일한 성과 수준에 도달하는 데 최대 2년이 걸린다. 내부 이동성은 인력 경험의 관점에서도 중요하다. 밀레니엄 세대의 49%는 선택권이 주어지면 향후 2년 동안 더 나은 역할을 위해 현재 직장을 떠날 것이며, 이 중 35%는 인력 부족으로 퇴사할 계획이다. 현재 조직에서 발전할 수 있는 기회 또는 인재를 유지하고, 인재 확보 비용을 줄이고, 생산성을 높이려는 노력에서 이동성, 개발 및 성장을 결합하는 기회를 제공하는 것이 인적자원개발의 주요 우선순위 중 하나여야 한다.

이러한 추세는 미래 일에 대한 개념을 구성하고 직원들이 점점 더 복잡하고 빠르게 변화하는 환경을 탐색할 때 발생하는, 예측하지 못한 문제를 통해 선두에 서기 위해 원정대에 있는 것처럼 학습 프로세스를 경험할 수 있도록 해야 할 필요성을 제시한다. 내부 인재 시장의 활성화를 통해 역동적이고 개인화된 업무, 인재 및 경력에 대한 민첩하고 모듈식 접근 방식은 핵심 인재의 유연성과 유지를 증가시킬 뿐만 아니라 궁극적으로 업무를 보다 의미 있게 만들고 모든 기회를 교육훈련으로 활용하는데 도움이 된다. 기업의 직원들은 기술을 최대한 활용하여 학습을 제공할 뿐만 아니라 새로운 기회를 제공하고 성장 및 개발 문화를 조성하고 고용에서 성과 검토, 승진에 이르기까지 전체적이고 연결된 인재 경험을 제공하는 맞춤형 개별 개발 경험을 점점 더 기대하고 있다.

기업에서 근무하는 동안 직원들은 도전적이고 개인적으로 의미 있는 전문성 개발을 향한 자신의 개발 여정을 선택하기를 기대한다. 직원들은 업무와 관련성이 있고 흥미로운 학습 경험을 원하며 개인화된 “주문형” 콘텐츠를 원한다. 따라서 내부 인재의 이동을 통해 새로운 기회에 도전할 수 있는 "자신의 개발 모험을 선택"할 수 있도록 기업 내 직원들을 지원하고 장려하는 의도적인 접근 방식은 직원의 만족도와 유지율을 높이고, 보다 민첩한 조직을 구축하는데 유용할 것이다.

5.3.3 공식적인 교육훈련에서 일하는 흐름에서 학습이 되도록

셋째, 학습이 일하는 흐름 속에서 이루어지도록 만들 필요가 있다. 조직 구성원은 더 짧은 시간 내에 최고 품질의 작업을 제공해야 한다는 압력에 직면하고 있기 때문에 공식화된 학습은 우선순위에서 밀리고 종종 나중에 생각하게 된다. 그 결과로 일반적으로 평균 근무 시간의 1%만이 교육 및 개발에 사용된다. 한편, 근무 시간의 약 20%는 정보 검색에 할애된다. 업무 자체의 성격도 빠르게 변화하고 있으며 직원의 절반 이상(53%)이 3년 동안 상당한 재교육 및 기술 향상이 필요하다. 더 적은 시간과 더 많은 변화에 직면한 구성원은 일상 업무의 "흐름"에서 배울 수 있어야 한다. 흐름 속에서 학습한다는 것은 학습과 작업이 본질적으로 연결되어 조직 구성원이 언제 어디서나 학습할 수 있음을 의미한다. 이 연결 고리는 조직이 개인 및 시장 요구에 부응하기 위해 지속적인 학습 사고 방식을 수용함에 따라 더욱 의미가 있다.

오늘날 조직 구성원은 코칭, 맞춤형 경험, 전문 리소스, 그림자 체험 기회 등 다양한 방식으로 학습한다. 흐름 속에서 학습하는 사고방식을 채택함으로써 조직은 구성원이 일상적인 경험을 성장의 기회로 삼을 수 있도록 역량을 강화할 수 있다.

5.3.4 역량개발과 기여도에 따른 보상으로

네 번째, 직원이 보유한 능력에 대해 회사의 사업 가치와 연계성을 강화해 보상할 필요가 있다. 업무가 계속 변화하고 역량 개발 또는 숙련 향상에 대한 필요성이 계속해서 증가함에 따라, 기업은 직원이 개발 기회를 적극적으로 활용하도록 보상하고 동기를 부여해야 한다. 그럼에도 불구하고 대부분의 직원은 계속해서 경쟁력 있는 급여만을 기준으로 보상을 받고 있다. 기업의 45%만이 새로운 숙련 개발에 대해 근로자에게 보상하고 있었으며, 기업가적 행동에 대해 보상을 받는 경우는 34%에 불과했다. 직원들은 임금, 복리후생, 금전적 인정 또는 성과 평가 이상의 보상을 기대한다. 또한 현재의 직원은 자신이 수행하는 업무, 함께 일하는 사람, 일하는 장소, 업무에 사용하는 기술, 근무하는 조직 및 개인의 행복과의 관계에 기초한 보람 있는 경험을 찾고 있다. 이러한 관계는 기술 개발에 인센티브를 제공하고 미래 사업 전략을 달성할 수 있는 능력을 가속화할 수 있다. 또한 직원들은 금전적 인센티브 이상으로 인정받기를 열망한다. 이는 기업의 성장과 생산성의 주요 원동력이기도 하다.

5.3.5 회사의 변화에서 사회 변화를 목표로

마지막으로, 인적자원개발이 기업을 넘어 사회를 변화시키는 방향으로 확장될 필요가 있다. 기업은 사회 전반에 긍정적인 영향을 미치기 위해 인적자원개발에 시선을 돌릴 필요가 있다. 전통적으로 기업은 사업 목표를 달성하고 주주에게 더 많은 수익을 창출하기 위해 인적자원개발에 접근했다. 그러나 최근에 기업은 금전적 이익만을 위해 존재하는 것이 아니라는 인식이 다시 부각되고 있다. 기업이 사회적 기업으로서의 역할을 수용함에 따라, 인적자원개발에 대한 관점은 조직으로서 자신에게만 이익이 되는 것에서 사회에도 이익이 되도록 인력을 개발한다는 믿음으로 확장된다. 기업은 이제 개인, 고객 및 커뮤니티의 장기적인 경력과 재정적 복지에 투자하고 있다. 그것이 현재의 개발 요구 사항이나 현재의 인력을 넘어서는 경우에도 마찬가지이다.

직원들은 수년 동안 위기 상황에서 기업과 경영진이 자신을 어떻게 대했는지 기억한다. 따라서 기업이 이러한 불확실한 시기에 성공의 원동력으로 즉각적인 이익보다 직원의 복지를 우선시하는 것은 다른 어떤 시기보다 지금 더 중요하다. 이 새로운 시대에 인적자원개발은 직원이 미래의 일을 더 잘 준비하기 위한 핵심적 기능이다. 기업은 현재와 미래의 인력 수요를 충족하고 불확실한 미래에 대비하기 위해 통합적인 인적자원개발 접근 방식을 구현해야 한다. 궁극적으로 기업은 직원이 원하는 기능과 경험을 확인하고 원하는 방식, 원하는 시간, 원하는 곳에서 자기개발을 할 수 있도록 해야 한다.

정리문제

1. 다음을 간단히 정리해 보세요.
   - 인적자원개발
   - 스킬과 스킬기반의 조직
   - 코칭과 멘토링
   - 학습 여정

2. 팀보고서를 작성해서 발표해 보세요.
   - 인적자원개발의 주요 변화를 전통적인 관점과 최근 동향을 비교 분석
   - 스킬 기반의 조직과 인적자원개발의 등장 배경과 전망
   - 경험을 통한 인적자원개발의 필요성과 중요성
   - 커뮤니케이션 관련 기술의 혁신을 교육에 접목하는 방안

토론사례

디지털 여정 : 수백 명의 ACon사 IT 기술자들을 AI 전문가로 업스킬링 (Upskilling)하기

ACon사는 세계적인 기업들과 정부 기관을 대상으로 전략, 운영, 마케팅, 재무 등 다양한 분야에서 컨설팅 서비스를 제공하고 있는 경영 컨설팅 회사이다. 세계에서 가장 권위 있는 컨설팅 회사 중 하나로 평가받고 있으며, 매년 컨설팅 회사 순위에서 상위권에 랭크되고 있다. 이 회사의 경영진은 일상적인 물리적 작업을 수행하는 데 오랫동안 사용되어 온 로봇과 컴퓨터가 그 어느 때보다 뛰어난 인지 능력을 갖추고 있는 트랜드에 주목하고, 인공지능 분야의 기술적 발전을 회사의 업무에 도입해서 심층적인 사고와 분석을 지원하고 확장하기 위한 방안을 검토하였다.

ACon사의 기술 및 디지털 부서는 조직 내부에서 활용되고 있는 분석 툴과 업무 프로세스를 혁신하여 자사의 컨설턴트들이 고객에게 최고의 서비스를 제공할 수 있도록 지원하고 있다. 이 부서의 모든 직원은 문제를 해결하고 새로운 아이디어를 추구하며 새로운 제품을 출시하도록 요구되고 있으며, 이러한 혁신에 생성형 인공지능(Generative AI) 또는 자동화를 더 많이 활용하면 목표를 달성할 수 있다고 생각했다. 몇 가지 평가 후, ACon사는 이 부서의 많은 동료들이 자연어 처리 및 기계 학습과 같은 새로운 기술과 AI에 대해 더 많이 배울 기회가 있다는 것을 발견하고 이러한 기술과 역량을 확장하는 데 투자하기로 결정했다. AI 분야에서 인정받는 업계 리더로서, ACon사는 더 많은 데이터 과학자를 영입하는 동시에 이미 AI와 자동화에 어느 정도 익숙한 직원들의 역량을 강화하기 위한 두 가지 여정에 착수하기로 결정한 것이다.

새로운 인재는 새로운 아이디어를 가져오고 부족한 역량을 빠르게 채울 수 있기 때문에 인재를 채용하는 것은 중요하다. 하지만 기존 인재의 숙련도를 높이는 것이 훨씬 더 중요하다. 그렇게 함으로써 AI로의 전환이 계속되는 상황에서 성공하는데 필요한 기술을 제공하고, 기존 방식에 대한 혼란을 줄이며, 직원들이 동기 부여와 몰입을 느낄 수 있도록 도와줄 수 있다. 조직에서 기존 인재에 대한 투자는 성공적인 실행에도 도움이 된다. 결국, 조직에서 업무를 완수하고 이를 지속시키는 방법을 직원만큼 잘 이해하는 사람은 없기 때문이다.

이러한 경영진의 철학에 기반 하여 ACon사는 다양한 역할에 종사하는 500명 이상의 직원을 대상으로 AI/머신러닝 기술과 그 응용에 대한 교육을 실시하는 야심에 찬 계획을 수립했다. 여기에는 리더, 비즈니스 스폰서, 제품 관리자, 사용자 경험 전문가, 엔지니어, 데이터 전문가, 지원 전문가 등의 역할이 포함되었다. 또한 약 20명의 AI 전문가로 구성된 집중 팀을 구성하여 여정을 시작했다. 이 팀은 제품 팀을 보완하는 3~4명으로 구성된 미니 AI 전문가 팀인 AI 포드 개념으로 시작했다. 각 팀은 AI 전략 정의 및 구체화, 협력자 소집, 사용 사례 인큐베이팅 및 제공, 역량 구축, 배운 교훈의 전파 및 전파를 통해 기능 전반의 동료들의 숙련도를 높이는 등 다섯 가지 요소에 중점을 두고 임무를 수행했다.

ACon사는 다양한 고객 경험을 통해서 획일적인 교육 모듈이 최적의 접근 방식이 아니라는 것을 알고 있었다. 또한 업무에서 요구되는 AI 기술에 대한 기대수준이 다양하다는 사실을 충족시켜야 했다. 이에 따라 복잡성과 깊이가 각각 다른 세 가지 수준의 교육 프로그램이 개발되었다.

단계 1: AI 초급 – AI를 통해 프로세스를 자동화하고 보강하는 새로운 기술이 매일 개발되고 있다. 이러한 가능성과 진화하는 변화를 직원들에게 알리기 위해 몇 가지 온라인 및 사내 교육 과정과 자료를 선별하여 패키지로 구성했다. 이 '초보자를 위한 AI' 패키지는 회사 내 모든 직원이 비즈니스에서 AI 애플리케이션과 AI 사용 사례를 위한 데이터의 힘을 이해할 수 있도록 설계되었다.

단계 2: AI 전문 – 이 단계에서는 현장에서 고객을 직접 상대하는 AI 전문 컨설턴트와 협력하거나 AI 이니셔티브를 계획하기 위해서 필요한 전문 지식을 개발하는데 초점을 두었다. 데이터에 대한 의존성, 데이터 과학 기술 등이 AI에 참여하기 어렵게 만드는 몇 가지 변수라는 점을 인식하고, 내부 실무자가 주도하는 맞춤형 부트캠프를 운영하여 머신러닝과 AI에 대한 보다 폭넓고 새로운 기술을 시연했다. 또한 지속적인 학습 여정을 시작하기 위해 일련의 온라인 교육으로 이를 보완했다.

단계 3: AI 전략 – 이 단계는 가장 최고급의 전략과 기술을 개발하는데 중점을 둔 교육 프로그램이다. 이 단계에서는 복잡한 AI 솔루션을 구축하고 AI 연구원, 제품 관리자, AI 사용자 경험 전문가, 머신러닝 아키텍트 또는 엔지니어, 데이터 엔지니어, 데이터 분석가 또는 주니어 데이터 과학자와 같은 역할을 수행할 수 있도록 준비시키는 것에 초점을 두었다. 6개월간의 집중적인 실무 과정을 시작하기 전에 먼저 각 참가자의 우선순위에 맞게 커리큘럼을 조정한 다음, 참가자와 경영진이 이 이니셔티브의 ROI를 인식할 수 있도록 했다.

이 프로그램을 통해 기술 제품 관리자가 AI 제품 관리자로, 소프트웨어 개발자가 머신러닝 엔지니어로, 데이터 아키텍트가 데이터 엔지니어로 전환하는 등 이미 관련 제품 개발 직무를 맡고 있는 직원들의 성공적인 업스킬링이 가장 빠르게 이루어지고 있음을 확인했다. ACon사는 육성된 전문가들을 진행 중인 관련 프로젝트에 배치하여 실무 경험을 쌓게 하고, AI 역량을 갖춘 전문가와 짝을 지어 따라 하면서 배울 수 있도록 했다. 내부의 'AI 역량' 있는 동료들의 전담 감독 지원과 미묘한 기술에 대한 외부 전문가의 도움을 결합하여 숙련도를 더욱 높일 수 있었다. 6~9개월 만에 중급 수준의 독립 실행이 가능해졌다. 열정적인 소프트웨어 전문가 그룹은 또한 공식적인 외부 데이터 과학 과정을 통해 데이터 과학으로 전환하기로 결정했다.

ACon사가 업스킬링 인적자원개발 활동을 이들은 숙련된 동료이며, 장기적으로 경력을 유지할 수 있는 방식으로 성장하고 발전한 사람들로서, 인적자원개발 업스킬링 노력이 매우 성공적이었다고 판단하고 있다. 고객을 위해 AI를 연구하는 수천 명의 고객 대면 컨설턴트 외에도 이 프로그램을 통해 약 100명의 기술 및 디지털 기능 전문가들이 'AI 전문' 자격을 획득했다. 이들은 이제 데이터 종속성, 데이터 인프라 및 아키텍처, 데이터 과학 기술, AI ROI 등의 주제를 포함하여 AI 제품 라이프사이클에 대한 중급 수준의 지식을 갖추게 되었다. 한편, 50명 이상의 부서 동료가 이제 복잡한 AI 솔루션을 구축할 수 있는 고급 기술을 보유한 'AI 역량'을 갖추게 되었다. 이 전문가들은 이제 AI 제품 관리자, AI 사용자 경험 전문가, ML 엔지니어, 데이터 엔지니어 또는 데이터 과학자 등의 역할을 수행할 수 있다.

• **논의 주제**

1. 이 회사가 회사 직원의 업스킬링을 위해서 적용한 인적자원개발 전략은 무엇인가?
2. 이 회사가 업스킬링 인적자원개발 활동을 통해서 얻는 긍정적인 효과는 무엇인가?
3. 이 회사의 사례에서 얻은 교훈을 다른 조직에 적용할 때 유의할 사항은 무엇인가?

미 주

1) Tichy, N.(1997), What it takes to be a winning company, Management Review, 86(10), 50-52.

Chapter 06

유지관리

유지관리는 직원들의 이직과 관련된 인사관리 이슈를 해결하기 위한 기업의 다양한 인사활동을 나타낸다. 본 장에서는 직원의 이직이 무엇이며 이직이 조직에 어떠한 영향을 줄 수 있는지 이론적 및 실무적으로 살펴보고 인재들의 이직을 방지할 수 있는 다양한 유지전략들을 다룬다.

학습목표

1. 이직의 유형에 대해 이해하기
2. 직원의 이직을 유발하는 요인들에 대해 이해하기
3. 직원 이직률의 긍정적/부정적 영향에 대해 이해하기

들어가기 사례 S전자와 SH사의 인재전쟁 및 유지관리

1. 반도체 시장과 인재전쟁

국내 반도체 기업의 선두주자를 꼽자면 S전자와 SH사를 생각해 볼 수 있다. 반도체 시장은 시간이 갈수록 중요한 산업으로 대두되고 있고, 국내 기업들뿐만 아니라 해외 기업 모두 반도체 시장의 주도권을 잡기 위하여 핵심 인재를 획득하고 육성하기 위하여 노력하고 있다. 그러나 실제로 국내만이 아니라 해외 모두 반도체 관련 전문 인력이 부족한 실정이다. 업계에 따르면, 매년 현장에 필요한 인력은 대략적으로 1,500명 수준이었으나, 매년 배출되는 전공자는 600~700명 수준으로 양적인 면에서도 필요로 하는 인력의 양이 부족한 실정이다. 또한, 국내에 일하고 있는 반도체 전문 인력의 이직 또한 큰 이슈이다. S전자 또는 SH사에서 키운 인재들이 해외 기업으로 이직하는 경우 또한 빈번히 일어나고 있다. 예를 들어 업계에 따르면 국내 기업에서 키운 반도체 핵심 인재들을 인텔이나 마이크론에 빈번히 빼앗기는 경우가 다수 존재한다고 한다. 물론, 반도체 시장에서 국내의 인재 전쟁 또한 이슈이지만 반도체 종주국이라고 할 수 있는 미국의 경우도 치열한 인재 채용 경쟁에 있어서 어려움을 호소하고 있다.

2. S전자와 SH사간의 이직 방지 및 인재유지전략

국내 기업인 S전자 및 SH사에서 해외로 유출되는 인재들의 이슈 또한 큰 문제이지만, 국내 기업들 간의 인재 유출 (또는 인재들의 이직) 또한 기업들에게 있어서 큰 비상이라고 할 수 있다. 이러한 반도체 인력들을 최대한 유지하기 위하여 S전자와 SH사는 다양한 방식으로 반도체 전문 인력들을 유지하려고 노력하고 있다.

SH사에서는 반도체 핵심 인재 및 스타 직원들을 획득 및 유지하기 위해서 다양한 방식으로 인사제도들을 활용하고 있다. 예를 들어 2022년에 SH사에서는 5년 미만의 경력자를 채용하는 '주니어탤런트' 채용 전형을 운영하여, 공격적으로 저연차 핵심인재들을 획득하기 위해 노력했다. 또한, 핵심인재들의 유지전략 및 좋은 인재들의 유입을 위하여 보상 및 복지제도 또한 개편하였다. SH사에서는 S전자를 넘어서는 성과급을 지급하였으며 성과급의 기준을 영업이익으로 바꾸어 직원들의 처우를 개선하고자 노력했다. 또한, 신입사원 초봉을 경쟁업체인 S전자보다 높게 책정하여 보상의 경쟁력을 높이려 했다. 복지제도에 있어서는 '해피프라이데이'와 같은 휴가 제도를 신설하였고, 직원들의 업무환경을 개선하기 위하여 직원들의 피로도를 줄일 수 있는 기능성 높은 의자들을 배치하여 직원들 사기를 진작시키기 위해 노력했다.

물론, 반도체 1등 기업으로써의 S전자 또한 업계 최고수준에 맞추어 인재들을 보상하고자 하나, SH사 및 해외 기업들의 다양한 인재획득 전략에 의하여 직원들의 이직이 발생하는 상황이다. 이러한 인재 유출을 방지하기 위하여 S전자에서는 빈번한 이직을 보이는 MZ세대의 주니어급 신입 직원들의 이직

및 조직의 이직 확산 분위기를 방지하기 위하여 반도체 부문장과 허심탄회한 의사소통을 실시하는 '위톡' 시간을 매주 개최하여 주니어급 직원들의 니즈와 불만사항들을 청취 및 개선하여 이직을 방지하기 위하여 노력하고 있다.

출처 김디모데(2021.2.3.), S전자 SH사 반도체부문에서는 성과급 불만이 왜 반복될까, Business Post, http://www.businesspost.co.kr/BP?command=mobile_view&num=215902에서 2023.6.24.에 확인함.

논의 주제

1. S전자와 SH사에서는 어떤 식으로 인재유지전략을 운영하고 있는가?
2. 두 기업에서 활용하고 있는 인재유지 제도 이외에 직원 이직을 방지하고 인재유지를 효과적으로 할 수 있는 다른 전략적 제도에는 어떤 것이 있는가?

6.1 이직의 개념과 인재 유지관리의 중요성

직원들의 이직과 인재 유지관리는 인력 운영에 있어서 무엇보다도 중요한 이슈이다. 이직은 직원들이 현재 조직을 여러 가지 이유에 기초하여 떠나는 행동이라고 볼 수 있다. 직원들이 이직을 하는 이유는 다양하다. 예를 들어 지속적인 저성과에 따른 기업의 정리해고에 따른 이직일 수도 있고, 스타 직원 또는 고성과자의 경우 외부 노동시장에서 더 경쟁력 있는 보상을 제공해주는 기업으로의 이직일 수도 있으며, 또는 가족 구성원의 이슈로 피치 못하게 이직을 하는 경우도 존재할 수 있다. 직원들의 이직은 현재 기업의 조직 문화와 조직 분위기를 보여줄 수 있는 중요한 척도가 될 수 있으므로, 인사담당자에게 있어서 왜 직원들이 이직을 하는지, 어느 정도의 비율로 이직을 하는지 등을 세심히 고려하여 인력들의 이직을 관리할 필요가 있다.

이러한 이직을 중요한 이슈로 다루어야 하는 이유는 조직 입장에서 이직에 따른 역량의 공백(human capital depletion)이 생기게 되어 조직의 생산성과 성과를 저하시킬 수 있을 뿐만 아니라, 남아 있는 직원들의 사기 저하, 업무량 증대, 그리고 채용 및 교육훈련 비용 추가 지출과 같은 여러 가지 부정적 영향이 따라오기 때문이다.

예를 들어 비용관점에서 살펴보면 한 직원의 이직에 따른 비용은 이직에 따른 공석을 채우기 위한 추가 모집과 선발에 따른 비용과 시간, 추가 채용에 따른 교육훈련 제공에 따른 비용과 시간, 이직 시 발생하는 이직 전 인터뷰 실시에 따른 비용과 시간 등 다양한 형태로 추가적인 비용이 산출되게 된다. 물론, 모든 이직이 부정적인 영향을 산출하는 것은 아니다. 어떤 직원이 이직을 하느냐에 따라 조직의 분위기가 나빠질 수도 있지만 반대로 좋아지는 경우도 존재한다. 따라서, 이직의 영향을 고려할 때는 이직의 유형뿐만 아니라 다양한 환경적 요인들 또한 동시에 고려할 필요가 있다.

6.2 자발적 이직과 비자발적 이직

전통적으로 이직의 유형은 이직 결정의 경로에 따라 자발적 이직과 비자발적 이직으로 구분할 수 있다. 자발적 이직은 직원들 스스로 다양한 이유에 근거하여 자발적으로 조직을 떠나는 것을 말한다. 즉, 직원 개인들의 결정에 의해 이직을 하는 경우라고 볼 수 있다. 자발적 이직의 이유는 다양하게 존재하지만, 일반적으로 외부 노동시장에서의 기회, 현재 조직에 대한 부적합성 및 직무 불만족, 또는 가족 이슈 등을 들 수 있다. 특히, 자발적 이직에 해당하는 직원의 경우는 저성과자보다는 평균 이상의 고성과자일 경우가 많으므로, 높은 자발적 이직률을 겪고 있는 기업들은 고성과자의 유출에 따른 업무의 공백으로 업무 진행의 어려움을 겪을 수 있다.

비자발적 이직은 자발적 이직과 다르게 기업 차원에서 비자발적으로 기업이 직원들의 이직을 결정하는 것이다. 자발적 이직과 다르게 비자발적 이직의 주체는 개인 직원이 아닌 기업이라고 할 수 있다. 비자발적 이직에는 일반적으로 통상 및 징계해고, 및 경영상에 의한 해고로 구분된다. 비자발적 이직의 이유는 다양하나, 일반적으로 지속적인 직무 저성과에 따른 해고일 경우가 있으며, 또 다른 사유로는 직장 내에서의 불법적 행위 또는 업무에 정상적인 운영을 방해하는 행위 등에 따른 비자발적 이직일 경우도 존재한다. 국내의 경우는 저성과에 따른 해고가 거의 일어나지는 않았으나, 다음의 박스사례에서

〈표 6-1〉 자발적 이직과 비자발적 이직의 비교

분류	내용
자발적 이직	1. 직원 개인이 개인의 다양한 사유로 자발적으로 조직을 떠나는 것을 말함
	2. 사유로는 외부 노동시장에서의 기회, 직무 불만족, 또는 가족과 관련된 이슈가 있을 수 있음
	3. 일반적으로 저성과자 보다는 고성과자 및 스타 직원들의 경우 자발적 이직을 하는 경향이 있음
비자발적 이직	1. 자발적 이직과 다르게 조직 차원에서 직원의 이직을 결정하는 것을 말함
	2. 비자발적 이직의 종류로는 통상 및 징계해고 및 경영상에 대한 이슈로 인한 해고가 있을 수 있음

출처: 저자가 작성

보듯이 2021년 H중공업의 저성과자 해고 판례에 따라 국내에서도 저성과자라는 이유에 따라 해고가 가능한 사례가 나타나기 시작했다.

박스사례 H중공업의 저성과자에 대한 해고

H중공업은 국내에 소재하고 있는 글로벌 조선 기업으로써 2021년 H중공업 직원 두 명이 회사를 상대로 낸 해고무효확인소송에서 대법원 판결결과 원고패소가 확정되었다. 소송과 관련하여 H중공업에서의 이슈는 다음과 같다. H중공업에서는 2012년부터 3년간의 종합인사평가와 성과평가를 기준으로 하위 2%에 이내의 저조한 성과를 보인 과장급 이상 65명을 2015년 2월부터 12월까지 직무재배치 교육을 시작했다. 소송을 제기한 두 명의 직원은, 2010년부터 2016년까지 연 2회에 걸친 종합인사평가에서 최하위에 머물렀고, 수차례의 직무 경고와 직무교육 실시에도 불구하고 2016년에도 성과평가에서 최저 등급을 받았다. 이에 따라, H중공업에서는 해당 직원들을 근무성적 및 능력이 현저히 불량하다는 이유로 해고 조치를 했다.

해고당한 두 명의 직원은 H중공업에 중대한 장애나 손해를 끼치지 않았으므로 부당해고의 이유로 소송을 냈다. 실제 재판에서는 '사용자는 근로자를 정당한 이유 없이 해고하지 못한다'라는 근로기준법을 기초로 쟁점이 되었고, 결국 법원은 사용자의 측에 손을 들어주었다.

이 판례 전 국내의 기업들에 있어서 실질적으로 저성과자에 대한 해고는 대부분 이루어지지 않은 상황이었다. 실제로 미국의 경우는 임의고용제도(employment at will)에 따라서 사용자 및 근로자의 해고 및 이직 자유의 원칙을 고수하고 있다. 이에 따라 사용자와 근로자가 대등한 입장에서 근로자는 언제든 일을 그만둘 수 있으며, 사용자도 원칙적으로 언제든지 아무런 이유 없이 근로자를 해고할 수 있다. 그러므로, 한국에 비하여 상대적으로 다양한 이유의 해고가 빈번히 이루어지고 있다. 그러나 국내의 경우는 강행법규에 근거하여 해고가 제한적이며 이에 따라 상대적으로 저성과자에 따른 해고는 거의 발생하지 않은 것이 현실이었다. 그러나 H중공업의 판례에 따라 국내에서도 저성과자에 따른 해고가 이루어질 수 있음을 보여주었다.

출처: 노동법률(2021.5.4.), 저성과자 해고의 정당성 확보, 노사는 어떻게 대응할 것인가, https://www.worklaw.co.kr/main2022/view/view.asp?bi_pidx=32342 에서 2023.6.23.에 확인함.

6.3 자발적 이직의 발생 요인들

그동안 자발적 이직의 발생 원인에 대한 다양한 연구가 진행되어 왔다. 특히, 전통적인 이직 이론인 이직전개모형(unfolding model of turnover) 이론에 따르면, 직원들의 자발적 이직은 다양한 프로세스를 통하여 결정이 되는데 특히, 충격적인 사건(긍정적 또는 부정적 사건)이 조직에서 발생했을 때, 직원들은 현재 조직에서 계속 일하는 것에 대하여 재평가 및 심도있는 고민을 하게 되며, 충격적인 사건에 따른 기존에 중요하게 생각했던 가치가 침해 받았는지, 다른 기업으로의 이동이 수월한지, 현재 회사에 대한 만족도 수준이 어느 정도인지에 따라 자발적 이직을 결정하게 된다고 설명하고 있다. 예를 들어 갑작스러운 회사의 인력규모감축(다운사이징, downsizing)이 발생하면 부정적인 충격으로 인식하게 되고 현재 다니고 있는 회사에 대하여 계속 다니는 것이 적절한 지에 대해 재고찰을 하게 된다는 것이다.

앞서 설명한 이론을 확장하여, 이직 연구자들은 직무 만족도와 다른 직장으로의 이동이 쉬운 정도를 고려하여 연구를 진행하였고, 직무 만족도가 낮고 다른 직장으로의 이동 가능성이 높은 직원들의 경우, 자발적 이직 가능성이 높음을 발견하였다. 또 다른 연구에서는 어떤 직원들의 특성이 자발적 이직 행동과 관련이 있는지 분석하였고, 인지적 능력이 높은 직원 또는 고성과자/스타직원들의 경우 자발적 이직의 가능성이 높게 나왔으며, 본 교재의 제3장에서 설명한 빅5모델에 근거하여 높은 성실성의 성격 유형을 보이는 직원들의 경우, 자발적 이직 행동을 낮출 가능성이 높음을 발견하였다.

직원 개인의 특성들과 자발적 이직 행동 간의 관계 뿐만 아니라 사회적 맥락 차원에서의 영향 또한 존재한다. 이직확산모델(turnover contagion model)에 따르면 직원의 자발적 이직은 개인의 특성뿐만 아니라 주변 동료와의 사회적 관계에 의해서도 영향을 받을 수 있음을 설명하고 있다. 이직확산모델의 실증연구에서는 동료가 직장 내에서의 빈번한 구직행위를 할 경우, 다른 동료들 또한 동시에 구직행위를 하게 됨을 밝혔는데, 동료들의 구직행위가 다른 직원들에게 현 회사에 대한 불안감을 조성하여 이직을 준비하는 행위를 촉진했을 가능성이 있다. 같은 사회적 맥락 차원에서 리더의 특성 또한 중요하다. 효과적인 리더십을 구현하는 리더와 같이 일하는 팀원과 다르게 서로간의 유대관계가 적고, 강압적인 팀 리더와 같이 일하는 팀원들의 상대적으로 높은 자발적 이직 행동을 보일 가능성이 높다.

6.4 이직의 양과 질

최근 맥락발현이직(context-emergent turnover, CET)이론에 따르면, 이직의 영향은 자발적 이직과 비발적 이직으로 구분하는 것에 한계가 있는 관계로, 이직의 양과 함께 이직의 질을 같이 고려하는 것이 필요함을 제안하고 있다. 일반적으로 이직의 양을 측정하기 위해서 기업에서는 이직률을 계산하고 있고 이직률은 전체 직원 수 대비 이직한 직원 수의 비율 (이직한 직원 수/전체 직원 수)로 계산하게 된다. 양적 관점에서 이직률이 높을 경우 그만큼 업무의 공백이 생기가 되므로 남아있는 직원들의 업무가 증대되어 직원들의 사기 저하 및 업무 스트레스를 증대시킬 수 있으며 추가적인 채용 및 교육훈련에 대한 투자가 필요하다.

그러나 양적 관점을 고려하는 동시에 질적 관점을 같이 고려하는 것이 중요하다는 것을 맥락발현이직(CET)이론에서 설명하고 있다. 예를 들어 기업 A와 B가 존재할 때, 두 회사의 이직률이 모두 연간 20%라고 한다면 양적인 관점에서 두 회사의 이직에 따른 영향은 비슷할 수 있다고 판단할 수 있다. 그러나 이직의 질(이직을 하는 직원들의 지식, 기술, 능력 등의 인적자본)이 상이할 경우 같은 이직률에서 다른 결과를 기대할 수 있다. 기업 A의 경우 20% 이직률에 다수의 저성과자가 포함되어 있는 반면 기업 B의 경우 20% 이직률 안에 상당수의 스타 직원 및 고성과자가 포함되어 있다면 기업 A에 비해 기업 B의 인재 공백이 더욱 심각하게 될 수 있다. 따라서 이직의 양 뿐만 아니라 이직의 질을 동시에 고려할 경우, 이직에 따른 조직에 영향을 심도 있게 파악할 수 있다.

6.5 이직 발생의 시간적 분포

인사담당자는 직원 이직을 고려 시 이직의 발생 빈도의 시간적 분포 또한 고려할 필요가 있다. CET이론에서는 직원 이직의 양과 질을 고려하는 것뿐만 아니라 이직의 분포(turnover dispersion)를 동시에 고려하는 것 또한 중요함을 제시하고 있다. 즉, 직원 이직 발생이 시간적으로 넓게 분포되어 있을 경우가 좁게 분포했을 때보다 이직의 부정적 영향이 완화될 수 있음을 설명하고 있다. 위에서 설명한 같은 예로 기업 A와 B가 있고 모두 연간 20%의 이직률을 기록하고 있고, 동일한 고성과자가 나갔다고 가정해보자. 추가적으로 이직 발생의 시간적 분포를 고려한다면 매달 적은 수의 직원이 계속 이직하는 경우보다 한 달에서 두 달 집중적으로 해당 직원들이 모두 이직하는 경우 기업 입장에서 더욱 어려운 상황에 봉착할 수 있다.

즉, 많은 수의 직원들이 짧은 시점에 집중적으로 이직할 경우(이직의 시간적 분포가 집약적일 경우), 남아 있는 직원들이 이직한 직원들의 업무를 모두 떠맡아야 하는 부분과, 지나친 인력 공백에 따른 업무 프로세스의 저하, 남아 있는 직원들의 사기 저하, 추가적인 채용 및 교육훈련에 대한 추가적인 비용과 피로도 등이 같은 이직의 양과 비율이라도 부정적 영향이 더욱 극대화될 수 있다. 따라서, 이직의 양과 질뿐만 아니라, 이직의 시점 또한 고려하여 이직의 영향을 파악할 필요가 있다.

6.6 직원 이직의 긍정적 및 부정적 영향

기존 이직 연구들에 따르면 이직의 영향은 이직의 종류에 따라 다를 수 있다고 설명하고 있다. 그러나 그동안의 이직에 대한 실증 연구들을 기초로 분석한 메타분석 연구에 따르면 기본적으로 직원들의 이직이 증대할 경우(높은 이직률), 기업의 생산성 및 재무적 성과가 저하됨으로 밝혔다. 그러나 추가적인 실증 연구들에 따르면 그러한 이직에 따른 부정적인 영향은 이직의 유형과 상황적 요인들에 따라 달라질 수 있음을 보여주고 있다.

〈표 6-2〉 이직의 긍정적 영향과 부정적 영향

구분	내용
긍정적 영향	1. 지속적으로 저성과를 보이며 역량이 부족한 직원의 이직은 조직의 인적자본의 역량을 강화시킬 수 있음
	2. 역량이 높은 직원들을 새롭게 채용 및 수혈함으로써 인적자본 역량 강화 뿐만 아니라 활력있는 조직 문화 창출 가능
부정적 영향	1. 직원의 이직 자체가 인적자본의 양적인 부분과 질적인 부분을 약화시킬 수 있음
	2. 직원들의 이직 후, 남은 직원들의 업무 부담 가중
	3. 기존의 협업과 협력이 원활하지 않을 수 있음
	4. 빈번한 직원들의 이직의 경우, 불안한 조직문화를 창출할 수 있음

출처: 저자가 작성

이론 문헌에 따르면 이직의 영향을 긍정적인 영향과 부정적인 영향을 동시에 지니고 있다고 설명하고 있다. 먼저 부정적인 영향에 대한 관점은 직원들이 이직하였을 경우, 기본적으로 직원 수가 줄어들게 되며 질적으로도 역량 있는 인재들이 유출됨에 따라 기존에 보유하고 있던 인적자본 양과 질에 부정적인 영향을 줄 수 있다고 설명하고 있다. 직원들이 회사를 나가게 됨에 따라 남은 동료들이 새로운 직원이 채용되기 전까지 추가적인 업무를 담당하여야 함에 따라 업무 부담이 가중될 수 있다. 또한, 역량 있는 인재들이나감에 따라 기존에 활발히 진행되었던 동료 간의 협력과 협업 또한 원활하게 되지 않을 가능성이 있다. 또한, 직원들의 이직이 빈번히 일어나면 불안한 조직 문화를 야기하여 동료 직원들의 연쇄적인 자발적 이직이 발생할 가능성 또한 간과할 수 없다. 따라서 이러한 부분들을 고려하여 직원의 이직이 조직의 전반적인 프로세스와 성과에 부정적인 영향을 줄 수 있음을 고려할 수 있다.

그러나 이직의 긍정적 영향 또한 존재할 수 있다. 기업에서 문제를 일으키거나, 지속적인 저성과를 보이는 직원들이 이직할 경우, 상대적으로 인적자본의 역량이 올라갈 수 있으며 역량 있는 직원을 새롭게 채용 및 수혈함에 따라 활력 있는 조직 문화를 형성할 수 있다. 그러나 일반적으로 이직과 관련한 실증 연구들에서는 이러한 긍정적인 영향의 존재에도 불구하고 부정적 영향의 결과가 보편적임을 제시하고 있다.

기업에서 이직의 영향을 좀 더 심도 있게 파악하기 위해서는 다양한 맥락적 요인들을 파악할 필요가 있다. 즉, 어떤 직원이 나가고, 어떤 직원들이 남게 되고, 이직이 발생하는 상황에 조직의 상황은 어떠하고, 어떤 시점에 나가는지 등등, 회사는 다각도로 이직의 영향을 고려하여 직원 유지 전략을 진행할 필요가 있다.

6.7 직원 유지 전략들

직원들의 이직을 방지하기 위하여 다양한 인사제도들의 활용을 고려할 수 있다. 기본적으로 가장 기본 인사제도라고 할 수 있는 채용, 교육훈련, 보상제도의 재설계를 통하여 직원들의 이직을 방지하는 전략들을 실시할 수 있으며, 추가적으로 다양한 복리후생 제도들을 활용하여 직원들을 유지하는 전략을 활용할 수도 있다.

우선 직원 모집에 있어서 현실적 직무 안내를 적극적으로 활용하여 조직에 적합한 직원들을 우선적으로 모집하여 선발하는 방법을 고려할 수 있다. 또한, 조직 문화에 대한 적합도가 높은 직원들을 선발할 수 있는 선발 도구들을 개발하여 활용함에 따라 조기에 잠재적으로 조직과의 적합성이 높은 지원자들을 채용하여 이직을 방지하는 방법을 채택할 수 있다. 구글 또한 직원의 만족도 고취와 이직 방지를 위하여 인사제도의 첫 관문이라고 할 수 있는 채용제도에 집중적으로 투자하여 직원들의 이직을 방지하고자 하고 있다.

교육훈련 차원에서 직원 유지 전략을 고려해보면 개인 직원들의 성장 욕구를 충족해줄 수 있는 교육훈련 프로그램들을 제공해주는 방식을 고려할 수 있다. 특히, 최근 이슈가 되고 있는 MZ세대의 빈번한 이직과 실제로 퇴사는 하지는 않지만 직장에서 업무를 최소한으로만 하려는 직원들의 태도인 조용한 퇴직(quite quitting) 현상을 고려해 보았을 때, 현재 직원들은 기업의 성장에 대한 목적보다는 개인의 성장과 삶의 만족감에 초점을 두고 있기 때문에 그 부분을 충족해줄 수 있는 교육훈련 프로그램을 제공할 필요가 있다. 예를 들어 최근에는 집체식 교육 프로그램을 제공하기보다는 자율적으로 직원들에게 교육을 하도록 지원을 해주는 방식을 취하고 있는데 이런 제도들을 적극적으로 활용하여 직원들의 성장을 촉진해줄 수 직무 전문성 교육 기회에 대한 재정적 지원이 필요하다.

또한, 직원들의 만족도가 자발적 이직에 유의미한 영향을 준다는 연구결과에 기초하여 직원들의 직무 만족도 수준을 지속적으로 파악할 수 있도록 팀 리더 또는 상사의 지속적인 커뮤니케이션, 멘토링, 및 피드백이 필요하다. 또한 우선적으로 직원들의 직무 불만족을 줄이기 위해서 고충처리제도를 적극적으로 활용하여 직원들의 만족도 관리를 우선적으로 할 필요가 있다.

보상제도 또한 직원들의 이직을 방지하고 직원들을 유지할 수 있는 중요한 제도들이라고 할 수 있다. 앞서 설명한 반도체 시장에서의 S전자와 SH사의 인재유치 경쟁을 고려했을 때, 핵심인재를 유지하기 위하여 어떤 식으로 보상 제도들을 설계하느냐는 것이 쉽지 않음을 확인할 수 있다. 특히, 보상의 수준(성과급의 차이 등)에 따른 보상 만족도가 다를 수 있기 때문에 어느 정도의 보상 수준을 제시할 것인지, 현재 노동시장에서 본 기업의 보상이 어느 정도의 보상경쟁력을 갖추고 있는지 지속적인 모니터링이 필요하다.

또한, 높은 보상 수준 또한 직원들을 유지할 수 있는 전략이 될 수 있지만, 자기결정이론(self-determination theory)에 따르면 높은 보상 수준은 결국 직무 또는 업무를 수행하면서 쌓을 수 있는 내재적 동기부여를 낮추어 직무 성과 하락 및 이직 의도의 늘릴 가능성 또한 중요하다. 즉, 높은 수준의 보상을 제공한다는 의미는 그만큼 조직에서 개인을 통제하려는 목적이 강할 수 있어서 업무의 자율성을 줄이면서 내재적 만족감과 자신감을 줄일 수 있다. 따라서 높은 수준의 보상뿐만 아니라 내재적 동기부여를 고양시킬 수 있고 직무의 가치를 높여줄 수 있는 제도적 설계가 필요하다고 할 수 있다.

또한, 다양한 복지제도들 또한 직원들을 유지시키는 중요한 동기요인이 될 수 있다. 가족들에 대한 학자금 지원, 경쟁사 보다 많은 연차 휴가, 자녀양육을 위한 다양한 휴가, 휴직, 돌봄 제도들, 또는 유연근무제 강화 등등, 보상수준을 넘어서서 개인적 웰빙과 일과 가족생활을 적절하게 양립할 수 있는 복지제도를 제공하는 것 또한 직원들의 직무 및 조직 만족도를 고취시키면서 이직 의도를 낮출 수 있는 인사제도들이라고 할 수 있다.

박스사례 **P사의 출산 · 육아 지원제도 활용에 따른 직원 유지 사례**

P사는 직원들의 이직 방지를 위한 제도 중에서 여성뿐만 아니라 전 직원들의 결혼 후, 출산이나 육아로

인한 이직 및 경력단절을 줄여주기 위해서 체계화된 출산·육아 지원제도를 실시하고 있다. 예를 들어 임신에 어려움을 겪고 있는 직원들을 대상으로 난임치료 휴가를 제공할 뿐만 아니라 500만원 상당의 출산장려금 제공, 그리고 완전자율 출퇴근제, 전환형 시간선택제, 직무 공유제 등 유연하게 근무할 수 있는 제도를 운영하고 있다. 국내 기업 최초로 경력단절 없는 육아기 재택근무제를 도입하여 운영하고 있기도 하다. 또한, 서울, 포항, 광양 등 사업장에는 가족친화시설들로 P사 어린이집과 P사 미술관 등을 운영하여 직원과 가족의 삶의 질을 높이면서 직원들의 육아 부담으로 인한 이직을 방지하고자 노력하고 있다.

출처: 포스코 뉴스룸(2020.6.24.), 포스코, '경력단절 없는 육아기 재택근무제' 시행, https://newsroom.posco.com/kr/포스코-경력단절-없는-육아기-재택근무제-시행/ 에서 2023.6.23. 에 확인함.

박스사례 **SP사의 직원 유지 사례**

SP사는 독일의 삼성전자로 불리는 글로벌 IT기업으로써 글로벌 브랜드 가치순위 20위권을 유지하고 있다. SP사는 최근 2022년 상반기 잡플래닛이 선정한 '일하기 좋은 회사'로 이름을 올리며 기본적으로 직원들의 높은 직무 만족도를 유지하며 낮은 이직률을 유지하고 있다. SP사의 직원 유지 전략의 두 가지 요소로 꼽을 수 있는 것은 SP사의 자유로운 조직 문화와 함께 하이브리드 근무방식의 채택이다.

우선 조직문화는 일반적인 외국계 기업의 자유로운 분위기를 가지고 있을 뿐만 아니라 더 나아가 자유롭고 편안한 복장으로 업무를 수행할 수 있도록 하고 있다. 그러나 직원들의 만족도를 높여 이직을 줄이는 가장 큰 요인으로 고려할 수 있는 부분은 하이브리드 근무방식의 활용을 들 수 있다.

하이브리드 근무 방식의 기본적인 원칙은 긴급한 일이 생겼을 때 사무실에서 출퇴근할 수 있는 거리에서 근무를 해야 한다는 것으로 이 원칙에 기초하여 온라인이든 오프라인 근무를 선호에 따라 선택할 수 있다. 원격 근무를 선호하는 직원은 앞서 설명한 원칙에 기초하여 자유롭게 온라인으로 일할 수 있으며, 사무실에서 일하고 싶은 직원들에게는 업무에 몰입할 수 있도록 개인 업무 공간을 제공한다. 특히, 최근 오피스의 공용공간을 늘리고, 혼자 작업하는 공간, 창의적인 작업을 할 수 있는 공간 등 특색 있는 업무 공간을 제공하고 있으며, 이에 따라 직원들이 스스로 와서 일하고 싶어 하는 기업이 되고자 노력하고 있다.

출처: 잡플래닛(2022.9.13.), 독일의 삼성전자는 왜 '하이브리드 근무'를 선택했을까?, https://www.jobplanet.co.kr/contents/news-3648 에서 2023.6.23.에 확인함.

마지막으로 퇴사자 발생하였을 때, 왜 이직을 하는지에 대한 정보를 획득하여 이직을 발생하는 요인들에 대한 집중적인 탐색이 필요하다. 넷플릭스의 부검메일제도를 활용할 수도 있으며 기존에 많이 활용하던 퇴사자 면담(exit interview)를 활용하여 퇴사자들의 이직 요인을 자료화하여 어떤 요인들이 현재 직원들의 이직행동에 큰 영향을 주고 있는지 파악하고 그런 부분에 대하여 신속한 문제 해결이 필요하다. 특히, 한 명의 직원의 이직은 그 직원과 관련이 있는 동료직원들의 이직 확산 행동에 영향을 줄 수 있기 때문에 이직 후, 이직하지 않은 직원들에 대한 세심한 유지관리 또한 필요하다.

박스사례 **넷스의 부검메일제도**

넷스는 인터넷(Net)과 영화(Flicks)를 합성한 이름으로 글로벌하게 다양한 국가에 있는 약 2억 3천만 명 이상의 직접 회원을 보유한 스트리밍 엔터테인먼트 기업이다. 넷스는 영화, 드라마, TV 프로그램, 다큐멘터리, 애니메이션 등 다양한 장르의 콘텐츠들을 다양한 기기에서 무제한으로 시청할 수 있는 플랫폼을 제공하는 기업이라고 할 수 있다. 일반적으로 직원의 이직 또는 퇴사 시 기업에서는 퇴사자 면담(exit interview)을 통하여 해당 직원이 왜 나가는지, 어떤 부분이 충족되니 않았는지, 어떤 회사로 이직을 하는지 등에 대한 정보를 얻어 왔다.

넷스에서는 한발 더 나아가서 부검메일(postmortem email) 제도를 활용하여 퇴사자가 몇 가지 질문 요소에 맞추어 퇴사의 이유 등에 대한 이메일을 작성하여 동료 직원들에게 이메일을 보내도록 진행하고 있다. 메일 작성 시 질문 요소들은 1) 왜 넷스를 떠나 이직을 하는지, 2) 회사에서 배운 것은 무엇인지, 3) 회사에서 아쉬운 점, 4) 앞으로의 계획은 무엇인지, 그리고 5) 직원을 떠나보내는 회사의 입장은 무엇인지에 대한 내용이다. 기본적으로 앞서 설명한 다섯 가지의 요소들에 대하여 퇴사 예정자가 초안을 작성하면 상사와 인사담당자가 추가적으로 논의해서 부검메일을 완성한다.

부검메일을 통하여 넷스는 어떤 이유로 해당 직원이 이직을 하는지에 대한 원인을 파악하고 있으며, 이에 따라 문제가 되는 부분에 대하여 문제 해결을 위한 전략적 방안을 제시하고 있다. 또한 해당 직원이 이직하는 사유를 다른 직원들이 명확하게 알게 됨에 따라 근거 없는 소문을 조기에 차단할 수 있다. 부검메일을 작성하며 상사와 의논하는 과정에서 오해가 풀려 퇴사를 번복한 케이스도 있다. 따라서, 넷스의 부검메일 제도는 이직을 발생시키는 다양한 요인들을 탐색할 수 있는 중요한 제도로써 활용되고 있으며, 동시에 실질적으로 부검메일 제도 활용의 목적은 남은 직원들의 연쇄적 이직을 막기 위함에 있다고도 생각할 수 있다.

출처: 한주원(2021.9.28.), 넷스의 '부검메일', 퇴사자에게 우리 조직을 묻다, 사례뉴스, http://www.casenews.co.kr/news/articleView.html?idxno=4617에서 2023.6.23.에 확인함.

6.8 중소벤처기업 및 스타트업의 인재유지관리

기업은 기업 규모에 따라 스타트업, 중소기업, 중견기업, 대기업으로 구분이 되며, 특수한 기술 활용 관점에서 일반 기업과 벤처기업으로도 구분이 가능하다. 특히, 인터넷, 모바일, 및 웹 기술 등과 같은 신기술의 등장과 발전으로 스타트업 및 중소기업들이 많이 설립되게 되었고, 최근 4차 산업 혁명에 따른 기술들을 발전으로 다양한 스타트업 및 중소벤처기업들이 나타나게 되었다.

예를 들어 중소기업벤처기업부의 통계자료에 따르면 2016년 세계경제포럼인 다보스포럼에서 4차 산업 기술들의 중요성이 논의되면서 신생 스타트업은 2016년 1,190,177개, 2017년 1,256,267개, 2018년 1,344,366개, 2019년 1,285,259개, 그리고 2020년 1,484,667개로 꾸준히 지속적으로 성장세를 보이고 있다. 이러한 규모의 특성 (상대적으로 제한된 자원) 및 새로운 기술 활용의 특성으로 스타트업 및 중소벤처기업의 경우 일반 중견기업이나 대기업과는 다른 양상의 인사제도들을 활용하고 있다.

인사제도에 대한 투자와 활용의 정도는 기본적으로 인사제도에 투자할 수 있는 조직의 자원 가용성 정도 및 조직 리더의 인사전략의 방향성에 따라 달라질 수 있다. 스타트업 및 중소벤처기업의 경우 중견기업이나 대기업과 다르게 기업운영을 위한 재정적인 제한이 많을 수 있다. 특히, 스타트업의 경우 외부 투자를 통하여 기업을 운영하는 경우가 많은데 이런 경우 핵심 제품과 서비스를 산출을 위한 기본적인 비용을 제외하고 제한된 예산을 기초로 인사관리를 진행해야 하는 이슈에 봉착하게 된다.

따라서 제한된 예산에 기초하여 스타트업 및 중소벤처기업을 운영을 위해서 다양한 형태의 인사제도 활용의 양상을 띠게 된다. 즉, 모든 인사제도들에 대하여 균형 있는 투자를 하는 것보다는 현재 제한된 상황에 초점을 두어 특정 인사제도에 우선적으로 투자하고 활용하는 경향을 보인다. 또한, 제한된 자원을 효과적으로 활용하기 위하여 다양한 인사관리 관련 아웃소싱 기업들을 활용하기도 한다. 즉, 이러한 제한적 자원 활용에 따라 인사제도의 활용 정도가 다르며 이에 따라 직원들의 이직 패턴에 영향을 주기도 한다.

기업에 따라 직원들의 이직의 빈도는 다를 수 있지만, 중소벤처기업과 스타트업의 경우 상대적으로 대기업과 중견기업들보다 이직의 빈도가 높다고 할 수 있다. 이직에 영향을 줄 수 있는 요인들이 여러 가지가 있겠지만 일반적으로 보상 수준의 차이와 담당 업무의 스타일, 업무의 강도, 그리고 조직과 경력의 안정성 정도에 의해 이직의 빈도에 차이가 생길 수 있다.

예를 들어서 스타트업의 경우는 대기업에 비해서 상대적으로 제한된 재무적 자원을 가지고 있기 때문에 보상 수준이 상대적으로 낮은 경향이 있다. 그러므로 같은 직무를 맡고 있는 대기업과 스타트업의 직원들의 경우, 같은 직무에서 같은 일을 하더라도 기업에서 제공하는 보상의 수준이 다르기 때문에 보상 수준이 높은 대기업으로 직원들이 이직을 할 수 있다. 예를 들어 최근 국내 기업들의 경우, 4차 산업기술의 발전으로 IT 인력들에 대한 수요가 높아지고 있고, 대기업뿐만 아니라, 벤처중소기업과 스타트업들 또한 IT 인력들을 공격적으로 모집 및 선발하고 있다. 이러한 가운데, 재정적인 여유가 높은 대기업들이 경쟁력 있는 높은 보상 수준을 역량이 높은 IT 인력들에게 제시하고 있고, 이에 따라 제한된 자원을 가진 중소벤처기업들의 경우 보상 경쟁력이 떨어져 IT 인력들의 빈번한 이직을 경험하고 있다.

또한 업무 스타일과 업무의 강도에 의해 이직의 빈도가 다를 수 있는데, 중소벤처기업과 스타트업의 경우는 적은 인원으로 다양한 업무를 소화해야 하므로 스페셜리스트의 업무보다는 제너럴리스트 관점의 업무들이 많이 존재한다. 따라서 다양한 직무들을 한사람이 소화해야 할 필요가 발생하며 이것은 동시에 업무의 강도를 높이는 요인이 될 수 있다. 과도한 업무 강도와 다양한 업무들을 소화해야하는 부분에 있어서 중소벤처기업과 스타트업에서 일하고 있는 직원들의 경우 직무 스트레스와 개인적인 웰빙에 부정적인 영향을 받을 수 있는 경향이 있다. 이에 따라 상대적으로 대기업과 중견 기업에 비하여 이직의 빈도가 높은 경향이 있다고 할 수 있다.

또한 조직과 경력의 안정성 부분 또한 중소벤처기업과 스타트업에게 있어서 직원들의 이직률이 높은 원인 중에 하나라고 할 수 있다. 대기업이나 중견기업처럼 어느 정도의 세월동안 구축된 브랜드와 기업의 이미지는 직원들에게 조직의 안정감을 줄 수 있는 시그널을 제시할 수 있다. 그러한 시그널은 직원들의 심리적 안정감을 충족시킬 수 있으며, 그러한 안정감은 직원들의 이직의도 및 자발적 이직 행동을 낮출 수 있는 중요한 요인 중에 하나가 될 수 있다. 그러나 중소벤처기업이나 스타트업의 경우는 상대적을 낮은 브랜드 이미지와, 짧은 업력, 그리고 아직 안정적이지 않은 사업 아이템들로 인하여 직원들 입장에서는 조직에 대한 심리적 불안감이 높을 수 있다. 따라서 그러한 심리적 불안정감이 자발적 이직을 불러일으킬 수도 있다. 또한 상대적으로 대기업과 중견 기업에 비하여 체계적인 경력관리에 대한 준비가 부족할 수 있으므로 경력관리를 중요하게 생각하는 직원들에게 있어서는 본인의 역량과 경력을 높여줄 수 있는 기업으로의 이직을 고려할 수 있다.

따라서 중소벤처기업과 스타트업의 경우, 인재들의 자발적 이직을 줄이고 유지할 수 있는 다양한 전략을 제시할 필요가 있다. 우선적으로 중소벤처기업과 스타트업의 경우, 대기업과 중견기업에 비하여 제한된 자원을 가지고 있기 때문에, 선택과 집중의 인사제도 투자가 필요할 수 있다. 예를 들어 스타트업의 경우 핵심 인재의 영향이 무엇보다도 기업의 성과에 크게 영향을 줄 수 있기 때문에 핵심인재의 유지가 필요한데, 핵심 인재들 위주의 소수 인력으로 채용을 하고 그들에게 경쟁력 있는 보상 체계를 제시할 필요가 있다.

기본적으로 중소벤처기업과 스타트업의 경우, 대기업과 중견기업에 비해서 높은 보상 수준을 제시할 수 없는 경우가 다수 존재할 수 있으므로, 개인 및 조직 성과급 제도들을 적극 활용할 필요가 있으며, 장기적으로 기업의 성과와 연동될 수 있는 스톡옵션과 이익공유제들을 전략적으로 활용할 필요가 있다. 또한 정규 인센티브 프로그램은 아니지만 적시에 유연하게 제공해줄 수 있는 특별 보너스 방식의 보상 프로그램을 활용할 수도 있다. 예를 들어 마일스톤 형식의 보너스를 활용하여 중요한 프로젝트 달성이나 조직의 성장이 어느 수준의 중요한 마일스톤에 달성했을 때 특별 보너스 형식으로 제공하는 것이다. 또는, 특별 포상 형식으로 마찬가지로 정규 인센티브 프로그램은 아니더라도 금전적 보상의 필요성이 클 때, 일회성으로 인센티브를 제공하는 것이다. 예를 들어 스타트업으로 유니콘 반열에 올랐던 우아한형제들의 경우는 전 구성원을 대상으로 차등 없이 연봉의 10%를 인센티브로 제공하기도 하였다.

또 다른 방식으로는 적은 금액으로 직원들의 기여를 인정함으로써 그들의 동기부여를 자극하는 방법을 취할 수도 있다. 예를 들어 구글의 'g-Thanks' 프로그램의 경우는 업무에서 인정할만한 팀원을 동료가 추천을 할 경우, 추천받은 직원들은 1인당 175달러 정도의 현금이 지급되는 프로그램이 있다. 이를 통하여, 직원들은 동료들로부터 인정을 받음으로써 높은 직무 만족감을 가질 수 있고, 기업 입장에서는 적은 비용으로 직원들을 동기부여시킬 수 있는 장점이 있을 수 있다.

또한, 기본적인 경쟁력 있는 보상 수준을 제시하는 것뿐만 아니라, 다른 대기업 및 중견기업에서 매력적인 복리후생, 일/가정 양립 제도, 은퇴 교육 등 매력적이면서도 창의적인 복지제도를 제시할 필요가 있다. 마지막으로, 중소벤처기업 및 스타트업만이 가질 수 있는 조직 문화를 구축하여 인재들을 유인할 필요가 있다. 금전적 보상에 있어서는 대기업과 중견기업과의 경쟁에서 한계가 있을 수 있으므로, 수평적이고 자유로운 조직문화와 같이 직원들을 끌어드릴 수 있는 분위기와 조직문화를 구축하는 노력 또한 핵심인재들을 유인하고 이직을 방지할 수 있는 방법이라고 할 수 있다.

박스사례 **우들의 조직 문화 형성을 통한 인재 유지 전략**

국내 배달앱인 〈배달의 민족〉을 개발한 기업인 우들의 경우, 인재들이 매력적으로 느낄 수 있는 독특한 스타트업만의 조직문화를 형성하여 핵심 인재들에 대한 유지 전략으로 활용하고 있다. 우들의 창업자인 김 전대표이사는 2015년에 우들의 조직 문화형성을 위한 구체적인 가이드로 '송파구에서 일을 더 잘하는 11가지 방법'을 제시하여 일을 잘할 수 있는 문화 형성을 위한 지침을 줄 뿐만 아니라 직원들의 공감을 얻음으로써 직원들의 만족감을 높이는 방식으로 이직을 방지할 수 있는 조직 문화 형성에 매진하였다.

예를 들어 우들에서 제시한 11가지 방법으로는, 1) 12시 1분은 12시가 아니다, 2)실행은 수직적! 문화는 수평적~, 3) 잡담을 많이 나누는 것이 경쟁력이다, 4) 쓰레기는 먼저 본 사람이 줍는다, 5) 휴가나 퇴근시 눈치 주는 농담을 하지 않는다, 6) 보고는 팩트에 기반한다, 7) 일의 목적, 기간, 결과, 공유자를 고민하며 일한다, 8) 책임은 실행한 사람이 아닌 결정한 사람이 진다, 9) 가족에게 부끄러운 일은 하지 않는다, 10) 모든 일의 궁극적인 목적은 '고객창출'과 '고객만족'이다, 11) 이끌거나, 따르거나, 떠나거나! 를 제시하고 있다. 또한, 신규 입사자들의 이직 방지를 위하여, 신규 입사자들의 첫 출근 날에 '웰컴온' 과정을 시작으로 전담 돌보미가 선정되고 집중 케어를 받게 된다. 전담 돌보미는 신규 입사자들이 우들의 조직문화에 빠르게 적응할 수 있도록 밀착 지원을 하게 된다. 또한, 어느 정도 적응시간이 지나면 '온라인 배민컬처캠프' 과정이 진행되어 우들의 창업 스토리와 함께 문화, 제도, 철학 등에 대한 내용을 배울 수 있다. 그리고 다양한 송년회 및 행사들을 활용하여 직원들에게 조직문화를 전달하고자 하고 있다.

출처: 배민다움today(2022.4.22.), 송파구에서 일을 더 잘하는 11가지 방법, https://story.baemin.com/3359/ 에서 2023.6.23.에 확인함.

정리문제

1. 다음을 간단히 정리해 보세요.
   - 자발적 이직과 비자발적 이직
   - 이직의 양과 질
   - 이직의 시점

2. 다음 내용을 설명하세요.
   - 이직의 유형별 효용성
   - 이직 발생 시 고려해야할 요인들
   - 이직의 긍정적 및 부정적 영향
   - 이직을 방지하기 위한 제도들과 전략들

3. 팀보고서를 작성해서 발표해 보세요.
   - 직원 이직의 부정적 영향은 어떤 상황에서 더욱 극대화되는가?
   - 코로나19 이전과 이후의 직원의 이직 패턴은 어떤 식으로 변화해 오고 있는가?
   - 직원들의 이직을 방지하기 위한 조직의 효과적인 전략적 방안은 무엇이 있는가?

토론사례

대퇴사시대의 도래, MZ세대의 노동시장 진입, 그리고 기업들의 유지 전략

최근 기업들은 대퇴사시대(The Great Resignation)에 직면해 있다. 외부적으로는 경기 침체의 신호가 보이면서도 인력 고용에 있어서는 인력운영의 어려움을 겪고 있다. 즉, 대퇴사시대라는 용어와 같이 직원들의 빈번한 이직이 늘고 있는 추세에 있다. 특히, 이러한 원인으로 주목받고 있는 요인으로는 지속적인 경기침체에 따른 근로자의 불안한 심리 또한 존재하며, 또 다른 요인으로는 글로벌하게 영향을 받은 팬데믹을 들 수 있다.

또한, 이와 연관하여 전 세계 인구의 20% 이상을 차지하고 있는 MZ세대의 조직 노동력으로의 진입을 고려할 수 있다. 기존 근로자들에게 있어서 보상, 복리후생, 및 승진의 기회 등이 직장에서의 큰 동기부여 요인으로 고려되었다. 그러나 MZ세대들의 노동시장으로의 진입 후, 인력 이동과 이직 패턴에 큰 차이를 보이고 있다. 예를 들어 최근 연구에 따르면, MZ세대들의 직장 참여 동기 요인으로는 과거와 다르게 개인의 건강, 사회 활동, 및 개인적 성취를 높은 순위로 꼽고 있다. 즉, 새롭게 노동시장으로 유입되고 있는 MZ세대들은 높은 질적인 삶을 추구하고자 하는 면이 강한 것으로 보인다. 이러한 일함에 있어서의 니즈의 변화가 이루어짐에 따라서, 이 가치들에 부합되지 않는 경우, MZ세대들은 자발적으로 이직을 하는 경향이 있으면 1년 미만의 직장생활을 가지고 자발적으로 이직하는 경향이 빈번히 나타나고 있다. 또한, 이직을 하지 않는 경우, 조용한 사직(Quiet Quitting)의 형식으로 받은 임금만큼만 일하고 최소한의 업무만 수행하는 경향도 나타나기 시작했다.

이러한 패턴은 개인의 성취, 개인 건강 및 웰빙 추구의 목적과 부합하여, 할당된 업무들만 최소한으로 처리하고 나머지 시간들을 개인적인 개발과 웰빙에 활용하겠다는 것이다. 이에 따라 기업들 또한 다양한 방식으로 MZ세대들의 유지전략을 펼치고 있다. 예를 들어 앞서 설명한 삼성전자 사례처럼, 삼성전자에서는 최근의 젊은 MZ세대의 노동력들의 이직을 방지하기 위해 주니어급의 직원들과 솔직한 의사소통을 할 수 있는 '위톡' 시간을 매주 개최하여 부문장과 직원들 간의 커뮤니케이션을 통하여 직원들의 니즈를 충족시킬 수 있는 방안들을 모색하고 있다. 비슷한 맥락에서 몇몇 기업들은 직원들의 감정상태,

몰입수준, 관심사, 또는 불만사항 등을 수시로 파악할 수 있는 펄스 서베이(Pulse Survey) 또한 관심을 보이고 있다. 또한, 구글, 메타, 아마존 등도 젊은 근로자들의 니즈를 파악하고 업무 피드백을 주기위해서 1대1 면담을 매주 갖고 수시로 일을 지도하며 필요에 따라서 적극적인 칭찬을 통하여 구성원들의 성장을 추구하고자 노력하고 있다. 이러한 기업들의 전략들을 살펴보았을 때, 기업들은 MZ세대들의 효과적인 유지관리를 위하여 인사제도들을 다방면으로 변화시키고 있다.

출처: 유진(2023.1.25.), [포커스] 전 세계 찾아온 '大퇴사시대'...세계경제포럼이 제시하는 'Z세대 고용 전략', 위키리크스 한국, https://www.wikileaks-kr.org/news/articleView.html?idxno=134521 에서 2023.6.23.에 확인함.

- **논의 주제**

1. 최근의 대퇴사시대에 맞이하여 MZ세대의 이직의 패턴과 이직 사유는 무엇인가?
2. 대퇴사시대에서 직원들의 빈번한 이직을 방지하기 위하여 기업들이 운영할 수 있는 인사제도는 무엇이 있는가? 그 인사제도는 기존의 전통적인 인사제도와 어떤 차이점이 있는가?

Chapter 07

임금관리

본 장에서는 사람관리의 핵심 중에 하나라고 할 수 있는 임금관리에 대해 설명한다. 기업은 직원의 노동을 제공받는 대신에 임금을 지급한다. 하지만 임금을 어느 수준으로 지급할 것인가, 임금을 어떤 기준으로 지급할 것인가, 그리고 임금을 어떤 형태로 지급할 것인가는 회사가 고민해야 할 임금관리 이슈이다. 특히 기본급의 인상기준을 근속연수로 할 것인가 아니면 수행하는 직무를 기준으로 할 것인가에 대한 고민을 기본급 임금체계라고 하며, 우리나라의 경우 기본급 임금체계에 대해 사회적 논의가 활발하다. 그 외에 복리후생제도에 대해서도 살펴본다.

학습목표

1. 임금관리 일반에 대해 이해하기
2. 임금관리 전략에 대해 이해하기
3. 임금수준, 임금체계, 임금형태 이해하기
4. 기본급 임금결정체계 유형에 대해 이해하기
5. 법정 및 비법정 복리후생제도에 대해 이해하기

들어가기 사례 개발자 채용 멈춘 카오

1. 개발자 공급 부족과 스카웃 전쟁

코로나19 대유행 기간 동안 국내 게임사들의 개발자 인력 쟁탈전은 심각했다. 블록체인, 메타버스, 대체불가토큰(NFT) 등의 신기술이 등장하고 관련 서비스가 스타업과 정보통신업계뿐만 아니라 금융과 유통 등 전분야로 확대되면서 개발인력이 크게 부족했기 때문이었다.

엔소프트는 2021년 12월 역대 최대 규모의 개발자 공채 과정에서 대졸 초임제도를 폐지했고, 경력직 채용에서는 162개 직무에서 모집을 진행했다. 엔소프트는 개발직군 연봉을 1,300만 원 인상했고, 능력 있는 신입사원에 대해서는 초봉 제한을 없애겠다고 발표했다. 크래톤은 2021년 4월 대규모 신입 공채를 시행했는데 게임 프로그래밍, 데이터 엔지니어링 등 개발직군과 UI 디자인, 모바일 품질관리(QA) 등 비개발직군을 포함해 600명 가량을 채용했다. 크래톤의 경우 개발직군은 2천만 원, 비개발직군은 1천5백만 원씩 연봉을 인상했다. 넥소프트도 2021년 8월에 100명 이상을 채용했는데 신입 개발직 초봉을 5천만 원으로 인상하고 기존 직원들은 일괄적으로 8백만 원씩 연봉을 인상했다.

이러한 개발자 부족현상으로 대기업들도 개발자 인력 유출을 막기 위한 노력을 기울였다. 우리나라 대표기업인 S전자도 개발자들이 상장을 앞둔 스타트업으로 이직하거나 창업하는 사례가 증가하면서 사내 벤처 프로그램을 운영하고 있는데, 1년간 현업에서 벗어나 자기 사업에 전념할 수 있도록 하고, 실패할 경우에는 다시 회사로 복귀할 수 있도록 하는 방안으로, 이직하지 말고 마음껏 창업해보라는 의미다.

개발자 1순위인 네이나 카오(소위 네카오)도 인력난을 호소하고 있다. 당근마켓, 두나무, 호갱노노 등 네카오 출신들이 창업한 스타트업이 성공하면서 낮에는 회사 일하고, 밤에는 창업을 준비하는 직원들이 늘어나고 있기 때문이다. 여기에 신규 사업에 진입하는 대기업들이 주요 인력을 스카웃 하는 현상도 늘어나고 있다. 대표 자동차기업인 현대자동차도 네이의 최고기술책임자를 본부장으로 영입하였고, 실리콘 밸리나 해외에서 일하는 개발자도 공략하고 있으며, 내부적으로 기존 직원을 개발인력으로 전환하거나, KT처럼 비전공자를 채용해서 개발자로 육성하는 프로그램을 운영하는 경우도 있다.

2. 네이와 카오의 연봉과 성과급

국내 30대 상장사 중에서 23개사는 직원 1인 평균 급여가 2019년 대비 2020년에 5.8% 올랐는데 카오는 35%가 올라서 1위를 차지했다. 네이는 3위로 21.2%가 인상되었다. 2020년 카오의 직원 1인 평균급여는 1억8백만 원으로, 2019년 8천만 원에 비해 35%가 상승하여 1위를 기록하였다. 카오의 남성직원은 1억3200만 원으로 43.5%가 올랐으며, 여성은 7200만 원으로 전해의 6200만 원에서 16.1%가 올랐다. 네이는 1억 247만원으로 전년 8455만 원에서 21.2%가 상승하였다. 남성 직원은 1억888만 원으로 19.6%가 인상되었으며, 여성은 9113만 원으로 25% 인상되었다.

네이 홈피에 제시된 성과와 보상 부분을 보면 첫 번째가 성과중심 문화로 때가 되면 승진하는 직급체계가 없고, 성과에 따라 인정과 보상이 이루어진다고 제시되어 있다. 다음으로 평가는 소위 다면 평가인데, 상사인 조직장과 동료로부터 '성과'와 '협업도'에 대해 강점과 개선점을 중심으로 서술 형태로 받는다. 그리고는 구체적인 보상프로그램에 대한 설명은 없고, 바로 주식프로그램을 제시하고 있다. 네이는 2021년 4월 '스톡그랜트' 제도를 도입하기로 했는데 지금가지의 주식보상프로그램(스톡옵션 · 주식매입 리워드)이 임원들에 대한 혜택이라는 지적에 따라 도입되었다. 스톡그랜트는 임원이 아닌 정규직 직원에게 2021년부터 3년간 매년 1천만 원 상당의 자사주를 지급하는 제도로, 스톡옵션과는 달리 주식을 부여받은 즉시 현금화가 가능하다.

2021년 5월 카오는 인사제도 개선 방안으로 본사 전 직원 대상 연간 복지포인트 360만 원 지급, 주택자금 대출한도 기존의 7천만 원에서 1억5천만 원으로 증액, 직원과 가족 대상 의료보험 범위에 치과보험 포함, 사내 식당 신설 등을 제시했다. 2021년 5월에는 전체 직원에게 일괄적으로 스톡옵션을 부여하기로 했다. 2021년부터 2023년까지 근속연수 1년 이상 직원에게 매년 200주를, 1년 미만 직원에게 100주를 부여한다. 직원 2,506명에게 총 47만2,900주의 스톡옵션을 부여한다.

3. 정보기술(IT) 업계 개발자 채용 중단

하지만 코로나19 대유행 동안에 연봉을 높여 '개발자 모시기'에 나섰던 기업들이 2023년 들어서서 경기 둔화의 영향 등으로 긴축 경영에 나서면서 고용한파 분위기가 한동안 이어질 것으로 예상되고 있다. 한 기술 스타트업 회사에서 프론트앤드 업무를 하는 개발자 박씨는 이직을 위해서 10차례 이력서를 넣었지만 줄줄이 탈락의 고배를 마셨다.

카오는 2023년 1월 진행 중이던 개발자 수시 경력 채용 절차를 갑자기 중단해서 지원자들의 공분을 샀는데, 불확실한 대외 환경변화로 채용을 보수적으로 간다는 기조아래 내려진 결정이라고 하였다. 카오의 2022년 인건비는 1조 6871억 원으로 2021년에 비해 19%가 증가하였고 이는 총 영업비용의 26%를 차지한다. 카오는 2018년 이후 처음으로 영업이익이 감소하였다.

게임 '쿠키런'으로 잘 알려진 데브시스터즈는 2023년에 들어가면서 지식재산 관련 팀을 채체하고 소속 직원 40명에 대한 재배치를 논의 중이다. 직원들은 사실상 구조조정으로 생각하고 있다. 글로벌 슈팅 게임 '베틀그라운드' 제작사인 크래프톤도 2023년 3월부터 조직장 연봉을 동결하고 필수 개발 인력을 제외한 나머지 직군에 대한 신규채용을 중단하기로 했다. 엔소프트의 북미법인 엔웨스트도 전체 직원 중 20%를 감원하였다.

출처: 황순민 · 김대은, 2021.12.21., "연봉 2천만원 올려드려요"…개발자 절실한 게임사들 '당근' 쏟아내, 매일경제, https://www.mk.co.kr/news/it/view/2021/12/1171255/, 2022.1.5.에 확인함.;
옥기원, 2023.2.23, 개발자 채용 멈춘 카카오.. 판교에 불어닥친 '구직 한파', 한겨레, https://www.hani.co.kr/arti/economy/it/1080765.html에서 2023.2.23에 확인함.

안하늘, 2021.11.11., 대기업도 인력유출에 떤다... "개발자가 갑, 특급대우 보장", 한국일보, https://m.hankookilbo.com/News/Read/A2021111011080002166 에서 2022.1.5.에 확인함;

네이버 Career, Culture Report의 성과와 보상 부분으로 https://recruit.navercorp.com/naver/cultureReport?id=2 에서 2022.1.5.에 확인함;

최근도, 2021.5.24., 카카오 연봉 35% 올라 상승률 1위…평균 1억 돌파, 매일경제, https://www.mk.co.kr/news/business/view/2021/05/499469/에서 2022.1.3.에 확인함;

임일곤, 2021.8.12., [네이버vs카카오][네이버vs카카오]⑧수면 오른 '성장통' 직원 달래기 나서, 비즈니스워치, http://news.bizwatch.co.kr/article/industry/2021/08/10/0010 에서 2022.1.3.에 확인함.

논의 주제:

1. 코로나19 대유행 시기에 개발자들에 대한 보상이 급격하게 인상된 이유는 어디에 있는가?
2. 주식보상제도가 유행한 이유는 어디에 있는가?
3. 노조가 있는 대기업의 경우 임금체계에서 노동조합이 많이 결성되어 있는 생산직의 경우 경영지원직과 어떤 차이를 보이는가?
4. 성과배분제와 스톡옵션의 차이를 설명해 보세요.

7.1 임금의 의미와 임금의 주요 구성

임금은 근로자가 제공한 노동력에 대한 보상인데, 어느 수준으로 어떻게 지급할 것인가 그리고 다년간 근속하는 경우에 어떻게 임금을 체계적으로 인상할 것인가도 매우 중요한 과제이다.

7.1.1 임금의 의미

임금이란 근로자의 노동력 제공에 대한 대가로 회사가 지급하는 금전적인 보상이다. 따라서 자원봉사처럼 임금과 같은 보상을 전제하지 않는 경우와는 구분된다.

자본주의 사회에서 노동을 제공받고 그에 대한 보상으로 임금을 제공하는 것은 노동시장에서 결정되는 것이 원칙이지만 노동력 공급이 수요를 초과하거나 불경기 등으로 노동력에 대한 수요가 감소하는 경우 임금이 지나치게 낮아질 수 있으므로 사회적으로는 최저임금제도가 있고, 근로기준법에서는 근로조건이 불리해지는 경우에는 근로자의 개별 동의가 필요하도록 규제하고 있으며, 노동조합도 임금하락을 피할 수 있도록 역할을 수행한다.

임금이란 제공하는 노동의 양이나 질이 같으면 같은 수준의 임금을 받아야 하는 동일노동동일임금 법칙이 공평해 보이지만 현실적으로는 어느 규모의 기업에서 일하는가? 어느 업종에서 일하는가? 어느 지역에서 일하는가? 어느 국가에서 일하는가에 따라서 많은 차이를 보인다. 사무관리직으로 일한다고 하더라도 현대자동차나 삼성전자에서 일하는 경우 중소기업에서 비슷한 일을 하더라도 임금수준에서는 많은 차이를 보인다. 은행에서 일하는가 아니면 제조업에서 일하는가에 따라서도 차이를 보인다. 회사의 위치가 서울인가 아니면 지방인가에 따라서도 다르고, 같은 일을 한국에서 하는가 아니면 중국이나 베트남에서 하는가에 따라서도 많은 차이를 보인다.

7.1.2 임금, 평균임금, 통상임금

우리나라는 임금에 대해 근로기준법에서 정하고 있는데 흥미로운 점은 평균임금과 통상임금이라는 개념으로 다시 구분하고 있어서 실무에서는 매우 복잡한 결과를 도출하고 있다. 특히 2013년에는 고용노동부의 임금계산 방식에 대해 대법원에서 다른 판결을 내림으로써 수많은 소송이 제기된 바 있다. 최저임금의 경우도 계산 방식이 무척 복잡해서 의도치 않게 최저임금법을 위반하는 사용자들이 발생하고 있다. 단기적으로 어렵더라도 중장기적으로 개선되어야 할 사항이다. 하지만 여기서는 현재 사용되는 개념과 정의에 대해 살피기로 한다.

우리나라 근로기준법(근기법) 제2조(정의)제1항의 5.를 보면 임금이란 '사용자가 근로의 대가로 근로자에게 임금, 봉급, 그밖에 어떠한 명칭으로든지 지급하는 모든 금품'으로 정의하고 있다. 명칭에 상관없이 노동의 대가로 지급하는 모든 금품이다. 그리고 근로기준법에는 평균임금과 통상임금이란 개념으로 구분되어 있다.

근기법 같은 항의 6.에는 평균임금이란 개념을 정의하고 있는데 '이를 산정해야 할 사유가 발생한 날 이전 3개월 동안에 그 근로자에게 지급된 임금의 총액을 그 기간의 총일수로 나눈 금액'이라고 정의하고 있다. 이 평균임금은 퇴직금 지급의 기준이 된다. 다만 위의 금액이 근로자의 통상임금보다 적으면 그 통상임금액을 평균임금으로 한다.

근기법 시행령 제6조제1항에 통상임금이란 '근로자에게 정기적이고 일률적으로 소정(所定)근로 또는 총 근로에 대해 지급하기로 정한 시간급 금액, 일급 금액, 주급 금액, 월급 금액 또는 도급 금액'을 말한다. 이 통상임금은 평균임금의 최저한도 보장, 해고예고

〈표 7-1〉 임금, 평균임금, 통상임금

구분	내용
임금	- 사용자가 근로의 대가로 근로자에게 임금, 봉급, 그밖에 어떠한 명칭으로든지 지급하는 모든 금품
평균임금	- 이를 산정해야 할 사유가 발생한 날 이전 3개월 동안에 그 근로자에게 지급된 임금의 총액을 그 기간의 총일수로 나눈 금액 - 퇴직금의 기준
통상임금	- 근로자에게 정기적이고 일률적으로 소정(所定)근로 또는 총 근로에 대해 지급하기로 정한 시간급 금액, 일급 금액, 주급 금액, 월급 금액 또는 도급 금액 - 평균임금의 최저한도 보장, 해고예고수당, 연장·야간·휴일근로수당, 연차유급휴가수당 및 출산전후휴가급여 등을 산정하는데 기초가 됨

출처: 저자가 작성

수당, 연장·야간·휴일근로수당, 연차유급휴가수당 및 출산전후휴가급여 등을 산정하는 데 기초가 된다.

통상임금의 산정기초가 되는 임금은 근로계약이나 취업규칙 또는 단체협약 등에 따라 소정근로시간(소정근로시간이 없는 경우에는 법정근로시간)에 대해 근로자에게 지급하기로 정하여진 기본급 임금과 정기적·일률적으로 1임금산정기간에 지급하기로 정하여진 고정급 임금으로 한다[「통상임금 산정지침」(고용노동부예규 제47호, 2012. 9. 25. 발령·시행) 제3조제1항].

통상임금에 포함되는 임금의 범위는 먼저 '소정근로시간* 또는 법정근로시간**에 대해 지급하기로 정하여진 기본급 임금'과 '일·주·월 기타 1임금산정기간 내의 소정근로시간 또는 법정근로시간에 대해 일급·주급·월급 등의 형태로 정기적·일률적으로 지급하기로 정하여진 고정급임금'이다.

박스사례 H중공업 사례: 정기 상여금을 통상임금에 포함하고 지급해야

대법원 3부(주심 김재형 대법관)는 (2021년) 16일 H중공업 근로자 10명이 2012년 회사를 상대로 낸 임금 소송 상고심에서 원고 패소로 판결한 원심을 파기하고 사건을 부산고법으로 돌려보냈다. 이 회사는 근로자들에게 매년 800%의 정기 상여금을 지급했는데, 각종 수당과 퇴직금·격려금·성과금·휴가비 등 산정의 기준이 되는 통상임금에는 이 정기 상여금을 포함하지 않았다. 근로자들은 "정기 상여금을 통상임금에서 제외함에 따라 지급하지 않은 미지급분을 줘야 한다"며 소송을 냈다.

핵심 쟁점은 직원들의 요구가 민법상 대원칙인 '신의성실의 원칙'(신의칙)에 어긋나는지였다. 대법원 전원합의체는 2013년 '정기 상여금은 통상임금'이라는 원칙을 확립했지만, 회사가 '경영상 어려움'에 처할 경우 신의칙에 따라 통상임금 요구를 제한할 수 있다고 판결했다. 회사가 통상임금 소급분을 지급했을 때 중대한 경영상의 어려움이 초래되거나 존립이 위태로워지는 경우 신의칙을 위반한 것이라 소급분을 지급하지 않아도 된다는 의미다. 이 사건 2심 재판부가 1심의 승소 판결을 패소로 뒤집은

---

* '법정근로시간'이란 성인근로자의 경우 1일에 휴게시간을 제외한 8시간, 1주에 휴게시간을 제외한 40시간(규제 「근로기준법」 제50조), 15세 이상 18세 미만인 사람의 경우 1일에 7시간, 1주일에 35시간(「근로기준법」 제69조 본문), 유해 · 위험작업에 종사하는 근로자의 경우 1일 6시간, 1주 34시간(규제 「산업안전보건법」 제46조)(「통상임금 산정지침」 제2조제2호).

** '소정근로시간'이란 법정근로시간의 범위에서 근로자와 사용자간에 정한 근로시간(「통상임금 산정지침」 제2조제3호).

것 역시 "신의칙에 어긋나 임금 소급분을 지급하지 않아도 된다"는 취지에서다.

하지만 대법원은 이번 소송에서 "근로자들의 청구가 신의칙에 위배되지 않는다"고 판단했다. 현대중공업이 소급분을 지급하더라도 심각한 '경영상 어려움'에 처한다고 보긴 어렵다는 게 요지다. 대법원 관계자는 "신의칙 위반 여부를 판단할 때 일시적인 경영 악화뿐 아니라 기업의 계속성이나 수익성, 경영상 어려움 예견 및 극복 가능성 등을 두루 살펴야 한다는, 구체적 판단 기준을 제시한 것"이라고 의의를 설명했다.

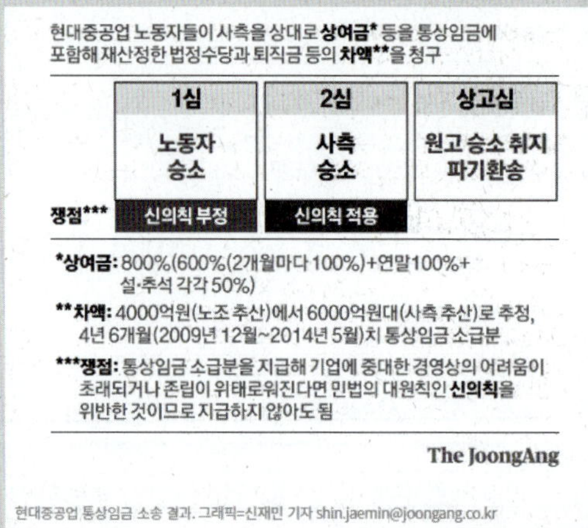

현대중공업 통상임금 소송 결과. 그래픽=신재민 기자 shin.jaemin@joongang.co.kr

출처: 강광우, 2021.12.17, 대법 "정기상여금 통상임금에 포함해 수당 · 퇴직금 줘라", *중앙일보*, https://www.joongang.co.kr/article/25032998#home 에서 2022.1.13.에 확인함

7.1.3 고정급인 기본급과 변동급인 성과급

기본급(base pay)은 회사에서 노동력을 제공하는 근로자에게 매시간 또는 매일, 매주, 매월, 매년 등 기간을 정해 고정적으로 지급하기로 한 임금이다. 회사의 성과나 근로자가 소속된 부서 등의 성과와는 상관없이 고정적(fixed)으로 지급되기 때문에 고정급이라고도 한다.

성과급(performance-based pay)은 성과에 따라 변화하는 임금으로 상여금(incentive)이나 보너스(bonus) 등으로 부르기도 한다. 임금에서 성과급이 차지하는 비율은 회사마다 부서마다 또는 수행하는 업무의 특성에 따라 다르게 구성된다. 대체로 직무가 단순하거나 직급이 낮은 근로자가 수행하는 경우 전체적인 임금수준이 낮고 고정급의 비율이 높고

〈표 7-2〉 임금: 기본급과 성과급

구분	내용
기본급	- 회사에서 노동력을 제공하는 근로자에게 매시간 또는 매일, 매주, 매월, 매년 등 기간을 정해 고정적으로 지급하기로 한 임금 - 성과와는 상관없이 고정적으로 지급되기에 고정급이라고도 함
성과급	- 성과 또는 사전에 정한 기준에 따라 지급시에 변화하는 임금 - 상여금(incentive) 또는 보너스(bonus) 등으로 부르기도 함

출처: 저자가 작성

성과급의 비율이 낮다.

하지만 임금이 고정되는 경우 임금의 동기부여 효과가 낮기 때문에 성과가 좋아짐에 따라 그에 비례하여 더 많은 임금을 지급하기로 하는 성과급 제도를 운영하는 경우가 많다. 성과를 측정하는 기준은 개인단위, 팀단위, 공장단위, 회사단위 등 다양하게 정할 수 있으며, 성과급을 지급하는 공식도 사전에 정해서 사후 성과를 반영하여 성과급이 결정되므로 사전적으로 알 수 없기 때문에 변동급(variable pay)이라고도 한다.

다만 우리나라의 경우 상여금이라고 할 때, 매년 400% 또는 600%와 같이 사전에 고정적으로 정해진 경우가 존재한다. 특히 노동조합과 단체협약에서 많이 활용되는데 이러한 경우는 형식적으로는 변동급이지만 실질적으로는 고정급이라고 해야 할 것이다.

7.2 임금관리와 인적자원관리

7.2.1 임금관리의 목적과 목표

임금은 기본적으로 제공받은 노동에 대한 대가로 회사가 지급하는 보상이지만, 특정 회사의 임금수준이나 임금체계는 외부의 잠재적인 취업희망자의 입사지원 결정에도 영향을 미치고, 재직 중인 근로자의 일에 대한 열의나 회사를 떠나려는 이직의사에도 영향을 미친다.

따라서 임금관리의 목적은 기업의 외부로부터는 우수한 인적자원이 지원할 수 있도록 매력적이어야 하고, 재직 중인 근로자에 대해서는 임금에 대해 만족하도록 관리하는 것이다. 단순하게 높은 임금을 지원하는 것만이 최선의 방법은 아니고, 내부적으로는 형평성(fairness)이 있어야 한다.

이러한 목적을 달성하기 위해서 임금관리는 효율성, 공정성, 안정성의 목표를 가진다. 기업의 입장에서는 지급하는 임금 수준을 높여서 지급하는 것이 우수한 지원자를 확보하고 재직중인 근로자의 일에 대한 열정을 높일 수 있어서 효과적이라고 할 수 있지만 그렇다고 해서 무조건 높은 임금 수준을 유지할 수는 없다. 따라서 임금에 대한 효율성 제고를 목표로 해야 한다. 근로자의 생산성에 맞추어 임금수준과 임금인상을 정하고, 회사의 지불능력을 고려하여 임금을 관리할 필요가 있다.

효율성 관리가 임금에 대한 물리적인 측면이라고 한다면, 두 번째는 공정성을 확보하는 것이다. 내부적으로는 하는 일의 내용에 따라 차이를 두는 것이 필요하고, 일에 대한 결과, 즉 성과를 반영하는 것도 공정성을 확보하는 방법이다. 단순한 일을 하는 경우보다는 복잡하고 어려운 일을 하는 근로자가 높은 임금을 받아야 하고, 업무수행 성과가 좋은 근로자에 대해서는 더 많은 성과급을 주는 것이 공정한 것이다. 임금에 대한 차이가 없다면 굳이 열심히 일을 할 필요를 못 느끼고, 나아가서는 공정하게 임금이 관리되는 다른 회사로 옮기려는 이직의사가 높아질 수 있다.

내부적으로 공정성이 확보되었다고 하더라고, 다른 기업들과 비교해서 임금수준이 낮다면 이 또한 공정하지 못하다고 느끼고 이직의사고 높아질 수 있다. 다만 기업규모가 고려되어야 하고, 업종에서의 유사성도 전제되어야 할 것이다.

세 번째는 임금이란 수년간 또는 그 이상 지급되는 것을 전제로 하기 때문에 지속성에서 안정성이 어느 정도 확보되어야 한다. 고정적인 임금이 없이 일에 대한 결과를 기준으로 성과급만을 지급한다면 이는 근로자로 볼 수 없다. 우리나라에서 임금이란 고정적인 금액을 매월 현금으로 직접 근로자에게 지급하도록 근로기준법에 명시되어 있다. 따라서 기본적으로 매월 고정적인 현금이 지급되지 않으면 임금이 존재하지 않고, 근로자로 간주하지 않는다.

그리고 이 고정급의 비율이 어느 수준 이상이 되어야 근로자는 안정적으로 생활을 할 수 있고, 향후 계획을 세울 수 있다. 임금은 크게 고정급인 기본급과 변동급인 성과급으로 구분하는데 고정급의 비율이 대체로 80% 이상을 차지하는 것이 일반적이다. 물론 이 비율을 어떻게 정할 것인가는 기업이 그리고 기업과 근로자가 협의해서 결정하지만 근로자의 입장에서는 고정적인 임금이 많은 비중을 차지하는 임금체계를 통해 수입의 안정성을 확보하고자 한다.

7.2.2 임금수준과 임금관리 전략

임금수준은 외부에서 인재를 확보하기 위해, 그리고 내부에서 인재를 유지하기 위해(이직을 하지 않고 열심히 일할 수 있도록) 적절한 수준으로 관리되어야 한다. 우리나라의 전통적인 임금관리 교재에는 임금수준에 대한 논의는 거의 없다. 주로 임금체계에 대한 논의가 중심이다. 하지만 임금수준에 대한 논의는 최저임금만이 아니라 여러 측면에서 중요하다. 여기서는 거시적 차원에서부터 미시적 차원까지 임금수준의 결정 요인과 기업의 임금관리 전략에 대해 살펴보고자 한다.

7.2.2.1 임금수준 결정

거시적 요인이라면 국가경제, 노동시장, 그리고 물가상승이 주요 영향요인이다. 국가의 경제성장부터 생각해 볼 수 있다. 한 국가의 임금수준은 그 나라의 경제성장 정도나 1인당 국민소득과 비례한다고 할 수 있다. 먼저 생산성임금제는 거시경제에서 평균임금 인상수준을 노동생산성 상승률과 같게 하는 것을 의미한다. 다음은 생활수준의 상승이다. 경제가 발전함에 따라 노동자들의 생활수준은 향상되고, 의식주에 대한 기대수준이 올라가기 때문에, 이러한 점이 고려되어 임금수준이 결정되어야 한다.

다음으로는 노동시장에서 노동력의 수급관계다. 경제성장 초기에는 노동력 공급이 풍부하여, 임금수준이 낮지만, 경제성장 후반기에는 노동력 공급이 줄어들어 임금수준이 올라가는 경향을 보인다. 우리나라도 해외에서 낮은 임금수준에도 일할 의지를 가지는 외국인노동자들을 수입한 지가 20여년 이상의 역사를 가지고 있으며, 윤석열 정부에서는

〈표 7-3〉 임금수준 결정 요인

구분	내용
거시적 요인	국가 경제의 성장과 생산성 임금제(노동생산성), 생활수준
	노동시장의 수요공급
	물가상승률
일반적인 요인	동종 업계의 임금 수준
	경영환경과 경영성과
	생산성과 지불능력

출처: 저자가 작성

외국인노동자의 공급을 대폭 확대할 예정이다. 농촌에서 농사를 짓는 인력이나 건설현장의 인력, 그리고 중소영세 제조업이나 소규모 식당 등에서 일하는 외국인 근로자들은 흔하게 볼 수 있는데 이는 결국 노동력의 공급확대를 통해서 시장 임금 수준을 낮추거나 유지하려는 국가 수준의 정책적 노력이라고 할 수 있다.

셋째, 물가상승률의 경우 높아지면 노동자의 생활을 압박하고, 실질임금을 낮추기 때문에 노동자들은 물가상승에 대응하는 임금인상을 요구하게 된다.

다음으로 일반적인 임금수준 결정 요인이다. 동종업계의 다른 기업들의 임금인상도 영향요인이 된다. 특히 한국의 경우 다른 기업의 임금인상률이 얼마인가 하는 점은 많은 영향을 미친다. 경영환경과 경영성과가 좋은 현대자동차의 임금인상률이 경영환경이나 경영성과가 좋지 않은 한국GM이나 르노삼성의 임금인상률에 큰 영향을 미친다. 합리적인 요구라고 보기 어렵지만, 현실이 그렇다.

마지막으로, 생산성과 기업의 지불능력이다. 생산성과 관련해서 임금인상은 기업으로 하여금 생산물의 가격을 올리거나, 생산성을 높이도록 한다. 가격을 올릴 수 있는 경우, 즉 독과점의 경우에는 문제가 해결되지만 그렇지 못하면 생산성을 향상시켜야 한다. 기업의 지불능력도 중요한 요인이다. 기업은 지불능력의 한계를 가지지만 그렇다고 이를 주장하면서 임금수준을 낮추거나 임금동결을 하기는 어렵다. 결국 지불능력이 부족한 경우 기업은 도산하고 폐업하게 될 것이다.

7.2.2.2 초임 수준 결정

임금은 기본적으로 직업의 종류별로 그리고 세부적으로는 직급별로 구분되는 보이지 않는 노동시장에 의해 결정된다. 그렇다면 이 수준이 결정되는 기준은 어디에 있는가? 기본적으로 초임은 직무의 난이도, 직무를 수행하는 산업, 소속 기업의 규모 등도 초임 수준을 결정하는데 중요한 역할을 하고, 해당 직무에 대한 수요와 공급의 제한 등도 중요한 역할을 한다. 하지만 해당 직무를 수행하는 조직의 고용안정성은 초임수준을 낮추는 역할을 하며, 해당 조직의 미래가 밝은 경우에도 낮은 초임수준이 인정된다.

7.2.2.3 임금수준관리 전략 1: 선도전략

임금수준은 업종이 유사한 경우 비슷한 수준을 유지하지만, 기업의 임금관리전략에 따라서 다른 기업들보다 높은 수준을 유지하는 선도 전략(leading strategy), 다른 기업들과 비슷한 수준을 유지하는 동행 전략(accompany strategy), 그리고 다른 기업보다 낮은 수준을 유지하는 후행 전략(following strategy)으로 구분할 수 있다.

선도 전략은 동종업계의 다른 기업들보다 더 높은 수준의 임금을 유지하는 전략이다. 상대적으로 임금수준이 높은 경우, 보다 우수한 인적자원을 확보할 수 있으며, 내부의 인적자원도 이직보다는 회사에 남아있으려는 경향을 가지도록 만들어서 이직률도 낮출 수 있다. 따라서 우수자원들은 보다 창의적이고 보다 성실하게 일할 가능성이 높으며, 이직에 따른 신규채용 비용을 줄일 수 있고, 조직에 대한 불만으로 인한 생산성 하락과같은 비용도 줄일 수 있다.

하지만 문제는 높은 임금으로 인해 경쟁력을 상실할 수도 있는 점이다. 또한 신입사원

〈표 7-4〉 임금수준관리 전략

구분	내용
선도 전략	다른 기업보다 높은 수준 유지
동행 전략	다른 기업과 비슷한 수준 유지
후행 전략	다른 기업보다 낮은 수준 유지

출처: 저자가 작성

채용을 위해 지나치게 높은 임금을 제시한 경우 기존의 재직 중인 사원들도 그에 비례해서 임금이 인상되지 않으면, 신입사원과 2~3년차 사원의 임금수준이 비슷하거나(wage compression) 심지어는 임금이 역전되는(wage conversion) 경우도 발생한다. 2018년부터 법정 최저임금이 급격하게 상승하게 되자 최저임금 수준의 임금을 받던 근로자들의 임금이 급격하게 상승하고, 그보다는 약간 높은 수준의 임금을 받던 근로자들과의 임금격차가 줄어드는 현상이 발생해서 새로운 불만이 발생한 경우가 있었다.

우리나라는 대기업으로 구성된 그룹들도 임금수준에서 차이를 보인다. 삼성그룹은 임금관리에 있어서 전통적으로 선도 전략을 취해왔다. 복리후생에서도 사원들에게 자부심을 주기 위해 차별화된 전략을 취해 왔다. 이제는 더 이상 활용하기 어렵게 되었지만 과거 삼성그룹은 '노조가 필요하지 않은 경영'이라는 슬로건으로 무노조 경영을 추구했는데, 그 중에 구체적인 내용의 하나가 바로 높은 임금수준이었다. 노조의 중요한 역할 중의 하나가 임금인상인데 노조가 없는 삼성그룹 계열사가 노조가 있는 다른 기업보다 임금수준이 높으니 굳이 노동조합이 필요하냐는 의미를 가진 것이다.

그룹 간에는 보이지 않는 경쟁심이 있기 때문에 업종이 달라도 그룹별 대표기업의 초임수준에서 경쟁을 하기도 한다. 삼성그룹의 삼성전자, 현대자동차그룹의 현대자동차, SK그룹의 SK텔레콤이나 SK하이닉스 등은 각 그룹의 대표기업으로 신입사원의 초임에서 다른 기업보다 더 높은 임금수준을 제공하는 자존심 싸움을 하기도 한다.

시장에서의 공급부족이 원인이기도 하지만 2021년에는 게임업계에서 초임 수준을 높이는 기업별 경쟁이 심화된 시기였다. 게임의 출시에는 타이밍이 중요하게 작용하기 때문에, 경쟁사에 우수인재를 빼앗기는 경우 기업의 생존이 어렵게 될 수도 있다. 그 결과 경쟁사보다 계속 높은 임금수준을 제공해서 우수인재를 확보하고, 빼앗기지 않으려는 노력을 기울이기도 한다. 하지만 1년 후에는 프로그래머의 공급이 많아지고 게임시장이 호황을 누리지 못하게 되자 초임 수준이 낮아지는 반대 상황이 전개된 바 있다.

7.2.2.4 임금관리 전략 2: 동행 전략

선도전략이 좋은 전략이기는 하지만 비용의 문제가 따르기 때문에 사실상 대다수의 기업들은 동행전략, 즉 다른 경쟁기업들과 유사한 수준의 임금을 지급하는 전략을 사용한다.

우리나라는 아직도 많은 기업에서 연공급인 호봉제가 고정된 기본급의 중요한 부분을 차지하기 때문에 성과를 반영하는 변동급의 비중이 상대적으로 낮다. 규모별·업종별·직급별로 구분해 보면 임금수준의 차이가 크지 않고, 상대적으로 임금수준에 대한 정보가 서로 공유되는 측면이 있기는 하다.

하지만 미국의 경우는 임금수준에 대한 정보가 일반적으로 공유정보가 아니고 인사관련 컨설팅회사의 비공개 정보로 관리되고 있는 측면이 강하다. 우리나라도 대기업들은 임금관련 정보를 얻기가 어렵기 때문에 HR 컨설팅 회사에 비용을 지급하고 임금관련 정도를 확보하기도 한다. 물론 동종 업계의 인사담당자들의 공식적·비공식적 모임을 통해서 임금수준을 파악하고 임금인상 수준 등에 대해서 정보를 공유하기도 한다. 다만 각 기업들마다 경영상황이 다르기 때문에 어느 정도까지 유사한가는 상황에 따라서 다르다.

7.2.2.5 임금관리 전략 3: 후행 전략

임금수준을 동종 업계에서 상대적으로 낮은 수준을 유지하는 전략인데, 일반적으로 잘 사용되지 않는다. 인재확보에도 어렵고, 보유하고 있는 인재들도 이직을 하기 때문이다. 다만 중소기업들은 재정적인 여건 등을 이유로 후행전략을 취하는 경우가 많다.

민간부문보다는 공공부문에서 많이 활용되는데 정부에서는 공무원의 임금수준을 대기업의 90% 수준에 맞추겠다는 식의 발표를 하기도 한다. 사실 공무원의 경우에는 공무원법에 의해 고용이 보장되기 때문에, 거기에 임금까지 민간부문보다 높다면 우수 인재들은 다 공무원이 되고자하는 현상이 발생할 수 있다. 물론 최근에는 젊은 세대들이 공무원을 포함한 공공부문에 취업하기를 희망하는 경우가 증가하고 있는데 이는 낮은 임금수준에도 불구하고 안정적인 직장, 즉 고용안정성을 더 중시하기 때문이라고 할 수 있다.

공무원의 경우는 임금만을 고려한다면 민간부문에 비해 후행전략을 취한다고 하겠지만, 각종 수당을 포함한 총보상을 계산하고, 예상되는 고용기간을 고려하면 소위 생애임금은 결코 작다고 하기 어렵다. 2021년 기준으로 공무원 전체의 기준소득월액 평균액은 월 535만 원이고, 연봉으로 6,420만 원 정도이다.[1] 기준소득월액에는 공무원 성과상여금,

직무성과금, 시간외근무수당, 야간근무수당, 휴일근무수당, 연가보상비 등이 모두 포함된 세전 소득이지만 복지포인트나 기타 비과세소득은 제외되어 있다.

공기업을 포함한 공공기관의 경우는 사정이 다르다. 금융공기업의 경우는 민간 금융기업과 비례하는 측면이 강해서 상당히 높은 수준의 임금이 지급되고 있다. 2020년 기준 공공기관 경영정보공개시스템인 알리오에 따르면 금융 공기업·공공기관 13곳 중 한국거래소의 연봉은 1억1496만 원이고, 한국투자공사는 1억 1423만 원이다. 흥미로운 사실은 IMF때 국민의 세금으로 유지된 기업은행도 1억 712만 원이다.[2] 하지만 전반적으로 공공기관의 경우 고용이 안정되는 대신에 임금수준은 민간부문 대기업에 비해서는 낮은 수준으로 유지되고 있으며, 이는 국민들의 관심도 반영된 결과라고 하겠다. 2020년 공기업·공공기관·준정부기관의 연봉은 6,931만 원이다.[3]

7.2.3 임금관리와 사람관리(인적자원관리)의 관계

임금관리는 사람관리(인적자원관리 또는 인사관리)*의 한 부분이라고 볼 수 있다. 사람관리는 인력계획, 모집 및 채용, 업무배치 및 전환, 평가와 보상, 교육훈련, 이직 관리 등 여러 세부 기능으로 나뉘는데 임금관리는 이 중에서 이루어지는 보상의 한 부분을 차지한다고 할 수 있기 때문이다.

그렇지만 임금수준이나 임금체계 등은 인력계획이나 모집 및 채용 등에서도 중요한 부분을 차지한다. 우수한 잠재적 지원자를 채용하기 위해서는 매력적인 임금수준과 성과급을 강조하는 임금체계가 효과적인 경우가 많다. 또한 도전적인 업무에 배치하기 위해서도 성과에 따른 보상이 이루어지는 임금체계가 효과적이다. 조직 내 임금수준과 임금체계에 만족하는 경우에 조직에서 떠나지 않고 남아 있으려고 하기 때문에 인력 유지(retention) 전략에서도 중요한 역할을 한다.

---

* 과거 인사관리(Personnel Management)라는 표현을 사용했지만 최근 들어 인적자원관리(Human Resource Management)라는 표현을 많이 사용한다. 사람을 어떻게 보는가에 따라 다른 표현을 사용할 수 있는데 인적자원관리라는 표현에서는 원재료나 완성품과 같은 물적 자원과 같은 수준에서 사람을 자원으로 인식하는 것으로 생각된다. 인적자원관리라는 표현이 인사관리보다 현대적이고 발전한 개념이라고 하기는 어렵다. 본 교재에서는 사람관리라는 표현을 사용하고자 하며, 불가피한 경우 인적자원관리라는 표현을 사용하였다.

최근에도 정부는 직무급(job-based pay) 제도가 합리적인 임금체계이며, 미래에 적용가능한 제도라고 하면서 확산노력을 기울이고 있지만, 실제 기업들은 이러한 임금체계 도입에 어려움을 겪고 있다. 오랜 조직문화를 바꾸기 어렵기 때문이다. 조직문화는 꼭 합리적이라고 보기는 어렵다.

공공부문이라면 지나친 성과급은 오히려 조직문화와 어울리지 않아서 구성원의 반발을 불러올 수도 있다. 대표적인 경우가 박근혜 정부시절에 공공기관에 성과연봉제를 도입하려는 정책이었다. 제대로 적용하지도 못했고, 오히려 박근혜 정부에 대한 비판에 불을 붙이는 계기가 되었을 뿐이다.

7.3 광의의 임금체계: 임금형태, 임금항목, (협의의) 임금체계[4)]

임금체계를 광의의 개념으로 보면 시간당 임금이나 생산한 제품의 개수에 따른 임금인가를 구분하는 임금산정형태(일반적으로 임금형태로 약칭), 고정급인 기본급과 변동급인 성과급의 비중이나 구성 등을 정하는 임금항목구성(임금구성으로 약칭), 그리고 기본급이나 성과급을 정하는 기준에 대한 임금결정체계(임금체계로 약칭, 협의의 임금체계) 등으로 구성하지만, 최근에는 협의의 임금체계를 중시하는 추세를 보인다. 시간이 흐름에 따라 생산제품이나 서비스의 양보다는 일하는 시간을 기준으로 하는 시간급이 일반적인 임금산정형태가 되었고, 기본급과 성과급의 비중 등에 대한 결정은 주로 회사가 경영환경을

그림 7-1 광의의 임금체계

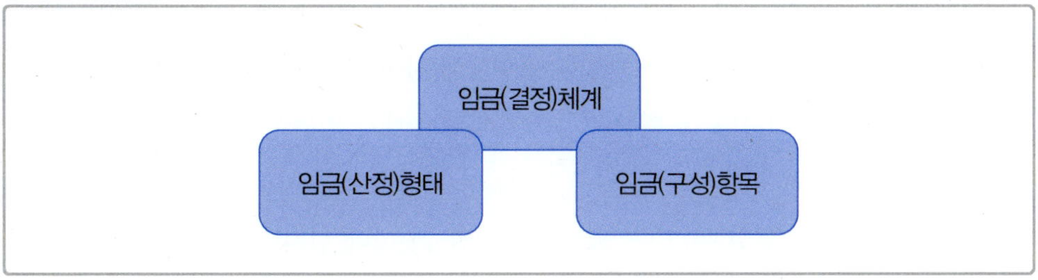

출처: 저자 작성

〈표 7-5〉 임금산정형태: 시간급과 산출급

구분	내용
시간급	일한 시간을 단위로 임금을 산정 시간급, 고정급, 정액급 등으로 부름 시급, 일급, 주급, 월급, 연봉 등이 있음
산출급	산출량(업적이나 성과)을 단위로 임금을 산정 산출급, 변동급, 업적급, 능률급 등으로 부름 시간산출급, 할증급 등의 다양한 형태가 있음
보합급	시간급과 산출급을 혼합한 형태 일본식 표현임 영업사원이나 선원 등의 생산(판매)량 또는 생산(판매)금액 기준 고정적인 기본급과 산출급인 커미션으로 구성

출처: 저자가 작성

반영하여 전사적인 차원에서 유연하게 결정하기 때문에, 인사관리 특히 임금관리에서는 기본급의 인상방식을 결정하는 임금결정체계에 대한 관심이 증가하였고, 우리나라의 경우도 임금수준 다음에는 임금결정체계에 대한 관심이 제일 많은 편이다.

7.3.1 임금산정형태: 시간급과 산출급

임금산정형태는 임금을 지급할 때 산정하는 단위를 의미한다. 일한 시간을 단위로 임금을 산정하는 경우에는 시간급(payment by input, time rate, time-based pay, 고정급/정액급(fixed pay))이라고 하고, 산출량(업적이나 성과)을 단위로 임금산정하는 경우에는 산출급(payment by output, piece rate, output-based pay, 변동급(variable pay), 업적급, 능률급))이라고 한다.

시간급의 경우에는 1시간, 1일, 1주일, 1개월 혹은 1년에 대응하여 시급, 일급, 주급, 월급 및 연봉 등이 있는데, 일정한 시간 단위에 대해 사전에 정한 임금을 지급하는 것이다. 산출급의 경우에는 시간 산출급, 할증급 등의 다양한 형태가 있는데, 시간이 아니라 특정한 성과나 업적 등에 대해 차이를 두어 임금을 지급하는 방식이다. 시간급과 산출급을 혼합한 형태로 보합급(일본식 표현)이 있다. 보합급은 영업사원이나 선원 등의 생산(판매)량 또는 생산(판매)금액에 따라 지급되는 임금으로, 영업직, 선원 등의 경우는 고정급적인 기본급

〈표 7-6〉 임금산정형태별 분포: 2022년 8월 기준 (단위: %)

	2022.8					
	임금 근로자	정규직	비정규직			
				한시적	시간제	비전형
〈전 체〉	100.0	100.0	100.0	100.0	100.0	100.0
시급제	11.3	2.5	26.0	25.3	50.6	9.4
일급제	6.3	1.7	13.8	6.6	9.4	34.5
월급제	58.3	66.7	44.3	55.3	31.8	26.2
연봉제	20.1	28.0	6.8	9.7	1.1	1.4
실적급제	3.7	0.9	8.3	2.5	6.1	27.9
기타	0.3	0.2	0.6	0.5	0.8	0.6

출처: 통계청, 「경제활동인구 부가조사」, 2022년 8월
주: 임금산정형태는 임금지급 주기가 아닌 임금을 산정하는 단위(시간, 일, 주, 월, 년 등)에 기초하여 파악

과 산출급인 커미션(commission)으로 구성된다.

<표 7-6>을 보면 2022년 8월 기준으로 임금근로자의 임금(산정)형태는 시급, 일급, 월급, 연봉과 같은 시간급제가 90% 이상을 차지하고 있고, 산출급제는 3.7% 수준으로 나타났다. 다만 산출급제의 경우는 정규직의 0.9% 수준이었으나 비정규직은 8.3%라는 높은 비율을 보였다. 고용형태별로 살펴보면, 정규직 근로자는 월급제(66.7%), 연봉제(28.0%) 등이 94.7%로 대부분을 차지하였으며, 비정규직 근로자는 월급제(44.3%), 일급제(13.8%) 순으로 나타났다. 한편, 시간제 근로자는 시급제 비율이 50.6%로 월급제 비율(31.8%)보다 높게 나타났다.

7.3.1.1 시간당 월급제

시간당 월급제는 우리나라에서 '시간당임금×209시간' 등의 방식으로 사전에 정한 월 일정액을 지급하는데 결근이나 조퇴 등의 이유로 빠진 근로시간만큼 월정 임금에서 공제하는 임금형태이다. 일당월급제는 월단위로 임금을 정하는데 결근 등의 이유로 빠진 근무일수만큼 일할 계산해서 공제하는 임금형태이다. 일반적인 월급제는 임금을 월단위로 정하지만 결근일수 등의 근로일수에 관계없이 고정적으로 월임금을 지급하는 형태로 우리나라에서는 사무관리직이나 감독직 등에 활용된다. 월급제의 경우 임금이 안정성인 높아

서 안정감을 주는 효과가 있다. 연봉제는 1년 단위로 얼마를 지급한다는 제도이다. 대기업의 사무관리직에서 개인 단위로 많이 활용하고 있다.

7.3.1.2 시간산출급

앞에서 시간급은 실제 일한 시간이나 사전에 정한 소정 근로시간을 기준으로 시간단위로 동일한 임금을 지급하지만, 이러한 시간급의 경우에는 성과에 대한 고려가 없기 때문에 동기부여 효과가 적어서 시간단위마다 차별화된 임금을 지급하여 성과를 향상시키려고 하는 임금형태를 시간산출급이라고 할 수 있다. 특정한 시간 동안에 성과가 일정 기준을 넘어서면 기존의 임금에 추가로 임금을 지급하는 것이다.

7.3.1.3 커미션(수수료)

순수한 의미의 산출급(pay-for-performance)은 일한 시간과는 상관없이 보험계약이나 방문판매처럼 개인의 기여도나 실적을 기준으로 임금을 지급하는 형태로, 결과물이 없다면 임금이 없을 수도 있다. 개별 근로자나 집단이 수행한 노동의 성과를 측정하여 그 성과에 따라 임금을 산정하는 임금형태로, 커미션(commission, 수수료), 고과급과 인센티브 등으로 구분할 수 있다. 커미션은 순수한 형태의 성과급으로, 영업직이나 판매직과 같이 객관적인 수치로 산정할 수 있는 성과에 따라 임금을 지급하는 임금형태이다. 고과급(merit pay)은 주로 사무직이나 관리직 업무를 수행하는 근로자의 업무수행 성과에 대해 주관적으로 평가하여 임금을 산정하는 임금형태이다. 고과급이 과거의 실적에 대한 평가라고 한다면, 인센티브(incentive plan)는 미래에 달성할 성과의 기준인 목표를 정하고, 사후에 그 목표에 대한 달성도를 평가하여 임금을 산정하고 지급하는 임금형태이다.

7.3.2 임금구성 항목

우리나라는 전통적으로 임금이 기본급과 제수당, 그리고 상여금(성과급, 인센티브) 및 복리후생과 같은 항목으로 구성되어 있다. 최근에 활용되는 연봉제의 경우 기본연봉과

〈표 7-7〉 임금구성 항목: 기본급, 제수당, 상여금, 그리고 복리후생

구분	내용
기본급	- 전체 근로자에게 지급되는 임금 - 정기적으로 지급되는 임금 중에서 근로자 개인 속성과 직무 속성을 반영하여 산정하고 지급(연공급, 직무급, 기술급, 역량급 등) - 근로자의 기업내 서열을 반영, 다른 임금 항목의 산정 기초로 사용 - 임금수입의 안정성 평가 기준
제수당	- 특정한 사유가 있는 근로자에게 지급 - 임시적이고 보완적 성격 - 직무관련 수당, 생활보조 수당, 조정 수당, 초과근무 수당 등
상여금(성과급, 인센티브)	- 특정한 사유가 충족되는 경우에 지급 - 개인 또는 기업의 성과 등에 따라 차등 지급 - 고정 상여금 또는 변동 상여금

출처: 저자가 작성

성과연봉으로 구성되는 경우가 일반적이다. 여기서는 먼저 기본급과 수당 그리고 상여금(성과급)에 대해 설명하고, 복리후생과 연봉제에 대해서는 이 책의 후반부에서 다시 설명하기로 한다.

7.3.2.1 기본급

기본급은 전체 근로자에게 지급되는 임금으로, 정기적으로 지급되는 임금 중에서 근로자 개인의 속성(연령, 학력, 근속연수, 경력, 능력, 자격, 지위, 업적)과 종사하는 직무에 수반되는 속성을 기준으로 산정되고 지급되는 임금의 기본적인 부분이다. 이 기본급은 근로자의 기업 내 서열을 반영하는 경우가 많고, 수당과 상여금 등의 다른 임금항목의 산정기초로 사용되며, 임금수입에 대한 안정성을 평가할 수 있어서 매우 중요하게 다루어진다. 대다수 기업들은 기본급 결정 기준을 명확하게 정하고, 등급이나 호봉이 포함된 임금표를 작성하며, 초임급과 이후 승급에 수반되는 각 단계의 임금액을 정하는 등의 일정한 방식을 적용하고 있다.

그리고 각 항목에 대해 설정한 지급기준에 따라 실제 임금이 결정된다. 이를 임금결정체계라고 한다. 기본급에 대한 지급기준은 근속기간인 연공을 기준으로 하는 연공급, 수행하

는 직무를 기준으로 하는 직무급, 보유하는 기술을 적용하는 기술급, 수행할 수 있는 직무를 기준으로 하는 직능급(직무수행능력급), 보유하고 행사하는 역량을 기준으로 하는 역량급 등이 있다. 이해를 명확하게 하기 위해서 이러한 지급기준을 기본급 임금결정체계라는 용어를 사용하는 것이 바람직하다. 구체적인 내용에 대해서는 다시 설명하기로 한다.

7.3.2.2 수당

수당은 특정한 사유가 있는 근로자에게 지급되는 임금이다. 임금은 노동의 대가이기도 하지만, 근로자의 생활과도 밀접하게 관련된다. 수당은 기본급만으로 충족되지 않는 부분을 보완하는 성격이 강하다. 일반적으로 수당은 첫째, 임시적이고 보완적인 성격을 가지며, 둘째, 특정 대상자에게 한정되어 지급되고, 셋째, 다른 임금항목의 산정기초가 되지는 않는다.

수당은 그 목적이나 기능에 따라 다음과 같이 구분된다. 첫째 직무관련 수당은 직무의 특수성을 보완하거나 단기적인 근무실적을 반영하기 위해 지급되는 수당이고 둘째, 생활보조적 수당은 근로자의 생활환경이나 가정 사정을 고려하여 생계비를 보완하기 위해 지급되는 수당이다. 셋째, 조정수당은 임금체계의 개편이나 기업의 분리합병 등 일시적인 요인에 의해 발생한 임금의 불균형을 조정하기 위한 수당이다. 마지막으로 초과근로에 대한 법적 수당으로 법률적으로 지급이 강제되는 연장근로, 야간근로, 휴일근로 등에 대해 지급하는 수당으로 구분된다.

7.3.2.3 상여금(성과급, 인센티브)

상여금은 성과급이나 인센티브 등으로 부르기도 하는데, 특정한 사유가 있는 근로자에게 지급되는 임금으로 기업과 개별 근로자의 성과, 평가 등에 따라 특정한 시기에 지급된다. 상여금은 조사통계에서는 '특별급여'라는 명칭으로 불리며 다음 두 가지로 구분된다. 첫째, 고정적인 성격을 가진 고정상여금으로 단체협약, 취업규칙, 근로계약 또는 관행에 따라 사전에 지급조건, 지급금액 및 지급시기가 확정되어 지급한 상여금·성과급(예: 정기상여금, 체력단련비, 기말수당 등)을 의미한다. 둘째, 변동상여금은 사전에 정해진 지급조건, 지급금액 및 지급시기를 확정하고 경영실적 등을 기준으로 사후에 지급하는 상여금·성과급(예: 경영성과급, 생산장려금, 인센티브 등)을 의미한다.

7.4 기본급 임금결정체계: 협의의 임금체계

7.4.1 기본급 임금결정체계 변천사

경제개발이 본격화된 1960년대 초반이후부터 1987년 민주화 운동 시기 이전까지 우리나라 임금관리에서 기본급 임금결정체계는 연공을 기준으로 한 속인급이 지배적이었다.[5] 1960년대 초반에 국영기업체나 외국과의 합작 기업 등 일부 대기업에서 직무가치를 반영하는 직무급을 도입했지만 제대로 정착되지 못했다. 그 이유로는 직무등급에 대한 근로자들의 낮은 수용도, 상위직급수의 제한에 따른 승진 적체, 직무 세분화에 따른 배치전환의 어려움 등의 직무급 도입과 운영에 대한 어려움이 컸고, 우리나라 고유문화인 장유유서나 평등주의적 가치관과 맞지 않은 것도 큰 이유가 되었다.

1987년 6.29선언 이후 1997년 말 외환위기까지 10여 년 동안 우리나라 임금결정체계는 상당한 변화가 일어났다. 크게는 연공급 성격의 강화와 직능급의 도입시도인데, 그 이유는 1987년 이후 3년간 계속된 노동자대투쟁으로 노동조합의 힘이 강해지고 단체교섭에서도 노조의 임금수준 인상과 함께 연공급 임금결정체계 도입 주장이 받아들여지는 시기였기 때문이다. 노동조합은 임금의 안정성과 예측가능성을 제고하기 위해 회사와의 단체교섭에서 근속연수(연공)를 기준으로 하는 연공급(또는 호봉제)를 주장하여 관철시켰다. 기업들은 이에 대응하여 소위 신인사제도를 표방하며 직능급(직무수행능력급)과 직능자격제도를 도입하여, 직무수행능력이 향상되는 경우에만 임금을 인상하는 방안을 추진하였지만 제대로 정착시키지는 못했다.

외환위기 이후 기업들은 어려움을 극복하고자 성과주의 임금체계를 강조하였고 연봉제나 성과배분제 등을 도입하고자 하였다. 하지만 대다수 대기업의 경우 노동조합은 조합원들의 지지를 받기 위해 기존의 호봉제 연공급을 계속 유지하여, 성과주의 임금체계는 주로 사무관리직 중심으로 도입되어서, 지금도 생산직의 경우는 기본급은 연공급 임금결정체계가 적용되고 있고, 급여 일부에 대해 변동급인 성과배분제 정도만이 운영되고 있는 상황이다. 중소기업의 경우는 일반적으로 근로자들의 근속연수가 짧아서 기업들은 연공급에 대한 부담이 크지 않을 뿐 아니라, 경영진이 연공급을 원치 않는 경우 다른 형태로의 임금체계 변경이 용이하기 때문에 연공급이 임금체계로 운영되는 경우가 많지 않다.

따라서 최근 사회적으로 이슈가 되고 있는 임금(결정)체계 개편은 노동조합이 결성되어 있는 대기업의 생산현장직의 연공급 임금체계를 직무급이나 직능급 같은 다른 형태의 임금결정체계로 전환하려는 움직임이다. 연공급 하에서는 장기근속자의 경우 근속연수가 길어서 생산성과 상관없이 임금이 인상되어 기업에 부담이 될 수 있고, 젊은 근로자들의 불만 요인이 되기도 한다.

7.4.2 기본급 임금결정체계 유형

기본급 임금결정체계를 정하는 기준으로 크게 속인적(사람) 기준과 속직적(직무) 기준으로 구분할 수 있다. 속인적 기준 즉 사람을 기준으로 하는 경우에는 학력이나 자격증, 경험이나 연공 등의 기준을 의미하고, 속직적 기준 즉 직무를 기준으로 하는 경우에는 직무수행에 요구되는 지식이나 책임의 수준, 노력, 근무환경 등이 기준이라고 하겠다. 구체적으로 기본급 결정체계란 근로자의 기본급을 매년 인상하는데 그 기준을 근속연수나

그림 7-2 기본급 결정체계 - 협의의 임금체계

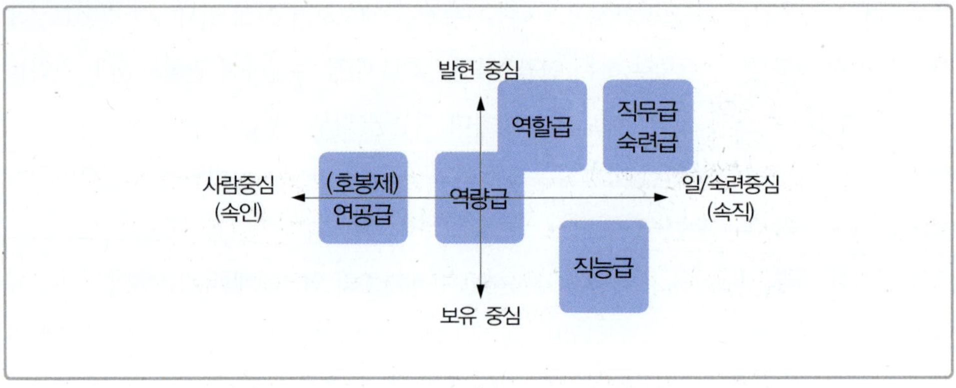

출처: 저자 작성

경험, 직무나 숙련, 직무수행능력, 역할 중에서 선택하는 것이다.

7.4.2.1 연공급: 근속연수와 경험

연공급은 임금인상의 기준을 연공, 즉 근속연수를 기준으로 하는 임금(인상)체계이다. 조직은 호봉표를 만들어서 근속연수가 1년 증가하면 1호봉 또는 2호봉을 높여주어서 임금이 인상되게 하는 방식이다. 그래서 호봉제라고도 한다. 근속연수가 늘어나면 경험이 늘어나고 결과적으로 생산성이 향상된다는 전제가 적용되며, 여기에 근속연수가 늘어나면 결혼하고 부양가족이 생겨나는 등 생활비용의 증가도 따른다는 전제도 포함되어 있다.

그런데 연공급의 경우 미래의 불확실성에도 불구하고, 고용계약기간이 암묵적으로 정년까지라고 하는 전제가 성립되어야 한다. 주로 대기업의 경우에, 신규 입직에서 정년퇴직까지 생애근로기간에 걸쳐서 누적된 생산성과 임금이 교환됨을 전제로 하고 그래야 공정함이 유지된다. [그림 7-3]를 보면 연공급 중심 임금(결정)체계는 근속연수에 따라 우상향하는 임금곡선(W)과 역 U자 형태의 생산성곡선(P)로 설명할 수 있다.

그리고 근로생애 전반기에는 생산성보다 낮은 임금, 근로생애 후반기에는 생산성보다 높은 임금을 받음으로써, 다시 말해서 [그림 7-3]의 면적 B와 면적 C가 같게 되어, 노사

그림 7-3 **연공급 임금체계와 정년**

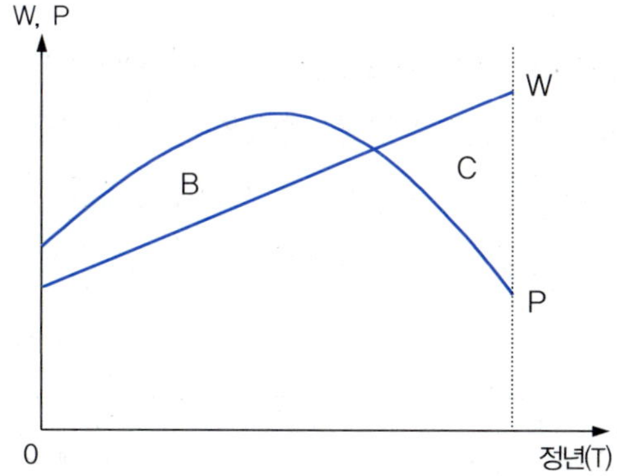

출처: 경제사회노동위원회(2017), *2016 임금보고서: 임금체계 개편의 대안 모색*, Korea Wage Report, 9쪽의 [그림 1-1]을 인용함

모두에게 이익이 된다고 설명한다. 이렇게 초기에 받아야 할 임금을 후기에 받는 이연임금 체계(delayed-compensation system)는 근로생애 초기에는 회사를 떠나지 않게 하는 효과를 가지고, 근로생애 후기에는 보다 많은 임금을 수령함으로써 지출이 많은(자녀 양육과 결혼 등) 생활을 유지하고 퇴직당하지 않도록 열심히 일할 동기가 부여된다.

연공급은 1960년대 근로자들의 소속감이 높지 않아 이직이나 퇴직률이 매우 높은 시기에 많이 도입되어 안정적인 인력관리에 활용되었고 지금까지 이어지고 있다. 근로자는 근속연수가 늘어남에 따라 계속 임금이 올라가니까 가능한 한 기업에 소속되어 일하는 것이 유리하고 이는 정년 때까지 유효했다. 그런데 연공급은 설명한 대로 평생을 한 기업에 소속되어 일하는 것을 전제로 하는데, 그런 전제가 사라지면 생산성과 임금수준이 일치하지 않는다는 문제점을 가진다.

또한 입사 시에 결정되었던 정년시기가 연장되는 경우 근로자입장에서는 유리해지지만 기업 입장에서는 낮은 생산성에도 높은 임금을 추가적으로 부담해야 하는 부담이 생긴다. 그래서 2013년 정년이 60세로 연장됨에 따라 기업들은 임금피크제를 도입하여 그 부담을 줄이려고 하였다. [그림 7-4]에서 보는 대로 임금피크제는 k기간만큼 정년이 연장됨에 따라 생산성보다 높은 임금에 대해 근로자와 회사가 공동으로 부담하는 것으로 임금을 삭감하는 것이다.

그림 7-4 정년후 근무기간 연장에 따른 피크임금과 임금삭감

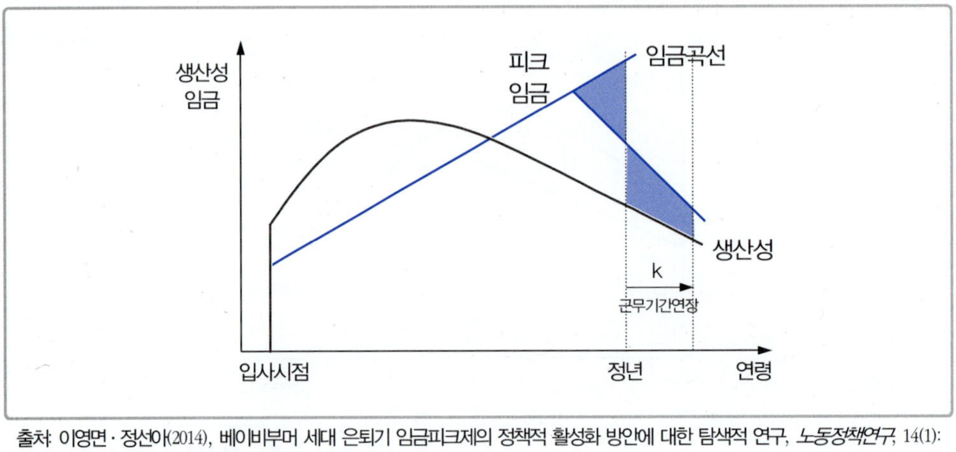

출처: 이영면 · 정선아(2014), 베이비부머 세대 은퇴기 임금피크제의 정책적 활성화 방안에 대한 탐색적 연구, *노동정책연구*, 14(1): 35-67의 39쪽 [그림 2]를 인용함.

7.4.2.2 직무급과 숙련급: 수행 직무와 보유 기술에 대한 숙련도

직무급이나 숙련급은 수행하는 직무가치나 보유한 기술의 가치를 평가해서 그에 따른 점수를 부여하고 유사 직무에 대해 조직내외의 임금수준을 파악하고 임금전략에 따라 일정한 임금을 지급하는 임금체계이다. 그런 경우에 임금인상은 어떻게 이루어지는가?

특정한 직무에 대해 직무등급이 정해지고, 특정 직무등급 내에 다시 세분화된 단계가 정해지며 직무수행 수준, 즉 숙련 등을 반영해서 해당 직무등급 내에서 높은 단계로 올라가게 되는데 대체로 5단계 내외로 정해진다. 최상위 단계에 도달하면 해당 직무등급에서는 더 이상 임금이 상승하지 않고, 상위 직무등급으로 이동해야 다시 임금수준이 상승하게 된다.

우리나라에서는 1960년대 중반 금성사(지금의 LG전자), 한국전력, 포스코 등에서 직무급 도입을 시도한 바 있다. 당시 미국의 경영방식이 한국에 미치는 영향이 컸고 합리적인 측면이 있었기 때문이다. 하지만 고속성장을 하던 우리나라 기업들이 아직 체계적으로 인사관리를 하지 못했고, 그런 상황에서 직무급만을 도입해서 적용하는 것은 성공하기 어려웠다. 이후에도 지속적으로 직무급 도입의 필요성은 강조되었으나 지금까지도 경영지원직에는 어느 정도 도입되었다고 할 수 있지만, 현장의 생산직에 대해서는 직무급을 도입해서 적용하는 경우가 별로 많지 않다고 할 수 있다.

직무급을 도입해서 운영하려면 우선 직무에 대해서 분석하는 직무분석(job analysis)과 해당 직무에 대한 조직 내 상대적 가치를 평가하는 직무평가(job evaluation), 절대적 가치를 평가하는 조직외부 시장임금조사가 필요하다. 이를 통해서 직무의 난이도와 책임이 유사한 직무를 중심으로 동일한 그룹으로 묶어서 같은 직무등급으로 분류할 필요가 있다.

박스사례 **A철강회사 직무급 도입**

1968년에 설립된 A 철강회사는 일본의 S제철이 직무급을 시행하고 있었기에 이를 모방해서 직무급을 도입한 바 있다. 구체적으로 설립초기에는 연공급인 호봉급이 운영되었지만 1971년부터 직무급을 호봉급과 함께 기준임금의 두 축으로 운영하였다.[6] 1990년 직능자격제도가 도입되면서 직무급의 흔적은 직무환경수당으로만 남게 되었다. 기능직과 대비되는 관리직에 대한 임금체계에 대해 살펴본다.

A사는 1971년 직무분석을 실시하고 직무평가를 바탕으로 직무등급을 설정하였는데 직무숫자는 1971년에 544개였고, 1990년 제9차 직무분석에서는 직무숫자가 239개로 줄어들었다.

관리직의 직급이 1987년에 기능직과 통합되기 전에 직급은 1~5급으로 구분되었고, 직무분석을 통해 직무평가는 2급 이상은 분류법, 3급 이사는 점수법에 의해서 이루어졌는데, 지식(30%), 숙련 (15%), 책임(25%), 정신적 부담(20%), 육체적 부담(5%), 작업환경(5%)으로 구성되었다. 직무등급은 8개 등급의 단일 임률로 운영되다가 1987년 기능직과 통합되면서 1~65 등급으로 통합되었는데 당시 관리직은 32~65 등급에 해당한다.

A 철강회사는 초기에 기능직에 대해서도 점수법에 따라 직무평가를 실시하였는데 평가요소는 지식과 숙련(20%), 책임(15%), 정신적 부담(15%), 육체적 부담(15%), 작업환경(20%)였다.[7] 1971년에는 1~35등급, 1978년에는 1~50등급, 1987년에는 관리직과 기능직의 직무급이 통합되면서 1~65 등급으로 확대되었다. 기능직의 경우에는 기성과 기성보를 제외하면 1~42 등급에 해당한다.

기능직에 대한 직무급 운영은 시간에 따라 변화하는데 여기서 직무누진과 범위직무급은 중요한 의미를 가진다. 직무누진이란 직무가치가 높은 상위 직무로의 이동인데 이는 통상적인 직무급 운영원리라고 할 수 있다. 범위직무급은 동일 직무를 담당하더라도 숙련도가 상승함에 따라 직무등급이 상승하는 것으로, 직무급내의 숙련급으로 이해할 수 있다. 다만 이 숙련 상승이 제대로 이루어지지 않고 근속을 강조하게 되면 사실상 연공급으로 운영될 수도 있다.

기능직 직무에는 상위 직무로 직무이동 경로가 있는 누진 직무와 그렇지 않은 비누진 직무로 구분되는데 전체 현장 직무 중에 비누진 직무는 10% 정도를 차지한다. 1986년 기준으로 기능직은 입사시에 잠정적으로 9등급을 부여받고 6개월이 지나면 상대적으로 가장 낮은 직무의 최하위 범위에 보임되고(근속 2년 미만), 이후 상한선에 도달하면 직무등급이 평균수준인 직무(근속 2~5년)로 보임되며, 다음 단계는 직무등급이 가장 높은 직무(근속 5~7년)로 보임되는 3단계를 거친 이후에, 반장이나 주임으로 승진(근속 8년 이상)하는 것이 일반적이었다.

범위직무급의 경우 1973년부터 기준 등급을 기준으로 동일 직무 수행시에도 위아래로 2등급씩 직무등급이 변동하는 범위직무급이 도입되었다. 이 범위직무급은 동일 직무를 수행하더라도 숙련 향상분을 반영하여 직무등급의 상승, 즉 임금이 상승하게 된다. 하지만 직무등급의 운영범위 확대는 직무급의 연공적 운영으로 이어져서 1990년 이후 직능급으로 개편된다. 1990년 1월 전사원 단일호봉제와 직능자격제도를 주요 내용으로 하는 직급체계 개편이 이루어졌고, 그 결과 약 5%의 임금인상이 발생하였다.

2015년 A사의 노사는 생산현장직 근로자의 임금체계를 연공서열 중심에서 직무나 능력·성과 중심으로 개편하기로 합의했다. 2년 동안의 노사합동 연구반 운영이 전제 조건이다. 그러나 2021년 금속노조

A지회와가 회사측과의 교섭에서 호봉제의 연봉제 전환을 반대한다는 내용을 보면 회사의 임금체계는 여전히 호봉제 중심으로 운영되고 있다고 할 수 있다.

출처: 김동배(2005), 제2장 임금체계, *임금체계와 결정방식*, 서울: 한국노동연구원을 참조하여 수정보완함

박스사례 독일 퍼글러사의 계단형 숙련급

독일 퍼글러사의 숙련급은 계단형 숙련급인데 독일에서도 1980년대 시장수요의 변동으로 생산의 유연성과 품질의 중요성이 강조되었고, 기존의 직무급 임금체계가 한계를 보였지만 산별 수준에서 임금체계 개편이 제대로 추진되지 않자, 개별 기업 차원에서 퍼글러사는 숙련을 기준으로 임금체계를 도입하였다. 직무에 따라 임금을 지급받던 기존의 직무급은 폐지되고, 숙련수준에 따라 임금을 지급받게 되었다. 숙련도를 기준으로 7개 임금군으로 재편성하였고, 일반적으로 인정되었던 학력과 금속산업에서 통용되는 숙련(향상훈련)을 함께 인정하였다.

이 퍼글러사의 숙련급은 독일 특유의 직업훈련제도를 전제로 한 임금체계이며, 우리나라의 민주노총 금속노조에서도 2009년 『금속노조 산별임금정책을 위한 연구보고서』에서 '동일노동 동일임금' 원칙을 구현하기 위한 산별 통일임금기준의 필요성을 제시하면서, 대안적 임금체계로 제시한 바 있다.

임금등급 1	금속산업에서 통용가능한 단기적인 습숙을 받은 자
임금등급 2	금속산업에서 통용가능한 5~12주까지의 습숙훈련을 받은 자
임금등급 3	3년의 양성훈련을 받았거나 사업장 내 습숙을 통해서 그와 유사한 경험을 갖춘 자
임금등급 4	적어도 3년의 직업경험을 전제로 하면서 평균 이상의 전문적 지식과 능력을 가진 자
임금등급 5	학교 및 사업장의 양성훈련과 계속훈련을 통해서 임금등급 4의 요건을 넘어선 숙련을 가진 자
임금등급 6	전문대 졸업자 수준의 숙련을 가진 자 및 학교 및 사업장의 양성훈련과 계속훈련을 통해서 임금등급 5의 요건을 넘어선 숙련을 가진 자
임금등급 7	특수한 이론적 요구를 필요로 하는 높은 수준의 직무를 자율적으로 수행할 수 있을 정도의 숙련을 가진 자, 학교 및 사업장의 양성훈련과 계속훈련을 통해서 임금등급 6의 요건을 넘어선 숙련을 가진 자

출처: Grife(1990), Der Bietrag des Qualifikationslohns zur Flexibilität industrieller Arbeit; 경제사회발전노사정위원회(2017), *2016 임금보고서: 임금체계 개편의 대안 모색*의 114쪽. 〈표 5-5〉에서 재인용함.

다음으로 숙련급(skill-based pay, 기술급, 기능급)은 근로자가 수행하는 직무가 아니라 회사에서 필요한 기술, 지식, 역량 등을 가지고 있는 경우에 그에 대해 보상하는 임금체계라고 하겠다. 회사마다 필요로 하는 기능·기술은 다르지만, 그 기능·기술에도 여러 종류

가 있고, 숙련된 수준에 따라 여러 단계로 나눌 수 있다.* 이러한 단계의 차이를 반영해서 임금수준을 정하는 것이다. 보유하는 기능·기술의 수준이 높아지면, 숙련도가 향상된 것으로 평가하고 그에 따라 임금수준도 올라간다.

7.4.2.3 직능급, 역할급, 역량급: 직무수행 능력, 역할, 역량

직능급이나 역할급은 모두 일본에서 기존의 연공급을 극복하기 위한 방안으로 시도되었는데, 일본에서 직능급은 1970년대 이후 그리고 역할급은 2000년대 이후 적용되고 있는 기본급 임금(인상)체계다. 역량급의 경우 미국에서도 많은 논의가 진행된 바 있고 실제로 적용되고 있다. 직능급은 '근로자를 직무수행능력이라는 관점에서 일정한 자격 내지 등급(직능자격 내지 직능등급)에 따라 구분하고 임금을 그러한 자격 내지 등급에 따라 지급하는 제도'이다.8)

직능급(職能給, wage on job evaluation)은 1980년대 일본에서 유행하자 국내에서도 포항제철 등이 도입해서 한동안 활용된 바 있는 임금인상 방식이다. 직능급은 현재 하는 일은 아니지만 그 상위등급의 직무를 수행할 수 있는 능력이 확인되면 상위 등급의 임금을 지급하는 방식이다. 이 직능급을 시행하면 근로자들은 현재 직무수행에 머무르지 않고 미래에 수행하게 될 상위 등급의 직무를 수행할 수 있는 능력을 키우고자 열심히 노력하게 된다. 회사 입장에서는 근로자들이 스스로 상위직무를 수행할 있는 능력을 개발하기 위해 노력하게 되므로 교육훈련 등을 실행하기에 용이하다.

직능급은 앞에서 설명한 숙련급과 차이를 보인다. 첫째 직능급에서 직무수행능력에는 기능기술 외에 태도나 성격 등이 포함되지만 숙련급에서는 개인의 기능과 기술의 숙련

* 기능과 기술을 구분하는 것은 사실 쉽지 않다. 혼용해서 사용하는 경우가 많다. 영어로 skill은 우리말로는 '솜씨' 라고 번역하기도 하지만, 여러 백과사전에는 숙련도, 즉 '작업에 숙달된 정도' 로 작업자의 일에 대한 적성과 경험에 의해서 좌우되며, 경험이 많으면 어느 정도 높아지지만 적성의 정도에 따라 달라진고 설명한다. HRD용어사전에서는 기능/기술/숙련(skill)을 묶어서 설명하면서 기능(기술 또는 숙련)은 첫째, 학습한 개념이나 원리를 효과적으로 자유롭게 활용하는 능력, 둘째, 신체적 활동이나 학습과제의 수행에서 보이는 정교성과 협응성, 즉 어떤 일을 유능하게 행하는 학습된 능력, 셋째, 비교적 정도가 낮은 교육과 반복적 훈련을 통해 습득될 수 있는 능력을 의미한다고 설명한다. 영어로 technique도 기술, 기교, 기법 등으로 번역하기도 하고 전문적인 기술의 '수단' 과 '방법' 으로 사용하기도 한다, technology도 기술로 번역하지만. 무엇인가를 만들어내거나 또는 성취하는 방법으로 이해됨.

정도만 고려한다. 둘째 직능급은 상사의 주관적인 평가가 있지만 숙련급의 경우 시험과 같은 객관적인 평가방법이 사용된다. 셋째 직능급은 숙련급보다 더 장시간 숙련화가 가능하도록 설계되어 있다.

역할급은 조직에 속한 개인이 조직으로부터 부여받은 역할의 크기나 중요도에 기초해서 직급을 설정하고 그에 따라 기본급의 수준을 결정하는 임금체계이다. 다시 말하면 조직 구성원의 직위·직무상의 책임과 권한인 직책을 기준으로 임금을 정하는 기본급 임금(인상)체계이다. 주로 일본에서 논의된 임금체계로 전통적인 연공급을 극복하기 위해 직능급을 도입했으나 직능급이 다시 연공급화되는 현상을 극복하기 위해 도입한 임금체계이다.[9)]

역할이란 어떤 능력을 보유하고 있거나 어떤 직무를 수행하는가와는 별도로, 조직 내에서 업무를 맡고 있는 개인에게 기대되는 행위 패턴이다.[10)] 다시 말하면 현재 자신이 속한 기업이나 조직이 시장에서 생존하고 번영하기 위해서 개별 근로자가 수행해야 할 권한과 책임이다. 역할은 기본적으로 개인이 담당하는 일에 따라 결정되므로, 개인이 보유한 학력이나 능력 등의 속인적 특성이 고려되지 않고, 담당한 일에서 기대되는 역할이 얼마나 크거나 중요한가에 따라 결정되는 속직급의 성격을 가진다.

일본에서 기업들이 연공급을 극복하기 위해 1980년대 전후로 직능급을 도입하였으나 시간이 흐름에 따라 직능등급이 모두 상승하게 되어 다시 연공급화되자, 이를 극복하기 위해 만들었다고 할 수 있다. 글로벌 경쟁의 심화, 인력의 고령화로 인한 인건비 부담이 증가 등의 환경변화에 대응하여 일본 기업들은 사람 중심의 임금체계에서 벗어나 일 중심의 임금체계를 모색한 것이다.

역할급은 현재 하고 있는 역할을 기준으로 한다는 점에서 보유하고 있는 능력을 기준으로 하는 직능급과 차이를 보인다. 역할급은 직급 단계의 수가 직능급에 비해서 적은 편이며, 강격(등급의 하락)의 가능성도 있는 편이다.

직무 중심 체계에서 경직성을 타파하기 위해 대안으로 언급되는 잡 크래프팅(job crafting)이 역할급 체제하에 더 쉽게 촉진될 수 있다. 잡 크래프팅은 개인이 적극적으로 일을 변화시키고 형성해 나간다는 가정에서 출발한다. 주어진 일을 그대로 하는 사람은 없기 때문이다. 일반적으로 잡 크래프팅은 개인의 흥미나 가지고 있는 기술에 맞도록 직무요구와 직무자원을 균형화하는 행동으로 정의된다. 따라서 직무급의 경우 잡 크래프팅을 아무리 해도 결과적으로 상위 직무나 개인이 관심을 가지는 직무에 공석이 발생하지 않는 한 그러한 노력이 결실을 맺기 어렵지만, 역할급의 경우에는 직위나 직무의 이동이 없더라도 역할의 변화가 가능하다. 그러한 점에서 역할급이 잡 크래프팅과 더 친화적인 제도라고 할 수 있다.

박스사례 일본 카시오의 역할급과 역할 요건

일본의 카시오사는 역할급을 도입하면서 각 수준별 역할에 대한 요건을 아래와 같이 제시하였다. 역할에 대한 정의가 광범위하고 추상적이기는 하지만 실제로 적용되었다.

등급	전 직종 공통역할 정의
G3	테마 개발 상위방침에 기초하여, 부가가치/생산성이 높은 테마를 창조하고, 그 실현을 위해 후배 육성지도를 수행하면서 테마를 기획추진하고 완성시킨다
G2	계획/추진방법 입안 자기가 담당하는 테마에 대해서, 전체의 목적/방향성을 촉진하고, 스스로 창의적으로 계획·추진방법을 기획하고 과의 기반이 되는 업무를 추진한다
G1-2	개선실행 담당 지시받은 업무의 목적을 정확하게 파악하고, 자신의 창의·공부에 의해 개선을 더해 생산성을 높이면서 실행한다.
G1-1	실무 추진 담당 정형적인 업무에 개선을 더해, 생산성을 높이면서 추진한다
T	지식·기술·노하우 습득 상급자나 주변의 지원을 받으면서, 업무 및 업무 개선을 수행한다. 업무경험을 통해 자신의 지식·기술 레벨을 향상시킨다

출처: 박우성·김동배(2016), *일본 기업 역할급: 사례와 시사점*, 75쪽; 경제사회발전노사정위원회(2017), *2016 임금보고서: 임금체계 개편의 대안*의 94쪽 〈표 4-4〉에서 재인용함.

역량급(力量級, competency-based pay, pay-for-competence)도 그 근원은 일본이라고 할 수도 있으나, 미국에서도 일본의 역할 개념과 유사하게 역량(competency)이라는 개념을 통해 직무급에 유연성을 제고하려는 노력이 활발하게 전개되었다. 다만 미국에서는 더 이상 확산되지 못했으나, 일본에서 역할급으로 발전했다고 할 수 있다.

박스사례 **S전자의 직무가치 및 역할에 기초한 4단계 경력단계 도입**

S전자는 2017년에 근속을 중시하던 기존의 부장, 차장, 과장, 대리, 사원(고졸 · 전문대졸 · 대졸) 등 7단계 직급체계를 직무가치와 역할을 기초로 4단계 경력단계(career level)로 축소개편한다고 발표하였다.[11] 직원간 호칭은 '○○○님'으로 통일하며, 새로운 직급제는 개인의 직무역량 발전 정도를 나타내는 CL(Career level) 1~4 체제로 전환한다. 이후 다시 2022년에는 기존의 직급 단계를 새롭게 개편해서 수평적 문화를 정착하고 팀장과 파트장 같은 직책만 남게 될 전망이다.

출처: 최은경(2021.11.23.), 삼성전자 직급체계 확 바꾼다, 중앙Sunday, https://www.joongang.co.kr/article/25023352 에서 2022.2.3.에 확인함

미국에서는 1990년대 들어서 세분된 직무로 인해 경직화된 직무급을 개편하려는 시도가 많이 일어났고, 여기에 역량급이 제시된 바 있다.[12] 이후 2000년대 초반 기존의 엄격한 직무관리 대신에 역할과 역량 등을 포괄할 수 있는 직무분석 및 평가 체제로의 전환이 필요하다는 주장도 있었다. 하지만 이후 미국에서는 대안적 임금체계로 역량급에 대한 활발한 논의가 진행되지 못했다. 그 이유로는 실제 적용가능성에 있어서 여러 어려움이 있으며, 더불어 기존의 직무급 전통을 바꾸기도 어렵고, 차별 금지와 관련된 소송에서 구체적이고 명확하게 근거를 제시하기 어려움이 있었기 때문으로 정리되고 있다.

역량(competency, competence)이란 개인적인 차원에서 조직 내에서 우수한 성과를 달성한 직원의 행동 특성으로 관찰과 측정이 가능한 행동이다. 조직차원에서는 핵심역량(core competency)이란 표현을 많이 사용한다. 개인적인 차원에서 역량의 특징을 정리해 보면 다음과 같다.

① 업무수행과정에서 나타나는 구체적 행동
② 환경변화에 따라 조직의 현재와 미래에 필요한 행동
③ 조직의 목표와 가치 및 환경변화에 따라 달라질 수 있음
④ 조직성과 향상에 초점을 둠
⑤ 개발가능하고 관찰 및 측정이 가능

역량의 유형은 공통(기초)역량, 기능(관리)역량, 그리고 직무(개인)역량을 구분할 수

〈표 7-8〉 역량의 유형

구분	내용
공통(기초) 역량	- 조직내 구성원 모두가 갖추어야 할 역량 - 자기개발 역량, 변화적응 역량, 오픈마인드, 소통 역량 등
기능(관리) 역량	- 조직 내부에서 기능별로 요구되는 역량 - 마케팅 부문에서 영업력, 인사 부문에서는 협상력 등
직무(개인) 역량	- 조직 내에서 각 기능이 완성되기 위해 개인별로 갖추어야 할 역량 - 판매직의 대인관계 역량, 설득력, 시간관리 역량 등

출처: 저자가 작성

있다. 공통(기초, 일반)역량(common competency, generic competency)은 조직 내 모든 구성원이 공통적으로 가져야 할 역량으로 자기개발 역량, 변화적응 역량, 오픈 마인드, 소통역량 등이 있다. 기능(관리)역량은 조직내부에서 기능별로 요구역량으로 예를 들면 마케팅부문에서는 영업력, 인사부문에서는 협상력 등을 들 수 있다. 직무(개인)역량은 조직내에서 각 기능이 완성되기 위해서 개인별로 갖추어야 할 역량으로 판매직의 대인관계역량, 설득력, 시간관리 역량, 커뮤니케이션 역량 등을 들 수 있다.

역량급이란 직무급이 해당 직무에 대해 평가하고 임금을 지급하는데 비해, 직무내용만이 아니라 직무수행의 성과, 즉 기업의 상황에 따른 직무수행 성과를 반영하는 임금인상체계라고 하겠다. 즉 기업의 시전에 정한 핵심역량(예를 들면 창의성, 고객지향성, 팀워크 등)을 보유한 수준에 따라 임금이 차증적으로 결정된다. 또한 들어 평상시에는 같은 직무를 수행하더라도, 위기 시에는 해당 직무가 많은 변화를 겪을 수 있다. 이러한 변화를 반영하는 임금인상 방식이다. 기업은 역량급을 통해 직원들의 역량습득 및 개발을 촉진시킬 수 있고, 직원들의 향상된 역량을 활용함으로써 유연한 인력배치와 운영이 가능해 진다. 하지만 역량이란 개념이 모호하고, 그 측정과 평가가 어려운 점이 단점으로 지적된다. 또한 환경 변화로 인해 진부화될 수 있는 위험도 있다.

7.5 변동급과 성과급

연공급, 직무급, 숙련급, 역할급, 역량급 등은 모두 고정적 성격을 가지는 기본급을 정하는 기준과 인상하는 임금체계에 대한 논의다. 하지만 임금에는 고정적 성격의 기본급 외에 변동적인 성격을 가지는 임금도 중요한 항목이 된다. 변동급에는 일한 시간에 따라 지급되는 수당성격의 임금과 일을 수행한 성과를 반영하여 지급여부와 지급액이 결정되는 성과급이 있다.

7.5.1 수당 성격의 변동급

수당성격의 변동급에는 연장·야간·휴일 근로에 따른 추가 보상이 있는데 우리나라 근로기준법에는 주당 40시간 이상*, 밤 10시에서 새벽 6시까지, 그리고 휴일에 일을 하는 경우 추가로 50% 이상을 지급해야 하는 규정이 있다.** 그리고 이 두 가지가 겹치면 각각 50% 이상을 계산해서 지급해야 한다. 시간당 1만원의 시급인 경우에 특정주에 주 40시간의 정규 근로를 하고, 추가적으로 연장근로 5시간을 했다면 40만원에 더하여 5시간에 대해서는 시간당 5천 원씩 총 2만5천 원을 추가하여 지급해야 한다. 야간 근로가 휴일 근로에 대해서도 최소한 50% 이상의 가산 수당을 지급해야 한다. 50% 이상 얼마를 더 추가할 것인가는 취업규칙이나 단체협약 등에 구체적으로 명시되어 있다.

왜 가산수당을 지급해야 하는가? 이는 가능하면 이러한 기준을 지켜서 근로자를 보호하라는 취지다. 주당 40시간 정도 일을 해야 충분한 휴식을 취할 수 있고, 다른 생활을 할 수 있으며, 야간에는 생체주기에 맞추어 잠을 자야하며, 휴일에는 쉬어야 하는 것이다. 그래서 기업에서 불가피하게 일을 시켜야 하는 경우에는 추가비용을 부담해야 하는 것이다.

---

* 기본적으로는 1일 8시간, 주당 40시간이 넘게 되면 최소 50%의 가산수당을 지급해야 하지만 탄력근로제, 선택근로제, 간주근로제 등의 경우에는 지급하지 않아도 되는 예외조건이 있다.

** 주당 40시간이 일반적인 기준이지만, 만약 근로시간이 주당 6시간씩 3일 근무하는 것으로 되어 있고, 특정일에 8시간 일했다고 하면 추가된 2시간에 대해서는 50%를 가산한 연장수당을 주어야 한다. 다만 5인 미만 사업장에서는 가산수당이 법적인 의무가 아니다.

다만 5인 미만의 사업장에는 가산수당의 지급의무가 없다. 이러한 사업장에서 일하는 근로자는 2백만 명이 넘는다. 편의점이나 조그만 식당 등에서 일할 경우에 가산수당은 의무적인 사항이 아니다.

7.5.2 성과급

성과급은 일을 한 성과에 따라 임금이 결정되는 방식이다. 성과급은 그 양이 사전에 결정될 수도 있지만, 대개는 사전에 기준이 정해지고 그 양은 사후에 결정된다. 성과급의 목적이 근로의욕 제고에 있기 때문이다. 하지만 성과급은 동료 간에 경쟁 등의 부작용이 있고, 외부적인 요인에 의해 영향을 받기도 하기 때문에 세심하게 공식이 결정되고 실행될 필요가 있다.

우리나라에서는 1960년대 고정적인 임금이 지급되었고, 성과급 같은 변동급은 별로 없었으나 경영성과가 좋은 경우 연말에 보너스를 지급하였다. 매년 고정적으로 지급된 것은 아니었고 그 금액도 월급의 50%나 100% 정도였으며, 흔히 보너스(bonus)라고 불렀다. 하지만 시간이 흐름에 따라 이 보너스는 기업의 성과와는 상관없이 고정적인 성격을 가지게 되었고 매년 200%, 300% 등이 지급되었으며 '상여금'으로 불리게 된다.

이후 기업에서는 고정적인 성격이 되어버린 (고정) 상여금 외에 경영성과를 반영하는 원래 의미의 보너스를 다시 '인센티브(incentive)', '특별 상여금' 또는 '성과급' 등으로 부르게 되었다. 이 인센티브, 성과급, 특별상여금은 대부분 연초에 지급 기준이 정해지고 연말에 실적을 적용하여 그 규모가 결정되는데, 개인 단위, 팀이나 부서단위, 공장 단위, 사업부문 단위, 또는 회사 단위로 성과 측정의 기준을 달리 적용할 수 있다. 또한 성과기준을 비용절감으로 할 것인가, 매출액으로 할 것인가, 아니면 영업이익이나 순이익으로 할 것인가, 또한 어느 비율로 성과급을 정해야 하는 등의 절차상 과제가 여러 가지다.

7.5.2.1 성과급 보상 단위와 측정 기준

여기서는 고정적인 성격이 되어버린 상여금을 제외하고, 매년 또는 단위 기간에 측정된 성과에 따라 지급 금액이 달라지는 변동급인 성과급, 즉 인센티브, 성과급, 특별상여금에 대해 논의하기로 한다.

우선 성과급에 대해서는 보상 단위가 결정되어야 한다. 개인단위에서부터 회사단위까지 매우 다양하다. 개인단위가 되면 이는 사무관리직에서는 연봉제라고 할 수 있으며, 회사단위에서는 회사마다 PS(Profit Sharing, 성과공유제)를 포함하여 여러 가지 이름으로 불린다. 삼성전자는 성과급을 특별격려금으로 부르며, 1년에 두 번 지급하는 목표달성장려금(TAI)과 한번 지급하는 초과실적장려금(OPI)'이 있는데 2021년 상반기에 '목표달성장려금'은 호실적을 거둔 메모리 반도체와 가전 사업부에는 기본급 100%, 하지만 예상보다 실적이 안 좋았던 파운드리 사업부와 스마트폰을 생산하는 무선사업부에는 기본급 75%의 성과급을 지급하였다.[13)]

업무수행 성과를 어떻게 측정할 것인가도 결정되어야 한다. 개인단위 측정인 경우에 물리적으로 제품을 생산한다면 불량품이 아닌 제품의 비율과 같이 정량화된 기준을 적용할 수 있지만, 사무관리직의 연봉제처럼 성과를 주관적으로 측정해야 하는 경우도 있다.

팀이나 부서 이상의 집단의 성과를 정하는데, 근로자들이 직접적으로 성과에 영향력을 미칠 수 있는 비용절감 등을 성과로 측정할 수도 있고, 매출액이나 영업이익 또는 순이익처럼 시장의 영향력이 반영된 결과를 성과로 측정할 수도 있다. 비용절감과 같은 경우에는 근로자들이 서로 힘을 합쳐서 열심히 노력하면 우수한 결과를 낼 수 있지만 매출액이나 영업이익과 같은 경우에는 시장의 영향을 받기 때문에 열심히 노력해도 불경기라면 오히려 정반대의 성과를 얻기도 한다. 따라서 근로자 입장에서는 시장의 영향력이 작은 비용절감 등을 선호하지만 경영자 입장에서는 재무제표상의 성과를 기준으로 정하기를 원한다. 손익계산서의 아래 항목으로 갈수록 지불능력과 직접적으로 연결되기 때문에 순익과 같은 기준을 적용하고자 한다.

7.5.2.2 성과급 내용

성과급은 일반적으로 전년도의 성과를 파악하고 그에 대해 사전에 정해진 기준에 따라 현금을 지급하는 것이 일반적이지만 회사주식이 지급되기도 한다. 네이버는 2021년 4월 향후 3년 동안 임원을 제외한 모든 직원에게 매년 1천만 원 규모의 자사주를 지급하는 스톡그랜트(stock grant) 프로그램을 시행한다고 발표했다. 그 이전 3년 동안은 모든 직원에게 매년 1천만 원 상당의 스톡옵션을 지급해 왔다. 스톡옵션은 일정 규모의 자사주를 향후 일정기간이 지난 후에 사전에 결정된 가격에 주식을 매수할 수 있는 권리를 말한다. 이러한 스톡그랜트 프로그램은 2021년 직원 성과급은 2020년과 비슷한 수준으로 책정되었지만 경영진의 보수는 총액이 55%나 늘어나면서 노조가 반발한 사건과도 연결된다.

7.6 복리후생

복리후생은 임금관리의 핵심 주제는 아니지만 인건비에서 차지하는 비중이 늘어나고 있고 그 제도 운영도 복잡해지고 있어서 간략하게 논의하기로 한다. 복리후생은 과거에는 화폐로 지급되는 임금에 비해 그 비중이 낮아서 중요시되지 않았지만, 시간이 흐름에 따라 그 비중이 커지게 되었고, 또한 과거에는 기업이 선택하는 경우가 많았으나 이제는 법으로 강제되는 경우가 증가하고 있다.

복리후생은 기업의 입장에서는 인건비에 포함되는 비용이지만, 직원인 근로자의 입장에서는 회사 소속의 구성원으로서 임금 이외에 보상을 받는 내용이라고 할 수 있다. 특히 복리후생은 앞에서 언급한 임금과는 성격이 달라서 수행 업무의 난이도나 업무수행 성과에 따른 차이가 없이 일괄적으로 직원들에게 지급되는 보상이다.

복리후생은 크게 법정 복리후생과 비법정복리후생으로 구분된다. 법정복리후생은 흔히 4대 보험이라고 하고, 비법정복리후생은 점심 식대비용 지원부터 콘도이용 등을 포함하는 다양한 회사지원 제도를 의미한다. 그런데 이 복리후생이 한동안은 선택적 복리후생제도(카페테리아식 복리후생제도)로 개인 취향대로 사용하는 방식으로 전환하다가 이제는 아예 임금에 포함되고 회사에서는 운영하지 않는 방식으로 전환되고 있다.

하지만 이러한 복리후생제도는 대부분 대기업 중심으로 관심사항이며, 중소기업의 경우에는 복리후생제도에서도 대기업에 비해 많이 빈약한 수준이다. 하지만 중소기업의 경우 복리후생에서는 큰 비용부담 없이 직원들의 사기를 진작할 수 있다는 점에서 다양한 제도의 운영이 필요하다.

7.6.1 법정 복리후생

법정 복리후생은 흔히 4대 보험이라고 하는데 국민연금, 건강보험, 고용보험, 그리고 산재보험을 의미한다. 일부 예외가 있지만 대부분 근로자들에 대해서는 이 법정 복리후생이 의무화되어 있다.

〈표 7-9〉 법정 복리후생

구분	내용
국민연금	- 국가가 운영하는 노후 연금제도 - 근로자와 회사가 공동으로 부담 - 실수령액이 많지 않은 편임 - 국민연금을 보완하는 퇴직금 제도가 별도로 운영됨
건강보험	- 재직 중에 질병 등에 대해 부조하는 보험 - 소득이 없거나 적은 부양가족도 적용 - 근로자와 회사가 공동으로 부담 - 기업에 따라 보험이 적용되지 않는 사항에 대해 추가보험 적용
고용보험	- 실직에 대비한 보험 - 근로자와 회사가 공동으로 부담 - 구직활동을 전제로 실직 중에 급여를 지급
산재보험	- 재직 중에 사고를 당하거나 질병을 가졌을 때 치료 비용을 부담 - 회사가 전액을 부담함

출처: 저자가 작성

7.6.1.1 국민연금

국민연금은 근로자들이 은퇴 후에 노후를 지내기 위한 비용을 미리 마련하는 것으로 국가가 운영하는 노후 연금제도이다. 월급여에 대해 일정부분을 근로자와 회사가 공동으로 부담하는 제도이며, 65세가 되면 연금지급이 가능하다. 최근 고령화로 인해 연금지급 시기가 늦춰지고 있다. 하지만 우리나라는 국민연금제도를 운영한지 오래되지 않아서 대부분의 연금수령자가 100만 원 미만의 연금을 수령하기 때문에 국민연금만으로 노후생활자금을 충분하게 마련할 수는 없지만 그럼에도 중요한 노후생활자금이라고 할 수 있다.

이 때문에 근로자들은 국민연금 외에 퇴직금제도가 법적으로 운영되고 있다. 퇴직금도 1년 이상 일한 근로자들에 대해서는 지급이 강제되고 있으며 최근에는 퇴직연금제도로 전환하여 운영할 수 있기 때문에 중층의 노후생활보장제도라고 할 수 있다. 여기에 개인적으로 준비하는 개인연금까지 3층의 보장제도를 가진다면 어느 정도 노후생활의 안정을 기할 수 있다.

국민연금의 운용규모는 최근 지속적으로 확대되어가고 있으며, 국내 주식시장에서도 가장 규모가 큰 기관운용사이지만, 중장기전망에 따르면 초고령화사회에 진입하게 됨에 따라 국민연금을 납부하는 근로자수는 줄어들고 수령하는 은퇴근로자들이 증가함에 따라 2050년 전후로 국민연금이 고갈될 것으로 전망하고 있어서, 안정적인 운용을 위한 제도적인 조치가 필요하다.

참고로 퇴역군인을 위한 군인연금은 이미 기금이 고갈되어 정부가 매년 수조원의 세금으로 지원하고 있고, 퇴직공무원을 위한 공무원연금도 고갈이 시작되어 정부가 세금으로 지원하고 있다. 사립학교교직원을 대상으로 하는 사학연금도 국민연금보다 더 빠른 시기에 고갈이 전망되고 있는데, 군인·공무원·사립학교교원이라는 특수성이라는 이유로 정부는 연금개혁조치를 지연하고 있다. 개혁은 결국 더 납부하고 덜 받는 것이다. 미룰수록 후세대에 부담을 키우는 것이라 정부의 적극적인 조치가 빨리 이루어져야 할 필요가 있다.

7.6.1.2 건강보험

과거에는 의료보험이라고 불렀지만 건강할 때 건강을 지킨다는 건강증진제도까지 포함되면서 우리나라에서는 건강보험이라고 부른다. 국민연금과 마찬가지로 월급여의 일정부분에 대해 건강보험료로 납부하는데 우리나라의 건강보험은 크게 직장보험과 지역보험으로 구분되어서 직장인들은 부양가족에 대해서도 직장보험에 가입하고 보험료를 납부할 수 있다.

건강보험료도 근로자가 회사와 공동으로 월급여의 일정부분을 납부하며, 매년 말 정산을 통해서 다음해의 건강보험료가 결정된다.

복리후생제도가 좋은 기업들의 경우에는 건강보험이 적용되지 않는 병원비용 등에 대해서 추가로 비용을 부담해주는 단체 상해보험에 가입해서 직원들의 병원비에 대한 부담을 줄여주는 경우도 있다. 물론 개인적으로 실손 보험 등을 통해서 병원입원비나 치료비 등에 대해 부담을 줄이는 경우도 있다.

7.6.1.3 실직과 고용보험

고용보험은 여러 가지 이유로 직장을 잃게 되었을 때, 일정 기간 동안 급여를 지급함으로써 생활안정을 기할 수 있도록 하는 보험이다. 외국에서는 실직하는 경우에 급여를 지급하기 때문에 실업보험이라고 하지만, 우리나라의 경우 건강보험과 마찬가지로 재직 중에 실업을 피하기 위한 직업교육훈련 등에 대한 비용도 지원해 주므로 포괄적인 의미에서 고용보험이라고 한다.

고용보험료는 실업급여를 준비하는 보험료는 근로자와 회사가 공동으로 부담하지만, 직업교육훈련 등에 대한 비용에 대한 보험료는 회사만 부담하며, 회사 규모별로 차이를 보인다.

우리나라의 경우 실직에 따른 실업급여를 지급받는 조건에 있어서 자발적인 사직은 원칙적으로 제외되며, 회사의 사정에 의해 실직하는 경우에 적용하도록 하고 있다. 또한 실업급여를 수급하려면 수급시점 이전 18개월 동안 최소한 6개월 이상 일을 하고 있어야 한다.

실업급여의 수준은 재직기간 동안의 급여수준을 기준으로 지급하는데 최대한 지급기준이 정해져 있다. 그리고 실업급여의 수급기간은 연령에 따라서 차이가 나는데 나이가 많을수록 최대 수급기간이 길어진다. 그 이유는 나이가 많을수록 재취업에 어려움이 있다고 전제하기 때문이다.

실업급여는 기본적으로 고용보험기금, 즉 회사와 근로자가 납부한 보험료로 운영되는데 문재인정부 들어서서 실업급여에 대한 지급기준을 완화한데다가 코로나19 확산으로 실업자수가 증가하여 수입대비 지출이 늘어나서 수조원의 적자를 기록하고 있다. 단기적으로는 정부지원으로 이를 보완하고 있지만 중장기적으로는 좀 더 근본적인 조치를 취해서 고용보험제도의 운영에 안정성을 제고할 필요가 있다.

7.6.1.4 산업재해와 산재보험

산재보험은 일터에서 발생한 사고로 근로자가 부상을 당하거나 생명을 잃었을 때 그에 대해 보상해주는 보험제도로 보험료는 회사만 부담을 한다. 우리나라의 산재발생수준은 안타깝게도 선진국에 비해 매우 높은 수준이다. 매년 1천명 이상이 산재로 사망하고, 10만 명이상이 부상을 당한다. 여기에 신고 되지 않은 산업재해까지 포함하면 더 많을 것이다. 자동차사고도 모든 사고가 보험회사에 접수되지 않고 양 당사자 간에 해결되는 경우도 많기 때문이다.

산재사고를 줄이기 위해 정부는 중대재해기업처벌법을 만들어서 2022년부터는 회사의 최고책임자가 산업재해 사망사고에 책임지도록 법을 강화했는데, 실제로 효과를 발휘할 지는 좀 더 두고볼 일이다. 산업재해는 업종별로 많은 차이를 보이는데 중대사고가 많이 발생하는 업종은 광산업이나 건설업이다. 물론 제조업도 종사자가 많기 때문에 사고건수는 많지만 발생비율은 높지 않은 편이다. 따라서 산재보험료도 업종에 따라 보험료율에 큰 차이를 보인다.

산재사고의 유형을 보면 떨어지거나(추락) 넘어지는(전도) 경우가 많으며, 기계에 끼이거나(협착) 유해한 가스를 흡입하는 경우(비래) 등으로 구분한다. 대형조선소의 선박제조 과정이나 고층건물에서 작업하다가 추락하는 경우가 많다. 넘어지는 경우는 모든 사업장에서 발생가능하며 특히 물을 사용하여 바닥이 미끄럽거나, 계단에서 미끄러지는 경우도 많이 발생한다. 기계를 사용하는 경우에 끼이는 사고가 발생할 수 있으며, 유해 가스 발생은 지하 작업이나 화학물질을 다루는 사업장에서 많이 발생한다. 이러한 산재사고는 재해를 당한 근로자만이 아니라 회사, 그리고 그 가족에게 씻을 수 없는 상처를 입힌다. 회사는 산재예방을 위해 최선을 다해야 할 것이다.

7.6.1.5 법정 보육시설

중소기업에 대해서는 의무사항이 아니지만 일정 규모 이상의 기업들은 자체 보육시설을 갖추어야 한다. 이제 우리는 워라밸의 시대에 살고 있기 때문이다. 어린이집은 필수적인 시설이고, 이를 제공하지 못하는 경우에는 별도의 지원금을 제공해야 한다.

7.6.2 비법정 복리후생

법정 복리후생은 기업이 반드시 시행해야 하는 제도이지만 비법정 복리후생은 기업들이 자발적으로 시행하는 제도이므로 매우 다양하지만 대표적으로는 식대 지원이 가장 일반적이며, 사내 카페나 운동시설, 콘도와 같은 휴양소 운영 등을 들 수 있다.

7.6.2.1 식대 지원과 구내식당 운영

우리나라는 복리후생제도가 별로 없는 중소영세기업이라도 점심식대를 지원하는 것이 일반적이다. 대개 하루 점심비용으로 1만원 미만을 지원하는데 국세청에서도 이 식대지원에 대해서는 급량비로 처리해서 세금을 내지 않도록 하고 있다. 규모가 있는 기업에서는 구내식당을 운영하는 경우가 많은데 이는 직원들의 점심식사를 위한 효율적인 시간운영과 저렴한 비용으로 양질의 식사제공 등의 이유가 있다.

점심시간의 경우 근로기준법에 따라 4시간 이상 근무를 하는 경우에는 30분 이상의 휴게시간을 부여해야 하기 때문에, 1일 8시간 근무를 기준으로 중간에 1시간의 점심시간을 휴게시간으로 부여하는 것이 일반적이다. 대부분 회사에서의 점심시간 1시간은 무급으로 처리되기 때문에 회사 밖의 식당에서 식사를 하는 것과 같이 회사의 감독 없이 자유롭게 사용할 수 있다.

구내식당의 운영은 다수 기업들이 아웃소싱, 즉 외부기업에 위탁해서 운영하는 경우가 많다. 정부의 세종청사 구내식당도 위탁해서 운영하기에 일하는 직원들은 공무원이 아니다. 이 아웃소싱 업체들은 매우 낮은 단가로 메뉴를 만들어야 하기 때문에 일하는 조리사들이 높은 임금을 받기 어렵다. 그렇다보니 양질의 식사를 제공하기 어렵게 되는 경우도 있다. 구내식당을 고급스럽게 운영하는 기업으로 '마이다스아이티'라는 회사가 있다. 건물의 비파괴검사로 사업을 시작한 이 중견기업은 판교에 위치하는데 직원들을 위해 24시간 식당을 운영하고 있다. 흥미로운 점은 1인당 한 끼 식사비용으로 2만 원이상을 정하고 있으며, 식당 분위기는 고급호텔 같은 뷔페로 운영되는데 셰프 여러 명이 관리하고 있다. 열심히 일할 분위기가 생겨나는 구내식당이다.

7.6.2.2 사내 카페와 사내 운동시설

도시지역의 경우 회사 건물 공간이 매우 효율적으로 운영되기 때문에 직원들을 위한 휴식공간을 마련하기 어렵다고 생각한다. 회사는 바로 비용 상승으로 생각하기 때문이다. 여기에 피트니스센터나 탁구장 같은 운동시설을 운영하는 것은 더욱 상상하기 어려울 수도 있다.

하지만 우리나라에서 최고로 높은 잠실의 롯데빌딩에 가면 전망이 아주 좋은 카페가 있다. 직원용이다. 이런 회사에서 일하면 열심히 일하지 않을까? 저녁을 먹고 다시 회사로 돌아와서 야근을 하던 과거와는 달리 이제는 주40시간이 정착되어가고 있고 특히 젊은 사원들은 더욱 건강에 관심이 많아지는 시대에 피트니스센터나 탁구장, 여건이 허용된다면 축구장 같은 운동장을 제공할 수 있다면 직원들의 건강향상과 함께 업무의욕의 상승을 충분히 기대할 수 있다.

7.6.2.3 콘도, 휴양소

워라밸(Work-Life Balance)의 의미는 일과 생활의 균형이며, 일할 때는 열심히 일하지만, 쉴 때는 또 잘 쉬어야 한다는 것이다. 회사에서 휴양시설을 보유하거나 이용할 수 있는 콘도 등을 확보하고 직원들이 이를 활용할 수 있도록 한다면 이 또한 업무의욕 상승의 충분한 이유가 될 것이다.

주로 공공기관이기는 하지만 국내 유명 해수욕장이나 관광명소에 가면 전망이 좋은 곳에 해당 기관의 연수원이나 휴양소가 보이는 경우가 많다. 물론 대기업들도 유사하게 연수원이나 휴양시설을 운영하는 경우가 많지만 중소기업들도 자체소유가 아니더라도 이용권을 확보하여 직원들이 활용할 수 있도록 한다면 좋은 복지제도가 될 것이다.

7.6.3 선택형(카페테리아식) 복리후생제도

회사가 사원들에게 잘 해주려고 하는 것은 당연히 더 열심히 일할 수 있도록 의욕을 제고하기 위함이다. 그런데 사원들의 취향이 더 다양해지고 이를 다 충족시키기 위해서는 더 다양한 복리후생제도를 제공해야 하는데 회사로서는 지출하는 비용에 제한이 있기 마련이다. 그래서 예를 들면 사원 개인에게 1000 포인트를 지급하고 자기가 원하는 복리후생제도를 선택해서 포인트를 사용하는 방식이다. 예를 들어 젊은 사원의 경우 콘도이용에 더 많은 포인트를 사용하고 그 대신에 추가 건강검진에 포인트를 사용하지 않는 것이다. 어떤 사원은 다른 복리후생제도에는 사용하지 않고 모든 포인트를 모았다가 해외여행 경비지원에 모든 포인트를 사용하는 것이다.

이렇게 카페테리아 복리후생제도는 일정하게 비용을 통제하면서도 사원들의 만족도는 최고수준으로 높일 수 있는 장점이 있다. 그런데 이 카페테리아 복리후생제도를 운영하려면 매우 다양한 제도를 운영해야하기 때문에 관리에 많은 시간과 비용이 소요될 수 있어서 외부 기관에 위탁을 해서 운영하기도 한다. 이후에는 복리후생제도에 관련된 비용을 아예 임금에 포함시켜서 지급하고 회사는 복리후생제도를 운영하지 않는 것이다.

하지만 이렇게 아예 없애는 방식은 처음에는 이해하지만 시간이 흐르면 그러한 과정이나 취지를 잊어버리게 되고, 신입사원의 경우는 그러한 과정에 대한 이해가 없기 때문에 불만요인으로 작용할 수 있다. 따라서 일정한 규모를 갖춘 기업이라면 다른 기업들과의 비교관점에서도 복리후생제도는 운영할 필요가 있다.

7.7 임금관련 특별 이슈

7.7.1 연봉제

개인 차원에서의 성과를 측정하여 기준에 따라 성과급을 지급하는 경우에 단순히 월급여를 기준으로 성과급을 지급하기도 하지만 좀 더 성과급을 강화하는 경우 우리나라에서는 이를 연봉제(annual salary system, Yeonbongje, 미국의 유사한 경우로는 merit pay)라고 한다. 하지만 우리나라에서는 임금의 모든 부분을 성과에 연동하기보다는 성과에 상관없는 기본연봉과 성과에 따라 조정되는 성과연봉으로 구분하는 경우가 많다.

자동차 판매*, 보험 판매와 같이 근로계약이 아니라 위탁계약을 맺고 판매대수와 판매

가격에 따라 수수료를 지급하는 경우, 흔히 커미션(commission)이라고 하고 연봉제 논의에서는 제외한다.

호봉제를 사용하는 연공급과 가장 큰 차이는 호봉제 연공급에서는 근속기간을 기준으로 임금인상이 결정되지만, 연봉제에서는 직무수행 결과의 우수한 정도에 따라 다음해 연봉의 인상률이 결정되므로, 근로자에게는 동기부여가 되면서도 동시에 위험이 따르기도 한다. 반면에 회사는 연봉제 시행이 근로자에 대한 강력한 동기부여 수단이 된다. 현실적으로는 직무수행 성과가 매우 좋지 않은 경우라도 연봉액을 삭감하는 경우는 많지 않으며, 부진한 성과가 수년 반복되는 경우에는 연봉삭감보다는 퇴직을 권유하기도 한다.

연봉의 구성은 기업마다 차이를 보이지만 우리나라에서는 대체로 '기본연봉'과 '성과연봉'으로 구성되고, 기본연봉은 근로자의 근속, 직무가치, 작년도 업무수행 결과 등을 반영하여 호봉과 유사하게 매년 일정 수준 상승하도록 구성하여 누적식으로 운영되고, 성과연봉은 해당 연도의 직무수행 성과를 반영하여 다음해의 연봉인상을 결정하는 비누적식으로 운영된다. 성과의 경우 변동이 심하기 때문에 과거 1년만이 아니라 지난 3년 정도의 성과를 반영하기도 한다. 성과가 우수하면 상당히 높은 수준의 성과연봉의 인상이 이루어지고, 성과가 미흡하면 동결되거나 심지어는 삭감되기도 한다. 하지만 탁월한 수준이라고 하더라도 10%이상 두 자리 수준으로 인상되는 경우는 많지 않다. 매년 반복적으로 연봉인상이 이루어져서 누적 효과가 크므로 인상률은 신중하게 결정하는 것이 좋다.

7.7.2 성과공유제와 비용절감공유제

7.7.2.1 성과공유제

앞에서 설명한 절감비용공유제가 주로 회사 내에서 근로자들의 적극적인 노력에 의해 생산성을 향상시키고 그 결과 비용을 절감해서 근로자와 회사가 나누어 가지는 제도라고 한다면, 성과공유(profit sharing, 성과배분) 제도는 매출액이나 이익 등 회사 외부의 시장

---

* 우리나라의 경우 자동차 판매는 자동차를 제조하는 회사에 속한 정규직 영업사원으로 하는 경우도 있고, 대리점과 위탁계약을 맺고 고정적인 임금 없이 판매 수수료만 받는 경우도 있다.

상황을 반영한 회사의 성과에 대해 노사가 나누어 갖는다는 차이가 있다.

회사에서 성과공유제를 제대로 도입하고 운영하기 위해서는 앞에서 언급한 노사 간의 신뢰구축이 선행되어야 하고 그 다음에 구체적인 설계가 이루어져야 한다.[14] 제도 설계에서 가장 먼저 해야 할 것은 ① 도입동기의 확정이고, 그다음으로는 ② 합리적인 성과측정 지표를 마련하는 것이다. 성과측정 지표는 단순하고 명확해야 참여자들이 쉽게 이해하고 동의하기가 쉬워진다. 대표적인 성과측정 지표들로는 매출액, 영업이익, 고객만족도 등이 있다. 지표가 결정되면 ③ 적용대상을 결정하기 위해 기업의 조직구조, 업무(작업)내용 및 업무(작업)방식, 성과 측정의 난이도 등을 종합적으로 고려해야 한다. ④ 추가적으로 전체 급여 중에서 성과급이 차지하는 비율을 결정하는 것도 중요한 사항이다. 성과급은 동기부여 효과가 크지만 기존의 고정급 비중이 너무 낮아지게 되면 임금의 안정성을 해치게 되어 적절한 비율을 결정해야 한다. ⑤ 성과측정 지표에 따라서 발생한 성과급 총액을 근로자들에게 분배할 기준을 정하는 것으로, 전체 근로자에게 동등하게 지급하거나 아니면 개인별 또는 집단별 성과에 따라서 차등으로 지급할 수 있다. 동등하게 지급하게 지급하는 경우에도 동일한 금액을 지급하는 방법이 있고 동일한 비율로 지급하는 방법이 있다. 총액으로 100만원씩 지급하거나 기본급의 100%씩 지급하는 방법이다. ⑥ 성과의 측정을 얼마나 자주 할 것인가 그리고 성과에 대한 보상을 얼마나 자주 할 것인가도 결정해야 한다. 월/분기/반기/년 단위 등으로 기간을 설정할 수 있으며, 성과에 대한 보상 빈도는 가급적 많은 경우가 효과적이라고 알려져 있다. ⑦ 성과배분의 형태는 현금이 일반적이지만 주식이나 전환사채 등으로도 지급할 수 있으므로, 근로자의 선호도와 기업의 경영여건에 맞추어 결정한다.

7.7.2.2 절감비용공유제

개인이 아닌 집단의 성과를 측정하는데, 외부 환경에 의해 영향을 받는 매출이나 이익 기준이 아니라, 내부적으로 생산과정에서 생산효율 제고로 절감한 비용을 회사와 근로자가 나누는 경우 절감비용공유제(gain sharing scheme)라고 한다. 매출이나 이익처럼 외부 시장환경을 반영하는 경우를 일반적인 집단성과급 또는 이익공유제(profit sharing scheme)

〈표 7-10〉 성과급 지급형태에 대한 고려사항

구 분	장 점	단 점
현 금	- 현금으로 즉시 지급되므로 성과와 연계성이 크고 동기유발효과가 큼	- 장기적 인센티브 효과가 약하고 사외유출 발생
스톡옵션	- 장기적인 유인책 및 회사의 안정주주 확보 - 회사 경영상태에 대한 장기적인 관심 유발 - 성과배분의 사내유보 가능	- 현금선호에 부합되지 않고 주식가격 하락시 역효과 - 옵션행사후 이직 발생 가능 - 일부계층에 제한되어 위화감, 사기저하 가능
전환사채	- 사채발행만큼 이익을 회사에서 활용가능 - 채권과 주식의 보완적 기능을 통해 증시불안정에 대처 가능	- 제도도입 및 실시절차 복잡 - 발행예정 주식수에 미발행된 주식이 있어야 도입가능 - 바로 현금화되지 않아 인센티브 효과가 적음
사내복지기금	- 성과발생시 출연된 기금으로 성과가 없을 때도 사원에 대해 복지혜택을 줄 수 있어 안정적 복지 제공	- 성과에 대한 단기효과가 나타나지 않고, 개인별 인센티브 불분명

출처: 노동부(2001), *성과배분제도 도입 매뉴얼*, 16쪽에서 인용하여 수정함

도라고 한다. 절감비용공유제는 단순히 성과급 제도이기 이전에 구성원들이 경영에 참여하는 경영참여제도로서 종업원들이 경영에 참여하여 원가절감, 생산성 향상 등을 도모하여 조직성과를 향상하고, 그 결과물인 추가적인 이익을 회사와 종업원들이 나누어 갖는 제도이다. 따라서 매출액이나 이익이 기준이 되는 단순 이익공유제도(profit sharing, PS)와는 구분된다.

절감비용공유제의 장점으로는 첫째, 거시적으로 임금인상에 따른 인플레이션을 방지할 수 있다.[15)] 둘째, 기업의 입장에서는 지불능력에 대한 걱정 없이 성과향상을 도모할 수 있다. 셋째, 근로자의 동기부여 향상효과를 기대할 수 있어서 기업의 성과를 개선함과 동시에 노사관계안정화를 기할 수 있다.

집단성과공유제의 특징은 다음과 같다.[16)]

① 언급한 대로 개인이 아닌 집단의 성과를 측정하고 그 결과를 성과급으로 지급한다. 여기서 성과는 생산효율에 따른 생산비용의 절감분이다. 팀이나 부서보다는 공장이나 사업부 또는 회사 단위로 운영된다.

② 사전에 정해진 공식에 의해 성과가 측정되고, 그 결과에 따라 노사가 공유하는 성과급 규모가 결정된다. 이 공식의 결정에 참여하는 것이 경영참가의 첫번째 과정이라고 할 수 있다.

③ 성과배분은 1년 단위보다는 짧은 분기별, 월별, 또는 경우에 따라서 주별로 이루어지기 때문에 신속한 보상이 이루어져서 동기부여 효과가 크다.

④ 운영에 있어서 별도의 비용이 들어가지 않는다. 재원이 생산성 향상이나 비용절감이기 때문에, 단순한 이익공유제도와 달리 추가적인 비용이 필요하지 않다.

⑤ 단순한 동기부여를 통한 성과향상과 성과분배를 넘어서서, 종업원의 적극적인 참여를 전제로 하는 경영참가로 참여형 경영의 대표적 사례이다.

하지만 비용절감분을 성과로 측정하는 경우 시작 초기에는 상당부분 효율성 제고로 비용을 절감할 수 있지만 몇년이 지나면 사실상 비용을 절감하기 어려워서 비용절감 기준을 적용하는 성과급제도는 오래가기 어려운 단점이 있다. 그럼에도 불구하고 스캔론플랜(Scanlon Paln), 럭커플랜(Rucker Plan), 임프로쉐어(Improshare) 등이 오랜 기간 동안 적용된 프로그램들이다.

정리문제

1. 다음을 간단히 정리해 보세요.
   - 임금, 평균임금, 통상임금
   - 광의의 임금체계와 협의의 임금체계
   - 임금산정형태, 임금항목구성, 임금결정체계
   - 시간급과 산출급
   - 임금, 수당, 상여금, 복리후생
   - 연공급, 직무급
   - 기술급(숙련급), 직능급, 역할급, 역량급, Job Crafting
   - 국민연금, 건강보험, 고용보험, 산재보험

2. 다음 내용을 설명하세요.
   - 임금관리 목적과 목표
   - 임금관리전략-선도전략, 동행전략, 후행전략
   - 임금결정체계 유형
   - 임금피크제
   - 카페테리아식 복리후생제도
   - 절감비용공유제와 성과공유제(profit sharing)

3. 팀보고서를 작성해서 발표해 보세요.
   - 임금관리와 인적자원관리의 관계
   - 연봉제의 현황과 향후 방향
   - 임금피크제에 대한 소송 내용과 향후 방향
   - 정부의 임금체계 개편 노력과 평가

토론사례 1

임금체계 실태조사

1. 실태조사 개요

임금관리에 있어서 가장 중요한 내용은 임금 수준과 임금 산정 방식이라고 할 것이다. 임금산정 방식과 관련해서는 임금체계, 즉 임금인상을 어떤 방식으로 하는가가 가장 중요한 사항이다. 특히 한국의 경우 기존의 호봉제 연공급이 아직도 가장 일반적인 방식으로 활용되고 있지만, 직무를 고려하는 직무급이나 성과를 반영하는 성과급에 대한 논의가 활발히 진행되고 있다. 한국노동연구원은 매년 임금체계에 대한 실태조사를 진행하고 있는데, 2021년에도 국내 100인 이상 사업체 1,075개를 대상으로 임금수준, 기본급에 대한 임금체계, 성과배분제 등을 조사하고 있다. 실태조사 결과를 간단히 살펴보고자 한다. 자세한 내용은 한국노동연구원(2021), 『2021년도 임금체계 실태조사』 보고서를 참조하기 바란다.

2. 실태조사 결과

2.1 임금수준

베이스업과 정기승급 먼저 임금수준에 대한 조사결과를 살펴보자. 임금인상과 관련해서 베이스업과 정기승급을 구분해서 살펴볼 필요가 있다. 베이스업이란 임금단체협약 등에 의해 근로자의 개별 요건에 상관없이 일괄적으로 임금을 인상하는 것으로, [그림 7-5]에서 임금커브 자체가 이동하는 것을 이동하는 것을 의미한다(임금커브(A)→임금커브(B)). 정기승급이란 근속년수나 인사고과, 직무수행능력 등을 반영하여 기본급을 인상하는 것으로 [그림 7-5]에서 (X)→(Y)로의 이동을 의미하며, 일반적으로 호봉제로 운영하는 경우가 많다.

2021년도 베이스업(일괄 인상률)의 경우 100인 이상 민간 기업을 대상으로 하였다는 점을 전제로 정기승급이 없는 경우에 경영지원직은 4.7%, 생산직은 4.1%, 서비스·판매직은 5.3% 정도였으며, 정기승급이 없는 경우에 베이스업의 규모가 좀 더 크게 나타났고

그림 7-5 임금인상 개념도

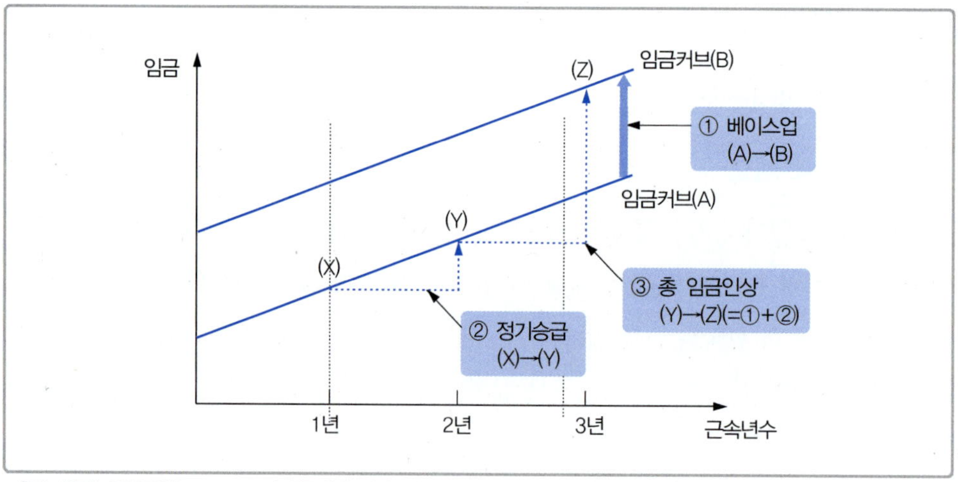

출처: 한국노동연구원(2021), 2021년 임금체계 실태조사, 24쪽의 [그림 II-5] 임금인상 개념도를 옮김.

경영지원직은 3.2%, 생산직은 2.9%, 서비스·판매직은 4.1% 정도였다. 베이스업에 영향을 미치는 요인은 기업의 실적 및 성과가 44.3%로 가장 중요한 기준이었고, 다음으로는 최저임금인상률(23.9%), 동종업계 임금수준(18%) 등으로 나타났다. 우수인력 확보·유지는 3.3%로 대기업이나 일부 업종에 제한되고 있음을 알 수 있다.

초임수준 직군별로 신입사원 월초임을 살펴보면 경영지원직은 대졸 남성 초임, 생산직은 고졸 남성 초임, 그리고 서비스판매직은 고졸 여성 초임을 기준으로 했을 때, 경영지원직은 258만 원, 생산직은 252만 원, 그리고 서비스판매직은 235만 원이었다. 기업특성을 보면 기업규모가 클수록, 노동조합이 있는 경우에 그리고 외국계 기업의 경우 초임수준이 높게 나타났다.

2.2 임금체계

보수규정(임금표) 임금체계는 100인 이상 민간 기업을 조사 대상으로 하였음을 전제로, 보수규정에 따른 임금표가 적용되는 경우는 경영지원직이 91.5%, 생산직이 94.7%, 서비스판매직이 86.1%로 나타났다. 임금표가 존재하지 않는다고 하는 경우(91개사)에 '개인별 협상으로 계약'하는 경우가 58.2%로 다수를 차지했고, 그 다음으로는 '신입초임만 결정하고 이에 연동'(36.3%), '성과급이 주요한 임금구성 항목(3.3%)' 순으로 나타났다.

임금구성 전체 임금에서 경영성과에 따라 변동되는 임금액의 크기는 임금체계의 성격을 파악하는데 중요한 정보를 제공하는데 여기서 성과급이란 성과에 따라 변동되는 실질적인 성과급으로 경영성과급, 이익배분제 등 조직이나 개인성과에 따라 사후적으로 차등 지급되는 변동급여를 의미하며, 성과에 따라 연동되지 않는 고정상여금이나 최저수준의 변동상여금은 기본급에 포함시키고 성과급에서는 제외하였다. 경영지원직의 경우는 실질 성과급이 총임금에서 차지하는 비율이 3.7%, 생산직은 2.8%, 서비스판매직은 5.3%였다. 성과급은 기업규모가 클수록 비중이 높고, 외국계 기업에서 비중이 높았다. 참고로 생산직의 경우 전체 임금 중에서 정액급여가 71.3%, 초과급여가 17.5%, 고정상여금 및 변동성과급이 11.1%였지만 성과에 따라 변동되는 실질 성과급은 2.8% 수준이었다.

기본급의 구조 기본급의 구조는 동일직급 내 임금인상 기회가 있는지 여부에 따라 단일임률형과 범위급으로 구분할 수 있는데, 단일임률형은 동일직급이라면 기본급도 정액으로 동일하고, 범위급은 동일직급이라도 연공(호봉), 직무 등을 반영하여 기본급에 차이가 있는 경우다. 경영지원직의 경우 87%가 범위급의 형태를 가지고 있었고, 범위급에는 인사고과에 따른 개인별 차등인상(고과승급) 50.8%, 호봉표 등 근속연수에 따른 기본급 인상(호봉급) 36.4%, 직무수행능력 향상을 반영(직능급) 12.8% 등으로 나타났다. 단일임률형의 경우 기본급 산정 기준은 시장임금(45.3%), 최저임금(38.3%), 표준노임단가(15.6%) 등이었다.

생산직의 경우는 83.4%가 범위급 형태를 가지고 있었으며, 범위급의 경우 호봉급(51%), 고과승급(36%), 직무수행능력 향상 반영(13%)으로 구분되었으며, 호봉급의 경우 직급별 호봉제가 50.3%, 단일호봉제가 49.7%였다. 단일임률형의 경우 최저임금이 58.8%, 시장임금이 23.5%, 그리고 표준노임단가가 14.7%로 나타났다.

기본급의 구조에서는 경영지원직과 생산직 사이에 차이를 보이는데 대기업의 경우 경영지원직은 성과에 따른 개별 차등방식인 고과승급 방식이 많이 활용되지만, 생산직의 경우에는 근속에 따른 자동 승급방식인 호봉급을 더 많이 활용하는 것으로 나타난다.

서비스판매직의 경우는 77%가 범위급을 활용하고 있었고, 범위급의 경우 고과승급이 50.9%로 가장 많았으며 직무수행능력 반영이 26.3%, 호봉급이 25.5%로 나타났다.

호봉급제 호봉급의 경우 단일호봉제는 모든 직원이 직급과 상관없이 하나의 호봉체계를 적용하는 것이고 직급별 호봉제는 직급별로 다른 호봉체계가 적용되는 것으로 단일호봉제는 승진을 하지 않아도 호봉이 계속 올라가서 직급 구분이 무의미하게 되는 방식이다.

경영지원직의 경우 단일호봉제가 31.7%, 직급별 호봉제가 68.3%로 나타났고 단일호봉제의 경우 전체 호봉 개수는 35개였고, 연간 승호 개수는 1.2개였으며, 호봉간 차이(급간 피치)는 5.2만 원이었다. 직급별 호봉제의 경우 동일직급에서 평균 호봉 개수는 14.1개였으며, 연간 승호 개수는 1.2개, 호봉간 차이는 6.2만 원이었다. 단일호봉제의 경우 직급이 상승함에 따라 호봉 간 차이가 '동일(33.7%)' 또는 '계속 증가(36.0%)'하는 것으로 응답한 비율이 높아서 연공성이 강한 호봉제를 운영하고 있음을 알 수 있다.

생산직의 경우 단일호봉제가 49.7%, 직급별 호봉제가 50.3%로 나타났고 단일호봉제의 경우 전체 호봉 개수는 54개였고, 연간 승호 개수는 1.5개였으며, 호봉 간 차이(급간 피치)는 4.2만 원이었다. 직급별 호봉제의 경우 동일직급에서 평균 호봉 개수는 16.3개였으며, 연간 승호 개수는 1.4개, 호봉 간 차이는 5.2만 원이었다. 생산직의 경우는 경영지원직에 비해서 단일호봉제 비율이 더 높고, 단일호봉제에서 직급이 상승함에 따라 호봉 간 차이가 '동일(40.5%)' 또는 '계속 증가(35.1%)'하는 것으로 응답한 비율이 높아서 연공성이 강한 호봉제를 운영하고 있음을 알 수 있다. 또한 생산직의 경우 직급별 호봉제를 시행할 때 말호봉(최고 등급 호봉)에 도달한 직원이 있는 경우가 48.0%에 달했고, 해당 직원의 비중은 전체 직원의 12.5% 수준이었다.

서비스판매직의 경우 조사대상 기업이 많지 않았지만 전체 14개 기업 중에서 단일호봉제를 시행하는 4개 기업(28.6%)의 경우 호봉 개수는 71.7개였으며 연간 승호 개수는 1.3개, 호봉 간 차이는 4.7만 원이었다. 직급별 호봉제를 시행하는 10개 사업체(71.4%)의 경우 동일직급내 평균 호봉 개수는 9개였고, 연간 승호 개수는 1.1개, 호봉 간 차이는 6.3만 원이었다.

성과배분제 조사대상 기업의 32.6%에서 성과배분제도를 가지고 있었으며, 2019년부터 2021년까지 3년간 평균 성과배분액은 전체 연봉에 대해 경영관리직은 9.8%, 생산직은 8.1%, 서비스판매직은 10.9%로 나타나서 서비스판매직의 성과배분액 비율이 가장 높음을 알 수 있다. 성과배분액을 제외할 경우 유사업종 대비 임금수준은 비슷한 수준이 57.6%, 낮은 편이 20.2%, 높은 편이 19.3%였다. 배분방식은 평가에 따른 차등이 42.4%, 급여에 비례가 41.1%, 균등지급이 12.8% 등이었다. 인사평가 결과에 따라 차등 지급하는 경우는 42.2%로 나타났는데 이중에서는 복수 응답을 기준으로 개인이 34.4%, 팀이 24.2%, 부서가 21.1%였다. 성과배분제 도입목적은 직원 동기부여와 사기진작이 가장 높았으며, 그 다음으로는 개선이나 혁신활동에 직원 참여유도, 우수 인재 확보와 유지 등이었다.

스톡옵션 스톡옵션을 도입한 경우는 조사에 응답한 321개 사업장의 10.9%로 전체 1,000여개 기업의 3% 수준에 불과했는데, 스톡옵션(stock option)이란 주식매수선택권으로 향후 일정 기간이 지난 후에 사전에 정한 가격으로 회사의 주식을 매입할 수 있는 권리로 직원들의 동기부여에 기여할 수 있는 제도이다. 주식가격이 상승했을 때 사전에 정한 낮은 가격으로 매입할 수 있기 때문에 매매 차익을 볼 수 있으며, 만약 주가가 하락했을 때는 주식을 매입하지 않아서 손해를 피할 수 있는 제도이다.

출처: 한국노동연구원(2021), 2021년도 임금체계 실태조사.

• 논의 주제

1. 임금인상에서 베이스업과 정기승급은 어떻게 다른가?
2. 기본급과 성과급에 대해 설명해 보세요.
3. 노조가 있는 대기업의 경우 임금체계에서 노동조합이 많이 결성되어 있는 생산직의 경우 경영지원직과 어떤 차이를 보이는가?
4. 성과배분제와 스톡옵션의 차이를 설명해 보세요.

토론사례 2

범위 직무급 도입사례

이 사례는 노사발전재단의 컨설턴트가 2020년 중소기업인 L사의 전체 직원에 대해 직무급을 도입하는 컨설팅을 제공한 내용이다. L사는 방재설비 등을 만드는 종업원 130여 명의 중소기업으로 2019년 말 매출은 560억 원 수준이다. L사는 기존에 연구직이나 생산직 등 직무에 상관없이 호봉에 따른 연봉제를 실시하고 있고, 성과나 능력을 반영하는 보상제도가 없어서 핵심인재 확보 및 유지가 어려운 상황으로 조직 구성원들의 동기부여를 위한 임금체계로 직무가치 중심형 구조를 도입하였다. 직무중심의 합리적 인사관리를 통해서 유능한 핵심 인재의 확보와 활용이 가능해지고, 인건비 효율성을 증대시켰으며, 직무의 상대적 가치를 기준으로 직무수당을 결정하여 임금배분의 공정성을 제고하였다.

사례대상인 L사의 임금체계의 개편 방향은 연공중심의 승진지향적 보상구조에서 직무가치에 따라 직급을 결정하는 직무가치 중심형 구조로 개선하는 것이었다. 따라서 각 직무에 대한 가치평가를 해야 하는데 이 직무평가는 조직 내에 존재하는 다양한 직무들이 가지는 중요성, 난이도, 위험도 등을 고려한 가치와 해당 직무를 수행하고 있는 조직 구성원들의 질적, 양적, 상황적 조건들의 상대적인 가치를 비교분석하는 과정으로 L사에서는 먼저 직무평가에 필요한 직무평가 요소를 선정하고, 평가를 진행하여 결과를 분석하는 방식으로 직무평가를 진행하였다. 직무평가단은 팀장 등 중간관리자 중심으로 구성하였고, 점수법을 적용하였다.

직무평가 요소는 작업수행조건요인, 기술요인, 책임요인, 그리고 노력요인 등 4개 요인으로 구성하였다. 작업수행요건(Working Condition Factors)은 직무를 수행하기 위한 지식, 교육, 역량 및 경험 등의 수행요건으로 예를 들면 교육수준, 유사경력, 당시 근속연수 등이 있다. 기술요인(Skill Factors)은 직무수행을 위해 직무 수행자에게 직접 요구되는 직무지식, 경험, 및 성향 등의 문제해결능력이다. 책임요인(Responsibility Factors)은 직무수행을 위해 직무 수행자의 조직 내 활동에서 비롯되는 책임과 역할 및 권한 등의 조건이다. 마지막으로 노력요인(Effort Factors)은 직무수행을 위해 수반되어야 하는 직무특성에

그림 7-6 직무급의 직무평가 요소: L사의 경우

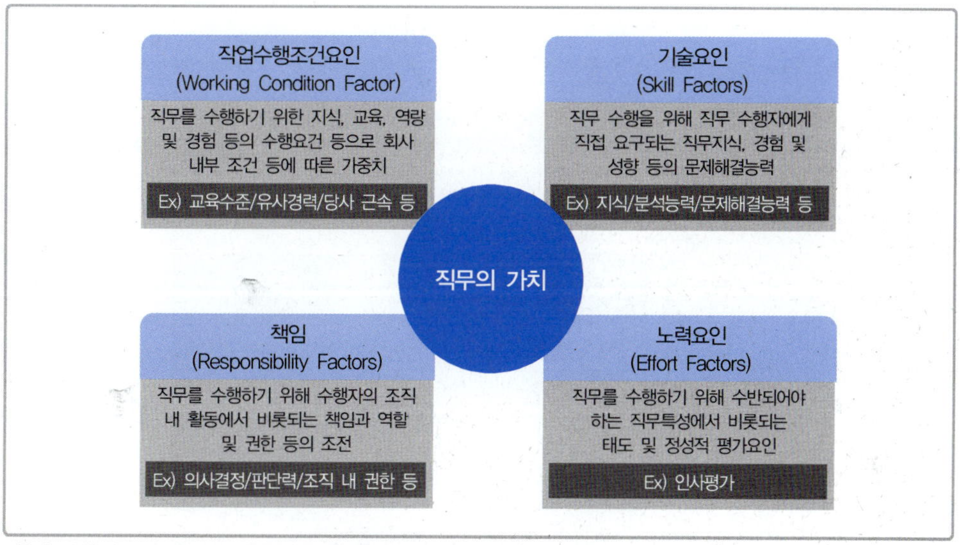

출처: 최윤제(2020), 임금체계 개편사례, *임금정보브리프*, 제2호(통권 제48호), 5-9.

서 비롯되는 태도 및 정성적 평가요인이다. 그리고 직무평가를 통해서 9가지 평가요소에 대한 해당 직무의 평가 수준을 3단계로 구분하였다.

〈표 7-11〉 직무급의 직무평가 요소별 평가수준: L사의 경우

평가요소	평가내용	점수	합계
지식 및 업무 난이도	대학원 이상 수준의 학업을 완료하는 것과 동등한 지식 필요	10	
	대학 수준의 학업을 완료하는 것과 동등한 지식	7	
	보통 수준의 학업을 완료하는 것과 동등한 지식 필요	4	
숙련도	5년 이상의 견습기간 필요	10	
	2년 이상의 견습기간 필요	7	
	2년 미만(또는 이하)의 의 견습기간 필요	4	
긴장도	높은 긴장도의 지속 시간이 업무시간 중 80% 이상	10	
	높은 긴장도의 지속 시간이 업무시간 중 65% 이상	7	
	높은 긴장도의 지속 시간이 업무시간 중 650% 미만	4	
총계			

평가요소	평가내용	점수	합계
업무량	시간단위 95% 이상 업무 지속	10	
	시간단위 75% 이상 업무 지속	7	
	시간단위 55% 이상(또는 이하) 업무 지속	4	
책임감	직무수행의 80% 이상 책임을 짐	10	
	직무수행의 65% 이상 책임을 짐	7	
	직무수행의 55% 이상(또는 이하) 책임을 짐	4	
작업 환경	위험도가 매우 높으며, 작업환경이 좋지 않음	10	
	위험도가 중간이며, 작업환경도 동일	7	
	위험도가 거의 없으며, 작업환경도 매우 좋음	4	
총계			

평가요소	평가내용	점수	합계
직무 대체성	회사 내 해당 직무 근로자 대체성이 매우 낮음	10	
	회사 내 해당 직무 근로자 대체성이 보통임	7	
	회사 내 해당 직무 근로자 대체성이 매우 높음	4	
경영 핵심 가치	직무가 회사 경영의 핵심 목표 실현과 연관성이 매우 높음	10	
	직무가 회사 경영의 핵심 목표 실현과 연관성이 보통임	7	
	직무가 회사 경영의 핵심 목표 실현과 연관성이 매우 낮음	4	
전략적 사고	직무수행을 위하여 창의적인 대안 구상이 매우 필요함	10	
	직무수행을 위하여 창의적인 대안 구상이 보통 필요함	7	
	직무수행을 위하여 창의적인 대안 구상이 불필요함	4	
총계			

출처: 최윤제(2020), 임금체계 개편사례, *임금정보브리프*, 제2호(통권 제48호), 5-9.

그림 7-7 직무급과 임금체계 – 직무수당 신설: L사의 경우

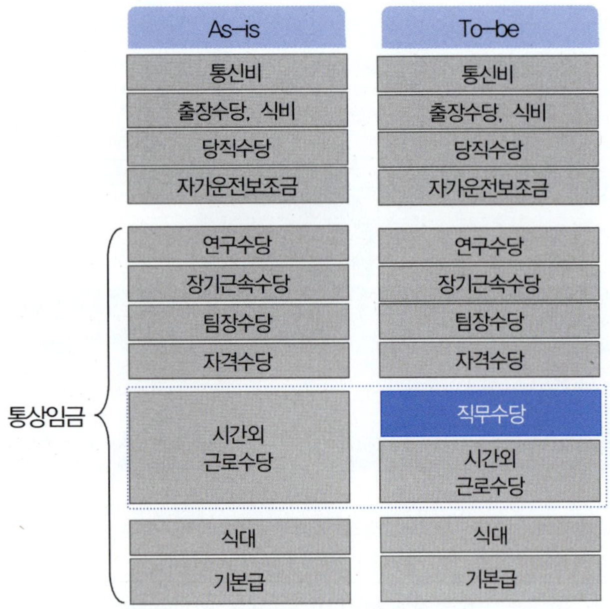

출처: 최윤제(2020), 임금체계 개편사례, *임금정보브리프*, 제2호(통권 제48호), 5-9.

L사의 경우 직무가치를 반영한 임금체계 도입에 대해 조직 구성원의 걱정을 해소하기 위해 제도의 안정적인 안착을 도모할 수 있도록 시간외 근로수당에서 일정부분을 직무수당으로 구성하는 방안을 실행하였다.

• 논의 주제

1. 중소규모 기업인 L사가 직무급을 도입하는 이유는 무엇인가?
2. 소속 근로자들에게는 어떠한 내용이 가장 반가 왔고 어떠한 내용이 가장 부담으로 다가 왔을까?
3. 해당 직무급 개편이 성공적으로 안착되었을까?

토론사례 3

중소기업 S사의 직능급 도입 사례[17)]

이 사례는 노사발전재단의 한 컨설턴트가 2020년 중소기업인 S사에 대해 직능급을 도입하는 컨설팅을 제공한 내용이다. S사는 전열기 부품 등을 만드는 종업원 98명의 중소기업으로 2019년 말 매출은 130억 원 수준이다. 전열부품 시장은 경쟁이 심하고 품질개선도 필수적이어서 효율적인 생산과 원가절감 등으로 인력 확보와 유지가 필요한 상황이었다. 기존의 연공급 임금체계로는 우수인재를 유치하기에 임금수준도 낮고, 장년 근로자들은 임금수준이 높아서 능력과 임금간의 불일치를 극복하고 능력과 역량을 반영하는 직능급 임금체계로의 개편을 추진하였다. 직능급 도입으로 업무수행능력 및 보유 역량에 따른 적절한 대우(보상과 승진)로 적극적인 자기개발과 직무몰입 유도의 효과로 기업경쟁력 향상의 목표를 달성할 수 있게 되었다.

사례대상인 S사의 임금체계의 개편 방향은 연공급에서 직능급 체계로의 전환이었으며 생산직군의 직능은 현장 작업능력에 대한 구조화와 계량화를 통해서, 요구되는 역량과 기술능력 수준을 명확히 하고 그에 따라 임금수준을 결정할 수 있도록 개선하였다. 생산직군의 직능등급을 기초작업자, 실무자, 숙련작업자, 고기술 및 현장관리자 등의 4단계로 설정하였고, 생산현장 인력 운영의 효율성을 높이고 동시에 능력에 따른 대우로 동기부여를 하고자 하였다.

생산직군의 작업 수행 내용, 능력 등을 토대로 직능등급을 L1~L4의 4단계로 구분하고, 각 직능등급별로 최소 3개 이상의 숙련등급(Grade 1~3)을 두었고, 총 13개 등급의 구조로 설계하였다.

직능등급 및 숙련등급의 평가는 지식 역량과 직무 역량 두 가지로 구분하여 정기적으로 평가를 실시하도록 하고, 근속연수도 승급 기준에 포함하였다. 직능등급에 따른 직능자격 평가요소는 작업실무, 품질관리, 안전관리, 공정관리 등으로 구분하여 직능등급별로 평가요소에 대한 가중치를 조정하였으며, 평가방식은 지식, 실무역량, 근속 등으로 구분하였고, 승급기준 점수도 부여하였다.

〈표 7-12〉 성과급 지급형태에 대한 고려사항

등급	요구역량	직위	판단기준	기본연한
L4	고기술 및 현장관리	직장	• 생산현장의 각 설비에 대한 operation 능력을 구비하고 있어 설비 생산 문제 발생 시 이에 대응할 수 있는 능력 • 생산관리책임자 또는 부서장(팀장)의 부재 시 설비 가동 흐름 조율, 라인 관리 등을 통해 전체 생산 스케줄을 지원할 수 있는 능력	10년 이상
L3	숙련작업	반장	• 작업운영 각 설비에 대하여 작업 생산을 위한 초기 준비과정 내지 제품 교체 생산 등에 필요한 제반 조치(setting)할 수 있는 능력 • 본인 담당 작업운영 설비 뿐만 아니라 타인 작업운영 설비의 operation을 위한 사전 작동 지식 숙지를 통한 유사시 대응할 수 있는 능력	7년 이상
L2	저숙련 실무작업	조장	• 본인 담당 작업운영 설비 뿐만 아니라 타인 작업운영 설비에 대한 제품 생산을 위한 단순원료 투입 내지 생산역할 수행 능력	5년 이상
L1	기초작업	사원	• 가장 기초적인 기술 및 지식을 토대로 현장 작업지원 민 단순 생산작업 수행가능 능력 • 제품 생산을 위한 기본 작업원료 투입 내지 제품 생산 역할 수행 능력	5년 이하

출처: 최윤제(2021), 임금체계 개편사례, *임금정보브리프,* 제2호(통권 제59호), 5-11쪽.

그림 7-8 중소기업 S사의 생산직군 직능단계 및 등급 구조

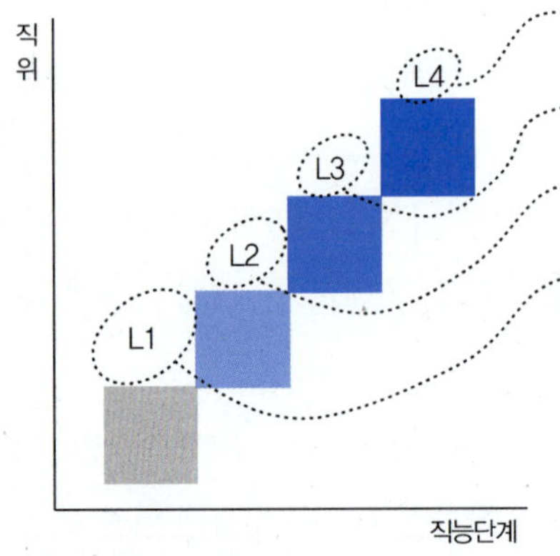

직위	직능등급	숙련등급	기본운영내용
직장	L4	S, G1~G3	• 인력 비중 : 3% • 기본 연한 : 10년 이상
반장	L3	반장	• 인력 비중 : 7% • 기본 연한 : 7년 이상
조장	L2	조장	• 인력 비중 : 10% • 기본 연한 : 5년 이상
사원	L1	사원	• 인력 비중 : 80% • 기본 연한 : 5년 이하

숙련등급	요구조건
Grade 3	• 담당작업에 대한 효율적인 작업방식을 이해, 능률을 높일 수 있는 능력
Grade 2	• 담당작업에 대해 큰 무리없이 작업을 수행할 수 있는 수준
Grade 1	• 입사 후 수습(3개월) 정도 작업 방식에 대한 이해를 통해 작업을 수행할 수 있는 수준

출처: 최윤제(2021), 임금체계 개편사례, *임금정보브리프,* 제2호(통권 제59호), 5-11쪽.

〈표 7-13〉 중소기업 S사의 생산직군 직능 등급별 요건 및 결정 기준

<table>
<tr><th rowspan="2">직능 등급</th><th rowspan="2">재직 연한</th><th colspan="2">직능자격 평가요소</th><th colspan="4">평가방식</th><th rowspan="2">평가 주기</th></tr>
<tr><th>평가영역 (실무)</th><th>가중치</th><th>① 지식 (내무Test)</th><th>② 실무 역량</th><th>③ 근속</th><th>승급 기준</th></tr>
<tr><td rowspan="3">L4</td><td rowspan="3">10년 이상</td><td>• 공정관리</td><td>50</td><td rowspan="3">40</td><td rowspan="3">50</td><td rowspan="3">10</td><td rowspan="3">70점 이상</td><td rowspan="9">- 지식
: 연간 1회
- 실무
: 연간 2회</td></tr>
<tr><td>• 안전관리</td><td>30</td></tr>
<tr><td>• 품질관리</td><td>20</td></tr>
<tr><td rowspan="3">L3</td><td rowspan="3">7년 이상</td><td>• 안전관리</td><td>30</td><td rowspan="3">30</td><td rowspan="3">60</td><td rowspan="3">10</td><td rowspan="3">60점 이상</td></tr>
<tr><td>• 품질관리</td><td>35</td></tr>
<tr><td>• 작업실무</td><td>35</td></tr>
<tr><td rowspan="2">L2</td><td rowspan="2">5년 이상</td><td>• 품질관리</td><td>50</td><td rowspan="2">20</td><td rowspan="2">70</td><td rowspan="2">10</td><td rowspan="2">60점 이상</td></tr>
<tr><td>• 작업실무</td><td>50</td></tr>
<tr><td>L1</td><td>5년 이하</td><td>• 작업실무</td><td>100</td><td>-</td><td>90</td><td>10</td><td>60점 이상</td></tr>
</table>

출처: 최윤제(2021), 임금체계 개편사례, *임금정보브리프*, 제2호(통권 제59호), 5-11쪽.

직능 평가 영역 중에 지식역량은 직능 등급별 요구 수준에 적합한 내용으로 기술적 지식의 평가를 시행하도록 하였고, 이를 평가하기 위한 항목은 임원, 부장급 등의 사전 검토를 통해서 확정하고, 매년 1회 실시하도록 하였다.

지식평가 영역 중에 실무역량은 창의성, 책임감, 자기주도, 참여의지 등의 평가요소로 구성하고 각 직능등급별로 평가요소별 비중과 평가자 비중을 달리 설정하였다. 앞의 정량평가인 지식역량과 정성평가인 실무역량을 합산하여 직능등급을 평가하였다. 여기서 정량평가의 가중치를 높여야 평가의 객관성, 공정성, 합리성 등을 확보할 수 있다.

직무등급별 임금은 직무 숙련 수준, 업무의 노동강도 수준, 근속연수 등을 반영하였고, 각 직능등급별로 숙련등급을 조정하도록 하였다. 생산직군 인력의 장기근속을 유도하기 위해 근속연수에 비례하여 일정한 직무 숙련등급을 조정하도록 하였으나, 숙련등급 조정으로 인해 직능등급에 영향을 미치는 경우에는 숙련등급 조정을 직능등급 조정과 연계하여 판단하도록 하였다.

〈표 7-14〉 중소기업 S사의 생산직군 직능등급별 지식역량평가와 평가영역별 반영 비율

<table>
<tr><th rowspan="2">평가영역</th><th colspan="2">지식역량평가</th><th colspan="4">직능급별 반영비율</th></tr>
<tr><th>평가내용</th><th>평가문항 수</th><th>L4</th><th>L3</th><th>L2</th><th>L1</th></tr>
<tr><td>공정관리</td><td>• 생산 전체 공정 운영 내용의 숙지 정도</td><td rowspan="4">10문항</td><td>50%</td><td>-</td><td>-</td><td>-</td></tr>
<tr><td>안전관리</td><td>• 작업현장 각 설비, 작업별 제반 안전조치를 위해 요구되는 수준에 대한 숙지 정도</td><td>30%</td><td>30%</td><td>-</td><td>-</td></tr>
<tr><td>품질관리</td><td>• 개발 생산 제품별 품질 요구수준과 불량 개선을 위한 내용 숙지 정도</td><td>20%</td><td>35%</td><td>50%</td><td>-</td></tr>
<tr><td>작업실무</td><td>• 현장 생산작업을 위해 기본적으로 작업자가 알아야 하는 기본 지식 수준</td><td>-</td><td>35%</td><td>50%</td><td>100%</td></tr>
</table>

출처: 최윤제(2021), 임금체계 개편사례, *임금정보브리프*, 제2호(통권 제59호), 5-11쪽.

〈표 7-15〉 중소기업 S사의 생산직군 직능 등급별 실무역량 평가와 평가요소와 평가자 반영 비율

<table>
<tr><td rowspan="7">실무
역량
평가</td><th colspan="5">〈평가요소별 비중〉</th><th colspan="5">〈평가자별 비중〉</th></tr>
<tr><th rowspan="2">평가요소</th><th colspan="4">평가비중</th><th rowspan="2">평가자</th><th colspan="4">평가비중</th></tr>
<tr><th>L4</th><th>L3</th><th>L2</th><th>L1</th><th>L4</th><th>L3</th><th>L2</th><th>L1</th></tr>
<tr><td>창의적 업무수행</td><td>60</td><td>50</td><td>40</td><td>10</td><td>생산임원</td><td>50</td><td>40</td><td>30</td><td>20</td></tr>
<tr><td>책임감</td><td>20</td><td>30</td><td>20</td><td>20</td><td>팀장</td><td>30</td><td>30</td><td>40</td><td>50</td></tr>
<tr><td>자기주도 학습역량</td><td>10</td><td>10</td><td>20</td><td>30</td><td rowspan="2">생산관리 책임자</td><td rowspan="2">20</td><td rowspan="2">30</td><td rowspan="2">30</td><td rowspan="2">30</td></tr>
<tr><td>참여의지</td><td>10</td><td>10</td><td>20</td><td>40</td></tr>
</table>

출처: 최윤제(2021), 임금체계 개편사례, *임금정보브리프*, 제2호(통권 제59호), 5-11쪽.

기존에는 생산직군의 임금수준에 대한 구체적이고 명확한 기준이 없어서 주관적인 판단에 의존하였으나, 직능급 도입에 따라 기본급은 최저임금의 상승, 경영실적, 물가상승률 등을 반영하여 베이스업(Base-up)하였고, 직능 등급별로 직능수당을 차등화 하여서 직무수행 능력별로 임금수준이 결정되도록 하였다.

〈표 7-16〉 중소기업 S사의 생산직군 직무숙련 및 노동강도 반영 조정방식

	숙련수준	판단근거	숙련등급 조정방식
1. 직무숙련 반영조정	기초 능력	• 해당 직무 수행을 위한 숙련수준 보유	• 기본부여 숙련등급
	중급 능력	• 해당 직무 기본작업수행 + 타 1개 직무 작업지원 가능	• 기본부여 숙련등급 + 1숙련등급
	상급 능력	• 해당 직무 기본작업수행 + 타 1개 직무 작업지원 가능	• 기본부여 숙련등급 + 1숙련등급
2. 노동강도 반영조정	노동강도	판단근거	숙련등급 조정방식
	Level 1	• 취급작업 도구, 설비의 위험성 낮음 • 적정한 작업공간 및 적정한 실내온도(냉난방 지원) 지원	• 기본부여 숙련등급
	Level 2	• 취급작업 도구, 설비의 위험성 일부 존재 • 작업공간 및 작업장 온도(냉난방 지원) 환경 일부 열악	• 기본부여 숙련등급 + 1숙련등급
	Level 3	• 취급작업 도구, 설비의 위험성 높음 • 작업공간 및 작업장 온도(냉난방 지원) 환경 상대적 열악	• 기본부여 숙련등급 + 1숙련등급

출처: 최윤제(2021), 임금체계 개편사례, *임금정보브리프*, 제2호(통권 제59호), 5-11쪽.

〈표 7-17〉 중소기업 S사의 생산직군 근속연수 반영 조정방식

	근속년수	숙련 등급조정방식
3. 근속연수 반영조정	1년	부여등급
	2년	
	3년	
	4년	부여등급 + 1등급
	5년	
	6년	
	7년	부여등급 + 1등급
	8년	
	9년	
	10년	부여등급 + 2등급
	11년	
	12년	
	13년	부여등급 + 2등급
	14년	
	15년	

출처: 최윤제(2021), 임금체계 개편사례, *임금정보브리프*, 제2호(통권 제59호), 5-11쪽.

그림 7-9 중소기업 S사의 생산직군 근속연수 반영 조정방식

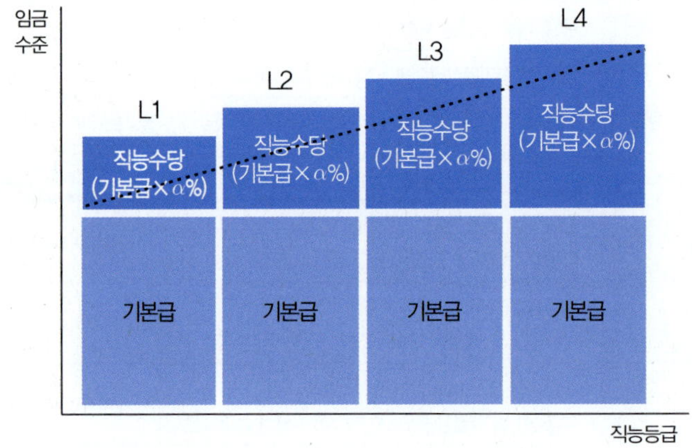

출처: 최윤제(2021), 임금체계 개편사례, *임금정보브리프*, 제2호(통권 제59호), 5-11쪽.

• 논의 주제

1. 중소규모 기업인 S사가 직무급을 도입하는 이유는 무엇인가?
2. 소속 근로자들에게는 어떠한 내용이 가장 반가왔고 어떠한 내용이 가장 부담으로 다가왔을까?
3. 해당 직무급 개편이 성공적으로 안착되었을까?

토론사례 4

네이와 카오의 주식 보상 프로그램

국내 30대 상장사 중에서 23개사는 직원 1인 평균 급여가 2019년 대비 2020년에 5.8% 올랐는데 카오는 35%가 올라서 1위를 차지했다. 네이는 3위로 21.2%가 인상되었다.[18) 2020년 카오의 직원 1인 평균급여는 1억8백만 원으로, 2019년 8천만 원에 비해 35%가 상승하여 1위를 기록하였다. 카오의 남성직원은 1억3,200만 원으로 43.5%가 올랐으며, 여성은 7,200만 원으로 전해의 6,200만 원에서 16.1%가 올랐다. 네이는 1억247만 원으로 전년 8,455만 원에서 21.2%가 상승하였다. 남성 직원은 1억888만 원으로 19.6%가 인상되었으며, 여성은 9113만 원으로 25% 인상되었다.

그림 7-10 네이와 카오의 성장 비교

네이(1999년 설립)

구분	2002년(성장 첫 해)	2020년
실적	매출 746억 원 영업이익 302억 원	매출 5조3041억 원 영업이익 1조2153억 원
주요 매출원	게임 · 광고 · 검색 · 커머스	광고 · 커머스 · 핀테크 · 콘텐츠 · 클라우드
계열사 수	12개	47개
직원 수	283명	4076명
1인 평균 급여	3411만 원	1억247만 원

카오(1995년 설립)

구분	1999년(성장 첫 해)	2020년
실적	매출 77억 원 영업이익 9억 원	매출 4조1568억 원 영업이익 4558억 원
주요 매출원	광고 · 호스팅 · 커머스 · 인터넷 · 시스템통합(SI)	광고(포털 다음, 카카오톡) · 선물하기 · 모빌리티 · 핀테크 · 뮤직 · 게임 · 웹툰 등
계열사 수	3개	105개
직원 수	79명	2837명
1인 평균 급여	1486만 원	1억800만 원

출처: 임일곤, 2021.8.12., [네이vs카오]⑧수면 오른 '성장통' 직원 달래기 나서, *비즈니스워치*, http://news.bizwatch.co.kr/article/industry/2021/08/10/0010 에서 2022.1.3.에 확인함

〈표 7-18〉 네이와 카오의 주식 보상 프로그램

네이버	스톡옵션	- 정기부여 : 근속 1년 이상인 정규직 직원에게 매년 1000만 원 상당의 스톡옵션 부여, 부여 후 2년 재직 후 행사 가능
		- 조건강화형 : 임원 및 사업성장을 위한 성과에 대한 책임이 큰 일부 박원 대상 스톡옵션 부여, 부여 후 3년 재직 후 행사 가능
	주식매입리워드	- 임원 · 정규직 대상으로 자사주 매입 금액의 10%를 지원, 주식 매입 후 6개월간 보유하면 연간 지급한도는 200만 원 내에서 리워드 지급
	스톡그랜트	- 정규직 대상 3년간 매년 1000만 원 상당 자사주 지급, 매년 2회(7월 초, 다음해 1월 초) 당해 연도 재직기간에 따라 분할 부여, 의무 보유 기간 없이 바로 현금화 가능
카카오	스톡옵션	- 2021년부터 2023년까지 근속 1년 이상인 직원에게 스톡옵션 200주, 1년 미만 직원에게 100주 부여, 2년 근속 후 50%, 3년 근속 후 50% 분할 행사 가능

출처: 임일곤, 2021.8.12., [네이vs카오]⑧수면 오른 '성장통' 직원 달래기 나서, *비즈니스워치*, http://news.bizwatch.co.kr/article/industry/2021/08/10/0010 에서 2022.1.3.에 확인함

하지만 문제는 인사평가와 보상체계에 대한 직원들의 불만이다. 2020년 사상최대의 실적을 기록했음에도 스톡옵션을 지급하고 있다는 이유로 성과급 수준을 향상시키지 않자 불만이 제기된 것이다. 이러한 불만에 대해 네이와 카오는 파격적인 주식보상제도를 도입했다.[19] 네이는 2021년 4월 '스톡그랜트' 제도를 도입하기로 했는데 지금가지의 주식보상 프로그램(스톡옵션 · 주식매입리워드)이 임원들에 대한 혜택이라는 지적에 따라 도입되었다. 스톡그랜트는 임원이 아닌 정규직 직원에게 2021년부터 3년간 매년 1천만 원 상당의 자사주를 지급하는 제도로, 스톡옵션과는 달리 주식을 부여받은 즉시 현금화가 가능하다.

2021년 5월 카오는 인사제도 개선 방안으로 본사 전직원 대상 연간 복지포인트 360만 원 지급, 주택자금 대출한도 기존의 7천만 원에서 1억5천만 원으로 증액, 직원과 가족 대상 의료보험 범위에 치과보험 포함, 사내 식당 신설 등을 제시했다.[20] 2021년 5월에는 전체 직원에게 일괄적으로 스톡옵션을 부여하기로 했다. 2021년부터 2023년까지 근속연수 1년 이상 직원에게 매년 200주를, 1년 미만 직원에게 100주를 부여한다. 직원 2,506명에게 총 47만2,900주의 스톡옵션을 부여한다.

• 논의 주제

1. 네이나 카오같이 IT기업들이 주식보상제도를 활발하게 활용하는 이유는 어디에 있는가?
2. 주식보상제도는 어떤 문제점이 있는가?

미 주

1) 최훈길(2021.4.29), 공무원 올해 평균연봉 6420만원…코로나로 10년 만에 감소, 이데일리, https://www.edaily.co.kr/news/read?newsId=02706006629021040&mediaCodeNo=257 에서 2022.1.13.에 확인함. 이 기준소득월액은 정무직이나 판검사까지 포함하는 것이어서 상당수 일반 공무원의 소득보다 많다. 선진국의 경우는 공무원 연봉을 투명하게 공개하지만 우리나라는 구체적인 직군, 직급, 호봉별 실수령액을 공개하지 않고 있다.

2) 김익환(2021.6.8), 한국거래소 평균 1억1496만원…금융공기업·공공기관'연봉왕', 한국경제, https://www.hankyung.com/economy/article/2021060875151 에서 2022.1.13.에 확인함.

3) 김익환(2021.6.8), 한국거래소 평균 1억1496만원…금융공기업·공공기관'연봉왕', 한국경제, https://www.hankyung.com/economy/article/2021060875151 에서 2022.1.13.에 확인함.

4) 여기서 광의의 임금체계라고 하는 이유는 실무나 언론에서는 임금체계라고 할 때 보통 기본급 결정기준인 임금결정체계를 임금체계라고 일컫는데, 그보다는 임금체계는 임금산정형태, 임금항목구성, 임금결정체계 등을 포괄하기 때문에 이를 구분하고자 광의의 임금체계라고 하고, 보통 언론이나 실무에서 논의하는 임금체계는 기본급을 결정하는 임금체계를 의미하기 때문에 협의의 임금체계로 구분하리고 한다.

5) 임금체계의 변화에 대한 이하의 내용은 경제사회발전노사정위원회(2016), 2015. 임금보고서: 임금체계의 이해: 역사와 통계조사, Korea Wage Report의 22쪽 이하의 내용을 인용함.

6) 김동배(2005), 제2장 임금체계, 임금체계와 결정방식, 서울: 한국노동연구원의 11-23쪽.

7) 김동배(2005), 제2장 임금체계, 임금체계와 결정방식, 서울: 한국노동연구원의 11-23쪽.

8) 安田均(2005), 賃金における能力主義の行方 , 山形大学紀要(社会科学) , 第35巻 第2号: 107; 경제사회발전노사정위원회(2017), 2016 임금보고서: 임금체계 개편의 대안 모색 의 106쪽에서 재인용함.

9) 박준성(2015), 임금체계, 서울: 명경사, 50-52쪽에서 인용함.

10) Robbins, S. P.(1998), Organizational Behavior, Prentice-Hall.

11) 윤진우(2017), 삼성전자 직급 체계 확 바뀐다..."3월 수평적 구조 구축,"2월 10일, 뉴데일리경제, https://biz.newdaily.co.kr/site/data/html/2017/02/10/2017021010026.html 에서 2022.2.3.에 확인함.

12) Lawler III, E. E. (1994), From job-based to competency-based organizations. Journal of Organizational Behavior, 15(1), 3-15.

13) 이지은,'삼성전자, 메모리·가전 사업부에 기본급 100% 성과급 지급', YTN, 2021.7.25, https://www.ytn.co.kr/_ln/0102_202107051732243662 에서 2021.8.4에 확인함.

14) 이하의 성과배분제 도입에 관한 내용은 노동부(2001), 성과배분제도 도입 매뉴얼을 참고함

15) 박우성(2005), 제6장 성과배분제의 활성화, 임금체계와 결정방식, 서울: 한국노동연구원의 233-236쪽 참조.

16) 이하 집단성과공유제에 대한 내용은 위키백과, 집단성과배분제도, https://ko.wikipedia.org/wiki/집단성과배분제도 에서 2021.8.4에 확인하고 주요 내용을 인용함.

17) 이 사례는 최윤제, 임금체계 개편사례, 임금정보브리프, 2021년 제2호(통권 제59호), 5-11쪽의 중소기업의 직능급 도입사례 내용을 요약한 것임. 추가적으로 최윤제, 임금체계 개편사례, 임금정보브리프, 2020년 제3호(통권 제49호), 6-11쪽에는 자동차 부품을 제조하는 중소기업의 직능급 도입사례를 제시하고 있음.

18) 최근도, 2021.5.24., 카카오 연봉 35% 올라 상승률 1위…평균 1억 돌파, 매일경제, https://www.mk.co.kr/news/business/view/2021/05/499469/에서 2022.1.3.에 확인함

19) 임일곤, 2021.8.12., [네이버vs카카오][네이버vs카카오]⑧수면 오른'성장통'직원 달래기 나서, 비즈니스워치, http://news.bizwatch.co.kr/article/industry/2021/08/10/0010 에서 2022.1.3.에 확인함

20) 송화연, 2021.6.9., 카카오, 보상·인사제도에 뿔난 임직원 달래기…추가 복지 발표, 뉴스원, https://www.news1.kr/articles/?4333693 에서 2022.1.3.에 확인함.

Chapter 08

노사관계관리

본 장에서는 기업과 직원 간에 대립적인 측면이 있는 부분에 대해 개인적인 관계와 집단적인 관계를 다룬다. 기업은 근로자를 채용함에 있어서 근로계약법에 따라 근로계약을 맺고 양 당사자는 이를 준수해야 한다. 그리고 기업은 근로자들이 일하는 데 직장 내에서 괴롭힘을 당하지 않고 특히 성희롱과 같은 성폭력 이슈가 발생하지 않도록 최선을 다해야 하며, 해당 상황이 발생했을 때에는 신속한 사후조치를 취해야 한다. 기업에서 일하는 근로자들은 법에 따른 개인차원의 보호만이 아니라 노동조합을 결성해서 집단적으로 보호받을 수 있다. 본 장에서는 근로자의 노동3권과 단체교섭의 절차 및 쟁의행위 등의 단체행동에 대해 학습한다.

학습목표

1. 개인적 근로계약과 근로기준법의 핵심 내용 이해하기
2. 성희롱과 집단 괴롭힘 이해하기
3. 노동3권, 노동조합 결성, 노동조합 결격 사유에 대해 이해하기
5. 한국적 노사관계의 역사와 특성에 대해 이해하기
6. 복수노조와 교섭창구 단일화에 대해 이해하기
7. 단체교섭 방식과 노사의 단체교섭 전략 이해하기
8. 단체교섭 결렬, 쟁의발생신고, 단체행동에 대해 이해하기

들어가기 사례 H자동차의 노사관계

1. H자동차

H자동차는 정주영 현대그룹 회장이 1946년에 세운 H자동차공업사와 1947년에 세운 H토건사가 모체인 회사로, 1967년 12월 29일에 포드와 합작회사로 설립된 이후 일본 미쓰비시 자동차 공업의 기술협력을 받아, 1975년 울산공장을 준공하고, 한국 최초 모델인 포니를 생산하게 되었다. 1995년에는 전주 상용차 공장을 준공하였으며, 1996년 남양 종합기술연구소 준공, 1999년 3월 기아자동차와 아시아자동차를 인수하였고, 2000년 8월 현대그룹에 있는 다른 계열사 9개를 가지고 H그룹에서 독립하여 현재의 HD자동차그룹을 만들었다.

2000년 이후로는 아반떼, 쏘나타, 그랜저 등을 성공시켜 국내 내수시장을 주도하여 왔다. 1997년 터키 공장 준공, 1998년 인도 공장 준공, 2002년에 중국 북경기차와 합작해서 '베이징현대' 설립, 미국 앨라배마주 몽고메리 공장 기공, 2003년 유럽연구소 준공, 2007년 브라질 CKD 공장 준공, 2008년 베이징 제2공장 준공, 2009년 체코 공장 준공, 2010년 러시아공장 준공, 2012년 브라질 공장 준공 등 글로벌 기업으로 지속적인 성장을 보여 왔다. 2006년에는 세계 총생산량 기준 6위에 진입하였고, 매출 100조 시대를 열었다.

2021년 기준으로 경영철학은 '창의적 사고와 끝없는 도전을 통해 새로운 미래를 창출함으로써 인류사회의 꿈을 실현한다'이며 비전은 '자동차에서 삶의 동반자'이다. 이를 뒷받침하는 핵심가치는 '고객최우선', '도전적 실행', '소통과 협력', '인재존중', '글로벌 지향'이다. 2021년에는 전세계에서 판매된 7,870만 대 중에서 389만 대를 판매하였고, 매출은 117.6조 원에 영업이익은 6.7조 원, 당기순이익은 5.7조 원이었다.

2. H자동차 노동조합

H자동차는 1967년 설립되었지만 노동조합은 1987년 6.29 선언이후 노동자대투쟁의 과정에서 7월 24일에 결성되었고, 어용노조 논란 등을 거쳐서 노조가 활동을 시작하였다. 1990년대 초반에는 노조위원장의 성향에 따라 온건 노선과 강경 노선을 밟아왔다; 199년에는 현대자동차 중심의 3사 통합에 따라 H자동차서비스와 H정공 울산공장 노조가 통합되고 2003년부터 산별노조화를 시도하였으나 조직을 전환하는 2/3 찬성을 얻지 못해서 수차례에 걸쳐 실패한 이후 2006년에야 금속노조 산하 H자동차 지부가 되었다. 그렇지만 아직도 기업별 형태의 특징을 더 많이 가지고 있어서 금속노조 H자동차 지부라는 표현보다는 H자동차 노동조합이라는 표현이 더 많이 사용된다.

3. H자동차 노사관계

H자동차 노사관계는 우리나라의 대표적인 노사관계이지만, LG그룹의 노경관계 등과는 차별화되는

대립적 노사관계를 유지하고 있다. 노조 위원장의 성향에 따라서 정도의 차이는 있었지만 대부분의 노조위원장들은 강경노선을 유지하였고, 그 결과 매년 파업을 거쳐야만 단체교섭이 타결되는 악순환이 반복되었다. 노동조합의 강경노선에 대해 회사도 협력적인 관계보다는 공식적이고 비타협적인 자세를 견지하였다.

그러나 2019년 이후 세계 경제가 어려워지고, 코로나19로 전반적인 경영환경이 불안정해지는 것 외에도 전기차와 같은 새로운 자동차 생산이 주요 사업으로 전환됨에 따라 사용되는 부품수의 감소 등으로 인력수요가 줄어듦에 따라 노동조합도 고용안정이라는 과제를 가지게 되었다. 파업을 전제로 하는 단체교섭보다는 전기차 생산과 같은 근본적인 생산방식의 변화에 노사가 공동으로 대응하는 모습을 보이고 있으며 그에 따라 최근에는 무파업 교섭종결이라는 새로운 교섭관행을 만들어 가고 있다.

4. 2022년 노동조합 단체교섭 요구안과 타결 내용

2022년 5월 10일 H자동차 노사는 노사상견례를 시작하고 임금교섭을 시작하였다. 우리나라는 매년 교섭을 할 필요는 없으나 관행적으로 매년 임금교섭을 하고 격년으로 임금을 제외한 교섭항목을 대상으로 단체교섭을 진행하고 있다. 금속노조 H자동차지부가 제시한 단체교섭 요구사항의 주요 내용은 다음과 같다.

01 임금인상 요구안

1. 기본급 165,300원(호봉승급분 제외) 요구
2. 성과급 요구: 순이익의 30%(주식 포함)
3. 각종 수당 현실화 요구
4. 호봉제도 개선 및 이중임금제 폐지요구 - 2014년 이후 입사자 이중임금제 폐지 요구, 호봉제도 개선 및 호간 금액 상향 요구

02 별도 요구안

1. 신규인원 충원 요구
   - 단협 44조 1항에 따른 자연감소, 정년퇴직 인원 정규직 충원 요구
   - 한시 공정 외 일반 촉탁계약직 폐지, 정규직으로 충원 요구
   - 각종 차별 철폐: 특별채용자 동일 근속 인정, 전문기술인력 배치 전환 허용 요구
   - 산재 중증재해자 대체 채용 제외 조합원(61, 62년생) 자녀 특별 채용 요구
2. 정년 연장 요구
   - 만 59세(임금동결), 만60세(기본급 10% 삭감) 임금피크제 꼬리표 폐지 요구
   - 정년퇴직은 조합원이 국민연금을 수급하게 되는 직전 연도의 연말까지 정년연장 요구
   - 60세이후 단계적 임금피크제 적용요구
   - 숙련고용제 폐지 요구

3. 고용안정 관련 요구
   - 미래자동차 산업 관련 국내공장 신설 및 신규 투자 요구
   - UAM(도심형비행체), PBV(목적기반자동차), xEV 관련 부품 공장 투자 확약
   - 친환경차(PE 모듈 등) 사내 조립 요구
   - 자동차산업 정의로운 미래전환을 위한 노사정 협의체 참여 요구
4. 해고자 원직 복직 및 손배 가압류 철회 요구
   - 해고 조합원(2014년 1명, 2017년 1명, 2016년 1명, 2021년 1명)의 원직복직 요구
   - 계류 중인 손배가압류 철회 요구
   - 판매 단체협약 위반, 일방적인 인사위원회 진행 관련자 처벌 요구
   - 판매 미행감시 사찰 행위자 및 책임자 처벌 요구
5. 단체협약 제26조(장기근속자의 우대) 적용 관련 재협의 요구
   - 징계자 장기근속자 예우 명예사원증 미적용(조합활동 인정범위) 관련 적용 요구
6. 퇴직금 정산구간 확대 요구
7. 지역 및 부문위원회 별도 요구

2022년 7월 19일 H자동차 노사는 역사상 처음으로 4년 연속 무분규 교섭타결의 기록을 세웠다. 전체 조합원 4만6413명 중에서 84.3%인 3만9천여 명이 투표에 참여했고, 찬성이 61.9%인 2만4천여 명으로 가결되었다. 잠정합의안에는 기본급 4.3%(9만8천 원, 호봉승급분 포함), 수당 1만 원 인상, 경영성과급 200%+400만 원, 품질향상 격려금 150만 원, 하반기 목표달성 격려금 100%, 주식 20주, 전통시장 상품권 25만 원 지급 등이 포함되었다. 이와 함께 2023년 상반기 생산/기술직 신규 채용, 2025년까지 전기차 생산 전용 국내 공장 건설, 숙련고용자 처우개선, 호봉제도 개선 및 호봉 간 금액 상향, 산재중증재해자 대체 채용, 특별채용자 동일 근속 인정, 전문기술인력 배치전환 허용 등도 합의안에 포함되었다. 또 노사는 미래차 산업변화 대응과 연계해 직군별 특성에 맞게 임금제도를 개선하고, 연구소 부문 우수인재 및 R&D 경쟁력 확보를 위한 연구직군 임금체계 개선 방안을 내년 3월 말까지 마련키로 합의했다. 다만 퇴직금 정산구간 확대와 장기근속 예우규정 등은 추후 논의하기로 했고, 정년 연장과 해고자 복직 등은 사측이 수용하지 않았다.

H자동차가 국내에 생산공장을 짓는 것은 1996년 아산공장 완공 후 29만의 일이다. 미래산업전환에 따른 인력감소에 대비해 10년 만에 생산현장 기술직을 신규 채용하기로 했고, 4년 동안 처음으로 파업 없이 단체교섭을 타결했다. 2022년 11월까지 H자동차그룹은 626만 대를 팔아서 글로벌 완성차 업체 중에서 토요타와 폭스바겐에 이어서 세계 3위를 차지했다. 이는 GM과 스텔란티스를 제친 것이다. 매출은 2022년 3분기에만 104조 원, 영업이익은 6조4천억 원에 달했다. 인도네시아에 전기차 공장을 완공하였고 미국 조지아주에는 2025년까지 새 생산시설을 만들기로 했다. 현대자동차그룹은 미래 성장의 핵심축인 전동화 · 친환경, 신기술 · 신사업, 기존 사업 경쟁력 강화를 위해 향후 4년간 국내에

63조 원을 투자하겠다고 밝힌 바 있다.

출처: 뉴시스(2022.7.19.), 현대차 노사, 4년 연속 무분규 단체교섭 타결; 현대자동차 홈페이지(hyundai.com); 현대자동차, 2022 현대자동차 지속가능성보고서; 현지지부신문, 2022년 5월 13일; 인사이트(2022.12.18.), '파괴적 혁신가' 정의선의 상상, 차가 하늘을 난다; 위키백과, https://ko.wikipedia.org/wiki/현대자동차와 나무위키 https://namu.wiki/w/현대자동차노동조합 에서 2022.12.28.에 확인함.

논의 주제

1. H자동차 노사관계가 전통적으로 대립적인 관계를 유지하는 이유는 어디에 있다고 생각하는가?
2. H자동차 노동조합이 2003년 산별노조로 전환을 시도하였으나 2006년까지 조직구조 전환에 필요한 2/3 찬성을 얻지 못한 이유는 어디에 있는가?
3. H자동차가 2022년 단체교섭에서 국내에 공장을 짓기로 합의했는데 지난 29년 동안 국내에 공장을 짓지 않은 이유는 어디에 있는가?
4. H자동차 단체교섭이 4년째 무파업으로 타결된 이유는 어디에 있다고 생각하는가? 기존의 대립적인 노사관계가 앞으로는 협력적인 노사관계로 전환될 것으로 생각하는가?

8.1 개인적 근로관계와 근로기준법

노사관계를 광의의 의미로 해석할 때는 개인적인 단위에서의 근로관계와 집단적인 차원에서의 노사관계로 구분할 수 있다. 개인적인 단위에서의 근로관계란 근로자가 개인적으로 해당 근로자를 고용하는 사용자와 근로계약을 맺는 상황을 전제로 한다. 우리나라는 주로 기업으로 대표되는 사용자(또는 고용인)에 비해서 근로자가 상대적으로 약한 지위에 있다고 전제하고 근로자를 보호하는 근로기준법이 있다. 이 근로기준법은 근로자를 고용함에 있어서 기업(사용자)이 지켜야 할 의무를 구체적으로 정하고 있다. 가장 대표적인 사항이 근로시간, 최저임금, 휴일, 휴가 등이라고 하겠다. 그 외에도 법으로 정한 복리후생인 국민연금, 고용보험, 건강보험, 산재보험 등에 대한 비용을 지불해야 한다.

다음으로는 집단적인 노사관계인데, 이 집단적인 차원에서 사용자(기업)와 근로자 집단에 대해서도 근로자 집단이 상대적으로 약하다고 전제하고 법률을 정해서 보호하고 있다. 가장 대표적인 근로자 집단은 노동조합이지만, 그 외에 노사협의회도 있다.

8.1.1 개인적 차원에서의 근로계약

우리나라 헌법 제32조 제3항은 "근로조건의 기준은 인간의 존엄성을 보장하도록 법률로 정한다"라고 규정되어 있다. 유의해야 할 점은 "생존"이 아니라 "존엄"을 보장하는 기준이다. 이 조항을 구체화한 「근로기준법」(이하 '근기법')에서 근로기준이란 법으로 정한 최저기준이다. 적절한 수준이나 최고기준이 아니라는 점이다.

근로기준법에 대한 특별법으로는 「최저임금법」, 「임금채권보장법」, 「근로자퇴직급여보장법」, 「남녀고용평등과 일·가정 양립지원에 관한 법률」, 「산업안전보건법」, 「산업재해보상보험법」, 「고용상 연령차별금지 및 고령자고용촉진법」 등이 있다. 근로자를 보호하는 법률로 고용노동부에서 관리하는 법률은 40여개에 이른다. 근기법은 상시 5인 이상의 근로자를 사용하는 모든 사업 또는 사업장에 적용되고 있다. 다만, 같이 사는 친족만을 사용하는 경우와 가사사용인에 대해서는 적용하지 않으며, 4인 이하의 사업장에서는 대통

령령에 따라 일부 사항이 적용되지 않고 있다.* 대표적인 사항으로는 근로시간에 대한 제한이 없고, 가산 수당 지급 의무가 없으며, 부당해고에 대해서도 다툴 수 없다.

8.1.2 임금, 징계, 그리고 퇴직금

법적으로 임금이란 '사용자가 근로의 대가로 근로자에게 임금, 봉급, 기타 어떠한 명칭으로든지 지급하는 일체의 금품'을 말한다(근기법 제2조). 따라서 손님이 직접 지급하는 봉사료(팁)는 원칙적으로 임금이라고 할 수 없다. 하지만 이 봉사료를 사용자가 일괄관리하고 배분하는 경우에는 임금에 포함된다. 임금의 지불은 통화로 직접 근로자에게 그 전액을 지급하여야 한다. 그리고 매월 1회 이상 일정한 기일을 정하여 지급하여야 한다. 사용자의 귀책사유로 휴업하는 경우에는 사용자는 휴업기간 중 당해 근로자에 대해 평균임금의 100분의 70 이상을 수당으로 지급하여야 한다.

사용자는 근로자에 대해 정당한 이유 없이 해고, 휴직, 정직, 전직, 감봉 기타 징벌을 하지 못한다(근기법 제23조). 이를 어기면 '부당해고 등'이 된다. 다만, 경영상 이유에 의한 해고, 정리해고에 대해서는 법적으로 그 기준을 제시하고 있다.

퇴직급여의 경우 과거에는 계속근로년수 1년에 대해 30일분 이상의 평균임금을 일시에 퇴직금으로 퇴직하는 근로자에게 지급하면 되었으나, 2005년 12월 1일부터는 퇴직급여가 별도의 법(「근로자퇴직급여보장법(퇴직급여법)」)으로 제정되고 시행됨으로써, 사용자는 퇴직금제도와 퇴직연금제도 중에서 하나 이상의 제도를 설정하도록 되어 있다. 퇴직연금제도는 두 가지가 있는데 '확정급여형(defined benefit, DB) 퇴직연금'이라 함은 근로자가 지급받을 급여의 수준이 사전에 결정되어 있는 퇴직연금을 말하고, '확정기여형(defined contribution, DC) 퇴직연금'이라 함은 급여의 지급을 위하여 사용자가 부담하여야 할 부담금의 수준이 사전에 결정되어 있는 퇴직연금을 말한다.

---

* 근로자수 계산은 법적용 사유가 발생한 날의 1개월 전부터 사용한 근로자의 연인원을 같은 기간 중의 가동일수로 나누어 계산한다. 근로자수 계산에 파견근로자는 제외하며 통상근로자와 고용형태를 불문하고 해당 사업장에서 일하는 모든 근로자를 포함함.

8.1.3 최저임금

우리나라 헌법 제32조 제1항에 "국가는 법률이 정하는 바에 따라 최저임금제를 시행해야 한다"로 규정되어 있으며, 이에 따라 「최저임금제도」는 "국가가 노사간의 임금결정과정에 개입하여 임금의 최저수준을 정하고 이 수준 이상으로 임금이 지급되도록 법으로 강제함으로써 저임금 근로자를 보호하는 제도"이다. 최저임금법은 1986년에 제정되어 1988년부터 시행되고 있다. 최저임금제도는 근로자를 사용하는 모든 사업 또는 사업장에 적용한다. 단, 동거 친족만을 사용하는 사업과 가사사용인(가구에 고용된 요리사, 가정부, 세탁부, 보모, 유모, 개인비서, 집사, 운전사, 정원관리인, 가정교사 등)에 대해서는 적용대상에서 제외된다. 또한 정신 또는 신체의 장애로 근로능력이 현저히 낮은 자, 수습사용 중에 있는 자, 양성훈련을 받고 있는 자 등은 제외된다. 또한 선원법의 적용을 받는 선원 및 선박 소유자는 적용대상에서 제외된다.

최저임금은 최저임금위원회(http://www.minimumwage.go.kr)의 심의를 거쳐 고용노동부 장관이 매년 8월 5일까지 결정하여 고시하도록 되었으며, 그 다음해 1월 1일부터 1년간 효력을 발생한다. 적용대상은 1인 이상 근로자를 사용하는 모든 사업 또는 사업장으로 사업의 종류에 구분 없이 동일하게 적용된다.

최저임금법 제4조를 보면 최저임금은 ① 근로자의 생계비, ② 유사 근로자의 임금, ③ 노동생산성 및 ④ 소득분배율 등을 고려하여 정하도록 하고 있다. 구체적으로 통계자료들이 활용된다. 우선 단신근로자 생계비에 대한 분석이다. 미혼인 단신근로자의 실제 소비실태와 수준, 근로소득 실태 등을 파악하여 최저임금의 결정기준으로 활용된다. 우리나라에서는 1987년 이후 시작되어 1994년부터는 연 1회 조사를 하고 있다. 실제로는 통계청의 가계조사 결과 1인 미혼 단신근로자 가구를 대상으로 가공집계하여 활용하고 있다. 그 외에도 임금실태 분석, 노동생산성 산출지표분석, 소득분배율 지표분석 결과들이 심의자료로 활용된다.

2024년 1월 1일부터 2024년 12월 31일까지 적용되는 최저임금은 시간급 9,860원이고, 주 소정근로 40시간을 근무할 경우 월 환산 기준시간 209시간(주당 유급주휴 8시간 포함) 기준으로 월환산액은 2,060,740원이다.[1] 지난 몇 년간 최저임금 인상은 상당한 변화를 보였다. 문재인 대통령의 공약에 따라 3년 이내에 1만원의 최저임금을 실현하기 위해 이는 2018년에 16.4%, 2019년 10.2%가 인상되었지만, 여러 사유로 공약실현을 포기하고 2020년에는 2.87%, 2021년에는 1.5%, 2022년에는 5.05%, 2023년에는 5%, 2024년에는 2.5% 인상에 그쳤다.

8.1.4 근로시간과 휴식

사용자는 근로자에 대해 1주일에 휴게시간을 제하고 40시간을 초과해서 일을 시킬 수 없다(근기법 제50조①). 과거에는 토요일과 일요일을 제외하였으나, 법개정으로 일주간의 7일을 1주일로 한다. 또한 하루의 근로시간은 휴게시간을 제하고 8시간을 초과할 수 없다(근기법 제50조②).

연장근로는 당사자 간에 합의하면 1주간에 12시간을 한도로 주 40시간, 1일 8시간의 근로시간을 연장할 수 있다<개정 2021.1.5>. 상시 근로자 30명 미만의 사업장에서 근로자대표와 서면으로 합의한 경우에는 다시 1주간에 8시간을 초과하지 않는 범위 내에서 근로시간을 연장할 수 있다<개정 2018.3.20>. 연장근로, 야간근로(오후 10시부터 오전 6시까지), 휴일근로의 경우 통상임금의 100분의 50 이상을 가산하여 지급해야 한다(근기법 제56조).

그리고 사용자는 근로시간이 4시간인 경우에는 30분 이상, 8시간인 경우에는 1시간 이상의 휴게시간을 근로시간 도중에 주어야 한다. 휴게시간은 근로자가 자유로이 이용할 수 있다.

근로시간의 유연성을 제고하기 위해 1997년 법개정으로 탄력적 근로시간제가 도입되었다. 탄력적 근로시간제란 "취업규칙에 따라 2주 이내의 일정한 단위기간을 평균하여 1주간의 근로시간이 40시간을 초과하지 않는 범위 내에서 특정한 날에 8시간, 특정한 주에 40시간을 초과하여 근로하게 할 수 있다"(근기법 제51조①). 다만, 특정한 주의 근로시간은 48시간을 초과할 수 없다.

그러나 근로자대표와의 서면합의가 있는 경우에는 3월 이내의 단위기간을 평균하여 1주간의 근로시간이 40시간을 초과하지 않는 범위 내에서 1주 40시간, 1일 8시간을 초과하

〈표 8-1〉 유연한 근무시간 제도: 탄력적 근로시간제와 선택적 근로시간제

구분	내용
탄력적 근로시간제	- 2주 이내의 일정한 단위기간을 평균하여 1주간의 근로시간이 40시간을 초과하지 않는 범위 내에서 특정한 날에 8시간, 특정한 주에 40시간을 초과하여 근로할 수 있는 제도 - 다만 특정한 주에 근로시간이 48시간을 초과하지 못함 - 근로자대표와 서면합의가 있으면 3월 이내로 단위기간 확대 가능
선택적 근로시간제	- 업무의 시작과 종료를 근로자의 결정에 맡기기로 한 경우에, 근로자대표와의 서면합의에 따라 1개월 이내의 정산기간을 평균하여 1주 40시간을 초과하지 않는 범위 내에서 1주 40시간, 1일 8시간 초과하여 일할 수 있는 제도 - 신상품 또는 신기술의 연구개발 업무의 경우에는 3개월 단위까지 허용하나, 11시간의 연속휴식 시간 보장

출처: 근로기준법

여 근로하게 할 수 있다(근기법 제51조②). 다만, 특정한 주의 근로시간이 52시간을, 특정한 날의 근로시간이 12시간을 초과할 수 없다. 2021년부터는 3개월을 초과하여 6개월까지 단위로 하는 탄력적 근로시간제가 도입되었다.

다음으로 선택적 근로시간제란 예외적인 규정이다. '취업규칙에 따라 업무의 시작과 종료를 근로자의 결정에 맡기기로 한 경우에, 근로자대표와의 서면합의에 따라 1개월 이내의 정산기간을 평균하여 1주 40시간을 초과하지 않는 범위 내에서 1주 40시간, 1일 8시간 초과하여 일할 수 있는 제도'이다. 2021년부터는 근로자대표와의 서면합의에 따라 '신상품 또는 신기술의 연구개발 업무'의 경우에는 3개월 단위까지 허용되었다. 이 경우에는 근로일 종료후 다음 근로일 시작 전까지 연속하여 11시간 이상의 휴식 시간을 주도록 하였다.

휴일의 경우 1주일에 평균 1회 이상의 유급휴일을 주어야 한다. 이는 1주일에 5일 동안 또는 주 40시간 일하는 경우에, 일요일은 일을 하지 않아도 일을 한 것으로 간주하고 임금을 지급해야 한다는 의미이다. 이를 주휴 수당이라고 한다. 또한 1년간 8할 이상 출근한 근로자에게 15일의 유급휴가를 주어야 한다(근기법 제60조).* 3년 이상 근로한 경우에는 1년을 초과하는 계속근로년수 매 2년에 대해 1일을 가산한 유급휴가를 주어야 한다.

* 이 규정은 주 40시간 시행일과 같이 순차적으로 적용된다. 과거 월차휴가는 법에서는 폐지되었지만, 단체협약 등에 언급되어 있다면 유효함

이 경우 가산휴가를 포함한 총휴가일수는 25일 한도로 한다.

기존에는 관공서 공휴일이 민간기업의 법정 유급휴일이 아니었으나, 2020년부터 기업 규모에 따라 단계적으로 법정 유급휴일로 적용되고 있다.* 다만 공휴일에 불가피하게 근무할 수밖에 없는 경우에는 근로자대표와 서면합의를 통해 휴일대체를 할 수 있다. 놀이공원 같은 경우 방문객이 많은 일요일 대신에 월요일이나 다른 요일을 휴일로 대체하는 것이다. 만약 휴일대체를 하지 않고 근로자가 공휴일에 근로했다면 휴일근로 가산수당을 포함한 임금을 추가로 지급해야 한다.

8.1.5 남녀고용평등과 차별 금지

「남녀고용평등과 일·가정 양립 지원에 관한 법률」(이하 '남녀고용평등법,' 약칭은 '고평법')은 "대한민국 헌법의 평등이념에 따라 고용에 있어서 남녀의 평등한 기회 및 대우를 보장하고 모성보호와 여성 고용을 촉진하여 남녀고용평등을 실현함과 아울러 근로자의 일과 가정의 양립을 지원함으로써 모든 국민의 삶의 질 향상에 이바지하는 것을 목적으로 한다"고 정하고 있다(남녀고용평등법 제1조).

그렇지만 법에 비해 현실은 아직도 남녀 차별의 문제나 일·가정 양립을 어렵게 하는 문제들이 여전히 존재하고 있다고 할 수 있다. 물론 이는 과거에 비해 낮아지는 수치이지만 그래도 여전히 남녀고용차별이 심각한 수준이라고 해석할 수 있다. 고용차별을 경험한 부분은 임금이 가장 많았으며 다음으로는 승진, 부서배치 순으로 나나났다.

법상으로 차별(discrimination)이라 함은 "사업주가 근로자에게 성별, 혼인, 또는 가족 안에서의 지위, 임신 또는 출산 등의 사유로 합리적인 이유 없이 채용 또는 근로의 조건을 달리하거나 그 밖의 불리한 조치를 하는 경우"를 말한다(남녀고용평등법 제2조). 특히 사업주가 채용조건이나 근로조건은 동일하게 적용하더라도 그 조건을 충족할 수 있는 남성 또는 여성이 다른 한 성(性)에 비하여 현저히 적고 그에 따라 특정 성(性)에게 불리한

* 2020년 1월부터는 300인 이상, 2021년 1월부터는 30인 이상, 2022년 1월부터는 5인 이상 사업장이 대상으로 확대되었으나, 2023년에도 5인 이상 사업장의 경우 근로감독을 실시하지 않아서 사실상 적용을 유예하고 있는 상황임

결과를 초래하며 그 조건이 정당한 것임을 증명할 수 없는 경우를 포함한다고 하여 그 동일한 조건이라고 하더라도 결과가 불리한 경우도 차별에 포함하도록 하였다. 다만, 직무의 성질상 특정 성(性)이 불가피하게 요구되는 경우, 근로여성의 임신, 출산, 수유 등 모성보호를 위한 조치를 취하는 경우, 현존 차별을 해소하기 위한 적극적 고용개선조치 등은 차별로 보지 아니한다. 이 법의 적용은 근로기준법의 적용대상과 같다.

남녀차별의 종류에는 직접차별과 간접차별이 있다. 직접차별은 '사업주가 근로자에게 성별, 혼인 또는 가족상의 지위, 임신 등을 이유로 합리적인 이유 없이 불이익조치를 하는 경우'를 말한다. 예를 들어 채용하는데, 지원 자격을 남자 또는 여자로 제한하거나, 40세 미만으로 제한하는 등의 경우이다. 간접차별이란 '사업주가 동일한 근로조건을 적용하더라도 그 조건을 충족시킬 수 있는 남성 또는 여성이 다른 한 성(性)에 비하여 현저히 적고 그로 인하여 특정 성(性)에 불리한 결과를 초래하며 그 기준이 정당한 것임을 입증할 수 없는 경우'를 말한다. 예를 들어 직무수행과 관련 없는 체력검정을 하는데 남녀 구분을 하지 않아 여성 지원자가 모두 탈락하는 결과를 가져오는 경우이다.

8.2 모성보호, 직장 내 성희롱 예방과 직장 내 괴롭힘 금지

8.2.1 모성보호

「헌법」 제32조 제4항에서 여성 근로는 특별 보호를 받는다고 정하고 있고, 「근로기준법」 제65조([여성] 사용금지)에는 임신 중이거나 산후 1년이 지나지 아니한 여성(이하 임산부)은 도덕상 또는 보건상 유해·위험한 사업에 사용하지 못하도록 하고 있으며 임산부가 아닌 18세 이상의 여성은 임신 또는 출산에 관한 기능에 유해·위험한 사업에 사용하지 못하도록 하고 있다.

또한 근로기준법 제70조(야간근로와 휴일근로의 제한)에는 18세 이상의 여성을 오후 10시부터 오전 6시까지의 시간 및 휴일에 근로시키려면 그 근로자의 동의를 받아야 하며, 임산부의 경우는 오후 10시부터 오전 6시까지의 시간 및 휴일에 근로시키지 못하도록 되어 있다. 또한 동법 제72조에는 여성의 갱내근로를 금지하고 있으며, 제73조에는 여성 근로자가 청구하는 경우 월 1일의 생리휴가를 주도록 규정하고 있다.

임산부와 관련하여 2014년에 법률 개정을 통해 보호를 강화하였는데, 먼저 출산전후휴가(출산휴가)는 90일 이상이어야 하고, 최소 출산 후에 45일 이상이어야 한다. 그리고 출산휴가 기간 동안 최초 60일은 통상임금의 100%를 보장받는다. 이를 위반할 경우 사업주는 동법 제110조(벌칙)에 따라 2년 이하의 징역이나 벌금 1천만 원 이하의 처벌을 받게 된다. 또한 출산휴가 90일, 그리고 그 후 30일간 사이에 해고하면 부당해고이며 5년 이하의 징역이나 5천만원이하의 벌금에 처한다.

출산 이후에 있어서 근로기준법 제75조(육아시간)에는 생후 1년 미만의 유아를 가진 여성근로자가 청구하면 1일 2회 각각 30분 이상의 유급 수유시간을 주도록 정하고 있다. 또한 근로자는 배우자의 출산을 이유로 출산한 날부터 90일 이내에 휴가를 청구하는 경우에는 근로제공의무가 있는 날을 기준으로 10일의 휴가를 사용할 수 있다. 1회 분할 사용도 가능하다.

8.2.2 일·가정의 양립 지원과 육아휴직

최근 여성의 일자리 확대와 고령화사회에 대비한 저출산문제 해소를 위해 다양한 법적인 조치가 취해지고 있다. 「남녀고용평등법」 제22조의3에 따르면 고용노동부장관은 일·가정 양립프로그램의 도입·확산, 모성보호 조치의 원활한 운영 등을 지원하기 위해 다양한 사업과 서비스 및 정보제공 노력을 정하고 있다. 또한 동법 제22조의2(근로자의 가족 돌봄 등을 위한 지원)에서는 근로자가 가족의 질병, 사고, 노령 등을 이유로 그 가족을 돌볼 필요가 있는 경우에는 1) 사업주가 가족 간호를 위한 휴직, 2) 업무를 시작하고 마치는 시간 조정, 3) 연장근로의 제한, 4) 근로시간의 단축, 탄력적 운영 등 근로시간 조정, 5) 그 밖에 사업장 사정에 맞는 지원조치를 취하도록 하였다.

육아휴직은 “생후 3년 미만의 영유아를 가진 근로자가 그 영유아를 양육하기 위해 신청하는 휴직”으로(남녀고용평등법 제19조), 남녀 근로자 모두 사용할 수 있다. 동일한 자녀에 대해 부모가 각각 1년씩 총 2년을 사용할 수 있다. 이 육아휴직은 1년 이내의 기간으로 하며, 사업주는 육아휴직을 이유로 해고나 그 밖의 불리한 처우를 해서는 안 되고, 육아휴직 이후에는 휴직 전과 같은 업무 또는 같은 수준의 임금을 지급하는 직무에 복귀시켜야 한다.

육아지원을 위한 그 밖의 조치로서 사업주는 초등학교 취학 전까지의 자녀양육을 지원하기 위해 업무를 시작하고 마치는 시간 조정, 연장근로의 제한, 근로시간의 단축·탄력적 운영 등 근로시간 조정 또는 기타 지원조치를 위해 노력해야 한다(남녀고용평등법 제19조5).

「남녀고용평등법」 제21조(직장어린이집 설치 및 지원 등)에서 사업주는 근로자의 취업을 지원하기 위해 수유·탁아 등 육아에 필요한 어린이집(직장어린이집)을 설치하도록 하였다. 다만 「영유아보육법」에 따라 직장어린이집을 설치하여야 할 사업주의 범위 등 직장어린이집의 설치 및 운영에 관한 사항을 정하도록 하였으며 고용노동부장관은 직장어린이집의 설치·운영에 필요한 지원 및 지도를 하도록 하였다. 기존에는 직장어린이집에서 보육하고 있는 영유아는 해당 직장 소속 피보험자의 자녀에 대해서만 지원했으나 2021년부터는 피보험자가 친권자·후견인·그 밖의 자로서 영유아를 보호하고 있는 경우에도 지원이 가능하게 되었다.

8.2.3 직장내 성희롱 예방

직장 내 성희롱(sexual harassment at work)이란 '사업주, 상급자 또는 근로자가 직장 내의 지위를 이용하거나 업무와 관련하여 다른 근로자에게 성적 언동 등으로 성적 굴욕감 또는 혐오감을 느끼게 하거나 성적 언동 또는 그 밖의 요구 등에 따르지 아니하였다는 이유로 고용에서 불이익을 주는 것'을 말한다(남녀고용평등법 제2조 2). 직장 내 성희롱은 가장 기본적인 인권에 대한 침해일 뿐만 아니라 업무능력 및 업무수행에 밀접하게 연관되어 있는데, 특히 어린 나이의 직원일수록 심리적·신체적 충격을 많이 받게 되고, 업무실적이 현저히 낮아지며, 업무 만족도와 조직에 대한 충성도 역시 크게 악화된다.*

* 직장 내 성희롱은 고용에서의 불이익을 초래하며 인격권·근로권·성적 자기결정권 등의 인권을 침해한다는 점에

2017년 법개정이 되었는데 주요 내용을 보면 피해 근로자의 관점을 강조해서 사업주가 사건 소식을 접수한 후 조사하되 피해자가 '성적 수치심'을 느끼지 않도록 해야 하고, 피해자나 신고자에게 불이익 조치를 취해서는 안 되며, 조사과정에서 피해근로자의 의사에 반하여 비밀을 누설하면 안 되도록 하였다.

2017년 11월 고용노동부와 여성가족부가 공동으로 발표한 「직장내 성희롱·성폭력 근절대책」의 주요 내용을 보면 다음과 같다. 첫째, 직장 내 성희롱 지도감독을 강화한다. 모든 근로감독에 직장내 성희롱 분야를 반드시 포함한다는 내용이다. 그리고 법위반시 기존의 과태료 벌칙에서 징역 또는 벌금형으로 강화한다는 내용도 포함되어 있다. 둘째, 예방과 대응장치를 강화한다. 사이버신고센터를 통해 부담 없이 신고할 수 있도록 하고, 예방교육 자료를 상시게시하고 예방교육 내실화를 추진한다는 내용이 포함되어 있다. 셋째, 일반국민의 인지도 향상을 위해 카드뉴스 형태로 법령과 정보를 안내하고, 자가진단 도구를 앱으로 개발하여 보급한다. 넷째, 조직 내 우월적 지위를 이용한 성폭력을 근절하기 위해 사건처리 안내 등 피해자 구제시스템을 확립하고, 조직문화 개선노력을 지원한다. 이러한 내용을 통해 지속적으로 성희롱·성폭력이 근절되고, 예방되도록 노력한다는 다짐을 제시하고 있다.

박스사례 **성희롱 피해를 당했을 때와 행위자로 지목되었을 때 대처방안**

〈성희롱 피해를 당했을 때의 대처방안〉

- 성희롱 피해를 받게 되면 그 행위자에게 이에 대한 명확한 거부의사를 표시한다. 이 경우 행위자는 성희롱 중지 요청을 진지하게 받아들여 즉시 중단하여야 한다.
- 행위자에게 거부의사를 표시하기 어려운 경우 편지로 성희롱 행위를 중단해 줄 것을 요청한다.
- 성희롱에 대한 거부의사가 받아들여지지 않은 경우에는 그 날짜, 시간, 장소, 구체적인 내용, 목격자나 증인, 성적인 언어나 행동에 대한 느낌 등을 구체적으로 기록하여 이후 해결과정에서 사용될 수 있도록 증거자료를 남긴다.

서 성폭력과 공통점이 있다. 그러나 직장 내 성희롱이 주로 남녀차별을 금지하는 법들에 의해 규제되며 그 유형이 성폭력보다 경미한 성적 언어나 행동으로써 형벌부과의 대상이 되지 않지만, 성폭력은 성폭력범죄의 처벌 및 피해자 보호 등에 관한 법률(성폭력특별법)에 유형이 열거되어 있고, 형사처벌이 된다는 점에서 차이가 있음

- 성희롱 행위자에 대하여 항의를 하여도 시정되지 않으면 상급자 또는 회사의 상담요원에게 상담을 요청하여 이를 중지시키도록 요구한다.
- 성희롱 행위 중단요청이 받아들여지지 않으면 사내의 성희롱 관련 고충처리기구와 절차를 이용하여 사업주에게 성희롱 문제를 제기하여 해결한다.
- 회사에 상담하고 고충을 신고해도 해결이 되지 않는다면 민간단체에 설치되어 있는 고용평등상담실 등과 같은 전문상담기관에 상담하거나 지방 노동관서에 진정서 등을 제출하여 법적 절차에 대한 도움을 받는다.
- 성희롱 사건을 목격하거나 피해자로부터 사건을 전해들은 주변인의 경우 지체없이 사건을 신고한다.
- 사건처리가 종결될 때까지 사건 내용에 대한 비밀을 유지하고 피해자에 대한 2차 피해에 유의한다.

〈행위자로 지목되었을 때의 대처방안〉

- 자신의 의도가 어떠하였든 상대방이 성희롱으로 불쾌감을 느꼈다면 이를 받아들이고 즉각 사과한다.
- 분쟁의 조정을 받고 있다면 성실하게 내용을 받아들이고 피해자의 요구사항을 이행하며, 다시는 그런 행동을 하지 않도록 노력한다.
- 징계를 당하게 되었다면 자신의 행동의 정도와 지속성에 비추어 징계가 합당한지 여부를 확인하고 이를 수용한다.

출처: 노동부(2009), *성희롱, 성차별 없는 건강한 기업문화* 자료집; 고용노동부(2017), *직장내 성희롱 예방·대응 매뉴얼*.

8.2.4 직장내 괴롭힘 금지

직장 내 괴롭힘 금지는 '사용자나 근로자가 직장에서의 지위 또는 관계 우위를 이용해 다른 근로자에게 신체적·정신적 고통을 주는 행위 등'을 금지한 근로기준법 개정안으로, 2019년 7월 16일부터 시행됐다. 이에 직장 내 괴롭힘 금지와 관련, 각 사업장들은 시행일 이전까지 직장 내 괴롭힘 예방·대응방안 마련 등을 위해 취업규칙을 개정했다.

주요 내용은 첫째, 직장 내 괴롭힘 '정의' 명시이다. 두 번째, 직장 내 괴롭힘이 발생하는 경우 사용자는 즉시 이를 조사하고 피해 직원의 희망에 따라 근무 장소 변경, 유급휴가 명령 등 적절한 조치를 취하도록 했다. 만약 사용자가 직장 내 괴롭힘 발생 사실을 신고하거나 피해를 주장하였음을 이유로 해고 등 불이익 처우를 하는 경우에는 3년 이하의 징역 또는 3000만 원 이하의 벌금에 처하도록 하였다. 세 번째, 취업규칙에 직장 내 괴롭힘의 예방 및 발생 시 조치에 관한 사항을 필수적으로 기재해야 한다. 만약 이를 이행하지 않는 사업주는 500만 원 이하의 과태료가 부과된다.

박스사례 직장 내 괴롭힘 행위 예시

- 정당한 이유 없이 업무 능력이나 성과를 인정하지 않거나 조롱함
- 정당한 이유 없이 훈련, 승진, 보상, 일상적인 대우 등에서 차별함
- 다른 근로자들과는 달리 특정 근로자에 대하여만 근로계약서 등에 명시되어 있지 않는 모두가 꺼리는 힘든 업무를 반복적으로 부여함
- 근로계약서 등에 명시되어 있지 않는 허드렛일만 시키거나 일을 거의 주지 않음
- 정당한 이유 없이 업무와 관련된 중요한 정보제공이나 의사결정 과정에서 배제시킴
- 정당한 이유 없이 휴가나 병가, 각종 복지혜택 등을 쓰지 못하도록 압력 행사
- 다른 근로자들과는 달리 특정 근로자의 일하거나 휴식하는 모습만을 지나치게 감시
- 사적 심부름 등 개인적인 일상생활과 관련된 일을 하도록 지속적, 반복적으로 지시
- 정당한 이유 없이 부서이동 또는 퇴사를 강요함
- 개인사에 대한 뒷담화나 소문을 퍼뜨림
- 신체적인 위협이나 폭력을 가함
- 욕설이나 위협적인 말을 함
- 다른 사람들 앞이나 온라인상에서 나에게 모욕감을 주는 언행을 함
- 의사와 상관없이 음주, 흡연, 회식 참여를 강요함
- 집단 따돌림
- 업무에 필요한 주요 비품(컴퓨터, 전화 등)을 주지 않거나, 인터넷·사내 네트워크 접속 차단

출처: 고용노동부(2019), *직장 내 괴롭힘 판단 및 예방·대응 매뉴얼*.

8.3 집단적 노사관계: 노동3권과 노사관계, 고용관계

노사관계(industrial relations 또는 labor relations)는 노동조합과 사용자 사이의 관계를 의미한다. 임금을 받고 일을 하는 근로자와 임금을 주고 일을 시키는 사용자(기업)의 관계인데, 자본주의 사회에서는 개인적으로 일을 하는 근로자가 사용자에 비해서 약자라고 인정하기 때문에 근로자들이 뭉쳐서 노동조합을 결성하고 집단적인 목소리를 내서 사용자와 교섭할 수 있는 권리를 보장하고 있다.

8.3.1 노동3권

우리나라도 헌법 제33조제1항에 "근로자는 근로조건의 향상을 위하여 자주적인 단결권·단체교섭권 및 단체행동권을 가진다"고 명시하고 있다. 이를 노동3권이라고 한다. 자본주의 경제를 가진 대부분 국가는 노동3권을 근로자의 기본권으로 인정하고 있다.

단결권은 근로자들이 스스로 노동조합을 결성하거나 기존의 노동조합에 가입할 수 있는 권리를 의미하고, 단체교섭권은 노동조합이 결성되면 사용자(기업)은 노동조합이 요구하는 단체교섭에 응해야 하는 의무가 있는 내용이다. 단체행동권은 노동조합이 단체교섭을 끝내기 위한 수단으로 정당한 절차에 따라 노동력의 제공을 중단할 수 있는 권리를 의미한다.

하지만 여기서 근로자는 성실하게 일해야 하는 의무 또한 가지고 있음을 이해해야 한다. 근로계약이란 기본적으로 사용자에게 제공한 노동에 대해서 임금으로 보상받는 것이다. 노동을 계약에 따라 성실하게 제공하지 않고 권리만을 주장하는 것 또한 바람직한 것은 아니다.

8.3.2 자본주의 경제와 노동3권의 인정

역사적으로 볼 때 자본주의 경제 하에서 처음부터 노동3권이 인정된 것은 물론 아니다. 영국에서 시작된 산업혁명 이후 기존의 농민들은 도시에 모여들고 임금을 받고 일하게 되었는데, 노동력의 공급이 많아짐에 따라 근로자들은 낮은 임금, 장시간 근로와 같은 열악한 근로조건에 시달리게 되었다. 하지만 시장논리에 따라 근로자들에게는 별다른 수단이 없이 어려운 생활을 이어갔고 이후 근로자들은 힘을 합쳐서 사용자(기업)에게 정당한 임금과 적절한 근로시간 등을 요구하게 되었다. 하지만 외부의 개입을 최소화하는 초기 자본주의 하에서는 근로자들이 뭉쳐서 집단적인 주장을 하게 되면 이는 시장에 노동력의 자유로운 공급을 저해하는 반시장행위로 공정거래법 위반으로 근로자들을 압박하였다.

그러나 근로자들의 집단적인 목소리가 커지게 되고, 근로자들의 권리 찾기 운동인 노동운동이 100여년 이상의 시간이 흐른 20세기 진입을 전후하여 자본주의 국가들의 정부는 노동3권을 인정하는 정책을 시행하게 되었고, 이후 자본주의 국가에서도 노동조합을 결정하여 단체교섭을 진행하고 필요한 경우 법률로 보장된 집단행동인 단체행동을 할 수 있게 되었다.

8.3.3 노사관계와 고용관계

20세기에 들어서면서 유럽 국가들은 근로자들의 노동3권을 인정하게 되었고, 미국도 1930년대 들어서 노동3권을 법적으로 인정하게 되었다. 이후 제2차 세계대전이 끝나게 되자, 수많은 젊은이들이 일터로 돌아가면서 선진국들은 일터에서 노사 간에 갈등이 심화되는 상황에 처하게 되었고 노사관계 안정화는 사회적인 과제가 되었다. 이후 1950년대부터 1970년대까지 선진국들의 노사관계는 노동조합에게 유리한 상황이 전개되었고 노동운동도 활발하게 진행되었다.

그러나 1970년 글로벌 차원에서 석유가격이 급등하는 오일쇼크를 경험하게 되고, 기업들이 위기에 처하게 되자 노사관계는 기존의 대립적 관계에서 협력적인 관계로 바뀌어가게 되었고, 이러한 과정에서 노동조합의 역할에 대한 조합원들의 생각도 소극적으로 바뀌면서 노동조합에 가입하는 근로자비율인 노동조합조직률이 정체하고 하락하기 시작하였다. 이러한 상황은 21세기에 들어서도 계속되었고 전세계적으로 보면 지난 20여 년간 대부분의 국가에서 노동조합 조직률이 하락한 것으로 나타났다.

이러한 이유로 기존의 노사관계(industrial relations 또는 labor relations)는 노동조합을 전제하였지만 앞으로는 근로자와 사용자와의 관계가 반드시 노동조합을 전제로 하지는 않는다는 생각으로 노사관계라는 표현은 고용관계(employment relations)라는 표현으로 바뀌어 사용되고 있다. 물론 그렇다고 해서 조만간 노동조합이 사라질 것이라는 것은 아니지만, 노동조합의 힘은 점차 약해질 것이라는 중장기 전망에 힘이 실리고 있다.

8.4 한국의 노사관계 역사와 현황

해외 선진국들에 비해서 한국의 산업화는 백여 년 이상 뒤쳐졌고 1876년 강화도 조약을 체결하고 개항을 하면서 한국의 산업화가 시작되었다고 할 수 있다. 조선의 쌀과 자원을 원했던 열강들은 항구를 이용해서 자원을 수탈해 갔다. 이러한 상황으로 우리나라의 초기 임금노동자, 즉 임금을 받아서 살아가는 근로자들은 광산이나 부두에서 집단적으로 나타나기 시작하였으며, 일본인 사장에게 밀린 임금을 받으려고 하는 집단적인 요구가 폭력적인 형태로 나타나는 초기 파업은 1890년대 전후에 처음 기록된다.

8.4.1 일제 강점기 하의 노사관계

1900년을 전후로 일부 근로자들이 집단을 만들기는 했지만 당시에는 노동3권이라는 개념도 없었고 조선 왕실에서도 그러한 내용을 챙길만한 여력도 없었다. 이러한 와중에 을사늑약으로 조선은 일제식민지가 되어버렸다. 일제의 강점기 하에서 우리나라 근로자들은 일본인들에 비해 차별받는 것이 당연했으며 1919년 3.1 운동이전까지 일본은 조선인들을 억압하는 정책을 강력하게 시행하였다. 하지만 3.1운동으로 불안감을 느낀 일본은 1920년대 문화정책을 표방하며 노동자들의 단체조직을 허용했지만 제대로 된 노동3권을 이야기할 형편은 되지 못했다. 한국의 노동운동은 일본인 사장에 대한 집단적인 저항이 되어서 독립운동과도 연계되는 성향을 보였고 이러한 배경으로 우리나라의 노동운동이 과격하고 투쟁적이라는 주장을 하기도 한다.

8.4.2 광복이후 노사관계

이후 일본이 아시아를 침략하는 소위 대동아전쟁을 시작하면서 노동운동은 독립운동과 함께 지하화되었으며 1945년 광복이 되면서 기존의 지하조직들은 조선노동조합전국평의회(전평)라는 조직으로 다시 건설된다. 하지만 미군정은 좌파 세력이 포함된 전평을 와해

시키고 당시 이승만이 주도하는 우파 노동자조직으로 대한독립촉성전국노동총동맹이라는 조직을 지원하였고, 이 조직은 대한노동총연맹(대한노총)의 전신이 된다. 이후 6.25 전쟁으로 경제가 피폐해진 상황에서 5.16 군사쿠데타로 집권한 박정희 소장은 노동운동 지도자들도 개편하고 한국노총을 출범시킨다. 1960년대 '선성장후분배'라는 경제성장론을 주도한 박정희 정부는 '한강의 기적'이라는 경제성장을 이룩하지만 이면에는 근로자들의 권리는 보호되지 못하고 노동운동도 매우 위축되는 결과를 가져온다. 그러나 경제성장은 국민들에게 권리의식의 강화를 가져오고 1987년에는 대통령 직선제라는 사회민주화와 더불어 노동자대투쟁이라 불리는 노사관계의 획기적 변화를 가져온다.

8.4.3 1987년 노동자대투쟁

1987년 7월부터 시작된 소위 노동자대투쟁은 이후 3년여 계속되는데 이 노동자대투쟁은 노동운동가들이 의도적으로 계획한 것이 아니라 자연발생적이었다. 당시 한국경제는 급격한 성장으로 세계의 주목을 받았고 아시안게임을 치루고 올림픽을 준비하고 있었는데, 노사관계만큼은 기업의 친정부 정책과 정부의 기업지원이 맞물리면서 기업위주로 관리되고 있었다. 하지만 폭발적으로 진행된 파업과 신규노조 결성으로 우리나라 대기업들도 노동조합이 결성되었고, 조합원수도 이후 3년 만에 100만 명에서 200만 명 가까이로 증가하는 격변기를 맞이하게 되었다. 기존의 한국노총 중심의 노동계도 민주노총이 새롭게 결성되어 경쟁의 시기를 열게 된다.

생산현장에서 일하는 근로자를 중심으로 노조가 결성되었고, 기존의 어용노조가 소위 민주노조로 전환되었으며, 정부도 중립적인 입장에서 노사관계를 관리하였기에 노동운동은 과거에 비해 일취월장 성장하였다. 노동조합은 정부의 각종 정책에 적극적으로 참여하였고 1997년 IMF 외환위기를 빨리 극복하는데 노동조합의 역할도 컸다.

그러나 한편으로는 외환위기 당시에 대규모 해고를 포함한 구조조정에 대해 노동조합이 제대로 조합원을 보호하지 못했다는 비판론과 함께 2000년대 들어서 노동운동은 정체시기를 맞는다. 이후 10여 년 정체를 겪은 노동조합은 비정규직의 증가와 문재인정부의 노동존중 정책 등에 힘을 얻어 조합원수가 증가하여 2021년 말 기준으로 약 3백만 명에 가까운 조합원 수를 확보하게 되었다.

8.4.4 노사관계 현황

우리나라 노동조합조직률은 14% 수준으로 조합원 수는 약 3백만 명에 이르는데 이 조직률은 전세계적으로 보면 높은 편이라고 하기는 어렵다. 대다수 선진국들은 지난 20여 년간 조직률 하락을 경험했음에도 20% 내외의 조직률을 보이고 있기 때문이다. 우리나라 노동운동은 한국노총과 민주노총이 양분하고 있다고 볼 수 있는데, 한국노총은 실리중심의 노동운동을 민주노총은 원칙중심의 강경한 노동운동 노선을 추구하는 것으로 구분할 수 있다.

우리나라의 노동조합 조직률은 지난 10여 년 간 지속적으로 증가하고 있는데 이러한 현상은 선진국들과는 대비되는 변화이다. 지난 20여 년 간 국가 수준에서 노동조합 조직률이 증가한 나라는 한국이 유일하다고 할 수 있다. 미국, 일본, 독일, 영국, 프랑스 등 거의 모든 선직국의 노동조합조직률은 지난 20여 년 간 감소추이를 보였다.

비록 우리나라 노동조합 조직률은 지난 20여 년 간 증가추이를 보였지만 300인 이상의 대기업들은 약 절반 이상의 조합원으로 가입하고 있는데 비해서, 30인 이하의 소기업에 일하는 1천만 명 이상의 근로자들 중에는 극히 일부인 0.2% 정도만이 노동조합 조합원이라는 점이다. 노동시장의 이중구조를 보여주는 한 단면이다.

대기업 조합원들은 임금수준도 높고 고용도 안정되어 있으면서 여기에 다시 노동조합의 보호도 있는 반면에 중소기업 근로자들은 임금수준도 낮고 고용도 불안한데 노동조합의 보호 우산 밖에 있다는 점이다. 이러한 상황을 노동시장의 이중구조라고 한다. 우리나라의 노동운동은 주로 대기업 중심으로 진행되기 때문에, 대기업 노동조합은 '귀족노조'라는 비판을 받기도 한다. 지난 수십 년 동안 우리나라 노동운동은 중소기업 근로자나 비정규직에 대한 조직화노력(노조결성)이 미흡했다는 비판을 피하기는 어려울 것이다.

8.5 노동조합 결성과 현황

우리나라는 헌법 제33조에 노동3권이 보장되고 있지만, 노동조합을 결성하지 않으면 단결권을 행사하지 않는 것이고, 단체교섭권과 단체행동권도 보장되지 않는다. 노동조합을 결성해야 단체교섭권과 단체행동권이 인정된다. 노동조합과 관련해서 노동조합및노동관계조정법(이후 노조법)은 "근로자가 주체가 되어 자주적으로 단결하여 근로조건의 유지·개선, 기타 근로자의 경제적·사회적 지위향상을 도모함을 목적으로 조직하는 단체 또는 그 연합체"로 정의되어 있다. 그러나 다음과 같은 결격요건이 있을 때는 행정관청이 노조설립신고 시에 신고서를 반려할 수 있다. 그렇게 되면 노조로서 인정받지 못하는 것이다.

8.5.1 노동조합 결성

기존의 노동조합에 가입하는 경우 가입원서를 제출하면 되지만, 신규로 노조를 결성하는 경우에는 일반적으로 노조결성추진(준비)위원회를 구성하여 실무적인 준비를 하고 설립총회를 개최하여 회의록을 작성한 다음, 노동조합 사무실의 주소지를 관할하는 특별자치도지사·시장·군수·구청장 등의 행정관청에 노조설립신고서를 포함한 구비서류를 제출하면 된다. 노조설립신고서를 접수한 행정관청은 접수된 날로부터 3일 이내에 신고증을 교부해야 한다. 노동조합의 설립은 신고제이므로 설립신고증이 교부된 날부터가 아니라 신고된 날부터 노동조합의 법적 효력이 발생한다(노조법 제12조제2항). 다만 행정관청은 앞에서 설명한 대로 노동조합으로서 결격사유가 있는 경우에는, 보완명령을 하거나 접수를 거부하고 노조설립신고서를 반려할 수 있다.

8.5.2 노동조합 결성의 결격 요건

우리나라 노조법에는 노동조합 결성에 대한 결격 사유를 다음과 같이 정리하고 있다.

〈표 8-2〉 노동조합 결성의 결격 요건

분류	내용
사용자 참가	- 사용자 또는 항상 그의 이익을 대표하여 행동하는 자가 참가를 허용한 경우
사용자의 원고	- 경비지출에 있어서 주로 사용자의 지원을 받는 경우
복지사업만 하는 경우	- 공제·수양, 기타 복지사업만을 목적으로 하는 경우
근로자가 아닌 자가 가입한 경우	- 근로자가 아닌 자의 가입을 허용하는 경우 - 다만 2020년이후 조직형태와 무관하게 노조 자체 규약에 따라 스스로 정할 수 있게 됨
정치운동만 하는 경우	- 정치운동을 목적으로 하는 경우

출처: 노동조합 및 노동관계조정법

8.5.2.1 사용자 참가

첫째, 노동조합이 사용자 또는 항상 그의 이익을 대표하여 행동하는 자의 참가를 허용하는 경우이다. 예를 들어서 사장 또는 임원 등과 같이 경영층이거나 인사노무부서에서 일하는 근로자들은 대체로 조합원 가입 자격이 없는 경우가 많다. 구체적인 내용은 단체교섭에서 결정한다.

8.5.2.2 사용자의 원조

둘째, 노동조합이 경비지출에 있어서 주로 사용자의 원조를 받는 경우이다. 자주적으로 단결해야 하는데 사용자의 재정적 지원을 받는 경우에는 노동조합의 독립성, 자주성을 유지하기 어렵다고 보기 때문이다. 다만 노동조합 사무실 임대료, 전기·가스·수도 사용료 등과 같이 노동조합 사무실을 유지하기 위한 최소한의 지원은 예외로 인정된다. 또한 노동조합 관련 활동만을 하는 노동조합 전임자에 대한 사용자의 임금지급은 금지되지만, 노동조합 전임자 중에서 법으로 정한 근로시간면제제도에 따른 노동조합 전임자에 대한 임금지급은 허용된다. 근로시간면제제도는 타임오프제도라고도 하는데 이는 노동조합 활동만을 하는 노동조합 전임자에 대해 일정한 한도를 정해서 회사에서 임금을 지급할 수 있도록 허용하는 제도로 노동조합활동을 보호하는 동시에 회사의 재정적인 부담을 줄이려는 제도이다.

8.5.2.3 공제 등 복지사업

셋째, 노동조합이 공제·수양, 기타 복지사업만을 목적으로 하는 경우이다. 노동조합의 기본 활동은 사용자와의 단체교섭이다. 따라서 공제사업이나 복지사업만을 주로 하는 경우 상호부조를 위한 단체라고는 할 수 있으나 노동조합이라고 할 수는 없는 것이다.

8.5.2.4 근로자가 아닌 자 가입

넷째, 근로자가 아닌 자의 가입을 허용하는 경우에도 결격사유가 된다. 따라서 기업에서 해고되는 경우 또는 특정 사업장과 직접적으로 근로관계가 없는 경우 노동조합 가입이 허용되지 않았다. 하지만 법개정으로 2020년 12월에 기업별 노조에 해고자 등의 가입을 제한하는 것으로 해석된 노조법 제2조 제4호 라목 단서가 삭제되었다. 단서의 내용은 "해고된 자가 노동위원회에 부당노동행위 구제신청을 한 경우에는 중앙노동위원회 재심판정이 있을 때까지는 근로자가 아닌자로 해석하여서는 아니된다"이다.

따라서 이제 노동조합원의 자격은 조직형태와 무관하게 노조 자체 규약에 따라 스스로 정할 수 있게 되었다. 대법원 판례(2001두 8568)에 따르면 "노조법상 '근로자'는 특정한 사용자에게 고용되어 현실적으로 취업하고 있는 자뿐만 아니라 일시적으로 실업상태에 있는 자나 구직 중에 있는 자도 노동3권을 보장할 필요성이 있는 한 그 범위에 포함해야 한다"고 하고 있다. 다만 2020년 12월 법개정에서는 기업별 노사관계에서 노조의 임원이나 대위원은 사용자측과 일상적으로 접촉하며, 단체교섭이나 노조활동을 실제로 주도하고 노조의 의사결정에 핵심적인 역할을 수행하므로 그 자격을 해당 사업 또는 사업장에 종사하는 조합원 중에서 선출하도록 하였다. 그리고 사업 또는 사업장에 종사하는 근로자가 아닌 노동조합 조합원은 사용자의 효율적 사업 운영에 지장을 주지 않는 범위 내에서 노조활동을 할 수 있도록 규정하였다.

8.5.2.5 정치운동이 목적

다섯째, 주로 정치운동을 목적으로 하는 경우이다. 노동조합의 본질적인 활동은 정치활동이 아니라는 점이다.

8.5.3 복수노조 허용과 교섭창구 단일화

과거 특정 사업장에는 하나의 노동조합만 허용되었다. 복수노조 금지조항이다. 이는 1997년 법개정으로 법적으로는 허용되었으나 2011년 6월 말까지 그 시행이 유예되었다가, 2011년 7월이 되어서야 실질적으로 복수노조가 허용되었다. 복수노조는 두 개의 노조가 아니라 세 개, 또는 그 이상 무제한으로 다수의 노조가 병존할 수 있게 되었다.

하지만 예상과는 달리 대기업의 경우 기존에 노조가 존재하는 경우에 새롭게 노조가 결성되는 경우는 많지 않았다. 오히려 버스나 택시회사와 같이 조합원 수가 수십 명이나 수백 명 수준에 불과한 중소규모 사업장에서 복수노조가 결성되는 경우가 많았다. 한 사업장에 노동조합은 복수 또는 그 이상 다수 노조가 병존할 수 있기 때문에 특정 근로자는 다수의 노조에 동시에 조합비를 납부하는 경우, 해당 조합원은 동시에 복수 또는 그 이상의 노조에 소속된 조합원이 될 수 있다. 다만 이러한 경우 조합원 수를 산정하는 경우 조합 수만큼 나누어서 계산한다.

한 사업장에 둘 이상의 노동조합이 병존하는 경우 우리나라는 교섭창구 단일화 조건이 부여된다. 즉 노동조합은 여럿이지만, 사용자와 단체교섭을 하는 경우에는 하나의 대표단을 구성해야 한다는 조건이다. 그렇지 않은 경우 사용자는 정당하게 교섭을 거부할 수 있다. 교섭창구 단일화 방법은 첫째, 노동조합들 간의 합의, 둘째, 합의가 안 되는 경우 과반수 노조가 대표, 셋째 합의가 안 되고 과반수 노조가 없는 경우 10% 이하의 조합원을 대표하는 소수 노조를 제외하고 나머지 노조가 대표단을 구성한다. 다만 소수 노조를 제외하는 경우 대표노조는 제외된 소수 노조도 공정하게 대표해야 하는 공정대표의무를 가진다.

박스사례 **사용자의 공정대표의무 위반에 대한 손해배상책임의 범위**

(전략) 사용자의 공정대표의무 위반에 대해 소수노조가 회사를 상대로 손해배상책임을 묻거나 위자료를 청구할 가능성이 있다. 구체적인 사례로, 소수노조에 근로시간 면제 한도를 전혀 배분하지 않거나 불과 26시간만 배분했고, 교대노조에게는 사업장 내 사무실을 제공하면서 소수노조에게는 노동조합

사무실을 전혀 제공하지 않아 공정대표의무 위반이 인정됐고 이에 더해 회사의 불이익 취급의 부당노동행위가 문제 된 사례에 대해 법원은 회사가 소수노조에 불법행위로 인한 손해배상금으로 2000만 원을 지급해야 한다고 판결했다(부산지방법원 동부지원 2020. 10. 13. 선고 2018가단208576 판결).

또한 법원은 단체협약의 조항이 소수노조를 차별하는 내용이므로 공정대표의무 위반에 해당하고, 해당 조항으로 인해 소수노조의 손해가 구체적으로 현실화되지 않았다고 하더라도 그 차별적인 내용의 존재만으로 소수노조의 교섭력 내지 단결력을 약화시킬 수 있다는 점에서 소수노조에게 비재산적 손해가 발생했다고 인정했다. 서울남부지방법원은 사용자의 공정대표의무 위반에 더해 부당노동행위의 내용, 불법행위에 이르게 된 경위, 그 위반의 정도 등을 고려해서 회사가 소수노조에게 손해배상금으로 1000만 원을 지급해야 한다고 판결했다(서울남부지방법원 2020. 9. 24. 선고 2019나66598 판결).

한편, 또 다른 사건에서 소수노조는 회사가 노동조합 사무실을 제공하지 않은 것이 공정대표의무 위반이라는 취지의 판결을 받은 뒤 회사를 상대로 불법행위로 인한 손해배상으로서 사무실 임대료, 비품 구입비, 전기세, 통신비, 상하수도요금 및 위자료를 지급하라는 소송을 제기했다. 이에 대해 법원은 회사가 소수노조에게 합리적인 이유 없이 노동조합 사무실을 제공하지 않은 것은 공정대표의무 위반에 해당하나, 회사는 소수노조 및 교대노조와 협의해 소수노조에게 적절한 위치, 크기의 노동조합 사무실을 제공할 의무를 부담할 뿐 소수노조가 요구하는 특정한 사무실을 노동조합 사무실로 제공할 의무를 부담하는 것은 아니라고 판단했다. 나아가 회사에 소수노조가 요구하는 특정한 금액의 노동조합 사무실의 비품 구입비, 전기세, 통신비, 상하수도요금을 지급할 의무가 있는 것은 아니라고 보았다. 이에 소수노조가 청구한 사무실 임대료, 비품 구입비, 전기세, 통신비, 상하수도요금 청구 부분은 기각하고, 위자료로 500만 원만 인용했다(대전지방법원 2021. 4. 20. 선고 2020나108828 판결).(후략)

출처: 장현진(2022), 사용자의 공정대표의무 위반에 대한 손해배상책임의 범위, *노동법률*, 2월호, 130-133.

8.5.4 기업별 단체교섭과 산별 단체교섭

노동자들은 개인적으로 힘이 약하기 때문에 많은 수가 모여야 힘이 더 세진다. 그래서 기업 단위로 모이는 것보다는 산업 단위처럼 더 큰 단위로 모이는 것이 힘을 행사하는데 유리해진다. 그래서 서구 유럽국가들은 산업별로 노조를 결성하는 산별 노조가 일반적이다. 예를 들어 독일의 대표 산별노조인 금속노조는 조합원이 2백만 명에 달한다. 우리나라의 한국노총과 민주노총에 소속된 모든 근로자를 합친 숫자와 비슷하다.

기업별 단체교섭의 경우 해당기업의 상황에 맞춘 단체교섭을 진행할 수 있어서 노사에게 서로 장점을 제공할 수 있다. 그러나 기업별로 차이가 나는 임금수준이나 근로조건의 격차는 더 심해질 수 있다. 산별 단체교섭의 경우 기업은 다르더라도 해당 산업에 소속된 모든 조합원들에게 보다 평등한 근로조건을 제시할 수 있고, 해당 노조에 소속된 근로자의 숫자가 많아서 단체교섭이나 단체행동에서 큰 파급력을 발휘할 수 있다. 하지만 산별 단위의 경우 기업별로 차이가 많이 나기 때문에 산별 교섭이후 다시 기업별로 교섭해야 하는 이중교섭의 문제점도 있다.

우리나라의 1970년대까지는 산별노조가 일반적인 노조형태였지만 전두환 군사정부 시절에 단체교섭을 기업단위로만 인정하고 노조법도 기업별 노조를 전제로 하여 개정되었다. 이후 IMF 외환위기를 거치면서 노동조합들은 기업별 노동조합의 한계를 느끼고 산별로 조직구조를 전환하였다. 당시 구성된 대표적인 산별노조로는 현대자동차를 포함한 금속노조, 병원들의 보건의료노조, 그리고 은행을 중심으로 한 금융노조가 있다. 2020년 이후로는 우리나라 조합원의 과반수 이상은 산별노조 조합원이다. 하지만 조직구조는 산별노조로 전환되었으나 단체교섭은 여전히 기업별 단체교섭을 벗어나지 못하고 있는 형편이다. 언론에서 보면 여전히 현대자동차의 단체교섭은 자주 언급되지만, 금속노조의 단체교섭은 별다른 언급이 없다.

지난 20여 년 동안 기업별 교섭구조에 대한 제한이 일부 완화되었지만, 아직도 전체적인 노조법 구조는 기업별 노조를 전제로 한 채 운영되고 있다.

8.5.5 사용자의 부당노동행위

노동조합 결성이나 노조 가입은 헌법에 보장된 권리이다. 따라서 사용자는 이러한 권리 행사를 방해해서는 안 된다. 따라서 근로자의 노동3권 행사를 사용자가 방해하는 행위를 부당노동행위(unfair labor practice)라고 한다. 여기에는 크게 다섯 가지가 있는데 그 구체적인 내용은 다음과 같다.[2)]

8.5.5.1 불이익 취급

노동조합및노동쟁의조정법(노조법) 제81조제1항제1호에는 “근로자가 노동조합에 가입

〈표 8-3〉 사용자의 부당노동행위

분류	내용
불이익 취급	- 근로자가 노동조합에 가입 또는 가입하려고 했거나 기타 노동조합의 업무를 위한 정당한 행위를 한 것을 이유로 근로자를 해고하거나 불이익을 주는 행위 - 근로자가 정당한 단체행동에 참가하거나 사용자의 부당노동행위를 신고한 것 등을 이유로 불이익을 주는 행위
비열계약	- 사용자가 근로자에 대해 어느 특정 노동조합에 가입하지 아니할 것 또는 탈퇴할 것을 종용하거나 특정 노조의 조합원이 될 것을 고용조건으로 하는 행위
단체교섭 거부	- 단체교섭을 정당한 이유 없이 거부하거나 해태하는 것
사용자의 지배개입, 경비원조	- 노동조합의 운영을 지배하거나 개입할 목적으로 경비를 지원하는 경우 - 다만 노조 사무실 제공이나 최소한의 경비지원은 제외

출처: 노동조합 및 노동관계조정법

또는 가입하려고 했거나 기타 노동조합의 업무를 위한 정당한 행위를 한 것을 이유로 근로자를 해고하거나 불이익을 주는 행위"를 '불이익 취급'이라고 하고 부당노동행위로 정하고 있다. 이 불이익 취급에는 노조법에서 정한 다섯 번째 부당노동행위도 유사하게 정의된다. 노조법제81조제1항제5호에는 '근로자가 정당한 단체행동에 참가하거나 사용자의 부당노동행위를 신고한 것 등을 이유로 불이익을 주는 행위'도 부당노동행위로 정하고 있다.

불이익취급의 형태를 보면 일반적으로 해고가 가장 많으며 좌천(배치전환), 승급제외, 승진제외, 출근정지, 휴직, 복직거부, 강등 또는 상위직 승진을 하는 경우도 포함된다. 예를 들어, 조합원 가입 자격이 없는 직위 또는 직급으로 승진시키는 것도 부당노동행위가 될 수 있다.

8.5.5.2 비열계약

노조법 제81조제1항제2호에는 "사용자가 근로자에 대해 어느 특정 노동조합에 가입하지 아니할 것 또는 탈퇴할 것을 종용하거나 특정 노조의 조합원이 될 것을 고용조건으로 하는 행위"를 부당노동행위로 정하고 있다. 이를 비열계약 또는 황견계약(yellow dog contract)이라고 말한다.

그리고 단서 조항으로 "다만, 노동조합이 당해 사업장에 종사하는 근로자의 3분의 2

이상을 대표하고 있을 때에는 근로자가 그 노동조합의 조합원이 될 것을 고용조건으로 하는 단체협약의 체결은 예외로 하며, 이 경우 사용자는 근로자가 그 노동조합에서 제명된 것 또는 그 노동조합을 탈퇴하여 새로 노동조합을 조직하거나 다른 노동조합에 가입한 것을 이유로 근로자에게 신분상 불이익한 행위를 할 수 없다."라고 정하고 있어서 유니온숍을 인정하였다. 유니온숍이란 노동조합을 보호하기 위해서 기존에 2/3 이상의 근로자가 이미 노조에 가입한 경우 신입 사원의 의견을 묻지 않고 자동으로 노조 조합원으로 가입하게 하는 단체협약의 내용이다. 거꾸로 말하면 기존 노조에 가입하지 않으면 해당 근로자를 해고할 수 있는 것이다. 하지만 유니온숍이 체결되었다고 해서 근로자에게 신분상 불이익한 행위는 할 수 없도록 규정하고 있다.

그러나 암묵적인 비열계약에 따른 사용자의 부당노동행위가 발생할 수 있는 여지는 크다고 하겠다. 복수노조 하에서는 사용자도 친사용자적인 노동조합 결성을 적극적으로 추진할 수 있기 때문이다.

8.8.5.3 단체교섭 거부

단체교섭의 거부는 "사용자가 노조의 대표자 또는 노동조합으로부터 단체교섭권을 위임받은 자와 단체교섭의 체결, 기타의 단체교섭을 정당한 이유 없이 거부하거나 해태하는 것"을 말한다. 그러나 사용자는 단체교섭에 성의를 가지고 임할 것을 요구받는 것이며 반드시 단체협약을 체결할 의무가 있는 것은 아니다. 따라서 교섭을 계속하였으나 당사자 간의 주장이 첨예하게 대립되어 단체교섭이 결렬되는 경우는 부당노동행위라고 할 수 없다.

8.5.5.4 사용자의 지배·개입, 경비원조

사용자가 노동조합의 운영을 지배하거나 개입할 목적으로 경비를 지원하면 부당노동행위에 해당한다. 지배·개입은 노동조합의 조직·운영, 운영비의 지원 등을 포함한다. 이러한 경비원조를 제한하는 이유는 노동조합의 자주성·독립성을 침해할 가능성이 많기 때문이다. 그러나 다만 근로시간 중에 사용자와 협의하는 시간에 대해 급여를 지급한다거나 기금의 기부, 사무소 제공은 예외로 한다.

근로시간면제제도(일명 '타임오프(time-off) 제도')는 2011년 7월부터 시행되었는데 노조간부들의 노동조합 관련 활동시간에 대해 사용자가 임금을 지급하는 것을 법으로 제한하는 제도이다. 예를 들어, 조합원 규모가 50~99명인 경우에는 연간 최대 2,000시간까지만 유급처리되어서 풀타임 전임근로자인 경우에는 1명, 파트타임 전임근로자인 경우에는 최대 3명까지 나누어 사용할 수 있다. 이러한 경우 근로시간면제 노조전임자라고 한다. 그 외에 노조간부들은 노조활동만을 하는 전임자라고 하더라도 사용자가 임금을 지급하는 경우 부당노동행위에 해당된다. 대형 노조의 경우는 큰 문제가 없다고 하더라도 중소규모의 노동조합의 경우 근로시간면제제도는 노동조합 활동을 위축시킬 여지가 있다. 독일의 경우를 보면 조합원이 납부하는 회비와 보유 자산에서 발생하는 수익을 재정을 충당하며 국가지원금이나 공공보조금은 받지 않는다.[3)]

2021년 7월부터는 일부 조항이 완화되어 노조전임자가 사용자와의 협의, 고충처리, 산업안전활동 등의 업무와 건전한 노사관계 발전을 위한 노조 유지관리업무를 할 수 있도록 하였다.

8.5.5.5 단체행동과 부당노동행위 신고에 대한 불이익취급

노조법 제81조제1항제5호에는 '근로자가 정당한 단체행동에 참가하거나 사용자의 부당노동행위를 신고한 것 등을 이유로 불이익을 주는 행위'도 부당노동행위로 정하고 있다. 이는 앞에서의 불이익 취급과 같지만 그 대상이 단체행동 참가가 부당노동행위 신고 등이라는 점에서 차이가 있다.

8.5.5.6 부당노동행위에 대한 구제

근로자나 노동조합은 사용자의 부당노동행위로 피해를 보았다고 생각하는 경우에 구제신청을 할 수 있다. 우리나라에서 부당노동행위에 대한 구제는 법원의 판결에 의한 구제제도와는 별도로 신속성 · 간이성 · 전문성을 확보하기 위해 노동위원회에 의한 구제제도가 마련되어 있다.

부당노동행위에 대해서는 노동위원회의 명령에 따라 원상회복주의를 원칙으로 하고 있지만, 노동위원회의 부당노동행위에 대한 노동위원회의 구제명령·기각결정 또는 중앙노동위원회의 재심판정에 대해 이를 이행하지 않는 경우에는 3년 이하의 징역 또는 3,000만 원 이하의 벌금에 처할 수 있다(노조법 제89조). 이는 노동위원회의 판정을 중시하되 고의적·반복적으로 부당노동행위를 자행하는 사용자에 대해서는 신속하게 수사하여 사법처리하도록 하는데 그 의미가 있다고 하겠다.

근로자 또는 노동조합은 사용자를 피신청인으로 하여 노동위원회에 구제신청을 하는데 사건에 발생한 사업장의 소재지를 관할하는 지방노동위원회에 3개월 이내에 서면 또는 구두로 신청할 수 있다. 지방노동위원회의 초심 결정에 대해 불만이 있는 경우 중앙노동위원회에 재심을 신청할 수 있다. 노동위원회는 신청사건에 대해 인정하거나 기각하는 판정을 하며, 심사 대상이 되지 않는 경우에는 각하 판정을 내린다. 신청사건을 취하하거나 화해해서 종료할 수 있다.

2021년을 기준으로 노동위원회에 접수된 사건은 1,270건이며, 이중에 인정된 경우는 86건, 인정받지 못한 기각은 572건, 각하는 58건, 취하는 286건이고, 188건은 차년도로 이월되었다. 중앙노동위원회의 판정에 대해 불복하는 경우 행정법원에 행정소송을 제기하고 고등법원과 대법원까지 이의를 제기할 수 있다.

8.6 단체교섭과 파업

노동조합이 결성되면, 가장 중요한 노동조합 활동은 단체교섭이다. 우리나라는 관행적으로 매년 단체교섭을 하는데 법적으로 단체협약의 유효기간은 최대 3년이므로 3년에 한 번씩 하면 된다. 일반적으로 임금에 대한 교섭은 매년 하고, 임금을 제외한 근로조건에 대해서는 2년에 한 번씩 교섭을 한다. 법적으로 단체교섭은 "노동조합과 사용자 또는 그 단체 간에 근로조건의 유지·개선, 기타 근로자의 경제적·사회적 지위향상에 관한 집단적인 교섭"을 말한다. 단체교섭은 노동조합의 조직형태, 노동운동의 발전과정 또는 산업사회의 발전양태에 따라 상이한 양상을 보이며, 우리나라 노조법에도 교섭방식과 교섭내용

그림 8-1 부당노동행위 구제 절차

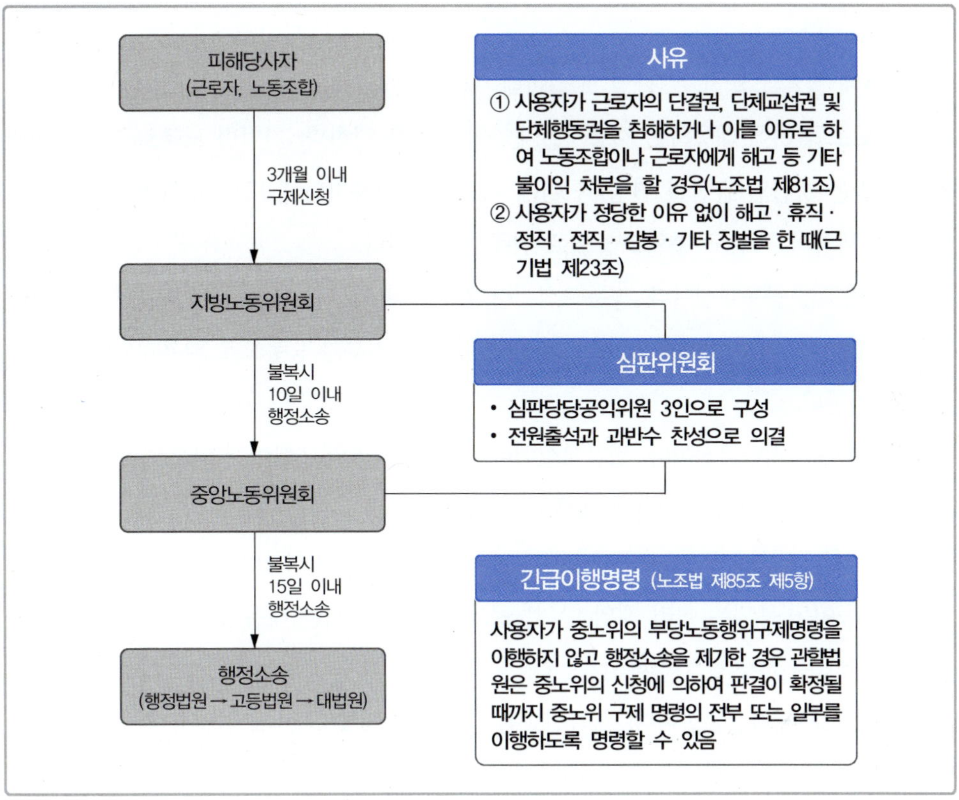

출처: 중앙노동위원회 홈페이지(www.nlrc.go.kr)의 위원회 소개 → 업무 안내 → 부당해고 및 부당노동행위 구제절차

에 대해서는 구체적인 규정을 두고 있지 않다. 다만 2020년 법개정으로 국가와 지방자치단체는 기존의 기업별 교섭 외에도 산업별 · 지역별 교섭 등 다양한 교섭방식이 활성화되도록 노력해야 한다는 규정이 신설되었다.

8.6.1 단체교섭 방식

교섭방식은 흔히 기업별 교섭, 산별(통일)교섭, 공동교섭, 집단교섭, 대각선교섭 등으로 구분된다. 첫 번째 기업별 교섭은 우리나라의 노동조합이 오랫동안 기업별 노조의 형태를 띠어왔기 때문에 그동안 가장 일반적인 형태로 사용되어 왔다. 기업별 교섭은 특정 기업이나 사업장단위로 조직된 노동조합이 단체교섭의 당사자가 되어 당해 기업주(사용자)와 교섭 방식이다.

두 번째 통일교섭 또는 산별 교섭이다. 통일교섭은 전국에 걸친 산업별 노조 또는 직종별 노조와 이에 대응하는 사용자단체와의 교섭을 말한다. 기업별 노조로부터 교섭권을 위임받은 상급단체(산별 연맹)와 이에 대응하는 사용자단체 또는 교섭권을 위임받은 사용자단체와의 교섭도 통일교섭으로 간주할 수 있다.

세 번째로는 공동교섭이다. 공동교섭이란 기업단위 지부의 교섭에 산별 노조가 참가하는 것을 말한다. 다시 말해 산별 노조와 산별 노조의 지부가 공동으로 사용자와 교섭하는 것을 의미한다.

네 번째로는 집단교섭이다. 집단교섭이란 여러 개의 노동조합이 집단으로 이에 대응하는 사용자 측의 집단과 교섭하는 형태를 의미한다. 이는 여러 개의 단위노조가 연명으로 이에 대응하는 사용자 또는 사용자단체와 교섭하는 형태를 의미한다. 예컨대, 업종, 기업규모, 지역 등이 공통되는 여러 개의 단위노조가 그에 대응하는 사용자 또는 사용자단체와 교섭을 행하는 것이다.

마지막으로 대각선교섭이다. 대각선교섭은 산업별 노조 또는 교섭권을 위임받은 상급단체가 개별 기업의 사용자와 교섭하는 형태다. 특정 상급단체(연합단체)가 교섭권을 위임받아 개별 기업의 사용자와 단체교섭을 하게 되면 대각선교섭이 이루어진다. 이러한 대각선교섭은 사용자 측에서 사용자단체가 조직되어 있지 않다든지 또는 조직되어 있는 경우라도 각 기업에 특수한 사정이 있는 경우에 사용되어지고 있는 교섭형태이다. 예를 들어 특정 대학이 전국대학노조와 교섭하는 경우이다.

8.6.2 단체교섭관련 이론

노사 간 단체교섭은 노사 간에 상호작용하는 과정이고 다양한 내부 또는 외부 변수여 영향을 받으면서 진행된다. 개인적인 차원에서 물건을 구매하는 과정에서 발생하는 흥정과 유사하게 정보의 불확실성 하에서 선택을 하게 되지만, 일반적인 흥정과는 달리 노사 간 단체교섭은 반복되는 특성을 가진다. 따라서 노사는 자신의 교섭성향을 가지게 되며,

반복되는 단체교섭 경험으로부터 교섭패턴을 상대방에게 제시하게 된다.

교섭전략은 다양하게 구분할 수 있지만, 대체로 공세적이거나 협력적적인 전략 중에 하나를 선택하게 되고, 교섭타결에 적극적이냐 또는 소극적이고 무관심한가로 구분할 수도 있다. <표 8-4>는 협상전략을 사용자의 압박전략, 포용전략, 회피전략으로 구분한 내용에 대해, 노조의 경우 공세전략과 협력전략으로 수정하고 회피전략을 생략해서 정리한 것이다.[4)] 노조가 노조를 해산하거나 다른 노조로 이전한다는 등의 가정은 비현실적이기 때문이다.

〈표 8-4〉 노사 간의 교섭에 대한 전략 구분

주 체	협상전략	특 징
사용자	압박전략	분배적 교섭기술 상대방에 대한 공세적 태도
	포용전략	통합적 교섭기술 상대방에 대한 신뢰, 우호적 태도
	회피전략	상대방 무력화 폐업 또는 이전
노동조합	공세전략	분배적 교섭기술 파업을 배경으로 한 교섭력
	협력전략	통합적 교섭기술협상을 통한 교섭력

출처: 이성희(2002), 노사협상전략의 선택조건과 협상전략이 협상결과에 미치는 영향에 대한 실증연구, 고려대학교 대학원 경영학과 박사학위논문.

다음은 교섭력(bargaining power)이론으로, 한쪽의 교섭력은 상대방이 합의해서 얻는 이익과 손실에 의해서 결정된다는 이론이다. 즉, '사용자가 노조의 요구에 합의해서 얻는 손실이 커질수록' 약해지며, '사용자가 노조의 요구에 합의하지 않음으로써 사용자가 입는 손실이 커질수록' 커진다. 예를 들어서 사용자는 노조의 요구에 합의해서 얻는 손실은 노조에 비치는 약한 사용자의 모습, 동종 업계의 다른 기업들의 비난, 노조와의 합의에 따르는 임금인상분 등이다. 반면에 노조의 요구에 합의하지 않아서 얻는 손실은 생산중단에 따른 재적인 손해, 노조와 합의하지 않는데 대한 사회적 비난 등이다.

$$\text{노조의 교섭력} = \frac{\text{사용자가 노조의 요구에 합의하지 않음으로써 입는 손실}}{\text{사용자가 노조의 요구에 합의함으로써 입는 손실}}$$

$$\text{사용자의 교섭력} = \frac{\text{노조가 사용자의 요구에 합의하지 않음으로써 입는 손실}}{\text{노조가 사용자의 요구에 합의함으로써 입는 손실}}$$

따라서 노조는 자신의 교섭력을 제고하기 위해서 위 공식의 분자를 키우기 위한 방법으로 즉 사용자의 비합의에 따른 손실을 키우기 위해서 파업참여자의 숫자를 높여서 생산중단에 따른 피해 확대, 여론에 호소하여 기업에 대한 비난수준 제고 등을 시도할 수 있으며, 분모를 줄이기 위한 방법으로 생산성과 연계한 임금인상 요구, 판촉활동에 공동 참여 등을 시도할 수 있다. 사용자도 교섭력을 제고하기 위해서 유사한 방법을 사용할 수 있다.

8.6.3 단체교섭과 파업

노사 간에 단체교섭은 매년 또는 격년으로 진행되는데 반복적인 협상의 특징을 가지므로, 일반적으로 노사관계가 성숙할수록 단체교섭이 결렬되어 파업으로 진행되는 경우는 줄어든다.

8.6.3.1 단체교섭 시기

우리나라는 대부분 매년 단체교섭을 진행하는데 대개는 이전 연도의 재무성과가 확정이 되는 봄에 단체교섭을 시작한다. 노동조합은 단체교섭을 시작하기 전에 회사의 재무정보도 파악하지만 조합원 설문조사를 통해 중점 교섭사항을 결정하고 사용자에게 주요 요구사항을 먼저 제시한다. 그리고 상견례를 통해서 단체교섭을 공식적으로 시작하며 수차례 또는 수십 차례의 단체교섭과 실무 단체교섭을 통해 교섭을 타결하게 된다. 대체로 여름이 되기 전에 단체교섭을 타결하는 것이 일반적이지만 가을까지 이어지는 경우도 있고 해를 넘기는 경우도 있다. 하지만 대체로 여름 하계휴가 이전까지 교섭을 마무리하고 늦어도 추석이전에는 교섭을 타결하는 것이 일반적인 관행이다. 교섭이 타결되면 그대로 최종안이 되는 경우도 있고 노동조합에 따라서는 잠정적으로 타결된 안에 대해 조합원에게 찬반투표를 해서 최종안으로 확정되는 경우도 있다.

8.6.3.2 단체교섭 결렬과 쟁의발생신고

우리나라에서는 매년 수천 건의 단체교섭이 진행되지만 이중에서 대다수는 교섭이 결렬되거나 파업과 같은 단체행동을 하기 전에 교섭이 타결된다. 정확한 통계는 아니지만 파업을 거치고서야 단체협약을 체결하는 비율은 1% 미만이라고 할 수 있다.

노사 간에 교섭이 타결되지 못하고, 결렬되면 대기업의 경우에는 사회적 이슈로 제기되는 경우가 많고, 노동조합은 단체행동에 들어가게 되는 준비를 하게 된다. 우리나라의 경우 단체교섭이 결렬되면, 파업과 같은 단체행동을 하기 위해서는 노동위원회에 쟁의발생신고를 하고, '조정'절차를 거쳐야만 한다. 쟁의가 발생된 사업장에 대해서 노동위원회 민간기업의 경우 10일 동안의 기간에 조정을 시도하게 된다. 조정이란 노동위원회가 노사 양당사자의 주장을 고려하여 새로운 조정안을 노사 양당사자에게 제시하는 절차이다. 조정안은 반드시 수용할 필요는 없으며, 한쪽이라도 조정안을 거부하면 조정은 실패하게 되고 이후에는 파업을 포함한 단체행동이 가능하다. 매년 쟁의발생신고를 하고 조정을 받는 노사당사자는 약 1천 건이지만 이중에서 조정안을 받아들이거나 양당사자가 합의하는 경우가 절반정도 되고, 나머지 절반정도인 400여 건은 조정이 불성립하여 단체행동이 가능하지만 실제 단체행동이 발생하는 경우는 다시 100여 건 미만이다.

8.6.3.3 단체행동 유형

우리나라에서 노동조합인 파업을 포함한 단체행동을 하기 위해서는 조합원의 찬반투표를 통해서 과반수가 찬성해야 한다. 단체행동에는 조직적으로 노동력 제공을 거부하는 파업, 형식적으로 노무를 제공하지만 고의로 능률을 저하시키는 태업, 태업보다 더 적극적으로 생산시설을 파괴하거나 사무를 방행하는 행위, 사업장 또는 공장을 점거하여 직접 기업을 경영하는 생산관리, 파업대상 사업장의 제품의 사용을 금지하도록 하는 행위인 보이콧, 파업에 참여하지 않는 근로자들에게 파업참여를 독려하는 피케팅 등이 있다.

그리고 준법투쟁이란 주로 우리나라에서 많이 사용되는 쟁의행위의 한 형태로 '법적으로 사규나 업무수행방식을 엄격하게 지킴으로써 업무의 정상적인 운영을 방해하는 쟁의행위'이다. 안전규정을 엄격하게 준수하거나, 근로기준법에 의한 법정 근로시간준수, 집단휴가사용, 집단조퇴 등이 해당된다. 준법투쟁이라고 하더라도 정상적인 업무를 방해하는 행위라면 단체행동에 해당하므로 사전에 쟁의발생신고, 조정, 조합원찬반투표 등을 거쳐야만 합법적인 쟁의행위에 해당하여 민형사상 책임을 지지 않는다.

8.6.3.4 직장폐쇄

사용자는 파업이 발생한 이후에 직장폐쇄를 할 수 있는데 이는 사업장의 생산이나 영업을 중단하는 것이 아니라 파업에 참여한 조합원들이 사업장에 출입을 제한할 수 있는 사용자의 권리이다. 그리고 사용자는 파업 등으로 중단된 생산이나 영업활동을 유지하기 위해서 신규로 근로자를 채용해서 업무를 계속 유지할 수는 없지만, 파업에 참여하지 않는 기존의 근로자나 다른 사업장에서 일하는 근로자를 배치전환해서 사업을 영위할 수 있다.

8.6.3.5 필수공익사업과 필수유지업무

단체행동권이 인정된다고 하더라고 사업이 중단되는 경우 국민의 일상생활에 큰 영향을 미치는 사업을 필수공익사업으로 정하고 이에 해당되는 ① 철도사업, 도시철도사업 및 항공운수사업, ② 수도·전기·가스·석유정제 및 석유공급사업, ③ 병원사업 및 혈액공급사업, ④ 한국은행사업, ⑤ 통신사업의 경우에는 사전에 필수유지업무를 정하여 파업과 같은 단체행동권을 행사하더라도 필수유지업무는 유지되도록 하고 있다.

필수유지업무가 유지되지 않아 국민의 일상생활에 불편을 미치는 경우 사용자는 대체근로나 신규채용 등을 통해서 필수유지업무를 유지할 수 있다.

〈표 8-5〉 공익사업과 필수유지 업무(예시)

필수공익사업	필수유지업무 예시
철도사업과 도시철도사업	- 철도·도시철도 차량의 운전, 관제 업무 - 안전 점검 및 정비 업무, 선로 점검 및 보수 업무
항공운수사업	- 탑승수속, 보안검색, 항공기 조종, 객실승무, 항공운항시스템통신 업무
수도사업	- 취수, 정수, 가압, 배수시설 관리 업무
전기사업	- 발전설비의 운전, 점검 및 정비 업무 - 지역 전기공급 업무 - 전력의 공급 운영과 송전설비 계통운영의 제어 업무
가스사업	- 천연가스의 인수, 제조, 저장 및 공급 업무
석유정제사업과 석유공급사업	- 석유의 인수, 제조, 저장 및 공급 업무
병원사업	- 응급의료 업무 - 중환자 치료·분만·수술·투석 업무 - 위 업무 수행을 지원하기 위한 마취, 진단검사, 응급약제 등
혈액공급사업	- 채혈 및 채혈된 혈액의 검사업무 - 혈액 및 혈액 제제의 수송업무
한국은행사업	- 한국은행법에 따른 통화신용정책과 한국은행 운영에 관한 업무 - 위 업무 수행을 위한 각종 전산시스템 운영·통신 및 시설보호 업무
통신사업 (우정사업 포함)	- 기간망과 가입자망의 운영·관리 업무 - 통신장애의 신고접수 및 수리 업무 - 우편법에 따른 기본우편업무, 내용 증명과 특별송달 업무

출처: 노동조합 및 노동관계조정법

정리문제

1. 다음을 간단히 정리해 보세요.
   - 탄력적 근로시간제와 선택적 근로시간제
   - 직장내 성희롱과 직장내 괴롭힘
   - 노동3권
   - 노동조합 결성의 결격요건
   - 근로시간면제제도(타임오프제도)
   - 기업별 노조와 산별 노조
   - 단체교섭 유형
   - 조정전치주의
   - 쟁의행위의 유형
   - 필수공익사업과 필수유지업무

2. 다음 내용을 설명하세요.
   - 근로기준법의 핵심적인 내용
   - 사용자의 부당노동행위
   - 부당노동행위 구제신청과 절차
   - 복수노조와 교섭창구 단일화
   - 단체교섭 전략
   - 교섭력이론
   - 단체행동 유형

3. 팀보고서를 작성해서 발표해 보세요.
   - 우리나라 조직률 변화 추이와 글로벌 추이의 비교
   - 대기업과 중소기업의 노조 조직률 차이와 이중노동시장
   - 사례를 통해 본 노사 간 단체교섭 전략 유형 구분
   - 준법투쟁을 포함하는 불법파업은 보호받을 수 없는가?
   - 대체근로는 어디까지 허용되어야 하는가?

토론사례 1

중소기업의 노동조합 조직률

1. 우리나라 노동조합 조직률

2022년 12월 25일 고용노동부(장관 이정식)는 「2021년 전국 노동조합 조직현황」을 발표했다. 발표 자료에 따르면 2021년 노동조합 조직률은 14.2%로 전년과 동일하며, 전체 조합원 수는 2,933천 명('20년 2,805천 명)으로 증가했다. 노동조합 조직률이 전년과 동일한 것은 전체 조합원 수가 전년에 비해 128천 명(4.6%) 증가하고, 조직대상 근로자 수도 795천 명(4.0%)으로 동반하여 증가했기 때문이다. 조직대상 근로자는 임금 근로자 수(경제활동인구조사, 20,871천 명)에서 노조 가입이 금지되는 공무원(정무 · 군인 · 경찰, 교정 · 수사 등) 및 교원(교장, 교감 등) 제외(−285천명)한 숫자이다.

조직 형태별 조합원 수는 초기업노조 소속이 1,771천 명(60.4%), 기업별노조 소속이 1,162천 명(39.6%)이었고, 상급단체별로는 한국노총 1,238천 명(42.2%), 민주노총 1,213천

그림 8-2 노조조직률 및 조합원수 추이

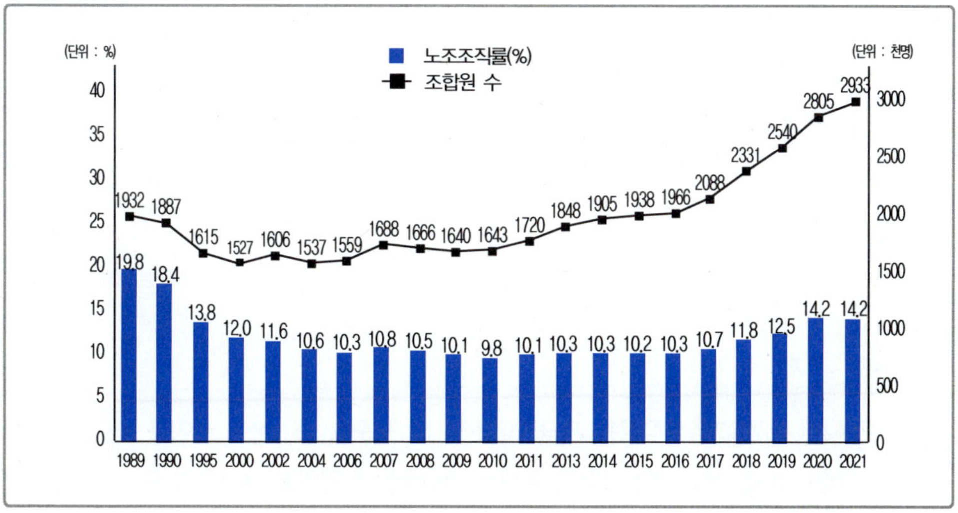

그림 8-3 대규모·공공부문 중심 노조 조직

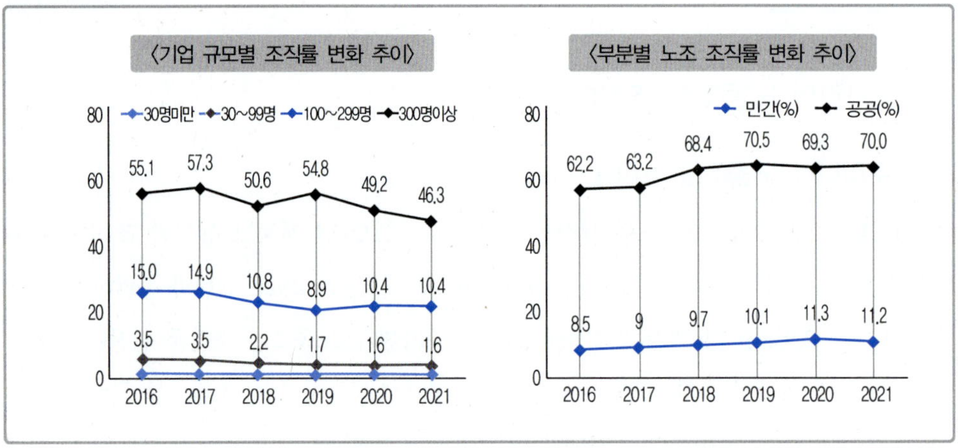

명(41.3%), 미가맹(상급단체 없음) 노동조합 477천 명(16.3%) 등으로 나타났다. 부문별 노동조합 조직률은 민간부문 11.2%, 공공부문* 70.0%, 공무원부문 75.3%, 교원부문 18.8%이었으며, 사업장 규모별 조직률은 근로자 300명 이상 사업장이 288만 명의 133만 명으로 46.3%, 100~299명의 205만 명의 21만 명으로 10.4%, 30~99명 사업장의 397만 명의 6만 명으로 1.6%, 30명 미만 사업장의 1200만 명의 2만 명으로 0.2% 수준으로 나타났다.

이정한 노동정책실장은 "대규모·공공부문은 높은 조직률을 지속적으로 보이는 반면, 보호가 더 절실한 소규모 영세 기업의 조직률은 미미한 것이 현실이다"라며 "우리 노동조합이 영세기업의 취약노동자들을 대표하고 있지 못한 것이 현실인 만큼, 정부는 보호받지 못하는 미조직 근로자들의 보호와 노동시장 이중구조 해소에 역량을 집중할 계획이다"라고 밝혔다.

자료 출처: 고용노동부 보도자료, 2021년 전국 노동조합 조직현황 발표, 2022.12.25.

• 논의 주제

1. 우리나라 노동조합 조직률은 지난 20여 년 간 꾸준히 증가하는 추이를 보이고 있다. 왜 그렇다고 생각하는가? 이러한 추세는 선진국들의 추이와 유사한가 아니면 다른가? 그 이유는 어디에 있다고 생각하는가?

2. 부문별 노동조합 조직률을 보면, 공공부문은 70% 수준인데 비해서 민간부문은 10% 내외로 7배 정도 차이가 난다. 왜 이렇게 큰 차이가 난다고 생각하는가? 어떠한 점에서 개선되어야 한다고 생각하는가?
3. 기업규모별 노동조합 조직률을 보면 300인 이상 사업장의 경우에는 조직률이 50% 수준을 유지하지만 30명 미만 사업장은 0.2% 수준으로 조합원이 거의 없다고 할 수 있다. 그 이유는 어디에 있는가?

토론사례 2

금속노조 탈퇴 두고 '노노갈등' 까지… 내홍에 빠진 대양

대양 노동조합이 금속노조 탈퇴를 두고 노조 내 의견이 갈리며 갈등이 고조되고 있다. 하청노조 파업 여파에 따른 생산 공정 지연을 만회하기 위해 정상화에 총력을 기울여야 할 이때 내부 갈등이 촉발됐다는 지적이 제기된다. (2022년 8월) 12일 금속노조 대양 지회(대양 정규직 노조)에 따르면 지난달 진행된 금속노조 탈퇴를 묻는 찬반투표는 21일이 지난 현재까지도 마무리되지 못한 상태다.

대양 노조의 금속노조 탈퇴 투표는 하청노조 파업이 장기화하면서 촉발됐다. 당시 노조 내부에서는 대양 지회와 하청지회(하청노조) 모두 같은 금속노조인데, 금속노조가 하청노조 입장만을 대변하며 사태 해결에 제 역할을 하지 못하자 가입을 유지할 필요가 없어졌다는 여론이 커졌기 때문이다. 노조는 금속노조 탈퇴를 위한 '조직 형태 변경 건'으로 조합원 총회를 열고 지난달 21~22일 양일간 찬반투표를 진행했다. 22일 오후 개표가 3분의 1가량 진행된 상황에서 여러 장의 반대표가 겹쳐있는 뭉치표가 나왔다며 개표가 중단됐다. 개표가 중단된 시점에서 찬반 비율은 반대가 작은 차이로 우세한 상황이었다.

개표 중단 이후 노조는 재개표냐 재투표냐를 놓고 의견이 둘로 갈린 상태다. 찬성과 반대 결과가 비슷하게 나온 점은 대우조선 노조원 사이에서 여론이 극명하게 대립하고 있다는 것을 잘 보여주고 있다. 금속노조 탈퇴를 주도한 현장 조직인 '대양 민주노동자협의회(민노협)'에서는 재투표를 주장하며 노조 집행부와 대립각을 세우고 있다. 선관위 측에서도 이를 부정투표로 보고 투표 전면 무효화를 결정, 재투표를 요구하며 민노협 주장에 힘을 보태는 상황이다.

이에 노조 측에선 개표 당시의 전체 영상을 공개, 뭉치표는 없었다며 중단된 개표를 계속 진행해야 한다고 주장하고 있다. 대양 지회 관계자는 "그동안 지회 규약에 따라 전체 개표 후 의심되는 표는 무효 처리 등의 조치를 취해왔다. 일부에서 투표 결과가 마음에 들지 않는다고 해서 부정투표로 몰아가고 그럴 때마다 재투표하는 선례를 만들 수는 없다"며 "선관위 또한 투·개표 진행엔 관여할 수 있지만 재투표를 하라 말라할 권한은 없다"고 말했다. 이어 "이런 논란은 금속 탈퇴를 바라는 일부 세력이 노조 내부 결속을 깨뜨리려는 흔들기로 밖에 볼 수 없다"면서 "노조원 모두가 만족할 수 있는 재개표를 위해 현재 다양한 방법을 찾아보고 있다"고 덧붙였다.

개표가 재개되거나 재투표에서 재적 인원의 과반이 투표해 3분의 2 이상이 찬성하면 대우조선지회의 금속노조 탈퇴가 결정된다. 탈퇴가 확정되면 지회는 금속노조 가입 4년 만에 다시 기업형 노조로 되돌아가게 된다. 또 경우에 따라 금속노조와 기업형 노조라는 복수노조 체제로 쪼개질 수 있다. 이 경우 대양은 원·하청 간 노노갈등뿐 아니라 금속노조-기업노조 복수노조 체제에 따른 노노갈등이 벌어질 가능성이 있다. 한편, 대양은 이번 하청노조 파업에서 원청노조와 하청노조 간 노노갈등으로 맞불집회를 벌이는 등 갈등이 격화되기도 했다.

자료 출처: 뉴데일리경제(2022.8.12), 금속노조 탈퇴 두고 '노노갈등'까지… 내홍에 빠진 대우조선

- **논의 주제**

1. 금속노조 대양 지회(대양 정규직 노조)가 금속노조를 탈퇴하려는 이유는 어디에 있었는가?
2. 대양 노조와 하청노조 간에 이해관계가 다른 이유는 어디에 있는가? 왜 그렇다고 생각하는가?
3. 이후 대우조선지회는 금속노조를 탈퇴했는가?

미 주

1) 최저임금위원회, 홈페이지, 2021.2.11. 확인
2) 이하의 내용은 이영면(2021), 고용관계론, 제7판, 경문사의 6.2 사용자의 부당노동행위 254-258쪽을 참고함
3) 하이너 드립부쉬·페터 비르케(2014), 독일의 노동조합: 조건, 제반 여건, 도전과제, FES Information Series, 2014-03.
4) Walton, Richard E., Joel E. Cutcher-Gerchenfeld, & R. B. MeKersie(1994), Strategic Negotiation : A Theory of Change in Labor-management Relations, Harvard Business School Press.

Chapter 09

글로벌인사관리

1995년 세계무역기구가 출범한 이래로 전세계 다국적 기업들은 더욱 더 적극적으로 세계화에 나서며 다양한 국가에서 비즈니스를 실행해오고 있다 타국에서 비즈니스를 준비하고 실행함에 있어 오랜 숙제는 본국에서 파견한 주재원을 활용할 것인가 현지인을 활용할 것인가 등의 문제이다. 본 장에서는 다국적 기업의 글로벌인사관리에 관한 이론 사례 등을 배울 것이다.

학습목표

1. 글로벌인사관리 개념 이해하기
2. 한국 다국적 기업의 글로벌인사관리 특성 이해하기
3. 한국 다국적 기업의 사례 설명하기

들어가기 사례 H사의 글로벌인사관리

1. H사의 국제경영

H사는 2025년까지 자동차 산업의 전환(transformation) 본격화 및 산업 트렌드가 급변됨을 예상하여 경쟁력을 재구축하고 있으며, 밸류체인 혁신과 조직 재설계를 포함한 2025 전략을 추진 중에 있다. 디지털 전환은 전세계 여러 기업과 경영층에게 가장 중요한 과제 중 하나다[1]. 코로나19로 인한 엔데믹(Endemic)은 전 세계 정부와 기업이 디지털 전환에 더 많은 노력과 시간을 쏟게 하는 계기가 되었으며 기업경영, 일하는 방식과 소통에서도 디지털 기술을 활용하는 폭이 크게 증가했다[2].

이에 더해 산업 트렌드가 급격하게 변화했는데 대표적으로 ESG(환경, 사회, 지배구조) 경영이 강조되면서 전통적 OEM 자동차 회사가 휘발유와 경유 기반 차를 만드는 활동에 대한 거부감이 커지기 시작했다. ESG 활동에서 가장 중요하게 관심 받는 환경 영역에서 탄소 배출은 정부와 기업에게 해결해야 할 높은 우선순위 과제인데 휘발유와 경유차를 제작하는 회사는 업 자체를 고민해야 하는 상황에 놓인 것이다. 130년 역사를 자랑하는 내연기관차 시대가 ESG로 인해 빠르게 저물고 자동차 전동화에 깊은 고민이 시작한다는 것이다.

H사는 2030년까지 17종 이상의 전기자동차 라인업을 구축해 글로벌 전기차 판매를 187만대, 점유율 7% 달성을 목표로 2022년 3월 세웠다. 이를 바탕으로 2030년까지 전기차 부문 영업이익률 10% 이상 수익성을 확보하고자 한다[3]. 실제로 2022년 H사는 미국에서 세 번째로 전기차를 가장 많이 판 회사가 되었으며 테슬라, 포드에 이어 3위를 기록하고 기아가 4위를 차지했다[4]. H자동차그룹은 2022년 전 세계 시장에서 약 685만대 가량의 차량을 판매했는데 H사는 내수에서 판매량이 줄어든 반면 해외 판매량은 증가했다. 특히 전기차 부문에서 판매량이 2021년 대비 60% 이상 증가했으며 2022년 초반에 세운 전략이 적절히 실행되고 성과를 보임을 알 수 있다.

디지털 전환과 산업 트렌드 모두 회사가 갖고 있는 산업을 전환하는데 중요한 기회로 볼 수 있다. H사는 이런 산업 전환을 내수시장인 한국에서도 시도하고 있지만 글로벌 시장에서 새로운 변화를 시도하고 성공을 이어간다는 점에서 고무적이다. 산업 전환에 적절히 대응하기 위해 22년 초 H사는 전 세계 관리 체계도 변화시켰다. 기존 H사는 북미, 중남미, 중국, 아태, 인도, 아중동, 유럽, 러시아 및 국내의 9개 권역으로 지역을 나눠 사업 및 인력을 운영해왔다. 그러나 현지 책임경영을 강화하고미래 사업 대응력을 높이기 위해 5개 권역으로 재편했다. 북미 및 중남미 권역을 미주 대권역으로 묶고, 러시아와 유럽은 유럽대권역, 인도와 아중동을 인도아중동 대권역, 중국은 중국사업총괄, 국내와 아태은 아시아대권역으로 나눴다.

특히 2022년 초에 5대 권역으로 개편하면서 다른 지역은 빠르게 조직과 운영을 결정했지만 2023년 초에 이르서야 국내와 아태지역은 아시아대권역으로 결정되게 되었다. 그만큼 국내와 아태지역 비즈니스에서 고민이 많았음을 의미한다. 특히 최근 인도네시아 공장을 세우고 여러 공을 세우고 있고 싱가포르글로

그림 9-1 저성장과 신흥시장

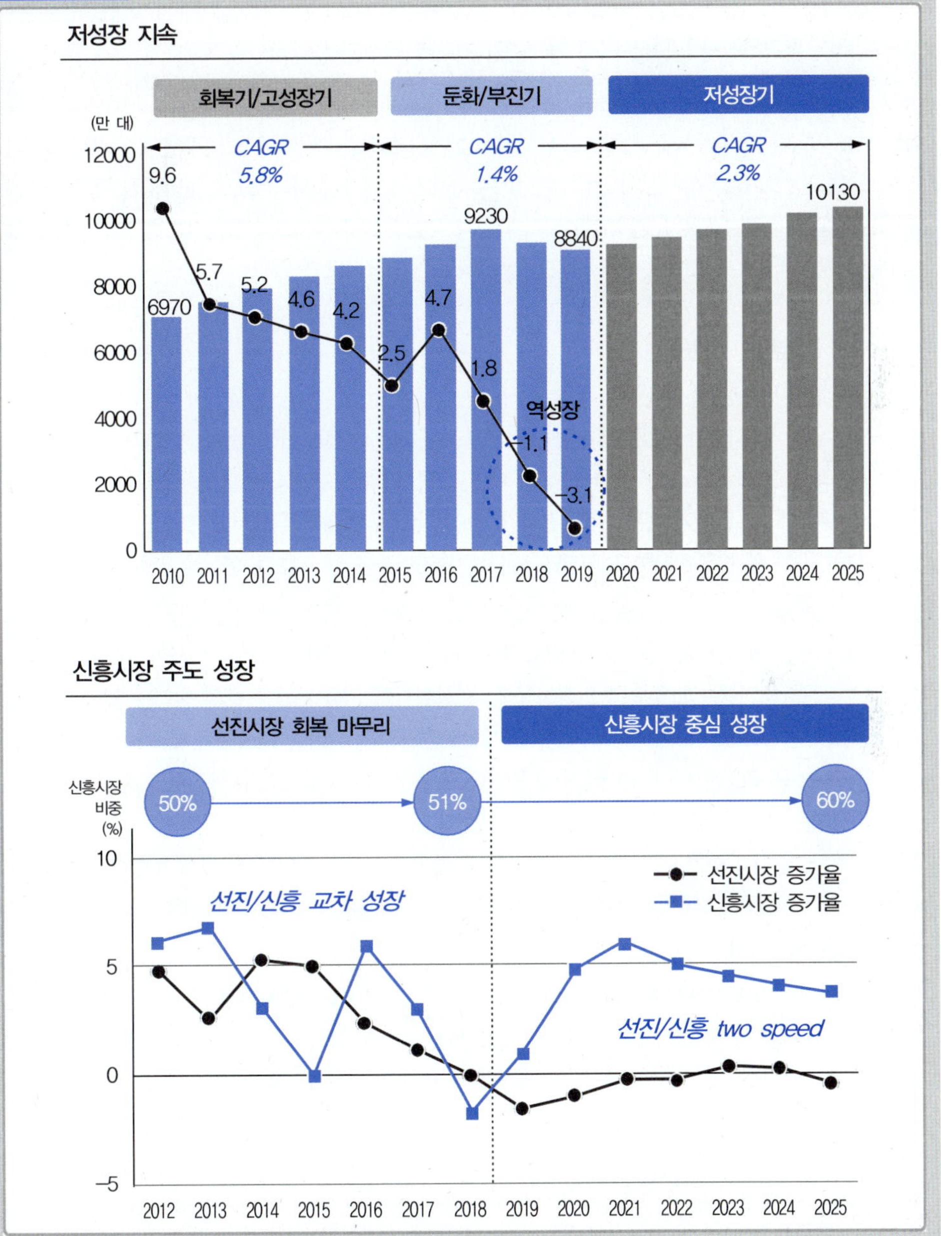

법혁신센터가 새롭게 생기는 등 전략적 중요성이 높아졌고 미래 비즈니스를 위해 베트남, 태국 등의 신흥국이 강조되고 있다. [그림 9-1]을 보면 시장성장 둔화에 따라 이미 신흥국 비중이 확대되어 왔는데 2019년부터 본격화되서 앞으로 더욱 가속화될 것으로 예상된다.

H사 호세 무뇨스 사장은 대권역 체계로 전환됨에 있어 글로벌 최고운영책임자에 임명되고 미주 대권역을 관리하게 되었다. 호세 무뇨스 사장은 도요타와 닛산에서 성과를 내던 리더로 2019년에 영입해 화제가 되기도 했으며 이후 호세 사장이 관리하는 미주 지역에서 성과가 지속적으로 높아짐에 따라 사실상 한국을 제외한 글로벌 지역 운영의 책임자가 되었다. 이는 현 H자동차그룹 회장이 그룹 최고 경영층에 오른 후 지속적으로 강조해온 현지경영을 성공적으로 이끌어오고 있다.

2. H사의 글로벌인사관리

2차 세계대전 이후 생겨난 자동차 회사 중 H사는 유일하게 개발도상국 출신이다[5]. 자동차 산업은 생산기술, 인력 및 시설의 진입장벽이 높아 역사적으로 다른 산업에 비해 기업들 변화가 적은 편이다. 20세기 헨리 포드(Henry Ford)가 자동차 산업을 대중화시킨 이후로 실질적으로 자동차의 기본적 디자인과 엔진이 크게 변하지 않았기 때문이다[6]. H사가 1967년 비즈니스를 시작해서 2010년 판매량 기준으로 불과 40년 만에 세계 5위에 들고 2022년 3위를 기록한 것은 전례 없는 성장을 만들어 온 것이다.

1969년 대한민국 정부는 '자동차공업육성 기본계획'을 발표하고 국내 자동차 산업을 육성하고자 했다. 당시 신진자동차와 아세아자동차가 산업을 영위하고 있었고 정부는 새로운 회사가 자동차 산업에 진입하는 것을 허가했는데 주요한 조건이 선진 외국회사와 기술 제휴를 해야 한다는 것이 있었다. 1967년 회사는 포드와 제휴를 맺고 자동차 산업에 진출해서 사업을 시작했다. 그러나 기술제휴를 통한 비즈니스의 확장은 여러 제약을 갖고 있었다. 포드는 H사와 협업하여 엔진공장 건설을 하고자 했는데 포드는 H사의 해외진출을 반대하는 조건을 내걸었고 경영활동상 여러 간섭 조항도 포함되어 있었다. 이에 당시 사장은 독자적으로 자동차를 만들기 위해 영국과 이탈리아에 직접 넘어가 유명 디자이너에게 자동차 디자인을 부탁하고 영입하기도 했으며 일본 미쓰비시자동차와 기술제휴를 맺고 엔지니어를 파견했다.

이런 노력 끝에 1975년 1월 '포니(pony)'를 독자 개발했고 일 년 후 1976년 남미 에콰도르에 처음으로 수출한 후 1978년부터는 벨기에와 네덜란드에서 판매가 시작되었다. 이후 캐나다에 진출해서 1985년 시장 점유율 7%, 수입차 시장 점유율 21%를 기록하며 수입차 중 1위를 차지한다. 캐나다에서 성공 이후 북미시장, 아시아시장에 진출하며 H사는 글로벌 자동차회사로 자리 잡기 시작했다. H사가 이토록 빠르게 자동차 회사로 성공할 수 있던 이유 중 하나는 핵심부품인 엔진과 변속기를 자체 개발하기 위한 능력을 쌓았다는 점이다. 1984년 경기도 용인에 기술연구소를 세우고 기술용역회사인 리카르도(Ricardo PLC)에 엔진설계 및 기술지원을 의뢰해서 자체 엔진 개발에 착수했다. 당시 영국 리카르도에 파견된 H사의 엔지니어들은 초기 지식 부족과 현지인의 비협조에도 불구하고 엔진 설계도면을 완성했고 이는 1991년 독자 엔진 개발로 이어졌다. 이후 H사는 변속기 개발 등을 위해서 세계 각지에 직원을 파견해서 배우도록 했고 이는 현재 H사가 독자 기술을 갖고 자동차를 만드는 기초가 되었다.

글로벌 생산을 위해서 H사는 해외에 공장을 세우고 판매법인을 만들었다. 2000년부터 본격적으로 미국, 체코, 브라질에 생산법인을 만들어서 자동차를 만들기 시작했다. 대륙별 거점 국가에서 자동차를 만들고 관련 국가에서 판매법인을 세워 자동차를 영업하고 판매하면서 글로벌 네트워크가 탄탄해지기 시작했다. 이처럼 각 대륙에 생산 및 판매법인을 세워 값싸게 자동차를 판매하던 H사는 자동차 회사에게 가장 중요한 전략 국가 중 하나인 미국시장에서는 성장 한계에 부딪히게 된다.

1990년대 H사의 이미지 쇄신을 위해 대규모 홍보 및 마케팅에 투자했으나 1998년에는 연간 10만대 이하로 떨어지며 위기를 맞이하게 된다. 당시 H사의 생산 및 판매법인은 주로 한국에서 파견된 주재원에 의해 운영되었는데 1998년 한국 본사는 미국법인 임원인 핀바 오닐(Finbarr O'Neil)을 CEO로 승진시키는 인사 조치를 내렸다[7]. 당시 H자동차그룹의 회장은 한국 본사 중심의 판매 및 영업, 서비스 의사결정이 현지에서 통하지 않음을 깨닫게 되고 현지인 중심 의사결정에 관심을 갖고 과감한 결정을 한 것이다. 핀바 오닐은 H사에서 근무하면서 인지해 온 여러 문제점을 파악으로 새로운 마케팅 전략을 추진했는데 그의 대표적인 사례가 바로 '10년/10만 마일 보장' 정책이다. 1998년 11월 신차를 구매한 고객에게 10년 또는 자동차 운행 10만 마일까지 문제가 생긴 엔진, 트랜스 미션 등을 무상으로 교체해주는 마케팅을 한 것이다. 이토록 파격적인 마케팅을 실시하며 1999년과 2000년 82%, 49% 각각 성장을 이룬 결과를 만들어냈다[8].

3. 국제경영과 글로벌인사관리 관계

H사가 글로벌 회사가 된 여러 가지 이유 중 일찍부터 현지화 중요성에 관심을 두고 현지 생산과 판매 네트워크를 쌓았고 현지인 중심 의사결정에 비중을 높인 것을 들 수 있다. 2020년 12월 기준 H자동차그룹의 글로벌 네트워크는 43개국 437개 사업장이 운영되고 있다. 22년 H사 지속가능경영보고서에 따르면 해외법인 임직원은 5만 명에 육박하는데 북미인력이 1.5만 명, 중국 1.4만 명, 유럽 1만 명, 인도 0.9만 명에 달한다.[9] 전세계적으로 수십 개 네트워크와 수만 명을 채용하며 현지화에 더욱 공을 들이고 있는 H사의 글로벌인사관리는 대권역 체계가 본격화되면서 현지 의사결정이 더욱 강조되고 있다.

다국적 기업(multi-national corporate)이 본국이 아닌 다른 국가에서 비즈니스를 시작할 때는 신규 공장 및 서비스를 처음부터 투자해서 쌓아올리는 그린필드(green-field)전략, 해외 합작사와 협업을 통한 사업 전략, 해외 회사를 인수하는 전략 등이 있다. 그린필드 전략을 통해 해외에서 생산 및 판매를 할 경우 주로 본국에서 사람을 파견해서 장기간 거주하면서 현지 정부와의 관계, 현지 인력

고용 및 신규 판매 경로를 여는 등 활동을 한다. 그렇기 때문에 본국에서 해외파견 인력을 선발할 때 외국어, 현지문화 이해 및 직무에 대한 전문성을 고려한다. 이는 해외 합작사와 협업 및 인수전략에서도 동일한데 특정 목적을 이루기 위해 본국에서 해외로 파견하는 인력을 주재원(expatriate)이라고 한다.

주재원은 파견 기간에 따라서 정규 주재원(regular expatriate), 단기 주재원(short-term expatriate 혹은 temporary expatriate), 국제 근로자(international traveller)라 불린다. 정규 주재원은 평균적으로 1년 이상 현지국에 체류하면서 근무하는데 한국 다국적 기업의 경우 3+1(3년 의무+1년 선택) 혹은 4+1 근무 기간이 일반적이다. 단기주재원은 하나의 구체적 목표를 달성하기 위해 1년 미만 파견되는 근로자를 의미하는데 정규주재원과는 급여 체계 등에서 차이가 있다. 정규주재원은 장기간 해외에서 근무하면서 받게 되는 제수당(현지 근로수당, 위험수당 등)이 있지만 단기주재원은 주로 출장 형식의 급여를 받게 된다. 마지막으로 국제 근로자는 대부분 일주일 내외 특수한 목표를 달성하기 위해 출장을 다니는 근로자를 의미하는데 단순히 본국에서 현지인으로 이동하는 것이 아니라 현지에서 현지로 이동하면서 전세계를 돌면서 근무하는 주재원을 의미한다. 그렇기 때문에 영어 표현으로 여행자(traveller)라 지칭된다.

1995년 세계무역기구(World Trade Organization, WTO)가 출범하면서 전세계적인 국제화가 본격화되었고 한국기업 역시 세계로 나가며 경쟁하기 시작했다. H사 역시 1980년 전후로 남미와 북미에 진출하면서 글로벌 산업을 시작했는데 주로 한국에서 파견된 근로자인 주재원 중심으로 비즈니스가 운영되었다. H사의 전세계 주재원 숫자는 천명 이상되는 것으로 알려져 있는데 주로 현지화가 온전히 진행되지 않은 신흥국에 주재원이 파견되어 비즈니스를 정상화하는 역할을 한다. 이밖에 한국 다국적 기업은 주재원 중심의 글로벌인사관리 전략을 실행하는 것으로 알려져 있다. 이처럼 국제경영전략을 실행하기 위해 가장 중요한 본원적 필요 자원 중 하나인 인력을 어떻게 선발하고 관리하는지를 글로벌인사관리에서 다루게 된다.

논의 주제:

1. H사가 권역체계를 시작하게된 계기와 효용성은 어디에 있을까?
2. 글로벌 사업을 함에 있어 신규사업 및 인수합병을 수행할 때 관련 인력은 본국에서 파견되는 것이 효과적일까?
3. 한국 기업들이 본국중심 인사관리를 하는 주요한 이유는 무엇일까?

9.1 국제인사관리

국제인사관리(international human resource managment, IHRM)에 대한 학계 및 실무에서의 관심이 지난 수십 년 동안 크게 증가했다.[10] 국제인사관리 관련 연구가 발전하면서 관련된 연구 주제 역시 다양해지기 시작했다. 국제경영과 인사관리의 관련 학문으로서 국제인사관리는 자체적 연구 영역을 확보하고 진화하기 시작했으며 특히 국제화가 강조되면서 다국적 기업의 성과와 국제인사관리 영향에 대한 연구가 본격화되었다.[11]

판과 동료들(2022)의 연구에 따르면, 1996년부터 2020년까지의 국제인사관리 연구는 "주재원 관리", "글로벌 인적자본", "국제인사관리의 제도와 정책"의 세 주요 영역으로 진행되었다. 이 연구는 1924개의 국제인사관리 관련 연구를 대상으로 비블리오 매트리스 리뷰를 사용하여, 각 주제의 세부 주제와 발전 단계를 살펴봤다.[12] 이는 특정 학문 분야가 어떤 주제와 학자 간 협업을 통해 어떻게 발전했는지를 통계적으로 분석하는 방법이며, 국제인사관리 및 기타 경영 분야에서 활용되고 있다.[13]

이중학과 동료들(2022)의 연구는 1995년부터 2019년까지의 국제인사관리 관련 주요 영어 논문 6,519개를 검색하여, 1,507개를 선정하고 비블리오 매트리스 리뷰를 사용하여 주제의 진화를 살펴봤다. 이 연구는 특정 시기에 가장 많이 다뤄진 주제를 파악하는 것이 아니라, 시간이 흐르면서 주제가 어떻게 변화하는지를 살펴봤다. 그 결과, 1995년에서 2019까지 시기를 세 부분으로 나누어 보았을 때, 각 시기별로 주제가 점점 더 세분화되는 것을 확인할 수 있었다.

국제인사관리는 다국적 기업의 국제경영을 지원하는 역할을 하며, 경제, 정치, 사회, 기술 등 다양한 영역에 영향을 받는다. 연구 주제의 다양성과 변화는 이러한 외부 환경의 변화에 따른 것이며, 특히 다국적 기업이 현지에서 경험하는 다양한 상황에 대응하기 위해 필요한 주제들이 포함되어 있다. 이러한 변화와 다양성은 국제인사관리 연구가 계속해서 진화하고 있음을 보여주는 중요한 지표다.

그림 9-2 국제인적자원관리의 연구 주제 분화

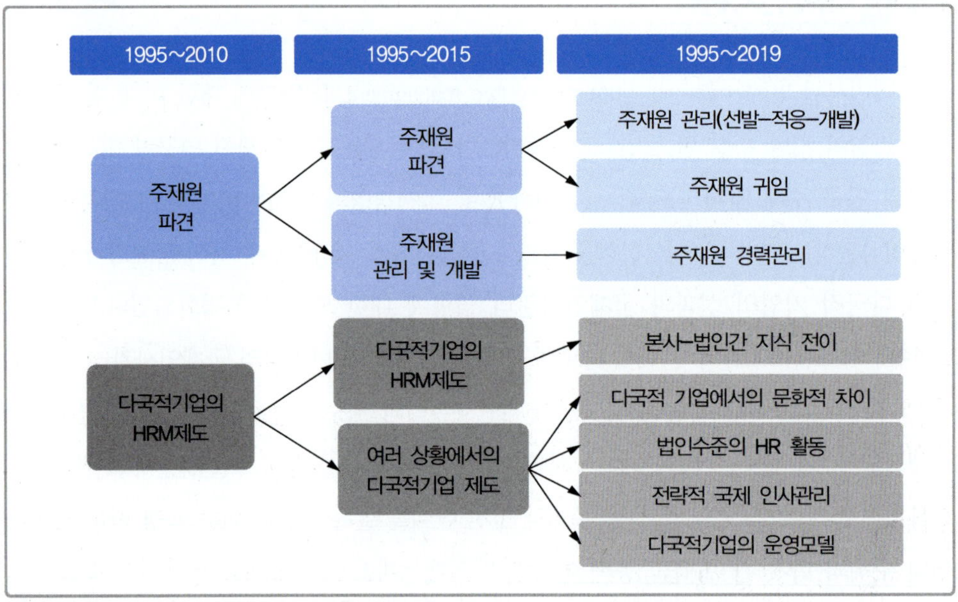

출처: Lee, J. H., Chae, C. I., Rita, F., & Lee, J. M.(2022), Understanding the evolution of international human resource management research, Academy of Management Proceedings.

9.1.1 본국화(Centralization)

본사와 해외 법인간 관계를 관리하는 것이 다국적 기업에서 가장 중요한 주제이자 어려운 과제 중 하나다.[14] 국제경영에서 본사와 해외 법인을 어떻게 관리하는 것이 효과적이고 효율적인지는 가장 중요한 주제라고 할 수 있다. 본사와 해외 법인 관리가 중요한 주제 중 하나인 이유는 본사와 해외 법인은 사업을 기획하고 운영하며 서로 다른 목적과 초점을 갖고 있기 때문이다. 이에 국제경영에서는 본사와 해외법인을 운영함에 따라 어느 쪽에 주요한 의사결정권(autonomy in decision-making)을 주는지에 따라 본국화(centralization), 현지화(decentralization), 차별화된 네트워크(differentiated network)로 구분된다. 국제경영 및 국제인사관리 영역에서는 본국화와 현지화 중 하나에 초점을 맞춰 관련된 연구를 진행해왔다[15]. 그러나 최근 다국적 기업은 차별화된 네트워크로 기능과 역할에 따라 차별화된 네트워크 관점이 강조되고 있다.[16]

본국화(centralization)는 다국적 기업이 의사결정을 함에 있어 본사에서 주요한 결정을 내리고 위계적으로 관련 내용을 해외법인에 전달해서 해외법인은 주로 실행하고 운영하는 역할을 하는 것을 의미한다.[17] 그러므로 본국화된 법인에서는 주재원이 중요한 정보와 지식을 본국에서 해외법인으로 전달하고 적용하는 역할을 한다. 동시에 새로운 지식과 노하우를 해외법인에서 습득해서 본사로 전달하는 기능도 동시에 수행한다.[18] 그러므로 본국화 운영에 있어 첫 번째 중요한 열쇠는 바로 주재원이다.

9.1.1.1 글로벌화와 대리인 이론

본사와 해외법인 관계를 이해할 때 유용한 관점이 바로 대리인 이론(agency theory)이다. 대리인 이론은 위임자와 대리인으로 관계를 설명하는데 국제경영에서 위임자는 본사, 대리인은 해외법인으로 볼 수 있다. 위임자는 해외 법인에 업무를 위탁하고 성과를 내줄 것을 기대한다. 위임자와 대리인은 주요한 가정(assumption)을 갖고 관계를 맺는데 구성원은 자기 이익을 추구하고(self-interest), 제한된 합리성을 가지며(bounded rationality), 위험 회피성향을 갖고 있다(risk aversion)고 하며 조직은 구성원간 목표는 상호 갈등이 있고 (goal conflict among members) 정보는 하나의 상품으로 판매 및 구입이 가능하다는 것이다. 그러므로 본사와 해외법인 역시 서로 간의 이익을 최대화하고자 한다. 대리인 이론에서 주요하게 설명하는 대리인 문제(agency problem)은 위임자와 대리인 간에 서로 다른 이익 추구와 정보 비대칭에서 발생한다.

즉, 위임자인 본사는 본국에 있는 본사의 전체적인 이익이 최대화되기를 바라는 의사결정을 할 것인 반면 해외법인은 당사의 이득이 최고로 많아지는 방향을 추구함으로써 서로 간의 다른 이익 추구 행동이 발생하는데, 경영활동의 기본이 되는 주요한 정보는 대리인인 해외법인이 주로 갖고 있기 때문에 정보에 있어서 비대칭이 발생하게 된다. 대리인 문제를 해결하기 위해 위임자는 지속적인 모니터링과 성과 결과에 따른 인센티브 제도를 실행하면서 서로 다른 이익 추구를 해결하고 정보 공유를 이루고자 한다.[19]

국제인사관리 관점에서 대리인 문제가 더욱 심각하게 다가오는 순간이 바로 지리적 거리가 너무 클 때이다. 즉, 본국과 해외법인의 거리가 지리적으로 너무 멀 때 주재원 파견 및 생활과 거주가 더욱 어렵기 때문에 관련된 문제는 더욱 커지기 마련이다.[20] 이 밖에도 본국과 해외법인 간 제도적 거리(institutional distance)가 크면 본국화를 추구해서 주재원이 정보를 공유한다고 하더라도 관련 내용 이해가 떨어지고, 본국에서 시도하려는 여러 의사결정이 해외법인에서 효과적으로 기능하지 않은 경우가 많이 발생한다.

9.1.1.2 본국과 주재원의 센스메이킹

그러므로 본국과 주재원의 센스메이킹(sensemaking)이 더욱 강조된다. 센스메이킹은 개인과 사회적으로 모호하고 낯선 상황을 겪었을 때 여러 요인을 파악하고 이해한 다음 행동을 취하는 것을 의미한다.[21] 해외법인에서 주재원과 본국이 현지를 이해할 수 있는 중요한 또 다른 토대가 바로 현지 민감도(local responsiveness)다. 현지 민감도는 독특한 해외 현지 고객과 네트워크 및 정부 규제를 직면했을 때 이를 이해하고 대응할 수 있는 능력을 의미한다. 그러므로 현지 민감도는 해외법인에 중요한 요소라고 할 수 있다. 그러나 본국화 중심으로 운영되는 다국적 기업에서 현지 민감도는 상대적으로 떨어질 수밖에 없다. 이에 현지 민감도를 극대화하기 위해 다국적 기업 중 현지인과 해외법인의 자율성 위주로 운영되는 곳이 있는데 이런 경우를 현지화라고 부른다.

9.1.2 현지화(Decentralization)

현지화는 위임자와 대리인 이익을 극대화하고, 목표의 상호 협력성을 높이기 위해서 활용하는 방법 중 하나인데, 이는 대리인인 해외법인 운영에 있어서 높은 자율성과 신뢰를 바탕으로 진행된다. 현지화는 거버넌스 관점에서는 분권화를 의미하고 현지 민감도를 극대화하기 위해서 활용된다. 다국적 기업이 해외 사업을 오랫동안 영위하면 본국에서 개입하지 않아도 될 정도로 운영 효과성과 효율성이 증가한다. 더불어 최근 여러 다국적 기업에서는 현지 사정에 맞게끔 특정 가치를 창출해야 하는 가치 사슬 활동이 증가하고 있으며 이를 위해 현지화가 중요해지는 추세다. 다국적 기업이 해외 법인에 맞게끔 특정한 경쟁 우위를 가질 수 있는 점을 기업 특유 강점(firm specific advantages, FSAs)라 하는데

이는 본국 출신 주재원이 발전시키기도 어렵고 다른 해외법인에서 쉽게 모방하기도 어렵다. 그러므로 해외법인에서는 이 같은 FSAs를 높여감으로써 자율성과 성과를 높이는 전략 방향을 추구한다.[22)]

국제인사관리 관점에서 현지화를 설명할 때 가장 중요한 것은 두 가지인데 우선 해외 현지 인력이 주요한 역할에 얼마큼 배치되어 있는가봐 의사결정권한이 얼마큼 주어지는가 이다. 우선 해외 법인의 절대적인 현지인 숫자가 주재원 대비 얼마큼 많은지를 의미할 수 있으며 현지화 정도를 해외 법인 내 구성원 숫자 대비 주재원으로 계산한다.[23)] 그러나 판매법인 같이 현지 생산직 인력이 많을 경우 현지화율은 늘 낮게 측정될 수밖에 없기 때문에 이는 산업에 따라 정확도가 다르다고 할 수 있다.

이에 이후 연구에서는 해외 법인의 주요한 역할(예를 들면 해외법인장, 재무책임자, 마케팅 책임자 등) 중 얼마나 많은 비율로 현지인이 차지하고 있는지를 활용하기도 한다. 다음으로 현지화에서 중요한 초점이 바로 의사결정권한 정도다. 해외법인 자율성(subsidiary autonomy)로 주로 현지화 정도가 개념화되고 측정되며 지레이라트와 동료(Geleilate et al.)는 기존 94개 연구를 종합해서 해외법인 자율성이 높을수록 해외법인 성과가 높다고 밝히기도 했다.[24)]

그러나 현지화 중심 해외법인 역시 단점이 있는데 현지인 중심으로 인력이 구성되고 의사결정이 된다고 하더라도 규모가 큰 다국적 기업의 경우 규모의 경제를 누리기 위해 빠른 의사결정을 본국에서 해야 할 경우에는 협업과 소통에 보다 큰 비용과 시간이 들어간다. 이에 국제경영을 연구하고 실행하는 학계와 실무에서 본국화와 현지화를 적절하게 섞어서 운영할 수 있는 관점을 발전시켜 나가는 게 그게 바로 차별화된 네트워크(differentiated network)다.

9.1.3 차별화된 네트워크

차별화된 네트워크(differentiated network)란 노리아와 고샬(Noria and Goshal)이 이 제목으로 책을 출간하며 다국적 기업 구조는 네트워크처럼 진화하며 새로운 지식, 아이디어와 기회를 만들어내는 존재라고 했고, 본국과 해외법인은 주어진 환경과 자원에 따라서

〈표 9-1〉 본국화, 현지화 및 차별화된 네트워크 요약

분류	내용
본국화	본국화는 다국적 기업이 본사에서 주요한 결정을 내리고 해외법인에 실행하게 하는 관리 방식이다. 이는 본국에서의 정보와 지식을 해외법인에 전달하고 적용하며, 해외에서 얻은 새로운 지식과 노하우를 본국으로 전달하는 역할을 수행한다.
현지화	현지화는 해외법인에 높은 자율성과 신뢰를 부여하여 목표의 상호 협력성을 높이고, 현지 민감도를 극대화하는 관리 방식이다. 이는 현지 사정에 따라 특정 가치를 창출하고, 해외 법인이 특정한 경쟁 우위를 가지도록 하여 성과를 높이는 전략을 추구한다.
차별화된 네트워크	차별화된 네트워크는 본국과 해외법인이 상호 의존적으로 존재하고, 주어진 상황과 자원에 따라 구조와 운영 방식을 변화시키는 관리 방식이다. 이는 다국적 기업이 처한 상황에 대한 이해와 이에 대응하기 위한 조직 내 자원과 전략에 따라 효율성과 효과성이 달라질 수 있다는 것을 강조한다.

출처: 저자가 작성

구조와 운영 방식을 달리한다고 했다. 본국과 해외법인이 주어진 상황에서 상호간 의존성(interdependence)과 전략 방향에 따라서 둘 간 운영 속성은 지속적으로 변할 수 있다는 것이다. 이처럼 현실 세계에서는 본국화 혹은 현지화로만 나뉘어 해외법인이 운영될 수 없음이 강조되었고, 다국적 기업이 처한 상황에 대한 이해와 이에 대응하기 위한 조직 내 자원과 대응 전략에 따라서 효율성과 효과성도 달라질 수 있다.

국제인사관리 역시 마찬가지다. 국제인사관리 방향 역시 본국중심의 주재원으로 진행되어야 하는지, 현지인 중심으로 운영되어야 하는지도 학계와 실무의 오랜 토론거리였다. 학계에서는 오랫동안 다국적 기업의 연구 대상이 미국, 유럽 및 일본 등 소수의 선진국 중심으로 2010년까지는 진행되었기 때문에 본국화와 현지화 방향 역시 제한된 샘플에서 논의되었다. 그러나 신흥국의 빠른 부상과 디지털 전환으로 인해 본국화와 현지와 방향에 대한 논의 역시 대상 및 논의 범위가 넓어지게 되었다.

한국 다국적 기업은 오랫동안 패스트 팔로어(fast follower, 신속한 추종자) 전략을 추구함에 따라 해외 다국적 기업의 국제경영 및 인사관리 시스템을 벤치마킹하기 위해 노력했다. 세계적 선진 사례(global best practices)라 불리는 국제인사관리 사례를 빠르게 습득해서 국내 및 해외법인에 도입하기 위해 노력했다. 그러나 한국 다국적 기업이 추격자 전략을 벗어난 퍼스트 무버(first mover, 선도) 전략을 실행하면서 선진 사례를 단순히 도입하는

박스사례 코라의 글로벌 경영

라오스 최대의 민간기업인 코라는 대한(DEAHAN)이라는 브랜드를 가진 자동차를 제작하기도 하고 한국의 현대기아 자동차를 수입해서 판매하고 전자유통, 가구유통, 물류, 건설 및 은행업 등의 11개 계열사를 거느린 그룹이다. 직원이 5천 명이 넘고 2018년 기준 1.8조 원 가량 매출을 기록하고 있다. 한국의 직장인이던 코라 창업자 오 회장은 1997년 라오스에 자동차 수입 회사를 설립했다.

코라그룹은 라오스 국민 기업으로 라오스 구직자들이 가장 취업하고 싶어하는 회사로도 뽑혔다. 오 회장은 코오롱을 다니며 해외 무역업무를 배웠고 이후 베트남에서 봉제 수출업을 했다가 실패하고 중고차 수입 역시나 성공하지 못했다. 그러나 이후 라오스에 진출해서 해외 현지인과의 두터운 신뢰관계와 현지화 전략을 중심으로 라오스 최고 기업으로 성공하게 되었다. 오 회장은 라오스에서 번 돈을 지속적으로 라오스에 재투자하고 현지인을 고용하면서 현지 국가에 뿌리내릴 수 있도록 했다. 부서별 핵심인재를 라오스인으로 구성하고 이들로 구성된 라오위원회를 만들어 주요 인사 및 조직관리 현안을 스스로 결정하도록 하는 자율운영제도도 만들었고, 현지 생산 및 판매 역시 현지인 스스로 판단하고 결정해 집행하는 조직으로 운영되고 있다.

이런 경영방침을 중심으로 지속적으로 성공해온 코라는 임직원이 지켜야할 경영지침을 만들었는데 코라 10계명으로 불리며 구성원과 리더의 역할을 보다 명확하게 제시했다는 점에서 다른 기업에서도 벤치마킹하고 있다.

코라 10계명

01. 다른 모든 사람이 하고 있는 것을 찾아내어 그것과 다르게 하라.
02. 시대흐름을 읽고 국가발전과 함께하라.
03. 준법 경영을 반드시 실천하고 고위층과의 관계과시에 주의하라.
04. 장기적인 관점에서 사업을 영위하고 브랜드 관리로 기업가치를 높여라.
05. 고객만족에 저해되는 일과는 절대 타협하지말라.
06. 자신 없으면 하지 말고 시작하면 일등을 하라.
07. 현지 중소상인에게 피해를 주는 사업을 삼가라.
08. 미래를 공유함으로써 평범한 사람들이 비범한 일을 하게 하라.
09. 이익의 사회환원을 무조건 실행하라.
10. 경쟁력과 영속성은 현지화에 달려있다.

출처 유동연, 2017.03.23. 코라 그룹은 어떻게 성공했나?, *Kotra 해외시장뉴스* https://dream.kotra.or.kr/kotranews/cms/news/actionKotraBoardDetail.do?SITE_NO=3&MENU_ID=110&CONTENTS_NO=1&bbsGbn=245&bbsSn=245&pNttSn=157704에서 2022.1.13.에 확인함

것만으로 국제인사관리 역시 충분치 못하게 되었다. 이에 다양한 국가 및 산업에서 그에 맞는 국제인사관리 방향성이 필요해진 것이다.

한국 다국적 기업을 대상으로 국제인사관리에서 본국화와 현지화의 하이브리드 방식을 제안하고자 9개 한국 주요 기업을 연구한 결과(Chul et al., 2014)에서는,[25] 자동차, 전자, 제철, IT 등 다양한 산업군 회사에 근무하는 HR 최고 임원과 책임자를 대상으로 29건의 인터뷰를 진행했고 채용부터 퇴직까지 세부 인사제도를 본국화(globally common), 현지화(allowing subsidiary discretion to respond to local needs)와 하이브리드(allowing local modifications on the global standards)로 살펴보았는데, 최근까지 한국 다국적 기업의 국제인사관리는 세부 제도에 따라 본국화와 현지화를 적절하게 혼용해서 활용하는 하이브리드 형식임을 알 수 있었다.

9.2 이론적 배경

국제인사관리에서 본국과 현지인 관계를 관리하는 것이 주요하고도 어려운 주제다. 이 관계를 포함해서 국제인사관리에서 다뤄지는 주재원 관리, 다국적 기업의 현지인 관리 등을 설명하기 위해서 활용되는 여러 이론이 있는데 주로 앞서 설명한 대리인이론를 포함해 제도주의이론 및 거래비용이론이 활용된다.

9.2.1 제도주의이론

제도주의이론(institutional theory)에서 '제도(institution)'는 사람이 구조와 상호작용하면서 갖게 되는 제약을 총칭한다.[26] 그렇기 때문에 사회적 존재로서 사람과 조직은 여러 제도가 주는 압력으로 인해 무엇이 적절한 것이며 의미 있는 것인지에 대한 공통된 이해를 갖게 된다. 그러므로 제도주의이론은 조직 구조와 사례를 설명하는 관점으로 활용되며, 한 조직이 상황에 적절하게 대응한 사례가 등장하면 비슷한 상황 하의 다른 조직에서는 동일한 사례를 따라가려는 현상을 설명할 수 있다. 즉, 동일한 제도적 환경에 속해있는 개인과 조직은 유사한 문제에 직면할 가능성이 높기 때문에 이를 해결하기 위해 유사한 해결책을 추구하는 경향성이 있다는 것이다. 그러므로 개인과 조직은 서로 비슷해져가는 동형화 압력(isomorphism pressure)을 받는다는 것이다.

동형화는 경쟁적이고 제도적 압박의 결과물이라 주장하며 강압적(coercive), 모방적(mimetic), 규범적(normative) 동형화가 있다고 했는데,[27] 우선 강압적 동형화는 개인과 조직이 속한 제도가 추구해야 하는 법과 그 구속력에 따라 특정 제도를 도입함으로써 비슷해지며 동형화에 이르는 현상을 설명한다. 다음으로 모방적 동형화는 조직의 문제를 해결함에 있어서 다른 조직에서 효과/효율적이었던 방안을 자연스럽게 따름에 따라 표준화되는 과정을 의미한다. 세 번째 규범적 동형화는 특정 집단이 형성해놓은 사회적 규범을 따라가면서 비슷해지며 동형화되는 것을 의미한다.

해외법인은 본국에서 주는 제도와 정책을 현지 상황에 맞게끔 바꾸거나 운영한다. 본사는 해외법인 운영 효과성 및 효율성을 높이기 위해 제도 및 정책을 표준화하지만 해외법인의 법 및 규제에 맞게끔 내용을 바꾸고 제품과 서비스로 전환하는 역할은 주로 현지인 구성원이 더욱 능하다. 해외 현지 법률, 정치. 문화에 대한 이해가 깊고 현지 네트워크가 더욱 공고하기 때문에 현지인에 의한 운영이 더욱 효율적일 수 있다. 동시에 제도주의이론에 따르면 본국에서 효율적 제도와 정책을 해외법인에 전달하더라도 현지 조직과 개인은 본국과는 다른 제도의 영향을 받게 되므로 다른 해외법인처럼 비슷해지고 동형화되는 과정을 거친다. 즉, 본국과는 다른 제도적 압력을 해외법인은 받기 때문에 본국에서 관리하고 규제하는 방식대로 현지법인을 운영할 수 없다는 것이다.

특히 국제인사관리는 해외 현지 노동법, 문화, 종교에 영향을 크게 받기 때문에 본국에서 내리는 지침에 따라서 사람을 관리하는데 큰 어려움을 겪는다. 특히 해외법인 구성원은 비슷한 종교, 정치, 문화적 제도 압력을 받고 있기 때문에 그들이 갖고 가정(assumption), 가치관과 보이는 행동은 본국과는 다른 해외현지 특유모습대로 동형화되어 간다. 그러므로 제도주의 이론은 국제인사관리에서 현지화 중심 인사 방향을 설명할 때 자주 활용된다.

9.2.2 거래비용이론

거래비용이론은 기업과 시장 사이의 효율적 경계를 설명하는 이론으로서 기업 생산활동은 경제적인 거래(economic transaction)의 연속으로 정의될 수 있기 때문에 기업조직이 시장에서 존재하는 이유는 조직 외부에서 거래가 이뤄지는 것보다 내부에서 이뤄질 때 비용이 더욱 효율적이기 때문이다. 즉, 기업은 조직 활동 중에서 어떤 부분을 내부에서 수행하고 외부에 용역을 줄 지에 대해 결정하고 이에 따라 조직 경계가 결정된다는 것이다. 거래비용이론의 핵심 세 가지 요소는 인적 요소(human factors), 환경 요소(environmental factors)와 조건(conditions)이다.[28] 우선 인적 요소는 제한된 합리성(bounded rationality)과 기회주의(opportunism)이며, 환경 요소는 환경의 불확실성과 복잡성과 거래당사자의 숫자가 소수라는 점이고, 조건은 정보가 불완전하고 중요하다는 것이다.

코어스(Coase, 1937)는 왜 회사와 같은 위계적 조직이 존재하고 회사의 구조는 시장의 구조와 어떻게 다른지를 연구했다[29]. 집중화되고 수직적 조직은 시장에서의 단기적 계약에 의한 관계보다 시간과 비용이 줄기 때문에 존재한다는 것이다. 즉 위계적이고 집중화된 조직은 거래비용을 최소화할 수 있다는 기본 가정을 갖고 있다. 그렇다면 조직에서 발생하는 거래비용은 어떻게 구성되어 있을까? 우선 준비비용(preparation costs)가 있는데 이는 누가 잠재적 거래상대인지를 찾는데 드는 비용이다. 둘째, 협의비용(agreement costs)는 거래당사자와 합의하는데 들어가는 시간과 에너지를 고려한 비용이며, 통제비용(control costs)는 거래를 시작하고 유지하기 위해 들어가는 비용을 일컫는다. 넷째, 적응비용(adaptation costs)은 거래계약 동안 발생하는 조건상 변경과 적응에 들어가는 비용을 의미한다[30]. 거래비용의 네 가지 종류를 다국적 기업에 적용하면 기업활동 가운데 어떤 비용을 내부화(internatlize)하고 다른 비용을 외부화(externalize)할지를 설명할 수 있다.

국제인사관리 관점에서 거래비용이론은 현지에 비즈니스를 시작할 때 어떻게 인력운영을 할지를 설명해준다. 기업이 해외진출을 할 경우 현지국에 생산 및 판매를 위한 시설을 갖추는 것부터 현지에 대한 이해를 높이기 위한 비용까지를 포함하며 여기서부터 거래비용이 발생하게 된다.

현지에 시설을 세우고 법률, 문화를 배우는데 본국에서 파견된 주재원이 수행한다면 그들이 갖고 있는 제한된 합리성과 환경이 불확실하고 복잡함에 따라 갖게 되는 정보는 더욱 불완전해진다. 본국의 안정적인 상황에서 처리해야 할 정보 종류와 양과는 다르게 현지에서 다뤄야 할 상황이 복잡하기 때문에 주재원은 여러 문제에 봉착하게 된다. 이때 해외 현지인을 조직 내부로 고용하면 거래비용을 줄일 수 있게 되는데, 이 경우 통제비용과 적응비용도 동시에 올라가게 된다. 이에 다국적 기업은 해외법인 내부에 현지인을 오랫동안 고용하고 신뢰를 쌓으면서 장기적으로 거래비용을 낮추는 방향을 선택할 수 있다.

〈표 9-2〉 제도주의 이론과 거래비용 이론의 개요

분류	내용
제도주의 이론	제도주의 이론은 사람과 조직이 구조와 상호작용하면서 갖게 되는 제약인 '제도'의 영향을 중심으로 한다. 이는 개인과 조직이 동일한 제도적 환경에서 유사한 문제에 직면하면, 유사한 해결책을 추구하며, 서로 비슷해지는 동형화 압력을 받게 된다.
거래비용 이론	거래비용 이론은 기업과 시장 사이의 효율적인 경계를 설명하며, 내부 거래가 외부 거래보다 비용 효율적일 때 조직이 형성된다는 주장이다. 이는 인적 요소, 환경 요소, 그리고 조건 등을 중심으로 조직의 거래비용을 최소화하는 방향으로 기업 활동을 결정한다.

출처: 저자가 작성

9.3 주재원 관리 및 경력개발

주재원 관리는 국제 인사관리의 중요한 요소이다. 주재원은 자사의 본사나 지사에서 다른 국가의 지사로 파견되는 사원을 의미한다. 이러한 주재원들은 국제 사업을 확장하고, 본사와 해외 지사 간의 의사소통을 원활하게 하며, 지역의 문화와 시장에 대한 이해를 증진시키는 데 중요한 역할을 한다. 주재원 관리는 이들의 선택, 훈련, 평가, 보상, 그리고 적응 등을 포함하며, 이러한 프로세스는 다국적 기업이 전세계에서 효과적으로 경영할 수 있도록 지원한다.[31)]

예를 들어, 일본의 자동차 제조사인 토요타는 주재원 관리의 뛰어난 사례로 꼽힌다. 토요타는 전 세계에서 사업을 영위하며, 주재원들은 이러한 글로벌 사업 확장에 있어 중요한 역할을 한다. 회사는 주재원을 선발할 때 꼼꼼한 절차를 거치고, 파견 전에는 충분한 훈련과 교육을 제공한다. 또한, 파견 기간 동안 지속적인 지원과 피드백을 제공하여, 주재원이 새로운 환경에 빠르게 적응할 수 있도록 한다. 이러한 방식으로 토요타는 주재원을 통해 지역 시장에 대한 깊은 이해를 얻고, 이를 통해 경쟁력을 강화하고 있다[32].

그러나 주재원 관리는 항상 성공적이지만은 않다. 문화적 차이, 가족의 적응 문제, 비용, 그리고 보상 문제 등 다양한 도전이 있다. 이를 극복하기 위해 기업들은 적절한 주재원 선택, 충분한 교육과 훈련, 그리고 계속적인 지원 등 다양한 전략을 적용하고 있다. 또한, 주재원의 복귀와 재투입에 대한 계획 역시 중요하다. 이는 주재원의 경험과 지식을 회사 내부에 유지하고, 그들의 경력 발전을 지원하는 데 도움이 된다.[33]

주재원 관리의 중요한 주제 중 하나가 바로 주재원 경력개발과 주재원 귀임(repatriation)이다. 주재원의 경력개발은 다국적 기업의 핵심적인 이슈 중 하나이다. 주재원이 해외에서의 경험을 통해 개인적 역량을 향상시키는 것은 물론, 조직의 전반적인 성과 향상에도 기여하게 된다. 이를 위해 다국적 기업들은 주재원의 역량 개발을 위한 다양한 프로그램과 교육을 제공하며, 이는 도출된 역량이 기업 전략과 연계될 수 있도록 하기 위한 노력의 일환이다. 예를 들어, 명확한 경력 개발 계획이 마련되어 있지 않으면, 주재원은 해외에서의 경험을 통해 쌓은 역량이 자신의 경력 발전에 크게 기여하지 못할 수 있다는 불안감을 가질 수 있다. 따라서, 명확한 경력 개발 계획과 이를 지원하는 프로그램의 마련은 주재원의 동기부여를 유지하고, 그들의 성과를 극대화하는데 중요하다.

주재원의 귀임 관리 역시 다국적 기업의 중요한 과제 중 하나이다. 주재원이 본국으로 귀임할 때, 새로운 역할과 책임, 조직 문화에 재적응하는 과정에서 다양한 문제를 경험할 수 있다. 이는 귀임 후의 성과 저하와 이직률 상승로 이어질 수 있으므로, 이를 방지하기 위한 적절한 지원 체계의 구축이 필요하다. 예를 들어, 귀임 전후의 멘토링 프로그램, 교육 및 훈련, 그리고 경력 관리 지원 등을 통해 주재원의 귀임을 원활하게 진행할 수 있다. 이러한 지원은 주재원이 본국으로 돌아올 때 마주칠 수 있는 문제를 최소화하고, 주재원의 경력 발전을 촉진하는데 도움을 줄 수 있다.

9.4 현지인 관리

다국적 기업이 해외에서 사업을 운영하면서 주요 고려사항 중 하나는 현지인 직원의 관리(local staffing)이다. 현지인 직원들은 해당 국가의 문화와 관행, 시장 상황 등에 대한 깊은 이해를 바탕으로 기업의 경영 활동에 도움을 줄 수 있다. 이는 특히 문화적 차이가 큰 국가에서 사업을 확장하려는 기업에게 중요하다. 따라서 현지인 직원의 영입과 관리는 국제인사관리 전략에서 핵심적인 요소이며, 이를 통해 기업은 국제 시장에서의 경쟁력을 향상시킬 수 있다. 예를 들어 아마존은 인도 시장 진출 시 현지인 직원을 많이 활용하는 전략을 채택했다. 아마존은 인도에서 사업을 시작할 때 현지 문화, 소비자 성향, 규제 등에 대해 깊이 이해하고 있던 현지인 직원들을 적극적으로 활용하여 빠른 시장 적응을 도모했다. 이를 통해 아마존은 인도 시장에서 빠르게 성장하는데 성공했다. 이러한 사례는 현지인 직원의 중요성과 그들의 역량을 적절하게 활용했을 때 얻을 수 있는 효과를 잘 보여주는 것이다.[34)]

그러나 현지인 직원의 관리는 간단한 일이 아니다. 각 나라의 노동법, 인사관리 관행 등에 대한 이해가 필요하며, 기업의 전략과 이를 지원하는 HR 시스템을 현지 맥락에 맞게 적용해야 한다. 또한, 현지인 직원과 본국인 직원 간의 조화를 이루는 것도 중요하다. 이렇게 현지인 직원의 관리는 국제 인사관리의 복잡성을 증가시키지만, 이를 잘 수행하면 기업의 국제 사업 활동에 큰 도움을 줄 수 있다.

현지인 직원의 관리에서 발생할 수 있는 어려움을 극복하는 한 가지 방법은 교육 및 개발 프로그램을 통한 역량 강화이다. 이는 현지 직원들이 기업의 전략적 목표를 이해하고 이를 수행하는 데 필요한 역량을 키우는 데 도움이 된다. 예를 들어, 아이큐비아(IQVIA)라는 생명과학 및 정보 기술 회사는 현지인 직원을 위한 지속적인 교육 프로그램을 제공하여, 전세계적으로 일관된 서비스 품질을 제공하는 데 성공했다.[35)]

또 다른 방법은 다국적 기업의 HQ와 현지 지점 간의 지속적인 소통 및 협력을 통한 조화의 이루어짐이다. 이는 본사와 현지 지점 간의 문화적 간극을 줄이고, 현지 직원들이 본사의 전략적 방향을 이해하고 이를 지역 시장에 적용할 수 있도록 돕는다. 예를 들어,

삼성전자는 본사와 해외 지점 간의 교류 프로그램을 통해 현지 직원들이 기업 문화와 비전을 공유하고, 이를 통해 현지 사업 활동을 더 효과적으로 수행할 수 있도록 도왔다.36)

9.5 현지인 및 제3국 직원

국제인사관리의 대상은 주로 주재원 현지인 및 제3국 인력으로 나눌 수 있다. 주재원은 앞서 설명한대로 파견 기간과 목적에 따라 정규 주재원, 단기 주재원 및 국제 근무자로 나눌 수 있다. 현지인은 주로 'host country nationals: HCN'이라 불리고 제3국 직원은 'third country nationals: TCN'으로 설명된다. 주재원, 현지인 및 제3국 직원을 선발하고 관리하는 접근법을 본국 중심(ethnocentric), 현지인 중심(polycentric), 세계 중심(geocentric), 지역 중심(regioceentric)으로 구분하기도 한다.

본국 중심 전략(ethnocentric approach)은 주로 본국에서 파견된 주재원을 해외법인으로 파견하는 방식을 의미하며 앞서 설명한 본국화 중심 국제경영이 국제인사관리 관점으로 적용된 것으로 볼 수 있다. 다음으로 현지인 중심 전략(polycentric approach)은 주요 역할 내 현지인 비율이 높고 의사결정권한 위임이 높은 수준으로 되는 전략을 뜻하며 주재원 파견비용을 줄일 수 있다는 장점이 있다. 세계 중심 접근(geocentric approach)는 다국적 기업이 비즈니스를 하는 국가를 전체로 놓고 해외 법인에 가장 적합한 인물을 수행하게 하는 전략을 의미한다.

L호텔은 2022년 해외 비즈니스 운영방식을 바꿨는데 미주, 유럽, 아시아 지역별로 구분해서 법인장을 선임했다. 그 중 유럽지역의 법인장의 경우 덴마크 출신으로 러시아 모스크바 호텔을 성공적으로 운영하고 서울SG호텔 총지배인으로 옮겨왔다. L호텔은 호텔 비즈니스 특성상 표준화와 현지화 두 가지를 이뤄내야 했으므로 본사 출신 주재원이나 특정 현지인 출신을 활용하는 것이 아닌 다양한 국가의 경험을 가진 몰튼 지배인을 여러 국가에서 경험하게 하고 유럽총괄 임원으로 선임했던 것이다. 다음으로 지역 중심 접근(regiocentric approach)는 일정 지역을 하나의 단위로 설정하고 인력 충원을 그 지역 내에서

해결하는 방식인데 현대자동차가 추구했던 대권역 체계 등이 사례로 볼 수 있다.

주재원, 현지인 및 제3국 직원 기반 인사를 진행할 때 각각 장단점이 있다. 우선, 주재원 중심 인사의 경우 본국이 편리하게 해외법인을 통제하고 조정할 수 있다는 장점이 있는 반면 주재원의 현지 적응 비용과 시간이 높다는 것과 현지인에게 커리어상 가시성을 낮춰 퇴사로 이어질 수 있다는 점이 단점이다. 현지인은 언어 및 문화 장벽을 쉽게 해결할 수 있고 운영에서 비용이 주재원에 비해서 상대적으로 낮다는 장점이 있는 반면 본사의 통제와 조정이 어렵다는 단점이 있다. 제3국 직원의 경우 본국과 해외법인 세계화에 유리하며 주재원에 비해 적응 비용이 낮고 다양한 인적 네트워크를 갖고 있다는 장점이 있는 반면 국가별 법률 및 관계에 따라 이동(mobility)가 제한되는 경우가 있다.

박스사례 **IB의 국제인사관리 사례**

IB는 170여 국에서 사업을 운영하는 기업으로 120개 이상의 언어를 구사하는 인력이 근무한다. IB의 인재 관리 전략의 중요한 특징 중 하나가 바로 글로벌 리더십 개발 프로그램이다. 이 프로그램은 이문화 역량과 리더십 기술에 중점을 두고 전 세계 IB의 최고 리더를 개발하고 교육하기 위해 고안되었다. 이 프로그램에는 온라인 학습, 강의실 교육, 멘토링이 혼합되어 있으며, 참가자들이 회사 내 다양한 지역과 사업부를 경험할 수 있도록 설계되었다.

IB는 또한 인재 관리 측면에서 다양성과 포용성을 강조한다. IB는 리더십 직책에서 여성과 소수자의 대표성을 높이는 것을 목표로 삼고 있으며, 무의식적 편견 교육과 다양성 채용 이니셔티브 등 이러한 목표를 지원하기 위한 프로그램을 시행하고 있다.

또한, IB는 직원들이 다양한 지역과 국가에서 근무할 수 있는 글로벌 이동성 프로그램(global mobility program)을 시행하여 다양한 문화권에서 학습하고 성장할 수 있는 기회를 제공하고 있다. IB는 직원들이 새로운 기술을 개발하고 경력을 발전시킬 수 있도록 온라인 교육 과정과 워크숍을 비롯한 다양한 교육 및 개발 기회를 제공한다.

출처: Boudreau, J.W. (2010). IBM's Global Talent Management Strategy. https://www.shrm.org/certification/educators/Documents/Boudreau_Modify%20IBM%20Case%20Study_PDF%20Only-CS5-partC-FINAL%20TO%20POST.pdf에서 2023.2.18. 에 확인함.

정리문제

1. 다음을 간단히 정리해 보세요.
   - 국제경영
   - 국제인사관리
   - 대리인 이론
   - 제도주의 이론
   - 거래비용 이론

2. 다음 내용을 설명하세요.
   - 본국중심 국제인사관리
   - 현지중심 국제인사관리
   - 세계중심 국제인사관리
   - 지역중심 국제인사관리

3. 팀보고서를 작성해서 발표해 보세요.
   - 세계 다국적 기업의 국제인사관리 사례
   - 본국화 및 현지화의 성공 및 실패 사례

토론사례

C사의 국제인사관리

C그룹은 전 세계 36개국, 해외 4.7만 명이 근무하고 있으며 주재원은 약 400명에 달한다. 해외근무 인력 중 베트남에 1.2만 명, 인도네시아 8천 명, 필리핀 6천 명에 달하는 등 신흥국가로 뽑히는 동남아시사에 집중되어 있다. 이는 C그룹의 주요 비즈니스가 유통 및 서비스이며 관련 비즈니스 중심으로 그린필드, 합작 및 M&A를 동남아시아에서 실행했기 때문이다. 이후 케미칼 및 바이오 산업에 진출하며 유럽과 미주 시장에 인력 역시 빠르게 증가하는 추세다.

C그룹 국제인사관리의 주요 거버넌스는 그룹에서는 공통적인 정책, 기준, 가치를 정립하고 본사에서는 산업별 특성을 감안한 모델과 가이드를 수립하고 해외법인은 국가/지역별 특성을 고려한 현지화를 제안하고 운영한다. 더불어, C사는 현지화 전략을 중요한 국제인사관리 철학 및 방향으로 설장하고 주요 법인장 및 리더는 현지인에 의해서 관리되고 개발되도록 한다.

더불어, 국제 인재 관리 시스템이란 이름 하에 한국인 글로벌 인재를 주재원 풀(pool)로 관리하고 있으며 현지인 우수 인재를 해외 핵심인재로 별도 관리하고 있다. 주재원을 효과적을 선발하기 위해 직무, 이문화 성과 및 어학을 기준으로 보고 있으며 주재원 역량평가, 어학인증제와 귀임주재원 과정 등을 기반으로 한 관리 체계도 운영 중에 있다. 또한, 현지인 핵심인재를 관리하기 위해 법인특성을 고려해서 핵심보직 및 역량을 도출했고 기준과 과정을 정립하고 선발 위원회를 운영 중에 있다. 이를 위해 인적자원관리 및 개발부서가 유기적으로 직원부터 최고경영층까지 관리하는 프로세스를 구축해서 운영 중이다.

C사 국제인사관리 체계의 또 다른 주요 특징 중 하나가 바로 국제인사교류회다. C그룹은 2009년 캐논을 시작으로 전세계 여러 다국적 기업과 인사관리 관점에서 교류회를 진행하고 있다. 캐논과는 역할급, 고령자 고용 등을 주제로, 이온 그룹과는 인재육성 프로그램, 건강경영, 위기경영을 주제로 2013년부터 진행했고, 유니클로와는 Global One HR 등을 주제로 2010년부터, 히타치와는 Global HR 표준화 및 경영인재 확보와 육성, 알리바바와

그림 9-3 C사의 글로벌 사람관리 구조

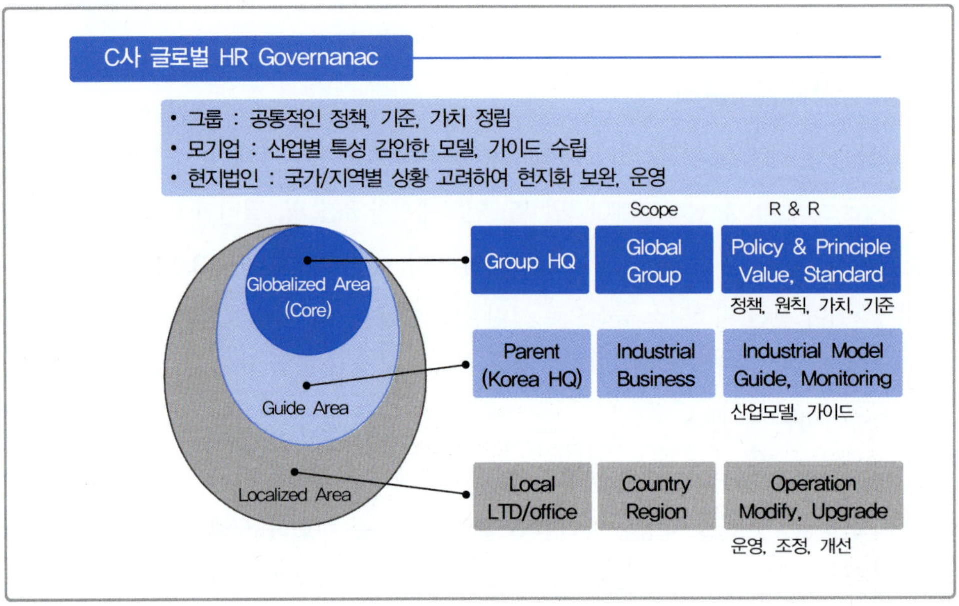

출처: C사 내부자료

는 기업문화 및 기업가 육성을 나눴으며 PeopsiCo와는 윤리경영 및 다양성을 주제로 교류회를 가졌다. 특히, PepsiCo와는 2015년 인력교류 프로그램으로 한국 HR 인력을 아시아태평양 본부에 파견해서 약 2개월 간 주요 인사관리제도를 벤치마킹했고 이후 한국에 도입하고자 했다.

이처럼 C사의 국제인사관리 방향은 현지화을 지향하며 다양한 다국적 기업과 교류하며 배우려는 노력을 했고, 한국 인력의 국제화 통로로서 주재원을 선발하고 육성했다. 더불어, C호텔 몰튼 앤더슨 사례처럼 제3국 직원을 육성해서 국제 기반 인적자원관리도 지향하려는 노력을 진행하고 있다.

• 논의 주제

1. 주재원으로서 필요한 경험은?
2. 해외 법인 CEO로서 필요한 경험은 무엇이라고 생각하는가? 그 이유는?
3. 직원경험에 대한 질문?

미 주

1) Tabrizi, B., E. Lam, K. Girard and V. Irvin(2019), Digital transformation is not about technology, Harvard Business Review, 13(March); 1-6.

2) Warner, K. S. and M. Wäger(2019), Building dynamic capabilities for digital transformation: An ongoing process of strategic renewal, Long Range Plan, 52, 326-349.

3) https://www.hyundai.co.kr/news/CONT0000000000012239

4) https://m.news1.kr/articles/?4917978#_enliple

5) 최순규(2018), 현대자동차의 국제화: 기업가 정신, 전략 그리고 운. 경영교육연구, 33(3), 27-47.

6) Fujimoto, T.(2014), The long tail of the auto industry life cycle, Journal of Product Innovation and Management. 31(1), 8－16.

7) 최순규(2018), 현대자동차의 국제화: 기업가 정신, 전략 그리고 운. 경영교육연구, 33(3), 27-47.

8) 물론 이후 이 마케팅 전략은 H사 북미 사업에 큰 부채로 작용하게 되었으며 내부적으로'10년/10만 마일'정책에 대한 평가는 나뉜다.

9) https://www.hyundai.com/kr/ko/sustain-manage/manage-system/sustainability-report

10) Brewster, C., Mayrhofer, W., and Smale, A.(2016), Crossing the streams: HRM in multinational enterprises and comparative HRM, Human Resource Management Review, 26(4), 285 - 297.

11) Cooke, F. L., Wood, G., Wang, M., and Veen, A.(2019), How far has international HRM travelled? A systematic review of literature on multinational corporations (2000 - 2014), Human Resource Management Review, 29(1), 59 - 75.

12) Mukherjee, D., Lim, W., Kumar, S., and Donthu, N.(2022), Guidelines for advancing theory and practice through bibliometric research, Journal of Business Research, 148, 101 - 115.

13) Mukherjee, D., Lim, W., Kumar, S., and Donthu, N.(2022), Guidelines for advancing theory and practice through bibliometric research, Journal of Business Research, 148, 101 - 115.

14) Nohria, N., and Ghoshal, S. J.(1994), Differentiated fit and shared values: Alternatives for managing headquarters subsidiary relations, Strategic Management Journal, 15(6), 491-502.

15) Young, S., and Tavares, A. T.(2004), Centralization and autonomy: back to the future, International Business Review, 13(2), 215-237.

16) Rugman, A., Verbeke, A., and Yuan, W.(2011), Re-conceptualizing Bartlett and Ghoshal's classification of national subsidiary roles in the multinational enterprise, Journal of Management Studies, 48(2), 253-277.

17) Gates, S. R. and Egelhoff, W. G.(1986), Centralization in headquarters- subsidiary relationships, Journal of International Business Studies, 17(2), 71-92.

18) Dunning, J.(2000), Regions, globalization, and the knowledge economy: The issues stated, In Dunning, J. (Ed), Regions, Globalization, and the Knowledge Economy, 1-14, Oxford: Oxford University Press.

19) Eisenhardt, K. M.(1989), Agency theory: an assessment and review, Academy of Management Review,14, 57 - 74.

20) Verbeke, A., & Asmussen, C. G.(2016), Global, local, or regional? The locus of MNE strategies, Journal of Management Studies, 53(6): 1051-1075.

21) Weick K. 1995. Sensemaking in Organisations. Thousand Oaks, CA: Sage

22) Rugman, A. M. & Verbeke, A.(2001), Subsidiary-specific advantages in multinational enterprises, Strategic Management Journal, 22(3), 237-250.

23) Potter, C. C.(1989), Effective localization of the workforce: Transferring technology in developing countries, Journal of European Industrial Training, 13(6), 25 – 30.

24) Geleilate, J.-M. G., Andrews, D. S., & Fainshmidt, S.(2020), Subsidiary autonomy and subsidiary performance: A meta-analysis. Journal of World Business. 55(4), 101049.

25) Chul, C., Sparrow, P. & Ödül Bozkurtc(2014), South Korean MNEs' international HRM approach: Hybridiza- tion of global standards and local practices, Journal of World Business, 49(4), 549-559.

26) North, D. C.(1990), Institutions, Institutional Change, and Economic Performance, Cambridge: Cambridge University Press

27) DiMaggio, P. J., & Powell, W. W. (1983). The iron cage revisited: Institutional isomorphism and collective rationality in organizational fields. American Sociological Review, 147-160.

28) Erdner C. & Torbiorn, I.(1999), A transaction costs perspective on international staffing patterns: Implications for firm performance, Management International Review, Special Issue 1999/2.(pp. 89-106). Gabler Verlag.

29) Williamson, O. E.(1975), Markets and Hierarchies, New York: Free Press.

30) 김성국·이승미(2002), 해외 인력충원에 있어서의 거래비용 관점, 신산업경영저널, 20(2) 17-33.

31) Briscoe, D. R., Schuler, R. S., & Tarique, I.(2012), International Human Resource Management: Policies and Practices for Multinational Enterprises. Routledge.

32) Mendenhall, M., Oddou, G., & Stahl, G. K.(2017), Readings and Cases in International Human Resource Management. Routledge.

33) Collings, D. G., Scullion, H., & Dowling, P. J.(2009). Global staffing: A review and thematic research agenda. The International Journal of Human Resource Management, 20(6), 1253-1272.

34) Biswas, S. & Suar, D.(2016). Antecedents and Consequences of Employer Branding. Journal of Business Ethics, 136(1), 57 – 72.

35) McDonnell, A., Collings, D. G., & Burgess, J.(2017), Talent management in practice in multinational corporations: a qualitative study in the Asia Pacific region, The International Journal of Human Resource Management, 28(9), 1243-1266.

36) Han, J. K., Chiang, H. H., & Chang, A.(2010), Multinational knowledge management strategy and its performance implications in an emerging market, Journal of International Marketing, 18(3), 59-85.

Chapter 10

DEI(다양성, 평등, 포용)와 다양성관리

조직을 구성하는 사람들의 다양성이 높아지고 있다. 여성의 기업 진출 증가, 외국인 고용의 확대, 고령화 등 성별, 국적, 연령 다양성 뿐 아니라 생각과 행동 방식의 차이가 큰 사람들끼리 상호존중하면서 협업해야 하는 경우가 많아지고 있다. 인력다양성의 개념과 변화 추이를 파악하고 포용적 리더십을 갖추기 위해 노력할 필요가 있다.

학습목표

1. 다양성의 개념을 이해하고 인력다양성의 변화를 파악하기
2. 현대 인사/조직 관리에서 다양성, 평등, 포용이 갖는 의미와 가치를 파악하기
3. 다양성관리의 의미와 내용을 이해하기
4. 인지다양성과 미래 산업 간의 관계를 파악하기
5. 리더로서 포용적 분위기 형성을 실천하고 리더십을 갖추기
6. 고용평등 관련 법률을 이해하고 준수하기

들어가기 사례 신입여직원과 고참부장님 사이에서[1)]

외국계 기업 YB의 영업팀 박 차장은 신입사원 K가 팀에 합류하여 기대가 컸다. 잘 가르쳐 후임자로 키우려고 바짝 신경을 쓰는 중이다. 주고객사인 A마트에 방문하여 주문과 배송, 재고관리, 반품과 수금 등 거래방법을 전수하고 담당자에게 그녀를 소개하였다. 스마트하고 사전지식이 많은 그녀는 빠르게 업무방법을 숙지하고 업무를 잘 처리하여 만족스러웠다. 며칠 후 A마트 구매팀 직원들과 돈독한 인간관계를 만들기 위해 저녁식사 자리를 가졌다. 즐거운 시간을 보내고 분위기가 한잔 더 하자는 쪽으로 기울었다. 그런데 그때 K의 표정이 편해 보이지 않더니 8시에 시작하는 플루트 강습에 가야한다는 것이다. 박 차장은 '어차피 취미생활인데 하루쯤 빠먹어도 되는 것 아닌가, 이것도 업무의 연장인데'라고 생각하며 끝까지 자리를 같이 해주기를 내심 기대하였다. 사실, A마트에 사은품을 넉넉히 제공하는 이유에 대해서도 잘 납득하지 못한 K였는데, 2차 술값 영수증의 경비 처리는 더 이해하지 못할 것만도 같았다. 앞으로 결혼하여 아이까지 가지면 영업사원으로서 회사생활은 어떻게 할까하는 생각까지 들었다.

최연소 팀장이 되자마자 임피제(임금피크제)에 들어간 입사선배 김 부장님이 팀원으로 배치되는 바람에 입사순서와 직급이 역전되어 팀 분위기가 껄끄러워진 것도 힘들었는데, 이제 신입사원까지 예전 같지 않아 팀장으로서 고민이 깊어만 간다. 퇴사한 임 대리처럼 선배의 말이라면 무조건 고분고분 따르던 후배가 아쉽기만 하다. 그렇지만 K가 들어와 신제품 홍보방식과 광고내용에서 성희롱으로 오해될 부분이 있다는 의견은 얼마나 소중했던가? K가 아니었으면 발견하지 못했을 문제였다. 이런저런 생각에 휩싸인 박차장의 술잔이 비워져 갈수록 머리 속은 취기로 채워졌다. 내일 인사팀에 가서 하소연이라도 해봐야 하는 것 아닌가? 누군가 속 시원하게 답을 좀 주면 좋겠다.

논의 주제:

1. HR담당자는 박차장의 고민을 얼마나 파악하고 있고 해결방안을 제시하고 있는가?
2. 팀장이 팀장으로서 제 역할을 성공적으로 수행하기 위한 방법은 무엇일까?
3. 기업에서 다양성에 주목하는 이유는 무엇인가?
4. 다양성 확대에 대처하는 방법은?

10.1 다양성의 의미와 종류*

10.1.1 다양성의 의미

기업은 사회 속에 존재한다. 경제적 목적을 추구하는 영리기업이든 사회적 목적을 추구하는 비영리기업이든 기업 형태를 불문하고 모두 사회적 자원을 활용하고 사회적 영향을 미친다. 그럼에도 불구하고 기업이 사회적 가치와 무관하게 경제적 목적만을 추구하는 것이 시장경제 본연의 영리기업의 모습이라는 관점이 존재하는 것도 현실이다. 사회적 가치를 사회적 경제 또는 사회적 기업이 추구하는 가치로만 국한할 경우 경제적 가치를 추구하는 기업은 사회적 가치와 무관해진다. 기업경영과 사회적 가치는 서로 분리된 다른 영역으로 보면 이 둘은 서로 관계가 없어지고, 기업은 경제 논리로 가치를 추구하는 것이 당연시 되고 경제적 가치 이외의 것은 기업이 관여할 사안이 아닌 것처럼 여겨지게 된다.

10.1.1.1 기업경영의 경제적 가치와 사회적 가치

경제와 사회가 분리된 영역이 아니라는 관점에서 보면 사회적 문제는 시장의 작동기제와 유리된 별개의 문제가 아니다. 나아가 사회의 인구구성과 기업의 인력구성 역시 별개의 문제가 아니다. 사회의 인구학적 다양성(demographic diversity)은 기업의 인력구성 다양성(workforce diversity) 문제와 서로 밀접한 관련이 있으며 기업경영에서 고려해야 할 중요한 이슈가 된다. 그리고 대표성(representativeness), 특히 소수집단(minority)의 대표성과 고용평등은 인사관리의 중요 의제로 다루어진다. 기업의 인력구성 다양성과 이에 대한 관리는 경제적 문제이면서 동시에 사회적 문제이고, 다양성관리는 기업의 경제적 가치뿐 아니라 사회적 가치의 관점에서도 모두 고려해야 할 기업 인사관리 상의 중요 과제로 떠오른다.

* 본 장은 성상현(2018), 사회적 가치창출과 실천을 위한 인사관리-다양성관리. 한국인사조직학회(편). K-매니지먼트: 기업의 미래를 여는 사회가치경영, 169-195, 서울: 클라우드나인 및 성상현(2022), 한국 기업의 다양성관리 현황과 과제, 인사조직연구, 30(3), 79-106.를 기반으로 구성했음.

10.1.1.2 기업은 다양성의 묶음

본질적으로 기업은 다양성의 묶음이다. 기업 내부에 다양성이 존재해야만 기업이 존속할 수 있다. 만약 완전히 동질적인 사람들로만 기업을 구성한다면 어떠한 모습이 될까? 그 기업은 동일한 모습과 사고방식을 가진 인간들이 모여 동일한 행동방식을 취하게 될 것이고 복합적 업무의 수행은 원천적으로 불가능할 것이다. 기업이란 조직을 만드는 이유는 혼자서는 할 수 없는 일을 하려는 것이고 나와 다른 능력을 가진 사람이 필요하기 때문이다. 그런데 생각까지 같은 복제인간과 같은 사람들만 모아 놓는다면 서로 다른 의견의 교환과 그로 인한 새로운 아이디어의 창안도 불가능해지며 결국 그 기업은 사멸하고 말 것이다. 복수의 사람이 공동의 목적을 달성하고자 만드는 조직은 다양성을 가진 사람이 모여 다양성에 따른 서로 다른 차이를 조직해내고 관리할 수 있을 때라야 성립 가능하다. 따라서 인사관리 또는 인적자원관리는 본질적으로 '다양성관리'가 되어야 한다.

기업이 고용한 개인은 기업에 속하면서 동시에 사회에 속한다. 개인은 사적 영역을 영위하는 독립된 고유한 존재이면서 동시에 사회적 활동을 하는 사회적 존재이다. 그러므로 기업은 개인의 사적 가치를 훼손해서는 안 되며, 또한 사회적 존재로서의 각 개인이 갖는 사회적 가치가 훼손되지 않도록 해야 한다. 다양성을 고려한 인사관리는 다양한 속성을 가진 개인이 각자 고유한 개인으로서 존중되고 나아가 사회적 존재로서 존중받고 가치를 발휘할 수 있도록 해야 한다.

10.1.1.3 기업의 인력구성과 다양성 반영

시장자본주의의 역사가 긴 구미 기업들에서는 1960년대 이후 시민권과 소수집단의 고용평등 관련 법체계를 정비하고 기업 인력구성에서 사회의 인구학적 다양성을 반영하도록 다양한 조치를 취해왔다. 모든 개인은 평등한 고용기회를 보장받아야 하며, 채용과 고용결정에서 보호받는 특징(protected characteristics)의 영역을 확장해 왔다. 인종, 성별, 연령, 피부색, 장애, 종교, 출신국가, 임신 등에서부터 군경력, 결혼 여부, 유전정보, 성적지향(sexual orientation), 심지어 왼손잡이에 이르기까지 고용상 차별을 금지하는 특성을 확대하고 있다. 우리나라 역시 여러 고용평등 관련 법규가 제정되어 성별, 연령에 대한 불필요한 차별을 금지하고 장애와 국가유공자에 대한 보호를 실시하고 있으나 아직 구미 국가들에 비해 제약이 많은 것이 현실이다.

다양성은 기업 경영과 내부의 인사관리 뿐 아니라 경제, 사회, 인류학적 문제 나아가 생물학적 이슈까지 겹친 복합적 과제이다. 본 장에서는 기업 경영과 인사관리 차원에서 다양성이란 무엇이며 어떠한 가치를 갖고 있는지에 대해 살펴보고, 다양성을 통해 가치를 창출하기 위한 인사관리, 즉 다양성관리의 실천 방안에 대해 다루고자 한다. 기업이 사회와 유리된 것이 아니라면 사람의 다양성을 고려하는 기업경영과 인사관리가 이뤄질 때 경제적 가치뿐만 아니라 사회적 가치를 함께 창출할 수 있다.

10.1.2 다양성의 종류와 유형

사람은 다양하다. 인간 개개인은 서로 다른 유전적, 신체적, 심리적 특성과 문화적 배경을 갖는다. 후천적으로 획득한 경험과 지식, 정보의 차이와 같은 인지적 특성 또한 모두 다르며 정서적 측면의 성향도 제각각 다른 고유한 존재이다. 인간은 저마다 다른 사고방식과 행동방식, 생활양식을 갖고 살아간다. 나아가 한 명의 개인조차 시간과 공간에 따라, 즉 어제와 오늘 그리고 내일의 모습이 달라져 가고 장소에 따라서도 생각과 행동이 달라질 수 있는 존재이기도 하다. 인간은 모두 고유의 특성을 가진 존재이다. 다양성은 본질적으로 서로 다른 차이를 갖는 인간의 특성이라고 할 수 있다.

10.1.2.1 다양성의 분류 방식

다양성의 분류(categorization) 방식은 다양성의 종류만큼이나 다양하다. 생물학에서는 생물의 다양성을 유전자적 차원, 종 차원, 생태계 차원으로 구분하여 유전자적 다양성, 종 다양성, 생태적 다양성으로 구분한다. 사회과학 분야에서 인간의 다양성은 생물학적, 인류학적, 사회학적, 심리학적 특성 등을 중심으로 분류한다. 인종, 성별, 민족, 또는 사회적 계층, 문화적 배경, 인지적 또는 정서적 차이 등이 분류 기준이 된다. 경험과 지식의 종류, 교육적 배경의 차이와 같은 것을 기준으로 분류하기도 한다. 인사관리 차원에서는 기업경영과 관련된 차이(differences)를 기준으로 다양성을 분류하는 방식을 주로 사용한다. 특히 사업상 필요성(business necessity)과 무관한 차이로 인한 차별은 불법행위가 되기 때문에 사업상 필요성과 관련된 차이와 분류 방식은 인사관리에서 보다 중요하게 다뤄진다. 노동력으로서 사람의 차이를 보는 관점에서는 능력과 경력, 경험과 정보지식 등 인지적 차이를 기준으로 분류하여 다양성을 볼 수도 있다. 기업이 인간의 노동력이 조직화된 것이라면 노동력의 질적 차이를 기준으로 다양성을 분류하는 것이 유용할 것이다.

소수집단에 대한 차별 문제가 제기될 때 논의되는 소수집단에 대한 판단은 단순히 인구수가 아니고 식별 가능한 신체적·문화적 차이의 존재, 권력의 격차, 정치·경제·사회적 차별의 존재, 그리고 집단적 자기인식이 기준이 된다. 여기에서 권력 격차는 정치적 권력뿐 아니라 경제적, 사회적 권력을 아우른다. 집단적 자기인식은 집단으로서의 정체성에 대한 집합적 자기인식을 의미한다.

〈표 10-1〉 다양성 분류 방식

학문 분야	내용
생물학	유전자적 차원 – 유전자적 다양성
	종 차원 – 종 다양성
	생태계 차원 – 생태적 다양성
사회과학	생물학적, 인류학적, 사회학적, 심리학적 특성 등을 중심으로 분류
	인종, 성별, 민족, 또는 사회적 계층, 문화적 배경, 인지적 또는 정서적 차이
인사관리	기업경영과 관련된 차이(differences)를 기준으로 다양성을 분류
	소수집단에 대한 차별 이슈 – 가능한 신체적·문화적 차이의 존재, 권력의 격차, 정치·경제·사회적 차별의 존재, 그리고 집단적 자기인식이 기준

출처: 저자가 작성

이러한 기준으로 볼 때 남아프리카공화국에서는 흑인이 백인보다 숫자가 많지만 흑인이 소수집단이 된다. 우리 사회에서 남녀의 숫자는 비슷하지만 여성이 약자로서 소수집단이 된다. 소수집단은 사회나 노동시장에서 수평적 또는 수직적 진입장벽에 막혀 사회와 분리(segregation)되어 소수자끼리 물리적, 심리적으로 그들끼리 집단을 형성하는 경가 많다. 흑인 밀집지역, 게토, 슬럼, 최근 한국에서 형성되고 있는 동남아인 밀집주거지역

등은 그러한 물리적 분리현상을 보여준다. 선천적 차이는 태어날 때부터 갖고 있는 차이로 자신의 의지로 바꾸기 힘들며 이러한 차이로 인한 차별은 불평등으로 이어질 경우가 많다. 인종, 민족, 성별(sex), 나이, 신체적 차이, 성적지향(sexual orientation)은 1차적 특성으로 볼 수 있다. 종교적 신념, 지역, 군경력, 혼인상태, 교육, 직업적 배경, 부모의 배경 등은 생물학적으로 유전되지 않지만 문화적으로 전승되거나 주어진 2차적 차이이며 이로 인한 불평등 역시 차별로 간주될 수 있다.

10.1.2.2 변화와 식별의 용이성

변화와 식별의 용이성으로 다양성을 구분할 수도 있다. 비교적 외형적인 차이지만 변화가 용이한 가변적 특성을 가진 다양성에는 직업이나 기능, 경험, 교육과 같은 정보와 지식 관련 차이가 있다. 이러한 특징들은 조직에 경제적 가치를 더해줄 수 있는 업무관련 다양성에 해당한다. 외형적으로 식별이 용이하지만 변화가 어려운 불변적인 특성을 갖는 차이로는 인종, 성별, 연령, 민족, 국적, 지역, 장애 등이 있다. 이러한 차이들은 인구학적 차이에 해당하며 소수집단의 대표성과 고용평등 등 차별문제와 밀접한 관련을 갖는 다양성이다.

기업에서 이러한 차이에서 비롯된 소수집단에 대한 평등고용이 이뤄질 때 사회적 가치를 제공할 수 있을 것이다. 내면적인 차이로서 변화가 어려운 특성을 가진 차이로는 종교, 신념, 성격 등이 있으며 가치와 정서의 차이를 나타낸다. 정보지식의 차이는 기업의 생산활동과 관련된 경제적 가치와 관련이 깊고, 인구통계적 차이와 가치 및 정서의 차이는 사회적 가치와 보다 관련이 깊다고 볼 수 있다. 이러한 관계를 반영하여 다양성의 분류와 창출 가치를 도시하면 [그림 10-1]과 같다.

10.2 다양성의 가치: 경제적 가치와 사회적 가치

다양성은 사람의 서로 다른 차이로서 인간에 내재된 특성이다. 다양성은 인간의 특성이므로 그 자체만으로도 가치가 있다. 인간이 사회를 이루어 살아가면서 서로 다른 차이를

그림 10-1 변화와 식별의 용이성에 따른 다양성의 분류와 가치

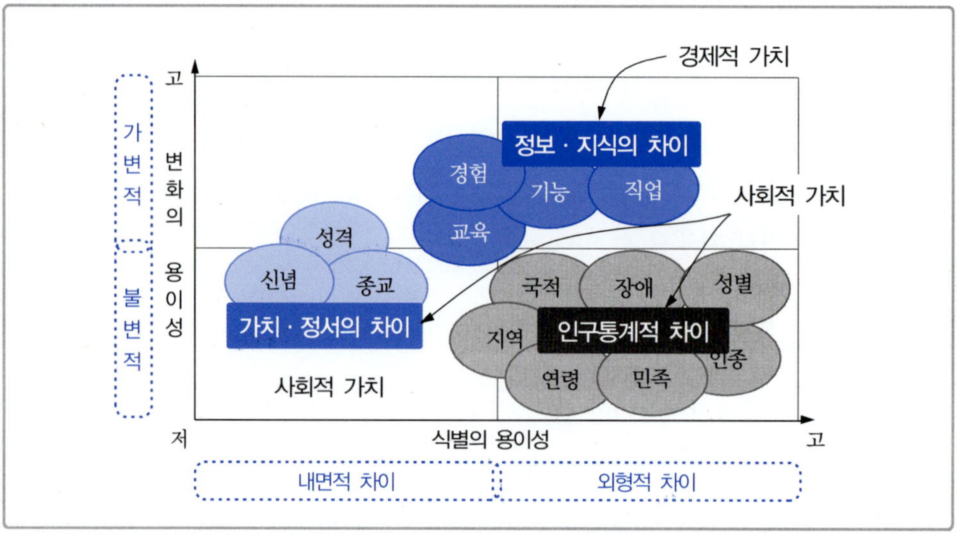

출처: 성상현(2018). 사회적 가치창출과 실천을 위한 인사관리-다양성관리, 한국인사조직학회(편), *K-매니지먼트: 기업의 미래를 여는 사회가치경영*. 서울: 클라우드나인.

있는 그대로 존중해야 한다고 할 때, 바로 다양성이 그 자체로서 가치가 있다는 의미이다. 이런 측면에서 다양성은 사회적 가치를 내재하고 있다. 사회의 유지와 존속을 위해서는 다양성이 요구된다. 필수다양성(requisite variety)은 생명의 존속을 위해 요구되는 필수적인 다양성을 의미한다. 계속되는 동종교배는 유전자적 다양성을 소실시키고 종의 사멸과 생태계의 교란을 가져온다. 흔히 동물들은 성장하면 무리를 떠나 다른 집단으로 들어가 번식한다. 많은 생물들은 자연적으로 다양성을 유지하기 위한 행동을 하며 인간 사회에서도 근친혼을 멀리하는 관습이 존재한다.

10.2.1 기업경영과 다양성의 관계

기업경영에서는 다양성이 가치가 있는가? 있다면 어떠한 가치가 있는가? 기업의 리더인 경영자가 다양성의 가치를 어떻게 인식하는가는 조직에서 다양성에 대한 분위기를 형성하는데 결정적 영향을 준다. 특히 인사관리는 다양성과 가장 관련이 깊으며 인사관리자는 다양성의 가치를 정확히 파악하여 다양성에 대한 관점을 명확히 정립하고, 인력구성

의 다양성과 기업의 경영 전략과의 관계에 대한 정책을 수립하고 운영해야 한다.

10.2.2 인력다양성

인력다양성은 기업에 인지적 자원을 풍부하게 한다. 다양성이 높으면 가용한 정보와 지식의 종류와 양이 많아지고 기업은 경쟁우위의 원천이 되는 인지적 정보자원을 확보할 수 있다. 다양한 인력은 다양한 지식과 정보를 제공하고 서로 다른 관점에서 사안을 보게 하여 의사결정의 질을 높일 수 있다. 또한 서로 다른 사회적 네트워크를 가진 사람들을 통해 조직의 네트워킹 능력 확장에 기여할 수 있다. 다양성은 마케팅 기회의 탐색과 시장창출에 유용한 자원으로 활용 가능하며 새로운 아이디어 도출과 창의적 연구개발에도 기여할 수 있다.

예를 들어 소수자 시장에 진입하기 위해 필요한 시장에 관한 구체적인 정보를 기업이 내부적으로 보유한 해당 그룹 인력을 통해 얻을 수 있으며 이들의 인적 네트워크는 시장진입의 발판이 될 수 있다. 해당 시장의 고객니즈를 보다 생생하게 파악할 수 있다. 여성은 여성 시장용품 시장을, 장애인용 제품은 장애인이 보다 더 잘 이해하고 니즈를 파악하여 시장 수용에 대처할 수 있는 것이다.

외국인이나 소수민족 시장은 해당 외국이나 그 민족 출신이 시장을 이해하고 니즈를 파악하여 진입하는데 교두보 역할을 할 수 있다. 신제품 개발 시 서로 다른 관점과 지식을 가진 다양한 기능적, 경험적, 교육적 배경을 가진 사람들이 모여 협동하면 제품의 완성도와 창의성을 높이는데 기여할 수 있다. 동질적인 인력구성을 가진 팀은 동질적인 시각으로 집단사고(group thinking) 경향을 강화할 위험이 클 수 있다. 이질적인 구성원은 다른 관점에서 생각하고 비판적 의견을 제시함으로써 특정 방향으로 쏠리는 집단적 의사결정의 위험을 방지하는데 기여할 수 있다.

사회적 소수자나 약자를 보호하는 기업의 다양성에 대한 수용과 확대 및 포용 정책은 은 조직구성원들로 하여금 자신이 속한 조직이 사회적 약자를 보호하는데 대해 자긍심을 갖게 하고 조직몰입도를 높일 수 있다. 조직 역시 사회적 정당성을 높이고 윤리적 기업이라는 긍정적 이미지를 형성하는데 기여할 수 있다. 기업은 인력구성의 다양성을 확보하고 포용하는 정책을 통해 유무형의 경제적 가치를 높일 수 있다. 나아가 기업은 인력다양성을 통해 사회적 가치를 높일 수 있다.

10.2.2.1 인력다양성과 내부지향 사회적 가치

인력다양성을 통해 조직 내부에서 발생하는 내부지향 사회적 가치(inbound social value of diversity)는 다양한 개인을 조직에서 활용함으로써 조직 내부에서 발생하는 가치이다. 조직은 다양한 인력에게 평등한 기회 제공함으로써 평등이라는 가치를 실현할 수 있고 기업이 존재하는 정당성(legitimacy)을 높일 수 있다.

다양성으로 인한 차이를 가진 인력은 차이를 통해 배우는 학습이 발생하며 차이에 대한 존중과 개방적이고 수용적 태도를 기름으로써 사회를 재해석하고 사회와 동화될 수 있는 소양을 기를 수 있다. 조직의 인력구성 다양성은 서로 다른 차이를 통합하고 공존할 수 있는 학습기회를 제공함으로써 사회통합과 상호존중이라는 가치를 실현하는데 기여할 수 있다.

10.2.2.2 인력다양성과 외부지향 사회적 가치

인력다양성을 농해 조직이 조직 외부적으로 발생시키는 외부지향 사회적 가치(out-bound social value of diversity)는 다양한 개인을 조직에서 활용함으로써 조직 외부로 발생키는 가치이다. 조직은 인력구성 다양성을 통해 사회적 소수자를 보호하고 고용기회를 제공함으로써 사회적 취약계층을 직접적으로 도울 수 있다. 소수집단이 사회를 구성하는 구성원으로 사회와 공존함으로써 사회적 안정에 기여하고 이들의 인적자원개발을 통해 인적자본의 총량과 집단간 개인간 상호 신뢰라는 사회적 자본을 증가시킴으로써 국민경제와 사회발전에 기여할 수 있다.

나아가 조직이 다양한 인력을 보유한다는 것은 조직 내부와 외부 간에 상호교류와 소통을 증가시킴으로써 열린 조직을 만들고 사회적 상호작용을 강화시켜 기업과 사회, 기업과 기업, 개인과 기업 간의 상호 이해를 증진시키고 사회적 소통을 향상시킨다. 다양한 인력이 중개자, 매개자, 관문의 역할을 함으로써 시장기회의 확대라는 경제적 가치뿐 아니라 사회적 가치를 창출할 수 있는 것이다. <표 10-2>는 다양성이 갖는 경제적 가치와 사회적 가치를 조직 내부와 외부로 구분하여 보여 준다. 최근에는 다양성이 갖는 인지적 자원으로서의 역할과 가치가 주목을 받고 있다. 서로 다른 정보와 지식, 관점, 아이디어, 사고방식 등 인지적 측면의 다양성은 조직에 창의성을 높임으로써 성과 향상에 기여할 수 있다는 것이다. 다양한 인력이 갖는 인지다양성(cognitive diversity)은 조직이 획득하고 개발해야 할 자원이라는 것이다.

〈표 10-2〉 다양성의 경제적, 사회적 가치

	경제적 가치	사회적 가치
조직 내부	- 시장기회 창출: 시장에 대한 지식과 정보, 네트워킹 능력 향상 - 기업의 브랜드 가치 향상 - 새로운 제품과 서비스 개발력 - 협동능력: 팀워크, 조직력 - 조직 유연성	- 조직의 안정성과 포용성 확대 - 상호학습 기반과 무형자산 증가 - 상호 신뢰 배양 - 인간 존중 문화 형성 - 구성원의 사회에 대한 긍정적 해석능력 향상
조직 외부	- 소득재분배, 경제적 안정 - 일자리 공급 - 신호효과: 기업에 대한 긍정적 사회적 시각 형성(공정한 기업, 사회적 약자를 배려하는 기업 등 기업에 대한 신뢰 증가) - 사회적자본 증가(사회적 신뢰 구축)	- 사회 불평등과 불만 감소 - 사회적 연대의식 강화 - 사회적 소통 향상 - 포용과 존중의 사회문화 형성 - 차이를 통한 학습문화 증진

출처: 저자가 작성

10.2.2.3 인력다양성이 야기하는 문제와 기회

그러나 다양성이 그 자체로 긍정적인 가치만을 창출하는 것은 아니다. 인력다양성은 조직 내외부적으로 여러 가지 문제를 야기할 수 있다. 다양한 인력은 서로 다른 차이를 이해하지 못하고 개인간 집단간 갈등을 유발할 수 있다. 사람은 유사한 특성을 가진 선호하고 다른 특성을 가진 사람을 배척하며, 사회적 범주에 따라 집단을 형성하고 동질적 특성을 가진 사람들끼리 집단정체성을 형성하여 다른 집단을 배척하고 적대시할 수 있다. 이러한 태도와 행동으로 야기되는 갈등은 조직을 긴장상태에 빠트려 조직력을 약화시키고 명시적, 묵시적 분쟁을 발생시키며 법적 쟁송으로 이어질 수도 있다. 차별소송과 민원을 제기하여 조직으로 하여금 사업외적인 일로 자원 낭비를 초래할 수 있다. 서로 다른 차이는 의사소통을 저해하고 상호이해를 곤란하게 만들며 조직의 응집력을 약화시키고 융화를 저해한다. 이로 인해 조직구성원의 조직에 대한 정서적, 규범적 몰입을 약화시키고 직무만족과 조직만족을 저해하고 생산성을 약화시킬 수 있다.

다음 표는 인력다양성이 주는 이러한 문제점과 이점을 보여준다. 인력다양성은 여러 이점을 조직에 제공할 수 있지만 다양성을 보유하는 것 자체만으로 그러한 이점을 향유할 수는 없다. 인력다양성이 주는 이점을 극대화하고 문제를 최소화하여 경제적 가치와 사회적 가치를 높이기 위해서는 다양성 차원에서의 인사관리 즉, 다양성관리가 체계적으로 이뤄져야 한다.

〈표 10-3〉 다양성이 야기하는 문제와 기회

문제	기회
- 긴장과 갈등으로 인한 과업수행 저해 - 차별 시비로 인한 소송과 민원 - 의사소통과 상호이해의 어려움 - 조직융합 저해 - 조직몰입과 만족도 저하	- 새로운 지식과 아이디어 창출 용이 - 정보네트워크 확대 - 창의성 발현 기반 - 새로운 사업기회 발굴 기회 - 고객의 니즈 파악 용이 - 틈새시장 공략 용이(소수민족 시장, 여성 시장, 장애인 시장)

출처: 저자가 작성

10.3 기업경영과 다양성관리

10.3.1 다양성을 보는 관점과 패러다임

다양성을 보는 관점은 역사적으로 몇 단계를 거쳐 진화해 왔다. 바락과 다야(Mor Barak & Daya, 2013)는 다양성관리의 1세대는 성별과 소수 민족 및 인종에 대한 법적 필수요건을 충족하는 수준의 적극적 고용개선의 시기, 2세대는 여성과 소수집단에 대한 인원수 맞추기에서 이들 집단에 대한 지원으로 변화하는 시기, 3세대는 다문화 조직의 시기로 소수집단에 대한 지원을 넘어 문화적·성별 다양성을 의도적으로 활용하여 효익 창출에 기여할 수 있는 정책을 제도화하는 시기로 구분한다.[2)]

엘리와 토마스(Ely & Thomas, 2001)는 다양성을 보는 관점과 다양성관리 패러다임을 세 가지로 구분하여 제시하였다.[3)] 차별공정성 관점의 패러다임은 다양성으로 인한 차별을 제거하고 공정성을 확보하려는 관점이다. 접근정당성 패러다임은 다양성을 통해 새로운 시장과 기회에 접근할 수 있으며 다양성 확보와 관리를 통해 조직이 정당성을 얻을 수 있다는 관점이다. 통합학습 패러다임은 다양성을 통해 상호학습을 일으키고 서로 다른 차이를 존중하여 통합하는 바람직한 모습을 보여준다.

10.3.2 다양성관리 5단계

[그림 10-2]는 이러한 논의를 종합하여 기업경영 차원에서 다양성관리 단계를 시대와 발전단계를 고려하여 다섯 단계로 도시했다.

각 단계는 국가별로 중첩되는 측면이 있고 동시에 여러 단계의 관리가 이뤄지는 경우도 있으며, 한 국가 내에서도 기업별로 다양성관리의 수준이 다르게 나타날 수도 있다. 그러나 이해의 편의를 돕기 위해 각 단계를 구분하고 그 특징을 보면 다음과 같다.

10.3.2.1 무관심 단계

먼저 무관심 단계이다. 1960년대는 인권과 시민권에 대한 보호가 강화되고 여성과 소수민족 등 소수집단이 본격적으로 자기의 보이스를 내기 시작한 시기이다. 그러나 다양성이 존재하는 것은 위험하다는 인식이 만연하고 다양성의 가치에 대해 무관심한 시기로 명시적, 묵시적 차별이 상존하는 단계이다. 일반적으로 사람을 나쁘게 대우하는 것은 바람직하지 못하므로 중지해야 한다는 관점을 갖고 대처하지만 다양성의 가치와 다양성관리에 대해서는 인식하지 못한다. 이 단계에서는 다름을 거부하고 차이를 위험한 것으로 보고 동질성을 선호하는 하는 행태를 보인다.

그림 10-2 다양성관리 발전 5 단계

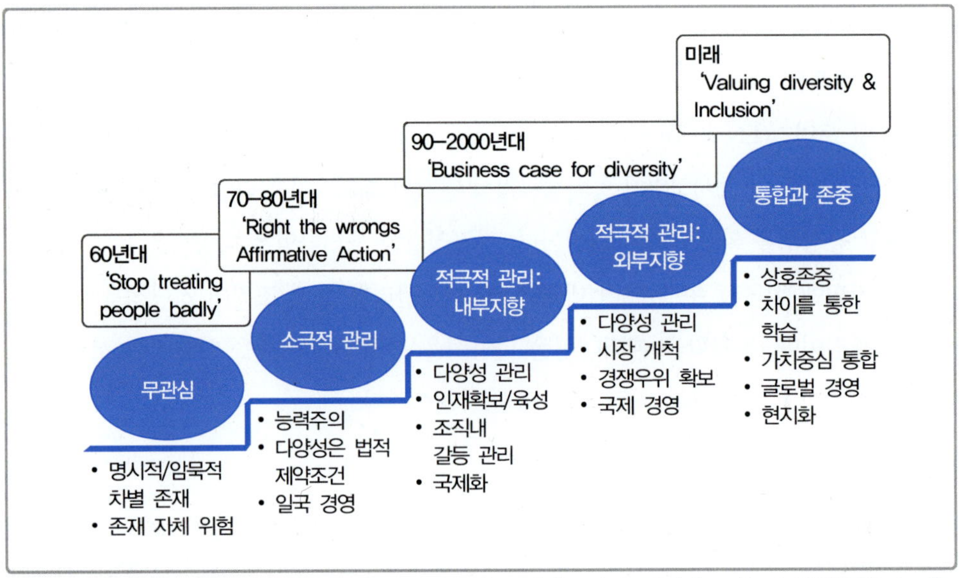

출처: Mor Barak, M. E. (Eds.)(2022), Managing Diversity: Toward a Globally Inclusive Workplace, 4th ed., SAGE Publications와 Ely, R. J., and Thomas, D. A.(2001), Cultural diversity at work: The effects of diversity perspectives on work group processes and outcomes, Administrative Science Quarterly, 46(2), 229-273를 참조하여 저자가 구성.

10.3.2.2 소극적 관리 단계

소극적 관리 단계는 나라마다 차이가 있지만 구미 국가에서는 70~80년대에 해당하는 시기로 볼 수 있으며, 서로 다른 차이에 따른 차별은 잘못된 것이므로 이를 바로잡고 구조화된 차별을 철폐해 나가는 단계이다. 미국에서 1967년에 도입된 적극적 고용개선조치(affirmative action)가 1986년에 캐나다와 호주에서도 도입되었다. 한국의 경우 여성 고용에서만 적극적 고용개선조치가 도입된 것은 2006년도이다. 이 단계에서 다양성이란 법적 조건을 충족하는 수준에서 관리해야하는 제약조건이고, 다양성관리 역시 법적 규제와 사회적 압력에 부응하는 수준에서 소극적으로 이뤄지는 단계이다. 균등한 고용기회를 강조하지만 다름이 환영받기 보다는 무시되는 방어적 태도를 보인다.

10.3.2.3 적극적 관리 단계: 내부 지향과 외부 지향

1990년대 이후는 다양성을 보는 관점이 크게 변화했다고 볼 수 있다. 다양성을 통해 조직 내외부적으로 다양성이 갖는 가치를 발견하고 다양성의 가치를 촉진하고 발현시키기 위해 적극적으로 다양성관리를 수행하는 단계이다. 이 단계는 다시 둘로 나눠 볼 수 있다. 먼저 조직 내부적으로 다양성이 야기할 수 있는 갈등을 관리하고 다양한 인재를 확보, 육성함으로써 사업기회를 발굴하는데 집중하는 내부지향적인 적극적 관리 단계이다. 그리고 다양성을 통해 시장을 개척하고 경쟁우위를 확보하며 국제적인 경영을 지향하는 외부지향적인 적극적 관리 단계이다. 다름에 가치가 존재한다는 것을 인식하고 다름을 인정하며, 이러한 서로 다른 다양성을 전략적으로 활용하려는 태도를 보인다.

10.3.2.4 통합과 존중 단계

통합과 존중 단계는 다양성을 폭넓게 인정하고 포용함으로써 상호존중과 차이를 통한 학습이 이뤄지고 가치 중심으로 조직을 통합하며, 글로벌 경영과 현지화를 수행하고, 나아가 사회적인 통합과 상호 존중이 이뤄지는 단계라고 볼 수 있다. 이 단계는 현실적으로 이뤄진 것이 아니라 최근 다양성관리가 지향하는 바람직하고 이상적인 모습에 해당한다. 차이와 다름, 즉 다양성이 환영되며 적극 지지하는 분위기와 태도를 갖는다. 그러나 다양성에 대한 포용과 관용이라는 것은 제국의 지배 전략에 불과하며, 이미 경쟁력을 갖춘 기업에서나 내걸 수 있는 경영상의 표어일 뿐 냉정한 시장논리, 힘의 논리가 바탕에 깔려 있는 현실을 직시해야 한다는 비판적 시각도 있다.

각 단계의 시기 구분이나 단계별 구분은 다양성관리의 여러 측면에 대한 이해를 돕기 위해 시각화한 것일 뿐이며 각 단계는 서로 중첩될 수 있다. 앞선 단계의 국가에서도 다양성에 무관심한 조직이 있을 수 있으며. 국가적 차원에서 뒤처진 나라에서도 선진화된 다양성관리를 하는 기업이 존재할 수 있다.

10.3.3 한국의 다양성 관리

10.3.3.1 법과 제도 시행

한국의 경우에 차별금지 및 고용평등, 적극적 고용 등 다양성과 관련된 법적 제도적 장치가 도입되어 왔다. 특히 1987년 민주화 이후 일련의 관련 법률이 정비가 이뤄져 왔다. 1988년에 남녀간의 평등한 고용기회와 대우를 보장하는 내용을 담은 남녀고용평등법이 제정되었고 수차의 개정을 거쳐 현재는 남녀고용평등과 일·가정양립 지원에 관한 법률로 이어지고 있다. 1990년에 장애인 고용촉진 및 직업재활법이 시행되었고, 1992년에 고령자 고용촉진법이 시행되어 현재 고용상 연령차별금지 및 고령자고용촉진에 관한 법률(약칭 고령자고용법)로 이어지고 있다.

1998년 파견근로자 보호에 관한 법률, 2001년 장애인 고용촉진 및 직업재활법, 2003년 건설근로자의 고용개선 등에 관한 법률도 고용평등에 관련된 대표적인 법률이다. 우리나라는 2006년부터 여성고용에 한해 적극적고용개선조치를 시행하고 있다. 이 제도는 현재 500인 규모 이상의 사업장과 공기업의 경우 여성 고용 비율과 여성관리자 비율이 동종업계 대비 70%(2016년까지는 60%) 미만일 경우 여성이 고용상 차별을 받고 있다고 간주하고 차별 시정을 권고하는 적극적고용개선조치 제도를 도입하여 운영하고 있다. 이 조치의 적용을 받는 사업장은 2022년 현재 2500여개에 이르고 있다.

한국은 인구구성 상 외국인의 비중이 낮은 편이었지만 근래 들어 장기체류 외국인 노동자와 이주민이 증가하여 그 수가 2017년 기준 128만 명에 이르고 있다. 경제활동인구에서 차지하는 비중이 아직은 5% 수준이지만 현재 추이라면 한국 사회도 외국인에 대한 고용평등 관련 조치들의 도입이 검토될 가능성이 있다. 이주노동자, 국제결혼, 외국인 연수생, 난민 등 인종과 국적, 문화적 차이에 대해 다양성관리 차원의 대응이 요구된다. 정년연장으로 인해 증가한 고령노동자에 대한 차별금지, 폭이 넓어진 연령대의 구성원 간 융화 문제, 성소수자와 젠더 이슈 또한 민감한 사회적 문제로 우리에게 닥쳐 있다.

〈표 10-4〉 주요 제도 시행 전후 경제활동 인구구성 변화

관련 법제도(시행년도)	인력 지표		도입 전	도입 후 (2021년)
여성발전 기본법(1996년) 양성평등 기본법(2005년)	여성경제활동참가율		48.4% (1995년)	53.3%
남녀고용평등법 상 적극적고용개선조치 (2006년)	적극적고용개선조치 대상 기업(500인 이상 사업장 및 공기업과 공공기관)	총여성 비율	30.8% (2006년)	37.8%
		여성관리자 비율	10.2% (2006년)	21.3%
정년 60세 연장 (2016년)	고령자 고용율		66.0% (2015년)	66.3%
장애인고용촉진 및 직업재활법(2007년)	장애인 고용율	민간부문	1.86% (2009년)	2.96%
		정부부문	1.97% (2009년)	2.97%
외국인 고용법 (2004년)	외국인 취업자 수		79.1만 명 (2012년)	85.5만 명

출처: 성상현(2022.12.27), '11명의 메시'로는 월드컵에서 우승할 수 없다, 중앙일보.

10.3.3.2 한국의 전통문화와 다양성

한국은 역사적으로 단일민족이라고 하지만 전통문화를 살펴보면 '화이부동 동이불화(和而不同 同而不和)' 즉, 같으면서도 다르고 다르면서도 같은 공통점과 상이점의 공존과 화해의 정신적 전통을 갖고 있다. 불교문화에서도 원융(圓融)과 화쟁(和諍)이라는 아우름과 존중을 통한 발전이라는 사고체계를 갖고 있다. 화쟁은 차이에 따른 쟁(諍)을 나쁜 것으로 보기만 하거나 좋은 게 좋다는 식으로 덮어놓고 화(和)를 이루는 것을 답으로 삼지도 않으며 서로 다른 관점과 생각을 그대로 존중하면서 차이 자체가 지니는 가능성을 발현하도록 하는 것이라고 한다. 이러한 정신은 다양성관리의 기반이 되는 사고방식과 맥을 같이한다.

10.4 다양성관리(다양성 친화형 인사관리, pro-diversity HRM)

10.4.1 다양성관리의 정의

다양성관리란 조직에서 구성원들이 사회와 조직의 인력구성 다양성을 이해, 포용, 존중하고 서로 다른 차이를 통해 학습함으로써 조직의 경제적 목표를 달성하고 나아가 사회적 가치 창출에 기여하는 인사관리 활동이다. 기존 인사관리가 조직의 경제적 가치를 중심으로 한 조직목표, 즉 고정적·수단적 가치를 지향한다면, 다양성관리는 경제적 가치뿐만 아니라 사회적 가치를 중시하며 자연적이고 창발적인 가치를 창출하는 혁신적 인사관리라고 할 수 있다. 다양한 인력을 확보하여 조직 목표에 몰입(commitment)하도록 동기부여하고 경영활동에 참여(engagement)하게 하며 평가와 보상을 통해 경제적, 사회적 가치를 창출하도록 공정하고 평등하게 관리하는 경영활동이다. 현대의 인사관리는 모든 인간의 다양성을 전제로 하는 다양성 친화형 인사관리가 되어야 하며, 인사관리 또는 인적자원관리 자체가 곧 다양성관리가 될 때 다양한 사람을 통해 경제적, 사회적 가치를 극대화할 수 있다.

10.4.2 사회적 가치 창출을 위한 인사관리와 다양성 관리

인사관리는 조직내부 구성원을 일차적 대상으로 하는 활동이다. 구성원을 통한 경제적 가치의 창출은 전통적 기업경영의 주 관심사이자 목적이다. 사회적 가치 창출을 위한 인사관리는 개별 구성원이 사회적 가치를 창출할 수 있도록 지원한다. 1차 고객인 내부고객, 직원이 조직 내부에서 자신의 사회적 가치를 존중받고, 조직 밖에서 사회적 존재로서 가치를 갖거나 창출할 수 있도록 해야 한다.

예를 들어 최근 관심사로 주목받는 일·생활균형(work-life balance)을 위한 관리, 모성보호와 유연근무제, 기업의 사회적 책임을 위한 사회공헌활동 지원 등은 경제적 가치를 넘어 사회적 가치를 지향하는 인사관리 활동의 좋은 사례이다. 개인의 자아실현을 돕는 경력개발 역시 개인을 통한 경제적 가치의 실현을 넘어 사회적 가치의 창출을 지향하는 활동이라 할 수 있다. 조직 내부에서 다양한 특징을 가진 동료를 이해하고 협동하며 업무를 수행한 경험은 사회적인 관용과 포용의 확산으로 이어질 수 있다. 내부구성원은 인사관리와 다양성관리의 대상이기도 하지만 동시에 주체로서 이들의 니즈를 충족하고 성장기회를 제공하는 것은 기업뿐 아니라 사회적 존재로서 개인의 가치를 향상하는 활동이다.

10.4.3 다양성 인력의 역할과 가치 및 관리 초점

기업은 다양성관리를 통해 조직구성원이 개별구성원, 집단적 협동인, 내외부 연결자, 조직의 대표자로서 경제적 사회적 역할을 효과적으로 수행할 수 있도록 함으로써 경제적 사회적 가치를 창출한다. <표 10-5>는 이러한 다양성 인력의 역할과 파생 가치 및 관리방법을 보여준다. 다양성관리는 구성원들로 하여금 다양한 속성과 배경을 통해 각 역할을 수행할 수 있도록 인력을 확보, 개발, 활용, 유지하는 일련의 관리활동을 포함한다.

〈표 10-5〉 다양성 인력의 역할과 가치 및 관리

역할	개별 구성원 individual worker	집단적 협동인 team worker	내외부 연결자 networker	대표자 representative
이미지		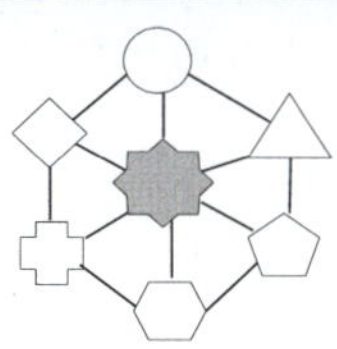	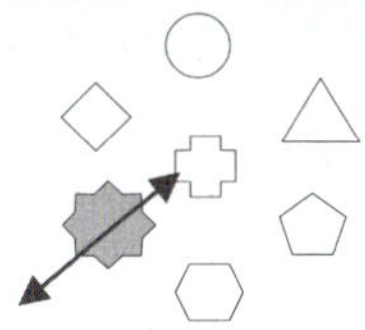	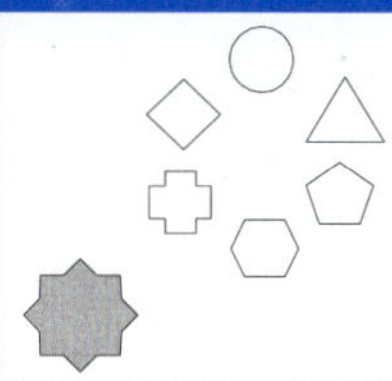
가치	- 직무수행자 - 인적자원(노동력, 생산요소) - 생산활동	- 팀워크 - 조직학습능력 - 집단창의성 - 문화적 수용성	- 정보 매개자 - 인맥 확장자 - 지식 전달자 - 경계확장자	- 조직 이미지 전파 - 대변인(speaker) - 상징(symbol) - 발신자(signal)
관리 초점	직무관리 개별 성과 개별 인센티브	조직개발, 리더십 팀 성과관리 집단보상	커뮤니케이션 정보력 활용 인맥관리	이미지 관리 로얄티 함양 조직 미션 소통

출처: 성상현(2018), 사회적 가치 창출과 실천을 위한 인사관리·다양성 관리, 한국인사조직학회(편), *K-매니지먼트: 기업의 미래를 여는 사회가치경영*, 서울: 클라우드나인, 189쪽

10.4.3.1 개별구성원 역할과 가치

먼저 다양성 인력은 조직의 '개별 구성원'으로서 자신의 직무를 수행하는 직무수행자(job holder) 역할 수행을 통해 조직의 생산 활동에 기여한다. 여기서 인사관리의 초점은 최적 인력을 최적 직무에 배치하여 생산성을 극대화하고 개인의 직무만족을 높이는 데 주어진다. 적재적소 인사를 위해서는 개인의 역량과 인적 특성을 명확히 파악하는 것이 필수적이다. 개인이 창출한 성과를 공정하게 평가하여 상응한 보상을 함으로써 동기부여가 가능하다. 다양한 인적 속성으로 인해 소기의 성과를 객관적으로 인정받지 못할 경우 불만이 누적되고 조직을 떠나게 된다. 적재적소의 공정한 인사관리는 다양성관리 차원에서도 필수적인 기반 원리이다.

10.4.3.2 집단적 협동인 역할과 가치

다양성 인력은 고유의 특성을 가진 독특한 존재이지만 동시에 팀의 일원이 되어 협동과 조화 속에 시너지를 발휘할 수 있을 때 조직에 가치를 더할 수 있다. '집단적 협동인'으로서 조직학습능력, 집단창의성, 문화적 수용능력을 배양함으로써 조직에 가치를 더해줄 수 있다. 다양성인력이 집단적 협동인으로 역량을 발휘할 수 있기 위해서는 조직개발(OD)을 통한 팀워크 향상, 원활한 조직 커뮤니케이션, 리더십 개발, 팀이나 조직 단위의 성과평가와 보상, 집단적 성과관리가 체계적으로 이뤄져야 할 것이다.

10.4.3.3 내외부 연결자 역할과 가치

다양성 인력은 조직 '내외부를 연결하는 연결자'로서의 역할을 통해 조직 내외간 정보를 매개하고 인맥을 연결하며 지식을 전달하고 조직의 경계를 확대함으로써 가치를 창출한다. 이러한 네트워킹 관문(portal)의 역할을 통한 가치 향상을 위해서는 커뮤니케이션 능력을 개발하고 정보력과 인적 네트워크를 효과적으로 활용할 수 있는 체계를 갖춰야 한다.

10.4.3.4 대표자 역할과 가치

나아가 조직을 대표하는 '대표자'로서 역할을 한다. 다양성 인력은 조직을 대표하는 얼굴 또는 외교관으로서 조직의 이미지를 대외에 전달하고, 조직을 대리하여 조직의 입장을 대변하거나 발신하고 조직을 대표하는 상징적인 표상이 되기도 한다. 다양성 인력이 조직을 대리하여 조직의 이미지를 긍정적으로 전파할 수 있도록 조직에 대한 충성(loyalty)을 갖도록 만들고 조직의 비전과 미션을 잘 이해하고 공유하여 전파할 수 있도록 함으로써 조직의 대외적 이미지 향상에 기여할 수 있다.

박스사례 **다양성이 능력을 이긴다**

2022 카타르 월드컵이 막을 내렸다. MVP를 받은 아르헨티나 메시가 크게 돋보였다. 메시는 프랑스 구단 소속이지만 조국 아르헨티나 팀을 이끌었다. 우리의 손흥민 선수와 포르투갈 출신 벤투 감독도 그렇지만 우수한 선수와 팀 구성은 국경을 넘는 경험과 배경을 가진 경우가 많다. 그렇다면 가장 우수한 선수를 복제하여 팀을 구성하면 최고의 팀이 될까? 11명의 메시로 이뤄진 팀을 상상해보면 된다.

기업도 마찬가지다. 가장 우수한 능력을 가진 사람들로만 팀을 채우면 최고의 성과가 나올까? 그런 팀은 유사한 교수진 밑에서 교육받은 사람들, 비슷한 인적 네트워크와 사고방식을 가진 이들로 채워질 가능성이 높다. 동질적 배경과 관점을 가진 사람들로는 최고의 팀을 만들 수도 없고, 최고의 성과도 나오지 않는다. 단순한 문제의 해결을 위한 정보는 소수의 사람이 모두 가질 수 있지만, 복잡한 문제는 그렇지 않기 때문이다. 지식과 정보, 관점이 다른 사람이 모여 집단지성을 발휘해야 문제를 제대로 해결할 수 있는 경우가 많다. 조직이 우수한 성과를 내기 위해서는 구성원들이 다양성을 갖춰야 한다. '다양성이 능력을 이긴다'는 조직 원리(Diversity trumps ability theorum)이다.

출처 Page, Scott E.(2007), *The Difference: How the Power of Diversity Creates Better Groups, Firms, Schools, and Societies.*, Princeton University Press와 Page, Scott E.(2017), *Diversity Bonus: The Diversity Bonus: How Great Teams Pay Off in the Knowledge Economy*, Princeton Univ. Press를 참고하여 저자 작성.

10.5 다양성관리 전략

10.5.1 다양성 확보 전략

기업이 어느 정도로 다양성을 확보할지, 다양성을 어떻게 활용인지 등은 전략적 결정의 하나에 해당한다. 조직의 미션, 비전, 목표 달성을 고려하여 다양성이 주는 기회와 위협, 강점과 장점을 파악하여 다양성 인력을 확보하고 유지, 활용하는 전략을 수립할 필요가 있다. 예를 들어 경영전략에 따라 경쟁기업에 비해 선도적으로 다양성 인력을 확보할 수도 있을 것이고, 법제도적 기준의 최저선을 따르는 수준에서 최소의 다양성인력을 확보하고 관리할 수도 있을 것이다.

조직을 동질적 인력으로 채울 것인지 이질적 인력의 수준을 어느 정도로 할 것인지는 조직이 갖는 전략적 위치에 따라 결정되는 것이 바람직하다. 예를 들어, 글로벌 경영을 하거나 신시장 개척을 위해 새로운 네트워크가 필요할 경우 조직은 관련된 다양성의 확대와 활용을 통해 이점을 누릴 수 있다. 또한 소수집단을 적극 고용함으로써 사회적 형평성을 증대하는데 기여함으로써 조직의 위상을 확보할 수도 있다.

공기업이나 공공적인 성격을 가진 조직에서 사회형평적 채용을 통한 다양성 확보는 기업의 존립 취지와 부합되는 방식의 인사관리라고 할 수 있다. 내부적으로 새로운 아이디어나 개발 능력 확보를 위해 다양성 인력을 유치하여 활용할 수 있다. 채용(모집과 선발) 과정에서 채용목표제(할당제)를 통해 법적 제도적 요구에 적극적으로 대응할 수 있다.

기회균등과 적극적고용개선조치에 대해 기업이 어떻게 대처할 것인지, 즉 최소한의 요건만 갖추는 수동적 대응을 할 것인지 또는 경쟁 기업에 비해 선도적으로 대처할 것인지 여부에 대해 인사관리 상 정책 방향을 분명하게 취하는 것이 바람직하다. 다양성의 발현과 활용을 통해 조직역동성을 촉진하고 조직에 정보지식(인지자원)을 확충하고 필요한 네트워크를 구축할 수도 있다.

10.5.2 다양성 전략과 다양성 관리

앞서 예시한 일련의 활동은 다양성 인력을 포함한 전 구성원에 대한 교육훈련, 팀워크 개발, 조직 분위기 조성, 조직문화 구축 등 다각적인 활동을 통해 수행하는 것이 바람직하다. 나아가 조직의 경영전략과 이에 따른 인사전략 및 다양성관리 정책의 수립, 채용, 리더십과 조직개발, 평가와 보상, 전배치, 다양성 분위기(diversity climate)와 조직문화 구축 등 일련의 활동은 상호 정합성(fit)을 갖고 수행될 때 보다 효과적이다.

10.6 다양성 평가와 관리

사회적가치의 창출을 위한 다양성 차원에서의 인사관리가 효과적으로 실행되기 위해서는 올바른 평가가 바탕이 되어야 한다. 사회적 가치를 지향하는 인사관리라면 평가의 영역에 전통적인 경제적 성과뿐 아니라 사회적 성과를 평가 요소로 포함하는 것이 일관성이 있다. 조직의 미션이나 비전, 전략적 목표가 인사평가 또는 업적평가 요소에 반영될 때 사회적 가치를 창출하는 방향으로 구성원들의 행동을 이끌 수 있다. 본 장에서는 다양성에 초점을 두고 다양성 관리의 측정과 평가에 대해 제시하고자 한다.

조직은 인력구성의 다양성의 정도, 다양성관리를 위한 제도와 관행, 조직의 다양성 분위기와 조직문화, 다양성을 통괄하는 리더십 등 관련 평가요소를 고려하여 다양성관리 수준을 측정할 수 있다. 다양성을 통해 구현되는 경제적, 사회적 가치를 고려하여 제2장에서 제시한 투입(input), 과정(process), 산출(output), 결과(outcome), 영향(impact)의 프레임에 따른 사회적가치의 측정방식을 활용하여 평가 요소를 제시하면 다음 <표 10-6>과 같다.

인력구성 다양성은 비율이나 비중, 섞임의 정도 등 계량화된 지표를 사용할 수 있으며, 다양성 분위기는 설문문항이나 관찰을 통해 측정 가능하다. 다양성 관련 평가는 다양성 스코어카드(diversity scorecard)를 활용할 수 있다. 다양성 친화형 제도는 제도의 도입 유무 및 개수, 활용 여부 및 정도를 기준으로 측정할 수 있다. 다양성 분위기나 문화,

〈표 10-6〉 다양성관리에 대한 평가 요소 및 예시

	투입 input	과정 process	산출 output	결과 outcome	영향 impact
경제적 성과	인적자원 확보의 충분성: -다양성 충족도 -포괄성(조정비용)	네트워크 확대, 정보 증가, 관점 다양화, (과정 손실/이득)	신시장 개척, 혁신적 아이디어, 신제품 개발, 조직이미지 개선	재무적 성과, 시장점유율 확대, 일자리 공급	경제적 평등과 기회 향상
사회적 성과	갈등관리 노력, 상호이해 증진 및 적응 교육, 협업 스킬	불평등, 불만, 갈등 감소, 조직 안정성 향상	지적자산 증가, 신뢰 증가	조직시민행동, 집단성과 향상, 쟁송 감소	포용과 존중의 사회문화
예시	장애인 모집활동, 장애인 고용제도	장애친화적 작업환경 구축	장애인 고용인원수. 장애인 대상 시장 개발	장애인 직원의 직무만족 및 삶의 질 변화	장애인 고용의 사회적 확산
	여성고용 목표제 할당제, 여성대상 모집활동	여성 친화적 근무환경 및 제도	여성고용 인원수, 여성 대상 시장 개발, 경력단절 감소	여성인력의 직무만족 및 경력개발	고용상 성평등 확산, 남녀가 등등하게 성장 가능한 사회, 출산율 향상
	고령자 활용 및 신규 고용	고령 친화적 직무개발 및 할당	고령자 고용인원수, 고령자 상품개발	고령자 삶의 질 변화	고령 친화적 사회문화
	외국인 고용, 이문화 교육, 문화적응 훈련	이문화 수용 분위기 및 제도	외국인 고용인원수	외국인 직무만족, 리텐션	문화간 이해 증진

출처: Page, S. E.(2010), *Diversity and complexity*, Princeton University Press.

다양성에 대한 가치는 설문문항을 사용할 수 있다. 다양성과 다양성관리가 창출하는 사회적 가치는 경제적 가치에 비해 화폐 단위나 인원수 등의 정량적 측정이 용이하지 않아 주관적 지표를 통한 조사 방식으로 측정해야하는 경우가 많다. 따라서 연구를 통해 타당성을 확보한 항목을 활용하여 평가하는 것이 바람직하다.

10.7 다양성 관리, 미래 가치 창출의 키워드

미래 사회는 알 수 없는 도전으로 다가온다. 과거는 반복 재생되지 않으며, 새로운 도전 과제는 새로운 해법을 요구한다. 과거의 성공 경험과 모범적인 방식만으로 미래에 대비할 수 없다. 다양성이 필요한 이유가 여기 있다. 다양한 접근 방식과 사고 체계, 정보와 네트워크 확보는 기업의 생존과 발전을 위한 필수 조건이다. 인력 다양성은 이러한 조건을 제공한다. 조직이 인력 다양성을 확보하고 유지하여 활용하기 위해서는 체계적인 다양성 관리가 요구된다. 다양성이 확보되어 본연의 가치를 발현하기 위해서는 다양성을 포용하고 존중하는 제도와 문화가 있어야 한다. 단기적인 경제적 성과에 머무르지 않는 원대한 목표, 지속 가능한 발전을 실현하려는 조직은 다양성을 확보하고 관리해야한다. 경제적 가치와 더불어 사회적 가치를 구현하기 위해서는 인력의 동질성을 기반으로 한 기존의 인사관리를 인력의 이질성을 기반으로 하는 다양성 관리 체계로 전환해야 한다.

채용부터 평가와 보상, 직무관리, 전배치, 팀워크 형성, 리더십, 소통 방식, 조직구조와 문화 형성 등 일련의 인사관리 방식에서 이제는 다양한 인력이 존재한다는 전제 하에 문제점을 찾고 개선해야 한다. 이러한 다양성 친화형 인사관리, 즉 다양성 관리는 개방성, 유연성, 혁신성을 특징으로 된다. 많은 기업들이 생존과 발전을 위한 혁신 방안을 모색하고 있다. 다양성은 이러한 기업들에게 활로를 제공하는 이정표 역할을 할 것이다. 다양한 인력의 관점에서 기존의 제도와 관행을 살펴보는 역지사지(易地思之)가 필요하다. 역지사지는 개방성과 유연성, 혁신성을 요구한다. 다양한 인력을 그들, 또는 타자로 구분해버리고 기존 관행과 주류적 사고에 갇혀 있어서는 혁신이 불가능하다. 관성에서 벗어나 오히려 그들의 입장에서 사고함으로써 혁신의 길을 모색할 수 있다. 이러한 변화를 통해 경제적 목표 실현과 더불어 사회적 가치를 제고 하는 경영이 가능해지고 공존공영하는 지속가능한 발전이 이뤄질 것이다.

박스사례 DEI에 주목해야 하는 이유: DEI는 선택이 아닌 필수

다양성을 둘러싼 의문과 현실

요즘처럼 기업이 생존조차 힘들 정도로 변화가 극심한 상황에서도 여성고용 확대 등 다양한 인력을 확보, 유지하는 노력을 굳이 해야 하는가? 선진 기업들도 다양성 확대에 대한 요구에 피로감을 호소하는 마당에 우리 회사도 그래야 하는가? 사회적으로 바람직하다는 것은 알겠지만 경영에 필수적인 일도 아니고 나중에 여건이 좋아지면 그때 하면 되는 것 아닌가? 여성들은 아이가 생기면 회사에 시간을 온전히 다 쓰지 못하고, 험한 일도 감당하기 어려운 것이 사실 아닌가? 직종이나 산업별로 차이가

커서 여성 고용을 확대하고 싶어도 전공자도 경력자도 부족하다. 남녀 구분 없이 동일한 인사 규정을 적용하면 충분하다. 회사가 필요로 하는 인력으로 조직을 채우는 것이 중요하다.

현실적인 의문이고 의견이다. 그러나 시각을 바꿔서 봐야 할 것이 있다. 능력이 있지만 여성이라는 이유로 직장에서 실력을 발휘할 기회를 갖지 못하는 경우는 없는가? 경력단절 여성 비율이 고학력일수록 높은 것을 여성 개인의 책임으로만 볼 수 있는가? 영국 이코노미스트가 발표하는 유리천장 지수에서 한국은 올해도 연속 9년째 꼴찌를 고수하고 있다. 여성 임원 비율 역시 세계 최하위 수준이다. 차별 없는 경영을 한 결과라고 보기는 어렵다. 이러한 현상은 사회적, 윤리적 기준뿐만 아니라 기업 경쟁력 측면에서도 결코 바람직한 모습은 아니다.

공정성은 기업 경쟁력의 기본

'소리 없는 이직(silent quitting)'이 확산되고 있다고 한다. 몸은 출근해도 마음은 다른 데로 가버리는 현상이다. 자신이 투입한 노력에 비해 보상이 작으면 불공정성을 느끼게 되고 노력을 줄인다. 기대하는 것을 얻기 어렵거나 인정을 받지 못하면 최선을 다하지 않는다. 그래서 조직공정성은 경영 효율성을 높이는데 중요하다. 간접적이든 직접적이든, 보이든 보이지 않든 차별이 존재하면 일과 능력을 통해 객관적으로 인정받기보다는 조직정치를 하게 된다. 눈치 보기, 줄 대기, 아부하기, 일하는 척하기 등과 같은 비생산적인 행동이 늘어나고 기업의 경쟁력은 약해진다. 시장은 냉정하고 차별은 반시장적이기 때문이다. 차별이 존재하는 기업이 존경받거나 좋은 브랜드 이미지를 가질 수도 없다. 대규모 집단소송의 피고가 되어 법정에 서지 않는다는 보장도 없다.

한국 기업에서 여성 관리자와 리더 숫자가 적은 이유는 한국이 OECD에 가입한 시기가 가장 늦고 산업화와 여성의 사회 진출 본격화가 늦은 것도 중요한 이유의 하나라는 것을 부인할 수 없다. 경제는 급격히 성장해도 인재 양성에는 장기간이 소요된다. 특히 연공서열적인 질서가 강한 한국 기업의 인사 관행상 관리자와 임원이 되기 위해서는 상당한 근속연수가 요구된다. 최근 여성들이 기업에서 활동하는 정도가 양적, 질적으로 조금씩 변화가 보이고는 있지만 속도는 더디다. 성장 제일주의, 권위주의 시대의 위계적 통제와 복종, 장시간 근로와 휴가 없는 일 중심 문화, 직장에 대한 헌신으로 가정이 희생되는 일이 미덕으로 회자되고 신화와 전설이 되어 뇌리를 맴도는 한 여성의 직장생활은 더욱 힘들어진다. 힘들면 마음도 멀어진다.

DEI의 중요성과 다양성관리의 필요성

남성 중심적인 직장 분위기에서 임신과 출산의 당사자이자 육아와 돌봄과 교육에 대해 일차적 책임을 지는 여성들이 남성들과 동등하게 경쟁하면서 온전히 직장에서 버티고 성공하기는 쉽지 않다. 이런 관행을 변화시키려는 고용평등법, 양성평등기본법, 채용절차 공정화법 등 법적·제도적 변화가 있어

왔고, 시대가 바뀌어 MZ세대가 등장했지만 조직문화의 변화는 느리기만 하다. 그렇다고 시간이 문제를 해결해주지는 않는다. 그래서 포춘 500대 기업의 80% 이상이 '다양성과 포용(Diversity & Inclusion, D&I), 또는 다양성, 형평성, 포용(Diversity, Equity & Inclsuion, DEI)'를 기치로 내걸고 인력다양성을 의도적으로 확대하고 다양한 인력이 일하기 좋은 직장을 만들기 위해 노력하는 것이다. 경영환경이 좋아질 때를 기다리지 않고 선제적으로 다양성을 확대하고 포용하려는 노력을 기울이는 것이다.

여성이 일하기 좋은 직장은 남성도 일하기 좋은 직장이 된다. 포용성은 기업경영에 도움이 된다. 배경이나 성별과 무관하게 자격을 갖춘 사람에게 일할 기회를 주는 것은 공정한 조직이라면 당연히 해야 할 일이다. 여성이라는 이유로 기회가 주어지지 않는다면 기업으로서도 손해이다. 오랜 관행으로 인해 누적된 차별이 있다면 그것을 해소하는 것이 공정이고 정의이다. 출발선 맞추기는 특혜가 아닌 공정과 상식에 속한다. 장거리 경주를 하는 운동장에서 출발선이 다르다고 시비를 거는 스포츠는 없다.

다양성으로 인해 얻을 수 있는 이점도 많다. 서로 다른 관점과 아이디어, 정보를 가질 수 있고, 인적 네트워크도 넓어 질수 있다. 시장에 대한 다각적 이해, 예를 들어 여성 소비자에 대한 이해와 설득은 여성이 더 잘 할 수 있다. 다양성은 사업에 필요한 이점을 누릴 수 있게 해주는 기반 역할이 가능하다. DEI 즉, 다양성과 형평성, 포용을 실현하는 것이 곧 다양성관리라 할 수 있다. 차별을 없애거나 방지하고 다양한 인력이 능력을 발휘할 수 있도록 포용하는 것이 다양성관리의 요체다.

출처: 성상현(2022), DEI(Diversity, Equity, Inclusion)에 주목해야 하는 이유: DEI는 선택이 아닌 필수, 9월호, *월간 인재경영*.

박스사례 **다양성, 평등, 포용, 어떻게 할 것인가? DEI 실천 방안**[4)]

경영은 사람 간 차이로 인한 갈등은 줄이고 차이를 활용한 협동을 통해 조직목표를 달성하는 활동이라는 점에서 다양성관리를 내포한다. 리더는 다양성관리자로서의 역할을 수행해야 한다. 다양성관리를 위해서는 새로운 리더십이 필요하다. 집단주의적 문화의 온정적인 가부장적 리더십은 개인주의화가 진행되고 있는 기업문화나 다양성에 대한 포용과 거리가 있다. 엇비슷한 사람들을 모아놓고 일사불란하게 지휘하는 지휘관이 아니라 저마다 개성 있는 사람이 자유로이 자신의 직무를 수행하면서도 큰 그림을 함께 그려나갈 수 있도록 도와주는 조력자이자 코치로서의 리더십이 각급 리더에게 필요하다.

구체적으로는 다양성을 확보하고 관리하는 목표가 무엇인지, 왜 해야 하는지에 대해 명확한 관점을 가져야 한다. 공정한 조직 만들기, 사회적 정당성 확보하기, 다양한 인력을 사업에 활용하기, 상호학습을 통한 조직역량 강화, 글로벌 경쟁력 확보 등 장기적인 안목으로 다양성을 이해하고 관리 목표를 설정할 필요가 있다. 그리고 현재 제도와 관행, 조직분위기를 파악하고 이를 개선하는 활동이 요구된다.

〈표 부록 10-1〉 다양성 친화형 제도 및 관행 (예시)

구분	인사 제도와 관행
채용	•리쿠르터와 면접위원에 대한 차별방지 및 다양성 관련 교육 정도 •리쿠르터와 면접위원 구성의 다양성 정도 •지원자 인력 구성 대비 선발된 인력 구성의 편중 여부 •다양한 배경의 인력을 채용하려는 노력 정도(예: 이공계 여성인력 채용)
교육훈련	•교육투자(비용 및 시간) 배분의 형평성 •다양성 인식 교육(예: 성인지 교육, 장애 인식 개선 교육) •이문화에 대한 이해와 적응 및 이문화간 의사소통 교육 •소수 인력 및 비동질적 집단을 위한 맞춤형 프로그램 및 경력개발 •포용적 리더십 개발
배치 및 승진	•인력구성비율 대비 관리자(고위직) 승진 비율(유리천장) •직종별 종사자의 특정 집단 배제 또는 쏠림 여부(유리벽) •다양한 인력의 직무수행 가능성을 높이는 직무설계
평가	•평가 기준 기술 방식의 편견 제거 정도(예: 성인지감수성 반영) •소수집단을 고려한 평가 운영
보상	•집단 간 임금격차의 타당성(예: 성별 임금격차, 외국인 임금수준) •직무, 역량, 성과와 무관한 차이로 인한 차별적 대우 정도 •집단성과급제(성과에 대한 공동 책임과 보상)
근무방식	•근무 시간과 장소의 유연성(예: 성별, 연령대별 선호도 차이 반영 가능) •소수집단의 유연근무제 사용 정도

다양성에 친화적인 제도와 관행이 무엇인지에 대해 모든 기업에 일률적으로 적용 가능한 답은 없겠지만 관련 있는 내용을 보면 다음과 같다. 실무적으로는 각 항목을 평가하여 다양성관리 수준을 측정하는 다양성 스코어카드(diversity scorecard)를 도입해 운영해 볼 수 있다.

다양성 분위기(diversity climate)는 다양한 집단으로부터 미래의 잠재적 종업원을 인적 자산으로 끌어들이고 활용하며 존중하는 포용적 분위기이다. 다양성에 대한 개인들의 태도가 모여 다양성에 대한 집단적 분위기를 형성한다. 다양성 분위기가 좋은 집단은 다양성에 대한 편견을 제거 대상으로 보며, 구성원의 태도와 행동이 일관성 있게 다양성에 대해 공정하고 열려 있는 집단적 심리상태를 갖는다. 비유사성이 불편하지 않으며 차이를 환영한다. 다양한 인력들이 자존감과 효능감을 갖고 다른 구성원들과 함께 과업을 수행하며 대인관계를 유지한다. 차이에 대한 이해와 존중을 바탕으로 조직의 목표를 공유하며 집단 간에도 상호협동과 조정이 원활하게 이뤄질 수 있다. 다양성 분위기 측정은 여러 방식이 있으며 신뢰성과 타당성이 검증된 도구를 선택하여 현상을 진단하고 개선방안을 도출할 필요가 있다.

한국 기업들은 다양성으로 인한 차별과 위법행위에 대응하는 차원에서 인사부서 또는 법무 및 준법감시 부서, 감사 부서 등에서 부수 기능으로 이러한 역할을 수동적으로 수행하는데 머물러 있다. 다양성을 능동적으로 활용하여 사업 활동에 접목하거나 새로운 학습 기반으로 활용하는 차원에 이르지 못하고 있는 것이 현실이다. 전담자나 별도 조직 설치가 곤란한 중소·중견 기업의 경우에는 인사부문 또는 인사담당자가 다양성관리에 대한 책임을 갖고 소기의 역할을 수행하도록 업무를 분장할 필요가 있다. 다양성관리 책임자는 다양성에 전략적 시각을 갖고 다양성 관련 현황을 파악하여 이해하고 관리할 수 있어야 한다.

디지털 전환과 플랫폼 경제의 전개, 재택원격근무의 확대, 환경과 사회 및 지배구조를 고려한 경영(ESG 경영)의 중요성 증가, 이해관계자 자본주의가 요구하는 기업의 다각적 역할, 지속가능한 사회 구축을 위한 제반 요구들은 기존의 방식만으로는 기업의 장기적인 생존이 불가능하다는 경고를 던지고 있다. 자본시장 역시 이 같은 요구를 민감하게 반영하여 기업을 평가하고 있다. 준법경영 차원을 넘어 새 시대의 새로운 요구라는 관점에서 다양성을 해석하고 관리 방식을 모색해야할 때이다.

출처: 성상현(2022), DEI(Diversity, Equity, Inclusion)에 주목해야 하는 이유: DEI는 선택이 아닌 필수, 9월호, *월간 인재경영*.

정리문제

1. 다음을 간단히 정리해 보세요.
   - 다양성의 정의와 가치
   - 인력다양성의 종류와 유형 분류
   - 다양성관리의 정의
   - 다양성관리 구성 요소
   - 다양성관리 단계

2. 팀보고서를 작성해서 발표해 보세요.
   - 다양성을 잘 확보하고 관리하는 기업이 갖는 이점은 무엇인지 사례를 통해 알아보자.

토론사례

계속) 도입사례: YB사의 다양성관리, 어떻게 할 것인가?

① 문제를 발견하기

다양성관리를 위한 첫걸음은 문제의 발견에서 시작한다. 은밀히 만연해 있는 차별적 관행이나 언어습관, 특정 집단에게 불편감을 주는 업무관행과 환경에 대해 당사자는 쉽게 인지하지만 조직차원에서는 쉽게 발견되지 않는다. 대개 언론보도나 소송으로 이어질만한 사건이 발생한 이후에 발견되어 회사에 큰 손해를 입히곤 한다. 문제는 사전에 발견하거나 아예 발생하지 않도록 예방하는 것이 바람직하다. 체계적으로 설계된 조직진단은 문제를 발견하는 가장 좋은 방법이겠지만 상당한 비용을 요한다. 중소규모의 조직에서는 HR 부서의 긴밀한 모니터링과 경영자와 중간관리자 및 사원 간의 격의 없는 커뮤니케이션을 통해 문제를 발견할 수 있어야 한다.

조직문화는 일상적인 행동 속에 내재되어 있는 공동의 심리상태이며, 무심히 던지는 말에 서로간의 차이를 대하는 구성원들의 기본적인 가치관이 담긴다. 예를 들어 “와, 김00씨는 땡하면 칼퇴네...”, “황00는 이제 회사에서 승진은 포기했나, 가정이 우선인 모양이야” 같은 말은 무엇을 함축하는가? 정시 퇴근하지만 책임감 있는 여직원이나 ‘아빠육아 휴직’을 신청한 남직원이 이렇게 은근한 비아냥 꺼리로 회자된다면 조직에 위험신호가 켜진 것이라고 할 수 있다. 일을 태만히 한 것도 아닌데 개인시간과 가정을 지키는 행동에 대해 긍정적이고 따뜻한 시각이 아니라, 은근한 비난을 하고 있다면 과연 건전한가? 사내에서 사용되는 유행어나 일화는 조직분위기를 반영하는 경우가 흔하다. 말 한마디가 품고 있는 작은 시그널에 대한 감수성은 문제의 발견에 도움이 될 것이다. 스트레스와 갈등은 불만족을 낳고 일과 조직에 대한 몰입을 방해하며 결국 근무태만이나 이직으로 이어진다. 작은 슬래그(slag)가 조직붕괴의 전조가 될 수 있다. 경영자는 이 같은 징후들을 민감하게 발견할 수 있어야 한다.

② 문제의 본질을 파악하기

다양성이라는 렌즈를 투과하면 발견된 문제의 본질을 파악하는데 도움이 된다. 이를 위해 다양성이 무엇인지 잘 이해할 필요가 있다. 먼저 다양성의 형태별 종류를 살펴보고 그 근저에 있는 다양성의 패턴과 다양성이 함축하는 장단점을 살펴보자.

다양성은 기업과 같은 조직 차원, 팀이나 부서와 같은 집단 차원에서 구성원들이 가진 특성들 간의 차이의 구성을 의미한다. 이러한 차이는 성별, 민족, 신체 및 성격적 특성이나 출신 집단 등과 같이 선천적인 특성에서 비롯된 1차적 차원의 차이와 경력, 경험, 교육적 배경 등과 같이 후천적으로 갖게 된 2차적인 차이로 구분할 수 있다. 본인의 의지로 선택하지 않은 1차적 차이로 인한 차별은 공정하지 않은 것으로 여겨진다. 식별의 용이성에 따라 심층적 다양성과 표층적 다양성으로 구분하기도 하며 성격이나 사고방식 및 가치관과 같은 심층적 차이는 비교적 장기간의 교류를 통해 발견된다. 집단 형성 초기에는 성별이나 인종 등과 같은 식별이 용이한 표층적 다양성이 상호작용 빈도와 소집단 형성에 주로 영향을 미치지만 시간이 경과할수록 심층적 다양성이 보다 중요한 역할을 하는 경향이 있다. 최근의 다양성 연구에서는 과업수행에 필요한 정보와 지식, 교육배경과 경험과 같은 인지적 다양성이 조직역량 강화에 필요한 요소로 주목을 받고 있다.

조직의 리더와 HR 담당자는 조직 내에서 갖가지 종류의 다양성이 어떤 분포를 이루고 있는지 분석하여 인적구성의 특성을 파악할 필요가 있다. 특정 집단의 과대분포나 과소분포는 바람직한 조직구성과 집단역학의 형성에 걸림돌이 될 수 있다. 조직 목적에 적합한 인지적 자원을 보유하고 있는지, 다양성이 부족하지 않은지 진단하고 대안을 마련하는 것은 HR이 해야 할 중요한 역할이다, 특정 유형의 성향을 가진 사람들로만 조직이 채워져 있다면 집단사고(group think)와 확증편향에 빠져 의사결정의 오류를 범하게 된다.

다양성은 조직 내 과업관계나 인간관계 형성에서 갈등요인으로 작용하여 성과에 부정적 영향을 미치기도 하고 조직역량을 촉진하여 성과에 긍정적 영향을 주기도 한다. 다양성은 측정도 쉽지 않지만 그것이 갖는 효과나 영향이 복잡하고 이해하기 어려우며 관련 이론 역시 명쾌하게 정리되어 있지 않은 것이 현실이다. 해리슨과 클라인은 이렇듯 복잡하고 혼란스러운 다양성에 대한 이해를 돕기 위해 3가지 유형으로 구분하여 볼 것을

제안하였다.[5)]

첫 번째, 분리(separation)로서의 다양성이다. 이것은 수평적인 위치의 분포이며 구성원 간의 가치, 신념, 태도나 의견의 불일치 정도 등으로 이뤄진 차이의 구성을 의미한다. 예를 들면 조직목적에 대한 구성원간의 견해와 태도의 차이를 들 수 있다. 분리라는 측면에서 다양성이 높으면 집단응집성이 약화되고 인간관계 갈등과 상호불신 및 성과 하락을 초래한다.

두 번째는 각양각색(variety)으로서의 다양성이다. 이것은 구성원간의 지식이나 경험의 종류와 그 원천 또는 범주로 이뤄진 차이의 구성을 의미한다. 예를 들면 전문성, 기능적 배경, 산업 경험, 인적네트워크의 종류 등을 들 수 있다. 각양각색이라는 측면에서 다양성이 높으면 창의성, 혁신성, 의사결정의 질이 높아지고 긍정적인 의미에서 과업갈등과 조직 유연성이 향상된다.

세 번째 불평등(disparity)로서의 다양성이다, 이것은 사회적으로 가치 있는 자산 또는 자원이 구성원 간에 분포된 비율의 수직적 차이를 의미한다. 급여와 수입, 특권, 지위, 의사결정권한, 사회적 권력 등을 예로 들 수 있다. 불평등 측면에서 다양성이 높으면 내부 경쟁이 심화되고 분노와 일탈, 투입 감소 및 철회 등의 결과를 초래한다.

조직에서 다양성으로 인한 이슈가 발생하면 다양성의 어떤 측면에서 비롯된 문제인지를 파악해야 한다. 해리슨과 클라인이 제안한 3가지 유형은 문제 파악과 대처 방안 마련에 도움을 줄 수 있다. 분리나 불평등으로서의 다양성에서 비롯된 문제라면 그러한 차이를 유발하는 다양성 요소를 파악하여 이를 감소하는 방향으로 조직과 사람을 관리해야 할 것이다. 각양각색의 특징을 갖는 다양성은 일반적으로 긍정적 영향을 미치므로 이러한 다양성 요소를 확보하고 유지하는 것이 바람직할 것이다.

③ 가치를 찾기

각양각색의 다양한 인력은 조직에 새로운 지식과 아이디어, 관점을 제공할 수 있다. 다양한 사고방식을 조직에 유입하여 의사결정의 질을 높일 수 있으며, 집단 창의성 발현의 기반이 되기도 한다. 조직 외부와 다각적인 네트워크를 형성하여 유용한 정보 창구를 만들고 인적 교류 기반을 제공한다. 새로운 사업기회 발굴을 가능하게 하며 다양한 고객의 니즈를 파악하는데 유용하다. 여성이나 소수민족 등을 대상으로 한 틈새시장 개척 기회를 제공한다. 시장 확대와 글로벌 경영을 지향하는 조직은 인적 다양성 확보가 교두보 역할을 할 것이다. 조직 구성원들이 갖는 다양성의 가치를 발견하고 각급 리더들이 이에 대해 공감하고 포용하는 분위기를 조성하는 것은 다양성관리의 필수요건이다.

④ 관리하기

현대의 인적자원관리는 곧 다양성관리라고 할 수 있다. 다양성관리는 다양성이 필수 경영자원이라는 인식하에 서로 다른 경험과 지식, 배경을 가진 사람들을 공정하게 대우하고 상호존중과 학습을 통해 이들의 역량을 조직 목적에 통합하는 활동이다. 다양성관리가 성공적으로 이뤄지기 위해서는 리더의 각성된 의식을 바탕으로 조직의 경영전략과 조직구조, 인사관리, 조직문화 차원에서 전면적인 혁신이 필요하다. 다양성의 의미에 대한 올바른 이해를 바탕으로 다양성에 대한 전략적 관점을 정립하고, 다양성을 포용할 수 있는 열린 조직구조 구축 및 다양성을 수용하는 조직문화를 조성하고, 이를 제도적으로 관리하는 일련의 활동이 병행되어야 한다.

HR 기능면에서는 채용에서부터 평가와 보상, 육성, 전배치, 승진 및 이직관리 등에 이르는 제반 관행과 제도를 다양성이라는 관점에서 재조명하고 변화가 이뤄져야 한다. 사회적 관심사로 부상한 일-생활균형(워라밸, Work-Life Balance), 적극적 고용개선과 여성인력 확보, 모성보호와 유연근무제 등 역시 다양성이라는 관점에서 해석되고 수용될 때 조직에 긍정적으로 작용할 수 있다. 핵심인력 확보와 관리, 외국인 인력관리, 장애인 고용 및 사회형평적 채용은 인력다양성을 증대시킬 것이며 이로 인해 발생하는 장단점을 이해하고 다양성관리 차원에서 적극 관리해야 할 것이다. 최근 다양성은 포용과 함께 '다양성과 포용(Diversity & Inclusion, D&I)'이라는 용어로 통합되어 사용되고 있다. 다양성이 갖는 긍정적 가치는 저절로 발현되지 않는다. 차이에 대한 포용적 분위기와 유연한 조직문화를 조성하는 수준 높은 HR 활동이 요구되며, 직원들에게는 다양성관리 교육 프로그램이 제공되어야 한다.

⑤ 경영자가 리드하기

다양성관리의 성패를 가르는 것은 최고경영자의 진정성과 의지이다. 특히 수직적 구조와 문화를 가진 한국 기업의 경우 최고경영진의 태도와 행동이 미치는 영향력은 절대적이라고 할 수 있다. 다양성관리의 성공은 이들의 관심에 좌우된다고 해도 과언이 아니다. 격의없는 소통을 통해 구성원간의 생각의 차이를 공동목표를 향해 통합해내고, 다양한 관점을 자유롭게 제시하도록 개방적인 분위기를 조성하여 창의적 성과를 내도록 하는 리더의 역할이 어느 때보다 긴요하다. 올바른 다양성 관리는 글로벌 스탠더드를 준수하고 기업의 법적, 윤리적, 사회적 책임을 준수하는 길이기도 하다.

다양성과 포용은 글로벌 기업들이 지향하는 핵심가치의 하나이다. 시장에서 치열하게 경쟁하고 성과를 내는 초우량 기업들이 표방하는 가치이자 가장 보수적인 기업들도 앞다퉈 지향하는 방향이다. 기업이 성장하기 위해서는 많은 자원이 필요하다. 한국 사회는 사람 외에 별다른 자원이 없는 나라이다. 사람 밖에 딱히 기댈 데가 없는 것이 우리 현실이기에 다양성관리를 통해 각양각색의 사람이 각자 적합한 일을 할 수 있도록 해야 한다. 동질적이고 폐쇄적인 인사관행과 조직문화로 인해 다양한 사람이 일할 기회가 배척된다면 개인의 불행이자 기업의 손실이다. 다양성과 포용은 우리 기업과 경제가 발전하기 위한 활로이다.

미 주

1) 성상현(2019), 왜 다양성에 주목해야 할까? 다양성관리 5단계, 10월호, HR Insights, 18-22. 중앙경제: 서울.
2) Mor Barak, M. E., & Daya, P. (2013). Fostering inclusion from the inside out to create an inclusive workplace, Diversity at Work: The Practice of Inclusion, 391-412.
3) Ely, R. J., & Thomas, D. A. (2001). Cultural diversity at work: The effects of diversity perspectives on work group processes and outcomes, Administrative Science Quarterly, 46(2), 229-273.
4) 이 부분은 성상현(2022), 한국 기업의 다양성관리 현황과 과제, 인사조직연구, 30(3), 79-106의 일부를 발췌 인용함.
5) Harrison, D. A. & K. J. Klein (2007), What's the difference? diversity constructs as separation, variety, or disparity in organizations, Academy of Management Review, 32(4), 1199-1228.

Chapter 11

임원인사관리

임원들은 조직의 최고 경영진이나 중요한 경영 직책을 맡고 있으며, 조직의 성과와 경쟁력에 큰 영향을 미치는 주요한 인력으로 임원인사관리는 조직의 임원들을 전략적으로 관리하고 지원하는 활동을 의미한다. 본 장에서는 임원들이 조직의 전략적 방향성을 이해하고 이를 추진할 수 있도록 지원하고 조직의 성과를 극대화하고 지속적인 성장을 도모하는 데 동기를 부여하며, 전문적인 역량을 평가하고 강화하여 조직의 요구에 부응할 수 있는 능력을 키울 수 있도록 하는 방안 등에 대해서 살펴볼 예정이다. 이를 통해서 임원인사관리가 조직의 성과와 장기적인 성공을 위해 필수적인 활동임을 인식하고, 인재의 유치와 유지, 조직의 리더십 강화, 전문성과 역량 개발에 미치는 영향에 대한 이해를 높인다.

학습목표

1. 기업 조직에서 임원의 역할과 기능에 대해서 이해하기
2. 임원인사관리제도 설계 및 운영의 고려요인을 이해하기
3. 임원의 체계적 확보와 육성을 위한 HR제도의 설계와 운영에 대한 실무적인 지식을 이해하기
4. 임원의 성과평가 및 보상의 주요 구성요소를 이해하고, 관련 인사제도의 설계에 반영하는 실무적 지식을 이해하기

들어가기 사례 WG엔지니어링의 임원관리

1. WG엔지니어링 — 일반적인 소개자료

WG엔지니어링은 글로벌 엔지니어링 기업으로서, 1970년대에 창업되어 산업용 밸브, 고성능 밀링, 광산용 장비, 해양 및 석유 산업용 장비 등을 제조하여 공급하고 있다. 회사는 전세계 60개국 이상에서 사업을 전개하고 있으며, 직원 수는 1만3천여 명 이상이다. 최근 3개년 평균 매출은 약 4조억 원에 달한다. WG엔지니어링은 창업 이래 매년 성장을 이어왔으며, 글로벌 기업으로 성장하고 있다.

WG엔지니어링은 지속 가능하고 효율적인 금속의 생산과 공급을 위해 노력하는 기업이다. 금속은 현대 사회의 기반을 이루는 중요한 자원이며, 친환경적인 미래를 위해서도 필수적이다. WG엔지니어링은 채굴 산업에서 사용되는 기술을 통해 지속 가능한 생산 방법에 대한 연구를 진행하고 있다. 더 적은 양의 자원으로 더 많은 금속을 생산하는 것이 중요하며, 이를 위해 더 적은 양의 물, 폐기물, 에너지 및 이산화탄소를 사용해야 한다. WG엔지니어링은 혁신적인 엔지니어링 기술을 통해 이러한 문제에 도전하고 있으며, 창업 이후 축적한 다양한 경험과 전문성을 바탕으로 산업 전반에서 진행되는 변화를 적극적으로 수용하고 있다. 산업혁명 이후 금속 산업의 발전을 이끌어 온 WG엔지니어링의 전문성과 경험이 지속 가능한 미래를 위한 저탄소 생산 기술을 개발하는데 중요한 역할을 하고 있다.

WG엔지니어링은 스마트하고 효율적이며 지속 가능한 채굴을 위한 노력을 통해서 전 세계 채굴 산업의 핵심이 되는 기술을 제공하기 위해서 노력하고 있다. WG엔지니어링의 목적은 더 나은 세상을 만드는 데 필수적인 천연 자원을 지속가능하고 효율적으로 공급하는 것이다. 금속은 세상을 움직인다. 금속은 현대 사회의 중추이다. 에너지 공급 및 운송의 탈탄소화와 전기화를 위한 구리, 배터리와 에너지 저장을 위한 리튬, 니켈, 코발트, 광범위한 전기화를 지원하는 인프라를 위한 철과 알루미늄 등 금속은 지속 가능한 미래를 위해 필수적이다. 오늘날 매년 사용되는 금속의 대부분은 지구에서 채굴되고 있으며, 이러한 추세는 앞으로도 수십 년 동안 계속될 것이다. 그렇기 때문에 광산업 분야의 고객들은 보다 지속 가능한 관행으로 전환하고 순 배출량 제로를 위해 노력하고 있다. 따라서 이는 엄청난 도전 과제이다. 더 적은 자원으로 더 많은 금속을 채굴하는 방법. 물을 현명하게 사용하면서 에너지, 폐기물, 이산화탄소 배출량을 줄여야 한다. 이것이 바로 WG엔지니어링의 역할이라고 생각하고 있다.

2. 경영철학과 핵심가치

수년간의 포트폴리오 재편 끝에 WG엔지니어링은 마이닝 기술 기업으로서 확고한 입지를 구축하였다. 이를 통해서 최근에는 강력한 성과를 달성하고 장기적인 성장을 가능하게 할 집중 플랫폼의 이점을 활용하기 시작하였다. 탁월한 성과, 안전에 대한 철두철미한 노력, 기술 혁신 및 운영 효율성의 제고 등과 같은 전략과제에 집중한 결과이다. 지속적인 개선과 민첩한 제조는 오랫동안 WG엔지니어링의 철학의 일부였기 때문에 명확한 전략과 훨씬 더 집중된 노력을 통해 최근 기술, 자산 및 인력으로부터 최상의 성과를 빠르게 달성할 수 있는 방법에 집중해 왔다. 그 결과 조직성과 우수성 프로그램이 탄생했으며, 이 프로그램을 통해 WG엔지니어링은 새롭고 지속적인 수준의 성과를 달성하고 이해관계자를 위한 더 많은 가치를 창출할 수 있을 것으로 확신한다.

WG엔지니어링은 포용성, 다양성 및 형평성 의제를 발전시키기 위해 많은 노력과 투자를 진행하였다. 최고 경영진을 비롯한 모든 임원은 외부 전문가가 이끄는 포용적 리더십에 관한 훌륭한 세션을 통해 올바른 행동과 역할모델이 되는 방법에 대해 좋은 토론을 벌였다. 또한 CEO를 포함한 최고 경영진인 글로벌 여성 네트워크 및 프라이드 얼라이언스의 리더십 그룹과 함께 시간을 함께 보내면서 전략적 실행방안을 수립하고 실행 방안을 논의하는 시간을 보냈다. 이들은 동료뿐만 아니라 고객 및 다른 사람들과 함께 자신의 경험과 도전에 대해 공유했다. 또한 이러한 문제를 해결하는 데 도움이 되는 지원을 어떻게 구했는지에 대해서도 이야기했다. 최고 경영진은 WG엔지니어링에서 공정한 경쟁의 장을 보장하여 회사의 모든 구성원이 성공할 수 있는 기회를 조성하는 데 열정을 쏟고 있다.

WG엔지니어링은 채광 기술 회사이다. WG엔지니어링의 기술은 채광 및 유사 산업에서 최고의 생산성과 최소의 환경 파괴로 운영할 수 있도록 고객들을 지원한다. 고객들은 WG엔지니어링의 솔루션과 서비스에 의존하여 중요한 작업을 효율적으로 운영하고 지속 가능한 발전을 이루며 경영한다. WG엔지니어링은 고객들이 있는 전 세계 어디에서든 가까이에 위치하고 있다. WG엔지니어링은 기술 허브, 제조 시설 및 지역 서비스 센터로 구성된 통합 네트워크를 가지고 있어 세계 채광 산업의 핵심 요소로 작용하고 있다. WG엔지니어링은 오늘과 미래에 채광을 스마트하고 효율적이며 지속 가능하도록 만들기 위해 노력하는 글로벌 패밀리이다.

WG엔지니어링은 지속 가능한 성장을 추구하며 다양한 분야에서 활동하고 있다. 기술력과 혁신적인 엔지니어링 기술을 통해 채광 산업과 관련된 고객들의 생산성과 환경효율성을 높이는 기업이다. 이를 위해 친환경 채광 기술 개발과 인프라 구축, 글로벌 네트워크를 통한 빠른 서비스 등의 전략을 추진하고 있다. 또한, 다양한 사업 영역에서 지속 가능성을 중요시하며, 국제적인 규제와 환경 변화에 대응하기 위한 전략적 대책을 마련하고 있다. 특히, 무해(zero harm) 전략을 실천하여 인적, 환경적 안전을 보장하고 있으며, 탄소 배출 저감 등의 환경 적극적인 대응을 추진하고 있다.

3. 임원 보상제도의 문제점

WG엔지니어링에서 임원 보수체계에 대한 전면적인 검토와 변화가 필요하다는 지적은 글로벌 금속 시장이 침체되고 이로 인해서 자세 제품에 대한 시장 수요가 격감하면서 시작되었다. 임원 보수가 지나치게 높아서 경영진과 주주 간의 이익이 불균형한 것으로 지적되었다. 특히, 임원들의 보수가 회사의 성과와 비례하지 않고 상승했다는 비판이 있었다. 이러한 문제는 기업의 이익과 주주의 이익을 조화시키는 데 실패하여 기업의 지속 가능성과 경쟁력을 약화시키는 요인이 된 것으로 지적되었다. 장기적인 성과를 위해 필요한 자본 투자를 충분히 하지 못하고 있었으며, 최고 경영진의 보수도 과도한 수준이었다.

이에 대한 비판에 대응하기 위해서 WG엔지니어링 보수위원회를 개설하고 임원 보수 결정에 대한 프로세스 개선, 인센티브 계획을 개선, 임원 보수를 감소시키는 등의 조치를 통해 해결하고자 하였다. 특히, 초기에 해결방안으로 제시한 임원 보수체계는 성과와 관련된 부분으로 구성되어 있었다. 회사의 이익과 주가 상승에 따라 보수를 지급하는 성과급이 주요 구성요소였으며, 보수에 대한 투명성을 높이기 위해 성과목표와 실적을 공개할 계획도 있었다. 또한, 임원들이 기업 주주와 함께하는 이익공유를 촉진하기 위해 보수 일부가 주식으로 지급될 수 있는 구조였다.

하지만, 이러한 조치는 단순한 보수 결정 프로세스의 문제를 해결하기에는 부족했다. 1차 개편안이 실패로 돌아가자, 경영진은 초기 임원보상 개편안의 실패원인을 분석하는 절차에 착수했다. 이 과정에서 초기 개편 방안이 실패한 이유로 세 가지 원인을 찾을 수 있었다. 첫째, 보수 위원회가 독립성이 결여되어 있었으며, CEO와 긴밀한 관계에 있어서 CEO의 요구에 따라 보수를 결정하는 일이 발생했다. 둘째, 개편 방안은 기본에 가지고 있었던 임원 보상 구조의 유지를 전제로 하고 있어서, 여전히 임원들에 대한 고정적인 보수 구조를 유지하고 있었다. 이전 구조에서는 고정적인 보수 구조가 임원들이 기업 성과 개선을 위한 적극적인 노력을 기울이는 데 방해하고 있는 핵심적인 이슈였다. 마지막으로 셋째, 임원 보수 문제를 근본적으로 해결하기 위해 단순히 인센티브 계획을 개선하는 것이 아니라, 조직 문화와 보상 체계 전반을 재검토하고, 다양한 이해관계자들과의 의견 수렴을 통해 보수 문제를 해결하려는 시도를 무시했다는 것이다. 다시 말해서 단기적인 이익을 추구하는 것이 아니라, 장기적으로 기업 가치를 높이는 데에 초점을 맞추는 방식으로, CEO 및 최고 경영진 보수 문제를 해결하는 데에 더욱 효과적이라는 사실에 충분한 관심과 주의를 기울이지 않았다는 것이다.

4. 임원 보상제도의 개편

이러한 초기 실패 경험을 기반으로 WG엔지니어링은 수정된 보수 계획을 수립하기 위해 다음과 같은 일을 수행했다.

첫째, CEO는 전사 직원과 이사회, 주주 등과 직접 대화하며 보수 개혁 계획에 대한 투명성을 제공하고, 관심을 끌고 의견을 수렴하기 위해 이메일, 행사 등을 활용했다. 특히, 보수 개편 계획에 대한 전사적인 지지 조성하기 위해서 이사회, 경영진 및 직원들과의 개별적인 미팅과 그룹 세션을 통해 보수 개편 계획에 대한 전사적인 지지를 조성하고자 노력하였다. 그리고 보수 개편 계획의 이점과 목적을 이해관계자들과 공유하기 위해 다양한 커뮤니케이션 방식을 활용하였다. 이메일, 회사 웹사이트, 총회 자료, 보도 자료 등을 통해 계속해서 정보를 제공하였다. 마지막으로 이전 보수 개편 계획의 실패로 인해 발생한 평판 손상 문제를 극복하기 위해 적극적인 평판 회복 전략을 수립하였다. 이를 위해 회사의 성과와 미래 전망에 대한 정보를 공개하고, 공정한 보수 체계와 임원 보수의 투명성 강화에 노력하였다.

둘째, 임원 보상과 관련된 전문가들과 컨설턴트를 고용하여 임원 보상계획의 설계와 실행을 체계적으로 지원하였다. 보수위원회의 독립성을 보장하기 위해, 회사는 독립적인 임원보상 컨설턴트를 고용하였다. 또한, 대규모 주주와의 소통을 위해서, 회사는 거버넌스 전문가와 직접적으로 대화를 나누기도 하였다. 이 외에도, 회사는 대표이사와 최고 경영진의 보수를 평가하고 비교할 수 있는 다른 기업들과의 벤치마킹을 수행하기도 하였다. 이러한 외부 전문가들의 참여는 보수제도 개편에 있어서 중요한 역할을 수행하였다.

셋째, 이전에는 보수 구조가 현금 보상 중심으로, 성과 관련 인센티브가 적용되지 않았으나, 개편된 보수 계획에서는 보수 패키지가 기업의 장기적인 성장과 발전에 직접적으로 링크되도록 변경되었다. 이로써 최고 경영진의 이익과 기업의 이익이 조화를 이룰 수 있는 구조가 강조되었다. 회사는 이전에는 단순히 재무 성과에만 초점을 두고 있었지만, 지속적인 성장과 지속 가능성을 보장하기 위해 기업 문화와 이념, 고객 만족도 등의 요소도 고려해야 했다. 이러한 고려를 토대로, 회사는 이전에 CEO와 CFO가 받았던 고정 보수의 상당 부분을 성과 보상으로 이전하기로 결정했다. 특히 일정 기간 동안 주식을 매도할 수 없도록 제한되는 제한 조건이 부여된 주식을 경영진에게 부여하는 제한조건부주식(Restricted Stock Award)를 도입하여 주주와 경영진 간의 이해관계를 강화하고, 경영진의 성과를 주주와 더 많은 공감대를 형성하도록 하기 유도하였다. 이를 통해 경영진이 기업의 장기적인 이익을 향한 의지와 일치하도록 하며, 주주들과 경영진 간의 이해관계를 강화하였다.

마지막으로, 임원 보수문제를 해결하기 위해 조직문화 차원에서 'pay fairness(보수공정성)'을 강화하였다. 이를 위해 조직 전반에서 보수 공정성에 대한 인식을 공유하고, 보수 결정의 투명성을 높이고, 보수 관련 정보에 대한 투명성을 제공하고, 주주와 직원들이 보수 결정과정을 이해하고 평가할 수 있도록 더 많은 정보를 공개하였다. 특히, 보수위원회의 의사결정에 있어서는 회사의 전략과 목표를 고려하여 효율적인 결정을 내리고자 하였다. 이러한 보수체계의 개선은 조직 구성원들의 공정성 인식과 사내 문화의 변화를 이끌어 내었다. 이러한 WG엔지니어링의 노력은 전반적으로 긍정적인 평가를 받았으며, 임원 보수 결정에 있어서는 더욱 투명하고 정당한 방식을 취하게 되었다. 또한, 조직 내부의 역량 강화와 개선을 위한 노력도 진행되었다.

논의 주제

1. 이 회사에서 임원 평가 및 보상제도를 개편하게 된 배경은 무엇인가?
2. 이 회사에서 초기에 설계한 임원 평가 및 보상 방안이 성공하지 못하고 실패한 이유는 무엇인가?
3. 이 회사에서 초기 실패를 보완하고, 임원 평가 및 보상 제도를 효과적으로 개선하기 위해서 새롭게 도입한 것들은 무엇인가?
4. 임원 평가 및 보상제도가 전반적인 회사의 경영에 미치는 영향과 중요성은 무엇인가?

11.1 임원인사 개요

조직이 단기적으로 생존하고 중장기적으로 성장하기 위해서 필요한 기능의 관점에서 보았을 때, 임원은 조직의 방향과 정책을 결정하고 그 결과에 대해서 책임을 지는 기능이라고 할 수 있다. 결정된 전략방향이 실행되는 과정을 효과적으로 모니터링하고 관리하는 기능과 실제 전략에 관련된 핵심 과제를 실행하는 기능이 효과적으로 뒷받침이 되는 것이 조직의 생존과 성장에 결정적인 요소이지만, 전략방향 자체가 잘 못 설정되어 있을 경우에 초래되는 결과를 생각하였을 때, CEO와 임원이 담당하는 역할의 중요성은 아무리 강조해도 지나치지 않다. 임원인사관리는 이러한 역할을 수행하는 인적자원을 확보, 육성, 평가, 보상과 동기부여에 관련된 인사관리 영역이다.

11.1.1 임원의 개념 및 역할 구분

임원(Executive)은 기업이나 조직에서 중요한 의사결정 권한을 가지고 최상위 집행부로서 조직의 전략과 방향을 결정하고 경영 업무를 책임지는 사람을 의미한다. 보통 대표이사, 사장, CEO, CFO, COO 등의 직위로 불리며, 기업의 목표를 달성하기 위해 조직 내에서 전략 수립과 실행, 인력 관리, 자금 조달 등의 업무를 총괄적으로 책임지는 역할을 수행한다. 이들은 대개 조직 내부에서 가장 높은 지위를 가지고 있으며, 기업이나 조직의 발전과 성장에 중요한 영향을 미친다.

일반 조직 구성원과 구분되는 임원의 개념과 접적 지위는 상법 및 노동관계법에 근거하여 구분할 수 있다. 먼저 상법상 임원은 주식회사에서 업무를 집행하고 감독하는 이사회(board of directors)의 이사(director, 대표이사 포함)와 감사(auditor)를 지칭한다. 법적으로 우리나라 상법에는 이사와 감사가 회사와 위임관계에 있다고 해석하고 있다. 이사는 상법이 정한 규정에 의하여 주주총회에서 선임된 자이며 감사 또한 동일하다. 상법상 임원은 이사(사내이사와 사외이사)와 대표이사, 감사 등으로 호칭되나 실제 기업내부의 임원 인사관리 측면에서는 집행임원(officer)으로서 회장, 부회장, 사장, 부사장, 전무, 상무 등으로 직급과 직책 등을 구분, 호칭되며 관리하고 있다.

노동관계법상 임원은 사용자로서, 근로기준법에는 "사용자란 사업주 또는 사업 경영 담당자, 그 밖에 근로자에 관한 사항에 대하여 사업주를 위하여 행위하는 자를 말한다."고 정의되어 있다. 이는 직업의 종류에 관계없이 임금을 목적으로 사업이나 사업장에 근로를 제공하는 사람인 근로자와 구분되는 개념이다. 근로기준법에서 사용자의 개념은 근로자의 보호를 명확하게 하기 위해 근로기준법의 준수의무자 또는 책임주체로서 정의한다. 이에 근로기준법상 사용자의 개념은 명확치 않다.

수행하는 직무의 내용에 따라서 임원은 대표이사, 이사, 이사회, 감사, 감사위원회, 집행임원 등으로 구분될 수 있다. 먼저 대표이사는 회사의 업무집행과 대표기관의 역할을 수행한다. 이사회는 그 구성원 중에서 1인 또는 수인(數人)의 대표이사를 선임하여 회사의 업무집행과 회사를 대표하게 하고 있다. 이사(director)는 이사회에서 회사의 업무집행에 관한 의사결정과 동시에 회사의 업무를 실제로 집행하고 대외적으로 회사를 대표하는 한편 이를 감시·감독하는 권한을 가지고 있다. 1998년 개정상법에 의해 이사는 3인 이상이어야 하고, 다만 자본의 액면총액이 5억 미만인 회사는 1인 또는 2인으로 할 수 있다. 이사는 사내이사와 사외이사로 구분된다. 사내이사는 상근으로 직접 회사의 경영과 업무집행을 담당하고 있는 자이다. 사외이사는 전문식견과 능력을 갖추고 직접 업무집행에는 참여하지 않고 비상근으로 이사회에서 독립적으로 회사의 주요 경영의사결정에 참여하는 자이다.

이사회는 상법 또는 정관에서 정하고 있는 주주총회의 권한 이외의 사항에 관하여 회사의 의사를 결정하는 기관이며 이사 직무의 집행을 감독한다. 이사회는 정관이 정한 바에 따라 감사위원회, 사외이사후보추천위원회, 경영위원회 등 위원회를 설치할 수 있다. 위원회는 2인 이상의 이사로 구성한다. 감사는 회계감사 및 업무집행에 대한 감사를 임무로 하는 주식회사의 필수적 상설기관이다. 주주는 주주총회에서 이사의 행위를 감독할 수 있지만 이것만으로는 불충분하므로 회계 및 업무감사를 위한 상설기관으로 감사를 두고 있다. 주권상장법인 또는 협회등록법인은 1인 이상의 상근 감사를 두어야 한다. 감사는 증권거래법에 따라 신분 및 임기를 보장하고 대내적으로 임원의 신분으로 관리한다.

개정 상법(1999. 12. 31)에 의하면 회사는 정관의 정한 바에 따라 감사에 갈음하여 이사회의 위원회로서(상법 393조의 2) 감사위원회를 설치할 수 있다. 주권상장법인 또는 협회등록법인 및 증권회사는 감사위원회를 설치하여야 한다. 감사위원회는 정관에 다른 정함이 없는 한 이사회의 결의로 선임한다. 감사위원회는 3인 이상의 이사로 구성되고 위원장을 포함 3분의 2 이상은 사외이사이어야 한다. 감사위원회 위원 중 1인은 감사업무에 전문적 식견을 가진 자이어야 한다. 집행임원은 법률적 성격은 명확하지 않다. '집행임원은 일반적으로 이사회 및 대표이사의 지휘·명령을 준수하고 성실하게 업무를 집행할 의무를 가진 부문별 책임자이다'라고 할 수 있다. 이 제도의 도입은 형식화된 이사회를 개혁하고 의사결정을 신속하게 하며 감사기능의 강화 및 업무의 집행·사업전개의 속도를 제고하고 책임을 명확하게 하는데 있다.

박스사례 **상법 393조의 2**

제393조의2(이사회내 위원회)

① 이사회는 정관이 정한 바에 따라 위원회를 설치할 수 있다.

② 이사회는 다음 각호의 사항을 제외하고는 그 권한을 위원회에 위임할 수 있다.

1. 주주총회의 승인을 요하는 사항의 제안
2. 대표이사의 선임 및 해임
3. 위원회의 설치와 그 위원의 선임 및 해임
4. 정관에서 정하는 사항

③ 위원회는 2인 이상의 이사로 구성한다.

④ 위원회는 결의된 사항을 각 이사에게 통지하여야 한다. 이 경우 이를 통지받은 각 이사는 이사회의 소집을 요구할 수 있으며, 이사회는 위원회가 결의한 사항에 대하여 다시 결의할 수 있다.

⑤ 제386조제1항·제390조·제391조·제391조의3 및 제392조의 규정은 위원회에 관하여 이를 준용한다.

[본조신설 1999. 12. 31.]

출처: 법제처 국가법령정보센터(www.law.go.kr)

11.1.2 임원인사관리제도의 이론적 관점

임원인사관리제도는 주주(shareholder), 일반 조직 구성원(employee), 임원(executive) 등의 3가지 관점에서 접근할 수 있다. 먼저 주주(shareholder)관점에서 임원은 개인의 지위 및 단기성과에 집착하는 대리인으로서, 주주처럼 조직의 장기적 관점의 과감하게 투자하고 성장을 위해서 필요한 위험을 감수하도록 만들 필요가 있다. 다시 말해서, 지속적인 기업가치의 성장을 요구하는 주주의 관점과 경영진의 이해관계를 일치시키는 관점으로 관리가 될 필요가 있다. 이러한 관점을 대리인 딜레마(Agency Dilemma)라고 하는데, 이 문제는 본인(principal)과 대리인(agents) 사이에서 정보 비대칭 때문에 발생하는 문제를 말한다.

하버드 경영대학원의 마이클 젠슨(Michael C. Jensen)과 로체스터 대학교의 윌리엄 멕클링(William Meckling)에 의해 처음 제기된 이 개념에 따르면, 개인 또는 집단이 의사결정 과정을 다른 사람에게 위임할 때 대리인 관계가 성립된다. 대리인 관계가 성공적으로 유지되기 위해서는 주인이 대리인에게 적절한 보상을 지급해야 하고, 대리인의 노력으로 인한 경제적 결과를 정확히 평가할 수 있어야 한다. 그러나 대부분의 대리인 관계는 불확실한 미래 상황을 대상으로 할 뿐만 아니라, 주인이 대리인을 완벽하게 감시한다는 것은 현실적으로 불가능하다. 여기서 정보 비대칭 문제가 발생하고, 대리인은 자기 나름대로의 이해관계를 가지기 때문에 주인의 이해관계에 반하는 행동을 할 수 있다. 이로 인해 역선택의 문제, 도덕적 해이, 무임승차자 문제 등이 발생한다.

대리인 문제는 모든 계약 관계에서 나타날 수 있으며, 그 대표적인 예로 전문경영인과 주주의 관계를 들 수 있다. 이러한 대리인 문제가 발생한 대표적인 사례로 엔론과 월드컴(MCI Inc.)의 회계부정 사건을 들 수 있다. 이는 전문경영인이 자신의 자리를 유지하고 급여를 더 받기 위해 실적을 과대포장해 일어난 사건이다. 이를 극복하기 위해 발전해 온 제도가 전문경영인을 감시하기 위한 사외이사제도와 전문경영인의 이해를 주주의 이해와 일치시켜 전문경영인에게 동기를 부여하려는 스톡옵션 제도이다.

둘째, 조직 구성원(Employee) 관점에서 임원은 모든 직원이 도달하고자 하는 개인의 성장비전으로서, 임원인사관리 차원에서 보면 대내외적으로 임원의 경영자로서의 위상을 확고하게 정립하고 이를 통해 추구하고자 하는 역할 모델을 제시해야 한다. 토너먼트 이론(Tournament Theory)은 이러한 관점의 기반이 되는 이론이다. 토너먼트 이론은 한계생산성에 따라 임금차이를 결정하는 기존 경제학 이론들과 달리, 경쟁에서 이긴 승자에게 더 많은 임금이 주어진다는 보상이론으로 미국 스탠퍼드대 경영대학원의 에드워드 레이지어(Edward Lazear) 교수가 주창했다. 특히 높은 직급으로 올라갈수록 승진의 기회가 줄어들기 때문에 기업들은 승진할 때마다 거액의 연봉인상을 인센티브로 제시하게 된다. 레이지어 교수는 "사장의 임금은 사장에게 열심히 일해야겠다는 동기를 부여하기보다는 부사장에게 (높은 연봉을 받는 사장으로 승진하기 위해) 더 열심히 일해야겠다는 동기를 부여한다"고 했다. 토너먼트 이론에 따르면, 임원의 연봉을 고참 부장급보다 삭감할 경우 부하 직원들이 임원으로 승진하기 위해 열심히 일하려는 경쟁이 약해지게 된다.

셋째, 임원(Executive) 본인의 관점에서는 기업의 성과가 경영진의 역량수준에 따라 결정되기 때문에, 조직이 역량을 제고하기 위해서는 경쟁력 있는 임원의 확보가 필수적이라는 입장이다. 이를 위해서 임원의 고용경쟁력 확보와 리더십 개발이 핵심적인 임원인사관리의 영역이며, 이를 통해서 핵심 포지션의 임원을 조직 내부에서 확보/유지하고 리더십 파이프라인의 연속성을 유지하는 것이 임원인사관리의 핵심 기능이다. 최근 기업외부환경이 급격히 다양해지고 복잡해짐에 따라 최고경영자 한 사람의 역량만으로 기업을 효과적으로 운영하기 어렵게 되었다. 이에 따라 최고경영자 개인에만 의존하는 기업운영보다 최고경영진(Top Management Team, TMT) 체제에 의한 기업운영이 더욱 중요한 의미를 갖게 되었다. 최고경영층 이론(upper echelons theory)에 의하면, 최고경영진의 구성원들이 자신들의 인지적 구조를 바탕으로 전략적 선택을 하기 때문에 "어떤 유형의 사람들로 최고경영진을 구성하느냐"에 따라서 기업성과가 상이하게 나타난다고 하였다. 최고경영진의 구성과 기업성과가 서로 밀접한 관련이 있다면, 바람직한 최고경영진의 구성을 통하여 기업성과 제고를 도모할 수 있을 것이다.

박스사례 **Upper Echelons 이론 - 전략결정요인으로서 최고 경영진**

Upper Echelon Theory은 기업의 최고경영진이 기업의 성과와 전략 결정에 영향을 미친다는 이론이다. 이론은 최고경영진의 인적, 조직적 특성 및 환경적 요인들이 기업의 전략과 성과 결정에 중요한 역할을 하는 것을 강조한다. 특히, 상위 경영진의 인적 특성이라는 개념을 중심으로 논의된다. 상위 경영진의 인적 제한성은 상위 경영진의 인적 특성(예: 연령, 학력, 경력, 성별 등)을 의미한다. 이 이론은 최고경영진의 인적 제한성이 조직의 전략과 성과에 미치는 영향을 연구하고, 이를 통해 기업의 경영에 대한 다양한 전략적 결정을 내리는 데에 상위 경영진의 인적 제한성을 고려할 필요성을 강조한다. 따라서 상위 경영진의 인적 제한성은 기업의 조직 구조, 문화, 전략적 방향성 등의 다양한 측면에서 기업의 경영결과에 영향을 미치는 것으로 판단되며, 상위 경영진의 인적 제한성을 인사 관리 및 전략 수립에 적용하여 기업의 경쟁력을 향상시키는 데 활용된다.

출처: Hambrick, D. C., & Mason, P. A. (1984). Upper echelons: The organization as a reflection of its top managers. Academy of Management Review, 9(2), 193-206.

11.1.3 임원인사관리제도 설계 및 운영의 고려요인

조직은 종종 수립된 전략을 실행하지 못해 경쟁력을 잃고 시장에서 실패한다. 이러한 실패의 근본 원인을 찾아 해결하기 위해서 제도나 시스템을 변화시키기 위해 막대한 노력을 기울이지만, 이를 실행하는 주체인 리더, 특히 임원층의 역할 변화 노력이나 개선을 위한 시도가 부족할 경우 조직의 실패는 피할 수 없다. 따라서 임원이 해당 조직에서 해야 할 역할을 명확히 인식하고 스스로 역동적으로 움직이게 하기 위해서는 임원의 역할 활성화가 절대적으로 필요한 요인이며, 임원관리 제도를 설계할 때는 저해 요인을 정확히 파악하여 이를 근본적으로 해결할 수 있는 방안을 고려할 필요가 있다.

임원의 역할이 활성화되지 못하는 일반적인 요인으로는 임원이 수행해야 할 바람직한 역할에 대한 인식의 미흡, 내부 관리 지향적인 업무 수행 스타일, 경영 능력 부족 등을 지적할 수 있다. 이러한 문제들은 서로 악순환의 상승 작용을 일으켜 상황을 더 어렵게 만드는 경우가 많다. 예를 들어, 내외 경영 환경이 급격하게 변화되는 상황에서 임원은 조직이 나아가야 할 방향을 명확하게 제시하고 변화를 선도하는 역할을 수행해야 함에도 불구하고 실제로는 내부 관리 통제자의 역할에 머물러 있는 경우가 있다.

임원들이 관리 통제자 역할을 주로 수행하다 보면 영업, 협상, 현장 방문·지원 등의 외부 활동보다 불필요하거나 과다한 내부 회의 참석, 내부 결재 등 대내 활동을 중시하는 업무 수행 스타일이 강하게 나타나게 된다. 이렇게 되면 임원 스스로 자신에게 부족한 능력이 무엇인지 쉽게 발견할 수 없고 자신이 현재 가지고 있는 역량에 맞는 일만 하려하고 새로운 업무나 역할에 도전하기보다 안주하게 되어 업무 수행에 필요한 능력이 부족해지는 악순환의 고리가 만들어지게 된다.

임원인사관리 제도 설계와 운영에서 조직 차원의 문제도 정확하게 고려할 필요가 있다. 예를 들어서, 권한과 책임이 불명확한 조직 구조·운영, 성과에 따른 엄정한 평가 미흡, 최고경영자나 동료 임원과의 커뮤니케이션 미흡 등은 자주 언급되는 조직차원의 문제다. 개인적으로 임원이 뛰어난 역량을 보유하고 있다고 하더라도, 권한과 책임이 불명확하거나 불균형을 이룬 조직 내에서는 보유한 능력을 발휘하기 어렵다.

사업부 조직이 기능식 조직으로 운영되는 경우, 산하 임원들 간에 갈등을 겪는 경우가 빈번하다. 즉, 조직 구조는 자율과 책임 경영이라는 취지아래 사업부 체제로 되어 있으나 실제 조직 운영은 중앙에서 강하게 통제하는 방식을 취한다면 조직 운영의 신속성과 유연성이 저하되는 것은 말할 것도 없고 사업부장이나 사업부 산하 소속 임원들의 책임 의식이 희박해지고, 자신의 능력을 마음껏 발휘하기보다는 본사의 눈치를 살피게 될 가능성이 매우 높다.

이러한 문제를 해결하기 위해서는 임원을 선발, 육성 및 평가보상에서 임원이 수행해야 할 역할을 명확히 설정하고 역할 수행에 필요한 역량과 이를 체계적으로 확보하기 위한 방안을 임원 개인 차원에서 해야 할 노력과 조직 차원의 지원 방안 등으로 나누어 명확히 제시·실행하는 것이 중요하다. 특히, 임원 역할 활성화를 저해하는 요인을 감안하고 효과적으로 조직내부에서 유능한 임원을 지속적으로 발굴하고 유지할 수 있는 임원인사관리 제도를 설계하고 운영에 고려해야 하는 요인들은 다음 다섯 가지로 요약할 수 있다.

첫째, 임원들이 조직 내에서 지향해야 할 바람직한 역할상과 필요 역량을 명확하게 정립하고 이를 임원 선발 및 육성, 평가보상 철학에 반영해야 한다. 이를 위해서는 조직 비전과 CEO의 경영 철학 Review, 설문이나 인터뷰 등을 통한 임원 및 구성원 의견 조사, 임원 역할 관련 문헌 조사 등이 필요하다.

둘째는 담당 업무뿐만 아니라 전사 차원에서 임원 간 협력을 촉진하는 방안을 모색해야 한다. 임원 간 협력을 강화하고 CEO처럼 전사 관점에서 사고하고 행동하도록 하기 위해서는 임원 업적 평가 항목에 전사 차원의 협력을 강화하는 지표를 추가한다든가, 임원 간 업무를 매개로 자주 만날 수 있는 장을 만드는 등 다양한 노력들이 필요하다.

셋째는 임원들이 마음껏 자신의 능력을 발휘할 수 있도록 책임과 권한이 명확한 조직

〈표 11-1〉 임원인사관리 제도 설계 및 운영시 고려해야 할 요인 다섯 가지

사항	내용
바람직한 역할상과 역량 정립	임원들이 조직 내에서 지향해야 할 바람직한 역할상과 필요 역량을 명확하게 정립하고 이를 임원 선발 및 육성, 평가보상 철학에 반영
전사차원의 협력 방안	임원 간 협력을 강화하고 CEO처럼 전사 관점에서 사고하고 행동하도록 하기 위한 방안 마련
책임과 권한 명확화	임원들이 마음껏 자신의 능력을 발휘할 수 있도록 책임과 권한이 명확한 조직 구조·운영 방안 수립
최고 경영진과 커뮤니케이션	Top과의 커뮤니케이션을 활성화하여 신뢰 관계를 구축할 수 있도록 지원
임원의 자기개발 노력	임원 스스로 주기적으로 자신의 역할 수행 수준을 돌아보고 부족한 부분에 대해서는 지속적으로 자기 개발을 위한 노력 지원

출처: 저자가 작성

구조·운영이 이루어져야 한다. 아무리 능력과 리더십이 뛰어난 임원이라고 하더라도 조직 내에서 자신이 수행해야 할 역할에 대한 책임과 권한이 불명확하다면 CEO나 동료 임원과 갈등이 생겨 제대로 역할을 수행하기 어렵게 될 가능성이 높다. 따라서 이러한 문제를 해결하기 위해서는 조직 차원에서 책임과 권한에 문제가 있는 부분에 대한 신속한 조직 개편을 단행하여야 한다.

넷째는 최고경영자와 커뮤니케이션을 활성화하여 견고한 신뢰 관계를 구축해야 한다. 최고경영자와의 커뮤니케이션을 활성화하여 신뢰 관계를 구축하기 위해서는 먼저 최고경영자가 임원의 관점에서 사고하고 행동하는 것이 중요하다. 즉, 관리 통제자나 지시자가 아니라 임원 역할 활성화의 후원자요, 정신적인 지주로서의 역할을 할 수 있도록 노력해야 한다.

다섯째, 임원 스스로 주기적으로 자신의 역할 수행 수준을 돌아보고 부족한 부분에 대해서는 지속적으로 자기 개발을 위해 노력해야 한다. 기업 경영에서 발생하는 모든 문제는 근원을 따져 보면 개인에게서 비롯되는 경우가 많다. 따라서 문제의 해결도 결국은 개인으로부터 출발하여 차근차근 해결해 가야 한다. 이를 위해서 리더십 역량 평가를 정례화 하여 임원 개인의 부족한 역량을 확인하고 이를 본인에게 피드백 하여, 보완해야 할 역량에 대한 자기 개발 노력을 독려하고 육성 프로그램 제시, 전환 배치 등 조직 차원의 체계적인 노력이 동시에 이루어질 수 있도록 해야 한다.

11.2 임원의 선발과 육성

11.2.1 임원의 선발과 승계계획(Succession Planning)

기업의 지속적 성공을 위해서는 탁월한 역량과 리더십을 보유한 임원들을 안정적으로 확보하는 것이 임원인사관리의 출발점이다. 임원의 선발 및 확보에는 크게 두 가지 방법이 있다. 첫 번째 방법은 성장 가능성이 높은 인재들을 조기에 발굴, 육성하여 리더로 임명하는 '내부 승진'이다. 두 번째 방법은 조직 내부에 적합한 리더 후보가 없을 경우, 외부에서 유능한 리더를 데려오는 '외부 영입'이다. 대개의 경우, 기업들은 내부 승진과 외부 영입의 두 가지 방법을 동시에 사용한다. 외부 영입의 경우에는 심층 면접, 심리 테스트, 평판 조회 등 다양한 기법이 동원된다. 대개의 경우, 기업들은 내부 승진과 외부 영입의 두 가지 방법을 동시에 사용한다.

박스사례 임원 채용 서비스(Executive Search Service; Headhunting)

임원 채용 서비스(Executive search service)는 고위직 채용 서비스를 제공하는 전문 컨설팅 서비스이다. 일반적으로 대기업이나 중견기업에서 최고경영자 또는 고위직 채용 시 필요로 하는 전략적 전문 인재를 발굴하고 추천하는데 전문화된 서비스를 제공하는 것이다. Executive searching service는 전략적 채용과정을 수행하며, 재무적인 역량과 같은 전문 지식을 필요로 하는 고위경영진 채용 프로세스에서 특히 효과적인 역할을 담당한다. 이를 위해, Executive searching service는 다양한 검색 방법과 기술을 사용하여 후보자를 선발하며, 후보자의 경력과 역량을 평가하는 프로세스를 수행한다. Executive searching service는 보통 대규모 기업들에서 이용하는데, 이는 기업이 최고경영자나 고위직 직무를 선발할 때 시간과 비용을 절감할 수 있기 때문이다. 또한, Executive searching service는 전문성이 높은 인재들을 발굴하고 적합한 후보자를 선발할 수 있기 때문에, 기업이 전략적인 우위를 확보할 수 있도록 도움을 제공한다.

Executive searching service를 제공하는 대표적인 회사로는 다음과 같은 회사들이 있다. (1) Korn Ferry: 미국에 본사를 둔 글로벌 인재 채용 및 경영 컨설팅 회사로, 인재 평가, 조직 디자인, 경영 컨설팅 등의 다양한 서비스를 제공한다. (2) Heidrick & Struggles: 미국에 본사를 둔 글로벌 인재 채용 및 경영 컨설팅 회사로, Executive searching service을 포함하여 리더십 개발, 다양성 및 포용성, 사업 통합 등의 다양한 서비스를 제공한다. (3) Russell Reynolds Associates: 미국에 본사를 둔 글로벌 인재 채용 및 경영 컨설팅 회사로, CEO 직무 성과 강화, 다양성 및 포용성, 리더십 개발 등의 다양한 서비스를 제공한다.

출처: 저자가 정리

내부 승진의 경우에는 체계적인 후계자 육성 계획을 세워 일찍부터 리더 후보를 육성하면서 지속적으로 리더로서 성장 가능성을 검증한다. 내부 임원의 선발은 향후 맡기게 될 조직 단위의 환경과 요구되는 리더십을 중심으로 평가되어 대상자를 선발하게 되고, 상위 직위로의 승진은 이와 같은 부분을 포함하여 최근 연도의 실적 평가가 승진 심사의 기준이 되는 것이 일반적이다.

후계자 승계 제도(Succession Planning Program)란, 조직의 핵심 직책에 있어서 리더십의 연속성을 유지하기 위해 후임자를 사전에 선정하고, 나아가 필요한 자질을 육성하는 체계적인 활동을 의미한다. 체계적이고 의도적인 육성활동이 동반된다는 점에서, 단순히 후임자를 지명해 놓았다가 유사시에 전임자를 대신하여 직책을 맡게 하는 대체 계획(Replacement Plan)과는 차별화되는 개념이다.

〈표 11-2〉 임원의 후임자 결정을 위한 고려 사항

1. 내부에서 선임할 것인가, 외부에서 영입할 것인가?
2. 후계자의 요건 정의 - 포지션 프로파일
3. 현 포지션 담당자들이 후계자를 추천
4. 선발된 후계자를 얼마나 효과적으로 육성할 수 있는가

출처: 저자 작성

임원으로 핵심 포지션을 담당할 후임자를 결정해야 되는 단계에서 가장 먼저 결정해야 할 이슈는 '내부에서 선임할 것인가, 외부에서 영입할 것인가?'의 문제이다. 이 문제의 해답은 원칙적으로 명확하다. 미래 기업이 당면하게 될 이슈가 무엇인가에 따라 결정을 하면 되기 때문이다. 예를 들어 재무적인 안정성이냐 마케팅의 강화냐에 따라 그에 걸맞는 요건을 정하고, 그에 따라 후임자를 내부에서 찾아보고 만약 내부에 없다면 외부에서 영입하면 되는 것이다.

그러나 내부 발탁이냐 외부 영입이냐에 대한 결정은 실제로는 내부의 이해관계에 의해 크게 영향을 받게 되는 것이 현실이다. 후임자를 내부에서 발탁할지 외부에서 영입할지를 결정하는 역할을 이사회가 제 3자적 관점에서 객관적으로 수행하는 것이 바람직하다. 이 때 앞서 언급한 것처럼 내부 인재의 강점을 당연시하거나 과소평가하지 않도록 주의할 필요가 있다. 성공 기업보다는 실패하는 기업에서 외부 영입 케이스가 더욱 빈번하다는 사실을 잊어서는 안 될 것이다.

후계자 승계의 출발점은 정말로 유능하고 잠재력이 있는 후보자를 조기에 발굴하는 것이다. 심리적 요인들에 영향을 받지 않고 운영될 수 있는 제도적 장치를 마련하는 것이 필요하다. 이를 위해서는 먼저, 어떤 사람이 적합한지 후계자가 갖추어야 할 요건을 명확히 정의해야 한다. 다음으로 체계적인 선발 절차의 정립과 운영도 중요하다. 그리고 후계자 선발의 직접적인 이해관계자인 CEO와 이사회간의 책임과 역할을 분명히 하는 것이 필요하다.

후계자 선정의 시작은 후계자의 요건을 명확히 정의하는 데 있다. 이는 해당 직책이나 포지션을 수행하는 사람이 어떤 자질과 리더십을 갖추어야 할지 필요 역량을 규명하는 것이다. 이를 위해서는 해당 조직의 사업 전략에 대한 검토가 선행될 필요가 있다. 이를 흔히 '포지션 프로파일(Position Profile)을 구체화한다'고 말한다. 포지션 프로파일에는 경영 환경의 변화 상황, 시장에서의 자사의 위치, 현금흐름, 사업의 라이프 사이클, 합병과 인수, 사업 통합화, 글로벌 사업전략 등 여러 가지 사업적 요소를 고려해 필요한 리더의 요건을 정의할 수 있다.

예컨대 안정적인 사업에는 관리형 리더가, 신시장 개척이 필요한 곳에는 혁신형 리더가 필요하다는 점을 확인할 수 있다. 이러한 요건이 정의되어 있어야 이를 바탕으로 후계자를 파악하고 선발하는 활동이 진행될 수 있다. 만일 이런 사람이 회사에 없다면 외부에서 인재를 영입하는 노력도 이와 같은 요건이 정립되어 있어야만 제대로 수행될 수 있는 것이다.

이와 함께 조직의 가치, 철학 등을 반영하여 리더십 역량을 보다 구체화하는 노력도 매우 중요하다. 대인 관계 스킬은 동기 부여, 인재 육성 역량 등으로, 변화 관리 스킬은 상황 대처력과 위기관리 역량 등으로 보다 명확히 규명하는 것이다. 글로벌 선진 기업들은 조직 특유의 가치와 전략적 방향에 부합하는 리더십 역량 요건을 정립하고 이를 체계적인 후계자 선발 과정에 활용하는 특징을 보여준다.

후계자의 요건 역량이 구체적으로 정의되고 나면, 현 포지션 담당자들이 자신의 직무에 적합한 후계자를 추천하는 단계로 들어가게 된다. 그리고 추천된 인재들에 대해서는 해당 포지션 수행에 필요한 역량 요건과 후보자들이 갖춘 역량 수준 간의 차이를 확인하는 적합성 평가를 하게 된다. 이때 예비 후보자들이 회사가 필요로 하는 리더십 역량 요건을 얼마나 충족하고 있는지를 측정하게 된다. 이를 위해서는 흔히 MBTI, 심리테스트 및 구조화된 심층 인터뷰, 360도 다면 평가 등의 평가 방법이 활용된다.

그런데 무엇보다 중요한 것은 평소 일을 수행하는 과정 속에서 상위 리더들이 승계 후보자에게 느낀 여러 가지 객관적이고 질적인 정보이다. 이러한 질적 정보에는 평상시 후보자들의 성향, 태도, 피드백을 주었을 때 어떻게 개선하는지 등에 대한 매우 깊이 있는 정보가 담겨질 수 있다. 따라서 글로벌 선진 기업들의 리더들이 부하직원들과의 평가 면담 시 구체적인 대화 내용이나 평가 피드백 내용 등을 기술하고 이를 기록해 놓는 습관을 가지고 있다는 사실도 주목할 대목이다.

후보자 선발을 위한 신중한 절차와 프로세스를 갖추는 것도 필요하지만, 이보다 중요한 것은 '선발된 후계자를 얼마나 효과적으로 육성할 수 있는가' 이다. 아무리 좋은 제도와 시스템을 갖추었어도 실제 경영 현장 속에서 후계자들이 일과 함께 성장하는 육성 메커니즘이 제대로 가동되지 못하면 허사이기 때문이다. 이를 위해서는 후계자 육성 제도 면면에, 그리고 일상 속에 후계자 육성 활동의 메커니즘이 체질화되어야 한다. 후계자 육성을 잘하는 것으로 알려진 글로벌 선진 기업들의 특징을 살펴보면, 조직 DNA 내에 후계자 육성 마인드 구축, 승계 후보자 스스로의 충분한 인지를 통한 자발적 동기부여, 일상 업무에서의 자질 검증과 육성 활동의 병행, 다양한 직무경험과 시련 부여, 후보자에 대한 평상시 주의 깊은 관찰, 후계자 육성을 위한 전문 조직의 지원 등이 돋보인다.

11.2.2 임원의 온보딩

리더십 분야의 대가인 톰 피터스(Tom Peters)는 대부분의 리더들은 시행착오를 통해서 배워간다고 이야기한 바 있다. 다시 말해, 리더로 성장하기 위해서는 다소의 실패는 불가피하다는 것이다. 그러나 문제는 신임 리더가 새로운 자리에 잘 정착하지 못하고 실패하는 경우가 적지 않으며, 이로 인해 기업이 지불해야 하는 비용도 만만치 않다는 점이다. 신임 리더가 조직에 적응하지 못하고 실패할 경우 기업은 리더 연봉의 약 2~2.5배에 달하는 비용을 부담해야 한다고 한다. 여기에는 조직의 생산성 저하나, 사기 저하 등의 요소는 고려되지 않은 것이다. 이런 숨겨진 비용까지 다 고려한다면 리더의 실패로 인해 기업이 감내해야 하는 손실은 실로 엄청난 것이라 하겠다.

체계적인 육성과 검증 시스템이 채용이나 승진 과정에서의 실패를 줄이고 보다 나은 양질의 리더를 확보하는데 많은 기여를 하고 있음은 부인할 수 없는 사실이다. 그러나 임원의 실패 사례에 대한 연구결과를 종합해 보면, 많은 기업들이 리더의 발굴이나 영입에는 상당한 관심을 기울인 반면, 정작 리더로 보임된 이후에는 이들이 새로운 자리에 잘 적응하고 성과를 낼 수 있도록 지원하는 면에서는 상대적으로 소홀했음을 알 수 있다. 역량과 자질 있는 인재를 찾아내고 키우는 것도 중요하지만, 이들이 리더로써 제 역할을 다할 수 있는 여건을 조성하는 것을 간과해서는 안 된다. 이러한 면에서 리더 보임 후의 '사후 관리' 차원의 온보딩(onboarding)이 매우 중요한 임원인사관리의 측면이라고 할 수 있다.

온보딩 프로그램은 신임 임원이 부임 초기에 효과적으로 보임된 자리와 역할에 적응할 수 있도록 회사 차원에서 종합적인 지원을 하는 리더십 지원 활동을 말한다. 온보딩 프로그램은 기존의 리더 오리엔테이션과는 다소 차이가 있다. 첫째, 리더 오리엔테이션 프로그램은 중간 관리자급을 대상으로 한다. 반면, 온보딩 프로그램의 주요 대상은 경영진을 비롯한 상위 임원들이다. 둘째, 리더 오리엔테이션은 대개 1회성 교육으로 그친다. 온보딩 프로그램은 최소 3개월 내지 최대 1년 이상의 기간 동안 이루어진다. 마지막으로 리더 오리엔테이션은 기업의 역사, 문화, 사업 현황 등의 정보 제공 수준에 그치는 반면, 온보딩 프로그램은 신임 임원이 알아야 할 기본적인 정보 지원은 물론, 부임 초기에 반드시 처리해야 할 주요 이슈의 선정 및 실행 지원, 주요 이해 관계자와의 네트워크 구축 지원, 정착 정도의 중간 점검(Check-in), 지속적인 코칭 등을 포함하고 있다.

신임 임원에게 가장 힘든 시기는 부임한 첫 해라고 한다. 온보딩 프로그램의 일차적 목적은 신임 리더의 실패 가능성이 높은 부임 초기에 다양한 지원 활동을 통해 리더의 실패를 예방하는 것이다. 온보딩 프로그램의 또 다른 목적은 신임 리더가 조직에 정착하는 데까지 걸리는 시간을 줄이는 것이다. 하버드 대학(Harvard Business School)의 마이클 왓킨슨(Michael Watkins) 교수는 새로운 리더가 부임하면 처음 3개월은 조직의 가치가 오히려 감소한다는 흥미로운 조사 결과를 발표한 바 있다. 최소 3개월 정도의 시간이 지나야 신임 리더의 조직에 대한 이해와 적응력이 높아지면서 조직의 가치를 증진시키는 데 기여하게 된다는 것이다. 왓킨슨 교수는 "최소한 6개월은 지나야 신임 리더의 순수 조직 기여도가 0을 넘어서게 된다"고 말한다. 다시 말해, 신임 리더의 조직 적응 기간을 줄이는 것이 조직의 성과 향상에 큰 보탬이 된다는 것을 알 수 있다.

온보딩 프로그램을 효과적으로 구축하고 운영하기 위한 주요 성공 포인트는 무엇인가? 첫째, 신임 임원에게 기대하는 바를 명확히 전달해야 한다. 리더십 연구가인 고든 아들러(Gordon Adler)는 효과적인 리더 육성은 5단계 정도로 구성되며 전혀 복잡하지 않다고 말한다. 첫째, 실적에 대한 기대값을 정의한다. 둘째, 기대값을 리더에게 명확히 전달한다. 셋째, 교육 등을 통해 성과 창출에 필요한 지식, 역량을 개발한다. 넷째, 기대값 대비 실적을 평가한다. 마지막으로, 달성 정도에 따라 보상하고, 부족한 부분을 지원하는 5단계가 그것이다.

그러나, 앞서도 언급하였듯이 많은 기업들은 신임 리더가 자신에게 기대되는 역할을 잘 알 것이라 가정하여 이를 중요하지 않게 여기는 경향이 있다. 그 결과 신임 리더들은 새로운 조직에서 무엇을 하여야 할 지 몰라 헤매게 된다. 신임 리더의 초기 혼란을 예방하기 위해서는 신임 리더들에게 명확한 기대 역할을 설정해 주어야 한다. 일례로 뱅크 오브 아메리카는 신임 리더 부임 첫 주에 온보딩 계획서를 수립한다. 이 계획서에는 부임 시점부터 6개월 후까지 신임 리더가 해야 할 일들의 우선순위와 일정이 포함된다. 또한, 상위 리더, 동료 리더, 전문 코치 등과의 미팅을 통해 회사가 신임 리더에게 기대하는 바가 무엇인가를 정확하게 전달하고자 노력하고 있다.

둘째, 신임 리더가 필요로 하는 각종 정보를 시의 적절하게 제공해야 한다. 특히 외부에서 영입된 리더의 경우에는 회사의 기본적인 정책, 업무 규정 등도 제대로 알지 못한 상태에서 일을 시작하게 되는 경우가 적지 않다. 내부에서 승진한 리더들도 마찬가지다. 흔히, 내부에서 성장해왔기 때문에 당연히 이런 정보에 대해 이미 잘 알고 있을 것이라 생각한다. 그러나, 이들이 알고 있는 지식은 극히 제한적인 것들에 불과할 가능성이 많음을 간과해서는 안 된다. 경영진과 같은 고위 리더로 그 지위가 올라갈수록 기존과는 다른 차원의 정보를 필요로 한다. 중간 관리자급의 리더는 자신의 업무 분야와 자신의 담당 조직에 관한 정보만으로도 충분하지만, 경영진과 같은 고위 리더가 되면 담당해야 할 업무와 조직이 대폭 늘어나게 된다. 이에 더하여 실무를 수행하기 보다는 전략적인 차원의 의사 결정을 내리는 업무가 증가하기 때문에 이를 위한 다양한 정보도 필요로 하게 된다.

셋째, 리더들 간의 긴밀한 네트워크 구축을 지원해야 한다. 소위 인맥이라고도 말해지는 네트워크는 리더의 성공에 매우 중요한 요소이다. 직속 상사나 동료와의 관계가 어떻게 형성되느냐에 따라 리더의 성공과 실패가 달라지기도 한다. 대부분의 기업들은 신임 리더들을 한 강의실에 모아두고 교육을 실시하면 과정에서 자연스럽게 이들 간에 네트워크가 형성될 것이라고 생각한다. 그러나 이런 기대를 충족시키는 리더들은 극히 일부에 불과한 것이 현실이다.

이에 대해 포틀랜드 대학(Portland State University)의 탈야 바우어(Talya Bauer) 교수는 "외향적인 성격의 소유자는 스스로 주변 이해 관계자와 네트워크를 구축하지만, 내성적 성격의 소유자는 그렇지 못하다"라고 말한다. 즉, 보다 적극적으로 조직 차원에서 네트워크 형성을 지원할 필요가 있다는 것이다. 특히, 외부에서 영입된 리더의 경우에는 더더욱 조직의 지원이 절실하다. 외부에서 온 사람에 대한 배타적인 분위기가 형성되기도 하기 때문이다.

리더의 성공에 있어 동료나 상사와의 관계 형성이 중요함을 잘 인식하고 있는 회사들은 신임 리더의 온보딩 과정에 반드시 인적 네트워크 구축을 위한 지식/스킬 교육을 포함시키고 있다. 신임 리더들을 대상으로 동료, 부하 등과의 관계 형성에 필요한 지식이나 스킬은 물론 직속 상사와의 관계 관리에 대해서도 교육을 실시하는 것이 일례이다. 또한, 단순한 강의에서 멈추는 것이 아니라 상위 경영진 중 한 명이 교육장을 방문하여 실제 상황처럼 연습을 해보는 기회도 제공하는 것도 고려할 수 있다.

신임 리더들의 네트워크 구축을 지원하기 위해 입사 및 승진 6개월 이내에 반드시 온보딩 워크숍에 참석하도록 하는 것도 고려할 수 있는 좋은 전략이다. 신임 리더들을 한 자리에 모으는 워크숍을 통해서 네트워크 형성의 기회를 제공하는 것이다. 아울러 참석자들이 모두 신임 리더로서 비슷한 고민을 가지고 있기 때문에 상호간의 경험 공유 및 정보 교환을 통해 성공적인 정착을 위한 교훈을 얻는 등 부수적인 효과도 기대할 수 있다.

셋째, 주기적으로 피드백과 코칭을 제공해야 한다. 신임 리더들은 자신에게 부정적인 평가가 내려질 것을 우려하여 적극적으로 피드백을 구하지 않는 경향이 있다. 그러나, 적시에 주어지는 피드백은 신임 리더의 실패를 줄이는데 있어 매우 중요한 역할을 한다. 신임 리더들이 편안하게 피드백을 구할 수 있도록 신임 리더와 직속 상사 간 '벌칙 없는 논의 시간'을 갖도록 하는 방법을 고려할 수 있다. 이 미팅에서는 어떠한 말을 하더라도 그로 인한 불이익이 없을 것임을 회사에서 보장하는 것이다. 신임 리더들은 평소 쉽게 이야기할 수 없었던 고민거리나 질문 등을 자유롭게 말하고 이에 대한 피드백을 구하도록 하기 위함이다. 직속 상사 역시 솔직한 피드백을 제공함으로써 신임 리더의 조직 적응을 도울 수 있다.

외부 전문 코치를 활용하여 신임 리더의 조직 적응을 지원하는 기업도 적지 않다. 전문 코치는 신임 리더가 조직에 어떻게 적응해가고 있는지를 매달, 그리고 분기별로 점검을 한다. 부임 5개월째가 되면 적응도에 따라서 추가적인 코칭 필요 여부를 결정하게 되고, 별다른 문제가 없다면 6개월째에 코칭은 종료가 된다. 피드백이나 코칭에서 한 가지 주의할 점은 처음으로 리더로 승진한 젊은 인재나 상위 경영진들은 자신들에 대한 비판을 듣는데 익숙하지 않다는 것이다.

탁월한 역량을 바탕으로 성공을 거듭해온 젊은 리더나 상위 경영진들은 그 전까지 부정적인 피드백을 들어본 경험이 적다. 또한 자신들이 지금까지 성공해온 방식에 대한 자부심이 강하기 마련이다. 그 결과 이들은 자신들에 주어지는 부정적인 피드백을 신뢰하지 않는 경향이 있다. 이 경우에는 직속 상사나 전문 코치 등 1인의 피드백보다는 360도 피드백이 효과적이다. 상사, 동료, 전문 코치 등 다양한 원천으로부터 같은 메시지가 반복적으로 나온다면 이를 무시하기가 쉽지 않기 때문이다.

마지막으로 온보딩 프로그램의 성공적 구축과 실행을 위해서는 무엇보다 직속 상사의 역할이 중요함을 명심해야 한다. 신임 리더의 조직 적응에 무관심한 상사 역시 신임 리더 실패에 주요한 원인 중 하나이기 때문이다. 직속 상사는 신임 리더의 조직 적응 과정을 옆에서 지켜볼 수 있기 때문에 문제의 조짐이 보이면 즉시 개입하여 더 큰 문제로 확산되는 것을 예방해줄 수 있다. 여기에서 한 가지 주의할 점은 직속 상사라 하더라도 문제가 나타날 소지가 보일 때마다 개입하여 코칭을 하는 것은 현실적으로 불가능하며, 이런 방식은 그다지 바람직하지도 않다는 점이다. 자칫 상사가 신임 리더를 신뢰하지 못하는 듯한 인상을 줌으로써 둘 사이의 관계에 부정적인 영향을 줄 수 있기 때문이다. 따라서 상사는 신임 리더가 겪게 되는 전형적인 문제들의 유형에 대해서 미리 알아둘 필요가 있다. 이를 바탕으로 사전에 예측을 하여 심각한 문제가 발생하기 전에 적절한 시점에 코칭을 하는 것이 바람직하다.

상위 리더가 코칭을 함에 있어 한 가지 더 유의해야 할 점은 신임 리더를 자신의 스타일에 맞추어 따라오도록 하는 것이다. 특히, 외부 영입 리더의 경우 새롭게 합류한 조직의 문화 등을 알지 못하기 때문에 초기 정착 과정에서 상사에 대한 의존도가 높다. 자칫 이들을 기존의 스타일로 뜯어 고치려고 할 경우, 영입 리더의 제 역량이 제대로 발휘되지 못할 우려가 있다. 더구나, 외부 영입의 목적이 조직에 새로운 바람을 불러일으키려고 한 경우라면 더더욱 주의를 기울여야 할 것이다.

11.2.3 임원의 경영자 역량 개발

경영자 육성의 문제가 기업 경쟁력 제고는 물론, 인재 확보와 유지, 지배구조 고도화, 인구구조 변화 등의 관점에서 점점 더 중요해지고 있다. 우선, '임원의 경쟁력이 곧 그 회사의 경쟁력'이라는 점에 대한 인식을 새롭게 할 필요가 있다. 임원은 회사의 운명을 결정할 중요 의사결정과 구성원을 리드하는 역할을 수행하므로 이는 당연한 얘기일지 모른다. 또한, 리더 계층의 개발은 그 자체로서 의미 있는 활동이기도 하지만, 나아가 기업 내의 인재를 확보, 유지하는 활동에도 큰 영향을 미친다. 리더 육성에 열성을 기울이는 기업의 경우, 그러한 노력 자체가 인재들이 떠나지 않게 만드는 동기가 되는 것이다.

성장과 발전을 이루고 싶은 것이 인간의 본능이기 때문이다. 더불어 좋은 리더가 많은 조직은 그러한 명성이 고용 브랜드에도 영향을 미쳐 우수 인재를 유치하는 데에도 긍정적인 효과를 가져 오게 된다.

임원을 내부에서 체계적으로 육성하고 있는 조직들이 다른 기업과 차별화되는 요인을 분석하여 종합해 보면, 인재 파악 노력을 통한 조기 인재 발굴, 개인별 육성 계획을 토대로 한 다양하고 체계적인 경험의 부여, 최고 경영진의 인재 육성에 대한 관심 등이 주요한 공통점이다.

먼저, 임원 후보군의 조기 발굴과 검증 시스템이 필요하다. 유능한 임원은 하루아침에 만들어지는 것이 아니다. 리더십 분야 전문가들에 의하면, 일반적으로 미래 리더를 파악하는 데 3년, 그리고 최고 경영진으로 양성하는 데 10년이 소요된다고 한다. 따라서 미래 리더를 성공적으로 육성하기 위해서는 인재를 조기에 발굴하고 이들을 지속적으로 검증해 나가는 것이 중요하다.

선발하는 단계에서 가장 어려움을 겪는 문제 중 하나는 개인의 잠재력을 어떻게 해야 정확하게 판단할 수 있는가의 문제이다. 과거에 높은 성과를 창출했다는 성공 경험만을 기준으로 앞으로의 변화된 시장 환경에서, 그리고 새로운 직무 책임을 맡고도 높은 성과를 낼 것이라고 가정하는 것은 상당히 위험스러운 접근일 수 있다. 이러한 문제를 피하기 위해서는 과거 성과가 미래에도 반복적으로 나타날 수 있는 것인지, 아니면 그 상황에만 특수한 성과였는지를 면밀히 따져보는 노력이 필요하다.

둘째, 직무 경험을 통한 체계적 육성이다. 잠재력 있는 미래 리더 후보를 선발하는 것은 경영자 양성의 첫걸음에 불과하다. 보다 중요한 것은 체계적인 육성 활동의 실행이다. 특히, 준비된 리더를 육성하기 위해 주의를 기울여야 할 부분은 향후 리더가 되었을 때 현장에서 직접적으로 활용할 수 있는 내용을 배울 수 있도록 하는 것이다.

그러나 기존의 리더 육성 모습을 보면 주로 훌륭한 리더가 가지고 있는 공통의 리더십 역량을 분석, 정의하고 이를 리더의 선발이나 교육에 그대로 적용하는 경우가 많다. 하지만 성공 리더의 자질을 파악하는 작업은 많은 시간과 노력이 요구되는 일이며, '성공한 리더십이란 이런 것이다'라는 개념 규정만으로 리더가 개발되는 것도 아니다. 더구나 일반적으로 알려져 있는 성공 리더의 특성을 주로 활용할 경우 비록 원론적으로는 맞다 하더라도 개별 회사가 처한 고유한 상황에는 잘 들어맞지 않을 수 있다는 난점이 있다. 따라서 역량을 개발시킬 수 있는 직무 경험을 적절히 활용하는 것이 보다 효과적이고 직접적인 접근 방법이 될 것이다.

자사의 특수한 상황이나 미래에 예견되는 변화 방향에 능동적으로 대처하기 위해서는 풍부한 실전 경험이 무엇보다 중요하다. 인재로 하여금 일을 통해 경험을 체득하게 하고, 자사의 고유 상황에 적극적으로 대처할 수 있는 노하우를 현장에서 스스로 피부로 느낄 수 있도록 해야 한다. 또한, 상위 직무 수행에서 요구되는 스킬을 체계적으로 학습하여 성장할 수 있도록 기회도 제공해 주어야 한다.

특히 경험을 통한 리더 육성이 성공하려면, 미래 리더들이 다양한 경험을 할 수 있도록 부문 간 장벽을 제거함으로써 인재의 부문 간 수평적 이동이 자유롭게 이루어질 수 있어야 한다. 또한, 사내 인력의 이동을 보다 유연하게 하는 메커니즘을 강화하는 방안도 필요하다. 다양한 사업, 기능 분야를 경험하기 위한 이러한 직무 순환과 더불어, 도전적인 과제를 부여하는 방안도 필요하다. 도전적인 업무는 그 문제를 해결하는 과정에서 사람들로 하여금 리더십을 발휘하게 하고 나아가 개인을 성장시키는 역할을 한다.

마지막으로, 최고 경영자를 비롯한 경영진의 관심과 지원이다. 이와 같은 미래 경영자 후보의 선발과 육성이 제대로 이루어지기 위해 요구되는 것이 바로 최고 경영진의 인재 육성에 대한 관심과 지원이다. GE의 전 CEO 잭 웰치(Jack Welch)가 자신의 시간의 절반을 인재 육성에 할애했다는 이야기는 잘 알려져 있다. P&G의 CEO인 앨런 래플리(Alan G. Lafley)는 리더 개발에 1/3 또는 1/2의 시간을, 펩시코의 전 CEO인 웨인 컬러웨이(Wayne Colloway)는 미래 리더 발굴에 2/3의 시간을, IBM의 전 CEO인 루 거스너(Lou Gerstner)와 CEO인 샘 팔미사노(Sam Palmissano)는 잠재 리더(High Potential Leaders) 검토만을 위한 시간으로 일 년 중 최소 2주를 할애한다고 한다. 인재 육성에 뛰어난 조직에서는 이처럼 인재 육성에 헌신적인 최고 경영자를 반드시 찾아볼 수 있다는 공통점이 있다.

반면, 리더 양성은 하위 조직의 각 조직책임자가 담당해야 할 몫이라는 인식을 최고 경영자가 갖고 있는 경우 아무리 좋은 제도가 있어도 훌륭한 리더의 배출을 기대하기란

이렵다. 또한, 자신의 임기 연장이나 안위에 급급한 CEO가 있다면, CEO 후계자 육성은 요원해질 수밖에 없다. 현재의 경영진은 단기적인 손실을 감내하더라도, 재능 있는 인재들이 경험을 통해서 성장할 수 있도록 배려해야 한다. 또한, 자신의 경영 철학에 부합하는지 여부를 떠나서, 향후 회사가 나아가야 할 전략적 방향에 부합하고 미래 전략을 성공적으로 이행할 수 있는 인재를 적극적으로 발굴할 수 있어야 한다.

다음은 성공적인 리더십 개발을 위한 다섯 가지 특징이다. 첫 번째, 혼합형 전달 방식이다. 대면 교육과 온라인 리더십 교육을 결합하는 것과 같은 혼합 방식은 리더에게 학습 방식에 대한 유연성과 선택의 폭을 넓혀준다. 웨비나, 온디맨드 도구, 자기 주도형 비디오, 리더십 워크숍, 멘토링 등 공식적인 프로그램과 비공식적인 단편 학습을 혼합하면 학습이 강화되고 수용과 흡수가 쉬워진다. 리더가 이러한 확장된 개발 선택지를 신중하고 체계적으로 탐색할 수 있도록 조직은 일반적인 경력 연속체의 각 시점에서 가장 중요한 역량과 리더십 역량에 대한 지침을 제공하고 있다.

두 번째, 광범위하고 지속적인 지원이다. 일관성이 없고, 지속적인 지원이 없으며, 매달 또는 매년 후속 조치가 이루어지지 않아 사람들의 사기를 떨어뜨리고, 잘못된 메시지를 전달하며, 성공적인 리더십 개발을 저해할 수 있다. 종종 새로운 교육 제공이 큰 호평과 함께 발표되지만 금방 사라지고 "그 순간의 맛"이 되는 경우가 많은데, 이를 방지하기 위해서는 지속적인 지원이 필요하다.

세 번째, 조직의 현실에 집중해야 한다. 가장 효과적인 리더십 개발 이니셔티브는 학습을 현실의 도전과 기회와 연결하는 것이다. 결국, 임원 리더십 개발의 중심에 현업 경험이 있을 때 성장이 가장 잘 이루어진다고 할 수 있다. 리더가 자신의 업무가 비즈니스의 중요한 성공을 어떻게 지원하고 조직의 목적과 연결되는지 이해하면 학습의 관련성이 높아진다.

네 번째, 상호작용 및 참여다. 리더십 프로그램의 성과를 높이기 위해서는 프로그램 참가자들 간의 상호 작용, 게임화, Q&A 세션 및 학습자의 흥미와 참여를 유도하는 기타 기술을 통해 학습에 활기를 불어넣을 필요가 있다. 중요한 아이디어가 '돌파구'가 되어 각 리더의 관심을 사로잡을 가능성이 높아져 효과적인 리더십 개발과 지속적인 변화로

그림 11-1 성공적인 리더십 개발의 다섯 가지 특징

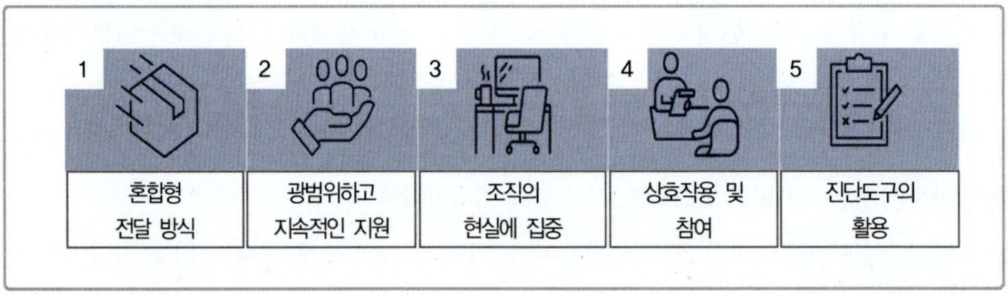

출처: Slide Team, 90 Days Executive Onboarding Strategy, https://www.slideteam.net/90-days-executive-onboarding-strategy.html 에서 2023.6.14에 확인함.

이어질 수 있다.

마지막으로 다섯 번째 진단도구의 활용이다. 리더십을 배우는 것은 지극히 개인적인 경험이다. 개인화된 맞춤식 리더십 평가를 통해 각 리더의 개인 개발 여정에 맞는 구체적인 맞춤형 가이드를 제공함으로써 성공적인 리더십 개발을 지원한다.

11.3 임원의 성과관리와 평가

임원의 성과관리 및 평가제도는 조직의 비전과 전략을 성공적으로 실행할 수 있도록 임원의 역량과 성과를 적합하게 관리하고 판단할 수 있는 체계를 설계하고 운영하는 것을 의미한다. 합리적인 임원의 성과관리 및 평가 체계는 성과지표에 대한 명확한 정의와 목표에 대한 성과를 지속적으로 모니터링 할 수 있는 체계화된 시스템의 구축이 동시에 이루어져야 한다. 성과관리지표(Performance Measure)는 성과 창출에 대한 책임 경영 강화 및 주주에 대한 경영투명성의 제고 관점에서 투명하고 명확한 기준의 성과측정 요소를 정의해야 한다. 전체 조직차원 또는 담당 조직의 장기적 가치 창출을 강화하기 위해 리더십과 조직가치 수용도 등을 평가할 수 있는 능력평가요소의 설계가 이루어져야 하며, 이는 임원들의 승진, 유임, 후계자 육성과 밀접하게 연계되어야 한다. 임원 성과 평가 프로세스는 결과에 대한 모니터링 차원에서 장단기 성과목표 달성 과정 및 결과에 대한 전략적 커뮤니케이션 도구로 활용할 수 있도록 설계되어야 한다.

11.3.1 임원 성과관리 체계

임원 성과관리 체계는 조직의 비전과 전략 실행과 임원성과관리를 연결하는 주요 구성요인들과 이러한 구성요인들 간의 상호연계성을 정의한 것이다. 일반적으로 성과관리 체계는 조직성과 지표를 설정하고 관리하는 임원 업적관리 및 평가체계와 조직역량을 확보를 위한 임원역량관리 및 평가체계로 구성되어 있다.

임원성과관리 체계를 설계할 때에는 합리적인 성과/역량관리 지표의 개발, 공정하고 투명한 성과관리 프로세스, 성과관리 결과의 활용성 측면이 고려되어야 한다. 이를 통해서 단순하면서도 공정해서 당사자의 수용성이 높은 임원 성과관리 제도를 설계하는데 노력해야 한다. 먼저 합리적인 성과 및 역량관리 지표를 개발하기 위해서는 조직의 미션, 비전, 전략과 밀접하게 연결되도록 할 필요가 있으며, 지표의 타당성을 높이는데 주의해야 한다. 다시 말해서, 지표가 경영성과를 정확하게 측정하고 예측할 수 있도록 핵심적인 내용으로 구성해야 한다.

그림 11-2 기업의 비전과 전략에 연계된 임원성관관리체계

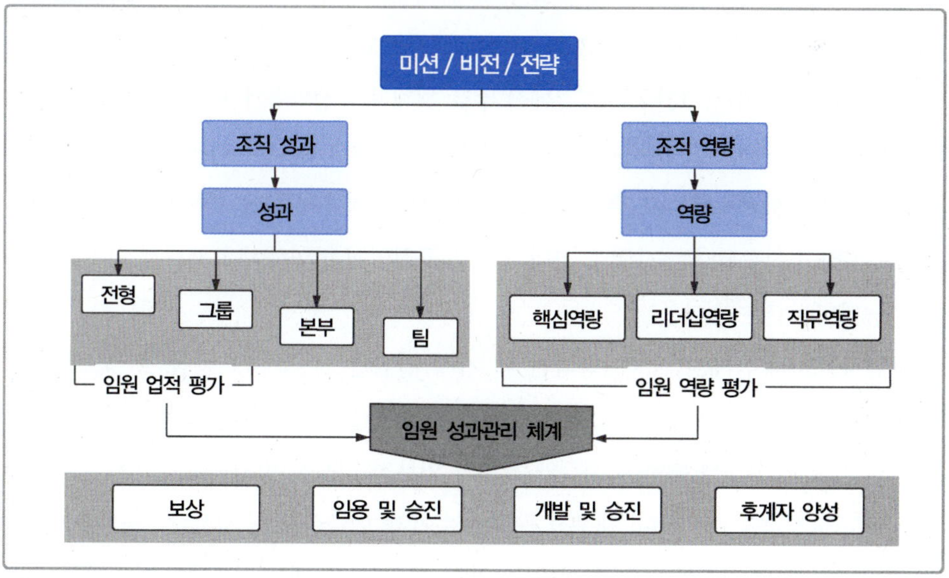

출처: 국내 인사조직 컨설팅사 보고서/저자가 분석함

둘째, 공정하고 투명한 성과관리 프로세스를 구축하기 위해서는 성과관리 및 평가방식을 합리적으로 설계하여야 하며, 실행의 용이성을 고려해야 한다. 마지막으로, 성과관리 및 평가결과의 활용성을 제고하는 차원에서 보상, 이동 및 승진, 육성 등의 제반 임원인사관리 제도와 연계되어야 하고, 임원성과관리 제도에 대한 커뮤니케이션과 교육을 강화할 필요가 있다.

11.3.2 임원 성과관리지표(KPI) 설정

임원 성과관리의 출발점은 조직의 비전 및 사업 전략으로부터 연계된 핵심성과지표(Key Performance Indicator, KPI) 도출을 통해 전체조직 성과와 개별 임원 성과 연계성을 강화하는 것이다. 임원의 업적 평가 지표의 유형은 균형성과표(Balanced Score Card, BSC)방식, 경제이익(Economic Profit), 주식가치 등을 활용한 평가 지표의 도출이 대표적으로 활용되고 있다.

균형성과표는 재무적 지표와 비재무적지표, 단기적 지표와 장기적 지표, 선행지표와 후행지표 간의 균형이 이루어지도록 지표를 설정하는 방식이다. 균형성과표((Balanced Score Card, BSC)의 기원은 1992년 로버트 캐플랜과 데이비드 노턴이 하버드 비즈니스 리뷰지에 공동으로 기고한 <The Balanced Scorecard: Measures that drive performance>라는 논문이다. 공저자는 그간 민간부문에서 주로 행해져온 성과평가가 재무적 관점에 편향되어 있던 것을 지적하고, 인적자산이나 고객만족, 업무처리 등 유무형의 비재무적 관점에 대한 평가를 중시해야 한다고 주장했다. 주장의 핵심은 재무적 성과 또한 비재무적 업무성과에 근거하여 창출된다는 것으로, 양대 관점을 균형있게 반영하여야 제대로 된 업무평가가 가능하다는 것이었다.

균형성과표에서 제시하는 독창적인 네 가지 관점은 1) 재무적 관점, 2) 고객 관점, 3) 내부프로세스(업무처리) 관점, 4) 학습 및 성장 관점으로 분류된다. 이 가운데 앞의 두 가지는 조직 환경에 속하는 주주와 고객의 외부적 시각을 반영하고, 뒤의 두 가지는 조직 내부의 시각을 대표한다. 재무적 관점은 순이익, 매출신장률, 시장점유율, 원가 절감률, 자산 수준 등을 종합적으로 파악하여 기업의 성과를 나타내는 지표를 말한다. 현재까지도 가장 중요한 기업의 성과지표라고 할 수 있다. 나머지 세 관점에서의 성과도 궁극적으로는 바로 이 재무성과를 높이는 것을 지향한다.

고객 관점은 재무적으로 성공하기 위해서 기업이 고객들에게 어떻게 받아들여지고 또 그들에게 무엇을 제시하여야 하는가를 다룬다. 고객만족도, 고객유지율, 신규고객 증가수, 고객 불만 건수, 고객확보율 등이 주요 성과측정지표에 해당한다. 내부프로세스(업무처리) 관점은 고객과 주주가 원하는 목표를 달성하고 프로세스와 서비스의 질을 높이기 위해 기업 내부의 업무처리를 어떤 방식으로 할 것인가를 다룬다. 기업의 전략에 부합하는 계획과 생산 및 판매 등 일련의 비즈니스 과정에서 나타나는 신뢰성 또는 신속성 등을 말한다. 조직 전체의 차원에서 통합적으로 이루어지는 업무절차를 중시하며, 전자결재율, 고객 대응 시간, 업무처리시간, 반품률, 불량률 등이 주요 지표이다.

마지막으로 학습 및 성장 관점은 이상 네 가지 관점들 가운데 최하부구조에 해당한다. 바꿔 말하면, 나머지 세 가지 관점의 목표달성을 위한 가장 기본적인 토대를 제공하는 관점이라고 할 수 있다. 조직이 지속적으로 가치를 창출할 수 있는 방안, 그리고 구성원의 만족도와 역량증진 등 주로 인적자원의 성과를 다룬다. 대표적으로 업무숙련도, 조직원들의 사기 및 의욕, 정보시스템 활용능력, 교육훈련 및 투자 등이 이에 해당한다. 전통적인 재무적 관점에서는 단순한 비용으로 취급될 수 있는 요소들이 여기에서는 장기적이고 전략적인 차원에서 결과적으로 재무적 성과의 증대로 이어질 수 있다.

균형성과표는 이상 네 가지 관점들을 종합하여 균형잡힌 성과측정과 관리를 도모한다. 요컨대 재무적 관점 뿐 아니라 비재무적 관점까지 아울러 조직의 성과를 판단, 평가하고, 이를 토대로 장기적인 전략을 도모하는 전략적 성과평가시스템의 일환이라고 할 수 있다. 즉, 재무적-비재무적 관점 간의 균형, 단기적-장기적 목표 간의 균형, 과정-결과의 균형, 내부-외부적 관점의 균형 등을 중시하는 성과관리시스템이라고 할 수 있다. 균형성과표를 통해 조직은 보다 거시적인 관점에서 장기적인 성과증진을 도모할 수 있으며, 시스템적 관점에서 업무효율을 극대화하고, 외부환경의 변동이나 새로운 수요에 능동적으로 대응할 수 있는 발판을 마련할 수 있다.

경제수익지표(Economic Profit)는 임원이 담당하고 있는 조직별 재무적 부가가치에 대한 수식화된 지표를 활용하는 것으로서 가장 독립성이 있는 성과관리지표이다. 주식가치와 연속성이 높고 투자에 대한 기준과 일치하는 장점이 있어서 임원성과관리 지표로서 활용도가 높다. 그러나 지표에 내포되어 있는 재무적 개념에 대한 이해가 복잡하고 어렵다는 점은 이 지표를 도입하기에 앞서 생각해 봐야 할 단점이다. 또한 이 지표를 활용하기 위해서 재무적 정보에 대한 광범위한 공유가 요구되는 점, 단기적인 이익 중심으로 운영할 경우 새로운 투자를 저해할 수 있는 점, 비재무적이고 정성적인 성과에 대해서는 측정이 어렵다는 점 등은 이 성과지표가 가지고 있는 단점으로 볼 수 있다.

주식가치를 활용한 성과지표는 미래의 현금흐름에 대한 현재 활동의 기대효과를 반영하고 가장 간단하고 직접적인 측정이 가능하다는 점에서 이점을 가지고 있다. 그러나 주가는 관리 통제 밖의 요소에 의해 많은 영향을 받으며 주식 시장의 변덕으로 인한 불안 요인 발생한 점, 관리자들이 매우 단기적으로 주가 조작 가능(Moral Hazard)하다는 점은 이 지표가 가지는 부정적인 측면이다.

11.3.3 임원성과관리 프로세스

임원 성과 관리 프로세스는 목표설정, 성과평가, 성과보상으로 이루어지며, 동시에 지속적인 평가자와 피평가자 사이의 커뮤니케이션을 통해 이루어지는 지속적인 과정이 되도록 설계한다.

Step 1. 성과지표설정에서는 상위조직의 성과지표에서 하향식으로 연계하여 도출된 성과지표를 설정한다.

Step 2. 목표수립: 평가자와 피평가자 사이의 실질적인 시간 할애를 통한 목표 수립한다. 목표 달성을 위한 실행 목표 및 목표 달성 계획 수립한다. 목표설정 합의를 통해 Top-down과 Bottom-up이 동시에 이루어질 수 있도록 한다.

Step 3. 성과검토: 성과 지표에 대한 검토 프로세스를 공식화. 지속적 검토 과정을 통한 추진 계획 모니터링. 성과 창출 장애 요인 분석 및 제거. 제반 자료에 대한 축적 및 성과를 검토한다.

그림 11-3 임원성과관리 프로세스 개요

성과지표 설정	목표 수립	성과 검토	성과 평가	제반 인사제도 연계
• 상위조직의 성과지표에서 Cascading된 KPI를 도출함 • 전년도 실적을 고려하여 조직 목표 설정	• 평가자와 피평가자 사이의 실질적인 시간 할애를 통한 목표 수립 • 목표 달성을 위한 실행 목표 및 목표 달성 계획 수립 • 목표설정 합의를 통해 Top-down과 Bottom-up이 동시에 이루어질 수 있도록 함	• 성과 지표에 대한 검토 프로세스를 공식화 • 지속적 검토 과정을 통한 추진 계획 모니터링 • 성과 창출 장애 요인 분석 및 제거 • 제반자료 대한 축적 및 성과 검토 준비	• 개인별 업적 및 역량 평가 결과에 따른 성과 평가 실시 • Coaching 및 Feedback	• 성과에 따른 보상 • 경력개발 관련 협의 및 경력개발 반영 • 전사차원의 성과관리 활동을 통한 경영 개선 활동 • 차년도 경영 목표 반영을 위한 분석

출처: 국내 인사조직 컨설팅사 보고서/저자가 분석함

그림 11-4 임원성과평가 관련 주요 이해관계자 역할

구분	Accountabilities	목표 및 개발계획 설정	업무지도 및 코칭	성과확인	보상/피드백
임원	담당조직에 대한 책임경영	• 관할조직에 대한 성과 목표 수립 및 추진과제 설정 • 효율적인 개발방법 계획	• 관할조직에 업무 진척도 확인 • CEO 및 관할조직과의 지속적인 의견교환을 통해 전략의 일관성 유지	• 추진 과제의 달성도 및 효과성 확인 • 담당 조직 구성원들의 성과 평가 및 확인	• 관할조직 구성원들의 역할 및 성과별 보상 책정 • 구체적이고 적확한 피드백의 제공
CEO	성과관리 추진의 책임	• 성과주의 문화 및 성과관리 지향점(성과향상 및 자기개발지원)에 대한 적극적인 홍보 • 성과관리제도가 원칙적에 따라 시행될 수 있도록 지속적으로 drive하고 지원함			
위원회	성과리뷰 및 전략적 지원	• 임원의 동기부여 촉진 방안 모색 • 장기적 관점에서의 성과평가 구조 설계	• CEO Candidate로써의 임원 역량 개발 지원	• 합리적이고 객관적인 성과평가 tool을 활용하여 임원진 성과평가 및 확인	• 성과평가결과에 대한 적시의 피드백 제공 • 평가결과에 따른 공정한 보상 정책
관련 조직	체계적인 성과관리를 위한 업무프로세스 지원	• 올바른 평가지표의 개발 지원 및 협조 • 지표의 Upgrade를 위해 관련 이해관계자간 원할한 커뮤니케이션 지원	• 이해관계자 별로 주기적인 성과평가 프로세스 진척 사항 Check	• CEO 및 성과평가 위원회의 성과평가 프로세스 진행에 필요한 data 제공	• 요청 시 필요한 data 제공 • 피드백의 전달 및 프로세스 지원

출처: 국내 인사조직 컨설팅사 보고서/저자가 분석함

Step 4. 성과평가: 개인별 업적 및 역량 평가 결과에 따른 성과 평가 실시, Coaching 및 Feedback이다.

Step 5. 제반 인사제도 연계: 성과에 따른 보상, 경력개발 관련 협의 및 경력개발 반영, 전사차원의 성과관리 활동을 통한 경영 개선 활동, 차년도 경영 목표 반영을 위한 분석을 시행한다.

임원의 성과관리를 함에 있어서 성과관리 프로세스 참여자별로 명확한 성과책임을 정의하고 실질적으로 이행될 수 있도록 하는 것이 필요하다. 예를 들어서 담당조직에 대한 책임경영을 실천하는 임원은 관할 조직에 대한 성과 목표를 수립하고 세부 추진과제와 이를 달성하기 위한 세부 전략을 수립하는 책임을 담당한다. 목표달성을 위한 전략을 추진하는 과정에서 관련 이해관계자들과 긴밀하게 소통하고, 추진 과제의 달성도 및 효과성을 확인하는 것이 핵심적인 업무이다. 한편 최고 경영자 및 관련 조직은 임원성과관리 추진의 핵심으로서 필요한 자원과 문제해결을 지원하면서 추진력이 상실되지 않고 유지되도록 하는 역할을 담당한다. 특히 지원조직은 올바른 성과지표의 개발과 설정에 적극적으로 개입할 필요가 있다. 또한 장기적 관점에서 성과평가 구조를 설계하고 주기적으로 진척사항을 모니터링 하는 역할을 충실하게 수행해야 한다.

11.4 임원 보상관리제도

임원 보상제도는 조직의 비전과 전략을 성공적으로 실행할 수 있도록 임원을 동기부여하기 위한 조치이다. 임원 보상은 임원 담당조직(그룹)의 경영 성과와 연계한 성과주의 보상철학을 견지하면서, 보상의 외부 경쟁력을 확보/유지하고, 내부적 형평성을 제고할 수 있는 체계로 설계한다. 임원 보상 전략은 임원이라는 고용 형태의 차별성, 직원에게 미래 비전의 모습으로 비추어지는 특성, 회사 성과에 대한 핵심공헌자인 동시에 책임자라는 점 등을 고려해야 하며, 수립된 보상 전략에 따른 일관성 있는 임원 보상 체계를 운영해야 한다.

그림 11-5 임원보상의 차별적 특성

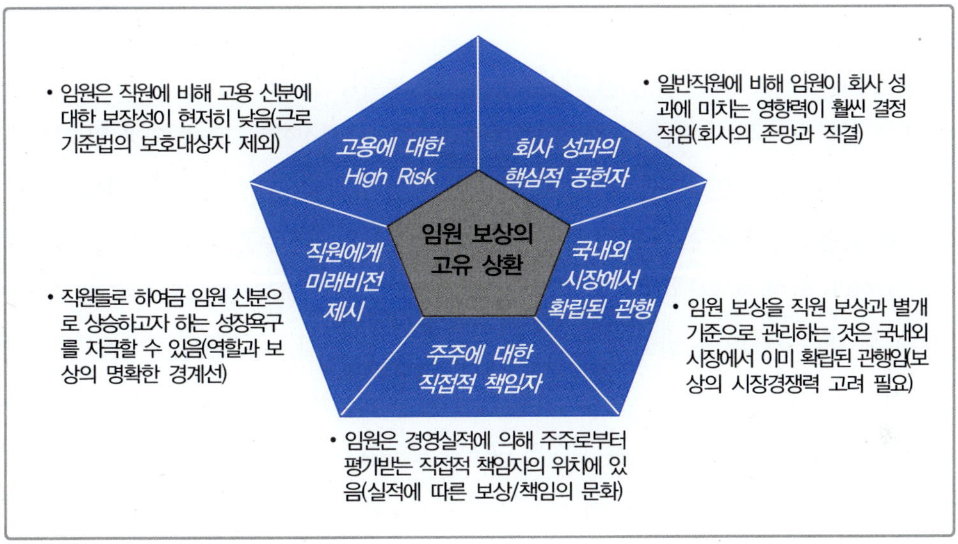

출처: 국내 인사조직 컨설팅사 보고서/저자가 분석함

11.4.1 임원보상의 차별적 특성

일반 조직구성원에 대한 보상과 비교하여, 임원 보상은 고려해야 하는 몇 가지 차별적 특성을 보유하고 있다. 첫째, 일반 조직 구성원에 비해서 임원은 고용에 따르는 리스크가 크다는 점을 고려해야 한다. 임원은 근로기준법의 보호 대상에서 제외되기 때문에, 일반 구성원에 비해서 고용신분에 대한 보장성이 현저하게 낮다. 둘째, 임원이 회사 성과에 공헌하는 영향력을 고려해야 한다. 임원은 회사 성과에 대한 핵심적인 공헌자로서 일반 직원에 비애서 회사 성과에 미치는 영향력이 훨씬 결정적이다. 셋째, 임원 보상에 대한 국내외 관행을 무시할 수 없다. 임원 보상체계는 국내외 고용노동 시장에서 이미 확립된 관행으로서 일반 직원과 별개로 비교적 오랜 기간 존재하여 왔으며, 보상의 시장 경쟁력을 고려할 필요가 있다. 넷째, 임원이 주주에 대한 직접적인 책임자라는 점도 고려할 필요가 있다. 임원은 경영실적에 의해 주주로부터 평가를 받는 직접적인 책임자의 위치에 있고, 실적에 대한 책임과 이에 따른 보상의 문화를 구축하는 차원에서 임원 보상제도는 중요한 역할을 담당한다. 마지막으로 임원 보상이 직원에게 제시하는 미래 비전이라는 관점을 고려할 필요가 있다. 임원보상제도를 통해서 일반 구성원들이 임원 신분으로 상승하고자 하는 성장요구를 자극할 필요가 있다.

첫 번째와 두 번째 목적을 위해 기업들은 뛰어난 능력을 가지고 있으며 회사의 프로파일에 맞는 임원을 채용, 유지할 목적으로 적정한 총 연봉을 결정한다. 또 총 연봉 및 기본급, 보너스, 스톡옵션 등 연봉구성요소의 수준이 임원노동시장에서 경쟁력이 있는지를 파악하기 위해 동종업계 혹은 이종업계의 비슷한 규모의 기업의 연봉수준을 지속적으로 벤치마킹하고 있다. 이 과정에서 이사회는 많은 경우 임원보상 전문 컨설턴트들을 고용해 적정보상수준에 대한 컨설팅을 받고 있다. 특히 매출액, 자산 가치, 시가총액 등 기업규모 및 성장기회에 따라 보상수준이 영향을 많이 받는 것으로 알려져 있다.

세 번째 목적을 위해 기업들은 보상의 구조와 보상수준을 결정하기 위한 임원평가지표(KPI)에 대해 많은 고민을 한다. 최고경영자들의 보상은 크게 기본급, 성과연동 현금보너스, 스톡옵션 및 양도제한부주식 등의 주식보상, 연금 및 기타 비금전적 보상으로 이뤄져 있다. 스톡옵션의 경우도 일정행사가격이 옵션 부여 시 결정되고 일정시간이 지나면 자동적으로 행사가 가능해지는 일반적인 옵션 이외에도 행사가격이 주식시장의 움직임과 연동되는 행사가격 연동옵션이나 일정 수준의 회계 및 주가수익률을 달성하거나 혹은 동종기업의 평균 회계이익률과 비교한 상대성과에 따라 행사가능 여부가 결정되는 성과연동형옵션 등이 최근 많이 사용되고 있다.

미국의 기업규모 기준 톱 100 회사의 경우 고정급인 기본급이 총 연봉에서 차지하는 비중은 약 10%에 불과하다. 총 연봉의 90%가 보상이다. 보상은 최고경영자의 최선의 노력을 이끌어낼 수 있도록 성과와 연계된 현금성과급과 주식보상으로 설계돼 있다. 애플의 CEO 팀 쿡의 경우도 대부분의 보상이 양도제한부주식으로 이루어져 있다.

또 임원의 성과를 어떤 지표를 사용해 측정할 것인가 하는 평가지표 선정의 문제가 있다. 미국 기업이 현금성과급 결정을 위해 많이 사용하는 평가지표를 살펴보면 먼저 회사의 성과와 연계된 지표로서 주당순이익, 당기순이익, 영업이익, 매출액, 총자산수익률, 자기자본수익률 등 회계지표들이 가장 널리 사용되고 있다. 고객만족도, 종업원만족도, 시장점유율, 제품 불량률 등의 비재무지표 또한 비교적 자주 사용된다. 이에 더해 최고경영자의 신성장사업 발굴능력, 수립된 전략의 우수성 등 이사회가 재량을 가지고 평가할 수 있는 임원 개인에 대한 전략지표의 사용도 상당부분 관찰된다. 최근의 추세는 해당연도의 단기성과에 연동된 성과급의 비중이 줄고 미래(예를 들어 향후 3년)의 장기 성과와 연동돼 지급되는 현금 혹은 주식 장기인센티브제도의 사용이 늘어나고 있다.

미국의 최고경영자 보상수준은 다른 나라에 비해 일견 매우 높아 보인다. 그러나 임원보상의 투명성에 대한 사회적·제도적 요구로 인해 임원평가 및 보상 프로세스의 세부적인 부분까지 공시가 강제되고 있고, 이사회에서도 프로세스의 건전성과 논리적 타당성을 높이기 위해 많은 노력을 하고 있다. 이렇듯 임원보수의 개별공시를 통해 외부 이해관계자들이 최고경영자 보수 수준의 적정성, 기업성과와 보수의 연계정도, 보상규모 결정방법의 논리적 타당성 등을 공시자료를 통해 확인할 수 있다.

11.4.2 임원 보상 시스템의 목적 및 철학 명확화

임원 보상 시스템은 기업의 장기적인 가치 창출을 목적으로 해야 하며, 이러한 목적을 뒷받침할 수 있는 활동들을 장려하는 제도가 되어야 한다. 이는 임원 보상 시스템의 가장 기본적이고 근본적인 목적이므로, 제도 설계 및 운영을 함에 있어서 항상 염두에 두어야 하는 요소이다.

이와 같은 목적에 부합되는 임원 보상 시스템의 구체적인 설계에 보상의 철학에 대한 고민이 선행되어야 한다. 이는 회사 전체의 인사 철학과 일관성이 있어야 하며, 자사의 기업 문화와 임원들의 특성을 고려하여 수립되어야 한다. 내부 형평성에 대한 중요도 인식, 산업이나 업무의 특성 상 팀워크가 어느 정도 강조되는지의 여부, 위험 감수 정도, 중앙집권/분권화, 경영투명성, 차별화에 대한 수용성 등이 그 예가 될 것이다.

보상 철학이 수립된 후에는 구체적인 제도의 설계에 들어가게 되는데, 이를 위한 각종 의사 결정을 함에 있어 외부 시장에서 통용되고 있는 관행이 중요한 역할을 한다. 즉, 다른 회사는 어떻게 하고 있는지, 그리고 모범사례는 무엇인지 같은 것을 살펴보는 것인데, 이 때 주의해야 할 점은 시장의 동향에서 중요한 정보로 알고 있는 것과 시장의 관행을 무조건 따라가는 것은 구별해야 한다는 것이다. 시장의 지배적인 관행에 대비하여 트렌드에 뒤쳐지지 않고 경쟁력을 갖추면서도 해당 조직의 보상 철학에 가장 부합하고, 조직의 장기적인 가치 창출을 가능하게 하는 시스템을 구축하는 최적 방안 도출 방식이 가장 이상적인 형태라고 할 수 있다.

적절한 보상 수준의 결정은 외부적인 시각과 내부적인 시각을 모두 고려해야 한다. 외부적인 시각에 대한 고려는 특히 임원 보수 공시가 점차 강화되고 있는 현 추세에 비추어 봤을 때에 중요성이 더욱 강조되고 있다. 과거 등기임원 보수 총액과 평균으로만 공시되던 것과는 달리 임원의 보상 수준이 개별적으로 공개됨에 따라, 임원 보상은 내부 구성원들만의 문제가 아닌 사회 전반적인 주제가 되었다. 회사의 주주들을 포함한 이해관계자들, 여기에는 노조, 일반 직원, 지역사회, 기관투자자, 정부 등이 모두 포함될 수 있는데, 이들을 납득시킬 수 있는 보상 수준을 책정하기 위해서는 일차적으로 동종업계 타사의 보상 수준과 비교했을 때에 자사의 임원 보상 수준이 지나치게 높거나 낮지 않도록 해야 한다. 또한, 회사의 규모나 성과 수준을 고려하여 합당한 수준의 보상이 책정되도록 해야 하는데, 회사의 성과 수준을 평가함에 있어서 납득할만한 지표가 선정되고 효과적으로 커뮤니케이션 되는 것 역시 중요하다.

내부적인 시각은 보상을 지급 받는 임원의 입장에서 본 것이다. 즉, 임원 본인이 창출한 성과에 합당한 수준인지, 사내 다른 임직원과 비교했을 때에 공평하다고 느껴지는지, 그리고 다른 회사 임원과 비교했을 때에 납득할 만한 수준인지 등에 대한 답을 줄 수 있어야 한다는 것이다. 이를 위하여 인사팀에서는 급여 조사 자료 등을 통하여 보상 경쟁력을 확보할 수 있는 보상 수준을 결정해야 하고, 또한 성과와 연동되는 급여 구조를 통하여 고성과에 합당한 보상을 지급할 수 있도록 해야 한다. 더불어, 임원 간에 역할이나 처한 경영 환경에 따른 불균형적인 요소를 최대한 통제하여 내부 형평성 이슈 발생을 최소화해야 한다.

성과와 보상의 연계는 임원 보상 시스템을 설계함에 있어서 가장 중요한 요소라고 할 수 있다. 임원은 성과를 만들어내야 하는 자리이므로, 높은 성과를 냈을 때에는 그에 합당한 높은 보상을 지급하고, 성과가 부진할 경우에는 그에 따르는 보상 수준감소를 감내하도록 해야 한다. 이를 위하여 임원 보상의 상당 부분은 성과에 연동하는 성과급으로 구성하는 것이 필요한데, 성과급 중에서도 장기 성과급의 비중을 높이고 장기성과급의 방향성은 회사 가치 상승과 연계하는 것이 바람직하다.

성과급을 회사 가치와 강력하게 연계했을 때의 문제점은 'Line-of-Sight', 즉 가시성이 떨어진다는 것이다. 일반적으로 회사 가치와 Line-of-Sight는 서로 Trade-off 관계가 있는데, 회사 가치를 중시하는 성과급 제도는 구성원들의 가시성이나 이해도가 떨어져서 동기부여를 하기 어려워지고, 반대로 구성원들의 이해도를 강조한 성과급 제도는 회사 가치와 반드시 연계되지는 않는 문제점이 있다. 이를 극복하기 위해서는 단기 성과급과 장기성과급을 혼합하고, 그리고 장기 성과급도 한 가지가 아닌 복수의 제도를 운영하는 등의 포트폴리오 관점에서 임원 성과급을 설계하는 것이 필요하다. 즉, 주주 관점의 제공을 위해서는 주식 기반의 성과급 제도를, 장기적인 재무성과에 대한 동기부여를 위해서는 장기성 현금 성과급 제도를, 우수임원 유지의 목적을 위해서는 제한 주식 제도라는 식의, 목적에 맞게 성과급을 지급할 수 있도록 적절한 균형점을 찾는 것이 바람직하다.

장기 성과급을 설계함에 있어서 단기 성과급과 달리 추가적으로 고려해야 하는 사항은 성과급 지급 주기이다. 장기 성과급은 일반적으로 3년의 성과 주기를 갖게 되는데, 3년의 성과 주기가 끝나면 새로운 주기가 시작하는 End-to-End 방식은 관리가 용이하다는 장점이 있지만, 주기 초기에 성과가 안 좋게 시작했을 경우 주기의 나머지 기간에 이미 성과를 포기한다는 단점이 있다. 이에 대한 대응책으로 매년 새로운 3년 주기가 시작하는 'Overlapping' 방식이 있는데, 이는 동기부여에 효과가 있는 반면단기 성과급과의 차별화가 어렵다는 단점이 있다. 따라서 회사가 강조하고자 하는 초점이 무엇인가에 따라서 적합한 방식을 선택하는 것이 필요하다.

성과급을 설계하기 위한 평가 지표를 선택함에 있어서도 복수의 지표를 운영하는 것이 바람직하다. 모든 평가 지표는 장점과 더불어 단점을 가지고 있기 때문에, 서로 보완이 되는 지표를 함께 쓰는 것이 바람직한데, 그렇다고 해서 너무 많은 지표를 가져가는 것은 임원들에게 명확한 메시지를 부여할 수 없기 때문에 일반적으로 3~4개 정도의 지표를 선택하는 것이 가장 보편적이라고 볼 수 있다.

또한 최근 글로벌 고성과 기업들은 과거 지나치게 재무적인 지표로만 평가하던 관행에서 벗어나, 비재무적이고 전략적인 지표를 적용하기 시작하고 있다. 비재무적인 지표들은 임원들에게 좀 더 장기적이고 넓은 시각을 제공한다는 장점이 있지만, 반면에 직접적인 재무 실적과는 연결되지 않는다는 약점이 있기 때문에 활용에 있어 주의를 기울여야 한다. 예를 들어, 연말 평가를 할 때에 비재무적 성과에 대해서는 재량적인 평가를 일부 적용하되, 재량적용을 구조화하는 식의 방법이 필요할 수 있다.

임원 보상 시스템을 설계함에 있어 항상 나오는 질문 중의 하나는 임원의 개인성과도 평가해서 성과급을 지급해야 하는가 하는 것인데, 각 개인의 책임 의식과 Line-of-Sight를 높이기 위해서 조직이나 회사 성과와는 구별되는 개인성과에 대해서도 보상을 하는 것은 중요하다. 예를 들어 CEO라 하더라도 회사 전체의 실적과 구분되는 개인성과, 즉 Succession Planning, 리더급 양성, 혁신, 성장이나 구조조정 목표 등과 같은 지표를 활용할 수 있을 것이다.

임원은 회사의 성과를 낼 수 있는 자리에 있는 만큼, 경우에 따라서는 한 번의 의사 결정으로 회사의 운명을 좌지우지할 수 있는 영향력을 가지고 있다. 이러한 영향력의 크기를 고려했을 때에 임원이 자신의 사적인 이익을 추구하기 위한 의사 결정을 하거나, 단기적으로는 성과를 낸 것처럼 보이지만 장기적으로는 회사에 해가 되는 결과를 초래하는 등의 행동을 방지할 수 있는 기제를 마련하는 것은 매우 중요하다.

11.4.3 임원 보상 요소 및 보상 요소별 전략적 기능

임원 보상은 기본급, 단기 인센티브, 장기 인센티브, 복리후생 등 다양한 보상 요소들로 구성되어 있으며, 각 보상 요소들은 보상의 취지나 목적에 따라 차별적으로 설계한다.

기본급은 고정 급여 성격의 보상요소로서, 임원이 담당하고 있는 역할과 책인, 직책에 대한 보상이라는 성격을 보유하고 있다. 임원 기본급은 동종업계의 임금 벤치마킹을 통해서 시장 혹은 동일 산업 내 경쟁력을 유지를 통한 외부 경쟁력을 확보하는 것이 일반적인 시장 관행이다. 기본급은 성과에 따른 기본급 차등 인상 방식(Merit Increase)도입을 통한 성과중심형 체계로의 전환을 고려할 수 있다. 동시에 조직 내 역할(혹은 직무가치)을 반영함으로써 보상의 내부적 형평성을 제고할 수 있으며, 이를 위해서는 직무가치 판단을 위한 직무평가가 필요하다. 보상의 효과성 측면에서 기본급은 적합한 인재를 유인하는

그림 11-6 임원 보상 요소 및 전략적 기능

보상 요소		
구분	결정기준	성격
기본연봉	• 동종업계의 임금 벤치마킹 • 개인의 업적평가	• 개인의 지위와 업적에 따른 보상(고정급여 성격)
단기 인센티브	• 조직의 재무적 업적(3~5항목)	• 매년 단기적 성과 보상(변동급여 성격)
장기 인센티브	• 회사 전체의 재무적 장기 업적(통상 3~5년)	• 회사전체의 성공과 연계한 장기적 성과(3~5년) 보상(변동급여 성격)
복리후생	• 개인의 위치와 역할	• 연금, 의료보장, 위험보험 등 신분에 대한 보상

보상 효과 분석			
REWARD SCHEME	Impact		
	유인(Attract)	유지(Retain)	동기부여(Motivate)
기본연봉	High	Medium	Low
단기 인센티브	High	Medium	High
장기 인센티브	High	High	Medium
복리후생	Low	Medium	Low

출처: 국내 인사조직 컨설팅사 보고서/저자가 분석함

효과는 높지만, 임원을 동기부여 하는 측면은 약한 특성을 보유하고 있다.

둘째, 단기 인센티브는 임원이 달성한 당기 성과에 대한 보상요소로서 변동급여 성격을 가진다. 임원의 당기 재무적 업적과 연계하여 설정하는 것이 일반적이며, 임원들의 업무 특성 및 성과 창출 유형과 성과책임의 명확성을 기준으로 유형과 재원 확보, 지급시기, 지급 방법 등을 설계한다. 보상의 효과성 측면에서 단기 인센티브는 적합한 인재의 확보와 동기부여 측면에서 높은 효과를 보유하고 있다.

셋째, 장기 인센티브는 회사 전체의 성공과 연계한 장기적 성과에 대한 보상으로서 변동급여 성격을 가지고 있다. 임원의 장기 인센티브는 회사 전경영진과 주주의 가치를 일치시키고, 임원들의 장기적인 성과 창출 및 책임경영을 강화시킬 수 있도록 유형, 지급 방법 및 기준 등을 설계한다. 보상의 효과성 측면에서 장기 인센티브는 적합한 인재의 확보와 유지 측면에서 높은 효과를 보유하고 있다.

넷째, 복리후생은 임원이 보유하고 있는 개인의 지위와 역할을 유지하는 측면의 보상요소로서 연금, 의료, 보험 등 신분에 대한 보상의 성격을 가지고 있다. 보상의 효과성 측면에서는 인재를 유지하는 차원에서 어느 정도의 효과성을 가지고 있는 것으로 나타나고 있으나, 적합한 인재의 확보와 동기부여 측면에서는 그 효과가 크지 않다.

11.4.4 임원 보상구조 설계

임원의 보상 구조를 설계할 때는 일반적으로 임원 보상의 내부 형평성, 외부 경쟁력, 보상관리 기준 등과 같은 요인들을 고려한다. 보상의 내부 형평성(Internal Equity)은 임원이 담당하고 있는 직무의 특성, 요구 역량 및 스킬의 수준 등의 차이를 보상에 어떻게 반영하는 문제와 관련되어 있다. 보상의 내부 형평성을 결정하는 요소에는 다양한 것들이 있지만, 대표적으로는 담당 직무가 보유하고 있는 가치를 고려한다. 임원 직무가치는 담당 직무가 조직 전체성과에 미치는 영향력, 조직 내 커뮤니케이션의 범위와 복잡성, 담당 업무의 복잡성과 혁신이 요구되는 정도, 직무를 수행함에 있어서 요구되는 전문성과 경험의 수준 등이 고려된다. 직무가치에 따라 임원의 기본급을 차등함으로써 조직 내 보상의 공정성을 제고할 수 있다. 또한 직무가치 평가 결과는 임원직급 체계의 개선, 승계계획 수립 등과 같은 임원인사관리 전반에 기초 자료로 활용될 수 있다.

임원 보상의 외부 경쟁력(External Competitiveness)은 동종업계 또는 비교업계에서 유사한 직무를 수행하는 임원이 받는 보상수준과 비교한 상대적 위치를 의미한다. 외부 경쟁력에는 일반적으로 3가지 유형이 있다. 시장선도(Market Lead)형은 일반적으로 시장 임금수준 대비 75퍼센타일 수준 이상으로 설정하는 보상정책을 의미한다. 이러한 유형은 시장 중심형 직무로 인력 유치에 대한 경쟁이 치열한 직무일 경우 혹은 핵심 인력으로 구성된 경우 적절하다. 두 번째 유형은 시장매칭(Market Match)형으로서 일반적으로 임원의 시장임금 수준 대비 50퍼센타일 수준에서 설정하는 보상정책을 의미한다. 인력이 시장에서 안정적으로 유지되고 있는 상황에서 적절하게 활용될 수 있다. 마지막으로 세 번째 유형은 시장추격(Market Follow)형으로서 시장임금 수준 대비 25퍼센타일 수준으로 설정하는 보상정책이다. 일반적으로 이러한 보상정책을 활용하는 경우는 흔하지 않는 것으로

그림 11-7 임원 기본급 설계

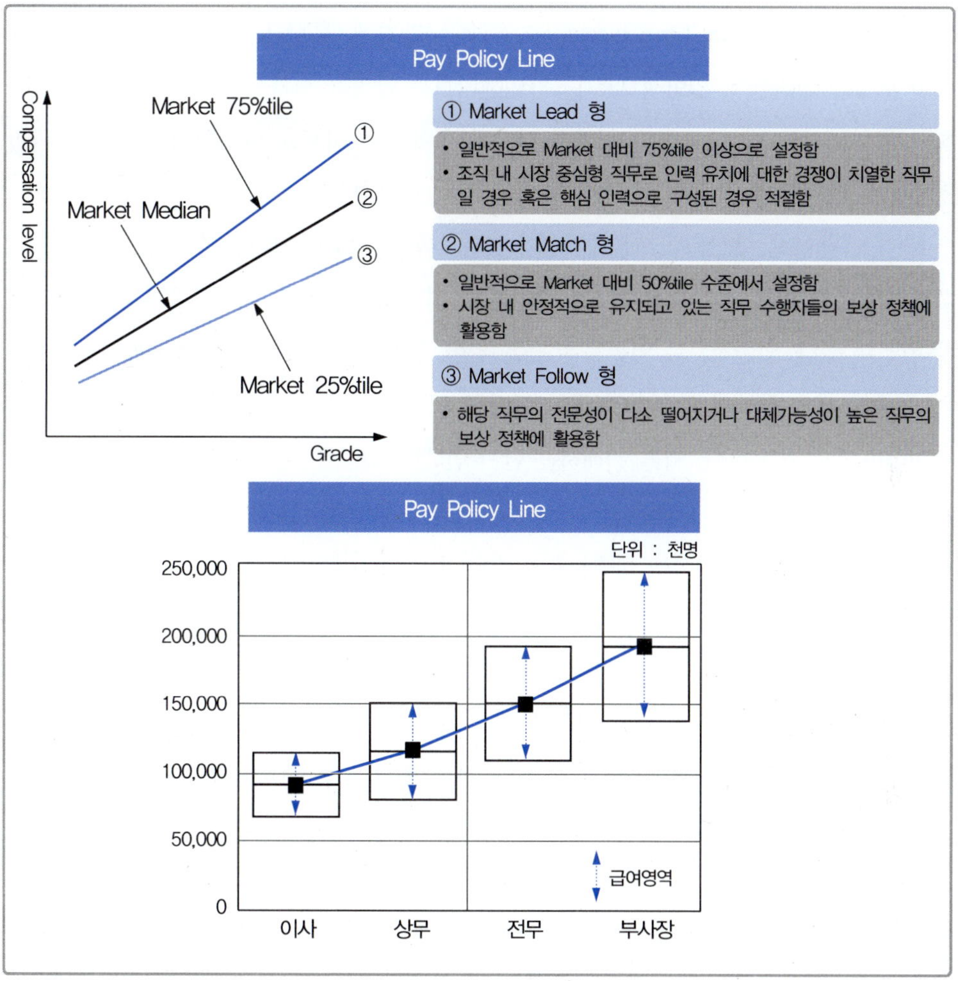

출처: 국내 인사조직 컨설팅사 보고서/저자가 분석함

보이며, 해당 직무의 전문성이 떨어지거나 대체 가능성이 높은 직무의 보상정책으로 활용되는 경우가 있다.

마지막으로 보상관리기준은 설계된 보상제도의 운영과 관련되어 있는 요소들이다. 이러한 요소들에는 보상의 조정의 기준, 직급 또는 역할에 따른 보상관리 차별화 방안, 보상의 수준과 변동급 재원 관리 등과 같은 기준들이 포함된다.

기본급은 외부경쟁력과 내부형평성을 고려하여 Pay Policy Line(보상의 일관성 및 보상의 경쟁력 의미)과 Spread(보상 기회의 정도 의미)를 결정한다.

단기 인센티브(Short Term Incentives, STI)는 단기에 (통상 1년) 달성한 성과 정도에 대한 보상을 의미한다. 일반적으로 단기 인센티브는 달성한 성과 정도에 따라 올라가지도 하고 줄어들기도 해서, 조직의 성과가 낮은 상황에서는 비용을 낮추면서 목표를 초과한 경우에는 상당한 보상을 제공하는 효과를 얻을 수 있다.

단기 인센티브는 보상 구조에 내재되어 있는 위험의 정도로 나타낼 수 있다. 보상구조의 위험이 증가할수록, 기본급의 구조는 줄어들고, 단기 인센티브의 비중은 늘어나는 것으로 생각할 수 있다. 일반적으로 임원들은 높은 위험, 높은 보상 모델을 선호하지만, 보상구조를 설계할 때에 회사의 영속성에 영향을 미칠 정도로 높은 위험요소가 포함되지 않도록 주의하는 것이 필요하다. 이를 위해서는 단기 인센티브를 설계할 때는 수익성과 지급능력 모두를 고려하는 것이 중요하다.

단기 인센티브를 결정하는 성과목표는 집단 또는 개인목표일 수 있으며, 가시성을 명확하게 하는 차원에서 연간 사업목표와 연계되어야 한다. 단기 인센티브를 설계할 때는 재무적 목표가 일반적으로 활용된다. 인센티브 지급 금액은 기본급이 상승하면 기본급의 일정 퍼센티지의 동반상승으로 증가하게 된다. 단기 인센티브 계획은 임원 개인의 성과에만 집중하는 개인 인센티브에서, 임원이 담당하는 조직의 성과를 연계하는 계획에 이르기까지 다양하게 설계할 수 있다.

단기 인센티브로는 생산성 인센티브(Performance Incentive, PI), 이익배분 성과급(Profit Sharing, PS)이 있다. PS는 담당 조직이 일정기간(분기/반기/연간 등) 동안에 목표로 정한 이익(이윤)을 초과 달성하였을 때 그 초과이익의 일정 비율 또는 일정 부분을 재원으로 활용하는 인센티브 제도이다. PS는 재원 확보 후에 PI유형과 연계하여 배분이 가능하다. PI는 생산성 달성 또는 향상에 따른 인센티브로서 업무별 생산성 기준을 정하여 이를 달성 또는 향상시켰을 때 이에 대해서 제공하는 인센티브를 의미한다.

장기 인센티브(Long Term Incentive, LTI)는 목표를 달성하는 것에 대한 보상이라는 점에서는 단기 인센티브와 동일하지만, 그 기간이 3년에서 10년으로 길다는 것이 차이점이다. 장기 인센티브 목표로 개인의 성과를 연계하는 것은 거의 없으며, 임원이 담당하고

그림 11-8 장기인센티브 설계

장기 인센티브 설계	
장기 인센티브의 도입 목적을 달성하기 위해서는 유형별 장단점을 충분히 고려하여 도입유무는 물론 도입형태와 방법, 시기, 규모 등을 결정함	
장기 인텐시브 설계를 위한 세부 결정요인	
Pay Mix & Target	• Market percentile를 어느 수준으로 가져갈 것인가 • 다른 reward element와 어떤 비율로 전체 보상을 구성할 것인가
Leverage	• Incentive의 Cap과 Floor 및 Target Range를 설정할 것인가 • 상이한 보상 시나리오가 기업가치에 미치는 영향은 어느 정도인가 • 일련의 risk profile에 따라 leverage를 조정할 것인가
Stock & Cash	• 주식 시장의 volatility, volume이 어느 정도인가 • 상장사 혹은 비상장의 경우 어떤 형태가 적절한가
Option의 사용	• 행사 가격의 수준을 어느 정도로 할 것인가 (at-the-money, in-the-money, out-of-the-money)
Tax effect	• LTI 부여시 기업과 개인에게 예상되는 조세 부담의 규모는 어느 정도인가
Timing of Payment	• 기업가치 증대, 비용의 최소화, 핵심인력의 유지 및 확보라는 목표를 달성하기 위한 최적의 LTI지급시기는 언제인가(주식상장 시 LTI지급의 효과 고려)

장기 인텐시브 유형별 장단점		
구분	**장점**	**단점**
Stock Option	Dilution 효과가 적음 신주 발행시 자금부담 없음 개인 근로소득세/법인세 혜택	신주 발행시 Dilution 발생 개인은 막대한 현금 필요 주식시장 Downtrend 시 demotivation
SARs	Dilution 효과가 없음 근로소득세/법인세 혜택 개인 투자 불필요	회사 자금 지출 부담 옵션행사 후 개인의 이탈
Phantom Stock	기존 주주는 소유권 유지 개인 투자 불필요	제약조건이 없으면 회사의 자금지출 부담 법인세 혜택 없음
Performance Share	개인투자 불필요, 투자 리스크 부재 유연한 프로그램 설계 세금 절감	개인의 세금부담, 달성 불가능한 목표설정 가능성 Dilution 효과, 높은 비용 발생 가능, 비용산정 어려움
Performance Unit	개인투자 불필요, 투자 리스크 부재 유연한 프로그램 설계 세금 절감절세, Dilution 효과 없음(현금 경우), 성과에 대한 강조	개인의 세금부담, 달성 불가능한 목표설정 가능성 Dilution 효과(주식 경우), 높은 비용 발생 가능, Negative cash flow
Restricted Stock Plan	개인 투자 불필요, 높은 이익 가능성, 즉시 소유 가능, 절세, earnings charge capped at grant, executive ownership, 핵심임원 유지	개인의 세금 부담, Vesting period, 기업의 비용 부담, Dilution, Shareholder "giveaway" perception

출처: 국내 인사조직 컨설팅사 보고서/저자가 분석함

그림 11-9 장기인센티브의 주요 유형 및 특징

장기 인센티브 주요 유형 및 특징

장기 인센티브의 보상 방법은 그 지급 수단 및 유형에 따라 주식지급과 현금지급 방식이 있음

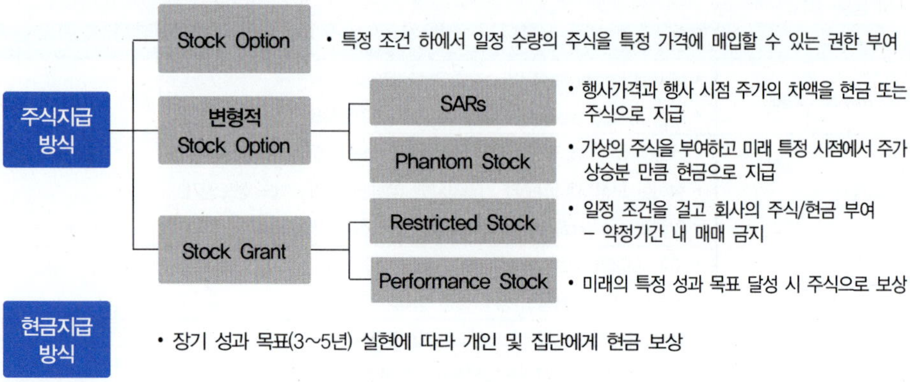

출처: 국내 인사조직 컨설팅사 보고서/저자가 분석함.

그림 11-10 스톡옵션에 대한 이해

Stock Option에 대한 이해

스톡 옵션이란 미래 일정 시점에서 특정 수의 자사 주식을 특정 가격(행사 가격)에 매입할 수 있는 권리(주식 매입 청구권)를 의미함. 일정 기간 후에 회사의 주가가 특정 가격 이상 오르면 자사 주식 거래를 통해 보상을 받게 한다는 회사와의 해당 임원간의 일종의 장기 보험 계약임.

Stock Option의 예

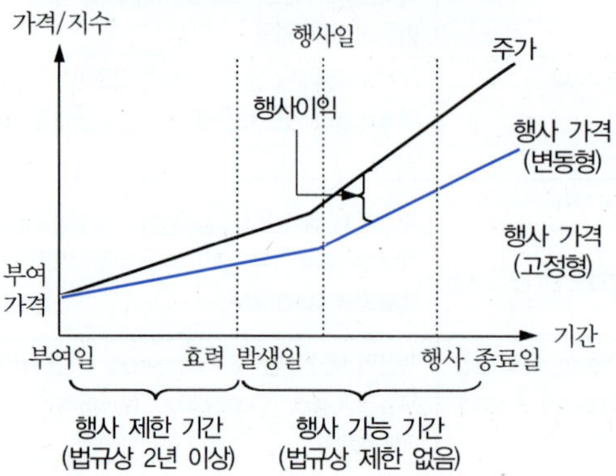

스톡 옵션 관련 주요 용어

- **부여가격** : Stock Option을 부여할 당시의 주식 가격(법규상 시가 이상)
- **행사가격** : 스톡옵션을 행사하는 시점에서 행사 조건을 반영하여 결정되는 가격
  - 변동형 : 주가지수에 따라 가격 조정
  - 고정형 : 부여 가격=행사 가격
- **행사제한 기간** : 스톡옵션 부여 후 권리 행사를 제한하는 기간
- **행사이익** : (행사일 시가–행사가격)×행사수량 : 스톡옵션을 부여 받은 임직원은 행사 시점의 주가가 행사 가격보다 높아야 보상을 받을 수 있음

출처: 국내 인사조직 컨설팅사 보고서/저자가 분석함.

그림 11-11 스톡옵션의 기대효과

Stock Option의 기대 효과	
스톡옵션 제도가 적절히 운영될 경우 아래와 같은 다양한 효과를 기대할 수 있음	
주주 중심 경영	• 주주와 이해가 일치하는 주가를 매개로 한 보상이라는 측면에서 주주 중심 경영을 촉진
장기 성과를 위한 동기부여	• 향후의 주가 수준에 따라 옵션 행사 이익이 결정됨에 따라, 장기적 관심에서의 경영 촉진 • 주식 매수 권한 부여로 Ownership 고취
인재 확보/유지	• 스톡 옵션 유예 기간 설정, 주가 상승에 대한 기대감 등으로 인재 Retention 효과 기대 가능 • 특히, 수익성이 높은 High-Tech산업이나 자금 여유가 상대적으로 부족한 신생 기업에게 효과적
주주 중심 경영	• 현금이 아닌 주식 매수 권리를 부여함으로써, 기업의 현금 지급 부담 감소 및 적은 비용으로 동기 부여 가능 • 내부 구성원에게 주식을 부여함으로써 적대적 M&A 등으로부터 경영권 방어에 유리

출처: 국내 인사조직 컨설팅사 보고서/저자가 분석함.

있는 조직 또는 전체 조직의 목표와 연계하는 것이 일반적이다. 장기 인센티브로 지급되는 규모는 단기 인센티브보다 훨씬 규모가 큰 반면에, 목표를 달성하지 못하였을 경우에는 인센티브가 없거나 또는 상당이 낮은 수준으로 감액된다는 측면에서 리스크가 크다고 볼 수 있다. 장기간의 성과와 연계된다는 측면에서 임원을 다른 조직으로 이동하지 못하게 구속하는 효과를 가지고 있다.

11.5 임원관리에 대한 마무리

L그룹에서 오랫동안 임원인사를 책임졌던 전임 사장은 임원이 가져야 할 마음가짐 10가지를 다음과 같이 제시하고 있다.

박스사례 임원의 마음가짐 10가지

1. 2가지가 필요하다, 내게 필요한 고객과 그 고객이 필요로 하는 것을 아는 것이다. 의외로 고객을 잘못 알거나 고객의 니즈를 잘못 아는 경우가 많다.

2. 메타인지. 나에 대한 평가를 알고 있는가? 임원으로 같이 승진한 동기생이라 해도, 입사 동기생 중에서 문 열고 들어 온 임원과 입사 동기생 중에서 문 닫고 들어 온 임원이 있다.
3. 순망치한. 성과를 위해서는 생태계가 중요하다. 생태계 형성이 중요한데, 이는 강한 하나가 잘 연합한 여럿을 이기기 어렵다는 의미다.
4. 사소한 것? 중요한 것! 사소하고 중요하고는 내가 정하는 것이 아니다.
5. 강력한 약? 강력한 독! 편법과 부정의 유혹을 버려야 한다. 특히 임원의 경우에는 더욱 중요하다.
6. 공격은 야구, 수비는 권투다. 야구에서 매회 득점을 한다고 해도, 방심하면 한 회에서 대량 실점으로 패할 수도 있고, 권투에서 어퍼컷 한방으로 패배하기도 한다.
7. 시간이 해결? 작은 문제를 방치하면 대부분 점점 더 나빠져서 돌이킬 수 없게 된다.
8. 세상이 바뀌고 있다. 룰이 바뀌고 있다. 눈치 챘을 때는 이미 늦은 경우가 많다.
9. 감사하는 사람, 불평하는 사람은 세상이 다 안다. 조직은 누구에게 더 투자해야 할 지도 알고 있다.
10. 현명한 퇴임 준비가 필요하다. 임원은 퇴임을 스스로 당길 필요는 없다. 그 동안 후계자를 길러야 한다. 현재에 최선을 다하든지 아니면 차라리 먼저 회사를 버려라.

출처: 저자가 작성.

정리문제

1. 다음을 간단히 정리해 보세요.
   - 임원의 정의와 역할
   - 대리인 이론(Agency Theory)
   - 임원 승계계획(Succession Planning)
   - 핵심성과지표(Key Performance Indicators)
   - 임원 단기 인센티브
   - 임원 장기 인센티브

2. 다음 내용을 설명하세요.
   - 임원인사관리와 직원인사관리의 공통점과 차이점
   - 임원에 대한 별도의 인사관리체계가 필요한 이유
   - 임원이 경영자로서 갖추어야 할 핵심적인 역량과 이러한 역량이 중요한 이유
   - 임원 성과관리와 직원 성과관리의 공통점과 차이점

3. 팀보고서를 작성해서 발표해 보세요.
   - 임원의 체계적인 승계관리가 중요한 이유와 국내외 주요기업의 사례
   - 임원 보상관리가 효과적으로 본연의 기능을 잘 수행하기 위해서 고려되어야 할 점

토론사례

성공적인 임원 리더십 개발

D사는 세계적인 전략 컨설팅 및 전문 서비스 회사로서 세계에서 가장 큰 전문 서비스 회사 중 하나로 알려져 있으며, 세계 각국의 다양한 산업 및 기업에 컨설팅 서비스를 제공하고 있다. 주요 서비스 영역에는 전략 컨설팅, 재무 컨설팅, 성과 개선, 인력 관리, 디지털 전환, 정보 기술 컨설팅, 위험 관리 등이 포함되어 있고, 기업이 비즈니스 전략을 수립하고 개선하기 위해 조언과 도움을 제공하며, 조직의 효율성을 향상시키고 성과를 개선하는 방법을 지원하고 있다. D사는 180개 이상의 국가와 지역에 걸쳐 300,000명 이상의 전문가를 보유하고 있으며, 세계적으로 유명한 기업들과 긴밀하게 협력하고 있다. 이 회사는 고객 중심의 접근 방식과 혁신적인 전문 서비스를 통해 글로벌 비즈니스에서 선두를 유지하고 있다.

D사는 수십 년 동안 전세계 최고위층 임원들의 리더십 역량을 향상하고 새로운 리더를 육성하는 데 시간과 비용을 아끼지 않았다. 그러나 최근에 실시한 사내 임직원 의견조사에서 응답자의 65%이상이 고위 임원들의 리더십 개발을 D사가 해결해야 하는 최우선 과제로 꼽았으며, 이들 중의 상당수는 적절한 역량을 갖춘 임원이 부족하여 비즈니스 기회를 충분히 활용하지 못했다는 예상하지 못했던 결과에 직면했다. D사는 이러한 문제가 발생한 근본적인 원인을 찾기 위한 노력으로 프로젝트 팀을 만들고 수백 명의 사내 리더들과 이러한 어려움에 대해 이야기를 나누며 성공적인 이니셔티브와 실패한 이니셔티브를 모두 관찰했다. 그 과정에서 과거 리더십 개발 노력이 성공하지 못한 가장 근본적인 몇 가지 원인을 확인했고, 이를 극복하기 위한 변화를 추진하였다.

첫 번째 원인은 임원 리더십 개발 활동을 설계하고 운영함에 있어서 조직과 리더가 처한 내/외부 맥락을 충분히 고려하지 못하고 있다는 것이었다. 조직의 문화, 전략, 목표 등 상황의 맥락이 리더가 어떻게 행동해야 하는지에 큰 영향을 미치기 때문에, 어떤 한 상황에서 성공한 리더가 다른 상황에서는 성공하지 못할 수도 있다는 점을 고려하지 못한 것이다. 특히, 임원 리더십 이니셔티브를 개발할 때 조직의 특정 요구 사항에 초점을 맞추려고 하기 보다는 일률적인 접근 방식이 효과가 있을 것이라고 가정했다는 것을 발견한 것이다.

이러한 문제를 해결하기 위해서, 일반적으로 통용되는 역량에 집중하기 보다는 D사 조직의 비즈니스 성공에 필수적인 핵심 역량을 파악하고 리더가 이러한 역량을 개발하는 데 집중하기로 방향을 수정하였다. 또한 개별 리더에게도 컨텍스트가 중요하는 점을 감안하여, 리더는 자신이 처한 특정 상황에 맞게 리더십 스타일을 조정할 수 있는 기회를 제공하는 것으로 방향을 설정하였다. 특히, 빠르게 변화하는 기업가적 환경에서 효과적인 리더는 전통적인 관료적 환경에서는 그다지 효과적이지 않을 수 있다는 점에 착안해서 육성 프로그램을 개별 리더와 조직의 특정 요구에 맞게 조정할 수 있도록 재량권을 부여하였다.

두 번째 원인은 실제 업무수행과 육성경험을 제공하는 것에만 집중하고, 성찰할 수 있는 기회에 제공에는 상대적으로 무관심했다는 점이었다. 다시 말해서 프로그램 커리큘럼을 계획할 때 활동과 성찰 간의 섬세한 균형을 잡아야 하는데, 참가자들이 일상 업무의 긴박한 요구에서 벗어나 한 발짝 물러설 수 있는 시간을 제공하는 오프사이트 프로그램의 가치를 철저하게 생각하지 못한 것이다. D사는 리더가 아무리 재능이 뛰어나더라도 외부에서 얻은 훌륭한 경험을 실제 경영현장에서 행동의 변화로 옮기는 데 어려움을 겪는 경우가 많다는 사실을 고려하지 못한 것이다. D사는 실제 경험이 현장에서의 실제 행동변화로 연결되도록, 임원 교육 참가자에게 새로운 접근 방식을 적용하고 기술을 연마할 수 있는 실제 업무 경험을 제공하는 동시에 성찰을 유도하는 방식으로 프로그램 설계와 운영 방식을 수정하였다. 이를 위한 예시적인 조치로서, 모든 주요 비즈니스 프로젝트를 리더십 개발의 기회로 삼고 프로젝트 자체에 리더십 개발 요소를 통합하기 위해 노력하는 방향으로 육성 체계를 수정하였다.

세 번째 원인은 밖으로 보이는 리더의 행동 변화에 지나치게 집중하고, 행동 변화의 중요한 전제 조건이라고 할 수 있는 임원 자신의 가장 깊숙한 곳에 있는 생각, 감정, 가정, 신념을 파악하는 것을 육성과정에서 회피하였다는 점이었다. 보다 효과적인 리더가 되려면 종종 행동을 변화시켜야 한다는 것은 매우 중요한 사실이지만, D사의 육성 프로그램에서는 리더가 왜 그렇게 행동하는지에 대한 근본 원인을 다루기를 꺼려하는 경우가 너무 많았다는 사실이었다. 그렇게 하는 것은 참가자, 프로그램 트레이너, 멘토, 상사 모두에게 불편할 수 있지만, 큰 불편함이 없다면 행동이 바뀌지 않을 가능성이 높다는 것을 인정할 필요가 있는 것이다. 이러한 성찰에 기반하여 D사는 육성 과정에 참여하는 리더가 새로운 수준의 리더십 성과에 도달하기 위해 고군분투할 때 약간의 불편함을 느껴야 한다는 행동과학의 연구 결과를 받아들여, 임원의 외형적 행동과 내면적 특성을 동시에 다루는 방향으로 프로그램 내용과 진행과정을 변경하였다.

마지막으로 시급한 개선이 요구되는 사항은 임원 리더십 프로그램의 성과를 직접적으로 모니터링하고 그 결과를 누적하는 과정을 엄격하게 관리하지 않았다는 사실이었다. D사의 프로젝트 팀은 임원 리더십 스킬 개발의 중요성에 대해 말로만 할 뿐 투자 가치를 정량화할 수 있는 증거가 누적하고 있지 않았다는 사실을 발견한 것이다. 이러한 실수는 D사 조직 전체에 매우 부정적인 것인데, 왜냐하면 시간이 지남에 따라 리더십 성과 변화를 추적하고 측정하지 못하면 임원 리더십 육성 이니셔티브가 진지하게 받아들여지지 않을 확률이 높기 때문이다.

이러한 프로그램의 모니터링 및 평가상의 문제를 해결하기 위해서 D사는 다른 비즈니스 성과 프로그램과 마찬가지로, 프로그램에 대한 평가를 주기적으로 실시하고, 이러한 평가결과를 토대로 시간이 지남에 따라 성공과 실패를 통해 배우고 필요한 조정을 할 수 있는 방향으로 전환하였다. 이러한 노력의 일환으로 프로그램을 시작할 때 360도 피드백 연습을 통해 행동 변화의 정도를 평가하고 6~12개월 후에 다시 한 번 평가하는 프로그램을 도입하였다. 이와 더불어서, 교육 후 참가자의 경력 개발을 주기적으로 모니터링하는 방안을 도입하였다. 프로그램 종료 후 1~2년 후에 고위 직책에 임명된 사람은 몇 명이나 되는지, 조직 내 고위급 직원 중 리더십 교육을 받은 사람은 몇 명인지, 몇 명이 회사를 떠났는지 등을 평가하여 리더 육성의 핵심평가지표로 활용한 것이다.

• 논의 주제

1. 이 회사의 임원 리더십 개발 프로그램이 가지고 있었던 중요한 이슈는 무엇인가?
2. 이 회사가 임원 리더십 육성 프로그램의 효과를 제고하기 위해서 어떤 조치를 취하였는가?
3. 이 회사의 사례에서 얻은 교훈을 다른 조직에 적용할 때 유의할 사항은 무엇인가?

Chapter 12

People/HR Analytics

디지털 전환(digital transformation)이 산업 전반에 적용되면서 데이터, 인공지능이 사람관리 영역에도 깊숙이 들어오고 있다. 본 장에서는 데이터와 인공지능 등의 기술을 활용한 사람관리 활동 일환인 People/HR Analytics에 대해서 개념, 사례와 이론을 알아봄으로써 미래 사람관리 방향성을 알아보고자 한다.

학습목표

1. People/HR Analytics 개념 이해하기
2. People/HR Analytics 사례 설명하기
3. People/HR Analytics 이론 설명하기

들어가기 사례 K사 파이랩

1. K사 경영 이야기

K사는 김범수 前의장이 2006년 11월 K사 모태인 아이위랩을 설립했고 이후 2010년 3월 K톡을 처음 서비스로 시작하면서 본격적으로 성장한 기업이다. 설립 6년차까지는 적자로 운영된 K사는 2012년 흑자 전환에 성공했는데 모바일 게임과 '플러스 친구' 기능을 통한 수익이 결정적이었고, 이후 선물하기, 이모티콘, K스토리 등을 통해 지속적 수익을 창출하기 시작했다. 그러던 중 2014년 5월 다음커뮤니케이션과 K사 합병이 공식화되었고 K사페이, K사뱅크, K사엔터테인먼트 등으로 사업을 확장하며 2019년 자산규모가 10조 원을 넘으며 대기업으로 분류되었다.

K사의 미션은 '기술과 사람이 만드는 더 나은 세상'이며 K사 구성원을 K사 크루라고 부르며 'K사스러움'을 기준으로 사고하고 행동하는 바를 중요하게 강조한다. '가보지 않은 길을 두려워하지 않습니다', '무슨 일이든 본질만 남기고 처음부터 다시 생각해 봅니다', '나보다 동료의 생각이 더 옳을 수 있다는 믿음을 가집니다', '스스로 몰입하고 주도적으로 일합니다', '세상을 선하게 바꾸려고 노력합니다'로 K사스러움이 구성되어 있다.[1] K사스러움이 K사 문화로 자리잡기 위해서 중요한 문화적 특징이 있는데 그것은 바로 '신충헌'이라 불리는 '신뢰', '충돌', '헌신'이다. K톡 초기 구성원은 지금의 K톡이란 서비스가 개발된데 가장 중요한 원동력으로 '크루 간의 수평적인 관계'와 '일에 대한 자기 주도성'이 뽑힌다.[2] 크루간 신뢰하는 관계 속에서 자유롭게 의견을 말하고 충돌하되 결정된 내용은 충실하게 따르고 헌신한다는 의미로 '신충헌'이 카카오 문화를 대표하는 표현이 되었다. 이런 문화로 인해 K사는 2022년 대학생이 뽑은 가장 가고 싶은 기업 1위에 뽑혔으며[3], 동종업계 대비 낮은 이직률과 만족스러운 사내문화를 가진 것으로 유명하다. 2022년 12월 기준 시가총액 22조 원에 달하며 2021년 기준 6.1조 원 매출과 6천억 원의 영업이익을 기록하는 등 재무적 성장 역시 지속해오고 있다.

2. K사 파이랩

K사는 K사스러움과 '신충헌' 문화를 통해서 볼 수 있듯이 구성원에 대한 신뢰와 자율성을 중요시 생각한다. 그러나 2015년 본격적으로 다음커뮤니케이션과 합병이 된 이후 K사 역시 큰 기업에서 겪을 수 있는 관료제와 느린 의사결정에 대한 우려가 리더와 구성원 모두에게 퍼지게 된다. 2015년 K사 피플 애널리틱스(People analytics) 조직인 파이랩(PiLab)을 운영하기 시작했다. 파이랩의 시작은 심리학, 사회학, 통계학 전공을 한 구성원 5명으로 했고, 회사에서 발생하는 사람과 관련된 주요 이슈에 대한 원인과 해결책을 데이터 기반으로 찾아보고자 시작되었다. 파이랩의 미션은 '데이터를 기반으로 의사결정 할 수 있는 환경을 만들고 크루의 경험을 변화시켜 나간다'를 바탕으로 '크루 관련 의사결정이 데이터 기반으로 이뤄지는 회사를 만든다'는 비전하에 업무를 수행하고 있다.

K사 파이랩은 구글의 피플 사이언스팀인 파이랩(People & Innovation Lab)을 벤치마킹해서 생겨났다.

〈구글의 아침은 자유가 시작된다; Google Work Rules!〉 저자이자 구글 인사부문 수석 부사장이었던 라즐로 복(Laszlo Bock)은 조직내 효과적 리더를 선발하고 육성하기 위한 답을 찾기 위해 데이터를 활용하기로 하며 2008년 옥시전(Project Oxygen)을 시작한다. 1년 치 직무평가, 설문조사, 관리자 평가 자료 등을 수집하고 성공적인 리더 특징을 8가지로 뽑아 제시한 바 있다.[4] 이후 구글은 사람과 관련된 의사결정 역시 데이터 기반으로 진행했으며 구글 사례를 본받아 카카오 역시 동일 파이랩으로 명명하고 회사와 팀, 관계 등을 분석하기 시작했다.

이후 K사 파이랩은 효과적인 팀의 5가지 특성과 팀 건강성 등을 규명해서 조직내 공유하고 건강한 조직문화와 효과적 리더 선발 및 육성을 위해 힘 쏟기 시작했다. 이처럼 데이터 기반 의사결정이 전략뿐만 아니라 사람을 대상으로도 활용되기 시작했으며 K사 파이랩 사례는 한국 기업 중 선도적 사례로 손꼽힌다.

3. 인적자원관리와 People/HR Analytics 연계

1990년 초반 성공하는 기업의 경영 노하우를 배우기 위해 벤치마킹(Benchmarking)이 주목받았다. 벤치마킹은 측정 기준이 되는 대상을 설정하고 그 대상과 비교 분석해서 장점을 따라하는 행위를 뜻한다.[5] 경영학 분야에서 벤치마킹이 등장하기 시작한 것은 제록스(Xerox)가 리버스 엔지니어링(Reverse engineering)을 통해 경쟁사 제품을 분해해서 조사하기 시작하면서 부터로 볼 수 있다. 제록스는 1970년 캐논이 복사기 시장에 진입하면서 급속도로 시장점유율이 하락했고, 이에 제록스는 우수한 경쟁사 제품을 구입해서 기능과 프로세스를 비교하고 강점을 파악한 후 따라 하고자 노력했다. 그 결과 1989년 13%까지 추락했던 점유율을 26%까지 회복하게 된다. 이후 벤치마킹은 기업 전략 실행 방법 중 하나로 각광받게 되었다.

벤치마킹은 외부 성공 사례를 배워 조직내 도입함으로써 비용이 저렴하고 빠른 시간내 활용가능하다는 장점을 갖고 있다. 제도주의 이론(Institutional Theory) 관점에서 벤치마킹은 동일한 환경에 놓인 기업들이 선행적으로 해결책을 가진 회사를 따라하며 걷게 되는 동형화 과정 중 하나로도 볼 수 있다. 그러나 벤치마킹의 효율성과 효과성은 도입 회사가 발을 딛고 있는 환경에 큰 영향을 받는다. 한때 전세계적으로 가장 뜨겁게 벤치마킹의 대상이 되었던 사우스웨스트는 펀경영을 실행함으로써 서비스를 개선하고 지정좌석제를 폐지하고 경주용 자동차가 급유하는 프로세스를 따라함으로써 운영 효율성도 높인 바 있다. 이후 여러 기업에서 사우스웨스트를 벤치마킹했지만 그 효과가 표면적으로 드러난 기업은 많이 없다. 〈증거기반경영〉의 제프리 페퍼(Jeffrey Pfeffer)는 사우스웨스트의 경영방식은 그 회사가 문제를 해결하는 과정에서 갖게 된 기업 철학이자 문화로서 가능했던 것이기 때문에 단순히 운영방식만을 벤치마킹한다면 반드시 실패한다고 단언한 바 있다.

제프리 페퍼는 다른 회사가 성공한 방식을 그대로 답습하는 것이 아니라 사실과 정보에 기반해서 기존 관행을 개선하고 주요 의사결정을 내려야 한다고 강조했다. 불확실성이 높고 빠르게 변하는 시대에 인사관리 역시 눈에 보이는 제도만을 벤치마킹하는 것으로는 성공적이지 못함을 강조하는 것이다. 이후 빅데이터, 인공지능 등의 혁신적 기술이 경영활동에 도입되고 산업 전반에 걸쳐 디지털 전환(Digital Transformation)이 강조되면서 인사관리에도 증거기반 의사결정이 강조되었고 그 일환이 바로 피플 애널리틱스(People Analytics)다.

박스사례 구글의 파이랩과 뛰어난 관리자 특징

구글은 2008년 파이랩을 설립하고 효과적인 관리자 자질에 대해서 데이터로 연구했다. 본 연구의 기본적 가설은 '관리자의 자질은 팀 성과와 관련이 없다'였는데 이 가설을 검증하기 위해 인사고과, 직원 설문 조사, 인터뷰, 기타 피드백 등을 분석했는데 분석 결과 관리자 자질이 뛰어난 팀은 성과가 높은 것으로 드러났다. 구글의 좋은 관리자 특징은 열 가지로 구분되는데 이 중 가장 중요한 특징은 팀원에게 좋은 코치가 되고, 자율성을 보장해주며 포용적 환경을 조성하고 팀원의 웰빙과 성공에 관심을 갖는 것이다.

〈뛰어난 관리자의 특징〉

좋은 코치가 된다.

팀원에게 자율적 권한을 부여하고 마이크로매니징을 하지 않는다.

포용적인 환경을 조성하고 팀원의 웰빙과 성공에 관심을 가진다.

업무에 생산적이고 결과 지향적이다.

소통에 능하다. 의견을 청취하고 공유한다.

팀원의 커리어 개발을 지원하고 논의한다.

팀이 나아갈 방향에 대해 투명한 비전과 전략을 제시한다.

팀원에게 도움이 되고 조언할 수 있는 기술적 능력이 있다.

회사 전체에 걸쳐 폭넓게 협업을 한다.

뛰어난 의사 결정자다.

출처: 김민송, 윤승원 (2022). 피플애널리틱스, 학이시습. https://rework.withgoogle.com/blog/the-evolution-of-project-oxygen/

인사 부서는 오랫동안 인사 전문가의 경험과 감에 의존해서 의사결정을 해왔는데 최근 데이터 기반 의사결정 중요성이 올라가고 일상 생활에서도 데이터 기반 의사결정이 자주 활용되고 있다는 점에서 인사부서 역시 데이터 중심 의사결정이 더욱 필요해지는 상황이다.[6] 피플 애널리틱스 시장의 변화를 연구하는 RedThread Research에 의하면 2022년 기준 피플 애널리틱스 시장은 약 31억 달러(한화 4조 원 가량)에 달한다고 추정했다.[7] 더불어, 피플 애널리틱스 컨설팅을 제공하는 Insight222 역시 피플 애널리틱스 조직의 크기나 역할이 커질 것이라고 예상하는 경영층 비율이 99%에 달한다고 밝힌 바 있고 실제로 2020년에는 전직원 4,000명 대비 1명꼴에서 2021년 2,900명당 1명꼴로 비율도 증가했다.[8]

미국 내 피플애널리틱스 직군 규모도 증가하고 있는데 링크드인 데이터로 추산해본다면 미국의 인사 직군 종사자 규모는 약 520만 명인데 이중 약 7.7만 명이 피플애널리틱스에 종사한다. 비율상 1.5%로 작아 보이지만 꾸준히 규모가 성장했음을 알 수 있고, 2020년 기준 조직 내 피플 애널리틱스 팀을 갖춘 기업이 2만 개가 넘는다.[9)]

학계에서의 피플 애널리틱스 연구 본격화되고 있는데 Chalutz Ben-Gal (2019)은 온라인 데이터 베이스에서 "HR Analytics" 키워드로 총 80개 논문을 확인한 바 있으며, Marler & Boudreau(2017) 역시 HR/Talent/Workforce/People Analytics 주제로 60개 논문을 찾았는데, 이는 동일 시점에 4,451건 이상이 검색된 Strategic Human Resource Managment에 비해 많이 낮은 숫자다. 이중학 외(2020)는 2006년부터 2019년까지 Web of Science에서 People/HR/Talent/Workforce Analytics 키워드로 검색해서 91개의 영문 논문을 찾았고 초록(abstract)와 키워드(keywords)를 시계열로 분석한 결과 성과(performance),인사관리(human resource management), 이직(turnover)가 가장 많이 연구되었음을 알 수 있다.[10)] 이처럼 학계에서의 피플 애널리틱스 연구도 인사관리에서 중요하게 다뤄지는 주제를 중심으로 되고 있음을 알 수 있다.

논의 주제

1. K사가 PA를 도입한 가장 중요한 이유는?
2. 인공지능과 빅데이터 도입 외에 가장 중요한 PA 촉진 원인은?
3. 구글이 파이랩을 만들고 활용하면서 누릴 수 있었던 가장 큰 효용은?

12.1 People/HR Analytics란?

피플 애널리틱스에 대한 정의는 아직 실무와 학계 모두 명확히 내려지지 않았다. 모아메드(Mohammed,2019)는 인사 분야에서 비교적 최근에 나온 활동으로서 인사관리 전략과 활동에 관련된 주요한 의사결정을 내리는데 수치와 다양한 통계적 방법론으로 피플 애널리틱스를 정의했다.[11] 반면 윤(Yoon, 2021)은 Talent-HR-People-HR analytics로 범위와 활용에 따라 피플 애널리틱스를 구분하고 있다.[12] 이렇듯 용어에 대한 정의는 어디에 초점을 두는지, 어떤 관점을 갖는지에 따라 다르게 된다.

인적자원(human resource)은 표현상 자원(resource)으로 사람을 정의하고 있고, 조직의 목적 달성을 위해 관리 및 개발되는 존재라는 가정(assumption)을 가진다. 반면 피플(people)은 개인 고유의 목적(why)과 가치(value)를 가진 존재라는 믿음을 전제로 한다. 그러므로 필자들은 조직 목적 달성을 위해 활용되는 자원이 아닌, 개인의 목적과 가치가 중시되는 존재로 우리 구성원들을 바라봐야 한다고 믿기 때문에 피플(people)란 단어를 활용한다. 그렇다면 PA의 정의는 무엇일까? 그동안 학계에서 많이 인용되어온 PA 정의를 살펴보면 "기술 기반(technology-based)"이란 키워드가 공통적으로 등장한다.[13] 그러나 이와 같은 정의는 조직에서 PA를 도입하는데 방해가 될 수 있다. 특히 머신러닝 및 인공지능과 같은 최신 기술이 없이도 우리는 데이터 분석을 할 수 있기 때문이다.

목적이 없는 데이터 분석은 끝이 없을 뿐더러 유용한 결과를 가져다주기 어렵다. 최신 방법이든 전통적인 방법이든 목적에 맞는 여러 가지 방법을 고려해 보고, 사람들을 위해 가장 좋은 방법을 적용해야 한다. 이중학 · Steven(2022)은 피플 애널리틱스를 "조직 내 사람을 위한 목적에 따른 데이터 분석(Objective-driven data analysis for people in an organization)"으로 정의한다. 데이터 분석 목적은 여러 가지가 있겠지만, 크게 설명과 예측으로 구분된다.[14] 학자들에게는 이론을 기반으로 한 설명(explanation)이 중요하다. 특히 여러 논문에 자주 등장하는 가설검정(hypothesis testing)에서 가설(hypothesis)은 이해가 가능하도록 설명(explanation)되어야 한다. 하지만 교과서에 자주 등장하는 가설검정만이 데이터 분석의 전부가 아니다.

적절한 시기의 설문조사만으로도 조직에게 도움이 되고 설명 가능한 분석을 할 수 있다. 방법이 무엇이든 설명 목적의 PA는 이론(theory)과 사전 경험(prior experience)을 통해 조직내 사람과 관련된 일이 "왜(why)" 일어나는지를 일반화해서 조직과 구성원들을 이해시킬 수 있어야 한다. 설명과 더불어 실무자들에게는 데이터를 기반으로 한 예측(prediction)에도 관심이 있을 것이라고 생각한다. 반면, 머신러닝의 주목적인 예측(prediction)은 미래에 일어날 수 있는 개별 사건을 현재의 데이터로 미리 내다보고 이에 대응하기 위한 행동을 하기 위해서 실행된다. 설명(explanation)은 다수의 조직에 적용될 수 있는 왜(why)를 설명해야 하는 연구자들이 조금 더 집중하고, 개별 조직의 구체적 실행을 위한 분석인 예측(prediction)은 현장 실무자들이 더욱 관심을 갖는 경향이 있다.[15] 김성준(2020) 역시 PA는 일반화 가능성보다는 상대적으로 한 조직에서의 맥락에 특수한 가능성에 집중하는 경향이 있다고 강조한 바 있다.[16]

12.2 People/HR Analytics 접근 방법

어떻게 우리가 무의식적으로 자주 사용하는 "사이언스(Science)"라는 용어를 정의할 수 있을까? 이 용어는 한글 및 한자로 "과학(科學)"으로 번역되며, 위키피디아에서는 "사물의 구조, 성질, 법칙 등을 관찰 가능한 방법으로 얻어진 체계적이고 이론적인 지식의 체계"로 정의되고 있다. 과학은 자연과학(물리학, 화학, 생물학, 지질학 등), 인문과학(인간과 인간의 문화에 관심을 갖거나 인간의 가치와 인간만이 지닌 자기표현 능력을 바르게 이해하기 위한 분야), 사회과학(인간 행동과 그들이 이루는 사회를 연구하는 분야)으로 구분된다. 데이터 사이언스 및 피플 사이언스는 사회과학 분야 중 하나로, 사람, 조직 및 사회를 대상으로 하며, "과학적 방법"을 사용하는 연구이다. 과학적 방법은 검증 가능한 질문에 대해 체계적이고 객관적인 방법으로 연구하는 방법을 의미하며, 연역과 귀납을 바탕으로 한 방법을 쓰기도 한다. 검증 가능한 질문, 연역 및 귀납은 사이언스를 수행하는 중요한 방법의 초점이다.

그림 12-1 People Analytics의 두 가지 목적

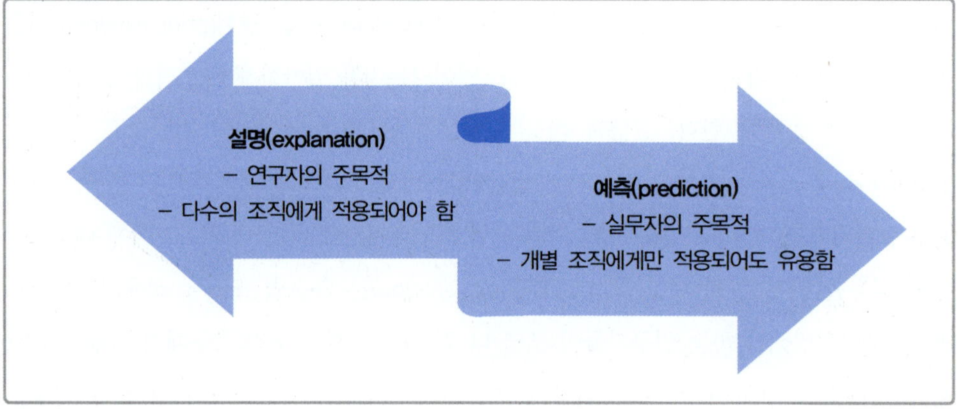

출처: 저자 작성

피플 사이언티스트는 조직내 구성원을 위한 데이터 분석을 수행하는 사람이며, 질문, 연역 및 귀납적 방법론을 기본으로 해야 한다. 우선적으로, 데이터 분석가가 조직 내 문제를 해결하는 사람으로 정의된다면, 조직은 문제를 데이터 분석가에게 질문 형태로 주지 않으므로, 해결해야 할 문제에 대한 정의가 중요하다. 예를 들어 A 회사에서 이직률이 높은 문제가 중요하다고 가정해보자. 이 경우 CEO 및 인사부서장은 이 질문에 대한 답변을 가지고 실무자에게 문제를 제시한다. 그러면 피플 사이언티스트는 이를 문제를 푸는데 필요한 질문으로 바꿔야 한다. 질문에 대한 여러 가지 답변이 순차적으로 가능하다. 예를 들어 “누가 그만 두고 있나?”, “그들의 공통점은 무엇인가?”, “언제 그들이 그만두는가?”, “특정 이벤트를 중심으로 그만두는가?”, “특정 조직에서 그만두는가?”와 같은 질문을 계속해서 제기함으로써 문제를 해결할 수 있다. 즉, 문제를 해결하기 위해 질문을 던지고 하나씩 해결해 나가면서 정의하고 해결해 나갈 수 있다. 따라서 조직 문제를 어떻게 질문으로 변환하고 정의할 수 있는지는 피플 사이언티스트가 가져야 하는 중요한 역량 중 하나다.

다음은 연역과 귀납이 과학적 방법의 중요한 구성 요소다. 연역은 이미 알고 있는 경험과 이론을 기반으로 새로운 결론과 주장을 도출하는 과정이다. 이는 대표적인 연역 방법 중 하나인 가설 검증과 유사하다. 예를 들어 최근 MZ세대의 높은 이직률 문제를 해결하기 위해 연역 방법을 사용하면, 기존 이론을 활용하여 가설을 제시하고 검증할

수 있다. 과거 한국 조직에서는 암묵적으로 평생직장이라는 심리적 계약이 공고했다. 이러한 계약으로 인해 조직 구성원들은 조직에 충성하면 안정된 삶을 보장해 줄 것이라고 믿었으며, 이로 인해 부조리나 야근 등을 참고 넘길 수 있다.

그러나 이후 심리적 계약이 깨지면서 세대별로 새로운 계약이 형성되고 있다. 이제는 회사는 안정을 추구하는 곳이 아니라 성장을 위한 발판이며, 미래를 준비하는 곳으로 인식된다. 성장에 도움이 되는 리더와 조직문화에서는 근속이 길 것이며, 그렇지 않으면 쉽게 이직을 결심할 수 있다. 이러한 현상을 "심리적 계약" 이론으로 설명하고 가설을 검증할 수 있다. 이처럼 하나의 문제를 이론과 경험으로 정의하고 가설화하는 것이 대표적인 연역방법이다.

반면 귀납은 개별적 특수한 사실이나 현상으로 일반적 결론을 이끌어내는 방법이다. 보통 개별적 사실과 사례가 먼저 나오고 결론이 뒤에 나오는 미괄식 형식을 띈다. 인간의 다양한 경험, 실천과 실험 등 결과를 일반화하는 것이 귀납의 대표적 방법이다. 데이터 사이언스 분야에서 최근 많이 활용되는 베이지안 통계(Bayesian Inference)가 대표적인 귀납적 연구 방법 중 하나로 볼 수 있다. 전문적 통계 서적이 아니므로 간단히 정리하면 통계에 주요한 철학은 빈도주의와 베이지안 주의가 있다. 빈도주의는 앞서 말한대로 연역적 사고에 기반한 유의성 검정이 대표적인 반면, 베이지안 주의는 경험에 기반한 선험적인 수치를 기반으로 한다. 빈도주의에 근거하여 가설검정을 수행하려면 이론과 특정 숫자 이상의 샘플이 필요하다. 그러나 코로나 19와 같이 한 번도 겪어보지 못한 일을 해결하거나 아주 소수의 샘플만이 이용 가능할 때 베이지안 통계를 활용할 수 있다. 가령, 에이즈 환자를 위한 약을 개발해서 임상실험을 하려고 하는데 실험에 응할 대상자 숫자가 턱없이 부족한 상황이다. 이 경우 연구자는 본인이 그동안 임상과 연구를 통해 가진 선행 경험을 통해 실험약의 효과를 사전 확률로 설정하고 실험을 지속하면서 정교화할 수 있다. 이 밖에도 퇴임 임원의 특성을 알아보기 위해서, 베이지안 통계를 활용한 적 있는데 이는 상대적으로 부족한 이론과 샘플 숫자를 보완하기 위한 방법 중 하나였다. 이처럼 귀납을 통해서도 피플사이언티스트는 과학적 방법을 수행할 수 있다.

이처럼 질문, 연역과 귀납이 과학적 방법으로 피플 사이언티스트에게 필요한 것은 알겠는데 그럼 역량으로 이를 구체화하면 무엇이 될까? 우선 데이터 사이언스 영역부터 필요 역량을 연구 결과로 살펴보자. 데이터 사이언티스트 업무의 수준(초급/중급/고급)을 기준으로 어떤 역량이 데이터 사이언티스트에게 중요한지를 307명 대상으로 설문을 받아 분석한 적이 있다. 선행 연구와 경험을 바탕으로 '프로그래밍', '통계지식', '배우려는 욕구/호기심', '비판적 사고', '데이터 마이닝', '시각화 & 디자인', '비즈니스 이해' 등 7개 세부 역량으로 구분했다.

그리고 수준별로 차이를 봤더니 프로그래밍 역량은 초급/중급/고급 세 수준별로 중요성에 대한 차이가 통계적으로 유의했고, 통계지식, 배우려는 욕구/호기심, 비판적 사고, 데이터 마이닝과 시각화 역량은 초급과 중급/고급 간 차이가 있었고 중급/고급 간 차이는 없었다. 다음으로 비즈니스 이해 영역에서는 초급과 고급간 차이가 있었다. 정리하면 데이터 분석 역량에서 중요도로 세 가지 수준을 잘 구분 짓는 역량은 프로그래밍이었으나 초급과 고급은 비즈니스 이해가 주요한 차이점이었다. 그리고 중급/고급으로 가기 위해서는 통계지식, 배우려는 욕구/호기심, 비판적 사고와 데이터 마이닝과 시각화 역량이 중요함을 알 수 있다.[17)]

그렇다면 피플 사이언티스트는 다른 특성을 보일까? 매카트니 연구팀(McCartney 연구팀, 2021)이 미국, 영국, 호주, 캐나다, 이스라엘 등 5개국 110개의 채용 공고를 분석하고 12명 전문가를 대상으로 한 결과에 따르면 6가지 역량이 중요하다고 제시된다. 컨설팅(consulting), 기술적 지식(technical knowledge), 데이터 유창성과 분석력(data fluency & analysis), HR과 비즈니스 지식(HR & business acumen), 연구 및 발견능력(research & discovery) 그리고 스토리텔링과 소통력(storytelling & communication)이 바로 그것이다.[18)] 조직 내 문제를 발견하고 해결할 수 있는 컨설팅, 데이터 이해 및 HR 관련 지식과 소통력이 주요한 능력이라는 것이다.

이어 이중학·Steven(2022)은 피플 애널리틱스를 수행하기 위해 가장 중요한 역량으로 사회과학, 통계학, 컴퓨터 과학 세 가지를 강조했는데 그 중에서도 사람에 대한 이해와 통계학(회귀분석 수준)이 중요하다고 주장했다. 결국 피플 사이언티스트에게 중요한 역량은 데이터 사이언티스트와 유사하게 문제를 발견하고 질문으로 정의할 수 있는 능력,

이를 데이터로 분석해서 해석할 수 있는 스킬, 사람에 대한 깊은 이해를 바탕으로 소통할 수 있는 능력과 문제 해결을 위한 실행력이다.

구체적 사례로는 구글의 아리스토텔레스 프로젝트를 들 수 있다. 구글은 데이터를 기반으로 인사 의사결정을 한 최초의 회사로 잘 알려져 있는데 그 중 효과적인 팀이 어떤 특성을 갖고 있는지 데이터를 기반으로 규정한 바 있으며 전 세계적으로 널리 알려진 바 있다. 이와 같은 데이터 기반의 인사활용은 최근 생성형 인공지능 등장으로 기술적 전환을 맞이하고 있다. 특히 챗GPT를 중심으로 정량적, 정성적 데이터를 분석하고 조직 내 시사점을 도출하는 등의 활동이 활발하게 적용되고 있는 상황이다.

박스사례 **구글의 아리스토텔레스 프로젝트**

구글은 관리자 중요성을 데이터로 입증한 이후 효과적 팀에 대한 질문 역시 던지게 되었다. 2012년 진행된 아리스토텔레스 프로젝트(Google Prroject Aristole)은 최고 수준의 구성원이 모여 있는 구글에서 왜 팀별로 성과 차이가 발생하는지를 알기 위해서 진행되었으며 통계학, 산업 조직 심리학, 사회학 등 전문가들이 4년에 걸친 기간 진행했다. 구성원 경력, 학력, 성격, 취미 및 업무와 친밀도를 데이터화해서 특성을 찾아보고자 했으나 뚜렷한 패턴을 찾지 못했다.

데이터만을 바탕으로 한 귀납적 방법에 한계를 느낀 구글 연구팀은 사회심리학의 집단규범(Group norms) 이론을 활용해서 여러 가설과 일하는 방식에 대한 정의를 내리기 시작했다. 즉, 구글 내부에 구성원들이 일하는 방식을 규범으로 정의하고 정리한 후 수백 개가 넘는 팀 규범이 구성원에게 미치는 영향을 살펴본 결과 성과가 탁월한 팀은 건강한 문화를 가졌는데 그 특징은 아래의 다섯가지와 같다. 그 중 심리적 안전감(Psychological safety)는 가장 중요한 요소로 뽑히며 성공하는 팀의 주요 요건으로 강조되었다.

〈성과를 내는 팀의 특성〉

- 심리적 안전감: 리스크를 감수한 업무 처리와 자유롭게 의견을 표현할 수 있는 분위기가 형성되었는가?
- 신뢰도: 신뢰를 바탕으로 한 업무 분담으로 주어진 시간 내에 일을 처리하여 서로의 기대를 충족하는가?
- 조직구조와 투명성: 팀원 모두에게 명료한 역할, 계획, 목표가 있는가?
- 업무의 의미: 개인의 업무를 의미 있게 느끼는가?
- 업무의 영향력: 개인의 업무가 조직에 영향을 발휘한다는 믿음이 있는가?

출처: 김민송 · 윤승원(2022), *피플애널리틱스*, 학이시습.

박스사례 ChatGPT를 활용한 People Analytics 1

ChatGPT는 우리가 일하고 방식을 다른 차원으로 변화시키고 있다. People Analytics 영역 역시 마찬가지다. 프로그래밍 기반에서 low/no code 솔루션이 등장하다가 이제는 언어 기반의 분석까지 활용된다. 무궁무진한 가능성 중에서 아래는 여러 가지 사례 중 다섯 가지다. 첫째, ChatGPT를 사용하여 소셜 미디어 게시물, 온라인 리뷰 또는 고객 피드백의 감정을 분석할 수 있다. 이를 통해 사람들이 특정 제품, 서비스 또는 브랜드에 대해 어떻게 느끼는지 이해하는 데 도움이 될 수 있다. 둘째, ChatGPT를 사용하여 사람들이 소셜 미디어 게시물이나 온라인 포럼에서 어떤 주제에 대해 이야기하고 있는지 파악할 수 있다. 이를 통해 잠재 고객에게 가장 중요한 이슈가 무엇인지, 어떤 유형의 콘텐츠에 가장 많이 참여할 가능성이 높은지 이해하는 데 도움이 될 수 있으며, 토픽모델링(Topic Modeling)이라 불리는 분석 방법을 활용한다.

셋째, ChatGPT를 사용하여 연령, 성별, 위치 또는 소득과 같은 인구통계학적 데이터를 분석할 수 있다. 이를 통해 오디언스의 특성을 파악하고 메시지를 맞춤화하여 더 효과적으로 도달하고 참여를 유도할 수 있다. 넷째, ChatGPT를 사용하여 구매 패턴, 투표 선호도, 이탈 가능성 등 향후 행동을 예측할 수 있는 예측 모델을 구축할 수 있다. 고객 만족도, 유지율, 충성도를 향상시킬 수 있는 데이터 기반 의사 결정을 내릴 수 있다. ChatGPT를 통해 예측 모델링을 하기 위해서는 구체적으로 레이블링(labelling) 데이터가 필요하기 때문에 이에 대한 학습 역시 ChatGPT를 통해 가능하다. 마지막으로 이미지 인식이 가능하다. ChatGPT를 사용하여 얼굴, 사물 또는 활동 식별과 같은 이미지 인식 작업을 수행할 수 있다. 시각적 콘텐츠가 포함된 소셜 미디어 게시물, 제품 리뷰 또는 고객 피드백을 분석하는 데 도움이 될 수 있다.

출처: 출처: 이중학(2023), 사람을 위한 ChatGPT 활용법, *HRinsight*, 5월호.

박스사례 ChatGPT 원리, 활용법 및 실행 사례(육성)

우선 ChatGPT를 제대로 활용하려면 간단하게라도 원리를 이해하는 것이 중요하다. ChatGPT는 말 그대로 Chat과 GPT의 합성어다. Chat은 우리가 아는 "챗(대화)"이며, GPT는 텍스트 생성 딥러닝 모델 중 하나다. GPT는 생성(generative), 사전 훈련(pre-trained), 트렌스포머(transformer)의 약자다. 우선 생성 모델(generative model)에서 모델은 일련의 데이터를 학습하고, 기본 패턴과 학습 결과로 새로운 데이터에 의미있는 결과물을 만들어 내는 것을 의미한다. 생성(generative)은 말 그대로 무엇인가를 만들어내는 것인데 "텍스트, 영상, 음성"을 만들 수 있다. 기본 원리는 주어진 데이터의 기본 패턴과 분포를 학습해서 요구되는 조건에 맞게끔 새로운 합성 데이터를 만들어내는 것이다. 생성 모델의 반댓말은 식별 혹은 판별 모델이며 개와 고양이를 분류하듯이 주어진 정보를 고려해서 특정 기준에 따라 분류하는 것이다. 즉, 훈련 데이터 특성을 파악해서 잘 구분해내는 최적의 결정 경계를 찾는 방식을 활용한다.

다음으로 중요한 것이 사전 훈련(pre-trained)인데 "무엇"을 "어떻게" 학습했는가를 주요하게 알아야 한다. 구체적으로 ChatGPT4가 학습한 데이터양이 공식적으로 공개되지 않았지만 2021년 9월까지 약 500TB(테라바이트) 정도를 공부했다고 추측되고 있다. 500TB란 숫자가 잘 와닿지 않지만 사람이 하루에 학습하는 평균양이 2byte(바이트)인 점을 감안하면 사람이 500조일 동안 쉬지 않고 공부해야 하는 양이다. 그리고 ChatGPT가 학습한 방법은 빈칸 채우기와 비슷하다. 수 많은 인터넷 상 데이터를 주고 빈칸을 계속 맞추다보면 문장 내에서 가장 자연스러운 단어 쓰임새 등도 알게 되는 것이다. 여기서 중요한 ChatGPT 특징은 조금 더 "사람" 같은 문장을 만들기 위해서 ChatGPT가 만든 문장을 사람이 선호도에 따라서 평가하고 점수를 매겼다는 점이다(Human feedback reinforcement learning). 전체 학습 데이터의 2%가량을 사람이 피드백을 줬고, 이후 피드백 정보로 모델을 만들어서 컴퓨터가 직접 문장을 평가하도록 했다. 이처럼 인터넷 상의 어마무시한 데이터를 빈칸 채우기로 언어를 배우고 사람에게 피드백을 받았다고 이해하면 된다.

셋째, 트렌스포머는 2017년 구글이 공개한 알고리즘인데 간단히 표현하면 컴퓨터가 맥락 내 의미를 파악할 수 있도록 개선되었다고 보면 된다. 의미는 사물 간 관계로 부여된다. 가령, "우리 대리님이 저를 위해 텀블러에 커피를 따르고 있다. 그것이 가득 찰 때까지"와 "우리 대리님이 저를 위해 커피포트의 커피를 텀블러에 따르고 있다. 그것이 텅 빌 때까지"라는 문장이 있다면 동일한 "그것이"란 단어가 앞 문장에서는 텀블러를, 뒷 문장에서는 커피포트를 의미한다. 이처럼 의미는 관계에 의해서 정의되기 때문에 맥락 간 관계가 중요하고 트렌스포머는 어텐션(attention)이란 개념으로 맥락을 이해할 수 있는 알고리즘이다.

앞서 세 가지 작동 원리를 종합하면 ChatGPT는 인터넷 상의 엄청나게 많은 텍스트를 혼자서도 열심히 공부하고 과외선생님께 피드백을 받아서 맥락에 맞게끔 말을 이해하고 말할 수 있는 채팅 서비스로 보면 된다. 2023년 3월 15일에 공개된 GPT4는 기존3.5보다 똑똑하고 그림 그리는 능력도 얻었다고 보면 된다. 이후에는 음성과 영상 기반으로도 이해하고 생성하는 모델이 곧 출시될 것이다. 이런 원리를 이해하면 ChatGPT가 잘할 수 있는 영역을 추측할 수 있는데 "요약·아이디어 내기·창작·인식" 능력이 출중하다. 주어진 정보를 맥락에 맞게끔 요약을 잘하고, 특정 주제를 던져주면 그에 맞는 새로운 아이디어를 제공해주며, 여러 가지 정보를 조합해서 기존에 없던 창작(예. 시, 소설, 시나리오 등)도 하며, 주어진 정보 사이에 패턴을 인식도 잘한다. 그렇기 때문에 지난 3월 17일 마이크로소프트에서 소개한 MS365 코파일럿(copilot)이 가능한 것이다. 직장 생활에서 오랜 시간이 소요되는 PPT, 워드 및 엑셀 작업을 코파일럿이 언어 기반으로 명령을 알아듣고 대신해줄 수 있는데 대부분 우리 서류 작업이 요약, 아이디어 내기, 창작 및 인식에 기반 하기 때문이다. 그러므로 ChatGPT와 MS 서비스를 적절하게 활용하면 우리 지식 노동자가 하루에 많은 시간을 쏟던 기본적 '기획-조사-정리-작성'에 효율화를 기할 수 있다는 것이다. 자, 원리와 ChatGPT 강점을 알았으니 이제는 구체적으로 우리 조직내 사람을 위한 ChatGPT 활용법에 대해서 구체적으로 알아보자.

우선 ChatGPT를 잘 쓰기 위해서는 몇 가지 팁을 알아두면 유용하다. 첫째, ChatGPT에게 자연어로 내리는 명령(질문)을 뜻하는 프롬프트는 주제, 맥락, 결과, 수량, 결과 포맷 등을 자세하게 적어줄수록 원하는 결과를 얻을 확률이 높다. 가령, "ChatGPT를 써서 인사 업무에 활용할 수 있는 방법을 알려주세요" 보다는 "ChatGPT를 활용해서 우리 회사에 지원한 구직자들에게 합격 결과 안내 메일을 보내려고 합니다. 한달 간 서류 전형-면접을 거쳤으며 약 2주간 기다리고 있던 구직자들에게 따뜻한 말투로 환영하는 문장을 3단락 적어주세요. 결과물을 바로 메일에 붙여넣을 수 있도록 마크다운 형식으로 써주세요" 처럼 구체적으로 적는 것이 중요하다. 또한, ChatGPT는 컨텍스트 학습(In-context learning) 혹은 프롬프트 러닝(prompt learning)이 가능한데, 이는 하나의 프롬프트 내에서 맥락을 공유하면서 대화가 가능하다는 것이다. 그러므로 프롬프트 내에서는 계속 이어서 대화할수록 결과가 고도화되고 세부적으로 얻어낼 수 있다. 셋째, 확장 프로그램을 활용하면 편리한데 한글로 대화를 도와주는 "프롬프트 지니"와 여러 프롬프트를 제시해주는 "AIRPM for ChatGPT"가 대표적이다. 또한, 구글닥(doc)과 구글스프레드시트(spreadsheet)를 쓴다면 GPT for google doc and spreadsheet라고 치면 바로 연동해서 ChatGPT를 활용할 수 있다. 넷째, 마이크로소프트 브라우저인 엣지(Edge)를 써서 빙(bing)을 이용하면 GPT4 엔진이 탑재되어 있는 채팅 서비스를 이용할 수 있는데, ChatGPT가 최신 정보가 반영 안 되어 있다는 단점을 보완해준다는 점에서 매우 유용하다.

자 이제는 구체적 사례로 ChatGPT를 쓰는 방법을 알아 볼텐데 대표적으로 육성(Human resource development) 영역을 소개하도록 하겠다. 일단 육성 업무에서 우리는 환경 및 학습자 분석을 자주 하는데 이때 유용하다. 우선 ChatPDF란 서비스가 있는데 PDF를 학습시키면 PDF내 내용을 사용자가 질의 응답하면서 내용을 확인할 수 있다. 외부/내부 환경 이해를 위한 여러 PDF를 학습시키고 공통적으로 주요한 단어와 키워드, 그리고 요약을 뽑아내는 방식을 쓰면 효율적으로 자료를 이해할 수 있다. 또한, 우리는 유투브를 통해서 여러 강연자료를 보기도 하는데 이때 Eightify는 유투브 내 영상을 요약해서 문서를 작성해준다. 5건 이후 유로로 써야 하긴 하지만 여러 동영상 자료를 요약하는데 매우 탁월한 솜씨를 뽐낸다.

학습자 분석을 위해서는 우리 회사내 존재하는 직무와 학습자 특성을 제안해주고 이들에게 필요로 하는 스킬과 지식 등을 물어보면 ChatGPT가 여러 내용을 제안해준다. 그리고 우리 회사에 존재하는 직무 기술서(job description)을 ChatGPT에게 주고 주제와 학습 목표와 함께 교육 내용을 계획서와 함께 제안해달라고 하면 놀라울 정도로 구체적인 내용을 제안해준다. 그리고 학습 과정에서 ChatGPT를 활용하는 것도 유용하다. 육성 장면에서 이제는 더 이상 지식을 전달하는 교육은 효과/효율성이 떨어지기 때문에 토론 및 워크숍에서 노트북을 하나씩 주고 ChatGPT와 함께 아이디어를 내고 발전시키고, 앞의 촉진자(facilitator)가 지속적으로 생각을 발전시킬 수 있는 맥락과 질문을 준다면 기존과는 다른 수준으로 토론이 높은 수준으로 진행 가능하다.

이후 관련 교육 내용을 평가할 수 있는 진단 및 평가 문항과 검사도 만들 수 있다. 가령, "파이썬 프로그래밍 초급 학습을 10주간 했는데, 학습자들의 이해도를 측정하고 싶습니다. 10문항 4지선다로 문제를 출제해주는데 문항별 정답과 해설도 생성해주세요"라고 요청하면 결과를 만들어준다. 보험 상품이나 매뉴얼 등 복잡하고 많은 텍스트를 ChatPDF에게 학습시키고 담당자가 질의응답하면 문서를 일일이 읽을 필요 없이 확인 가능하며 이를 통해 문제 출제도 쉽게 효율적으로 낼 수 있다.

지금까지 ChatGPT원리, 활용팁 과 육성에서의 사례를 알아봤다. 마이크로소프트 최고경영자인 사티아 나델라는 지난 2월 월스트리트저널(WallStreet Journal)과 인터뷰를 통해 ChatGPT란 인공지능을 통해 지식 노동자가 육체 노동자에 비해 갖는 경쟁 우위는 다 사라졌고 이제는 기술로 다시금 모든 사람이 출발점이 같아지는 사건을 우리는 겪고 있다고 말한 바 있다. 또한, OpenAI 최고경영자인 샘 알트만이 3월 18일 ABC 뉴스와 인터뷰에서 ChatGPT는 우리 삶이 보다 풍부해지고 가치있는 일을 도와주는 증폭기(amplifier)로 인식해야 한 바 있다. 그동안 일부 지식 근로자가 누려왔던 경쟁 우위는 ChatGPT를 포함한 인공지능 기술이 해체할 것이며 이제는 지식 근로자와 육체 노동자와 같은 구분이 아닌 새로운 기술과 환경에 맞게끔 끊임없이 학습하고 적응하는 사람이 그렇지 않은 사람에 비해서 우위를 갖는 세상이 반드시 올 것이다.

출처: 이중학(2023), 사람을 위한 ChatGPT 활용법, *HRinsight*, 5월호.

12.3 People/HR Analytics 관심과 직원경험

디지털 전환(Digital Transformation)은 디지털(Digital) 기술을 활용해서 일하는 방식과 비즈니스 모델을 바꾸는(Transform) 활동이다. 바뀌는 일하는 문화와 돈 버는 방식에 우리가 써야할 '무기'가 인공지능, 블록체인, 클라우드 등으로 '업그레이드' 된다고 보면 된다. 디지털 기술 변화에 가장 중요한 촉매제이자 중심은 데이터로 볼 수 있다. 이런 맥락에서 데이터 관련 시장은 매년 성장하고 있다. 2017년 180조 원(1,510억 달러)에서 2023년 262조 원(2,100억 달러) 시장으로 성장했으며 10%이상 매년 규모가 커가고 있다. 우리나라 역시 데이터 관련 산업이 2021년 기준 23조 원 가량으로 추산되며 2027년에는 47조 원

규모까지 클 것으로 내다보고 있다.

미국 정보 기술 연구 및 자문회사인 가트너(Gartner)가 제시한 2023년 전략 기술 트렌드를 보면 디지털 면역 시스템(Digital Immune System), 예측성 활용(Applied Observability), 적응형 인공지능(Adaptive AI) 등이 있는데 관련 기술이 구현되기 위해서는 데이터의 원활한 구축과 활용이 필수적이다. 더불어, 세계경제포럼(World Economic Form)에서 향후 도입 계획을 고려하는 혁신 기술 중에서 '빅데이터가'가 89%로 가장 높은 순위를 차지했다. 이처럼 디지털 시장 규모가 커짐에 있어 각종 산업과 영역에서 디지털 전환이 가속화되고 여러 기술이 발전함에 따라 그 필요성이 더 커지고 있다. 디지털 전환의 중요 동력은 데이터 분석 역량이다.[19] 디지털 전환이 다른 조직 전환과 다른 점은 인공지능, 소셜 미디어, 클라우드 컴퓨터 등을 활용하여 조직변화를 만들어낸다는 점이다.[20] 이 같은 기술을 활용한 디지털 전환에 중요한 시작점은 대규모 데이터와 분석력이다.[21]

디지털 전환은 데이터에 기반 하여 의사결정을 함으로써 새로운 비즈니스 모델이 효과적으로 작동할 수 있기를 기대한다. 디지털 기술을 활용해 조직 내 사람, 데이터, 정보 및 지식이 과거와는 다른 수준으로 원활히 연결될 수 있고, 이는 기존과는 다른 인사이트를 통해 새로운 비즈니스 모델 생산도 가능하게 만들었다. 가령, 우버(Uber)의 경우 빅데이터와 데이터 분석을 통해 기사와 고객 사이에 최적화된 매칭 시스템과 경로 추천을 가능하게 해줌으로써 기존 택시 회사와는 다른 경쟁우위를 갖게 해줬다.[22] 최신 기술을 도입해서 비즈니스 모델과 일하는 방식을 바꾸는 디지털 전환의 중요한 시작점이자 지속가능 원천은 바로 빅데이터와 데이터 분석 역량이다. 소셜 네트워크 활성화, 이커머스 산업의 확장, 모바일 기술 및 검색 엔진의 발전은 대규모의 다양한 데이터를 계속해서 만들어내고 있고 이는 고객과 사회를 이해하는 새로운 원천이다.

이처럼 중요한 빅데이터와 데이터 분석 역량이 인사관리에 도입되게 된 중요한 인사 흐름 변화가 바로 직원경험(Employee experience)로의 전환이다. SAP는 직원경험이란 "직원이 처음 채용 정보를 검색한 날부터 퇴사 이후까지 회사에서 경험하는 모든 것을 가르킨다"고 정의 내린다. 중요한 것은 경험이 특정 상황에 개인이 갖는 인식과 감정 모두를 포괄하며 구성원 모든 개인에게 관심을 갖는다는 점이다. 2022 SHRM(Society for Human Resource Management) 컨퍼런스에서도 강조되었듯이 구성원 한명 한명에게 조직, 리더, 인재 부서가 관심 갖고 그들의 목소리에 귀기울여야 하는 상황이다. 조직은 의미상 적게는 2명에서 많게는 10만 명 이상의 규모를 가지므로 개인 목소리를 사람이 듣고 관리하기는 현실적으로 불가능하다. 이에 빅데이터, 인공지능, 클라우드 등 기술이 리더와 인재관리 부서가 직원 목소리를 들을 수 있는 수단(enabler)으로 자리 잡았고, 구성원 행동을 설명하거나 미래 예측을 위한 목적으로 분석하는 피플 애널리틱스도 더욱 큰 관심을 받고 있다.

또한, IBM과 조쉬 버낸이 2000년 HR 역할을 1.0부터 3.0까지 구분한 바에 따르면 초기 HR 1.0은 총무와 컴플라이언스 기능에 집중했다면 HR 2.0은 효율성 극대화와 표준화에 힘을 쏟았고 HR 3.0은 직원경험을 강조하고 있다. 아직 한국 및 미국 조직의 대부분이

〈표 12-1〉 인사관리 3.0 모델

	산업 HR 1.0	인터넷 HR 2.0	디지털 HR 3.0
주요 초청	규정준수 행정관련 설계 프로그램 및 직무	프로세스의 탁월성 표준화 셀프 서비스 공유 서비스	직원 경험 코그너티브 기술 개인화 투명성
조직	부서, 서비스 센터, HR 파트너 지리적 위치에 따름	전문가 조직(COE), 공유 서비스, HR 비즈니스 파트너 대부분 세계적으로 표준화 됨	오퍼링 매니저, 지능형 챗봇, 특별 대응팀, HR 비즈니스 파트너
설계와 기반	베스트 프랙티스 벤치마킹	프로세스 전문가	사용자에 대한 디자인 씽킹
의사결정 기반	직관	과거 HR 데이터를 사용한 분석	예측적 AI 및 풍부한 내외부 데이터를 사용하여 얻은 실행 가능한 인사이트
주요 측정 영역	직무 평가 성과 평가 자연 감소율 직원 만족도	인원수 역량 다양성 확보 효율성 지표 직원 참여	중요 스킬 리더십 파이프라인 다양성 포용성 잔연 감소율 NPS(Net Promoter Score, 순고객 추천 지수) 정기 설문조사

출처: IBM(2022). 불확실성의 시대 극복을 위한 인사관리 'HR 3.0'. https://www.ibm.com/kr-ko/campaign/newsletter-vol1-leaders02

2.5 단계 정도에 머물러 있지만 궁극적으로 우리가 갈 방향은 HR 3.0이며 이를 실현하기 위해 인사는 개인화와 투명성 중심으로 운영되어야 한다. 구성원 개개인이 긍정적인 경험을 받기 위해서는 요구되는 것이 개인마다 다르고 여러 인사 운영 및 기획 역시나 투명하게 공개/공유되어야 하므로 이는 전통적인 사람 힘만으로는 어렵다. 그래서 함께 강조되는 것이 기술 활용이다.

12.3.1 채용과 온보딩[23)]

미국의 경우 조직 중에 4분의 1은 자동화와 인공지능을 이미 인사에서 활용하고 있으며 향후 5년 동안 활용도를 높일 것으로 계획하고 있다. 더불어, 85% 가까운 조직이 구성원 소통과 협업에 최신 기술을 활용하고 있다고 맥킨지 연구는 밝힌 바 있다. 그러면 구체적으로 어떤 기술이 우리 인사에서 직원경험 향상을 위해서 활용할 수 있는지 하나씩 살펴보고 2023년 기술과 사람이 만나는 그림에 대해서 알아보자.

우선 직원 채용 시점에 성격을 통해 지원자의 조직 적합성과 미래성과를 예측하고자 한다. 성격 5요인(개방성, 성실성, 외향성, 호감성, 정서안정성)은 밝은 성격(bright-sided personality)을 통해 후보자를 측정하며 직무와 산업에 따라 점수 해석이 다르게 활용된다. 전통적으로 성격 측정은 자가진단 형식으로 진행되어 왔는데 이럴 경우 사회적 바람직성은 늘 인사에 고민이 되는 지점이다. 후보자는 자기의 솔직한 모습보다 사회적으로 바람직해보이는 모습대로 성격 역시 보이고 싶어한다는 것이다. 이를 해결하기 위해 다면진단도 활용되지만 신입 채용 현장에선 활용되는 한계점이 있다.

이를 보완하기 위해 최근 다양한 기술이 활용되고 있는데, 한 연구에서는 후보자의 동공 움직임으로 성격을 추론하는 알고리즘을 개발했으며 통계적으로 용인될 수 있는 수준에서 성격을 잘 맞추는 것으로 드러났다. 더불어, 측정된 성격을 기존 구성원과 정합성까지 보여주는 것도 가능하다고 밝힌 바 있다. 채용 이후 구성원 경험에 중요한 온보딩 역시 기술이 활용되고 있는데 Bamboo HR이란 솔루션은 신규 입사자와 관리자에게 시기별로 성공적 온보딩을 위해서 할일 리스트와 일정 알람 서비스를 제공해준다. 여러 일로

그림 12-2 BambooHR 화면 예시

출처: https://www.bamboohr.com/o/

바쁜 관리자에게는 온보딩 활동을 위한 적절한 타이밍의 넛지(nudge)를 해주며 구성원에게는 향후 어떤 활동이 있을 것이라는 가시성(visibility)를 높여준다는데 긍정적이다.

12.3.2 유지 및 상담

구성원이 조직생활을 하면서 느끼는 감정에 대해서 측정하는 방법으로 단순히 형용사 기반의 본인 감정을 응답하는 방식이 아니라, 구성원 이미지와 동영상으로 실시간 감정을 측정하는 기술도 활용될 수 있다. FaceReader와 같은 서비스는 구성원 감정을 8가지로 구분해서 감정 정도를 수치화해서 보여준다. 사람의 감정은 화남, 분노, 경멸, 혐오, 두려움, 행복, 슬픔, 놀람, 중립 등 8가지로 구분되는데 이를 인공지능과 딥러닝을 활용해서 이미지와 동영상으로 측정할 수 있다는 것이다. 물론 개인정보 동의 등 풀어야 할 환경상 제약은 있지만 구성원 감정을 명확히 이해하는 데 도움이 될 수 있으며 이는 면접에서도 효과적으로 활용될 수 있는 기술이다.

다음으로 구성원이 조직 생활하면서 느끼는 어려움에 대응하기 위해 챗봇이 활발하게 이용되고 있다. COVID-19 이후 우리나라 조직에서도 심리 상담횟수가 920% 이상 증가했는데, 구성원이 조직 내에서 느끼는 정서적 불안, 혹은 상담에 대한 니즈는 근무시간에만 국한되지 않는다. 이를 해결하기 위해 레플리카(Replika), 에이블투(AbleTo) 같은 솔루션은 24시간 동안 구성원과 소통하고 정서적으로 공감해주는 기능을 제공한다. 이 같은 챗봇은 단순한 반응을 넘어서 정서적 교감까지 이뤄질 수 있는 수준이므로 구성원 정서 관리에 효과적이라는 리뷰도 다양하게 있다.

정리문제

1. 다음을 간단히 정리해 보세요.
   - 피플 애널리틱스 정의
   - 피플 애널리틱스 구성요소
   - 피플 애널리틱스 수행 과정

2. 다음 내용을 설명하세요.
   - 채용과 온보딩에서의 피플 애널리틱스 적용
   - 유지 및 상담에서의 피플 애널리틱스 적용

3. 팀보고서를 작성해서 발표해 보세요.
   - 피플 애널리틱스의 조직 내 적용 가능성과 사례
   - 피플 애널리틱스 적용의 장점과 단점

토론사례

데이터 기반 의사결정

PA는 데이터 분석만이 아님

경영학 분야에서의 데이터 기반 의사결정(Business analytics)은 크게 기술적(descriptive), 예측적(predictive) 그리고 최적화적(optimization) 등의 세 가지로 구분될 수 있다. 기술적 분야는 가장 첫 번째 단계라고 할 수 있으며 조직 내의 다양한 변수들 간의 관계를 살펴보는데 주요한 목적이 있다고 할 수 있다. 두 번째로 예측적 분야는 과거의 데이터를 이용해서 미래에 발생 가능한 구성원들의 행동과 결과 등에 대해서 미리 예측하는데 주요한 목적이 있으며 대표적으로 데이터 마이닝(data mining), 의사결정나무(decision trees), 패턴 인식(pattern recognition), 예측(forecasting), 인과 관계 분석(root-cause-analysis), 그리고 예측 모델링(predictive modeling) 등이 있다. 특히 예측 모델링은 채용과 선발 장면에서 퇴사를 예측하거나 성공적인 성과를 보일 구성원을 알아보고자 할 때 많이 활용된다.

세 번째로 최적화적 분야는 제한된 자원을 활용해서 최적의 결과를 내는 것에 그치지 않고 회귀 프로그래밍(linear programming), 시뮬레이션(simulations), 통계 모델링 등을 통해서 보다 높은 조직 효과성을 낼 수 있는 최상의 대안을 찾는 것을 목적으로 한다. 세 가지 목적 중 예측적 분석에 대한 관심이 인사부서에서 매우 높은데, 예측 분석은 과거 및 현재 데이터로 미래에 발생 가능한 구성원 및 조직 관련 행동 및 성과를 미리 내다보는데 주요한 목적이 있다.

미래를 내다보는 예측분석이 인사부서에서 필요한 이유는 미리 사람과 관련된 이슈를 준비하기 위함이다. 그러나 피플 애널리틱스 분야의 예측 분석이 어려운 이유는 바로 그 대상이 사람이기 때문이다. 즉, 제품 생산 등에 활용되는 데이터 분석은 그 대상이 물건, 공장 등이지만 피플 애널리틱스는 사람을 대상으로 하고 분석 결과에 이은 활용 역시나 사람을 목표로 한다. 더불어 사람은 제품과는 다르게 상황과 환경에 따른 가변성이 매우 높다. 그러므로 피플 애널리틱스에서 예측 분석 활용은 매우 민감하고 어려운 분야다. 그래서 피플 애널리틱스는 피플 사이언티스트라 불리며 사람과 과학에 대한 이해가 모두 높을 것을 요구하고 있다. 데이터 전문가에게 필요한 역량 중 특정 분야에 대한 지식(Domain knowledge)과 경험이었던 것처럼 피플 사이언티스트 역시 사람에 대한 이해가 높아야 한다.

또한, 피플 어낼리틱스에서 분석은 일부만을 차지한다. 김민송·윤승원(2022)은 피플 애널리틱스 수행 단계를 (1) 목적 및 목표 설정을 위한 후원자 & 파트너십 구축 (2) 솔루션 점검을 위한 측정 지도를 전략/자원/윤리/문화/거버넌스 관점에서 고려해서 만들기 (3) 조직 내/외부 데이터 확보 (4) 질적/양적/혼합 데이터 분석 (5) 솔루션 향상을 위한 분석 결과 공유, 적용 및 관리로 제시했다. 본 모델을 적용하면 분석은 4번째를 차지하는 하나의 단계에 불과하다. 중요한 것은 문제를 설정하고 적용 및 관리까지 가는 전체 과정이다. 그럼에도 불구하고 현재 학계와 실무에서는 지나치게 분석에만 집중하고 있고, 특정 기술(예 : 머신러닝, 딥러닝) 활용에만 몰두하고 있다.[24)]

피플 애널리틱스 역시 데이터 기반 의사결정이므로 조직 내 문제를 이해하고 분석 결과가 의사결정 과정에 잘 반영되어 조직 효과성을 높여야 한다. 그렇기 때문에 데이터, 분석과 의사결정은 함께 고려되어야 한다. 이중학·Steven (2022)은 피플 애널리틱스 사례로 핵심인재 선발 시점을 데이터 분석 결과와 의사결정 모델과 함께 제시한 바 있다.[25)] 그들 연구에서는 신입사원 입사 후 교육연수를 받는 후 받게 되는 교육연수 결과가 1년 후, 2년 후, 3년 후 성과를 얼마큼 잘 예측할 수 있는지 분석했고, 시기별 예측 정확도를 바탕으로 언제 고성과자로 예상되는 사람을 핵심인재 풀(Pool)에 넣고 관리할 것인가를 고민하는 문제였다. 이처럼 데이터 분석 결과는 의사결정과 연계해서 고민되어야 하는데, 그 중 중요한 것이 기준과 시점에 대한 이해다.

• 논의 주제

1. PA를 수행함에 있어서 가장 필요한 스킬은 무엇인가? 그 이유는?
2. 데이터 기반 의사결정에서 고려해야 할 가장 중요한 요소는?

미 주

1) https://careers.kakao.com/kakaolife.
2) https://www.kakaocorp.com/page/detail/434.
3) https://zdnet.co.kr/view/?no=20220628093958.
4) 옥시전 프로젝트는 이후로도 지속되어 2018년 기준 10가지 특징으로 업데이트 됨 .
5) https://ko.wikipedia.org/wiki/벤치마킹.
6) 이중학, Steven Kim, 송지훈, 채충일 (2020). HR Analytics 연구 및 활용에서의 가설 검정과 예측의 차이점: Assessment Center 사례를 중심으로. 조직과 인사관리연구, 44(2), 103-123.
7) https://www.reworked.co/talent-management/3-ways-people-analytics-techno logy-is-evolving-to-meet-the-moment/
8) https://brunch.co.kr/@hrjaejinlee/23
9) 김민송·윤승원(2022), 피플 애널리틱스, 학이시습.
10) 이중학·송지훈·전유진·송현정(2020), HR Analytics 연구 동향 및 실무적 활용을 위한 제언: Bibliometrics 분석 및 HR 실무진의견을 중심으로, 경영과 사례연구, 42(2), 83-101.
11) Mohammed, A. Q.(2019), HR Analytics: a modern tool in HR for predictive decision making, Journal of Management, 6(3), 51-63.
12) Yoon, S. W.(2021), Explosion of people analytics, machine learning, and human resource technologies: Implications and applications for research, Human Resource Development Quarterly, 32(3), 243-250.
13) Bassi, L.(2011). Raging debates in HR analytics. People and Strategy, 34(2), 14-18; Van den Heuvel, S., & Bondarouk, T. (2017), The rise (and fall?) of HR analytics: A study into the future application, value, structure, and system support, Journal of Organizational Effectiveness: People and Performance, 4(2), 157-178; Marler, J. H., & Boudreau, J. W. (2017), An evidence-based review of HR Analytics, The International Journal of Human Resource Management, 28(1), 3-26.
14) Shmueli, G.(2010), To explain or to predict?, Statistical Science, 25(3), 289-310.
15) 이중학·스티븐김(2022),'사람을 위한 PA 도입의 고민과 준비', 월간 인사관리, 5월호 내용을 참고.
16) 김성준(2020), 피플 어낼러틱스(People Analytics), 학계와 실무의 만남, HRD Issue Paper, 18(4), 1-13.
17) 이중학·김지영(2022), 한국 다국적 기업의 디지털 전환 및 데이터 분석 역량 준비도를 높이기 위한 최고 경영층 인식 연구, 무역연구, 18(6), 237-250.
18) McCartney, S., Murphy, C. and Mccarthy, J.(2021), 21st century HR: a competency model for the emerging role of HR Analysts, Personnel Review, 50(6), 1495-1513
19) Pappas, I. O., P. Mikalef, and M. N. Giannakos(2018), Big data and business analytics ecosystems: paving the way towards digital transformation and sustainable societies, Information Systems and e-Business Management, 16, 479 - 491.
20) Bharadwaj, A., O. A. El Sawy, P. A. Pavlou and N. V. Venkatraman(2013), Digital business strategy: Toward a next generation of insights, MIS Quarterly, 37(3), 471-482.
21) Mayhew, H., T. Saleh and A. Williams(2016), Making data analytics work for you-instead of the other way around, McKinsey Quarterly, 4, 1-8.

22) Cramer, J. and A. B. Krueger(2016), Disruptive change in the taxi business: The case of Uber, American Economic Review, 106(5), 177-182.

23) 이중학(2023), 기술이 사람을 만났을 때: 2023년, 기술은 사람을 어떻게 만날까; HR Insight 1월호 내용을 참고.

24) 이중학·스티븐김(2021), 데이터로 보는 인사이야기: People Analytics 가이드북, 플랜비.

25) 이중학·스티븐김(2022), People Analytics 사례: 성과 예측 모델 및 효과적 의사결정 시점 연구, 경영과 사례연구, 44(2), 41-59.

찾아보기

D

E

ㅇ

ㅊ

저자약력

김영상
현 성균관대학교 경영학과 부교수
전 홍콩중문대 경영학과 조교수
University of South Carolina 경영학박사
ykim@skku.edu

김용근
현 포스텍 기업시민연구소 부소장/겸직교수, 포스코 기업시민전략 그룹장
전 포스코경영연구원 인사조직연구실 수석
전 Temple University, Fox School of Business Visiting Scholar
성균관대 경영학박사, 인사조직 전공
저서: ESG시대의 지속가능경영 기업시민(2023, 공저)
yogkim@postech.ac.kr

노재항
현 딜로이트 컨설팅 Human Capital 파트너, 전무
전 LG인화원, Mercer HR Consulting, Hay Group Consulting(현 Korn Ferry), Willis Towers Watson
University of Minnesota, 인적자원개발 박사
jaenoh@deloitte.com

성상현
현 동국대학교 경영대학 경영학과 교수, 기획부총장
전 대한리더십학회장, 한국윤리경영학회장
전 삼성경제연구소 인사조직실 수석연구원
서울대 경영학과, King's College London 대학원, 연세대학교 경영학 박사
혼동의 시대 명쾌한 이코노믹스(2022, 공저, 박영사) 등 저역서 20여편
shsung@dongguk.edu

윤종민
현 중앙대학교 GHRD대학원 초빙교수
Korea Professional Coach
전 롯데지주㈜ 사장(인재개발원장, HR실장, 전략실장)
전 중앙노동위원회 사용자위원
중앙대학교 HRD 박사
j.yoon@lotte.net

이영면
현 동국대학교 경영대학 경영학과 교수
전 한국경영학회장, 한국인사조직학회장, 한국윤리경영학회장
전 인사조직연구, 산업관계연구, 및 윤리경영연구 편집위원장
University of Minnesota, Ph.D. in Industrial Relations(인사관리/노사관계)
저서: 고용관계론(2021), 직각혁신이 답이다(2017, 공저)
youngman@dongguk.edu

이중학
현 가천대학교 경영학부 교수
전 현대자동차그룹(HMG) 경영연구원 미래경영연구센터
전 롯데인재개발원 DT인재육성팀장
저서: 데이터와 사례로 보는 미래의 직장(2023), 데이터로 보는 인사이야기(2021, 공저)
joonghaklee@gachon.ac.kr

정권택
현 (주)피플앤 대표이사
현 경희대학교 경영학과 겸임교수
전 삼성글로벌리서치(舊 삼성경제연구소) 인사조직실/사회공헌실 실장
서강대학교 경영학 박사, 인사조직 전공
저서: 인재경영을 바라보는 두 시선(2015, 공저), 실리콘밸리 사람들은 어떻게 일할까(2017, 공저), HR 테크 혁명(2022, 공저)
www.peopleand.co.kr

정현천
현 SK mySUNI 전문교수
전 SK그룹 부사장, 매니지먼트칼리지 리더
동국대 경영학 박사, 조직인사 전공
저서: 리더십(2023), 포용한국으로 가는 길(2021, 공저), 포용의 힘(2017)
hughcj@naver.com

K-HRM : AI시대를 선도하는 인적자원경영

저　자	김영상 · 김용근 · 노재항 · 성상현 · 윤종민 이영면 · 이중학 · 정권택 · 정현천
펴 낸 이	한헌주
펴 낸 곳	도서출판 **경문사**
등　록	1995년 11월 9일 제300－1995－138호
주　소	서울특별시 서대문구 독립문로 21-9
전　화	738－7035(대표)
FAX	722－4678
e-mail	kmsp@korea.com
홈페이지	http://www.kmsp.co.kr
초판 인쇄	2023년 8월 20일
초판 발행	2023년 8월 25일

값 **30,000**원

ISBN 978-89-420-0030-2 93320